영남대학교
인문학
육성총서
• • • 22

한자의 구조와 그 문화적 함의
초판 발행 2018년 7월 10일
지은이 劉興均
옮긴이 최 환·한가준·이춘영·신미섭·박경순·이갑남
디자인 정재완
펴낸곳 영남대학교출판부
펴낸이 서길수
출판등록 1975년 9월 5일 경산 제16-1호
주소 경북 경산시 대학로 280
전화 053) 810-1801~3
FAX 053) 810-4722
홈페이지 book.yu.ac.kr

ISBN 978-89-7581-578-2 93720

값은 표지 뒷면에 있습니다.
잘못 만들어진 책은 바꾸어 드립니다.

한자의 구조와 그 문화적 함의

劉興均 지음

최 환·한가준·이춘영
신미섭·박경순·이갑남 옮김

영남대학교출판부

서문

劉興均 교수가 《한자의 구조와 그 문화적 함의》라는 학술 專著(이하 '劉著'로 약칭)를 저술하였는데, 나는 서언을 써서 그 책에 대해 평가하기를 희망한다. 나는 비록 《說文解字》에 관한 몇 편의 문장을 쓴 적이 있고 또한 일찍이 李玲璞 선생의 지도하에 고문자 공구서 편찬에 참여한 적은 있지만 겨우 그것뿐으로 한자에 대해 어떤 연구를 한 적은 없다. 하지만 오래된 친구가 새로운 책을 써서 서문을 부탁하니 거절하기도 어려웠다. 진지하게 전자판 원고를 읽은 후에 수확이 많았고 啓發 또한 적지 않았음을 느꼈다. 나에게 그것을 먼저 읽을 기회를 주신 劉 교수께 대단히 감사한 마음을 전한다. 서언을 쓸 때 반드시 모두 그 책과 직접 관련이 있는 말만 하는 것이 아니라 직접 관련이 없는 말도 가능하며 아울러 서술 형식과 자수 또한 제한이 없다고 한 점에 대해 나는 또 劉 교수께 특별히 감사드린다.

먼저 字典이라는 화제로부터 이야기를 시작하자. 자전이라는 화제는 이 책과의 관계가 좀 먼 것 같으나, 사실 그렇지 않다. 자전에 존재하는 중요 문제는 한자 연구와 밀접한 관련이 있다.

중국 고대에 '字典'으로 서명을 단 辭書는 매우 많으며 亡逸된 것도 부지기수로, 가장 영향력이 있는 것은 응당《康熙字典》이다. 淸代 이후에 각양각색의 자전이 부단히 출현하였는데 그 중에서 가장 광범위하게 영향을 끼친 것은《新華字典》임에 의심할 여지가 없다. 규모가 가장 큰 것은 마땅히《漢語大字典》이다.

李玲璞 선생은 "일부 '字典'으로 서명을 단 공구서를 고찰하면 도리어 字와 단어〔詞〕의 관계를 해석하지 않고 똑같이 단어로서의 音·義와 용법을 해석하였는데, '詞典'으로 서명을 단 공구서는 單音語·複音語와 固定句 성질을 지닌 成語典故 등을 포함하는 단어를 해석하였으며 '字典'으로 서명을 단 공구서는 단음절 형태소로 구성된 단음어의 음·의와 용법을 전문적으로 해석하였다. 이것을 자전이라고 할 수 있는가? 분명히 단음어 詞典임에 틀림없다.

사실 자전이 단음어 사전으로 탈바꿈한 것은 청나라 사람으로부터 시작된 게 아니다. 일찍이 南朝 梁나라 顧野王의《玉篇》에서 이미 漢代 許愼의《설문해자》가 창조한 편찬 체제를 바꾸었는데, 許愼의 문자 해설의 방식을 모조리 생략해 버리고 '글자〔字〕'를 공허한 形體標記로 겨우 충당하게 하였으니 단어 음·의와의 관계를 완전히 벗어나게 하였다. 오늘날에 이르러 이러한 현상은 여전히 바뀌지지 않았다."라고 말하였다. 李 선생의 말은 우리들에게 깊은 생각을 하게 한다.

모두가 알다시피 한자는 形·音·義의 통일체로 그 음의는 언어 중의 단어로부터 온다. 한자 형체의 작용은 단어를 기록하고 아울러 단어의 음·의를 싣는 것으로, 최초 기록한 단어를 떠나면 형체는 곧 단순한 부호가 된다. 단어는 음·의의 결합체로 단어의 음과 의는 時空의 변화에 따라 변화할 수 있으며, 이러한 변화된 음·의들이 만약에 따로 글자를 만들지 않으면 그것들과 이 字의 構意는 곧 그 거리가 멀어진다.

자전은 마땅히 한자의 형·음·의를 얘기해야 하며 형·음·의가 어떻게 통일체를 이루는지도 포함해야 한다. 간단하고 쉽게 말하자면 자전의 임무는 응당 한자를 해설해야 한다는 것이다. 역대 한자는 각기 얼마나 되며 지금까지 누적 총수는 얼마인가? 某 한자는 언제 나왔으며 역대로 異寫字와 異構字를 포함하여 어떤 쓰기 방법들이 있는가? 다른 시대에 탄생한 글자들의 최초 記載의 단어는 어느 것이며 그 음은 어떻게 읽고 그 의미는 어떻게 말하는가? 구의가 최초 기록한 단어와 가장 부합하는 것은 어느 字形이며 구체적인 구의는 무엇이고 어떻게 단어로 표현하는가? 이 글자가 만들어진 후에 또한 어떻게 차용되었으며 차용되어 기재된 것은 모두 어떤 단어들인가? 등등. 이상적인 자전, 특히 이상적인 역사 대자전은 마땅히 이러한 문제들에 대해 대답을 하고 있다.

당연히 자료의 제한으로 특별히 조판인쇄 기술이 나오기 전에는 완벽한 원시 자료가 모자라 早期 한자 탄생의 확실한 연대를 측정하기는 불가능하였다. 그래서 위에서 언급한 요구에 부합하는 이상적인 자전을 편찬하는 것은 거의 空想에 가까웠다. 그러나 이 방향은 마땅히 노력할 만한 가치가 있는 것으로 기존의 자료와 조건에 근거하여 최대한도로 이상에 근접하는 것은 완전히 가능하다.

위에서 언급한 字量·字形·字音·字義·字用·字構 등의 여러 문제들 중에서 字構〔글자의 구조〕가 가장 중요한 것으로, 한자 계통과 單字 분석 중에서 그것은 더욱 핵심적이다. 劉著의 서명에서 명확하게 밝혔듯이 그가 토론하려고 하는 두 개의 중대한 문제 중의 하나가 곧 '한자의 구조'로, 그 주제 선택의 의의가 중대함을 이로부터 볼 수 있다.

한자는 각 글자마다 모두 각자의 構造理據가 있으며 전체 한자 계통 역시 응당 이거를 내포하고 있다. 單字의 구조이거에 대한 탐구는 시대마다 훌륭한 저작이 있었으나 한자 계통의 이거를 깊이 있게 연구한 성과는 매우 드물게 보인다.

先秦 문헌 중에 이미 한자 구조이거에 관한 자질구레한 기재가 적지 않게 있으며, 《설문해자》는 중국역사상 첫 번째로 한자의 구조이거를 전면적 내지 계통적으로 탐구한 거작이며, 그것은 동시에 '六書' 학설을 완벽하게 천명하였다. 이 뒤로부터 '六書說'은 한자를 연구하고 분석하는 기본적인 이론과 방법이 되었는데, 元·明·淸시기의 저술이 가장 풍부하다.

20세기에 이르러 이 현상은 근본적으로 바뀌는데, '육서설' 외에 '二書說'·'三書說'·'四書說'·'五書說'·'七書說'이 모두 제기되었으니 정말 衆說이 분분하다고 할 수 있다. 劉著는 먼저 '육서' 이론의 형성 및 현대에서의 그것의 혼란스러움에 대해 분석하였으며, 이어서 唐蘭의 '삼서설', 李圃(李玲璞)의 造字八法과 表詞六式 및 王寧의 漢字構形學을 집중적으로 평가하였다. 상술한 이론을 깊이 있게 연구하고 충분히 평가하는 기초 위에서 劉著는 한자의 구조이거의 탐구에 관한 중점을 제기하였다.

劉著는 許愼이 <說文解字敍>에서 "옛날 포희씨가 천하의 왕이 되었을 때 우러러 하늘에서 꼴을 관찰하고 굽어 땅의 마땅함을 보며, 새와 짐승의 文樣과 땅의 마땅함을 보아, 가까이는 몸에서 취하고 멀리는 사물에서 취하였다(古者庖犧氏之王天下也, 仰則觀象於天, 俯則觀法於地, 視鳥獸之文與地之宜, 近取諸身, 遠取諸物)."와 "황제의 史官 倉頡이 새와 짐승의 발자국을 보고 나누어진 결로 서로 구별되어 질 수 있음을 알고 처음으로 부호글자를 만들었다(黃帝之史倉頡, 見鳥獸蹄迒之迹, 知分理之可相別異也, 初造書契)."라고 말한 것은 곧 한자 계통의 이거에 대한 최초의 개괄이다.

이 때문에 그는 이 실마리를 따라 각각 “우러러 하늘에서 꼴을 관찰하고 굽어 땅의 마땅함을 보다(仰觀天象, 俯察地理)”, “새와 짐승의 문양과 땅의 마땅함을 보다(視鳥獸之文與地之宜)”, “가까이는 몸에서 취하고 멀리는 사물에서 취하다(近取諸身, 遠取諸物)” 등 세 개 방면에서 한자 구조의 이거를 탐구하였다. 이것은 지극히 대담한 시도라고 말하지 않을 수 없다.

옛사람들이 우러러 하늘에서 꼴을 관찰하고 굽어 땅의 마땅함을 보고서 글자를 만든 것에 관해 劉著는 ‘日·月·星(晶)·雲·雨·雷·雪·風’과 ‘阜·山·丘·原(邍)·谷·川·回·泉’ 등의 글자를 들었다. 옛사람들이 새와 짐승의 문양과 땅의 마땅함을 보고서 글자를 만든 것에 관해 劉著는 ‘釆·番·内·鹿·鳥·馬·犬·龜·物·勿·牛·虍·虎·麋·尨·萑·鳳·鷄·魚’와 ‘才·屯·屮·生·華·果·秝·禾·穆·来·粟·黍·舂·未·相·束·桑·米·稻’ 등의 글자를 들었다.

옛사람들이 가까이는 몸에서 취하고 멀리는 사물에서 취하고서 글자를 만든 것에 관해 劉著는 ‘眼(耳)·口·鼻·心·臣·眉·牙·齒·舌·首·頁·元·天·面·手·又·爪·足(疋)·止·步(사람 발의 의미를 기록)·孔·克·寸·尤·厷(후에 肱이 됨)·亦·膝’과 ‘災·福·薶(貍)沈·凵·麗·砅·發·絶·合·寮·聞(귀와 관련)·看·見·望(눈과 관련)·息(코와 심장과 관련)·言(입과 관련)·奚·俘·及·取·乳·丮·妥·丑(손과 관련)·孕·毓·娩·長·老·死(生老病死와 관련)·引·前·舞·休·宿·即·飲·舂·航·戒·疒·得·爯·啓·韋·爲·解·埶·采·弄·興·受·棄·薅·敗·璞·叟·出·各·復·陟·降·泬·涉·夾·浴’ 등의 글자를 들었다.

劉著는 218자를 중점적으로 분석하였는데, 그 중에서 138자는 540部의 部首字에 속한다. 상술한 單字의 세밀한 분석을 통해 劉著는 “우러러 하늘에서 꼴을 관찰하고 굽어 땅의 마땅함을 보다”, “새와 짐승의 문양과 땅의 마땅함을 보다”, “가까이는 몸에서 취하고 멀리는 사물에서 취하다” 등 세 개의 서로 다른 각도로부터 한자 구조의 이거를 탐구하는 것이 보편적 의의가 있음을 증명하는 것을 시도하였다.

한자는 중화문명의 결정이며 또한 세계상 유일한 특수문화로 깊이 있는 탐구와 계통적으로 연구를 할 가치가 있는데, 한자 및 그 계통이 포함하는 문화정보, 한자와 문화의 여러 복잡하고 또한 깊은 관계에 대한 탐구와 연구도 포함된다.

옛날부터 학자들은 한자문화를 매우 중시하여 역대로 모두 연구 성과가 있었다. 그러나 결코 붐을 조성하지는 못했으며 더욱 전문적인 학문이 되지 못하였다. 1980년대 후기 이래 10여 년 동안, 문화 붐이 일어남에 따라 그리고 문화언어학(언어문화학이라고도 칭함)의 선도 하에 한자문화의 연구가 발전하게 되는데 이때 많은 저작들이 출현하였으며, 아울러 한자문화학의 건설을 직접적으로 추진하였다. 그 중에서 공헌이 큰 학자는 曹先擢·何九盈·趙誠·王寧 등의 언어문자학 대가와 劉志誠·劉志基 등 一群의 中·青年 학자들이다.

21세기 이래 한자문화에 관한 이론 탐구와 專題 연구는 계속 심도 있게 진행되었는데, 비록 열기가 더 이상 뜨거워지지는 않았지만 확실히 훌륭한 저작들이 있었다. 그 중에서 王寧·何九盈·趙誠·費錦昌·曹先擢을 학술위원으로 한 遼寧人民出版社에서 2000년에 출판한《漢字與文化叢書》의 영향이 매우 컸다.

이와 동시에 "一이 三을 관통하는 것이 王이다(一貫三爲王)", "人〔사람〕이 十을 지니고 있는 것이 斗이다(人持十爲斗)"라는 類의 피상적인 내용들, 특별히 중국어의 국제교육 붐이 일어남에 따라 출현한 각종 圖解와 한자를 함부로 해석한 저작들이 시중에 흘러넘치고 있으니, 그것을 하루빨리 바로 잡아야 한다. 이 때문에 劉著는 한자 구조를 깊이 있게 연구하는 기초 위에 한자의 문화 함의를 탐구하였으니 특별한 의의가 있다.

한자의 문화 함의를 탐구함에 있어 먼저 한자 본체의 과학연구에 착안하지 않으면 안 된다. 한자의 形은 단어를 표현하는 수요 때문에 창조되었는데, 어떠한 構件이 사용되고 어떠한 방식의 構形을 채용하며 아울러 이 구형이 체현하는 의미를 사용자가 공인할 수 있는지는 자연스럽게 글자를 만드는 자가 추구하는 것으로, 이는 또한 바로 구의 및 그 문화 함의를 탐구하는 객관적 기초이다.

劉著는 '男'·'夫'·'父'·'士' 등 남성의 호칭어를 기록하는 네 개 한자의 조기 자형과 구의가 드러내는 문화 함의를, '婦'·'妻'·'母'·'女' 등 여성의 호칭어를 기록하는 네 개 한자의 조기 자형과 구의가 드러내는 문화 함의를, '君'·'臣'·'官'·'民' 등 사회신분의 호칭어를 기록하는 네 개 한자의 조기 자형과 구의가 드러내는 문화 함의를, '飮'·'食'·'宿'·'休'·'旅'·'衣'·'冃' 등 衣食住行 등 생활류 단어를 기록하는 여덟 개 한자의 조기 자형과 구의가 드러내는 문화 함의를 탐구하였다. 이 20개 한자에는 모두 甲骨文과 金文의 구형이 있는데 고문자 자료에 의지하여 그 조기의 글자 구성 의도를 찾을 수 있으며 아울러 역사학·고고학·문헌학 등의 방면으로부터 그 방증을 찾을 수 있다.

이 때문에 劉著에서 한 考釋은 대부분 믿을 만하다. 예를 들면, 劉著에서는 다음과 같이 여기고 있다. 上古시기부터 세상에 전해지는 문헌 중에 '父'는 대부분 남성 호칭어이며 더 나아가 '父'를 남자의 美稱으로 삼았다. '母'의 처음 자형의 구형 중심은 '生'에다 두지 않고 '養'에다 두었다. '臣'의 형체는 바로 선 눈(또한 소량의 가로로 놓인 것도 있음)으로, 그 자형 구의가 반영하는 것은 사로잡힌 전쟁 포로가 눈을 부릅뜨고 화나서 보는 모양이다. '宿'·'休' 두 자로부터 인간의 조기 생활방식 및 그 이후의 문명 성과의 최초는 모두 자연을 모방하고 外物에서 취하고 아울러 객체에 의뢰한 사실 등등을 볼 수 있다.

한자의 작용과 영향은 일찍부터 이미 漢民族을 크게 넘어서, 동북아에서 동남아까지 역사가 형성한 하나의 '한자문화권'이 존재하고 있다. 중국에서는 또한 일찍이 한자의 영향 하에 창제된 기타 민족 문자가 있는데, 이것 역시 연구할 가치가 있다. 일본 학자 藤堂明保는 가장 일찍 한자문화권 이론을 제기하고 아울러 연구하였다. 이 문화권은 중국·북한과 한국·일본·베트남 및 싱가포르 등 국가를 포함한다. 이 방면의 연구 성과는 이후에 점점 많아지기 시작하여 일부 국제학술조직도 만들었다.

중국 내의 기타 형제민족에 대한 한자의 영향은 매우 이르며 또 매우 크다. 한자를 운용하여 민족 언어를 기재하고 한자에 근거하여 민족 문자를 모방 창제한 것이 가장 중요한 두 가지 영향 형식인데, 전자는 <越人歌>·<白狼歌>와 같은 것이고 후자는 契丹字와 西夏文 같은 것이다. 劉 교수는 민족 고문자 창제에 대한 한자 구조의 영향이라는 이 중요한 과제에 관심을 두었으며, 아울러 원고 중에 전문적인 章을 개설하여 일부 중요한 발견에 대해 논술하였는데 매우 가치가 있고 연구자에 대해 또한 많은 계시를 준다.

아쉬운 것은 출판 기술적 측면으로 인해 劉著에서는 이 한 장을 빼버렸다는 사실이다. 그러나 다른 각도에서 보면 이 사실은 아마도 좋은 일일지도 모른다. 왜냐하면 劉 교수는 이 장을 기초로 하여 더욱 여유롭게 연구 범위를 확장하고 깊이 있게 연구할 수 있어 처음과는 다른 專著를 이룰 수 있었기 때문이다.

劉著를 읽는 것은 학습과 사고의 즐거운 과정인데, 앞에서는 학습의 느낌을 얘기하였고 이어서는 사고에 대해 간단히 서술하여 유 교수와 독자들에게 가르침을 청하려고 한다. 한자의 구조는 지금까지

하나의 매력적인 과제로, 발생학의 각도로부터 탐색할 수 있으며 또한 한자에 대해 靜態的 분석과 귀납을 진행한 후에 역으로 추론할 수도 있다. 이 두 가지 연구 노선은 모두 합리적이기는 하지만 어떻게 과학적이고 검증가능성이 있는 분석 규정을 세우는지는 여전히 진일보하여 깊이 있게 연구할 필요가 있다.

한자 문화 함의의 분석은 구형에 입각할 수도 있고 또한 구의에 입각할 수도 있는데 구형이든 구의든 상관없이 모두 최초에 기록한 단어를 떠날 수 없다. 전체 한자 계통의 이거는 더욱 난도가 높은 과제로, 劉著에서는 세 가지를 제기하였으며 아울러 이 세 가지는 보편적 의의를 지니고 있다고 여겼다. 그러나 이 세 가지는 동일한 논리적 측면에 처해 있으며 아울러 완전히 周延 관계인지, 이 세 가지를 운용하여 구체적인 한자를 분석할 때 어떻게 효과적으로 주관성을 배제하는지는 똑같이 계속 탐구할 가치가 있는 문제들이다.

한자의 구조와 한자 구조의 문화 함의는 모두 큰 과제로 완전히 나누어 쓸 수 있다. 劉著에서는《한자의 구조와 그 문화적 함의》로 제목을 달아 토론의 중점을 먼저 양자의 관련성에 두고 있다. 그러나 이 점에 있어 劉著는 거의 독자의 기대를 충분히 만족시키지 못한 것 같다. 구체적인 한자의 문화 함의를 탐구하면서 한편으로는 구형을 결합하고 한편으로는 단어를 결합하였는데, 단어 음·의의 時空 차원 중에서의 변화 결과는 결코 한자의 구조가 포함하는 문화 함의를 설명할 수 없으며, 문화 함의를 분석할 때 사람들이 믿을 수 있는 고증 논리를 어떻게 세우는지는 또한 계속 연구할 필요가 있다.

위에서의 사고에 대한 서술은 한자 연구 전문가가 보기에는 매우 얄팍한 내용이지만 본인이 굳이 이야기한 이유는 주로 가르침을 청하기 위해서이며 동시에 또한 작자의 今後 연구에 약간의 의미 있는 참고 사항의 제공을 희망하기 때문이다.

서언은 통상 모두 저작의 성취, 주요한 공헌, 글쓰기 특색 등등을 토론한다. 본인은 이렇게 쓰지 않았다. 왜냐하면 본인은 총결은 뒤집기가 어려우며 작자에게 방해를 주기도 하고 독자에게도 방해를 주는 것이 걱정되기 때문으로, 이렇게 하는 것보다 차라리 독자들에게 맡겨 스스로 개괄하는 것이 낫다고 생각한다. 이 서언은 劉著의 주요 장절을 대상으로 서술하면서 논평하였다. 그러나 '서술'은 객관적인 것에 노력하였으며 '논평'은 마땅히 힘써 이치를 구하였다. 劉興均 교수도 그렇게 여길지는 모르겠다.

이것으로 서로 삼는다.

華學誠

2013년 12월 19일

清華園 東鄰의 潛齋에서

참된 삶은 모두가 만남이다
- 번역본 서문을 대신하며 -

20세기 오스트리아 출신으로 유대인이자 번역가이며 교육자이기도 한 마틴 부버(Martin Buber, 1978~1965)는 "참된 삶은 모두가 만남이다." 라고 했는데, 이 말은 매우 유명한 말이다.

자고로 인생에서 누구인들 만남이 없겠는가? 만남은 바로 인연이다. 사람의 일생에는 기회와 인연이 딱 들어맞는 여러 상황이 있는데, 적당한 때와 장소에서 적당한 사람과 일을 만난다는 것은 한 사람에게 있어 행운이다. 필자는 일생 동안 이러한 행운과 수차례나 맞닥뜨렸다.

1990년 겨울의 어느 날 밤 필자와 宋永培 지도교수님은 四川師範大學 석사생 기숙사에서 처음으로 만났다. 지도교수님은 막 北京師範大學을 졸업하고 四川으로 돌아오셨는데, 의기가 양양하셨으며 대화할 때 논리가 정연하셨다. 또한 기회와 인연이 딱 들어맞았으니, 지도교수님께서도 사천사범대학 석사 졸업생이시자 필자와 같은 학업지도 선생님을 두셨다. 당시 지도교수님께서는 대선배로서 필자에게 北京 소식과 인생 설계 방법을 알려주셨다. 7년 후에도 기회와 인연이 딱 들어맞는 그런 기회가 왔다. 필자는 지도교수님의 첫 번째 박사반

제자가 되었다. 지도교수님의 엄격한 지도하에 필자는《說文解字》를 통독하여 이후의 학술 연구를 위한 기초를 다졌다.

2000년 5월에 박사 졸업 후 직장 문제 때문에 고민하고 있을 때, 四川大學 紅瓦寺호텔에서 사천대학에 論文博士를 신청하러 온 廣西師範大學 중문과 張利群 주임 교수를 만났다. 張 교수의 간곡한 요청으로 필자는 비로소 광서사범대학 중문과 國家文科基地의 과정 개발 업무에 합류하게 되었고, 또 학부생에게 「漢字와 古代歷史文化」 과목과, 석사생에게 「訓詁學」과 「文字學」 등의 과목을 강의하게 되었다. 교학 과정에서 항상《說文》을 표준으로 삼고《설문》의 주석을 결합하여 段玉裁의《說文解字注》를 전면적으로 탐구하였는데, 단옥재 注로부터 얻은 바가 아주 많았다.

2005년 2월에는 한국의 國立順天大學校 중어중문학과에 파견되어 가서 金薰鎬·金銀雅·申鉉錫·鄭東補·韓秉坤 교수를 알게 되었다. 다섯 분의 교수들과 교류하던 중에 학술적 영감이 떠올랐는데, 이 책 제4장의 두 절에 걸쳐 논한 남녀 성별 호칭어의 문화 함의에 관한 탐구는 김훈호 교수의 생각이다.

2009년에 필자는 우수 인재 영입 케이스로 成都大學의 文學院〔文學與新聞傳播學院〕에 들어와 학술과 인재를 중시하는 上司를 만나게 되었고, 또한 필자와 뜻이 맞는 鄧經武·朱英貴·師恭叔 등 여러 친구들도 알게 되었다. 이들의 격려로, 성도대학의 엄격한 연구 관리와 심사 제도로 인해 학문의 길에서 비틀거리면서도 필자는 앞으로 나갈 수밖에 없었다. 2013년 8월에 필자가 한국 영남대학교 중국언어문화학과에 객좌교수로 초빙되자 譚平 교수를 위시한 문학원 상부에서는 필자의 연구프로젝트를 특별히 비준하여, 對外漢語 教學 이외의 시간에 태만하지 말고 전력을 다하여 일 년 안에 양질의 학술전문저서를 완성하도록 하였다.

2013년 8월에 필자는 운 좋게도 두 번째로 한국에 가서 嶺南大學校 중국언어문화학과에서 교편을 잡게 되었다. 그곳의 崔桓·朴雲錫·李春永·朴明眞·禹在鎬·南哲鎭 교수 등을 알게 되어 그들과 일 년 동안 교류하면서 양호한 학술 협력관계를 구축하였는데, 이로 인해 본 책의 한역본이 세상에 나오게 되었다. 이 책은 2014년 3월 중국의 人民出版社에서 출판한 것인데, 이 책을 들고 최환 교수에게 지도편달을 부탁하러 갔을 때 최 교수가 어떤 목록 부분이 마음에 들었는지 즉석에서 이 책을 한국에서 한국어로 번역 출판해 보자고 제안했다. 이 일은 필자에게 뜻밖의 기쁨을 주는 좋은 일이었다. 최환 교수와 이춘영 교수의 노력으로 두 분이 주도하는 번역팀이 조직되고 영남대학교 출판부 운영위원회의 출판 허락을 받으면서 이 구상이 실제 행동으로 옮겨지게 되었다.

2018년 3월에 필자는 전국 사립대학 랭킹 3위인 三亞學院 문학원[人文與傳播學院] 교수로 초빙되어 劉曉鷹부총장, 劉偉원장과 馮汝常부원장을 만나게 되는 행운을 얻게 되었다.

필자는 인생에서 수많은 우여곡절과 적잖은 좌절을 겪었다. 그러나 행운의 신 또한 필자를 지켜주었다. 20여 년의 좋은 기회 중에는 필자가 가장 존경하는 지도교수님도 계셨고 훌륭한 선생님과 좋은 친구들도 있었다. 또한 바로 필자가 만났던 여러 학생들, 교학 중에 학생들이 제기했던 예지가 넘치는 문제들도 필자에게 진일보한 사고를 하도록 촉구하였다.

특히 영남대학교에서 교편을 잡았던 일 년 동안 만났던 학부생과 석사생 및 박사생들은 한자 및 한자 字形 구조에 내포된 문화 함의에 대해 깊은 관심을 가지고 철저하게 파악하려고 했다. 그들의 그러한 태도는 필자에게 한자와 문화를 결합한 심도 있는 탐색이 매우 실용 가치가 있고 전망이 밝은 연구 방법임을 더욱 굳게 믿도록 했다.

이 책의 중문판 판권자는 인민출판사인데, 이곳에서 필자는 여태껏 본 적 없는 가장 훌륭한 편집담당자 劉志宏 여사와 蘇向平 여사를 만났다. 劉志宏 編審은 출판사의 교육출판센터 주임으로 본 책의 가치를 알고는 친히 책임편집의 주역을 자임했는데, 편집 출판 과정에서 저명한 출판인의 전공지식과 학술 수준을 발견할 수 있었다. 劉志宏 편심은 이 책이 한국어로 한국에서 번역 출간될 거라는 사실을 알고 역시 열렬하게 지지해 주고 전력으로 도와줬다.

이 책을 번역하는 과정에서 번역팀 동료들은 힘들게 노력을 기울였는데 특히 최환 교수는 2년 전에 제 근무처인 성도대학에 외국인 교수로 초빙되어 成都 겨울의 짙은 스모그를 무릅쓰고 연구 이외의 시간에 부지런히 번역을 했다. 우리는 위챗(WeChat)으로 종종 책 속의 어려운 문제를 풀면서 서로간의 이해와 친분을 쌓았다. 이춘영 교수가 처음에는 위챗 친구로 등록되어 있지 않아서 우리는 주로 이 메일로 연락하거나 이춘영 교수의 박사반 학생인 韓家俊의 QQ를 통해 교류하였다. 교류를 통해 이춘영 교수의 전공지식과 꼼꼼함을 알 수 있었다. 최환 교수와 이춘영 교수의 주도와 점검으로 번역서의 질은 틀림없이 보증할 수 있을 것이다.

韓家俊은 번역팀의 일원이자 중국 유학생으로, 한자와 문화에 대해 모국어와 본토 문화를 기초로 삼아 원본의 일부 누락된 부분을 발견하여 필자와 몇 차례 QQ로 연락하며, 수치상에 있어서의 원본의 일부 오류를 정정한 바 있다. 이는 칭찬받아 마땅할 것이다.

번역팀에는 또 朴京順 박사와 申美燮 박사와 李甲男 박사가 있다. 필자가 영남대학교에 재직 중일 때 다행스럽게도 세 분을 알게 되었는데, 이들은 늘 겸손하고 예의발랐으며 아울러 친절하고 성실하였으며, 또한 전공과 학문의 성취도가 높아 본 책의 번역에 비범한 재능을 발휘하였으며 또 많은 노력을 기울였다.

마틴 부버의 또 다른 명언이 있는데, 번역은 역자와 작자의 '나—너'의 대화이며, 시공을 초월하고 역사를 뛰어넘는 정신의 '만남'이라고 하였다. 사실 이 책의 한국어 번역본은 역자와 작자가 시간을 초월하지도 않았고 공간적 거리도 크지 않았지만, 역사와 문화를 초월한 것은 객관적 사실이다. 그러므로 언어와 문화의 장애를 극복하기 위해서 역자들은 많은 노력을 기울이지 않으면 안 되었으며, 정력과 심혈을 소모한 것은 말할 필요도 없다.

만남은 바로 대화이며, 마음과 마음의 교류이자 감정과 감정의 융합이다. 어떠한 만남이든 모두 필자의 참된 삶의 일부분이며, 필자는 그 모두를 더욱더 소중히 여길 것이다.

2018년 3월 15일 三亞學院 교수아파트에서

劉興均 씀

차 례

제2장 | 한자 구조의 현대적 해독

제3장 | 한자 구조의 理據

제4장 | 한자의 構形에 내포된 문화적 함의

일러두기

- 중국어 서명은 번역하지 않고 원제목을 그대로 썼다.
- 중국어 인명은 모두 한자로 표기하였다.
- 전문용어 번역 시 번역한 것을 앞에다 두며 중국어 용어는 〔〕안에 넣었다. (예) 글자 부호〔字符〕
- 앞에서 번역을 했거나 본문 중에 설명이 된 전문용어는 중국어 용어를 그대로 썼다.
- 인용문의 참고문헌 표기는 원서의 형식을 따랐다.
- 인용문 번역 시 현대백화문은 해당 원문을 달지 않았으며 고문은 달았다.
- 서명·인명 외의 한자 용어는 필요 시 한자를 그대로 썼는데, 첫 번째 용어 다음부터는 우리말로 쓰는 것을 원칙으로 하였다. 그러나 내용 전개상 독자들의 이해를 돕기 위해 한자를 그대로 쓰기도 하였다.
- 필요 시 역자 주를 다는 경우, 각주 번호 뒤에 【역주】라고 표기하였다.

서론

본서는 한자의 구조 및 그 문화 함의에 대해 본원 탐구적인 연구를 진행하는 일종의 시험으로, 한자의 초기 자형 구조에 대한 고찰로부터 시작하여 그 字形과 音·義의 밀접한 연계를 파악하고 한자 구조의 理據를 분석하고 귀납하려고 한다. 어휘훈고학·역사문화학의 각도로부터 한자의 구조 및 그 문화 함의에 대해 전면적인 연구를 진행하고자 한다.

한자는 중국어를 기록하는 부호로 영어의 graph[1]과는 다른데, 인도유럽어계의 언어 연구에서는 '글자〔字〕'에 그다지 관심을 가지지 않으며 순수하게 글자 부호〔字符〕를 언어의 보조적인 공구나 글을 새기는 부호 계통으로 간주하였다. graph의 어원을 고찰할 수는 없으나, 우리는 그것이 아마도 새기다〔契刻〕라는 의미로부터 왔을 것이라고 추측할 수 있는데, 그것과 같은 어원인 graver라는 단어가 '새김칼〔刻刀〕'의 의미이다. 한자는 세계에서 유일하게 존재하는 일종의 表意文字로서 그 자신만의 특징과 우수함을 지니고 있다. 초기 한자의 형체〔形〕는 언제나 그것의 소리〔音〕·의미〔義〕와 연계되어 있다. 清代《說文解字》 연구 대가인 段玉裁는 "의미는 형체에서 나왔으며 형체가 있으므로 규칙에 맞게 한다. 그리고 글자의 의미에 일정함이 있게 한다(義出於形, 有形以範之, 而字義有一定)."(段注, 757)[2]라고 지적하였다. 이것은 곧 한자의 表意性으로 인해 자형과 자의의 관계가 확정적이라는 것을 말한다.

---

1 〔영국〕R. R. K. Hartmann과 F. C. Stork이 편찬한 《語言與語言學詞典》》(上海辭書出版社 1981年版, p.151)에서는 字符의 정의에 대해 "연속언어재료(TEXT) 분석 중애서 하나의 단위로서 다시 출현하는 글쓰기 부호를 가리킨다."라고 하였다. 이 정의는 분명히 한자에는 적용되지 않는다.

2 본서의 인용문 주석은 본문에다 붙인다. 괄호 안의 문헌명은 모두 약칭을 사용하며 아라비아 숫자는 쪽수를 나타낸다. 문헌의 상세한 정보는 본서 부록《인용문헌의 약칭과 전칭 대조표》를 참고하기 바란다.

최초로 한자의 구조에 대해 해독을 진행한 것은 전통적 '六書'설로, 지금에 이르러서도 그것은 문자학 연구와 教學 영역에서 자신의 응당한 작용을 발휘하고 있다. 하지만 한자의 구조를 깊이 있게 분석하고 한자 構形의 이거를 찾아내려는 데 이 模式은 뜻대로 되지 않는 부분도 얼마간 있을 수 있다.

현대 학자들은 근 백 년의 노력 끝에 한자의 구조에 대해 새로운 해독을 진행함으로써 '육서'설의 모식에 대한 돌파를 시도하여 '二書'에서 '七書'까지 새로운 학설들을 제시하였다. 그 중에서 가장 대표적인 것이 唐蘭의 '三書'설, 李圃의 甲骨文 造字 八法과 表詞 六式, 王寧의 한자 構形學의 11종 조합모식이다. 이러한 탐색들은 한자학 이론의 전진적 발전을 추동하였으며 중요한 학술 이론의 의의와 실제 운용의 가치를 지니고 있다.

東漢의 許愼은《설문해자·叙》에서 "대개 문자는 經傳六藝의 근본이며 왕정의 시작이다. 앞사람들이 그것으로써 뒷사람들에게 전해주며 뒷사람들은 그것으로써 옛것을 알게 된다. 그러므로 '근본이 서게 되면 道가 생긴다.'라고 하였다. 천하의 가장 심오한 도리를 알면 어지러울 수 없다(蓋文字者, 經藝之本, 王政之始, 前人所以垂後, 後人所以識古. 故曰: '本立而道生.' 知天下之至嘖而不可亂也)."(大徐本, 316)라고 하였다. 허신은 문자를 왕정의 시작이자 경전육예의 근본이라고 하였는데, 그 식견이 대단히 날카롭다. 우리는 문자학·훈고학·음운학이 전통 語文學 중에서는 두리뭉실하게 '小學'으로 불리고 있음을 안다. '소학'은 고대에 경학의 부속으로 경학의 필요에 복종해야 했으며 先王의 옛말과 옛날의 도의인 '六經'[3]을 이어받아 싣고 있어 漢民族 書面語의 원천이다.

---

3 《易經》·《詩經》·《書經》·《禮經》·《樂經》·《春秋經》을 가리키는데, 뒤에 《악경》이 失傳되어

'소학'과 경학은 상호 보완할 수 있는데, 청대 고증학〔樸學〕의 원조 戴震이 먼저 이 점을 인식하고 아울러 '경학과 문자 간의 상호 보완〔經字互求〕' 주장을 제기하였다. 그는 "경학의 지극함은 도이다. 그래서 도를 밝히는 것은 그 말이다. 말을 이루는 것은 소학과 문자 밖에 있을 수 없다. 문자로 인해 언어에 통하고 언어로 인해 옛날 성현의 뜻에 통한다. 비유컨대 집의 단상에 도달하는 데 반드시 그 계단을 따라 올라야지 건너뛰어 오를 수 없는 것과 같다(經之至者, 道也. 所以明道者, 其詞也. 所以成詞者, 未有能外小學文字者也. 由文字以通乎語言, 由語言以通乎古聖賢之心志, 譬之適堂壇之必循其階, 而不可以躐等)."(東原《集》, 214)라고 하였다. 이 말은 현대 언어로, 문자로 인해 그 말이 통하고, 말로 인해 그 도가 통하니, 도가 경학의 지극함이라고 표현할 수 있다. 대진의 이 주장은 바로 허신의 "대개 문자는 經傳六藝의 근본이다(蓋文字者, 經藝之本)."라는 견해를 받아들인 것이며, 아울러 이 견해를 문자는 경서 해석에서 반드시 거쳐야 하는 길이라는 사실로까지 제고함으로써 '경자호구'의 정확한 주장을 제기하였다. 이렇게 함으로써 곧 漢代 今文學者의 경학을 떠나 문자를 논함〔離經說字〕과 宋明 理學家의 문자를 떠나 경학을 논함〔離字說經〕이라는 두 가지 편향된 생각을 규정하였으니, 훈고를 박학의 길로 되돌려 놓을 수 있었다.

우리는 문자 연구도 훈고 연구도 모두 그 종극적인 목적은 선왕의 옛말, 옛날의 도의를 재현하여 경서의 참 해석을 구하는 것이라고 생각한다. 한자는 표의문자로 말이 지칭하는 의미를 싣고 있는 것이며, 그것의 형·음·의 3요소는 통일적인 것이다. 뒷사람들은 한자의 자형과 語音에 근거하여 그것이 싣고 있는 의미 및 문화적 함의를 구할 수

'五經'만이 남아 있다.

있었는데, 이것은 문자로써 경서를 考究하는 객관적인 조건이다. 한자가 담고 있는 중국어 語義系統은 동한의 허신이 정리하여 쓴《설문해자》를 통해 계통적이며 논리적으로 만들었다. 그래서《설문》은 곧 문자로 경서를 고구하는 필독도서이다. 段玉裁는 "옛날 대진 선생님께서 나의 학문은 문자로 경서를 고구하고 경서로 문자를 고증하는 것의 범위를 벗어나지 못 한다고 말씀하셨다. 내가《설문해자》에 주를 단 것은 대개 이 두 마디의 말을 몰래 취한 것뿐이다(昔東原師之言, 僕之學, 不外以字考經, 以經考字. 余之注《說文解字》也, 蓋竊取此二語而已)."(段注, 789)라고 하였다. 段玉裁의《說文解字注》는 '경자호구'의 학술적 주장을 관철하는 典範이다. 본서는 한자의 구조 意圖에 내포된 문화 정보를 분석할 때에 '경자호구'의 원칙과 방법을 힘써 관철하며 한자의 구조 및 그 문화에 대한 연구를 經典文獻 언어 재료에 대한 고증과 해석의 기초 위에다 두고 진행할 것이다.

이를 위해 우리는 다음과 같은 몇 가지 문제에 대해 탐구할 필요가 있다. 첫째, 한자의 성질은 어떠하며 또 어떠한 특징들이 있는가. 이 문제를 해결하지 않으면 한자 구조에 대한 해독은 어렵게 될 것이다. 둘째, 한자 형체는 분석할 수 있는 성질을 지니고 있는지 또 어떻게 분석해야 한자의 실제에 부합하는가. 셋째, 한자의 구조는 理據性을 지니고 있는가. 이는 곧 옛 사람들이 한자를 창제할 때 주객관적 근거를 지니고 있었는지의 여부를 말한다. 넷째, 한자와 중화문화는 도대체 어떠한 관계인가. 이는 한자의 구조 및 그 문화 함의를 연구하는 데 반드시 해결해야 할 문제이다.

제1절 한자의 성질 및 그 특징

일반적으로 문자의 발전은 크게 세 단계를 거쳐 왔다. 첫째는 그림으로부터 온 表形文字 단계, 둘째는 표의문자 단계, 셋째는 표음문자 단계이다. 이는 언어 기호로서의 기능 각도로부터 문자의 성격을 규정한 것이다. 그래서 古이집트의 聖書文字, 메소포타미아의 楔形文字, 아메리카대륙의 마야문자 및 한자 초기단계의 문자—甲骨文·金文을 첫 번째 단계에 넣는다. 한자의 후기 단계를 두 번째 단계에 넣으며, 인도유럽어계 언어의 문자를 세 번째 단계에 넣는다. 아울러 이 세 단계를 고하우열로 구분하였는데, 뒤의 한 단계는 앞의 한 단계가 발전한 것으로 당연히 앞 단계보다 우수하다고 여겼다. 이것은 실제로 '서구중심론'이 주도한 '삼단계론'이다. 우리의 일부 언어문자학자들 또한 서구인들을 따라 한자를 拼音文字로 개조하여 세계 문자의 병음화와 보조를 같이 하기를 주장한다. 게다가 한자에도 表音 기능이 있음을 죽어라 증명하려 들며 形聲字의 聲符와 본래 그 글자가 있는 通假를 모두 한자의 표음성분으로 간주한다.

오늘날 보면 이러한 견해들은 모두 맞지 않다. 스웨덴의 漢學家 Klas Bernhard Johannes Karlgren(高本漢)은 20세기 초에 이미 "중국인들은 이러한 특별한 문자를 폐기하고 서양의 字母를 채용하기를 정말 원하지 않는다. 그것은 결코 우둔하고 완고한 보수주의 때문이 아니다. 중국의 문자는 중국의 언어 정황에 대단히 적합하기에 없어서는 안 되며, 중국인들이 이러한 문자를 폐기한다면 중국문화 실행의 기초를 타인에게 양도하는 것이다."(高《中》, 50)라고 분명하게 인식하였다. Klas Bernhard Johannes Karlgren의 "중국의 문자는 중국의 언어 정황에 대단히 적합하다."라는 견해는 탁견으로 정보사회에 진입한 오늘날 그이 이 관점은 더욱 검증되고 있다. 한자는 언어를 기록하는 기능상에서 서구의 각종 병음문자와 비교해도 손색이 없으며, 아울러 빠르고 간편함이라는 우수성을 드러낸다. 이 때문에 한자의 성질 및 그 특징에 대해 새롭게 살펴봐야 할 필요가 있다.

한자의 성격을 규정할 때 우리는 裘錫圭가 제기한 하나의 문제에 주의해야 한다. 그는 먼저 단어와 형태소의 符號的 문자와 문자가 사용하는 부호(字符) 이 두 개의 다른 차원을 반드시 분명하게 구분해야 한다고 했다. 그리고 단어와 형태소는 모두 어음과 의미의 결합체이며 단어와 형태소로서의 부호는 어떤 문자이든 상관없이 표음적이면서 표의적이며, 표의·표음 등의 유형으로 구분하려면 반드시 문자가 사용하는 부호 즉 字符의 성질에 착안해야 한다고 지적했다.[4] 裘錫圭의 "단어와 형태소로서의 부호는 어떤 문자이든 상관없이 모두 표의성을 지니고 있다."라는 이 말은 얼른 듣기에는 이해할 수 없으나 자세히 생각해 보면 일리가 없지 않다. 영어를 예로 들면, bug라는 단어의 부호가 대표하는 최초의 의미는 '빈대'이나 후에 또한 '도청장치'를 지칭하였는데, 이 두 개의 意味項이 단지 소리의 연계만 있고 의미상의 연계는 없다고 말할 수 있는가? 분명히 그렇지 않다. 빈대는 그늘지고 어두운 곳에 숨어 있는 것이며 인간이 발명한 도청장치 역시 다른 사람이 사는 방안 모르는 곳에 몰래 설치하는 것으로, 그것들이 가리키는 공통적인 특징은 '숨다'이다. 그래서 하나의 같은 부호로 지칭하게 된 것이다. bonnet 이 부호는 본래 '굴뚝 덮개'를 가리켰으나 뒤에는 또한 여성들이 쓰는 창이 없는 모자를 가리켰는데, 이는 창 없는 모자가 외형상에서 굴뚝 덮개와 비슷하기 때문에 하나의 부호로

---

4 裘錫圭, <漢字的性質>, 《中國語文》 1985年 第1期.

지칭하게 되었다. 이는 연상을 통해 서로 다른 성질의 사물을 함께 연계한 용례이다. bigwig은 본래 '가발'을 가리켰으나 뒤에는 또한 법관·사회거물 등을 지칭하였는데, 이것 역시 단순한 표음이 아니고 중세의 법관·사회거물들은 공개적으로 모습을 나타날 때에는 가발을 써야 했기 때문이다. 그래서 bigwig으로 名人·要人을 지칭하게 되었다. egghead의 글자 그대로의 의미는 '머리가 계란을 낳다'이나 그것의 문헌상에서의 의미는 지식인을 가리킨다. 지식인이 인류에게 봉사하는 것을 인체에 유익한 계란에 비유하였으며, 머리가 계란을 낳을 수 있다는 것은 두뇌의 총명함과 지혜로움이 인류에게 행복을 가져다 줄 수 있다는 것에 비유할 수 있다. 이는 비유를 통해 가리킬 수 있는 것과 가리키는 바를 함께 연계한 것이다. 그래서 단어와 형태소로서의 부호는 어떤 문자이든 상관없이 모두 표의적이라는 이치가 바로 여기에 있는 것이다. 그리고 문자가 사용하는 부호〔字符〕는 문자마다 서로 다른데, 영어 문자가 사용하는 부호는 26개 자모이며 러시아어는 33개이다. 우리는 bigwig을 말하면서 '가발'·'법관'·'명인' 등의 의미를 나타내나, 'b'로써 또는 'i'로써 어떤 의미를 나타냈다고는 할 수 없다.

한자가 사용하는 부호를 構件[5]이라 하는데, 한자는 구건으로 組成되어 있다. 그 構意(구건이 구성한 의미)의 체현은 그것의 각 구건〔構形部件〕이 담당한다. 구건이 글자 구성에 들어간 후에는 표의이기도 하고 혹은 표음이기도 하며 혹은 표지를 구분하는 작용을 일으키기도 한다.

---

5 李圃의 《甲骨文文字學》에서는 한자의 字形 구건을 字素라고 칭하였는데, 우리는 王寧의 《漢字構形學講座》라는 책의 정의를 채용하였는데, "하나의 형체가 사용되어 기타의 글자를 만들고 글자를 구성하는 일부분이 될 때 우리는 그것을 글자를 구성하는 구건이라고 칭한다."라고 정의하였다.(《漢字構形學講座》, 三民書局, 2013年版, p.80)

그러나 그것이 단독으로 글자가 될 때에는 또한 표의의 작용이 있다. 예를 들어, '疒'은 하나의 구건이나 본래는 또한 하나의 合體字로 병이 난 사람을 표시하는 하나의 부호—'人'와 침상을 표시하는 하나의 부호—'爿'로 구성된 것인데, '疒'는 사람이 병이 나 침상에 누워 있는 모양을 상형하였다. 갑골문에서 '疒'를 따르는 글자는 모두 질병과 관련이 있다. 한자를 진정으로 일종의 표의문자라고 칠 수 있는 까닭은 그것의 완전한 글자가 의미를 나타낼 수 있을 뿐만 아니라 그 글자의 구건으로 봐도 이 완전한 글자가 나타내는 의미와 관련된 의미로 분석해 낼 수 있기 때문이다. 이는 한자만이 갖는 특성이다. 裘錫圭가 대단히 날카롭게 이 점을 보았다. 어떤 사람들은 아마도 자형 구건을 한자의 點·橫·竪·撇·捺 등의 필획으로 오인할 수 있겠지만 이것으로 裘錫圭의 견해를 비판하는 것은 부당하다. 우리는 한자의 필획은 실제로는 단지 글자 쓰기의 부호 세트일 뿐으로 영어 자모 중 'B' 안의 'ㅣ'와 'Ʒ'에 해당되며, 한자가 사용하는 부호(즉 字符)로는 간주할 수 없다.

이 때문에 한자는 일종의 표의문자라는 논단은 의심의 여지가 없다. 그러나 어떤 표의법인지 그리고 표의 중에 표음 성분을 포함하고 있는지에 대한 견해는 다를 수가 있다. 그래서 表意文字說과 意音文字說이 있다.

의음문자설은 周有光이 1950년대에 제기한 것이다. 당연히 또한 어떤 사람은 한자를 표음문자로 여겼는데, 이 관점을 제기한 사람은 고문자 연구 전문가인 姚孝遂로, 그에게는 <古漢字的形體結構及其發展階段>·<古文字的符號化問題>·<再論古漢字的性質> 등의 글이 있다. 그는 한자의 발전단계에서 상당히 긴 시간 동안에 있었던 同音 차용 현상을 바탕으로 하여 판단을 하였는데, 일정한 근거가 있는 견해이다.

이밖에, 사람들은 또한 한자 자형이 표시할 수 있는 언어 구조의 층계에 근거하여 언어 단위의 대소로써 그것의 성질을 규정할 수 있다고 말한다. 주로 형태소문자설과 형태소—음절문자설이 있다. 구석규는 한자는 초기 단계(隸書 변화 이전)에는 기본적으로 意符와 音符를 사용한 문자로 '意符意音文字'라 칭할 수 있다고 여겼다. 예서로 변화한 후에는 한자 속의 많은 의부·음부는 이미 표의 작용이 없거나 표음 작용이 없는 기호로 변하게 되었기 때문에 이때의 한자를 '意符音符記號文字'라 칭할 수 있다. 기호문자에 대한 계통적 설명은 唐蘭의 《中國文字學》에서 가장 먼저 보인다. 그러나 唐蘭은 결코 중국 문자가 일종의 기호문자라고는 여기지 않았다.

李圃는 의음문자설에 대해 완전히 다른 견해를 제기하면서 다음과 같이 말하였다.

> 한자는 형·음·의의 통일체이다. 이 삼자 사이는 평면적으로 더하는 것도 아니며 또한 수직적으로 합치는 것도 아니다. 그것들 사이의 입체관계는 자형과 字義의 연계로 음은 의미에 따라 전체 자형에 전가된다. 전체 한자의 체계성 방면에서 본다면 표의성은 전체 갑골문자를 뒤덮고 있으며 더 나아가 표의성은 전체 한자를 뒤덮고 있다고 할 수 있다. ……한자 표의성의 보편적 특성으로부터 착안하면 역대로 논쟁이 끊이지 않는 문제들을 단번에 해결할 수 있다. 이른바 소리가 의미를 겸하고 있다거나 聲旁이 의미를 나타낸다는 것은 실제로는 의미가 소리를 겸하고 있는 것이다. 표의가 먼저인 것이다. 즉 다른 한 意味素와 일정한 관계 의미를 구성하며, 이와 동시에 글자를 표시하는 독음을 겸한다. 이상적 한자는 무슨 모양인가? 會意가 소리를 겸하는 것이다. 한자의 형과 음·의를 완벽하게 통일시킨 것이다. 갑골문자를 살펴보면 통상적으로

말하는 形聲字의 聲素가 우선 표의적인 것이 절대다수이다. 그러나 단지 음만을 나타내고 의미를 나타내지 않는 단순 성소는 오히려 얼마 되지 않는다. 이는 통상적으로 말하는 형성자 중의 상당 부분이 素(대부분이 의미소를 더함)를 더해 글자를 만들면서 창조해 낸 뒤에 나온 글자 혹은 분화되어 나온 글자이기 때문이다. ……결론적으로 말하면, 갑골문자 의음문자 중의 성소가 음을 나타내더라도 그것은 똑같이 형태소(혹은 단어) 형식(음)의 전가이며 아울러 의미소와의 결합을 통해 전체 자형에 전가된 것이다.(李《甲》1, 213~214)

李圃는 갑골문자의 構形에 대한 다년간의 깊은 연구를 통해 이와 같이 논하였데, 믿을 만하다.

한자의 성질은 3천 년 동안 변하지 않았느냐 아니면 字體의 변화에 따라 변화가 일어났는가? 이 문제에 대해 학계에서는 또한 다른 견해가 있다. 어떤 사람은 한자의 성질은 옛날부터 지금까지 본질적으로 변화가 없었다고 여겼으며, 또 어떤 사람은 근본적으로 변화가 일어났다고 여겼는데 주로 商代 갑골문은 形意文字이고 周代 이후의 한자는 音意文字라는 설과 古漢字는 表形文字였는데 예서로 변화한 후의 한자는 표의문자라는 설이다. 이에 대해 王寧은 《漢字構形學講座》 중에서 다음과 같이 명확하게 지적하였다. 한자는 비록 갑골문·兩周 금문·秦代 小篆을 거쳐 예서로 변화하고 楷書化 되기까지 그 표의적 성질에는 결코 근본적인 변화가 없었다.(王《漢》, 29)[6] 王寧의 이 결론은 한

6 王寧의 《漢字構形學講座》는 최초에 上海教育出版社에서 2002년에 출판하였는데, 당시에는 겨우 5만여 자였다. 10여 년 동안의 수정 보완을 거쳐 2013년 4월 臺灣 三民書局에서 새로 출판하였는데, 이 신판의 자수는 초판의 3배를 넘었다. 본서에서는 이 책의 자료를 모두 신판에서 인용하였음을 밝혀둔다.

자 碑刻의 예서문자와 馬王堆 출토 帛書의 예서문자 그리고 현대 한자를 전면적으로 조사한 데이터에 근거하여 얻은 것으로[7] 그 신뢰도에서 의심할 여지가 없다.

위의 내용을 종합하면, 우리는 한자가 일종의 표의문자로 비록 표음적인 성분은 있지만 그것이 한자의 주요 구성 성분은 아니라고 여긴다. 한자의 변화 과정 중에서 이런저런 자체 변화가 있었으며, 한자의 사용상 假借와 通假가 있었다. 그러나 한자의 표의 성질은 근본적으로 바뀐 적이 없었다. 우리는 오늘날 또한 그것의 초기 자형을 통해 최초의 構意를 찾아낼 수 있으며 한자의 構形 模式 및 造字 意圖를 귀납할 수 있다.

한자가 일종의 표의문자라는 사실은 그것이 다른 문자와 다른 특징을 지니고 있음을 결정한다.

첫째, 그 기록하는 언어단위로 말하면 병음문자는 기록하는 언어 중의 음소로, 하나의 자모 혹은 두 개의 자모가 한 단어 중의 한 음소를 기록한다. 즉 언어 행위의 連續體 중에서 뽑아낸 가능한 한 가장 작은 音段이다. 예를 들면, phone 이 언어 행위의 연속체에는 세 개의 음소가 있는데, ph—〔f〕, o—〔ou〕, n—〔n〕이다. e는 발음하지 않음. 그러나 한자는 일반적인 상황에서 하나의 字가 하나의 음절을 기록하며, 하나의 음절은 종종 하나의 형태소[8]를 나타낸다. 예를 들면, '山'이

7 한자 구형학 연구 팀의 조사에 의거하면, 한대 비각의 예서문자 중에 표의성이 여전히 존재하는 것은 91%를 점하였다. 마왕퇴 출토 백서의 예서문자 중에 표의성이 남아 있는 것은 89%를 차지하였다. 현대 한자의 형성자 중에도 90% 이상이 義符의 表意 가능성 정도가 비교적 잘 남아 있다.

8 형태소〔語素〕는 영어로 morpheme이며 또한 詞素라고도 하는데, 하나의 언어를 구현하는 데 있을 수 있는 가장 작은 의미단위이다. morpheme라는 이 단어는 두 개의 형태소로 구성되어 있는데 morph는 morpho와 같으며 단어를 구성하는 성분의 의미이다. em

라는 한자는 shān이라는 음절을 기록했으며, 이 음절은 '山'이라는 형태소를 대표한다.

둘째, 형체의 특징으로 말하면 병음문자는 일차원의 線性 배열이나, 한자는 이차원인 평면상에 형체가 구성되어 있다. 또 어떤 사람은 삼차원인 덩어리구조라고 여겼다. 예를 들면, 李圃는 갑골문자의 성질 특징은 표의 체계의 어소문자라고 여겼다. 그것은 덩어리문자에 속하여 線型文字인 인도유럽문자와는 다르며, 또한 단순 표음의 평면 덩어리문자인 한국어와도 다른, 일종의 형체와 의미가 연계하며 형태소 음의 전가를 받아들이는 삼위일체의 입방체문자라고 하였다.(李《甲》1, 216~217) 이렇게 한자는 여러 종류의 구별 성질의 요소를 지니고 있는데 형태를 구성하는 요건을 제외하고 구건 위치의 다름은 의미를 구별하는 작용을 한다. 예를 들면, 本·末·朱는 모두 '木'의 기초 위에서 표시구건 '一'을 부가한 것이다. 그러나 이 '一'이 아래에 부가되면 나무뿌리라는 의미 표시하며, 위에 부가되면 나뭇가지 끝이라는 의미를 표시하며, 중간에 부가되면 나무줄기라는 의미를 표시한다. 구건의 위치 방향의 다름은 의미를 구별하는 작용을 일으킬 수 있다. 예를 들면, 从과 北은 모두 측면의 사람 형체 두 개가 조합된 것이다. 그러나 두 사람이 한 방향으로 향해 있으면 따르다의 의미이며, 두 사람이 다른 방향으로 향해 있으면 등지다의 의미이다. 이밖에 구건의 수량 역시 구별하는 요소가 될 수 있다. 예를 들면, 木·林·森의 구별은 곧 구건의 수량에 있다.

셋째, 병음문자의 구건—자모는 단지 한 음절의 음소만을 표시하여 대부분 構形理據가 있다고는 말할 수 없다. 그러나 한자의 구건은 대

은 歐美문자의 폭의 크기를 나타낸다. e는 의미가 없어 하나의 형태소로 간주할 수 없다.

부분 그것의 造形과 합치하는 원시적인 造字의 의도를 찾을 수 있는데, 간단한 하나의 丨로 그것의 구형이거—나무 막대로부터 옴—를 거슬러 올라가 찾을 수 있다. 이 의미는 아직 '支'字 중에 남아 있는데 支자의 갑골문 '𠂆'의 위에 이 丨가 표시하는 것이 바로 나무 막대이다.

이상에서 살펴본 한자의 특징에 근거하면 한자 자형과 음·의의 관계는 대단히 밀접하여 한자 연구는 응당 자형에 대한 연구를 중시해야 하며, 자형에 대한 연구는 마땅히 자형구조 및 구의·구형이거에 대한 연구를 중요한 위치에 놓아야 하며, 동시에 또한 중국 고대의 역사문화와 광범위하게 연계해야 한다는 사실을 알 수 있다. 이러한 한자 연구라야만 비로소 민족언어문화의 심층에 깊게 들어가 한자 자형구조의 진정한 함의를 밝혀낼 수 있을 것이다.

제2절 한자 형체의 可分析性

한자 형체가 분석할 수 있는 성질〔可分析性〕을 지니고 있는가에 대한 대답은 긍정적이다. 한자 형체의 가분석성은 먼저 한자 형체의 계통성에 있다.

한자는 세계 기타 문자와 같이 형·음·의 세 개의 요소를 갖추고 있다. 한자가 일종의 표의문자이기 때문에 형과 음·의의 연계는 세계 기타 문자(이를테면 인도유럽어계 문자)에 비해 밀접하다. 이 때문에 한자를 연구하는 학자들은 자형에 대한 연구를 대단히 중요시하며, 어휘와 훈고를 연구하는 학자들 역시 자형을 의미를 찾는 의거로 삼는다. 고금학자들의 연구를 통해 우리는 한자의 자형 역시 응집력이 대단히 강한 계통임을 절실하게 느낄 수 있는데, 마치 王寧이 "한자의 個體字

符는 고립적이지도 않고 어지럽지도 않으며, 서로 연계적이고 내부적으로 질서 있는 성질을 드러내는 부호계통이다."(王《漢》, 12)라고 지적한 것과 같다. 계통론의 원소·구조·질서 있는 조합 등의 내용에 의거하면, 한자의 자형은 분석할 수 있다고 推斷할 수 있다.

먼저, 한자는 共時 構形系統을 지니고 있다. 한자의 형체에는 그것의 構形元素가 있는데, 왕녕은 그것을 '形素'라고 칭하였다. 한자는 글자를 구성할 수 있는 용량을 갖추고 있으며 아울러 구의를 구현할 수 있는 최소 원소들이 기초가 되어 조합되어 이루어진 것이데, 이러한 최소의 원소들을 귀납하면 '形位'를 얻을 수 있다. '형위'는 공시 층면으로부터 글자를 구성하는 형소에 대해 분석을 진행하고 정리하여 얻어낸 것이다.[9] '형위'의 수량, 글자를 구성하는 기능, 조합 단계, 조합 모식 등에 대한 분석과 귀납을 통해 공시 층면의 한자의 구형계통을 볼 수 있다. 이 점은 이미 왕녕 및 그 팀의 연구 성과가 검증한 바 있다. 그들은 이미 갑골문·西周 금문·春秋 금문·戰國 楚文字 그리고 일부분 東方文字·睡虎地 秦문자·居延 漢簡·마왕퇴 백서·東漢 碑刻 예서·魏晉 行書·隋唐五代 碑志 楷書·宋代 雕版 해서·明代 石刻 佛經文字·清代 민간 필사와 宮廷文字의 구형계통에 대해 전방위적인 연구를 진행하여 한자의 공시 구형계통의 객관적 존재를 증명하였다. 이에 대해서는 제2장에서 상세하게 논술하고자 한다.

두 번째, 한자의 구형원소의 조합에는 그 단계성이 있다. 한자 자형은 분석할 수 있으며 또한 한자 字符의 조합에 단계성이 있기 때문에 많은 構件이 조합된 한자에 대해 구조적 단계 분석을 진행할 수 있

9 王寧은《漢字構形學講座》중에서 형위에 대한 정의를 "쓰는 법이 약간 다르고 근원이 같고 구의가 같은 형소를 함께 귀납하여 하나의 형위로 칭한다."라고 내렸다. 형소와 형위의 구별은 정리를 거치는지의 여부에 달려 있음을 알 수 있다.(이 책 p.178 참조)

다. 예를 들면, 諾의 제일 조합단계는 '言'과 '若'이라는 두 개의 구건이 조합한 것으로 제일 단계 조합 중에 있는 두 개의 구건을 直接構件이라 칭한다.[10] 제이 조합단계는 '艹'와 '右'의 조합이다. 제삼 조합단계는 '𠂇'와 '口'의 조합이다. 이 때문에 '諾'자에는 4개의 기초구건 즉 言·艹·𠂇·口가 있다. 그리고 '言'과 '若'은 직접구건이며 '右'는 과도구건이다. 만약 小篆이라는 이 공시 층면의 한자라면 그 구조적 조합단계는 또한 제삼 단계에 '屮'와 '屮'의 조합을 더해야 한다. 그리고 '艸' 역시 과도구건이다. 그래서 한자의 자형은 계통성을 갖추고 있을 뿐만 아니라 또한 조합의 단계성도 지니고 있다. 바로 이 때문에 한자의 자형구조는 곧 어지럽지 않으며 질서 있는 조합의 한 계통이다.

세 번째, 한자 형체는 언제나 대량의 문화 정보를 지니고 있다. 한자의 자형을 분석하는 것은 자형으로 자형을 분석하는 것이 아니다. 분석의 근본적인 목적은 자형의 분석을 통해 각 구건에 구현되어 있는 글자를 구성하는 의도와 어떤 문화정보들을 내포하고 있는지를 발굴해 내는 데에 있다. 獨體字이든 合體字이든 상관없이 그 글자를 조성하는 구건은 모두 의미가 있는데, 어떤 것은 실물의 형체를 본뜨며 어떤 것은 일의 의미를 나타낸다. 언제나 자형을 통해 그 글자를 만든 사람의 의도를 이해하고 민족문화 심층의 함의를 발굴해 낸다. 예를 들면, '食'자의 갑골문은 [illegible]으로 두 개의 구건으로 구성되어 있는데, 하나는 A로 덮개의 형체를 본떴으며 하나는 [illegible]로 밥이 가득한 그릇을 본떴다. 만약 한자의 자형 분석이 단지 이와 같을 뿐이면 전통 '六書'설의 분석

10 王寧의 《漢字構形學講座》에서는 구건을 직접구건·基礎構件과 過渡構件으로 구분하였다. '직접구건'은 전체 글자를 구성하는 구건으로 조자 의도를 구현하는 구건이다. '기초구건'은 한자를 구성하는 최소 구건이며, 또한 더 이상 나눌 수 없는 구건이다. 직접구건과 기초구건 사이에 있는 구건을 '과도구건'이라고 칭하였다.(이 책 PP.80~82 참조)

과 조금의 차이도 없다. 단지 하나의 다른 견해로 바꾸었을 뿐이다. 여기서 우리는 또 옛사람이 왜 이 두 개의 자형 구건으로 '民以食爲天(백성은 먹을 것을 하늘로 삼는다)'의 '食'을 기록하였는지를 더 깊이 있게 탐구해야 한다. 연구를 통해 우리는 옛사람이 이 두 개의 자형 구건을 사용해 밥 먹는 것과 먹는 밥에 그것의 깊은 의미가 있음을 기록하였다는 사실을 알 수 있다. 亼로부터는 많은 알곡들이 모여서 밥이 이루어지는 의미를, 皀로부터는 첫째 옛날에 밥을 먹는 방식이 손으로 잡는 것이며, 또 다른 심층의 함의는 밥은 배 불리 먹어야 하는데 마시는 것과는 상대적으로 많을수록 좋으나, 마시는 것 특히 술을 마시는 것은 도리어 신중해야 하며 30%로 족하다는 의미를 알 수 있다(본서 제4장 제4절에 상세한 내용이 보임). 한자의 각 구건은 모두 대량의 문화정보를 지니고 있으며 한자의 자형은 분석할 수 있을 뿐만 아니라 고대인들의 사상정감이나 관념과 밀접한 관련이 있기 때문에 한자의 자형 분석은 더욱 操作性과 흥미성이 있어 무미건조한 형식 분석으로는 흐리지 않는다.

마지막으로, 합체조합한자는 모두 일정한 배치가 있다. 한자의 자형 구건의 수량·위치와 놓이는 방향은 모두 다른 의미를 이루는 요소가 될 수 있으니, 그 자형에는 모두 일정한 배치가 있다. 王寧의 귀납에 의거하면 12종이 있는데 다음과 같다. 牛□·打⿰·湖⿲·吾⿱·莫⿳·因⿴·近⿺·匣⿷·反⿸·司⿹·用⿵·凶⿶(王《漢》, 134) 어떤 한자들은 또한 多種 배치의 합성에 속하는데, 이를테면 巍에는 ⿱의 그림자도 있고 또한 ⿰와 ⿳의 그림사도 있다. 이렇듯 한자의 자형 분석은 평면기하 분석과 또 비슷한 곳이 있어 자형 분석의 활용성을 더욱 증가시켰다.

한자의 자형 분석은 마땅히 이성적 분석이 되어야지 자형에 대해 함부로 뜯어내어 분석할 수는 없다. 王寧은 《漢字構形學講座》 중에서 한자의 구건에 대해 이성적 분석을 진행할 것을 주장하였다. 이성적 분석에서 가장 기본적으로 요구되는 것은 자형구조의 규율을 위배할 수 없다는 점이다. 이를테면 '旗'자에 대한 분석에서 오늘날 자전과 사전의 부수 배열에 의거하면 그것을 '方'部에 둬야하기에 이 자를 '方'과 '𠂉其'로 나눌 수 있음을 알 수 있는데, 표면적으로 보면 아무 잘못이 없다. 그러나 '𠂉其' 이 구건은 무엇인지 분명하게 말할 수 없다. 그것은 한자 족보 중에는 없는 것이다. 王寧은 "해석할 수도 없고 음과 의미를 갖추지도 않았으며 또한 構意가 없는" 이런 형체를 '超系統形體'라고 하였다.(王《漢》, 76) 초계통형체의 출현은 십 중 팔구가 무리한 분석 때문으로 그것은 한자 구조의 규율을 위배하였다. 실제로, '旗'자는 마땅히 '㫃'과 '其'라는 두 개의 구건으로 구성되어진 것으로, '㫃'이 비로소 旗幟와 관련이 있으며 '其'는 여기서 하나의 表音構件이다. '旗'는 하나의 音義合成字이다. 그래서 한자의 자형에 대한 분석은 "한자 구조의 이거에 의거하고 객관 유형과 조합 단계에 순응"해야 하며 "분석의 최종 결과가 합리적이며 각 과도구건은 모두 합리적임을 보증"해야 한다.(王《漢》, 76)

제3절 한자 구조의 理據性

한자 구조의 이거는 한자 창제의 이유와 근거를 가리키는 것이다. 개별 한자에 대해 말하면 옛사람이 그 글자를 만든 이유이자 또 무엇에 근거하여 그 글자를 만들어냈는가 이다. 한자의 구조는 이거성을 지니고 있는 것이라는 관점 역시 王寧이 먼저 제기한 것이다. 그녀는 《漢字構形學講座》 第3講 '구형과 구의' 중에서 '造字理據'라는 용어를 사용하면서 그것에 대한 정의를 "한자의 형체 중에서 분석할 수 있는 의미정보는 처음 글자를 만들 때 글자를 만든 사람의 주관적 造字意圖로부터 온 것으로, 우리는 構意 또는 造意라고 칭한다. ……조의는 일단 사용한 群體에 의해 공인이 되면 일종의 분석할 수 있는 객체가 되는데 우리는 그것을 조자이거라고 칭한다."(王《漢》, 225)라고 내렸다. 王寧이 말한 '조자이거'는 사화단체성원에 의해 접수되고 공인이 된 그 개별 한자를 만든 사람의 주관적 조자의도를 가리킨다.

한자 구조의 이거에는 개별 한자 중에 구현된 그 글자를 만든 사람의 주관적 의도가 있으며, 동시에 한자의 전체 계통 또한 옛사람들의 조자의도를 반영하고 있다.

앞사람들은 한자 구조의 이거에 대해 끊임없는 탐색을 진행해 왔었다. 춘추시기의 孔丘는 "하나로써 세 가지를 관통하는 것이 왕이다(一貫三爲王)."(大徐本, 9)라는 해석을 하였다. 서한의 董仲舒는 한 발 더 나아가 "옛날에 문자를 만드는 사람이 세 번 획을 긋고 그 가운데를 이어서 왕이라고 하였다. 세 개의 획은 하늘·땅·사람을 의미하며 이 세 가지를 관통하는 것이 왕이다(古之人造文者, 三畫而連其中謂之王. 三者, 天·地·人也, 參通之者, 王也)."(大徐本, 9)라고 해석하였다. 許愼과 동시대인인 王育은 '禿'자 창제의 이거에 대해 탐색을 한 적이 있는데, "蒼頡이 밖으로 나와서 벼 가운데 머리카락이 없는 사람이 엎드려 있는 것을 보고 글자를 만들었다(蒼頡出, 見禿人伏禾中, 因以制字)."(大徐本, 177)라고 하였다. 王育의 이 견해에 대해 許愼은 "상세한 것은 알 수 없다(未知其審)."고 의문을 두었다. 이로부터 춘추시기부터 양한까지 의식적이든 무의식적이든 한자 구조의 이거를 탐구하고 있었음을 알 수 있다. 한자 전체 계통의 구조이거에 관해 許愼은《설문해자》自叙 중에 "옛날 伏羲氏가 천하를 통치하면서 우러러보며 하늘로부터 그 모양을 관찰하고 내려다보며 땅으로부터 그 법칙을 관찰하였다. 조수의 무늬와 지리의 형상을 보고서 가까운 것은 자신으로부터 그 모양을 취하고 먼 곳은 外物로부터 그 모양을 취하였다(古者庖犧氏之王天下也, 仰則觀象於天, 俯則觀法於地, 視鳥獸之文與地之宜, 近取諸身, 遠取諸物)." "황제의 史官 蒼頡이 조수의 족적을 보고 그 무늬로써 서로 구별할 수 있음을 이해하여 처음으로 글자를 만들었다(黃帝之史倉頡, 見鳥獸蹄迒之跡, 知分理之可相別異也, 初造書契)."(大徐本, 314)라고 하였다. 그 중에서 "우러러보며 하늘로부터 그 모양을 관찰하고 내려다보며 땅으로부터 그 법칙을 관찰하였다. 조수의 무늬와 지리의 형상을 보고서 가까운 것은 자신으로부터 그 모양을 취하고 먼 곳은 外物로부터 그 모양을 취하였다."와 "조수의 족적을 보고 그 무늬로써 서로 구별할 수 있다."는 일찍이 한자 전체 계통 구조의 이거를 탐색한 것이라고 말하지 않을 수 없다. 이 노선을 따라, 본서는 "우러러보며 하늘로부터 그 모양을 관찰하고 내려다보며 땅으로부터 그 법칙을 관찰하였음", "조수의 무늬와 지리의 형상을 보았음", "가까운 것은 자신으로부터 그 모양을 취하고 먼 곳은 外物로부터 그 모양을 취하였음"이라는 이 세 방면으로부터 한자 구조의 이거를 탐구하고자 한다. 총 218자를 분석하였으며 그 중에서 138자는 540部의 部首字에 속하는데 분석한 자의 63%를 차지한다. 이 세 가지 서로 다른 각도부터 한자 구조의 이거를 탐색하는 일은 일정한 보편적 의의를 지니고 있다고 볼 수 있다.

제4절 한자와 華夏文化의 관계

한자와 화하문화의 관계는 지금까지 문자학자·역사문화학자의 관심의 대상이었다.

20세기 초에 '글자로 역사를 고증(以字考史)'하고 '설문으로 역사를 증명(說文證史)'하는 연구 바람이 일어났다. 1980년대에 출현한 문화언어학(혹은 언어문화학이라고도 함)이 그 나머지를 이어받았다. 전자는 한자로써 古史와 고대사회문화생활을 연구하는 공구로 삼았는데, 王國維의 '古史新證'(혹은 '二重證據'法이라고도 함)과 程樹德의 《說文稽古篇》이 있다. 왕국유는 지하에서 출토된 갑골문과 세상에 전하는 문헌자료를 상호 증명함으로써 앞사람을 초월하는 성과를 거두었다. 정수덕은 소전의 고증을 옛사람의 생활의 습속 영역에 끌어들여 연구함으로써 《설문》학 중에서 독자적으로 한 파를 이루었다. 근대 국학대사인 劉師培는 <論中土文字有益於世界>라는 문장 중에서 "중국의 문자는 형태로써 벼리로 삼아 그 偏旁을 살펴보면 옛날 민중의 상황이 환하게 들어나게 마련이다. 그러므로 언어학으로서의 小學을 하는 사람은 반드시 사회학과 서로 증명한다. ……中國字音이 멀리 갈 수 없는 것을 안다면 중국문자가 멀리 갈 수 있음을 알 수 있는데, 오로지 자형에만 의지한다. 자형이 멀리 갈 수 있는 이유는 형태를 보고 그 의미를 생각함으로써 원시사회의 형태를 탐구하여 사회학자가 얻을 수 있는 것을 갖출 수 있다."(劉《申》, 439)라고 지적하였다. 한자의 구형을 연구하는 것은 확실히 "원시사회의 형태를 탐구"할 수 있어 사회역사학에 새로운 자료와 논거를 제공한다.

1980년대의 문화언어학자를 당시 사람들은 '문화탐색자〔文化弄潮兒〕'라고 불렀다. 그들은 중국 현대언어학 발전에 일정한 공헌을 하였는데, 적어도 문자학 영역에서 일부 잘못된 관념을 바꾸었다. 예를 들면, 漢字落後論과 세계 공통의 병음문자 방향으로 나아가야 한다는 등의 관념은 문화언어학의 충격하에 바뀔 수 있었다.

20세기 말에서 21세기 초까지 한자와 문화 관계의 탐구는 그야말로 대성황이었다. 曹先擢은 최초로 《字裏乾坤》을 출판하였는데, 한자가 담고 있는 문화정보에 대해 초보적인 정리를 진행하였다. 何九盈이 主編한 《漢字文化大觀》은 비교적 계통적으로 한자의 문화정보를 분석하였다. 劉志基의 《漢字文化綜論》은 유형별로 나누어 구체 한자의 문화 함의를 탐색하였다. 劉志誠의 《漢字與華夏文化》는 한자의 형체구조로부터 화하의 史前文化를 증명하였다. 宋永培는 《說文漢字體系與中國上古史》를 지어 《설문》의 의미체계와 그 체계를 이룬 중국 상고사와의 관계를 정리하였는데, 한자문화학 방면의 역작이라고 할 수 있다. 21세기에 들어서 王寧이 이끌고 何九盈·趙誠·費錦昌·조선탁 등의 대가들이 참여하여 《漢字與文化叢書》를 저작 출판하였는데, 거시적 관점에서 미시적 관점까지 한자와 문화 관계에 대해 전면적인 정리를 진행하였다.

한자문화학은 많은 학문과 관련되어 있는데, 이를테면 인류학·고고학·철학·역사학·민속학 등이다. 한자문화학이 성숙한 단계로 나아가려면 위에서 언급한 학문 영역의 학자들이 적극적으로 참여할 필요가 있다. 한자문화학이 문자학의 한 분기학문으로서 이미 관련 학자에 의해 인정을 받았는데, 그것이 연구해야 할 문제는 대단히 광범위하다. 王寧은 《說文解字與漢字學》 중에서 한자문화학의 내용과 임무에 대해 정확하게 개괄하였는데, 한자문화학의 연구는 문화의 각도로부터 한자를 보는 것이며 문화적 안목으로 한자를 관찰하고 한자를 해석하며 동시에 한자가 구형 중에 가지고 있는 문화정보를 찾아내는 것이라고 지적하였다. 이는 한 개 문제에 있어서 두 개의 방면이라고 할 수 있다. 陳寅恪은 "오늘날 훈고학의 표준에 의거하면, 무릇 한 자를 해석하는 것은 곧 문화사 한 부를 짓는 것이다."[11]라고 하였다. 그래

11 《沈兼士學術論文集》, 中華書局 1968年版, p.202 재인용.

서 중국의 역사문화를 떠나 한자를 얘기하고 한자를 떠나 중국의 역사문화를 말한다면 여러 종류의 장애에 부딪힐 것이다.

한자는 일종의 표의문자로, 그것이 병음문자와 다른 점은 사람들이 그것의 형체를 보고 뜻을 알 수 있다는 데에 있다. 한자는 화하민족의 문화 함의를 투시할 수 있어 모종의 의의상에서 말하면 그 자체가 바로 일종의 문화적 擔體이다. 王寧은《說文解字與漢字學》중에서 한자는 문화의 거대한 계통 중의 한 文化項이라고 하였다.

아래에서는 중국어 기본 단어 중의 馬·牛·羊·鷄·犬·豕 여섯 자를 예로 들어 한자와 화하문화의 관계를 설명하기로 한다.

馬·牛·羊·鷄·犬·豕 이 글자들은 갑골문 중에 있는데, 각각 다음과 같다.

이 여섯 개 갑골문은 馬·牛·羊·鷄·犬·豕 여섯 개의 단어를 각각 기록하였는데, 이는 옛사람이 말하는 여섯 가지 가축〔六畜〕[12]이다. 갑골문 중의 馬·牛·羊·鷄·犬·豕 이 여섯 개의 字形은 곧 화하민족의 畜牧文化의 具象이며 또한 수렵사회에서 목축사회로 발전한 일종의 문화 담체라고도 할 수 있다. 이러한 문명 발전 방식을 가장 잘 반영한 것은 마땅히 '鷄'의 자형이다.

'鷄'는 하나의 形聲字처럼 보이는데 鳥의 의미를 따르고 奚는 발음을 나타낸다. '奚'와 '鷄'는 上古시기에 支部의 韻에 속하였으며,《廣

---

12 《三字經》(전통 識字 교과서)에서는 "馬·牛·羊·鷄·犬·豕 이 여섯 가지 가축은 사람이 기른다(馬牛羊, 鷄犬豕, 此六畜, 人所飼)."라고 하였다.

韻》에서는 鷄로써 奚의 反切 아래자로 삼았는데, 즉 胡鷄切이다. 鷄·奚는 疊韻이며 자음은 見·匣이 된다.[13] 사실 '鷄'는 會意字로 어떤 사람은 회의 겸 형성자라고도 한다. 그것의 構字部件 '奚' 역시 의미의 표현에 참여하였다. '奚'의 갑골문은 아래와 같다.

一期後下三三. 九

徐中舒는 글자를 해석하면서 "손으로 죄지은 노예의 땋은 머리채를 틀어쥐는 모양과 같다. 그 죄지은 노예의 형체를 라고 하였는데, 모두 머리 위에 땋은 머리가 있는 사람이다. 奚는 殷代의 노예의 일종이다."(徐《甲》, 1178)라고 하였다. 이 설은 따를 만하다.

奚가 '죄지은 노예'라는 의미는 《周禮》 중에 아직 남아 있다. 《주례·天官·冢宰》 '酒人' 항목 아래에 "환관 10인, 술 빚는 여종 30인, 노예 300인(奄十人, 女酒三十人, 奚三百人)."이라는 말이 있는데, 鄭玄의 注에서 "옛날 죄에 연루된 남녀는 재산을 몰수당하고 궁정에 들어가 노비가 되는데, 그 중에서 젊으면서 재주 있고 지혜로운 사람을 奚로 삼았다(古者從坐男女, 沒入縣官爲奴, 其少才知以爲奚)."(孫《義》, 433)라고 하였다. 정현의 견해는 주대 이후의 史料에 근거하여 말한 것이다.

서주는 봉건사회로 진입하여 전쟁 포로의 생명을 점점 존중하였으니, 商代처럼 죽이고 싶으면 바로 죽이는 것 같지는 않았다. 그러므로 전장에서 잡아온 포로를 官奴와 家奴로 바꾼 후에 종종 그 재능을 다 발휘할 수 있도록 젊으면서 재주 있고 지혜로운 사람을 또한 궁정의

13 上古音의 聲紐와 韻部의 확정은 唐作藩의 《上古音手冊》(江蘇人民出版社 1982年版)을 참고하였다.

잡무에 종사하도록 하였다. 그러나 상대는 아직 원시사회 중·후기의 일부 야만적 문화습속을 답습하여 전쟁 포로의 생명을 초개처럼 다루었으니 죽이고 싶으면 바로 죽였다. 奚는 이미 노예로서 대부분이 전장에서 잡아온 사람이다. 그래서 '奚'의 생명은 곧 닭과 같았으니 商나라 왕이 제사를 지낼 때 사람 犧牲〔人牲: 物牲(동물 희생)과 상대적으로 쓴 것임〕으로 삼았다.

李圃는《甲骨文文字學》중에서 '鷄'의 자형 造字 의도를 분석하면서 다음과 같이 지적하였다. 는 楷書 자형으로는 '鷄'가 되는데, 지금은 '雞'로 쓴다…… 갑골문 중의 는 鳥의 형상과 지극히 혼동하기 쉬우므로 '奚'와 합하여 본체 사물의 이름을 나타냈으며 또한 鳥와 구별하였다. 옛사람들이 奚로써 와 합한 것은 대개 巫術宗教的 사유로부터 나왔는데 상고에는 제사용 희생을 죽이면서 종종 노예 혹은 닭으로 희생을 삼았다. 이를테면 (彝)는 의 의미를 따르는데 어떤 경우에는 사람 희생이 되고 어떤 때에는 닭 희생이 된다.(李《甲》, 1280)

이로부터 우리는 鷄는 그 本體象形字인 에 奚를 합한 것이기 때문에 일반적인 "사물의 의미 유형에 의거하여 글자의 形旁을 확정하고 독음이 서로 비슷한 글자를 취해 聲旁을 만들어 이루어진다(以事爲名, 取譬相成)."는 形聲의 글자 구성이 아니고, 일종의 會意에 소리를 겸한 글자임을 미루어 판단할 수 있다. '奚'는 '鷄'의 자형 조의에 참여하여 적어도 두 개의 방면에서 그 의미를 나타내고 있다.

하나는 포획의 의미이다. 닭은 사람들이 야외에서 포획한 날짐승으로 우리 안에 기르면서 길들여졌다. 마치 포로가 전장에서 잡혀와 길들여져 노예가 되는 것과 같다.

다른 하나는 제사의 희생을 의미한다. 趙誠의《甲骨文與商代文化》에 근거하면, 날짐승으로 제사의 희생으로 사용되는 것에는 두 종류가 있다고 하였다. 하나는 雚huàn祭라고 칭하는데, 부엉이류의 새로써 제사를 지낸다. 다른 하나는 彝祭라고 칭하는데, 닭이나 새로써 제사를 지낸다. 야외의 날짐승은 잡기가 쉽지 않기 때문에 꿩을 잡아 길렀다가 제사용으로 공급한다. 奚가 제사 희생으로서는 卜辭 중에 많이 보이지 않으나, '奚'와 같은 의미인 𠬝(服)의 本字는 뒤에서 손으로 사람을 잡는 형태와 닮아서 포로의 통칭이 되나, 오히려 제사의 사람 희생이라는 의미로 자주 쓰인다.(趙《甲》, 188~189)

'𠬝'와 '奚'는 같은 의미로 모두 전장에서 잡은 포로를 가리킨다. 다른 점은, '奚'가 나타내는 것은 잡는 과정 중의 포로이나 '𠬝'는 항복한 후에 휘하에 들어온 포로이다. 또 갑골문에 '⿰奚戈'가 있는데, 도끼로 奚를 죽여 先王과 先公에게 제사지낸다는 것이다.(《乙》, 4119에 보임) 길들여진 포로는 희생용 가축과 마찬가지로 죽이고 싶으면 바로 죽였으니, 사람 희생으로서 이상할 것이 없었다. 鷄는 奚로부터 소리를 얻었으며 아울러 그 의미도 획득하였다.

鷄와 의미가 가까운 것은 '雉'이다. 雉는 갑골문 중에 이미 있었는데, 그 형체는 다음과 같다.

—期乙八七五一

화살에 맞아 죽은 꼬리가 긴 새와 닮았는데, 바로 꿩〔野鷄〕이다. 이는 어업과 수렵시대의 문화적 반영으로, 당시 사람들은 아직도 짐승을 길들여 기를 줄 몰랐기 때문에 꿩을 잡으면 식용으로 공급하였다. '雉'와 '鷄'의 자형은 다른데 얼마간의 史前文化가 투영되어 있다.

그 다음은 '牛'·'羊' 두 자이다. '馬'·'犬'·'豕'는 '牛'·'羊'과 같이 "사물을 그리는 것으로 그것의 형상에 따라 곡절하게 그려내다(畵成其物, 隨

體詁詘).”라고 하는 象形이다. 그러나 ‘馬’·‘犬’·‘豕’는 필획을 간략화 하는 방식으로 본체 사물의 전체 物象을 그렸으나, ‘牛’·‘羊’은 오히려 머리 부분의 윤곽만을 그렸다.

그들의 다름은 문화의 각도로부터 해석을 할 수 있다. 원래 소·양은 제사 희생 중에서 우선적으로 선택하는 동물 희생이다. 趙誠의《甲骨文與商代文化》에서 상대의 祭品들을 열거하면서 양·소를 동물 희생의 앞 두 자리를 점하도록 했다. 소·양은 희생으로서 대부분 머리를 자르는 방식으로 도살을 진행한다. 머리를 끓여서 먹은 후에 남은 뼈는 또한 장식으로 쓰임이 있으며 심지어 부유함을 과시하는 증거도 되었다. 갑골문의 ‘有’는 㞢가 되는데, 고문자 학자의 고증에 의거하면 소머리뼈의 상형이다. 지금까지 아직도 일부 소수민족은 통로 기둥에 소머리·양머리를 걸어놓는 습속이 남아 있다. 그러나 말머리·개머리 그리고 돼지머리를 걸어놓는 것은 매우 적다. 이 때문에 옛사람들은 소·양 이 두 동물에 해당하는 글자를 만들 때 자연스럽게 그것들의 머리 특징을 생각하게 되었다.

갑골문 중의 ‘牛’는 다음과 같은 형체도 있다.

一期京一一二二(牡字 偏旁)

‘羊’은 다음과 같다.

一期鐵二五二. 一[14]

14 徐中舒 主編의《甲骨文字典》은 이것을 ‘羌’자로 풀이하였는데, ‘羌’은 양을 치는 민족이기 때문에 필자의 분석을 더욱 잘 설명할 수 있다.

옛사람들이 야생의 소와 양을 길들여 가축으로 만드는 것은 그 머리의 뿔에 나무고랑을 채우거나 새끼를 씌우는 것에 있음을 반영하였다. 사람들이 야생의 소와 양을 길들이는 것은 머리로부터 시작된 것이다. 인간이 수렵시대에서 목축사회로 진입한 것은 대개 신석기시대 중기 내지 후기였는데, 萬里長城 이북 초원지대는 또한 세석기시대였다. 이 시기에 모계씨족사회에서 부계씨족사회로의 변화가 완성되었다. 가정사유제의 점차적인 형성에 따라 사람들은 소머리와 양머리를 사용하여 통로 기둥의 장식품으로 삼아 그 부유의 정도를 과시하기 시작하였다. 그러므로 '牛'·'羊' 두 자가 머리 부분의 윤곽으로 그것을 상징한 사실은 역사문화의 각도로부터 해석이 가능하다.

馬·牛·羊·鷄·犬·豕 여섯 자의 간략한 분석을 통해 우리는 이미 한자가 하나의 부호계통으로서 그 자체가 지니고 있는 문화 함의를 감지할 수 있다.

중국 고대의 문화는 삼라만상을 포함하고 있다. 사람들의 衣·食·住·行은 물질적 층면에 관련되어 있고 喜·怒·哀·樂은 정신적 층면에 관련되어 있으며 정치·경제·법률 등은 오히려 마음과 물질이 결합된 층면이다. 그러나 한 시대에는 한 시대의 문화가 있고 한 민족에게는 한 민족의 문화가 있다. 중국 고대의 문화는 중국 현대의 문화와 완전히 같지는 않으며 중원의 화하민족의 문화는 四方의 소수민족의 문화와 모두 같지는 않다. 각종 문화 요소들은 모두 한자의 자형 중에 쌓여 있을 수 있는데, 이것이 바로 우리가 탐구해야 할 한자의 구조와 화하문화 관계의 객관적 근거이다.

제5절 소결

서론 부분에서 우리는 다음의 몇 가지 문제를 탐구하였다.

첫째, 한자의 성질과 특징: 한자의 성질과 특징은 다각도에서 탐구할 수 있는데, 한자의 구조와 말을 나타내는 방식 및 한자의 형성과 발전은 모두 한자가 세계 기타 문자와 다른 성질과 특징을 드러내고 있다.

둘째, 한자 자형의 가분석성: 한자의 자형은 구형원소가 일정한 조합방식을 경과한 후에 조합된 것으로, 한자 형체의 조합은 단계성을 지니고 있으며 한자를 구성하는 각 요소들은 모두 대량의 문화정보를 지니고 있다. 한자의 구조는 구성된 것으로 평면조합의 기하관계를 반영하였다. 이 때문에 한자 자형의 가분석성은 의심할 수 없다.

셋째, 한자 구조의 이거성: 옛사람들은 천상과 지리를 관찰하여 천문과 지리류 단어를 기록하는 문자부호를 창조했으며, "조수의 무늬와 지리의 형상을 보고서" 조수와 식물류 단어를 기록하는 문자부호를 창조했으며, "가까운 것은 자신으로부터 그 모양을 취하고 먼 곳은 外物로부터 그 모양을 취하여" 인간 자신 및 사람의 활동과 관련된 것을 기록하는 문자부호를 창조했다. 이 때문에 한자 한 글자의 자형 구조에도 그 이거성이 있을 뿐만 아니라 전체 한자의 자형 계통에도 또한 이거성을 갖고 있다. 이 세 가지 각도로부터 한자의 구조 이거를 찾아볼 수 있으며, 아울러 일정한 보편적 의의를 지니고 있다.

넷째, 한자와 화하문화의 관계: 한자는 화하문화의 다양한 정보를 담고 있기에 한자를 해독함에 있어 역사학·인류학·문화학과 고고학 등의 성과의 지원에서 벗어날 수 없다. 한자는 화하문화와 불가분의 관계가 있는데, 이 과제에 대한 탐구는 바야흐로 한창 진행 중에 있다.

본서에서는 한자 한 글자의 자형 구조 및 그것이 가지고 있는 문화 정보를 분석할 뿐만 아니라 또한 동일 어의 범주의 여러 한자의 형체와 의미의 연계에 대해 고찰하여 그 글자를 구성하는 이거를 발굴하였으며, 아울러 역사학·인류문화학의 각도로부터 한자의 구형 및 그 문화적 함의에 대해 완전히 새로운 해독을 진행하였다. 전체적으로 주요 내용을 모두 네 장으로 나누었는데 다음과 같다. (1) 한자 구조의 기초적 해독—'六書說', (2) 한자 구조의 현대적 해독, (3) 한자 구조의 이거, (4) 한자 구조에 담긴 문화적 함의.

제1장

한자 구조의 기초적 해독—'六書說'

‘육서설’은 중국에서 한자 형체구조 방식을 논의하거나 한자 구조 의도를 탐구하는 일종의 이론이다. ‘육서’의 제기는 한문자학 연구사에 있어 이정표적 의의를 지니고 있다. ‘육서’의 탄생에는 일정한 시대적 배경과 학문이론의 기초가 있으며, 그것의 탄생과 정형화는 한자의 발전과 사람들의 한자 구조에 대한 분석 및 한자 教學 등에 대해 적극적이고 심원한 영향을 끼친 적이 있었을 뿐만 아니라 중요한 작용을 발휘한 적도 있었다. 그러나 ‘육서설’은 결국 그 시대적 局限性을 지니고 있으며 한자 구조 분석 방면에서 일부 문제에 부딪히기도 하여 그 이론상의 결함과 실제 운용상의 부족함도 드러내기도 하였다. 본장에서는 이러한 문제에 대해 초보적인 탐구를 하려고 한다.

제1절 ‘육서설’의 緣起 및 그 최후 형성

1. ‘육서설’의 연기

한자 자형에 대한 분석은 春秋戰國時代에 이미 시작되었다. 예를 들면, “止와 戈를 합하여 武가 됨(止戈爲武)”, “皿과 虫을 합하여 蛊가 됨(皿虫爲蛊)”(《左傳》에 보임), “人과 言을 합하여 信이 됨(人言爲信)”(《穀梁傳》에 보임), “자기 쪽으로 건져내는 것을 厶(私)라 하고 厶와 배치되는 것을 公이라 한다(自環爲之厶, 背厶爲之公)”(《韓非子》에 보임)이다. 그러나 이러한 자형 분석은 자의적이며 잘못된 인식이다.

東漢에 이르러 자의적으로 자형을 뜯어 그것의 본의를 설명하였는데, 형법을 맡은 관리 廷尉가 글자로써 판결한 일은 그것의 최고점에 이르렀다고 할 수 있다. “馬頭에 人을 가한 것이 長(馬頭人爲長)”, “사람〔人〕이 十을 가지고 있는〔持〕 것이 斗(人持十爲斗)”, “苛자는 止와 句를 합한 것(苛之字, 止句也)" 등의 잘못된 설이 있다. 또한 "白과 水가 합하여 泉이 됨(白水爲泉)", "眞과 人이 합하여 貨가 됨(眞人爲貨)", "卯와 金과 刀가 합하여 劉가 됨(卯金刀爲劉)", "乙과 力과 土가 합하여 地가 됨(乙力土爲地)"(大徐本, 315) 등의 괴이한 이론이 있다.

그러나 이와 같이 글자를 뜯어서 뜻을 알아보는 방법(설사 잘못된 방법이더라도)은 오히려 사람들이 한자 구조에 대해 관심을 가지도록 하였으며, 이로부터 '육서설' 탄생을 위해 일정한 기초가 다져지기도 하였다.

2. '육서'의 명칭과 정의

'육서'라는 이 수사와 명사를 함께 부르는 구조는 東周時代에 이루어진 《周禮》에 가장 먼저 보이는데, 그 <地官·保氏>에 실려 있다.

> 保氏는 왕의 악함을 諫하며 道로써 公卿大夫의 자제를 가르치는 일을 하였다. 이에 六藝를 가르쳤는데, 첫째 五禮(吉·凶·兵·軍·嘉—인용자 주) 둘째 六樂(雲門·大咸·大韶·大夏·大濩·大武—인용자 주) 셋째 五射(白矢·參連·剡注·襄尺·井儀—인용자 주) 넷째 五馭(鳴和鸞·逐水曲·過君表·舞交衢·逐禽左—인용자 주) 다섯째 六書(象形·會意·轉注·處事·假借·諧聲—鄭玄 주) 여섯째 九數(方田·粟米·差分·少廣·商功·均輸·方程·贏不足·旁要—인용자 주)이다(保氏掌諫王惡, 而養國子以道. 乃教之六藝: 一曰五禮, 二曰六樂, 三曰五射, 四曰五馭, 五曰六書, 六曰九數).(孫《義》, 1010)

《주례》의 이곳에는 단지 '육서'라는 이름만 있지 '육서'의 구체적인 내용은 어디에도 없다. 동한 經學家 鄭衆의 注에서는 단지 '육서'의 조목만을 열거했는데, 또한 구체적인 내용에 대한 서술은 없다.

동한의 班固는《漢書·藝文志》중에서 또한 '육서'를 언급하면서 아울러 '육서'의 細目을 열거하고 있다. 그는 다음과 같이 말했다.

> 옛날 8세 때 小學에 들어갔기 때문에《주례·지관》에서 보씨는 공경대부의 자제를 가르치는 일을 하면서 육서를 가르쳤다고 하였다. 그것은 象形·象事·象意·象聲·轉注·假借를 일컫는데 글자를 만드는 근본이다(古者八歲入小學, 故《周官》保氏掌養國子, 教之六書, 謂象形、象事、象意、象聲、轉注、假借, 造字之本也).(《漢書》, 1720)

그러나 또한 '육서'의 각 세목에 대해 정의를 내리지 않았다.

계통적으로 '육서'를 해석하고 '육서설'을 제기한 사람은 동한의 許愼인데, 그는《說文解字·敍》중에서 이것에 대해 완벽하게 논술하였다.

> 《주례》에 8세 때 소학에 들어갔는데 보씨는 공경대부의 자제를 가르치면서 먼저 육서를 가르쳤다고 하였다. 육서의 첫째는 指事라고 한다. 그것은 보면 알 수 있고 자세히 살펴보면 그 뜻을 발견할 수 있는데, 上·下가 바로 그것이다. 둘째는 象形이라고 한다. 그것은 사물을 그리는 것으로 그것의 형상에 따라 곡절하게 그려내는데, 日·月이 바로 그것이다. 셋째는 形聲이라고 한다. 그것은 사물의 의미 유형에 의거하여 글자의 形旁을 확정하고 독음이 서로 비슷한 글자를 취해 聲旁을 만들어 이루어지는데, 江·河가 바로 그것이다. 넷째는 會意라고 한다. 그것은 다른 자를 조합하여 새로운 의미를 구성함으로써 그 글자를 만든 뜻을 구현하는데, 武·信이 바로 그것이다. 다섯째는 轉注라고 한다. 그것은 글자의 의미에 따라 분류하고 하나의 부수에 귀속시키는데 각 글자의

의미로써 서로 注釋할 수 있는데, 考·老가 바로 그것이다. 여섯째는 假借라고 한다. 그것은 본래 그 글자가 없으나 그것과 음이 같은 다른 글자를 빌려서 그 뜻을 기탁하는데, 令·長이 바로 그것이다(《周禮》八歲入小學, 保氏教國子, 先以六書: 一日指事. 指事者, 視而可識, 察而見意[1], 上、下是也. 二日象形. 象形者, 畫成其物, 隨體詰詘, 日、月是也. 三日形聲. 形聲者, 以事爲名, 取譬相成, 江、河是也[2]. 四日會意. 會意者, 比類合誼, 以見指撝[3], 武、信是也[4]. 五日轉注. 轉注者, 建類一首, 同意相受, 考、老是也[5]. 六日假借. 假借者, 本無其字, 依聲託事, 令、長是也[6]).(大徐本, 314)

---

1 大徐本에는 '察而可見'으로 되어 있는데, 段玉裁가 《설문》에 주를 달 때 顔師古가 《漢書注》에서 인용한 《설문》에 근거하여 '察而見意'로 고쳤다. 이 구절은 자세히 관찰하면 그 글자를 만든 用意를 알 수 있다는 뜻으로 쓰였다.

2 江·河는 모두 물〔水〕과 관련이 있기 때문에 물로써 그 사물의 의미 유형을 표시하였으며, '江'과 '工', '河'와 '可'는 각각 그 古音이 비슷하기 때문에 하나는 '工'으로 소리를 삼았으며 다른 하나는 '可'로써 소리를 삼았다.

3 '撝'는 '揮'와 같은데, 이 구절은 가리키는 바의 새로운 의미를 드러내다는 뜻이다.

4 《左傳·宣公十二年》에 "止와 戈를 합하여 武가 된다(止戈爲武)"라고 하였다. 이것은 무력으로 전쟁을 제지한다는 뜻이다. 그러나 '武'자는 갑골문에서 라고 하였는데, 아래의 '止'는 발가락의 형체와 닮았으니 제지하다의 '止'는 아니다. 이 글자는 하나의 合體象形字로 마치 한 사람이 창을 휘두르며 앞으로 나아가는 것과 같으니, 이 글자가 표현한 것은 武를 숭상하는 정신이다.

5 轉注는 한자의 構造 방식이 아니라 일종의 말의 의미에 대한 訓釋 방식이다. '建類一首' 중의 首에 대해 어떤 사람은 문자상의 部首로, 어떤 사람은 音韻상의 같은 部로 여겼다. 그래서 主形派와 主聲派의 두 가지 다른 해석이 있게 되었다. 우리는 서로 轉注되는 글자는 형·음·의 세 개 방면에서 모두 관련이 있기에 두 개의 글자는 形體상에서 닮았고 語音 상에서 비슷하며 意味상에서 통하니 모두 서로 전주할 수 있다고 여긴다. 예를 들면, 《설문·八上·老部》에 "老는 考이다(老, 考也)." "考는 老이다(考, 老也)."(大徐本, 173)가 그것이다. 두 개 글자는 서로 訓釋字가 되는데, 이것이 바로 轉注이다.

6 令의 本義는 명령을 내리다로 大徐本 p.187에 보이는데 縣令의 令으로 차용하였다. '長'의 본의(본래 형체)는 長髮의 노인과 비슷한데 長官의 長으로 차용하였다. 이상 大徐本 p.314에 보임.

오늘날 말하는 '육서'는 일반적으로 班固의 순서와 許愼의 명칭을 채용하였다. 즉, 象形·指事·會意·形聲·轉注·假借이다.

3. '육서'는 동일 평면상에서 정의를 내릴 수 없다

班固가 '육서'는 '글자를 만드는 근본이다(造字之本).'라고 하였는데, 이 견해는 합당하지 않다.

'육서' 중의 각 書는 결코 동일 평면상에 있지 않는데, 어떤 것들은 글자를 만드는 각도에서 귀납한 것(상형·지사·회의·형성)이고 어떤 것들은 글자를 사용하는 각도에서 귀납한 것(전주·가차)이다. 그래서 淸代 戴震은 '육서' 중에서 단지 앞의 네 가지만이 글자를 만드는 것과 관련이 있으며, 뒤의 두 가지는 글자를 사용하는 것과 관련이 있지 글자를 만드는 것과는 상관없다고 여겼다. 그래서 그는 '四體二用說'을 제기하였다.

戴震의 제자인 段玉裁는 "保氏敎國子, 先以六書" 아래에 다음과 같이 주를 달았다.

> 육서라는 것은 문자·聲音·義理의 총체이다. 지사·상형·형성·회의가 있으니 字形은 여기서 다했다. 글자는 각기 소리가 있으니 성음은 여기서 다했다. 전주·가차가 있으니 글자의 의미는 여기서 다했다. 다른 글자가 같은 의미이면 전주라고 하며, 다른 의미인데 같은 자이면 가차라고 한다. 전주가 있으니 많은 글자는 하나의 의미일 수 있다. 가차가 있으니 하나의 글자는 여러 의미일 수 있다. 字形과 字音의 책으로 大史籒가 지은《大篆》15篇 같은 것은 거의 그것의 시초가 아닌가? 字義의 책으로《爾雅》같은 것은 그것 중에서 가장 저명한 것이다. ……戴 선생님께서는 지

사·상형·형성·회의 네 가지는 글자의 형체와 관련이 있으며, 전주·가차 두 가지는 글자의 사용과 관련이 있다고 하셨다. 성인이 다시 나와도 이 말을 바꿀 수 없다(六書者, 文字聲音義理之總匯也. 有指事、象形、形聲、會意而字形盡於此矣. 字各有音, 而聲音盡於此矣. 有轉注假借, 而字義盡於此矣. 異字同義曰轉注, 異義同字曰假借. 有轉注而百字可一義也. 有假借而一字可數義也. 字形字音之書, 若大史籒著《大篆》十五篇, 殆其一耑乎？ 字義之書, 若《爾雅》其最著者也. ……戴先生曰: 指事、象形、形聲、會意四者, 字之體也; 轉注、假借二者, 字之用. 聖人復起, 不易斯言矣).(段注, 755)

段玉裁 주가 전달하는 '사체이용설'을 오늘날 사람들은 보편적으로 받아들인다. 다른 글자가 같은 의미이면 전주라고 하며 다른 의미인데 같은 자이면 가차라고 한 것도 일정한 근거가 있다. 그러나 전주와 가차는 이렇게 몇 개의 글자로 개괄할 수 있는 것이 아니다.

戴震은 그의 <答江愼修(水)先生論小學書> 중에서 '사체이용설'을 명확하게 제기하였는데, 그는 許愼이 예로 든 전주의 대표 글자인 '考'·'老'로부터 착안을 하여 형성·회의 등은 體가 되고 전주·가차는 用이 된다는 것을 발견하였다.

《설문》에서 "老는 人·毛·匕로 구성되었는데 수염과 머리카락이 하얗게 변했다는 말이다(老, 从人、毛、匕, 言鬚髮變白也)" "考는 老의 생략형으로 丂는 소리를 나타낸다(考, 从老省, 丂聲)."라고 하였다. 그 들 글자의 형체를 해석하면서 하나는 회의 다른 하나는 諧聲(형성)으로 하였는데 대단히 명확하다. 그러나 그것을 《설문·서》에서 인용하면서 실제로 논한 것은 전주였는데 당연히 서로 모순이 아니겠는가? 이 때문에 별도로 설명을 하였다. ……나는 考·老 두

> 자는 형성·회의에 속하면서 글자의 형체와 관련이 있으며, 그것을 인용하여 전주라고 한 것은 글자의 사용과 관련이 있다고 여긴다. 전주라고 한 것은 옛사람이 그 언어로 이름의 종류를 세워 오늘날 사람의 언어와 통하게 하였으니 상호 訓釋〔互訓〕이라고 한다. 바꾸어 서로 注釋이 되고 상호 훈석이 되니 古語와 今語다. 《설문》에서는 '考'자의 훈석에 "老이다(老也)."라고 하였으며, '老'자의 훈석에 "考이다(考也)."라고 하였다. 이 때문에 《설문·서》 중에서 전주를 논하면서 그 두 글자를 예로 들었다. 《이아·釋詁》에는 많게는 40개 글자가 모두 하나의 의미인데, 이것은 모두 육서 전주의 방법에 해당되는가? 특별히 속되고 기이하며 고아하고 특수한 언어는 전주임을 알 수 있다(《說文》: "老, 从人、毛、匕, 言鬚髮變白也.""考, 从老省, 丂聲." 其解字體, 一會意, 一諧聲, 甚明. 而引之於〈序〉, 以實其所論轉注, 不宜自相矛盾? 是故別有說也. ……震謂考老二字屬諧聲、會意者, 字之體; 引之言轉注者, 字之用. 轉注之云, 古人以其語言立爲名類, 通以今人語言, 猶曰互訓云爾. 轉相為注, 互相爲注, 古今語也. 《說文》於'考'字訓之曰"老也", 於'老'字訓之曰"考也". 是以〈序〉中論轉注舉之. 《爾雅·釋詁》有多至四十字共一義, 其六書轉注之法與? 別俗異言, 古雅殊語, 轉注而可知). (戴《集》, 71~75)

이로부터 戴震의 독서의 정밀함을 엿볼 수 있다. '考'·'老' 두 자의 자형 구조로 보면 결코 '육서' 중의 전주에 속하지 않는다. '老'는 세 개의 異體 字符로 구성된 會意字이고 '考'는 생략형의 形符와 聲符로 구성된 形聲字로, 그 글자를 만드는 형체는 마땅히 회의와 형성에 속한다. '考'·'老'를 전주라고 하는 것은 두 자가 상호 훈석할 수 있음을 말한다. 이 때문에 전주는 이 두 자가 기록한 말의 의미 관계를 가지고 말한 것으로, 또한 訓詁의 범주에 관련되어 있다. 그래서 段玉裁는

"전주·가차가 있으니 글자의 의미는 여기서 다했다."라고 하였으며, 또한 전주·가차는 의미와 관련이 있지 형체와는 관련이 없다고 여겼다. 그래서 '육서' 모두를 글자 만드는 근본(즉, 자형 구조의 법칙)으로 간주하는 것은 분명히 잘못된 것이다.

당연히 戴震·段玉裁의 '사체이용설' 또한 今人의 질의를 받았는데, 孫雍長은 《轉注論》에서 전주는 일종의 글자를 만드는 방법일 뿐만 아니라 또한 가장 잘 만들어낼 수 있는 방법이라고 여겼다. 그는 한자 번식의 가장 중요한 방법, 즉 가장 잘 만들어낼 수 있는 방법은 결코 형성이 아니고 전주라고 했다.[7] 그는 本字가 차용되어 다른 의미로 쓰인 후에 또한 본의를 표시할 때에 본자의 기초상에 意符를 더하는 이러한 정황 역시 전주로 간주하였다. 예를 들면, '冎(gua)'는 본래 '骨'자의 본자인데 그 字意가 드러나지 않기 때문에 '肉'이라는 의부를 더하여 '骨'이 되었다. 그래서 '冎'는 '骨'의 전주 原體字이며 '骨'은 '冎'의 轉注字이다. 段玉裁 주에서 "肉을 없애면 冎가 되고, 살〔肉〕 중에 있는 것은 뼈〔骨〕이다(去肉爲冎, 在肉中爲骨)."라고 한 것은 轉注의 造字 방법을 분명하게 설명하지 않았으며 한자 구조의 靜態的 분석에 국한되어 있다고 비판하였다. 孫雍長의 견해는 학계에서 결코 큰 반향을 불러일으키지는 못하였다. 왜냐하면 일찍이 淸代에도 어떤 사람이 이렇게 전주를 보았기 때문이다. 청대의 鄭珍·鄭知同 부자는 <六書淺說> 중에서 "전주는 聲旁 위주로 한 글자를 나누어 사용한다. 그러나 각기 形旁을 더하는 것이다. 전주와 형성은 상반되나 실제로는 서로 잘 어울린다(轉注以聲旁爲主, 一字分用, 但各以形旁注之. 轉注與形聲相反而實相成)."[8]라고 여겼다.

---

7 이 책의 <自敍>에 보인다. 岳麓出版社, 1991年版.

8 裘錫圭,《文字學概論》, 商務印書館, 1988年版, pp.101~102 참조.

그들은 多義字에다 의부를 더해 形聲 구조를 일으키는 分化字를 전주자로 간주하였다. 또 어떤 사람은 이미 있는 문자의 기초 위에다 의부와 音符를 더한 繁體 혹은 분화자를 전주로 간주하였는데, 이를테면 청대 사람 饒炯의 《文字存眞》에서 곧 이러한 견해를 지니고 있었다. 손옹장은 청대 사람들의 기초 위에 개조를 가하여 이른바 자신의 전주론을 이루었다.

裘錫圭는 오늘날 한자 연구에서는 근본적으로 전주라는 술어에 대해 관여할 필요가 없다고 주장하였다. 그는 다음과 같이 말하였다.

> 전주를 말하지 않아도 한자의 구조를 완전하게 얘기할 수 있다. 옛날부터 있었던 전주설 중의 가치 있는 내용에 대해 어떤 것은 문자학 중의 적당한 부분에 놓고 얘기할 수 있으며, 어떤 것은 언어학 속에 놓고 얘기할 수 있다. 총괄적으로 말하면, 우리는 全的으로 전주의 정의에 관한 끊임없는 쟁론 속으로 말려들어갈 필요는 없는 것이다.(裘《文》, 102)

裘錫圭의 견해는 일리가 있다. 쟁론이 명확하지 않은 것에 대해서는 의문을 남겨둘 수 있다. 《설문》 중의 상호 훈석〔互訓〕이 일종의 전주 방식이라고 여기게 된 것은 훈고학 상에서 높은 語料的 가치를 지니고 있다. 先秦 문헌 중의 말의 의미 계통을 정리 귀납하고 《설문》의 의미 계열(약칭 義系)을 분석하는 데 모두 바꾸어 서로 주석이 되는 상호 훈석의 도움을 받아야 한다.

裘錫圭·聶鴻音 등은 또한 가차의 한자 형성과 발전 과정 중의 중요 작용을 인식하였다. 그래서 가차를 상형·지사 뒤에 이어지는 일종의 특수한 제자 방법으로 간주하였다. 사실 가차는 말의 의미의 引伸과 관련이 있는데, 이 문제는 뒤의 관련 章節에서 토론하려고 한다.

제2절 '육서설'의 이론적 결함과 그 미비점

'육서설'이 출현한 후에 한자 내부에 숨어 있던 짜임새가 드러나게 되어 한자에 대한 사람들의 인식을 감성단계에서 이성단계로 상승하게 하였다. 한자에 대한 연구 역시 과학적 궤도에 오르게 하여 자형 해설에 활용할 수 있는 이론적 계통이 생기게 하였다. 지금까지 '육서설'은 현대 한자학 연구에 대해 여전히 매우 중요한 참고 가치와 이론적 의의를 지니고 있다. 어떤 사람은 심지어 '육서'는 "한자 자체에 적용될 뿐만 아니라 또한 한자를 모방하여 만든 소수민족 문자에도 적용이 되니, 전체 漢文字 체계의 구조 규칙을 개괄하는 데에도 적용이 된다."(聶《中》, 103)라고 여겼다.

教學의 각도로부터 보면, 만약 '육서'의 이론을 과학적으로 이용하여 아동에 대해 識字 교육을 진행하게 되면 적은 힘을 들이고 많은 효과를 얻을 수 있을 것이다.

최근에 새로운 識字教授法들이 출현하였는데, 주로 字源교수법·字素교수법·글자해체교수법·主音교수법 및 이른바 會意교수법 등이다. 그러나 진정으로 과학적 규범에 부합하는 것은 많지 않으며, 더욱이 글자해체교수법은 '육서'이론의 지도가 없으면 "사람이 十을 가지고 있는 것이 斗이다."와 같은 잘못이 나올 수 있다. 예를 들면, 어떤 사람이 高자를 해체하여 "한 점과 하나의 긴 횡선에 口자는 중앙에 있다. 큰 口는 입을 벌려 있는 거고 작은 口는 안쪽으로 숨어 있다."라고 수수께끼를 내고 그 답을 말하지 않으면, 초등학생들은 이 글자를 알

아맞히기가 어려울 것이다. '高'는 하나의 獨體象形字인데 이와 같이 해체가 되면 산산조각이 날 수밖에 없다.

최근에 또한 일종의 新會意教授法이 출현하였는데 역시 '육서'의 원리를 위반하였다. 예를 들면, '悲'자를 "마음속에 마치 부추〔韭菜〕가 자라는 것과 같다."고 하면서 '韭'자를 "한 포기가 아니고〔非〕, 하나의 큰 덩어리"라고 했다. 그리고 '鵝'자를 "나〔我〕의 새〔鳥〕"라고 했으며, 더욱 황당한 것은 '照'자를 "한 일본인〔日〕이 하나의 칼〔一口刀〕을 들고 돼지 한 마리를 죽였는데 피 네 방울〔灬〕이 흘렀다."고 했다. 만약에 총명한 한 학생이 '昭'자 역시 한 일본인이 하나의 칼을 들었는데 왜 피 네 방울이 보이지 않느냐고 묻는다면 선생님은 대답할 수 없을 것이다.

그래서 한자 연구의 각도로부터 보든지 아니면 한자 교학의 각도로부터 보든지 간에 우리는 '육서'의 이론계통에 대해 명석한 인식이 있어야 한다.

그러나 우리는 또한, '육서설'이 결국은 許愼이 진대에 형성되어 완비된 小篆 字體와 六國 古文 및 鼎彝 銘文을 참고하여 귀납하고 총괄한 것으로 다른 역사 단계에 형성된 다른 자체에 대한 해석에 일정한 한계가 존재하고 있음을 마땅히 봐야만 한다. 通時的 평면으로부터 보든지 아니면 共時的 평면으로부터 보든지 간에 '육서'는 한자 형체 구조를 해석할 때 이런저런 미비점을 지니고 있다.

王寧은 '육서'설의 통시적 功績을 충분히 긍정한 후에 또 다음과 같이 말했다.

> '육서'는 전통 문자학이 한자의 構形 模式을 분석한 범례와 법칙이다. 그러나 '육서'의 앞 四書는 비록 《설문》 小篆의 구형 유

형을 억지로 포괄할 수 있으나, 뒤 二書는 오히려 구형과 직접적인 관계가 없다. '육서'의 의도를 자세히 究明해 보면, 많은 성분이 形 중의 意(글자를 만든 의도)와 義(글자를 구성하는 데 근거하는 말의 뜻)를 탐구하는 데에 착안하고 있다. 단지 '글자를 해석하는 방법(釋字之法)' 그리고 '글자를 만드는 방법' 뿐만 아니라 또한 한자 形義學의 각도를 결합해야만 비로소 '육서'를 정확하게 이해할 수 있다. 그러나 글자를 만든 의도를 통해 말의 의미를 탐구하는 것은 이미 언어학의 범주를 넘어서 결코 단순한 한자 본체 연구는 아니다.(王《漢》, 6)

王寧의 견해는 치밀하다. 우리는 《설문》의 한자 형체 구조 분석을 사용하면서 종종 곤혹스러운 때를 만난다. 어떤 字들은 지사로 간주되면서 또 상형으로도 간주되는데, 이는 곧 兼類現象이 있다는 것이다. 그리고 '육서' 중의 형성은 더욱이 하나의 모호한 類別로, 그 중에 일종의 독특한 小類가 있는데 바로 音義型字로 마땅히 형성 밖으로 독립시켜야 한다. 다음 절에서 우리는 상형·지사·회의 그리고 형성 사이의 연계와 구별에 대해 전문적으로 탐구함으로써 '육서'의 이론 결함과 분석 방법상의 미비점을 찾아내려고 한다.

제3절 상형·지사·회의·형성의 연계와 구별

《설문해자》에 수록된 9,353개 小篆 형체는 朱駿聲의 《說文通訓定聲》에서 열거한 분류계통에 근거하면, 지사 125(1.3%), 형상 364(4%), 회의 1167(12.4%), 형성 7,697개(82.3%)(이밖에 전주 7, 가차 115)이다. 이 통계로부터 보면 상형·지사·회의·형성이 분명하게 구분되는 것 같으나 실제로는 그렇게 간단하지가 않다.

朱駿聲은 '지사' 아래에 또 '상형 겸 지사'·'회의 겸 지사' 두 가지를 열거하였으며, '상형' 아래에는 '형성 겸 상형'·'회의 겸 상형'·'회의 형성 겸 상형' 세 가지를 두었다. 그리고 '회의' 아래에는 '형성 겸 회의'를 두었으며, '형성' 아래에는 "안에는 지사를 겸하는 것 6자, 상형을 겸하는 것 5자, 상형회의를 겸하는 것 12자, 회의를 겸하는 것 337자가 있다(內兼指事者六字, 兼象形者五字, 兼象形會意者十二字, 兼會意者三百三十七字)."(朱《聲》, 18~24)고 하였다. 주준성은 당시 이미 이 네 가지 造字法의 관계가 대단히 복잡하여 확실하게 구분할 수 있는 것이 아니라는 것을 느꼈다.

'육서'이론의 파악에 있어 가장 중요한 문제는 상형·지사·회의 그리고 형성 사이의 연계와 구별을 명확하게 하는 것이다. 아래에서는 여섯 가지 방면으로 나누어 이것에 대해 초보적인 탐구를 진행하였다.

1. 상형과 지사

상형과 지사의 연계와 구별에 관해 段玉裁는《설문·서》중의 '지사' 아래 주에서 다음과 같이 말했다.

> 지사가 상형과 구별되는 것은 形은 하나의 사물을 말하고 事는 여러 사물을 포괄하고 있는 것으로 하나와 많음의 구분이다. 그러므로 하나는 日月을 예로 들고 하나는 上下를 예로 들었다. 上下가 포괄하고 있는 사물은 많으나 日月은 단지 하나의 사물이다. 배우는 사람이 이것을 알면 지사와 상형을 구별할 수 있다(指事之別於象形者, 形謂一物, 事晐衆物, 專博斯分, 故一舉日月, 一舉上下. 上下所晐之物多, 日月衹一物, 學者知此可以得指事象形之分類矣).(段注, 755)

이것은 곧 상형은 구체물의 형상으로 각 象形字가 기록하는 말이 가리키는 것은 구체적이고 특정적임을 나타내고 있다. 그러나 지사는 가리키는 사물로, 形象化符號로 표현하기 어려운 자는 곧 추상적인 指事符號로 표시하는데, 指事字가 기록하는 말이 가리키는 것은 광범위하고 추상적임을 설명하고 있다. 이 의견을 '日'·'月'과 '上'·'下'라는 두 組의 글자로 설명한 것은 문제가 없다. '日'·'月' 두 글자는 각각 태양과 달의 형상화부호로 그것이 기록하는 것은 모두 구체적이며 단일한 사물이다. 그러나 '上'·'下'는 곧 구체적인 사물을 가리키는 것이 아니라 일종의 상태를 가리키며, 또한 구체적인 사물의 상하를 가리키는 것이 아니라 높은 위치상에 처한 모든 사물의 상태를 모두 '上'으로 칭할 수 있고 낮은 위치상에 처한 사물의 상태를 모두 '下'로 칭할 수 있다는 것이다.

하지만 지사자 중에는 具體事物을 기록할 수 있는 단어가 많이 있는데, 이를테면 인체의 부위 명칭은 머리부터 다리까지 모두 지사자를 가지고 있다고 할 수 있다. 예를 들어보자.

孔은 금문으로 (史孔盉)인데 하나의 半圓으로 어린아이의 숨구멍 위치를 가리킨다. 이곳이 비어있기 때문에 通하다·구멍의 의미로 인신되었다.

克은 갑골문으로 인데 역시 하나의 반원으로 인체의 어깨 위치를 가리킨다. 기록한 말은 본래 또한 구체적인데, '肩'이다. 許愼은 소전의 형체인 에 근거하여 이 글자의 본의를 '肩'이라고 추측했는데, 이는 매우 뛰어난 견해이다. 그러나 그는 "지붕 아래에 있는 깎은 나무의 모양을 상형하였다(象屋下刻木之形)."(大徐本, 143)라고 분석하였는데, 이는 잘못이다.

亦은 정면 인체의 기초상에서 두 點을 가하여 이라고 한 것이다.

겨드랑이의 위치를 표시한 것으로 '腋'의 本字이다.

손에 관한 지사자에 '寸'— 이 있는데, 하나의 짧은 橫線이 손맥의 위치를 가리킨다. 또한 '尤'가 있는데 갑골문으로 라고 하였다. 위의 짧은 횡선은 손가락이 갈라져 나온 부분을 가리키는데 속칭 '六指'라고 한다. 일반 사람은 다섯 손가락〔五指〕을 가지고 있는데 이 사람은 여섯 손가락이기에 일반 사람보다 특별하다. 그래서 '더욱이'·'특별히'라는 의미로 인신되었다.[9] 또한 '厷'이 있는데 갑골문으로 라고 하였다. 하나의 반원으로 어깨의 위치를 가리킨다.[10] 기록한 말 또한 실질적이고 구체적이다.

인체와 관련이 있는 것으로 또한 '臀'자가 있는데, 갑골문 역시 지사자로 라고 하였다. 이것은 인체의 기초 위에 하나의 반원을 가하여 둔부의 위치를 지시하였다. 가리키는 것 또한 구체적이다.

갑골문에는 또한 다리와 관련이 있는 지사자가 있는데 라고 하였다. 이 글자는 곧 膝蓋(무릎)의 '膝'로, 발의 기초 위에 하나의 반원을 가하여 무릎의 위치를 지시하였다.

孔·克·亦·寸·厷·臀·膝 이 글자들이 기록하는 말의 의미를 보면 어떤 것은 지금까지도 여전히 구체적이다. '孔'을 통하다·구멍의 의미로 삼은 것은 이미 추상화된 것이다. '克'이 '能(할 수 있다)'으로 인신되었으

9 다른 하나의 설은 손가락에 자란 사마귀〔贅疣〕를 가리키는데, 응당 '疣'의 本字라고 하였다. 그러나 손가락이 갈라져 나온 곳이든 손가락에 사마귀가 자랐든 모두 일반 사람과는 같지 않다는 함의를 가지고 있다.

10 古文으로 또한 라고 하였는데, 필자의 고증에 의하면 弓箭(활과 화살)의 弓은 股肱(다리와 팔)의 肱에서 이름을 얻었는데, 이는 옛사람이 이름을 짓거나 글자를 만들 때의 "가까이는 몸에서 그것을 취한다(近取諸身)"와 "사물에 같은 모양이 있으면 그것에 한 이름을 부여한다(物有同狀而予之一名)"는 원칙에 부합하는 것이다. 劉興均, 《周禮名物詞研究》, 巴蜀書社, 2001年版, pp.113~114.에 자세히 보인다.

며 더 나아가 '극복하다'·'戰勝하다'의 의미로 인신되어 일을 나타내는 말이 되었다. '亦'은 차용되어 頻度副詞로 쓰였으며, 또 肉은 의미이고 夜는 소리인 '腋'을 만들어 겨드랑이의 의미를 나타내었다. 그러나 寸·厷·臀·膝이 가리키는 것은 비교적 구체적인 것으로 단지 어떤 것은 기타 조자방식으로 만든 자를 이용해 대체한 것에 불과하다. '厷'은 肉의 의미와 厷의 소리인 형성자 '肱'으로 대체하였으며, ''은 肉은 의미이고 殿은 소리인 형성자 '臀'으로 대체하였으며, ''은 肉은 의미이고 桼은 소리인 형성자 '膝'로 대체하였다. 그러나 초기 한자에서 지사라는 이런 조자방식으로 만든 글자 역시 구체적인 사물을 지칭하는 데 사용할 수 있음을 표명하였다. 이상에서 들었던 인체부위 명칭과 관련이 있는 글자들 외에 또한 刃·本(나무뿌리)·末(나무끝)·朱(나무줄기) 등이 더 있다.

똑같이, 상형 또한 사물의 모양을 상형하였을 뿐만 아니라는 것인데, 姜亮夫는 일을 상형한〔象事〕 것도 있다고 여겼다.(姜《古》, 118) 이 견해는 따를 만하다. 예를 들면, 갑골문에서 吊는 인데 활로써 새를 아내는 것을 상형하였다. 옛날에는 풀로 부모를 매장하였는데 효자가 부모 시체를 鳥獸가 먹는 것을 참지 못하여 부모 시체 곁에서 활과 화살을 들고 새를 쫓았다. 후에 죽은 사람을 조문하는 의미로 인신되었다.

臼는 篆文으로 인데 두 손으로 물체를 드는 모양을 상형하였다. '要'자는 그것의 形符를 따른다. 要는 소전으로 인데 즉 지금의 腰의 本字로, 은 의미이고 交의 생략형이 소리이다.(大徐本, 60)

亂은 본래 인데 두 손으로 실을 정리하는 모양을 상형하였다. 그래서 한 자가 '治'·'亂' 두 가지 의미를 겸해서 나타낼 수 있다.(大徐本, 84)

棄는 갑골문으로 인데 두 손으로 키를 잡고 죽은 아이를 버리는 모양을 상형하였다. 《설문》에서 인용한 고문은 생략하여 로 되어 있는데 직접 두 손으로 죽은 아이를 버리는(大徐本, 83) 모양으로, 형상성이 더욱 강하다.

懸은 갑골문으로 인데 사람 머리 하나를 걸어놓은 모양을 상형하였으며 梟首하여 뭇사람들에게 보인다는 의미를 나타낸다. 본래는 獨體象形字였으나 후에 두 가지 형체로 분화하여 '縣'으로도 하였는데, 또한 그것을 빌려 郡縣의 의미를 나타내었다. 본의가 곧 縣의 기초 위에 心을 가하여 心의 의미를 따르고 縣 소리의 懸을 구성한 것임을 나타낸다. 懸의 최초 字形의 형상성 또한 매우 강하다.

丩는 소전으로는 이며 갑골문으로는 인데 넝쿨이 함께 얽혀 있는 모양을 상형하였다. 이것은 일종의 상태를 상형하였지 구체사물을 상형하지는 않았다. 蔣善國의 《漢字學》에서는 이런 글자를 合體象形字로 간주하였다.(蔣《漢》, 116)

攀은 갑골문으로 인데 두 손으로 기어오르는 모양을 상형하였다. 《설문·𠬜部》에 "𠬜은 당긴다는 뜻이다. 廾을 뒤집은 모양으로 구성되었다(𠬜, 引也. 从反廾)."라고 하였는데, 段玉裁 주에서 "<장림부>의 '우러러 서까래를 잡고 하늘을 더듬는다.'에 대하여 晉灼은 '𠬜은 옛날의 攀자이다.'라고 주를 달았다. 살펴보면 지금의 글자는 모두 攀으로 쓰니 𠬜는 古字이다. 𠬜는 또한 소전자이기도 하다(《長林賦》: '仰𠬜橑而捫天.' 晉灼注: '按: 今字皆用攀, 則𠬜爲古字, 𠬜亦爲小篆字)."(段注, 104)라고 하였다.

이상의 몇 글자들은 구체적인 사물을 상형하지 않고 일을 상형한 것이다. 王筠의 《說文釋例》에서는 이 점을 이미 분명하게 간파했는데, 그는 "사물이 아닌데 《설문》에서 상형이라고 한 것은 모두 象事類이다(凡非物而說解云象形者, 皆爲象事之類)."(王《例》, 14)라고 지적하였다. 王筠의 견해는 맞다. 예를 들면, ‘八’을 許愼은 “나뉘어 서로 등진 모양을 상형하였다(象分別相背之形).”라고 하였다. 나뉘어 서로 등지는 것은 사물이 아닌데 許愼은 상형이라고 하였다. 이것은 곧 그 자신이 상형에 내린 정의인 상형은 그 사물을 그린 것이지 그 일을 그린 것이 아니다와 모순이 된다. 그러므로 王筠의 《설문석례》 ‘지사’ 아래에 ‘八’은 응당 지사에 속하지 상형이 아니라고 여겼다. 그는 이를테면 ‘釆’(biàn)은 고문자로 ·라고 하는데, 짐승의 손톱이 나누어진 것을 상형하였는데, 審자가 그것을 따른다. 丨(上下 通함) 등이 즉 그것이다. 그래서 王筠은 지사자 중에 상형이 섞여 있는 상황이 있다(王《例》, 14)고 여겼다. 그러므로 段玉裁가 말한 “形은 하나의 사물을 말하고 事는 여러 사물을 포괄하고 있는 것으로 하나와 많음의 구분이다(形謂一物, 事晐衆物, 專博斯分).”라는 것은 결코 상형과 지사를 구별하는 표준이 될 수 없다.

우리는 상형과 지사라는 이 두 가지 글자를 구성하는 방식을 구별하는 데 있어 아마도 이 글자의 초기 형태가 형상화된 도형 혹은 선으로 사물을 표시한 것을 봐야 하는지 아니면 추상화의 부호로 사물을 표시한 것인지를 봐야 할 것이라고 생각한다. 지사자인지를 판별하는 관건은 그것이 방위·특징을 분명히 가리키는 지사부호를 찾아내야 하는 것이다.

그러나 어떤 경우에는 쉽게 지사부호를 상형으로 잘못 여기는데, 이를테면 ‘臀’의 本字 에서 둔부를 분명히 가리키는 반원을 상형이라고 간주하는 것을 틀렸다고 할 수 없다. ‘’ 윗부분의 짧은 횡선은 갈라져 나온 손가락의 모양을 상형했다고 간주하는 것도 틀렸다고 할 수 없다. ‘’에서의 반원은 하나의 지사부호로 간주할 수도 있고 또한 팔의 횡단면을 상형했다고 간주할 수도 있다.

유사한 것으로 또한 ‘牟’가 있는데 갑골문으로는 이다. 牛자의 기초 위에 하나의 口를 가했는데 이 口는 하나의 추상적 지사부호로 볼 수도 있고 또한 소가 울 때 입을 벌리는 모양을 상형했다고 볼 수도 있다. 소전은 牟인데 口가 '厶'로 변했는데, 이 '厶' 또한 하나의 지사부호로 볼 수도 있고 소가 울면서 氣가 입에서 나가는 모양을 상형했다고 볼 수도 있다. 이 글자는 '哞'의 本字이다.

'爪'는 금문으로 [illegible]인데 그 중의 두 개의 점은 지사로 간주할 수 있다. 즉 손톱의 위치를 분명히 가리키고 있다. 또 손톱의 상형으로 간주할 수도 있다.

'面'은 금문 중에서 편방이 될 때 갑골문으로는 [illegible]인데 그 중의 '[illegible]'는 얼굴의 위치를 가리키는 것으로 볼 수도 있으며 또한 얼굴의 윤곽 모양을 상형했다고 볼 수도 있다.(裘《文》, 121)

지사부호가 자주 보이는 것은 점을 사용하여 표시하였는데 예를 들면, 위에서 들었던 '亦'자, 또 금문의 '本'자, 소전의 '刃'자 등이 있다. 그러나 어떤 경우에는 점 역시 반드시 지사부호가 되는 것은 아니다. 예를 들면, 井은 갑골문으로 井인데 우물의 난간 모양을 상형하였다. 전문으로 丼인데 바깥은 우물 난간을 상형했고 가운데 한 점은 병에 물을 넣는 모양을 상형했다.[11]

'耳'는 갑골문으로 [illegible]인데 귀의 윤곽을 그런대로 상형했다. 금문으로 [illegible]인데 바깥은 윤곽을 상형했으며 중간의 한 점은 귓구멍을 상형했다. 전문으로 [illegible] 인데 한 점이 횡선으로 변했다. 이는 강한 형상 방면의 정보를 전하였으므로 또한 지사부호라고 잘못 여길 수는 없다.

'卵'는 고문으로 [illegible]인데 물고기 알의 모양을 상형하였으며 한 층의

---

11 일설에는 우물 중의 밝은 점을 상형했다고 하였다. 결론적으로 모두 다 지사의 부호로는 간주할 수 없다.

투명한 얇은 막으로 싸여 있으며 그 중의 두 점이 바로 물고기 알이다. 전문으로 卵인데 중간의 두 점이 두 개의 짧은 횡선으로 변하였으며 또한 지사부호와 혼돈되기 쉽다.

純象形의 자는 모두 지사자와 이렇게 많은 알력이 있다. 그래서 지사와 상형의 구분에는 여전히 일부 중간지대가 있다.

2. 상형과 회의

상형과 회의는 본래 분명히 구분되었다. 상형은 “사물을 그리는 것으로 그것의 형상에 따라 곡절하게 그려내는(畫成其物, 隨體詰詘)” 것이며, 회의는 “다른 자를 조합하여 새로운 의미를 구성함으로써 그 글자를 만든 뜻을 구현하는(比類合誼, 以見指撝)” 것이다. ‘比類’는 곧 두 개의 형체를 조합하는 것이다. 그렇다면 회의자는 모두 合體의 글자이다. 하지만 상형은 일반적으로 獨體의 글자이다. 그러나 상형 또한 합체상형의 글자가 있는데, 段玉裁는《설문·서》‘상형’ 아래에 다음과 같이 주를 달았다.

> 독체의 상형과 합체의 상형이 있는데, 독체는 日·月·水·火 같은 것이 바로 그것이다. 합체라는 것은 某 의미를 따르고 또 某 모양을 상형하는 것이다. 이를테면 眉는 目의 의미를 따르고 𠔿로 그 모양을 상형하였다. 箕는 竹의 의미를 따르고 𠀠로 그 모양을 상형하였다.[12] 衰는 衣의 의미를 따르고 𦬠로 그 모양을 상형하였다. 疇는 田의 의미를 따르고 𢑴로 밭을 갈 때 밭고랑의 굴곡 모양

12 이 글자는《설문》에서 잘못 해석하였는데, 마땅히 형성자가 되어야 한다.

을 상형하였다.[13] 독체의 상형은 글자가 이루어져 읽을 수 있으나, 某 의미에 붙어 도와주는 것은 글자가 되지 않으며 읽을 수 없다. ……이와 같은 자들은 半會意·半象形이다. 회의는 두 가지 형체 모두 글자가 되니 이것과 구별이 된다(有獨體之象形, 有合體之象形, 獨體如日、月、水、火是也. 合體者, 从某而又象某之形. 如眉从目, 而以象其形. 箕, 从竹, 而以象其形. 衺, 从衣, 而以象其形. 疇从田, 而以象耕田溝詰詘之形是也. 獨體之象形則成字可讀, 軵於從某者, 不成字, 不可讀.……此等字半會意, 半象形. 會意則兩體皆成字, 故與此別).(段注, 755)

段玉裁 주에서 말한 합체상형을 오늘날 어떤 사람은 襯體象形이라고 하는데, 이를테면 '眉'자가 바로 그것이다. 단순히 눈썹을 그리면 사람들은 어떤 사물을 그렸는지 모를 수 있다. 그래서 거기에다 덧붙여 눈을 그렸다. 이렇게 하면 상형하는 모양이 매우 분명해진다.

유사한 것으로 또한 '頁'이 있는데 본래는 사람의 머리 모양을 상형하였다. 갑골문으로 인데 사람의 머리 모양을 그렸다. 만약 단순히 머리 부분만을 그렸다면 그것이 사람의 머리인지 돼지의 머리인지 구분하기가 어려웠을 것이다. 그래서 신체도 그려 넣었다.

主는 소전으로 인데 등의 불꽃을 상형하였는데, 만약 등잔을 그리지 않았다면 이 점이 도대체 무엇을 상형하는지 확인하기가 어려웠을 것이다.

果는 갑골문으로 인데 나무 위의 과실을 상형하면서 열매를 맺은 나무를 그렸다.

13 王筠은 밭을 가는 것이나 써레의 모양을 상형하였다고 여겼다. 이 글자도 마땅히 형성자가 되어야 한다.

이런 유형의 글자들은 회의와 혼돈할 수 없는데 정말 段玉裁가 말한 것과 같이 두 가지 構形部件은 글자가 되어 읽을 수 있는 것과 글자가 되지 않는 것으로 나누어진다.

그리고 어떤 것은 이전에는 독체상형이었는데 후에 분화하여 합체가 되었다. 예를 들면, 衰는 《설문》에서 고문을 인용하여 [illegible]라 하였는데 농부가 머리에는 삿갓을 쓰고 몸에는 도롱이를 걸친 모양을 상형하였다. 소전으로 [illegible]인데 衣로 구성된 상형이다. 段玉裁 주에서 "(상형)은 冄을 말한다((象形) 謂冄也)."(段注, 397)라고 지적하였다. 즉, 합체이다.

또한 본자가 상형이 되는 것이 있는데, 본자가 차용되거나 인신되어 다른 의미가 된 후에 또 만들어진 뒤에 하나의 형성자가 되어 본자를 대체하기 때문이다. 예를 들면, 其와 箕, 𠃓와 疇가 이 유형에 속한다.

이상은 모두 그것들과 상형을 구별할 수 있다. 정말 구분하기가 어려운 것은 이하 일부 글자들이다.

[illegible]은 '卽'자로, 두 개의 형체가 합해진 것인데 왼쪽은 음식물을 담은 그릇이며 오른쪽은 꿇어앉은 사람이 머리를 음식물이 담긴 그릇을 향해 있는 것이다. 본래는 사람이 식사하는 모양을 상형하였는데 이 의미 위에 인신을 하여 비로소 卽(즉)·就(곧)의 의미가 있게 되었다.

卽과 상반되는 것으로 [illegible](旣)가 있는데 한 사람이 음식물이 담긴 그릇의 다른 쪽을 향해 머리를 돌리는 것이다. 이는 한 사람이 배가 불러서 먹기 싫어하는 상태에 처해 있음을 상형하였다. 이 의미 위에 인신을 하여 비로소 기왕·과거의 의미가 있게 되었다. 이러한 상황처럼 그 글자들의 본의는 形象 특징을 지니고 있으며 字形 구조 또한 형상성이 풍부하다. 그러나 문헌의 상용의미는 또한 비교적 추상적이며 형체와 거리가 먼 것이 된다. 이는 곧 우리에게 상형과 회의라는 두 가지 조자법에 대한 판단에 일정한 어려움을 증가시켰다.

는 棄의 早期 형체이다. 이 글자를 위에서 언급할 때 합체상형자로 두 손으로 죽은 한 영아를 버리는 모양을 상형했다고 하였다. 그러나 許愼은 이 글자를 회의로 분석하였다.(《설문·四下·華部》를 보라) 《설문》에서는 라고 하면서 자형을 "廾로 구성되었고, 두 손으로 '華(키)'를 밀어 아이를 버리다는 의미이다. 또 㐬로 구성되었고, 㐬는 불효자라는 의미이다(从廾、推華棄之, 从㐬, 㐬, 逆子也)."(大徐本, 83)라고 분석하였다.

昃은 갑골문으로 인데 日과 기울어진 사람으로 구성되었다. 본래는 태양이 서쪽으로 질 때 사람을 비추면 그 그림자가 기울게 되는 것을 상형하였다. 기울어진 사람의 昃 역시 형상성이 강한 글자로, 이 형상으로 해가 서쪽으로 기우는 때를 나타낸다.

監은 갑골문으로 인데 한 사람이 몸을 굽혀 대야 중의 거꾸로 비친 그림자를 보는 모양을 상형하였다. 옛사람들은 거울이 있기 전에 물을 거울〔鑒(鑑)〕로 삼았다. 이것은 '鑑'의 本字이며, 또한 형상성이 강한 글자이다.

威는 금문으로 인데 도끼를 여자의 머리 위에 더한 것을 상형하였다. 또한 형성성이 강한 글자이나 문헌에서 사용될 때는 오히려 추상적으로 위협의 의미이다.

는 한 어머니가 아이를 안고 수유하는 모양을 상형하였는데 수유의 상형자이다. 만약 그림으로 환원한다면 한 폭의 생동감 넘치는 그림이 될 것이다.

이상의 글자들은 형상의 수법으로 비교적 추상적인 사물을 표현하였다. 자형 구조상에서 분석하면 완전히 상형으로 일종의 합체상형이라고 여길 수 있다. 그러나 글자의 의미, 특히 문헌 속에서의 의미로부터 보면 거의 회의라고도 볼 수 있다. 형체와 의미 사이에서 사람들은 종종 자신의 의견을 고집함으로써 자형 구조 분석 상에서의 分岐를 야기한다. 그러므로 朱駿聲은 회의 겸 상형이라는 항목을 들었으며, 왕균 역시 '상형' 아래에 회의와 비슷한 상형을 열거하면서 '衣'를 예로 들었다.[14] 그리고 회의 아래에 상형과 겸하는 것을 열거하고 아래 네 개의 글자를 들었다.

牢는 갑골문으로 인데 사방이 밀폐되고 중간에는 소가 있는 모양을 상형하였다. 그러나 宀·牛 두 가지 형체로 구성되었다고 분석할 수 있다.

雈는 로 올빼미에 속하는 새다. 隹와 𦫳로 구성되었다. 뿔 모양의 털이 있다. 실제로는 올빼미의 모양을 상형하였다.

夒는 소전으로 인데 頁·巳·止·夊로 구성되었다고 분석할 수 있다. 그러나 갑골문은 독체상형자 으로 되어 있으며, 전문은 자형이 잘못 변하여 출현한 異體이다.

乇(檗로 발음)는 의미가 本과 같다. 氏와 一로 구성되었으며 一 아래로 관통한 것은 뿌리가 땅 속에 있다는 의미이다.(王《求》, 115)

만약《설문》의 某 회의자들을 갑골문과 대조한다면 상형자로 간주할 수 있는 것들이 많을 것이다. 예를 들면 다음과 같다.

射는 이 형체로 보면 상형자로 볼 수 없으나 갑골문인 은 화살을 얹어 활시위를 당긴 모양을 상형하였다.

涉은 갑골문으로 인데 물을 밟고 강을 건너는 모양을 상형하였다.

爭은 금문으로 인데 두 사람이 각기 한 손으로 하나의 물건을 빼앗는 모양을 상형하였다.

---

14 《文字蒙求》卷1을 보라.

이러한 것처럼 다른 형체를 모아 표시하는 것은 형상화된 사물이지 의미의 글자는 아니기 때문에 그것들을 상형인지 회의인지 확정하기는 어렵다. 林義光의 《文源》에서 이러한 글자들을 상형의 유형으로 넣었으나 일반 문자학자는 또한 그것들을 회의로 간주하고 있다. 다시 예를 들면, 叟는 갑골문으로 인데 한 손으로 횃불을 들고 있는 모양을 상형하였다. 일반적으로 앞에서 길을 안내하는 사람은 경험이 있는 나이가 많은 사람이다. 그래서 이 글자는 인신되어 노인을 가리킨다. 이를테면 《孟子》 책 속에 梁나라 惠王이 孟軻를 '叟'라고 칭하였다. 그러나 자형의 잘못 변화로 소전 중의 ''는 一宀를 더하여 손으로 횃불을 들고 있는 모양을 볼 수 없어 허신은 이 글자를 "又와 灾로 구성되었다(从又从災)."고 잘못 여겼다.(大徐本, 64) 이것은 곧 조자의 본래 취지를 크게 상실케 하였다. 이 사실 역시 상형과 회의 사이에서 어떤 글자들은 확실히 구분하기가 어렵다는 것을 설명하고 있다.

3. 상형과 형성

상형과 형성은 본래 분명하게 구분되었는데, 단옥재 주에서 "(형성은) 지사·상형과 구별되며, 지사·상형은 獨體이고 형성은 합체이다〔(形聲)其別於指事象形者, 指事象形獨體, 形聲合體〕."라고 하였다. 한자 발전의 모 단계에서 말하면 이렇게 볼 수도 있다. 상형은 일반적으로 독체이고 형성은 합체로, 설사 형성자와 쉽게 혼돈되는 합체상형이라고 하더라도 만약 그것이 형성자이면 소리를 나타내는 그 構件은 반드시 분석해 낼 수 있다.

그러나 한자 발전의 전체 단계에서 말하면 후에 형성자로 변한 것은 조기 한자 체계 중에서 반드시 형성자라고는 볼 수 없다. 앞사람들은 자료의 한계로 고문자를 분석하면서 종종 상형자를 뜯어 몇 개의 構形部件으로 나누고 억지로 소리를 나타내는 구건을 찾으려고 하였다. 예를 들면, 王筠의《문자몽구》권1에서 상형 아래에 소리와 의미를 겸하는 상형을 열거하면서 그 중의 '金'을 "土로 구성되었으며 土는 金을 낳는다. 今은 소리이다(從土, 土生金也, 今聲)."(王《求》, 35)라고 분석하였다. 그러나 금문으로 '金'자는 이기도 하고 이기도 한데 모두 '今'이라는 聲符와 무관하다. 흙 중에 금속 알갱이가 묻혀 있는 모양을 상형하였다. 龍은 소전으로 인데 王筠은 은 그 모양을 상형하였으며 肉으로 구성되었고 소리는 童을 생략한 것(王《求》, 35)이라고 분석하였다. 갑골문은 · 이다. 금문은 · 으로, 모두 독체상형이다. 그 중에서 王筠이 '肉'의 구건으로 구성되었다고 분석한 것은 사실은 용이 큰 입을 벌리고 있는 모양을 상형한 것이며 또 王筠이 '童'자를 줄인 것으로 본 것은 용머리의 花冠이다.

禽은 소전으로 이다. 그래서 王筠은 이 자형에 근거하여 厹와 로 구성되었고 머리 모양을 상형하였으며 今은 소리(王《求》, 35)라고 분석하였다. 실제로 '禽'은 하나의 독체상형자이며 갑골문으로 , 금문으로 · 인데 모두 '今'자와 무관하다. 갑골문은 짐승을 잡는 기구를 상형하였으며, 금문에서는 하나의 덮개를 더하였는데 덮개〔罩〕와 그물〔網〕은 같은 의미로 똑같이 새와 짐승을 잡는 공구이다. 후에 그물에 잡힌 포획물을 지칭하게 되고서야 비로소 禽獸의 의미가 생겼다.

王筠이 '身'자를 人으로 구성되었고 申을 줄인 것은 소리(王《求》, 36)라고 분석한 것에 이르러서는 틀린 정도가 더욱 심하다. '身'은 갑골문으로 · 인데 본래는 여자가 임신한 모양을 상형하였다. 일설에는 대부호의 모양을 상형했다고 하였는데 사람이 부자가 되면 모두 배가 불룩하게 나오게 된다. 이 설 역시 통한다. '申'의 형체와는 아무런 관련이 없다.

어떤 글자들은 그것의 본자가 독체상형으로 후에 차용하여 다른 말을 나타냈기 때문에 곧 본자의 기초 위에 聲符를 더하거나 아니면 본자로 성부를 삼고 따로 形符를 더하여 뒤에 나온 하나의 형성자를 구성하였는데, 이 역시 우리가 상형과 형성의 두 가지 構字 방법을 구별할 때 마땅히 주의해야 하는 것이다. 예를 들면 다음과 같다.

'鼻'는 형성자이나 우리는 코라는 의미를 기록하는 글자가 곧 형성자라고는 말할 수 없다. 왜냐하면 조기의 문자 중에는 또한 '自'로 코의 의미를 기록한 것이 있었다. 갑골문 중의 鼻는 라고 하는데 바로 코의 상형이다. 箕와 其, 莫 과 暮, 益과 溢 등 같은 것은 모두 이 유형에 속한다.

字體의 변화로 조기 한자로는 본래 상형에 속했던 것이 후에 분화하여 형성자가 된 것이 있는데, 이 역시 상형과 형성의 구분에 장애를 가져온다. 예를 들면 다음과 같다.

帝는 갑골문으로 이다. 吳大澂의 《字說·帝字說》에서는 꽃자루〔花蒂〕의 모양을 상형했다고 하였다. 지금의 '丕'자가 곧 '帝'(蒂)의 본자이다. 자형의 발전과 변화로 '丕'자의 형체는 크게 드러나다〔丕顯〕는 의미를 기록하는 데 사용되었다. 왜냐하면 꽃자루는 가지나 잎이 생겨나고 만물이 발생하는 곳이기에 가장 이르다는 의미가 있기 때문이다. 胚胎의 胚에는 이르다는 뜻이 있다. 또 最大라는 의미로 인신되었다. '丕顯'은 즉 최대의 의미이다. 더 나아가 否定副詞 '不'로 차용되었는데, 不字가 '帝'의 형체로 변화되자 곧 형성자로 오인되었다. 許愼은 '帝'의 의미를 "상세하고 주밀하다. 또 군주가 천하를 통치하는 칭호이다(諦也, 王天下之號也)."(大徐本, 7)라고 해석하였다. 그 자형을 "上으로 구성되었고 朿는 소리이다(从上、朿聲)"(大徐本, 7)라고 분석하여,

'帝'자의 본래 모습을 모두 잃어버리게 하였다.

다시 예를 들면, 重은 실제로 '童'이 되는데 '童'의 고문은 으로 노예가 짐을 지고 있는 모양을 상형하였다. 후에 보충하여 가 되었고 또 東자를 더하여 가 되었으며 소전은 으로 변하였다. 許愼은 壬(挺)으로 구성되었고 東은 소리(大徐本, 169)라고 분석하였다. 은 자형이 잘못 변하여 나타난 형체이다. 이것에 근거하여 그 구조 유형을 판정하면 반드시 잘못이 생길 것이다.

沬는 가장 이른 시기에 또한 독체상형자였다. 갑골문으로는 다음과 같다.

 一期寧二. 五二

혹은 다음과 같다.

 三期後下一. 二五[15]

사람이 몸을 구부려 머리를 씻는 모양을 상형하였는데 후에 盨으로 확정되어 器物 이름으로 삼았다. 이후에 비로소 별도로 水는 의미로 未는 소리인 沬를 만들었다.[16]

何는 갑골문으로 인데 사람이 물건 하나를 어깨에 짊어지고 있는 모양을 상형하였다. 후에 짊어진 물건이 '可'로 잘못 변하였다. 짊

---

15 자형은 徐中舒 主編《甲骨文字典》, 四川辭書出版社, 1989年版, p.1207에서 가져왔다. 이하 갑골문 자형은 특별한 설명이 없는 한 모두 이 책에서 가져온 것이다.

16 許愼은 "얼굴을 씻는다는 뜻이다. 水로 구성되었으며 未는 소리이다(灑面也, 从水未聲)"라고 해석하였다. 조기 자형의 조자 의도에 부합하는 해석이다.

어지다〔肩荷〕의 의미가 곧 人은 의미로 可는 소리인 형성자로 변하게 되었다.

이상의 분석으로부터, 상형과 형성의 두 가지 조자 방식은 본래는 구분할 수 있는 것이었으나, 한자의 형체와 의미 통일의 복잡성과 한자가 수천 년의 발전을 겪으면서 전파의 공간 또한 대단히 넓었기 때문에 상당히 일부분의 글자들은 여전히 상형인지 형성인지 확정하기가 어렵다는 사실을 알 수 있었다. 한자에 대한 통시적 고찰은 상형과 형성이 뒤엉켜 분명하지 않은 상황을 더욱 두드러지게 한다.

4. 지사와 회의

지사와 회의의 구별은 단옥재 주에서 말한 것과 같이 주로 합체와 독체의 구별이다. 段玉裁 주에서 "許愼은 上部에서 '上은 높다는 의미이다. 이것은 지사이다.' '下는 낮다는 의미이다. 이것은 지사이다.'라고 하였다. <序>에서 다시 들어 그것을 설명하였다. ……지사는 회의와 혼돈할 수 없으니 두 개의 문자가 합해져 회의가 되며 독체는 지사가 된다(許於上部曰 : '上, 高也. 此指事.' '下, 底也, 此指事.' 〈序〉復擧以明之.……指事不可以會意淆, 合兩文爲會意, 獨體爲指事)."(段注, 735)라고 하였다. 段玉裁의 견해에 따르면 지사는 독체여서 합체인 회의자와 혼동해서는 안 된다. 그러나 실제 상황은 오히려 대단히 복잡하다. 예를 들면 다음과 같다.

至에 대해서는 《설문·十二上·至部》에 "𦤳는 새가 높은 곳에서 날아와 땅에 이른다는 의미이다. 一로 구성되었는데, 一은 땅〔地〕과 같다. 상형이다. '不'은 올라가는 것이고 '至'는 내려오는 것이다(𦤳, 鳥飛从高下至地也. 从一, 一猶地也, 象形. '不'上去而'至'下來也)."(大徐本, 247)라고 하였다. 段玉裁는 '一'자에 대해 주를 달면서 一자는 '육서' 중에서 지사인데, 즉 '至'자 중에서는 또한 지사부호로, 새(실제로는 화살)가 이르는 곳이다. 王筠의

《문자몽구》에서는 '至'를 지사가 상형을 빌린 것으로 귀납시키고 지사의 예로 삼았다.(王《求》, 54) 그러나 허신은 鳥·地 두 가지 형체의 회의라고 여겼다. 裘錫圭의 《문자학개요》에서도 '至'를 회의 유형 속에 넣었다.(裘《文》, 127) 한 글자에 대한 견해 차이가 이렇게 크다는 사실을 알 수 있다.

이밖에 '之' 같은 것은 전문으로 㞢인데 또한 一로 구성되었다. 이 '一'도 거의 지사부호로 간주할 수 있을 것 같다. 그러나 《설문》 중에서는 그것을 오히려 땅〔地〕의 부호로 간주하고, '之'는 屮·一의 회의라고 하였다.(大徐本, 127) 갑골문의 '之'는 인데 분명히 屮로 구성되지 않고 '止'(발가락의 본자)로 구성되었다. 즉 '之'는 발가락이 바깥으로 향한 것으로 어떤 한 점으로부터 출발하여 다른 한 곳으로 가는 것을 나타내는데 '往'자에 해당한다. '各'자의 구성과 의미가 반대인 관계이다. '各'의 갑골문은 으로 발가락이 안으로 향한 것인데 사람들이 거주하는 곳을 향해 걸어오는 것을 나타낸다. 회의로서 '到'·'至'의 의미가 된다. 또 '出'의 구성과 의미가 같은 관계이다. '出'의 갑골문은 으로 또한 발가락이 거처하는 곳의 바깥으로 향한 것인데 회의로서 나가다는 의미가 된다. 그러나 王筠의 《문자몽구》에서는 오히려 '出'을 지사 중의 純體指事字에 넣었다.(王《求》, 42)

어떤 글자는 字體가 잘못 변화하여 글자가 되지 않는 지사부호를 글자가 되는 부호로 변하게 하였다. 이러면 본래 지사에 속했던 글자를 회의로 분석하는 잘못을 범하기가 쉽다. 예를 들면, 孔은 금문으로 인데 하나의 반원으로 어린아이의 숨구멍 위치를 가리킨다. 그러나 소전에 이르러서는 그 글자를 라고 하였는데 글자가 되지 않는 반원이 '乙'자가 되었다. 이 '乙'은 또 제비와 관련이 있는데 제비가 어떤 집에 이르면 이 집의 식구가 늘었다는 것을 나타낸다. 허신은

이 자를 회의자로 오인하고 "乙·子로 구성된 회의자이다. 乙은 자녀를 청하는 철새이다. 철새가 이르면 자녀를 얻을 수 있으니 사람들의 생활을 아름답게〔嘉美〕 한다. 그래서 옛사람의 이름이 嘉이면 그 字는 곧 子孔이 된다(从乙从子, 乙, 請子之候鳥也. 乙至而得子, 嘉美之也. 古人名嘉字子孔)."(大徐本, 246)라고 하였다.

曰은 갑골문으로 인데 口로 구성되었으며 위의 한 점(혹은 짧은 횡선)은 말할 때 氣가 입안에서 흘러나오는 것을 가리킨다. 그러나 春秋時代에 이르면 금문으로 라고 하였는데 한 점(혹은 짧은 횡선)은 곧 'ㄴ'이 되었다. 그래서 《설문》에서는 "口·ㄴ로 구성되었다(從口, ㄴ)"(大徐本, 151)고 분석하였다. 또한 회의로 간주하였다.

今은 갑골문으로 인데 거꾸로 된 口로 구성되었으며 하나의 짧은 횡선은 함구하고 말하지 않는 것을 가리킨다. 고문자학자는 '吟'의 본자로 여겼다. 그렇다면 이 짧은 횡선은 곧 지사부호가 된다. 그러나 전문에 이르러 이 글자는 이 되었는데 그 짧은 횡선은 곧 '乁'으로 변하였다. 《설문》에서는 "亼·乁으로 구성되었다. 乁은 고문의 及이다(从亼、从乁, 乁, 古文及)."(大徐本, 108)라고 분석하였다. 즉 '今'자를 회의로 보았다.

그러므로 王筠의 《설문석례》에서는 "비록 일을 형용하는 글자는 회의나 형성을 겸하면서 변한다(雖狀事之字, 兼有會意形聲而其變也)."(王《例》, 13)라고 하였다. 또 "지사자를 상형이라고 한 것은 ……일에는 반드시 의미가 있으며 의미에는 반드시 형체가 있는데, 이것은 사람 마음 중의 형체를 상형한 것이지 사람의 눈으로 보는 형체를 상형한 것은 아니다(指事字而云象形者, ……事必有意, 意必有形, 此象人意中之形, 非象人目中之形也)."(王《例》, 14)라고도 하였다. 여기서 지사와 회의는 관련이 있는 것이며(일에는 반드시 의미가 있음), 관련이 있다는 것은 그것들을 확연히 구분하기가 어렵다는 것임을 알 수 있다.

5. 지사와 형성

王筠의 《문자몽구·自序》에서 상형·지사는 회의자의 기초(회의자는 상형·지사가 합해져 이루어진 것)이며, 상형·지사와 회의자는 또 형성자의 기초(형성자는 이 세 개가 합해져 이루어진 것)라고 지적하였다.(王《求》, 1) 이렇다면 형성자는 곧 지사와 연계할 수 있다. 예를 들면, '忍'의 聲符 '刃'은 곧 지사자인데, 이 글자는 상형(心)·지사(刃)가 합해져 이루어진 것이다. 지사자는 일반적으로 독체이며 형성자는 합체로 字形 구조 상 분명히 구분할 수 있다. 그러나 어떤 글자들은 조기 형체가 독체의 지사자였는데 후에 자형의 변화로 합체의 형성자가 되었다. 갑골문에서 소전까지의 변화 과정 중에 이미 그런 사례가 있었다.

예를 들면, 丕는 본래 '不'자의 뒤에 나온 區別字인데, '不'자의 본의는 꽃자루로(吳大澂의 《字說·帝字說》에 근거함) 꽃자루는 과실을 맺는 시작이다. 그래서 '不'자는 인신하여 胚胎하다의 의미를 가리킬 수 있으며 또 인신하여 가장 이르다, 가장 원시적이다 등의 의미도 있다. 아울러 이로부터 크다의 의미도 나왔다. 丕자에는 不의 원시나 크다는 의미가 남아 있다. 上古時期 문헌 중의 不·丕는 본래 같은 자였다. 이를테면 《尙書》 중의 '丕顯'은 바로 '不顯'으로 하였다. 후에 '不'은 부정부사로 차용하였기 때문에 크다·원시의 의미를 나타낼 때는 곧 '不'의 기초 위에 한 점을 더해 不라고 하였다. 이 한 점은 후에 하나의 횡선으로 변하였으며 또 그 후에는 '不'자와 두 가지 형체가 되었으니, 許愼이 이 글자를 一은 의미이고 不은 소리라고 잘못 분석하게 하였다. 漢代 石經에서는 이 一을 十으로 잘못 변하게 하여 十은 의미이고 不은 소리인 平이 되었다. 조자의 본래 모양과 더욱 멀어지게 되었다. 사실 丕의 一은 단지 구별 작용을 하는 하나의 지사부호일 뿐으로, 形符로 분석하는 것은 이치에 조금도 맞지 않다.

또 예를 들면, 牡는 갑골문으로 인데 豕의 기초 위에 한 점을 가했는데, 이 점은 수컷 동물의 생식기 위치를 가리킨다. 이는 곧 정면에 있는 사람 형체가 크다는 기초 위에 두 점을 가해 사람의 겨드랑 위치를 가리키는 것과 같다. 후에 形符를 고쳐 로 바꾸었다. 소전에 이르러 수컷 생식기 부호는 곧 '土'로 잘못 변하게 되었다. 그래서 《설문》에서는 牛로 구성된 '牡'[17]의 자형은 牛는 의미이고 土는 소리라고 분석하였다.(大徐本, 29) 사실 이 '土'는 가장 이른 시기에는 성부가 아니고 某 사물의 위치를 가리키는 지사부호였다. 許慎에 의해 형성의 '牡'로 간주되었으나 갑골문 중에서는 단지 지사자로 칠 수 있다.

蔣善國의 《漢字學》에서는 匚(方)·O(員)은 일종의 순부호의 지사자라고 여겼는데(蔣《漢》, 116), 즉 '員'은 마땅히 貝(혹은 鼎)의 기초 위에 하나의 지사부호를 더해 구성한 지사이다. 그러나 허신은 '員'의 자형 구조를 분석하면서 오히려 貝는 의미이고 口(마땅히 O이 돼야 함)는 소리라고 분석하였다.(大徐本, 129)

이상 예로 든 글자들은 지사와 형성 또한 뒤엉켜 분명하지 않은 곳이 있음을 설명하고 있다.

6. 회의와 형성

회의와 형성의 구별에 관해 段玉裁는 다음과 같이 지적하였다.

> (형성)이 회의와 구별되는 것은, 회의는 합체이며 의미가 주이고, 형성은 합체이며 소리가 주이다. 소리는 좌에 있기도 하고 우에 있기도 하며, 위에 있기도 하고 아래에 있기도 하며, 안에 있기

---

17 갑골문 중에서는 牛·豕·鹿으로 구성된 '牡'자가 있다.

도 하고 바깥에 있기도 하다. 또한 한 글자에 소리가 두 개인 것도 있다. 소리를 나타내기도 하고 의미를 나타내는 것이 있는데, 회의이나 형성을 겸한다. 소리를 생략한 것도 있는데 그것은 회의가 아니면서 소리도 얻지 못하니, 모 글자를 생략하여 그것으로 소리를 삼았음을 안다((形聲)其別於會意者, 會意合體主義, 形聲合體主聲. 聲或在左, 或在右, 或在上, 或在下, 或在中, 或在外. 亦有一字二聲者. 有亦聲者. 會意而兼形聲也. 有省聲者, 既非會意, 又不得其聲, 則知其省某字爲之聲也).(段注, 755)

이치대로 말하면 형성과 회의는 비록 똑같이 합체자에 속하지만 하나는 두 가지 형체가 합해져 소리를 이루고 다른 하나는 의미를 이룬다. 소리를 이루는 것과 의미를 이루는 것은 구별하기가 어렵지 않다. 하지만 형성 중에는 소리가 의미를 겸한 兼意形聲字가 있는데 예를 들면,《설문·一上·玉部》에 "珥는 귓불에 달던 옥이다. 玉·耳로 구성된 회의자인데 耳는 또한 소리를 표시한다(珥, 瑱也. 从玉耳、耳亦聲)."(大徐本, 11)라고 하였는데, 耳는 여기서 소리를 나타내기도 하면서 이미를 나타내기도 한다. 게다가 글자 원래의 의미를 표시한다.《설문·一上·示部》에 "禮는 이행하다는 의미이다. 신에게 제사지내어 복을 얻는 일이다. 示·豊으로 구성된 회의자인데 豊은 또한 소리를 표시한다(禮, 履也, 所以事神致福也. 从示从豊, 豊亦聲)."(大徐本, 7)라고 하였다. '豊'은 예를 행하는 그릇이기에 여기서는 의미를 나타내는 작용이 있다. 이와 같은 소리가 의미를 겸한 자를 형성자에 넣어야 할지 아니면 회의자에 넣어야 할지 현재 학계에서도 의견이 나누어져 있다. 일반적인 문자학 專著는 그것을 형성자 중에 넣고 있으나, 이포의《갑골문문자학》에서는 오히려 완전히 다른 견해를 견지하였는데 즉 마땅히 회의자에 넣어야 한다고 여겼다. 그는 갑골문은 일종의 총체적 표의문자라는 특징으로부터 출발하여 이 문제를 보면서 이른바 소리가 의미를 겸한 것이라고 한 것은 일종의 오해라고 여겼다. 그는 이런 자는 실제로 의미가 소리를 겸한 것으로 먼저 의미를 나타냈다고 하였다.(李《甲》1, 214)

어떤 형성자는 聲符의 일부분을 생략하였는데 생략된 후의 형체가 바로 또 글자를 이루는 하나의 部件이 되어 사람들로 하여금 회의로 쉽게 오인하게 한다. 예를 들면, 蠅은 虫·黽으로 구성되었다. 黽은 개구리와 유사한 동물로 속칭 蟈蟈이라고 하며 배가 크다. 그리고 큰 파리〔蒼蠅〕는 그 모양이 그것과 비슷하기 때문에 黽은 회의이다. 繩는 糸·黽으로 구성되었는데 여기서는 黽과 繩의 의미 연계를 찾아볼 수 없다. 게다가 黽과 繩의 소리 또한 거리가 멀다. 黽은 陽部字로 明紐上聲이고 繩은 蒸部字로 船紐平聲으로 聲韻도 차이가 비교적 크다. 許愼은 '繩' 이 글자의 형체 구조를 "糸로 구성되었고 소리는 蠅이 생략된 것이다(從糸, 蠅省聲)."(大徐本, 275)라고 분석하였다. 蠅·繩은 모두 蒸韻字이 첩운관계이다. 소리는 하나는 船紐에 있으며 다른 하나는 喩紐에 있는데, 옛날 喩紐四等은 혀에 가까웠기에 소리 또한 비슷하다. 그래서 소리의 이치상에서 말하면 繩은 마땅히 蠅으로부터 생략된 것이다. 그러나 허신은 생략하지 않은 하나의 異體字를 찾지 못하였기 때문에 이 설은 아직도 생략하지 않은 조기 이체자를 증거로 삼아야만 비로소 믿을 만하다. '梓' 같은 것은《설문·六下·木部》에서 그 字體를 "木으로 구성되었고 소리는 宰가 생략된 것이다(从木、宰省聲)."라고 분석하였다. 許愼은 동시에 생략하지 않은 '梓'를 찾아내었으니(大徐本, 115) 이것은 비교적 믿을 만하다.

만약 생략하지 않은 자를 찾지 못하면 모 소리의 생략이라고 가볍게 단정할 수 없다. 예를 들면, 家는《설문·七下·宀部》에서 "宀으로 구성되었고 소리는 豭가 생략된 것이다(从宀、豭省聲)."(大徐本, 150)라고 하였다. 그러나 許愼은 생략하지 않은 家를 찾지 못했다. 또 이를테면 哭은《설문·二上·哭部》에서 이 글자의 형체를 "吅xuān으로 구성되었고 소리는 獄이 생략된 것이다(从吅、獄省聲)."(大徐本, 35)라고 분석하였으나 또한 생략하지 않은 '哭'을 찾지 못하였다. 그래서 段玉裁는 이 글자 아래에 다음과 같은 주를 달았다.

> 許愼의 책에서 소리를 생략한 것이라고 말한 것은 대부분 의심이 가는 것이다. 한 편방을 취하여 전체 글자를 싣지 않고 모 글자의 생략이라고 하는데, 이를테면 家는 豭가 생략된 것이며 哭은 獄이 생략된 것이라고 한 것은 모두 믿을 수 없다. 獄은 본래 㹜으로 구성되었지 犬으로 구성된 것이 아니나 㹜의 반을 취하였다. 그렇다면 어찌하여 㱿(确으로 읽음)·獨·倏·狳의 소리를 취하지 않았는가? 나는 말한다……哭은 본래 개 짖는 소리였으나 옮겨가서 사람에게 말하는 것이 되었다. ……나는 家는 豕部에 속하며 豕·宀으로 구성되었고 哭은 犬部에 속하며 犬·吅으로 구성되었다고 여긴다. 모두 회의로 옮겨가서 사람에게 말하는 것이 되었다. 소리의 생략이라고 한 것의 억지와 견강부회를 바로잡기를 바란다(許書言省聲多有可疑者. 取一偏旁, 不載全字, 指爲某字之省, 若家之爲豭省, 哭之从獄省, 皆不可信. 獄固从㹜, 非从犬, 而取㹜之半, 然則何不取㱿(音確)、獨、倏、狳之聲乎? 竊謂……哭本犬嗥, 而移以言人也. ……愚以爲家入豕部, 从豕宀. 哭入犬部, 从犬吅. 皆會意而移以言人. 庶可正省聲之勉強、皮傅乎).(段注, 63)

段玉裁의 설은 따를 만하다. 소리의 생략이라고 하는 분석은 잘못된 것으로, 이는 회의를 형성으로 잘못 간주할 수 있다. 갑골문·금문의 '家'는 모두 생략하지 않은 것이다. 갑골문은 이다. 금문은  혹

은 이다. 방안에 기르는 돼지가 있는데, 이는 목축사회의 세포—집〔家〕이 건립되었음을 나타내고 있다. 이것은 豕·宀으로 구성된 회의자로, 성부의 일부분이 생략된 형성자로 분석할 수는 없다.

段玉裁는 《설문·서》 중의 '회의' 아래에 또 "형성과 유사하나 회의인 것이 있는데, 이를테면 拘·鉤·笱는 모두 句部이며 手·金·竹部에 속하지 않는다. 莽·莫·葬은 犬·日·死部에 넣지 않으며, 𠦄·糾는 茻·糸部에 넣지 않는 것 등이다(有似形聲而會意者, 如：拘、鉤、笱皆在句部, 不在手、金、竹部. 莽、莫、葬不入犬、日、死部, 𠦄、糾不入茻、糸部之類是也)."(段注, 755)라고 지적하였다. 拘·鉤 등과 같은 자는 현대 자형 분석에 의거하면 또한 手는 의미 句는 소리, 金은 의미 句는 소리로 구성된 형성으로 간주하기 쉽다.

어떤 말은 회의 構形의 글자를 사용하여 기록할 수도 있으며 또한 형성 구조의 글자를 사용하여 나타낼 수도 있다. 예를 들면, 羞는 갑골문으로 인데 손〔又〕으로 양을 들고 있는 모양으로 천지귀신 및 빈객에게 음식물을 진상하다는 의미를 나타내고 있다. 후에 '又'자는 형체가 비슷한 丑으로 바뀌었는데, 丑·羞는 모두 옛날 幽部의 글자로 첩운의 관계이다. 그래서 丑은 羞의 성부로 삼을 수 있으니, 이렇게 뒤에 나온 羞는 곧 羊·丑으로 구성되었으며[18] 丑이 소리인 형성자이다.

또 弦을 예로 들면, 소전 의 右旁은 본래 인데 실타래 모양을 상형하였다. 漢代 印章에 또한 弓·糸로 구성된 '弦'이 있는데, 이 右旁의 糸는 弦의 소리와 거리가 멀어 표음의 성분으로 간주할 수 없고 단지 표의의 성분으로만 간주할 수 있다. 그래서 '弦'은 조기에는 회의자였다. 그러나 隷書에 이르러 '糸'가 '玄'으로 바뀌자 곧 弓은 의미 玄은 소리인 형성자로 변하게 되었다.

---

18 '丑'의 본의는 손가락으로 힘을 쓰는 의미로, 갑골문은 이다.

다시 예를 들면, 馘은 조기의 도형문자로는 인데 戈· 耳로 구성된 회의로, 창으로 적의 귀를 베어 논공행상의 증거물로 삼았음을 나타낸다. 후에 戈자는 '或'으로 대체되었으며 '或'은 표음의 성질을 얻게 되었으니, '馘'은 곧 회의에서 형성으로 변하게 되었다.

많은 형성자들은 대부분 조기의 회의자로부터 발전 변화되어 나왔다. 예를 들면, 물건의 무게를 달다의 稱은 지금은 의미 禾와 소리爯으로 구성되어 있다. 사실 이 글자는 본래 '爯'이었는데 갑골문으로 , 금문으로 이었다. 爪·魚로 구성된 회의로, 손으로 물고기의 중량을 어림쳐 헤아리다는 의미이다. 그래서 裘錫圭는 물건의 무게를 달다의 本字라고 여겼다.《설문》은 이 글자를 <冓部>에 넣고 冓가 생략된 것으로 구성되었다고 하였다. 冓의 갑골문은 두 마리의 물고기가 교미하는 모양을 상형하여 라고 하였다. 그래서 '冉'의 형태가 물고기의 변형이라는 사실로 증명할 수 있다. 후에 의미 禾와 소리 爯으로 구성된 형성자로 변하였으며, 稱은 또 簡化 하여 称이 되었으니 이미 회의의 의미도 볼 수 없으며 또한 형성의 특징도 찾을 수 없게 되었다.

'前'은 본래 歬으로 회의자(또한 합체상형으로 간주할 수 있음)이다. 후에 자르다의 剪의 본자──前을 차용하여(大徐本, 91) 가지 않으면서 앞으로 나아가는 것을 나타내어 회의가 아니고 형성이 되었다.

또한 회의와 형성이 병존하며 똑같이 하나의 의미를 나타내는 상황이 있다. 예를 들면, 눈물의 泪는 水·目으로 구성되어 눈 중의 물─눈물〔泪水〕이라는 회의이며 또 의미 水와 소리 戾의 '淚'도 있다. 문을 닫는다의 閂은 門· 一로 구성된 회의이며 동시에 또한 의미 戶와 소리 睘인 '𢨋'자도 있다. 산속 암석의 岩은 山· 石으로 구성된 회의이며 또 의미 山과 소리 嚴으로 구성된 '巖'자도 있다. 秋자는 회의자로 火· 禾로 구성되었는데, 가을빛이 사나워 벼가 가을에 불에 타는 것과 같다는 것이다. 그러나 秋의 조기 형체는 오히려 형성자로 의미의 禾와 소리의 𪚰로 구성된 𥤚였다. 𪚰는 본래 또한 회의자로 불로 거북이를 굽는 것으로 추계 제사 때 진행하는 점복의식이다. 그래서 𪚰는 또한 표의를 겸하는 하나의 聲符로 간주할 수 있다.

어떤 글자는 회의인지 아니면 형성인지 학계에서도 다른 견해를 갖고 있는 것이 있다. 예를 들면, 罪는 网·非로 구성되었는데 본의는 물고기 잡는 대나무 그물이었다. 단지 自·辛으로 구성된 '辠'가 皇帝의 '皇'자와 형체가 비슷하여 秦나라 二世 때 조서를 내려 '罪'를 차용하여 '辠'를 대체하도록 하였다. 段玉裁·王筠 등은 网非의 의미가 물고기 잡는 대나무 그물이라는 본의와 부합하지 않기 때문에 '罪'자는 마땅히 형성자라고 여겼다. 《설문》 '非'자 아래에 마땅히 '聲'자가 있어야 하는데 後人이 함부로 삭제했다고 하였다. 그러나 구석규는 어떤 사람이 죄가 있는 사람(非)을 一網打盡하다로 견강부회하여 해석했다고 지적하였다.(裘《文》, 218) 이는 또한 회의로 분석한 것이다.

이상의 갖가지 상황은 모두 회의와 형성에 많은 뒤엉킴이 있으며 분명한 구분 역시 그렇게 쉽지 않음을 나타내고 있다.

제4절 소결

본장은 '육서설'의 연기·형성 및 그것의 한자 자형 구조 분석과 한자 교학 중에서의 작용과 영향에 대해 정리하였다. 아울러 상형·지사·회의와 형성의 네 가지 造字法으로 한자의 형체 구조를 분석할 때 부딪히게 되는 장애로써 육서설의 미비점에 대해 설명하였다. 사실상 상형·지사·회의와 형성은 상호간에 연계가 있을 뿐만 아니라 또한 구별도 있다. 만약 깊이 있게 연구를 한다면 많은 문제를 발견할 수 있을 것이다. 허신이 사용한 명칭과 용어는 단지 우리를 위해 대략적인 윤곽을 그렸을 뿐이며, 정확한 정의도 내리지 않았다. 앞사람들이 이 방면에 대해 세밀한 연구를 진행하여 일부 믿을 만한 결론을 얻었을지라도 결코 최후의 定論을 짓지는 않았다. 우리는 이러한 모순과 문제의 제기로 많은 사람들이 그것에 대해 토론하기를 희망한다. 어떻게 한자의 발전 변화의 歷程에 근거하고 또 어떻게 각각의 시간대 내에 한자 구형의 속성을 귀납시킬 것인가는 우리 앞에 놓인 대단히 어렵고 커다란 임무이다.

제2장

한자 구조의 현대적 해독

한자의 구조는 '六書'가 유일한 해독방식이 아니다. 현대 학자들은 전통적 '육서'의 속박에서 벗어나고자 힘쓰고 있으며, 현대적 해독을 중심으로 하는 한자구조 분석의 새로운 모델을 구축하고자 노력하였다.

한자구조에 대해서 현대 학자들은 많은 새로운 견해를 제시하였다. 林季苗(2007) 의 통계에 의하면 '二書'에서 '七書'까지 다양한 견해가 있다는 것을 알 수 있다.(林《學》, 355-356)[1] 이외에도 李圃(1995)는 甲骨文의 字素를 분석한 것을 바탕으로 갑골문의 구조적 조자 방법을 獨素造字·加素造字·更素造字·移位造字·省變造字·綴加造字 등 총 8종으로 귀납하였고, 複素造字의 구조 차원에서 심도 있는 분석을 진행하였고, 表詞方法을 통해 갑골문을 6종류로 귀납하였다. 즉 象形表詞·指事表詞·形意表詞·會意表詞·意音表詞·假借表詞이다.(李《甲》, 140-161) 王寧은 공시적인 측면에서 한자의 기초 요소인 形位의 漢字 構件 및 문자 구성의 기능면에서 깊고 세밀하게 분석한 결과를 바탕으로 한자의 11종 構形 모델을 귀납하였다. 즉 全功能零合成字·標形合成字·標意合成字·標音合成字·形音合成字·義音合成字·有音合成字·會形合成字·形音合成字·會意合成字·無音綜合合成字이다.(王《漢》, 125)

본 장에서 唐蘭의 '三書說', 李圃의 構字方法 8종 및 表詞方法 6종, 그리고 王寧의 한자구형모델을 중심으로 소개하고자 한다.

---

1 王力의 '二書說', 唐蘭의 '三書說'이 있었고, 陳夢家·裘錫圭·張世祿·趙誠·劉又辛·林澐·卜偉光 등도 "三書說"을 제시하였지만 내용이 서로 다르다. 戴君仁과 張玉金 두 학자는 '四書說'을 제시하였고, 王元鹿과 朱振家 두 학자는 한자의 구조에 '五書'가 존재한다고 하였다. 李瑛·詹鄞鑫·蘇培成 세 학자는 '六書'를 개조하여 '新六書說'을 제시하였다. 高亨은 '六書'의 기초에서 複體字/會意兼象形·會意兼形聲·形聲兼象形 한 분류를 추가하고 '七書說'을 제시하였다. 王鳳陽은 새로운 '七書說'을 제시하였다, 즉 象物·象事·象意·標示·形聲·會意·假借이다. 이상의 여러 가지 학설은 내용과 외연에 있어서 유사한 점도 있지만 차이점도 존재하며, 한자 구조 이론에 있어서 각각의 학술적 공헌이 인정된다.

제1절 唐蘭의 '三書說'

1. 唐蘭의 생애와 그의 학술 성과

唐蘭은 중국 浙江省 嘉興 秀水사람이다. 1921년부터 北京大學·北京師範大學·清華大學·輔仁大學·中國大學의 강사를 역임하였고, 1925년에 故宮博物院의 전문위원을 역임하였다. 1935년에는 북경대학 교수를 역임하였고, 1936년에는 중문과 주임교수직을 대리하였다. 1939년 西南聯合大學에서 부교수, 교수 그리고 文科硏究所 지도교수를 역임하였고, 《六國銅器》·《甲骨文字》·《古文字學》·《說文解字》·《爾雅》·《戰國策》·《唐宋詩詞》 등을 강의하였다. 중화인민공화국 건국 이후까지 북경대학의 교수 및 중문과 대리주임직을 역임하고, 故宮博物院의 초빙으로 설계자를 겸임하기도 했다. 1920년대에는 《說文解字》·《爾雅》 등을 심도 있게 연구하여 《說文注》 4권을 저술하였다. 1930년대에는 《古文字學導論》을 저술하였고, 40년대에는 《中國文字學》을 저술하였다. 唐蘭은 평생 교육과 학술연구에 종사하면서 저술한 책이 다수이며, 古文字學·音韻學·訓詁學·古代史學 등의 영역에서도 조예가 매우 깊었다. 唐蘭의 학문 연구적 태도는 신중하고 독창적이었다. 그는 본인이 섭렵한 모든 영역에서 학술적으로 큰 공헌을 세웠다. 〈中國古代歷史上的年代問題〉·〈春秋戰國是封建割據時代〉·〈中國古代社會使用青銅器問題的初步研究〉 등 학계에서 인정받는 논문을 잇달아 발표하였다. 唐蘭의 저술은 학술적 성과가 높았을 뿐만 아니라 양적으로도 풍부했다. 그는 중국의 저명한 文字學者, 金石學者이자 역사학자였다.

2. 唐蘭 '삼서설'의 해독

唐蘭은 《古文字學導論》(1935) 과 《中國文字學》(1949)에서 '三書說'의 체

계를 세웠고, 한자는 象形文字, 象意文字 그리고 形聲文字 밖에 없다고 여겼다.(唐《論》, 85-124)

唐蘭은《說文解字》'六書說'의 결함을 비판하였다. '육서설'은 단지 六國文字 및 小篆시대에 적합한 舊說이며, "매우 꼼꼼하지 않은 해설이다"라고 하였다.(唐《論》, 85) 뒤이어 唐蘭은 上古文字는 그림에서 변화해 온 것이며, 그러므로 상고문자는 形符에서 意符로 발전한 것이고, 따라서 '指事'는 이전 사람들이 일부 문자의 구조를 해석하지 못해서 만들어낸 것이라고 주장하였다. 사실 이러한 문자는 대부분 象形 혹은 象意의 문자이여, 文字의 발전사에 있어서 지사문자는 생겨난 적이 없었다고 하였다.(唐《論》, 86-87) 唐蘭은 후에《中國文字學》에서 더 나아가 "이러한 기호〔指事符號〕를 문자에 인용할 때 그림문자의 형식을 취하고 있으므로 당연히 그림문자의 일종이고, 상형문자에 불과하다. 우리가 '一'을 보고 숫자 '一'을 바로 읽을 수 있는 것은 '虎'자를 보고 바로 '虎'를 읽을 수 있는 것과 같다. 그러므로 우리는 추상적인 상형문자를 단독으로 한 부류로 분류할 필요가 없다"고 하였다.(唐《學》, 71)

이것이 바로 唐蘭 '三書說'의 기틀이다. 앞에서 언급한 바와 같이 東漢 班固의 '六書'가 '문자를 만드는 근본〔造字之本〕'이라는 설에 대한 의심은 淸代 戴震에서부터 시작되었고, 이에 '四體二用說'을 제시하였다. 이 중에 '四體'는 문자 만드는 방법과 관계가 있고, 轉注 및 假借는 문자 해석하는 방법이며 문자를 사용하는 방법이기 때문에 '二用'으로 귀납하였다. '四體'는 指事·象形·會意·形聲이다. 唐蘭은 문자 만드는 근본적인 방법인 '指事'를 완전히 부정하였으므로 '四體'를 '三體'로 수정하였다. 즉, 象形·會意·形聲만 인정하였다. 원래 指事에 속하는 문자는 각각 象形 혹은 會意로 구분하여 귀속시켰다. 唐蘭의 '三書'가 구체적으로 어떤 문자를 가리키는 것인지는 아래에서 살펴보고자 한다.

2.1 象形文字

唐蘭의 상형문자는 실물의 형상을 그린 문자를 가리킨다. 예를 들어 '黽'의 金文, '魚'의 금문, '大'와 '人'의 甲骨文, '犬의 갑골문 등은 모두 각각 개구리, 물고기, 사람 그리고 개의 모양을 그린 것이다.

唐蘭은 《中國文字學》에서 상형문자를 감별하는 세 가지 기준을 제시하였다. 그는 "상형문자는 대체로 첫째 반드시 獨體字여야 하며, 둘째 반드시 명칭이어야 하고, 셋째 반드시 본래의 명칭 이외에 다른 뜻이 없어야 한다"고 하였다.(唐《學》, 76) 唐蘭은 이 기준을 제시한 후에 바로 《古文字學導論》의 예문을 수정하였다. 예를 들어 위에서 언급한 '大'는 《古文字學導論》에서 상형문자의 대표 예문으로 삼았지만, 《中國文字學》에서는 이 문자가 상형문자의 세 번째 기준과 적합하지 않으니 상의문자로 삼았다.(唐《學》, 77)

唐蘭은 상형문자를 세 종류로 분류하였다.

첫째는 象身이다, 즉 사람의 몸을 그린 문자다. 예를 들어, '首'·'又'·'疋'(발모양을 그린 형태)·'目'·'耳'·'自'·'口' 등이다.[2]

둘째는 象物이다, 즉 자연계에 있는 생물과 무생물을 그린 문자다. 예를 들어, '虎'·'兕'·'象'·'豕'·'馬'·'鹿'·'兔'·'夒'·'鳥'·'龍'·'萬'(전갈, 今文은 獨體象形)·'龜'·'(羊)'·'屮'·'日'·'月'·'雨'·'水'·'火'·'山'·'石'·'少'(모래의 모양을 그린 형태) 등이다.

셋째는 象工이다, 즉 인류의 지혜로 만든 사물을 본뜬 문자이다. 예를 들어, '丨'(도끼의 모양을 본뜸)·'弓'·'矢'·'丫'·'毌'(방패의 모양을 본뜸)·'鼎'·'爵'·'凡'(쟁반의 모양을 본뜸)·'寧'(저장하는 용기의 모양을 본뜸)·'其'(키의 모양

---

2 이상의 예문은 모두 唐蘭의 《古文字學導論》에서 예로 든 문자이다. 원문에서는 고문자를 수록하고 있는데, 이 책에서 생략하여 고문자를 수록하지 않는다. 아래도 이와 같다.

을 본뜸)·‘帚’(빗자루의 모양을 본뜸)·‘爿’(침대의 모양을 본뜸)·‘冂’·‘因’(버섯의 모양을 본뜸)·‘网’·‘巾’·‘宀’·‘亭’·‘井’·‘舟’·車’·‘夯’·‘幸’(질곡의 모양을 본뜸)·‘一’(數目의 모양을 본뜸[3])이다.

唐蘭이 정의한 상형문자의 세부적인 분류는 사실상 해당 문자가 반영한 대상의 종류를 기준으로 구분한 것이며, 李圃와 王寧이 문자의 字形을 근거로 분류한 것과는 다르다. 그러므로 참고할만한 가치가 없다. 唐蘭은 상형문자에 있어서 獨體와 合體(唐蘭의 책에서 ‘複體’라고 칭함)의 구분을 인정하지 않으며, 학자들이 일반적으로 合體象形字로 구분하는 문자를 모두 象意字에 귀속시켰다. 王筠 등 학자들이 말한 ‘象形兼指事’·‘象形兼會意’의 문자도 일괄적으로 象意字에 넣었고, ‘象形兼形聲’ 문자는 形聲字로 분류하였다.(唐《論》, 102)

2.2 象意文字

唐蘭의 象意字는 외연이 상대적으로 넓은 분류이다. 이는 상형자·회의자·자사자 등을 포함한다. 唐蘭이 제시한 간단한 분석 귀납 방법은 “개체 사물의 형태를 본뜬 ‘상형자’와 聲符가 있는 ‘형성자’를 구분하고 남은 것은 모두 ‘상의’ 이다”라고 하였다.(唐《論》, 103)

상형과 상의를 명확하게 구분하기는 쉽지 않다. 唐蘭은《古文字學導論》에서 사람과 관련된 몇 개의 문자를 예를 들어 單體象意과 獨體象形의 차이를 설명하였다. ‘大’와 ‘人’은 언어 중에서 성인을 대표하며, 이 두 문자에서 ‘天’·‘夨’·‘夭’·‘企’·‘兂’[4]·‘先’ 등 문자가 분화되었

---

3 唐蘭 자신이 주를 달아 “상고시대에는 칼로 새기거나 산가지를 세어서 숫자를 나타냈는데, 이 문자는 그 형태를 본떴다. 옛날에는 指事字로 여겼지만 사실이 아니다”라고 하였다.

4 이 문자는 갑골문 ‘’가 楷化된 형태이다. 唐蘭은 머리카락이 가늘고 길다는 의미를 나타

다. '天'의 뜻은 '정수리〔顚〕'이고, '夨'의 뜻은 '머리가 기운 것'이고, '夭'의 뜻은 '손을 흔드는 것'이고, '企'의 뜻은 '발을 드는 것'이고, '光'의 뜻은 '가늘고 긴 머리카락'이며, '先'의 뜻은 '모발이 풍성한 것'이다. 정수리, 기운 머리, 흔드는 손, 들린 발은 모두 사람의 행위와 관련된 것이며, 가늘고 긴 머리카락과 모발이 풍성한 것은 사람의 상태와 관련된 것이다. 이들은 모두 언어에서 單語를 나타낸다. 이는 '大'와 '人'이 언어에서 전문적인 명칭을 의미하는 것과 다르다. 그러므로 '天'·'夨'·'夭'·'企'·'光'·'先' 등의 문자는 單體象意에 속하며, '大'와 '人'은 상형문자에 속한다. 象物과 象事을 따로 구분한 것은 의미 있는 일이라고 생각한다. 그러나 사람의 행위 및 상태를 기록한 문자가 모두 상형에 속하지 않고 상의로 구분된다는 것에 대해서는 토론할 여지가 있다.

'單體象意'와 상대적인 것은 '複體象意'이다. 唐蘭의 '복체상의'가 가리키는 것은 "사람과 사람, 사람과 사물, 혹은 사물과 사물 사이의 모든 형태나 동작을 나타내는 문자다."(唐《論》, 106). 예를 들어, '相'(나무를 살펴봄)·'問'(문 안에서 물어봄)[5]·'伐'(한 사람이 창을 들고 남을 베어 죽임)·'家'(돼지가 집안에 있음)·'庠'(소, 양 등을 집 벽에 묶음)이다. 唐蘭은 이러한 문자는 그림과 달리 간단명료하게 핵심만 그려내면 된다고 여겼다. 예를 들어 金文의 '伐'자는 사람을 공격하는 창과 공격당하는 사람만 그려져 있으며, 창을 들고 있는 손만 첨가하고 창을 들고 있는 사람은 그리지 않았지만 사람들은 이 문자를 보면 문자가 포함한 의도를 파악할 수 있다.

낸 것으로 여겼다.《古文字學導論》p.106 참조.

5 이것은 唐蘭의 해석이며, 근거가 무엇인지는 알 수 없다. 唐蘭은 이 문자를 또한 형성자로 여겼다.《古文字學導論》p.114에서 "問·啓·咡 등 문자는 '口'가 形符이다"라고 하는데 정확한 견해가 아니다.

唐蘭은 獨體象形字로부터 분화된 문자를 象意字의 '變體象意'에 귀납하였다. 예를 들어 '人'에서 분화된 '欠'·'見'과 '欠'에서 분화된 '旡'와 '兄'(祝의 本字), 그리고 ''자 중의 '' 등의 세 문자, 마지막으로 '見'에서 분화된 '艮'·''〔望〕·'臥' 세 문자이다. 이러한 견해는 매우 타당하다.

唐蘭이 전통적인 指事字와 사물 형태를 본뜬 일부 상형자, 그리고 兼類字를 상의자로 분류하였기 때문에, "상의자의 사용 범위가 매우 넓고, 시간이 오래되었으므로 변화가 매우 많다. 일부 문자는 점차 그림의 형태와 달라지게 되었다. …… 그러므로 일부 상의문자는 해석하기에 매우 어렵다"라고 인정하였다.(唐《論》, 108-109)

한자구조의 분류가 간단할수록 각 분류 간의 경계를 분명하게 구분 짓기가 어려워진다. 이것은 '육서설'을 합병하는 사람에게 있어서는 뛰어 넘기 어려운 장애물이다.

2.3 形聲文字

唐蘭은 形聲文字가 近古시기에 형성된 것이며, 上古文字는 그림에서 온 象形과 象意 두 가지만 있었다고 여겼다. 또한 상고문자에서 近古文字까지의 가장 중요한 변화는 注音符號의 출현이라고 여겼다. 주의해야 할 것은 唐蘭의 '上古'는 王力《漢語史稿》의 역사분기 중의 '先秦'이 아닌 '先商'을 가리킨다는 것이다. 唐蘭은《古文字學導論》에서 "우리는 문자학적 입장에서 중국의 상형문자는 적어도 만년 이상의 역사를 가지고 있으며, 象形과 象意文字의 완비는 적어도 5000년에서 6000년 이전이라고 가정한다.[6] 그러나 형성문자의 출발은 늦어도

---

6 唐蘭이 주를 달아 "공자의 탄생보다 3500년 전인 2500년이다"라고 하였다. 즉 지금부터

3500년 전이다[7]"라고 하였다(唐《論》, 79-80). 唐蘭은 문자를 세 단계로 나눈다. 즉 上古文字, 近古文字, 近代文字이다. 근대문자의 상한선은 秦隸가 나타난 시기이다.[8]

唐蘭은 상형·상의가 형성으로 진화한 원인을 상세히 분석하였다. 그는 "가장 중요한 원인은 두 가지이다. 첫째 音符文字는 사용에 있어서 圖形文字보다 편리하다. 近古時期에 이르러 인간관계가 갈수록 다양해지면서 音符文字가 優位를 차지한 것은 당연하다. 둘째 음부문자의 급격한 증가이다. 인류가 진화할수록 고유명사가 발전하고 어휘가 풍부해진다. 총칭〔公名〕이 생기면 반드시 개인적인 명칭〔私名〕이 생겨나게 된다. 사람의 姓이나 물의 명칭 같은 개인적인 명칭은 그릴 수 없는 것이므로 처음에는 다른 문자의 소리를 假借 할 수밖에 없었는데, 이후 音符文字가 생겨나면서 많이 활용하게 되었다"라고 하였다.(唐《論》, 101-111) 唐蘭은 문자의 발전을 사회 진화 및 언어 발전의 추세와 결합하여 형성자가 나타난 원인을 분석한 것은 매우 신뢰할만하며, 오늘날에도 참고할 가치가 있다. 唐蘭이 언급한 총칭〔公名〕과 개인적인 명칭〔私名〕의 문제는 형성자가 대량으로 생긴 원인을 설명하기에 충분하다. 《說文解字》를 예로 들면 물〔水〕·풀〔艸〕·나무〔木〕·산〔山〕·불〔火〕·흙〔土〕·금〔金〕·칼〔刀〕·차〔車〕·말〔馬〕·양〔羊〕·개〔犬〕·새〔鳥〕·벌레〔蟲〕 등의 총칭〔公名〕과 관련된 개인적인 명칭〔私名〕은 대부분 형성자로 기록되어 있다. 사회 발전, 인류의 진화 그리고 인지의 확장으로 인해 문

5000년 이전이 唐蘭이 말한 문자 발생 및 발전의 상고시기이다.

7 唐蘭이 주를 달아 "공자의 탄생보다 1000년 이전"이라고 하였다. 즉 오늘날부터 3500년 이전부터 隸書를 생기기 이전까지가 唐蘭이 말한 문자 발생 및 발전의 근고시기이다. 《古文字學導論》 p.80 참조.

8 《古文字學導論·丙、古文字的起源》 pp.76-83 참조, 齊魯書社, 1981年版.

자가 발전되고 변화한 것은 부인 할 수 없는 사실이다.

唐蘭은 한자가 수메르문자 및 이집트문자처럼 상형·상의에서 拼音文字로 발전하지 못한 이유는 한자 자체의 특징 때문이라고 분석하였다. 그는 '仁'·'伍'·'什' 등의 문자가 "반쪽만 소리를 대표한 것이 중국어의 특징이다. 다시 말하자면 중국 音符文字의 특징이다. 언어의 간단함 때문에 문자 안에 가능한 形符를 보유하게 되었고, 반쪽을 읽는 注音文字가 되고 완전한 音符적인 병음문자로 변하지 않았다"고 하였다.(唐《論》, 113) 한자가 병음문자로 발전하지 못한 이유는, 물론 한자가 기록하는 대상인 한어 자체가 고립어인 것과 연관이 있지만, 다른 원인도 많다. 결코 한마디로 해석할 수 있는 것이 아니며 더욱 심도 있는 토론이 필요하다.

唐蘭은 형성자의 세 가지 발전 경로는 歸納·傳注·增益이라고 언급하였다. 唐蘭은 注音이 아래의 상황에서 나타나는 경향이 있고 일정한 규칙이 있다는 것을 발견하였다. 첫째, 명사가 동사로 변하는 상황이다, 흔히 동사를 기록하는 문자가 형성자로 변할 때 主動을 나타내는 字符는 의미를 표시하는 부분이고, 受動을 나타내는 자부는 소리〔音〕를 표시하는 부분이다. 예를 들어, 孰(丮을 의미로 삼고, 亯을 소리로 삼음), 受(爪·又를 의미로 삼고, 舟를 소리로 삼음) 등이다.[9] 둘째, 主語[10]에 전석(詮釋)과 보충을 덧붙어서 만든 문자이다. 이 경우 주어는 소리를 나타내고, 부가성분은 의미를 나타낸다. 예를 들어, 望(朢는 소리를 나타내고, 月은 의미를 나타냄), 漁(魚는 소리를 나타내고, 水는 의미를 나타냄) 등이다.(唐《論》, 114-115) 唐蘭이 발견

---

9 唐蘭이 열거한 예가 매우 많다. 편폭을 절약하기 위해 독자에게 익숙한 문자만 기재하였다. 아래도 이와 같다.

10 여기서의 '主語'는 문장성분의 주어가 아니다, 문자가 의미를 나타내는 주요부분을 말한 것이며, 단어 뜻을 기록하는 핵심요소에 해당된다.

한 두 가지 규칙이 보편적으로 적용되는지에 대한 여부는 더욱 자세한 연구가 필요하다.

唐蘭이 제시한 形聲字 形成의 세 가지 방법 중 '歸納'은 상형 및 상의 문자 중 명사를 기록하던 문자가 나중에 동사로 쓰는 것과 원래 문자 범위가 좁았지만 후에 가리키는 범위가 확대된 문자가 원래의 문자를 성부로 삼고, 형부를 덧붙여서 새로운 형성자를 만드는 과정을 의미한다. '轉注'는 원래 문자 자체의 뜻이 있었지만, 다른 뜻으로 假借를 되면서, 다른 의미를 구분하기 위해 원래 문자에다가 形符를 부가한 것이다. 唐蘭은 "말하자면 音符를 가지고 形符를 주석한 것이 轉注이다"라고 하였다.(唐《論》, 118) '增益'은 원래 문자가 기록한 뜻이 여러 가지 의미로 파생 및 분화한 후에 의미를 구분하기 위해 원래 문자에 形符를 더 붙이는 것이다. 그러나 唐蘭은 이에 대한 예를 들지 않고 있다. 저자가 보기에는 세 가지 경로는 비록 길은 다르지만 결과는 같다고 여겨진다. 모두 원래의 字形에 형부를 첨가하여 의미를 더욱 명확하게 표현한 것이다. 명사가 동사로 변한 것은 사실상 語義의 引伸이다. 王寧(1997)은 이것이 理性引伸 중의 動靜引伸에 속한다고 하였다.(王《訓》, 56) 假借는 대부분이 또한 語義의 引伸으로 인해 형성되었다, 예를 들어 '鳳'은 朋黨의 '朋'으로 가차되었다. 許愼이 명확하게 "봉황이 나는 모습이다. 수만 마리의 뭇 새들이 따라서 난다. 고로 붕당의 朋이 되었다(鳳飛, 群鳥從以萬數, 故以爲朋黨字)"라고 해석하였다(大徐本, 79). '來'는 원래 '麥'의 本字였는데 '往來'의 '來'로 가차되었다. 許愼은 "하늘에서 내려온 것이다. 고로 왕래하다를 나타내는 來가 되었다(天所來也, 故爲行來之來)"라고 해석하였다.(大徐本, 111)

唐蘭은 形聲字의 기원에 따라 原始形聲字·純粹形聲字·複體形聲字·變體形聲字 네 가지 종류로 구분하였다. 원시형성자는 象意字에서 유래된다. 순수형성자는 象語 혹은 象聲字[11]에서 유래한다. 복체형성자와 변체형성자는 형성자로부터 유래된 것이다.[12] 이 외에도 字形이 잘못 변화해서 생긴 형성자의 종류가 있는데 唐蘭은 '雜體形聲字'[13]라고 칭하였다.(唐《論》, 119-129) 唐蘭의 형성자 하위분류는 비록 문자 본체를 근거로 구분한 것이 아니지만 한자의 발전 및 변천을 고려했을 때 참고할 만한 중요한 가치가 있다. 오늘날 소위 '左型右聲'·'上形下聲'처럼 단순한 형식적 토론보다는 가치가 있다. 그밖에 唐蘭 형성자의 뛰어난 점은《說文解字》의 540부수 중 일부 부수는 진정한 形符가 아니며, 이것은 許愼이 잘못 판단하였다는 것이다. 예를 들어, 〈一部〉의 '元'·'丕'·'吏' 등 문자는 모두 '一'이 구성요소가 아니다. 이러한 연구는 학문적 가치가 높으며, 이 방향으로 심도 있게 연구하면《說文解字》부수의 확립과 배열의 오류를 교정할 수 있게 된다.

3. '삼서설'의 평가

唐蘭의 '三書說'은 현대문자학계에 혁신적인 영향을 주었다. 裘錫圭

---

11 '象語'와 '象聲'은 唐蘭《古文字學導論》에 나타난 전문용어이다. 東漢 班固 '육서'의 '象聲'와는 다르다. 唐蘭은《古文字學導論》의 p.89에서 "引伸은 문자 의미의 연장이다, 예를 들어 '日'자는 상형이지만, 언어에서는 今'日'의 뜻으로 해석 할 수 있다. 가차는 문자 소리의 차용이다, 예를 들어 '羽'자는 상형이지만, 언어에서 翌日의 '翌'의 소리를 나타낸다. 가령 引伸義를 象語라고 칭하면, 假借된 문자는 象聲이라고 칭해야 한다"고 확정하였다.

12 唐蘭이 예로 든 '殸'는 성부가 声이며, '磬'는 성부가 殸이다. '磬'은 声이 소리를 나타내고 옥상가옥의 특징을 가지고 있다, 따라서 '복체형성자'로 볼 수 있다. '翌'은 원래 성부가 羽이었는데, 나중에 '昱'로 변하였고, 형부는 日이고 성부는 立이 되었다. '변체형성자'에 속한다.《古文字學導論》p.119참조.

13 唐蘭이 예로 든 '罗'는 형부가 网이고, 성부가 矛이다. 본래의 ''가 잘못 변한 형태이다. '狽'는 형부가 犬이고 성부가 貝이다. 성부 貝는 원래《父丁斝》에 수록된 ''에서 꼬리가 크다는 뜻을 표시하는 ''가 잘못 변해온 것이다. '罗'와 '狽'는 唐蘭이 말한 '잡체형성자'에 해당된다.

와 沈培 두 학자는 "오랫동안 한자를 연구하는 사람들이 이 문제(한자 구조 유형의 연구)에 있어서 '六書說'의 범위를 벗어나지 못하였다. 20세기 30년도까지는 唐蘭이 자신의 '삼서설'로 '육서설'을 대체하려고 시도하였다"고 평가하였다(裘沈《學》, 108). 唐蘭의 뒤를 이어 陳夢家, 裘錫圭 등 학자도 '삼서설'을 제시하였고 내용상 완전히 일치하지는 않지만 唐蘭 '삼서설'의 영향을 받은 흔적도 보인다.

唐蘭의 '삼서설'은 전통적인 '육서설'로 한자의 구조를 해독하는 형식을 완전히 타파하였다. 튼튼한 문자학이론 기초를 근거로 하고, 풍부한 고문자학 자료를 이론의 근거로 활용하여, 한자의 형태〔形〕·소리〔音〕·의미〔義〕 세 가지 요소에서 한자 구조 유형을 귀납한 것은 매우 합리적이다. 唐蘭이 "象形·象意·形聲은 三書라고 한다. 삼서는 모든 중국문자를 개괄할 수 있으며, 형태에 속하지 않으면 반드시 의미에 속하고, 의미에 속하지 않으면 반드시 소리에 속한다. 형태·소리·의미는 문자의 세 요소이고, 우리가 '삼서'로 분류한다면 혼란스러움이 없다"(唐《學》, 78)라고 언급하였다. 唐蘭의 마지막 말 '혼란스러움이 없다'는 한마디에서 자신이 제시한 '삼서설'에 대한 학술적 자신감을 드러내고 있다. '삼서'를 제시하여 전통적인 '육서'법을 뛰어넘고자 한 것은 학술적인 목표를 위한 것이다. 결코 고의로 새로운 것을 추구하고자 함도 아니며 가볍게 내린 결론도 아니다. 선배 학자의 학술적인 용기와 학문 탐구의 정신은 매우 탄복할 만하다.

唐蘭의 '삼서설'은 과감히 전통적인 '六書'의 '指事'를 철저히 부정하고자 한 개혁적인 시도였다. 그는 "指事는 선인들이 일부 문자를 해석하지 못하여서 내세운 것이다"라고 생각하였다(唐《論》, 86-87). 제1장에서도 언급하였듯이 指事字는 象形·會意·形聲 세 가지 종류와 서로 뒤엉켜서 분명하지 않은 부분이 있다고 하였다. 指事字는 許愼의 《說文

解字》에서 대부분 "XX의 형태를 본떴다(象某之形)"이라고 해석하였다. 이러한 현상을 고려할 때 지사자를 단독으로 한 부류로 분류로 할 필요가 없는 것 같다. 또한 唐蘭은 한자 발생 및 발전 단계를 세 가지로 주장하고 있으며, 상고문자단계, 근고문자단계, 근대문자단계이다. 이 이론은 매우 독특하며, 일반적으로 한자를 今文字와 古文字 두 단계로 분류한 것보다 합리적이다. 唐蘭은 한자 발생을 夏代 이전까지로 보고 있다. 이러한 견해는 이전 학자를 능가하는 것이며, 끊임없이 발굴되고 있는 땅 속의 자료들이 증명할 것이라 생각된다.

唐蘭이 《古文字學導論》에서 언급한 형성자의 발생원인, 즉 상형·상의로부터 형성까지의 발전 경로와 규율을 분석한 것도 그의 학설 중 매우 우수한 점이다.

唐蘭의 '삼서설'은 '육서설'의 전통적 굴레를 벗어던지고, 전문용어의 확립과 개념적 틀의 구성, 그리고 관점의 구체적인 논증에 큰 공을 들였기 때문에 계승할 부분이 많고, 한자 구조에 대한 현대적 방식의 해독 모델로서 충분히 인정할 만하다.

제2절 李圃의 構字方法 8종과 表詞方式 6종

1. 李圃의 생애 및 학술성과

李圃는 본명이 李玲璞이고, 山東省 文登市 사람이며 중국의 저명한 언어문자학자이다. 그는 華東師範大學 중문과 교수이자 박사학위지도교수, 중국 國務院 정부 특별 보조금 수상자이다. 또한 中國文字研究與應用中心의 명예주임이며, 上海市 古籍을 정리하고 기획한 《古文字詁林》의 편집장이었다.

李圃는 어릴 때부터 혁명에 참가하였고, 1940년대에 膠東解放區에서 홍보 및 서기와 비서업무에 종사하였다. 1947년 10월, 14살이었던 李圃는 華東野戰軍 司令員인 陳毅와 副司令員인 粟裕을 묘사한《告蔣軍官兵書》를 직접 저술하기도 하였다. 그는 언어문자학계에서 전설적인 학자이다. 교육계에 종사한 경력도 '小先生(학습과 수업을 병행하는 선생을 일컬음)', 소학교 대리 선생님, 초급 소학교 교사, 고급 소학교 교사, 중등학교 교사, 직업전문대학 교사, 전일제 대학교 및 전문대학 교사야간대학·통신대학·검정고시 대학 및 전문대 교사, 석사학위지도교수에서 박사학위지도교수까지 거의 모든 교육 과정의 교육자로서 종사하였으며, 이는 중국 교육계에서 매우 드문 일이다.

李圃는 1970년대 후기부터 한자학 이론 계통 탐색 작업에 힘쓰며, 거시적 한자학 이론 계통을 구성하기 시작하였고 눈부신 성과를 거뒀다. 그가 설립한 華東師範大學 漢字研究所는 국가급 연구기관인 中國文字研究與應用中心의 전신이다. 이 연구소는 고대와 현대 한자에 대해서 통시적 조사와 공시적 조사를 전면적으로 진행하여《說文解字分類應用例手冊》·《詩經本義用字例》·《古今漢字部首字典》·《異體字字典》·《中華民族塊體文字同義對照字典》 등을 편찬하였고, 고대한자에 의거하여 고대문화를 탐구하여《古漢字與中國文化源》·《中國文字與儒家思想》·《說文解字的文化說解) 등 한자문화 분야의 역저를 편찬하였다. 역사적 흐름 속에서 한 역사시기의 한자 상황을 파악하고자 단대(斷代) 조사를 진행하였으며, 한 시기 문자의 본체·발생·문화 계통 묘사에도 힘썼다.

李圃의 개인적 학술성과도 매우 크다. 개인 학술 전문 저작으로는 學林出版社 1955年版《甲骨文文字學》·上海古籍出版社 1989年版《甲骨文選注》·華東師範大學出版社 1983年版《文言文閱讀初階》 3권을 출판

하였다. 다른 학자와 공저한 貴州人民出版社 1997年版《古漢字與中國文化源》(제1저자)도 있다. 그리고 上海教育出版社 1999-2004年版《古文字詁林》(12권)을 책임 편집하였다. 이외에도 학림출판사 1997年版《異體字字典》와 上海教育出版社 2010年版《古文字釋要》등의 工具書를 책임 편집하였다. 전문 학술 논문집《中國文字研究》(제1집, 廣西教育出版社, 1998년)를 책임 편집하였고,《古文字字型庫及電腦排版系統》(1999, 上海科學技術委員會의 감정을 통과하여 대형 학술 공구서인《古文字詁林》의 조판 및 인쇄에 성공적으로 이용되었다. 중국 인쇄역사상 최초로 甲骨文·金文·陶文·貨幣文·璽印文·簡牘文·帛書·石刻文의 8종 출토 고문자의 조판 및 인쇄 문제를 해결함)을 협력 개발하였다. 교재 3권을 책임 편집하였으며 논문 수십여 편을 발표하였는데, 이 중〈造字法與表詞法〉(1988)·〈漢字的發生與漢字的文化蘊含〉(1990)·〈說字素〉(1993)·〈語素物化與漢字分析問題〉(1998)·〈字素理論與其在漢字分析中的應用〉(2000)·〈正本清源說異體〉(2003)·〈漢字學元點理論及其相關問題—兼談漢字認識的若干誤區〉(2004) 등이 가장 큰 영향력을 갖추고 있다.

李圃의《甲骨文選注》는 60편의 卜辭를 선별하여 한 문자 한 구절씩 차례대로 고증과 해석을 진행했고 설명과 해석도 덧붙여서《說文解字》및 이후의 문자학 연구 성과와 함께 큰 영향을 끼쳤다. 이 책은 갑골학 연구의 다섯 가지 어려움을 설명하고 있다. 즉, 서적 읽기의 어려움·자료 얻기의 어려움·文辭 해석의 어려움·논점 선택의 어려움·보급할 내용이 없음이다. 그는 많은 갑골문 자료 중에 정화를 선택해 세밀하게 묘사하였고, 卜辭 전체를 위주로 문자마다 해석하여 "독자가 점점 재미를 증폭시키게 했다"(李《甲》2, 1)라고 하였다. 따라서 이 책은 갑골문을 처음 접하는 학자들의 필독서이다.

李圃의 가장 대표적인 책은《甲骨文文字學》이다. 이 책은 李圃가 오랜 세월을 거쳐 갑골문 연구에 몰두하여 얻은 학술 성과였다. 이 책을 쓰는 기간은 10년정도가 걸렸다. 이 책은 거시적 한자학 이론 체계의 관점 아래 작성한 것이다. 殷商 갑골문의 斷代 묘사를 통해 한자 초기 대표 문자인 갑골문의 성질 특징·구성 요소·문자를 만든 取象(造字法)·取象造字·造意表詞(表示法)·구조유형·文辭用字 등 문제를 명백하게 해석하였다.

《甲骨文文字學》은 비록 은상 갑골문자를 단대적으로 묘사하였지만, 귀납한 규칙은 후대 한자와 비교한 후에 소개하고 있다. 그러므로 후대 한자 구조의 분석에 있어서도 매우 중요한 역할을 하고 있다. 李圃도 "갑골문과 현대 한자는 대대로 이어지고, 변화가 드물다. 甲骨文 文字學에서 제시한 규칙성 문제는 현대 한자 정리에 관한 조례 제정에 있어 중요한 참고자료가 됨은 의심할 바 없다"(李《甲》1, 6)라고 하였다. 그러므로 이 책의 갑골문자 구조에 대한 분석은 한자 구조에 대한 현대적 해독이라고 볼 수 있다.

2. 李圃의 甲骨文 字素에 관한 논의

李圃의 《甲骨文文字學》은 총 9장으로 구성되어 있으며, 제2장에서 전문적으로 갑골문 字素에 대해 토론하고 있는데, 이것은 그가 구축한 갑골문 문자학의 초석이다.

2.1 字素와 字綴

갑골문자의 字素에 관하여 李圃는 한자의 실제로부터 출발하여야 하며, 한자를 고려하지 않은 기존의 언어학 견해를 그대로 따르면 안 된다는 것을 강조하고 있다. 李圃가 "우리가 말하는 자소는 한자의 자소이며, 음소문자〔線體文字〕의 자소 혹은 字位[14]가 아니다. 한자의 자

14 영국학자 라인하르트 하트만(R.R.K. Hartmann)과 스토크(F.C. Stork)는 字素에 대해

소는 한자를 구성하는 요소가 제기된 것으로, 엄격하게 한자 특성의 제약을 받고 있고, 주로 물질성으로 표현된다. 즉 상대적으로 독립적으로 존재하는 블록〔塊體〕이다"라고 하였다.(李《甲》1, 9) 李圃의 "자소는 상대적으로 독립적으로 존재하는 블록"이라는 말은 자소가 형체〔形〕·소리〔音〕·의미〔義〕 세 가지 요소가 합해진 가장 작은 단위라는 것이다.

李圃는 "한자의 자소는 한자를 구성하는 구조 요소이다. 한자에 있어서 형체·소리·의미가 합쳐진 가장 작은 단위"(李《甲》1, 9-10)라고 한자 자소에 대한 정의를 내렸다. 그는 '春'자를 예로 들어, 자소 가리키는 대상이 무엇인지 설명하였다. 갑골문의 '[illegible]'은 오늘날의 '春'자에 해당하며, 楷書로 나타내면 '旾'이다. 이 문자는 '日'과 '屯' 2개의 독립된 구성 요소로 이루어져있다. '日'은 태양을 나타나고, '屯'은 햇빛 아래 식물의 싹이 돋아나는 모양을 나타낸다. 중국 고대인들이 '日'과 '屯'을 합쳐 만물이 소생하는 봄을 가리킨 것이다. '旾'은 '日'과 '屯'이 합쳐져 의미를 나타내며〔會意〕, 또한 '屯'의 古音이 文部에 있어서 '春'과 雙聲(定母·昌母) 疊韻(같은 文部에 속함)의 관계가 있어, '屯'은 의미도 나타나며 동시에 소리도 나타낸다. '日'과 '屯'의 두 구성 요소는 단독으로 쓰일 때 자기의 형체·소리·의미가 있으며, 합치면 새로운 의미를 나타내는 문자를 구성할 수 있다. 이러한 문자 구성단위가 바로 자소다. 그러므로 한자 자소는 點·橫·撇·捺·竪·鉤·折 등이 아니라, 형

"GRAPHEME字素는 字位이다. 어떤 언어의 표기 체계(writing system)에 있어서 가장 작고 차별성이 있는 단위다. 音素(phoneme)와 形態素(moropheme)의 개념과 같으며, 자소는 물질적 특징이 없고, 각 철자의 다른 형태 및 그것이 언어체계 중 분포상태의 추상화이다"라는 정의를 내렸다. 《語言與語言學辭典》, 上海辭書出版社 1980年版, p.151 참고. 본 도서의 원서는 Dictionary of Language and Linguistics (1972) comp. by R.R.K. Hartmann & F.C. Stork, London: Applied Science Publishers이다.

체·소리·의미를 갖춘 가장 작은 문자 구성요소 단위이다.

한자에는 또한 형체·소리·의미가 합쳐지지 않았으며 단독으로 문자가 될 수 없는 요소도 있다. 李圃는 이러한 요소를 ‘字綴’이라고 칭하였다. 李圃는 ‘字綴’이 “문자를 만드는 과정에 소리와 의미를 구별하기 위한 추가 성분이다”라고 하였으며, “이러한 추가 성분은 사물과 사물 사이에 관계에 대한 의미적 가상이다”라고 하였다(李《甲》1, 24). 그는 ‘丨’의 형체를 예로 들어 자철과 자소의 차이를 설명하였다. ‘丨’는 ‘’(‘直’의 갑골문)에서 자철이다. ‘’ 중의 ‘丨’는 치우치지 않는 올바른 직선을 가상으로 표시한 것이지만, ‘’(‘春’의 갑골문)에서 ‘丨’는 명확하게 양손으로 든 물체를 표시한다. 이 물체는 또한 ‘’나 ‘’로 쓰기도 하는데, 이것이 ‘午(杵)’의 본래 형제이다. 그러므로 문자의 구성요소는 가상을 가리키는지 실제 사물을 가리키는지의 여부에 따라 자철과 자소로 구별 할 수 있다(李《甲》1, 24). 李圃의 예에 근거할 때 자철은 형체에 근거하여 문자 차원에서 구별할 수 있다. 하나의 형체를 단독으로만 보고는 자소인지 자철인지를 판단하기 어렵다. 그러므로 두 가지 다른 성질의 문자 구성 요소를 판별하는 것은 어려움이 존재한다. 이 문제에 대해서는 후대 학자들의 발전된 연구를 기대한다.

2.2 갑골문 자소의 유형

李圃는 갑골문 자소를 문자를 만드는 기능에 따라 크게 두 종류로 나누었다. 하나는 ‘독립적으로 문자를 만드는 기능을 가진 자소〔基本字素〕’이고, 하나는 ‘의존적으로 문자를 만드는 기능을 가진 자소’이다. 그리고 動態 및 靜態의 대조 관찰을 통해 갑골문 자소를 안정성 자소〔穩性字素〕와 활성 자소〔活性字素〕로 나눈다.

2.2.1 독립적으로 문자를 만드는 기능을 가진 자소

독립적으로 문자 만드는 기능을 가진 자소는 "단독으로 갑골문자를 구성할 수 있는 기능을 가지거나 일정한 문자를 만드는 방법에 따라 다른 자소와 함께 갑골문자를 구성할 수 있는 것이다"(李《甲》1, 13-14). 예를 들어, ''은 양의 안면을 정시하는 모양이며, 하나의 자소가 단독으로 구성한 문자이다. ''는 성인의 인체를 정면으로 나타내는 모양이며, 역시 하나의 자소로 단독 구성된 문자이다. 또한 ''과 ''는 合素會意의 방식에 따라 ''로 조합되기도 했다. ''는 양이 살찌고 큰 것으로 중국 고대인의 '살찐 것이 아름답다'는 문화적 개념을 나타내고 있다. ''와 ''는 독립적으로 문자 만드는 기능을 가진 자소로 활용되었다.

이 정의는 매우 과학적이고 명백하다. 독립적으로 문자를 만드는 기능을 가진 자소를 판단하는 기준은 두 가지 측면이 있다. 하나는 단독으로 문자를 구성할 수 있는지의 여부이고, 다른 하나는 다른 자소와 합쳐져 새로운 문자를 구성할 수 있는지의 여부이다. 두 가지 기능을 전부 갖추어야 '독립으로 문자를 만드는 기능을 가진 자소'라고 할 수 있다.

갑골문에는 '독립적으로 문자를 만드는 기능을 가진 자소'가 324개 있다. '독립적으로 문자를 만드는 기능을 가진 자소'는 '字綴이 없는 자소'와 '字綴이 있는 자소'의 두 가지로 분류할 수 있다. 字綴이 없는 자소는 238개가 있으며 73.5% 차지하고 있고, 字綴이 있는 자소는 86개가 있으며 26.5%에 그치고 있다.

324개 자소 중에 인체 자체를 기록하는 것과 이와 관련된 동작 행위 단어를 기록한 갑골문을 대상으로 하여 독립적으로 문자 만드는 기능을 가지면서 자철이 없는 자소 및 자철 있는 자소를 아래와 같이 분석하였다.

자철이 없는 독립적으로 문자 만드는 기능을 가진 자소 중 인체 자체 그리고 이와 관련된 동작 및 행위를 기록한 것은 아래와 같다.

(1) (人)·(匕)·(巳)·(子)·(大)·(女)·(每)·(兒);

(2) (夭)·(若)·(允)·(屰)·(欠)·(旡)·(兄)[15]·(卩)·(臼)·(廾)·(攀)·(丮)·(何)·(丑);

(3) (異)·(鬼)·(堇)·(夨)·(交)·(光);

(4) (首)·(頁)·(面)·(目)·(臣)·(眉)·(耳)·(口)·(自)·(齒)·(克)·(爪)·(左)·(右)·(止)·(尾) 총 44개.

위의 분류는 본서에서 분류한 것이며, 李圃가 예를 든 44개 문자를 유형별로 네 가지로 분류하였다. 첫째는 사람의 각종 호칭과 관련된 자소이며, 둘째는 사람의 동작과 관련된 자소이고, 셋째는 사람의 상태와 관련된 자소이며, 넷째는 인체구조 부위와 관련된 자소이다.

자철이 있는 독립적으로 문자 만드는 기능을 가진 자소 중 인체 자체와 이와 관련된 동작 및 행위를 기록한 것도 아래와 같이 네 가지로 구분한다.

(1) (夫)·(老)·(考)·(母)[16]·(父)·(尹)·(長);

(2) (次)·(令)·(立)·(直)·(之)·(亡);

(3) (疒)·(眔);

---

15 李圃은 주를 달아 '祝의 初文'이라고 하였다. 李《甲》, p.27 참조.

16 '母'의 갑골문에는 ''가 더 있다. 이 문자 또한 자철이 있는 독립적으로 문자 만드는 기능을 가진 자소로 간주한다.

(4) (天)·(臀)·(膝)·(亦)·(尤) 총 20개.

위 20개 자소의 네 가지 분류는 다음과 같다. 첫째는 사람의 각종 호칭과 관련된 자소이며, 둘째는 사람의 동작과 관련된 자소이고, 셋째는 사람의 상태와 관련된 자소이며, 넷째는 인체구조와 관련된 자소이다.

李圃는 갑골문을 대상으로 전면적이고 체계적으로 연구하였으며, 그가 열거한 64개 자소는 사람과 관련된 모든 것을 총망라하였다. 그러므로 李圃의 체계는 매우 섬세하게 분석한 것임을 알 수 있다.

2.2.2 의존적으로 문자를 만드는 기능을 가진 자소

李圃가 말한 '의존적으로 문자를 만드는 기능을 가진 자소'는 독립적으로 문자를 만드는 기능은 없기 때문에 단독으로 갑골문자를 만들 수 없으며, 반드시 다른 자소에 의존하여 갑골문의 複素字를 만드는 準字素이다.

李圃가 귀납한 이러한 자소는 24개가 있다.

> (春)의 , (埋)의 , (令)의 , (得)의 , (葬)의 , (正)의 , (粤)의 , (叟)의 , (死)의 , (汅)의 , (盡)의 , (廌)의 , (吉)의 , (璞)의 , (出)의 , (事)의 , (鑿)의 , (磬)의 , (牢)의 , (包)의 , (疒)의 , (复)의 , (蘖)의 , (反)의 이다. (李《甲》1, 23-24)

위에서 '艸'·'亼'·'凵'·'彳'·'歺'·'亍'·'勹'·'爿'·'厂'의 9개 자소 중에 《說文解字》에 수록되어 있으면서 部首字로 쓴 것이 8개가 있다. '爿'

는 《說文解字》에는 수록되지 않았지만, 段玉裁 注解本에서 보완한 것이다. 段玉裁가 주해한 《說文解字》에서는 戴侗의 《六書故》를 근거하여 보충하였으며, "片을 뒤집어서 爿이 되고, 발음은 牆이다(反片爲爿, 讀若牆)"라고 하였다.(段注, 319) '의존적으로 문자를 만드는 기능을 가진 자소'로 간주하는 이유에 대해 李圃는 "이러한 자소는 단독으로 존재할 때 형태에 근거하는 의미를 알 수 있지만, 독음은 후대 사람이 추측한 것이기 때문이다"라고 하였다.(李《甲》1, 23) 그렇다면 당시에 이미 있었던 독음인지 후대 사람들이 擬音한 것인지를 판단하는 것이 학술적 난제이다.

2.2.3 안정성 자소〔穩性字素〕와 활성 자소〔活性字素〕

李圃는 자신의 책에서 자소를 '안정성 자소'와 '활성 자소'로 분류하였다. 이것은 靜態와 動態를 비교하는 각도에서 자소를 분류한 것이다. 그는 다음과 같이 언급하였다.

> 기존의 갑골문자에서 판별하여 분석한 형체가 소리·의미와 서로 합쳐져 문자를 만든 자소로부터, …… 이 자소는 정태적인 부류에 속하기 때문에 이들이 독립적으로 존재할 때 우리는 '안정성 자소'라고 칭할 수 있다. 만약 자소를 동태적으로 묘사하게 되면 상황이 더 복잡해질 것이다. 정태적 자소가 한자 구조에 들어간다면 반드시 한자 구조 관계와 구조 단계의 제약을 받아야 한다. 이것은 흔히 複素字 내부에서 직접 이 문자의 뜻을 나타내는 표층 관계의미의 상위 단계에 따라 결정된다. 일반적으로 한자 중의 복소자는 표층관계의 상위 단계에서 일대일의 두 자소인 경우가 많다. 이 두 개의 자소에서 기존의 안정성 자소는 여전히 하

나의 자소일 수도 있고, 상대적으로 독립적 지위를 상실할 수도 있으며, 다른 자소와 조합하여 새로운 자소가 될 수 있다. 이처럼 문자를 만드는 과정에서 두 개 혹은 두 개 이상의 안정성 자소로 구성된 새로운 자소를 활성 자소라고 칭할 수 있다(李《甲》1, 28-29).

李圃는 안정성 자소와 활성 자소에 대해 분명하게 구분하였다. 그는 '征'을 예로 삼아 안정성 자소와 활성자소에 대한 설명을 덧붙였다. '征'의 갑골문은 ''이다. ''에 대해서 李圃는 '丁'으로 해석하였고, 徐中舒는 '口'로 해석하며 "사람 사는 邑과 비슷하다"라 하였다(徐《甲》, 146). 본서에서는 徐中舒의 견해를 따르고자 한다. '(止)'를 정태적 분류로 구분한다면, ''라는 복소자에서 두 개의 각자 독립된 안정성 자소 '口'와 '止'는 '(正)'로 조합된다고 할 수 있다. '(彳, 李圃는 의존적으로 문자를 만드는 기능을 가진 자소로 구분함)'은 먼저 ''과 결합하며, ''과 ''은 상위단계의 조합으로서 ''은 상위단계의 활성 자소로 볼 수 있다. ''는 ''와 ''로 나눌 수 있으며, ''와 ''는 하위단계에서 구분한 자소이며 안정성 자소에 속한다. 이 예가 매우 적당하다.

李圃는 활성 자소에 세 가지 특징이 있다고 주장한다. 다음과 같다.

> 첫째, 활성 자소는 기존 안정성 자소의 임시적인 조합이며, 문자 만드는 과정에서 그 특징이 드러난다. 둘째, 활성 자소는 반드시 두 개 혹은 두 개 이상의 안정성 자소로 구성된 것이다. 셋째, 활성 자소의 구성은 문자를 만드는 구조관계와 구조단계의 제약을 엄격하게 받는다(李《甲》1, 30).

그러므로 활성 자소는 복소자를 처음 분류해서 얻은 자소며, 또한 하위분류도 할 수 있다. 위에서 예로 든 '征'의 '彳'는 또한 상위단계의 자소이지만, 하위분류를 더 이상 할 수 없기 때문에 활성 자소로 볼 수가 없다. 갑골문 자소를 안정성 자소와 활성 자소로 분석한 것은 한자 내부 구조의 관계 및 구조단계를 분석하는 데에 매우 유익하다.

2.3 李圃 字素理論의 혁신성

李圃의 字素說은 '六書說'의 암호를 풀었고, 전통 '육서설'의 象形·指事·會意의 한계를 극복했다고 평가할 수 있다. 예를 들어서 인체 및 관련 동작 행위를 기록하고 있는 '字綴 없는 독립적 造字 기능을 가진 字素' 44개 중 전통 '육서설'의 상형에 속한 것은 아래와 같다.

獨體象形:

(人)·(匕)·(巳)·(子)·(大)·(女)·(兒)·(夭)·(若)·(允)·(屰)·(欠)·(旡)·(兄)·(每)·(卩)·(丮)·(何)·(丑)·(異)·(鬼)·(堇)·(夨)·(交)·(兂)·(首)·(目)·(臣)·(耳)·(口)·(自)·(爪)·(左)·(右)·(止)- 총 35개

襯體象形(혹은 "半字"):

(頁)·(面)·(眉)·(齒)·(尾)- 총 5개

그 밖에도 회의와 지사가 있는데, 그 중 同體會意은 (臼)·(廾)·(攀) 총 3개가 있고, 지사는 (克) 한 개가 있다.

인체와 관련 동작 행위를 기록한 '자철이 있는 독립적 조자 기능을 가진 자소' 20개 중에 전통 '육서설'의 상형에 속한 것은 아래와 같다.

독체상형:

(夫)·(老)·(考)·(母)·(父)·(尹)·(長)·(次)·(天)

- 총 9개

그리고 襯體象形(혹은 '半字')은 (眔) 한 개가 있다. 이 문자는 襯體象形에 속하며, 본래 눈물을 가리킨다.(徐《甲》, 363)[17] '目'은 여기서 의미를 나타내기 위한 배경으로 쓰였다.

또한 회의와 지사 사이에 있는 문자에는 (今)·(立)·(直)·(之)·(亡) 총 5개가 있고, 異體會意는 (疒) 한 개가 있다. 그밖에 지사에는 (臀)·(膝)·(亦)·(尤) 총 4개가 있다.

위에 열거한 64개의 자소는 전통 '육서설'의 '四體' 중 상형·지사·회의를 모두 포함하였다. 또한 상형 중의 襯體와 獨體, 象物과 象事도 포함하고, 회의 중의 同體會意와 異體會意도 포함하고 있다. 여기서는 인체와 관련된 자소만 선택하였지만, 범위를 더 확대시키면 '四體'를 전부 포함할 수도 있다. 자소의 각도에서 한자 구조를 해독하고, 한자 구조의 분류체계를 세우는 것은 매우 과학적이다. 또한 갑골문의 모든 字型과 構件에 대해 전면적이고 체계적인 연구를 바탕으로 내린 결론이므로 신뢰성이 높다. 그러므로 李圃의 자소이론의 한자 구조에 대한 현대적 해독은 창의성을 갖춘 이론이며, 실용적 응용가치가 있다.

3. 李圃의 갑골문 造字方法 8종

李圃는 發生學적 각도에서 甲骨文 造字方法을 제시하였다. 그가 말

17 郭沫若은 이 문자가 '涕'의 고문자라고 여겼고, 눈물이 떨어지는 모양을 본떴다고 했다. 이 주장은 《金文叢考》에 보인다. 徐中舒 《甲骨文字典》, 四川辭書出版社 1989년판, p.363 재인용.

한 조자방법은 "발생학 의미에서의 조자방법으로 새로운 문자를 창조하는 방법"이며, 혹은 "새로운 문자를 창조하는 여러 가지 규칙의 총괄"이며 "문자 구조 요소인 字素의 성질과 자소의 조합관계를 토대로 구성한 것이고, 자소로 구성된 새로운 문자의 질적 변화과정에 대해 묘사한 것인데, 일종의 動態的 묘사이다"라고 하였다.(李《甲》1, 39)

그는 과거 '六書' 한자 조자방법의 귀납을 靜態的 묘사로 간주하여, 한자의 表詞방식일 뿐 새로운 문자 창조의 방법은 아니라고 생각하였다. 동태와 정태의 각도에서 造字와 表詞를 구분한 것은 매우 의미가 크다. 그러나 이 두 가지는 많은 연관이 있기 때문에 분리할 수 없을 듯하다. 예를 들어, 李圃의 合素造字의 아래 분류에는 合素會意와 合素意音(形聲)의 구분이 있다. '육서'의 영향을 완전히 벗어나려고 造字와 表詞를 명백하게 분리하는 것은 매우 곤란하다.

李圃가 귀납한 갑골문자 조자방법은 8종이 있다. 즉, 獨素造字法·合素造字法·加素造字法·更素造字法·移位造字法·省變造字法·綴加造字法·借形造字法이다. 아래에는 각각을 소개하고자 한다.

3.1 獨素造字法

李圃의 獨素造字法은 "하나의 기본 자소가 독립적으로 새 문자를 창조하는 방법"이다(李《甲》1, 40). 앞에서 언급한 독립적으로 문자 만드는 기능을 가진 자소가 단독으로 문자를 구성하는 경우가 독소조자법으로 구성된 문자에 속한다.

李圃가 언급한 예를 살펴보면, 독소조자법으로 구성된 문자의 일부는 전통적인 獨體象形字에 속한다. 예를 들어, (首)·(目)·(臣)·(耳)·(口)·(自)·(馬)·(牛)·(羊)·(犬)·(豕)·(鹿)·(象)·(舟)·(車) 등이다. 또한 일부는 黃侃이 말한 '半字'이며 일반적으로 襯體象形으로 간주된다. 예를 들어, (齒)·(血) 등이다. 또한 同體會意에 속한 문자도 있는데, 예를 들면 (冓)이다. 異體會意에 속한 문자는 (用)[18] 등이다.

李圃의 독소조자법이 전통적인 '육서설'의 象形字에 국한되지 않음을 알 수 있다. 동시에 李圃가 말한 '독소조자'도 전통적인 '육서설'의 '獨體爲文'과는 다르다. 그는 자소부분에서 일부 同體會意와 異體會意의 문자부호도 독립적으로 문자 만드는 기능을 가진 자소로 간주하였기 때문에, 그의 '獨素造字'를 단순하게 '獨體爲文'으로 간주하기 어렵다. 이 외에도 李圃는 문자를 사용하는 각도에서 일부 독소조자법으로 구성한 문자가 다른 의미로 假借되었다고 언급하였다. 예를 들어, 十天干과 十二地支의 用字와 '東'·'西'·'南' 및 '其'·'不' 등이다. 이러한 문자는 원래의 뜻을 갖고 있지만, 가차되어 각각 干支이나 방위를 나타내거나 어기조사, 허사가 되었다. 이것은 造字와 用字를 결합하여 전통적인 '육서' 중 가차의 내용을 명확하게 나타내고 있다. 이 문자들이 어떻게 가차된 것인지에 대해서는 어떤 문자학자가 말한 것처럼 단순히 형체만 빌려서 소리를 기록하는 부호로 쓴 것인지 아니면 다른 의미가 있는 것인지 좀 더 깊은 연구를 할 필요가 있는 과제이다.

---

18 《說文解字·用部》에 "用, 실행할 수 있다. 卜와 中으로 이루어졌다는 것은 衛宏의 설이다(用, 可施行也. 从卜从中, 衛宏說)"라고 하였다(大徐本, 70). 사실 《說文解字》의 본의는 정확하게 파악하고 있지만 문자 형태 분석은 정확하지 않다. 갑골문 '用'은 '用'(三期粹二八二)이다. 徐中舒는 卜과 '[illegible]'로 이루어진 것이라고 간주하였다. '卜'은 점친 징조이고, '[illegible]'은 점치는 데 쓰는 귀갑 혹은 짐승의 뼈이다. 귀갑과 짐승의 뼈에 점친 징조는 점치는 일을 시행하여도 되는지에 대한 근거로 삼는다. 《甲骨文字典》 p.354 참조. 이 설이 정확하다. 그러므로 '用'을 異體會意字로 간주해야 한다. 물론 일부 학자는 이 문자가 '桶'의 初文이자 통의 모양을 본 뜬 것이라고 여긴다. 楊樹達·余省吾 등의 학자가 이러한 견해를 가지고 있지만 문헌상의 용례가 부족하기 때문에 본서에서 취하지 않는다.

3.2 合素造字法

李圃의 合素造字法은 "두 개 혹은 두 개 이상의 자소가 새 문자를 합성하는 조자방법"이며, "造字表詞 과정에 있어서 사람들이 기존 한자가 나타내던 관련 사물 사이에 발생할 수 있는 내적 연관을 근거로 소통과 합성을 진행한 것이다"(李《甲》1, 43). 예를 들어서 하나의 손과 조개 한 개를 합쳐 손에 조개를 든 형태로 '수확이 있다'는 의미를 나타내는 갑골문 ''는 '획득'의 뜻을 표시한다. 한 손과 문 한 짝을 합친 형태는 '손으로 문을 연다'는 의미를 나타내는데, 이것이 바로 合素字 '啓'이다. 갑골문에서는 ''로 쓴다.

李圃는 합소자의 의미가 두 가지 자소의 의미를 간단히 합성한 것이 아니라, 합성되면서 새로운 구조단계에서 새로운 관계 의미를 표시한다고 하였다. 예를 들어, '得'은 손과 조개라는 사물이 나타내는 추상적인 관계를 의미한다. 즉 '소유'·'획득'과 같은 개괄적인 의미이다. 表詞의 각조에서 보면 자소를 합쳐서 문자를 만드는 것은 두 개 혹은 두 개 이상의 자로를 합쳐서 會意의 문자를 만들거나 音과 意가 합쳐진 문자를 만들기도 한다. 예를 들어, '孫'의 갑골문 ''는 아들과 '아들의 아들'로 이어져 있다는 의미를 나타내고 있다. 즉 '子'와 '糸'를 합쳐 새로운 뜻으로 나타난다. 하지만 '旦'의 갑골문 ''는 '日'과 '丁'으로 이루어져 있지만 자소인 '日'과 '丁'이 '旦'과 어떤 의미관계가 있는지 말하기가 어렵다.(李《甲》1, 44-47) '丁'과 '旦'은 雙聲(端母)이기 때문에 意音관계로 설명할 수 있다.

그러므로 李圃는 合素造字를 合素會意와 合素意音으로 분류하였다. 합소회의는 '육서'의 '회의'에 해당〔相當〕하고, 합소의음은 '육서'의 '형성'에 해당〔相當〕한다. 여기서 말한 '해당〔相當〕'은 완전히 같다는 의미는 아니다. 전통 '육서'의 상형자는 李圃의 책에서 합소조자로 만든 合素字로 여겼다. 예를 들어, ‘(見)’은 사람의 눈을 정시하는 모양을 본 떴다. 《說文解字·見部》에는 “, 보는 것이다. 儿과 目으로 이루어진다(視也, 从儿, 从目)”라고 하였다(大徐本, 177). 徐中舒는 사람의 눈을 정시〔平目〕하는 모양을 본 뜬 것이라고 하였다.(徐《甲》, 977) 이 설은 매우 타당하다. ‘見’의 갑골문에서 ‘卩’은 단지 배경이다. 여기서 ‘정시하다(平目)’는 ‘본다’의 의미를 나타낼 수 있다. 그러므로 이 문자는 襯體象形에 속하며, 독소조자법으로 귀납한 것은 타당하다.

3.3 加素造字法

李圃의 加素造字法은 “원래 문자가 造字字素이고, 여기에 다른 자소를 붙여서 새 문자를 만드는 방법”이다. 이 방법은 “造字表詞 과정에서 사람들의 기존 한자의 表詞 내용에 대한 보충과 한정”이다.(李《甲》1, 49) 그는 갑골문 ‘旾’을 예로 삼아, 가소조자법에 대해 설명하였다. ‘旾’은 본래 ‘’로 쓰인다. ‘木’ 하나를 덧붙여서 ‘’이 되고, ‘木’ 두 개를 덧붙여서 ‘’이 되며, ‘木’ 세 개를 덧붙여서 ‘’이 된다. 이처럼 초목의 번성을 통해 봄의 내용을 풍부하게 만들었다. 이것은 기존 한자의 표사내용에 대한 보충이다. 李圃는 갑골문 ‘又’를 예로 삼아 가소조자는 기존 한자의 표사내용에 대한 제한임을 설명하였다. ‘又’의 갑골문은 ‘’이다. 오른쪽 손의 모양을 통해 左右의 ‘右’를 표시한다. 동시에 卜辭에서 ‘有無’의 ‘有’의 의미로도 사용되고, ‘保佑’의 ‘佑’의 뜻, ‘福祐’의 ‘祐’의 뜻으로도 사용한다. 또한 십진수(十進數)의 정수와 한 자릿수 사이에도 사용한다. 이처럼 一字多義가 형성된다. 李圃는 이러한 현상을 ‘同形假借’라고 칭하였다.(李《甲》1, 50) 同形字를 구분하기 위해 기존 문자에 자소를 덧붙여 새로운 문자를 구성하게 된다. 새 문자의 의미는 일정한 의미로 제한된다. 예를 들어, ‘’에 ‘’를 덧붙이면 ''로 구성하고, ''의 의미는 '福祐'의 '祐'로 제한되어 제사에서 사용하는 전문용어가 되었다.(李《甲》1, 50)

加素는 '義素를 덧붙이는 것'과 '聲素를 덧붙이는 것'으로 분류한다. 성소를 덧붙인 문자의 예로 李圃는 '鵬'을 제시했다. 본서에서는 '晶'을 예로 들어 분석하면 다음과 같다. '晶'의 갑골문 '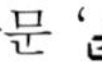'의 본의는 '세 개 태양'으로 하늘의 많은 별이 나타내는 것이다. 후세에 이 문자는 '밝게 빛나는 빛〔精光〕'의 뜻[19]으로 빌려 쓰이게 되면서, '晶'에 성소를 덧붙여서 形符 '晶'과 聲符 '生'으로 이루어진 '曐'이 구성되었다가 '星'으로 간화되었다. 이것이 원래 문자에 성소를 덧붙인 加素字이다.

가소자는 결과적으로 대량의 異體字·古今字·後起分化字를 형성하였고, 또한 기존 문자의 구조유형을 바꾸었다. 李圃는 가소조사법은 생산성이 매우 강한 방법이며 후세에도 통용될 것이라고 강조하였다. 오늘날의 형성자는 대부분 가소조자법을 통해서 만들어진 것이다. 기존 문자에 의소를 덧붙여서 만든 가소자는 대부분 기존 문자를 성소로 삼아 王力이 말한 '後起形聲字'[20]를 형성하였다. 물론 가소조자를 통해 형성자만 만들어지는 것은 아니다. 새로운 회의자도 형성되었다. 예를 들어, '祭'의 갑골문 ''는 한 손으로 피가 뚝뚝 떨어지는 고기를 들고 조상의 위패 앞에 바치는 모양을 나타내고 있다. 나중에 '示'를 덧붙여서 ''를 만들었지만 여전히 會意字의 구조를 가지고 있다.

---

19 《說文解字·晶部》에 "반짝이는 빛이다. 세 개의 日으로 이루어진다(精光也, 从三日)"라고 하였다.(大徐本, 141) 段玉裁의 注에서는 "무릇 사물의 풍성함을 묘사할 때, 같은 초문을 세 번 쓴다. 세 개의 日자를 사용한 것은 日의 많음을 나타낸 것이다(凡言物之盛,皆三其文. 日可三者, 所謂累日也)"라고 하였다(段註, 312). 이 설은 융통성이 없는 것 같다.

20 王力 主編,《古代漢語》(校訂重排本) 第1冊, 中華書局 1999년판, p.166 참조.

문자형태에서 가소자와 합소자는 크게 구분이 되지 않고 있다. 두 개 혹은 두 개 이상의 자소로 이루어진 문자가 가소조자법으로 구성된 것인지 합소조자법으로 구성된 것인지에 대해서 李圃는 언급하지 않았다. 그러므로 더 많은 토론이 필요하다.

3.4 更素造字法

李圃의 更素造字法은 "기존 문자 중의 하나의 字素를 교체하여 새로운 문자를 만드는 방법"이고, "造字表詞 과정에 있어서 사람들이 기존 한자의 표사내용에 대한 조정과 완선"이라고 하였다.(李《甲》1, 56) '墜'의 갑골문이 대표적인 예이다. 조기 갑골문 ''(一期甲三四七)는 사람이 높은 언덕에 떨어지는 모양을 본 뜬 것으로 추락을 의미하는 '墜'의 초문이다. 후에 '거꾸로 된 人'을 '거꾸로 된 子'로 바꾸어 ''(一期粹一五八零)를 만들었다. 어린 아이가 높고 가파른 사다리에 기어오를 때 추락하기 쉽다. 고로 阜(초기에는 혈거하는 동굴에서 사람에게 오르내리기에 쓰이는 계단을 나타냈는데, 후에 가파른 언덕을 가리킴)와 '거꾸로 된 子'의 의미를 합친 것이다. 이렇게 자소를 대체하면 문자 형태가 나타내는 의미가 더욱 명백해진다.

경소조자는 '義素 변경'과 '聲素 변경'의 두 가지로 나눌 수 있다. 성소 변경으로 대표적인 것이 '雉'이다. 초기갑골문에서 ''로 나타나면 聲符는 失이다. 또한 ''로도 쓰는데, 이 경우 성부는 夷이다. 사실 失·雉·夷는 모두 脂部에 속한 문자이며, '雉'는 고음에서 定紐에 속하고, '失'은 書紐에 속한다. '喩四隸定'의 학설을 근거로 볼 때 성부 '夷'의 聲紐가 '雉'의 聲紐 음과 더욱 유사하다.

경소조자법의 확립은 異形異構字의 변화를 해석하고 변화의 규율을 찾는데 큰 도움이 된다. 이것은 李圃의 한자 구조에 대한 현대적 해독에 있어서 뛰어난 가치이다.

3.5 移位造字法

李圃의 移位造字法은 "문자 내부에서 字素의 위치를 변환하여 새 문자를 만드는 방법"이다(李《甲》1, 62). 李圃는 갑골문의 '竝'과 '替'를 예로 들어 설명하였다. '竝'과 '替'의 갑골문은 두 개의 '立'으로 이루어졌지만, '竝'은 두 자소를 나란히 배열하며 ''으로 쓰고, '替'는 자소가 하나는 앞에 있고 하나는 뒤에 병렬하여 ''로 쓴다. '竝'은 "나열하다〔比幷〕"의 의미이고, '替'는 '王位(상고시대 '位'와 '立'은 같은 형태였다, 모두 으로 쓰며, '位'는 喩紐四等으로 來紐와 같은 舌頭위치에 있으니 '立'와 통용할 수 있음)'의 '대체와 폐위〔替廢〕'의 뜻이다. (李《甲》1, 62)

이위조자의 경우 두 가지 결과가 나타난다. 첫째, 위치의 변환을 통해 의미와 독음이 완전 다른 문자를 만들어낸다. 예를 들면 '竝'과 '替'이다. 둘째, 이위조자 과장을 겪으면서 독음과 의미가 변하지 않다. 갑골문 結字의 특징 중 하나가 바르게 쓰(正寫)거나 거꾸로 쓰(反寫)거나 차이가 없다는 것이다. 그러므로 일부 문자는 내부 구성 자소의 위치가 변해도 문자의 表詞에 영향 끼치지 않았다. 예를 들어, '家'는 ''라고 쓰기도 하고 ''라고도 쓴다. '安'은 ''으로도 쓰고 ''라고도 쓴다. 이 문자의 독음과 의미는 달라진 것이 없으며, 이체자의 수량만 많아졌다. 이 특징이 갑골문의 이체자가 많은 원인 중 하나이다.

李圃는 "이위조자의 표사 특징은 單素字의 구체적이고 직각적인 형상의 특징을 구비하고 있으면서도 合素字·加素字·更素字 내부 字素간의 추상적인 관계 의미의 특징도 갖추고 있다는 것이다"라고 하였다.(李《甲》1, 63) 이 견해는 매우 심도 있는 의견이지만 새로운 문자를 창조할 때의 '위치 이동〔移位〕'에만 한정시켜야 하고, 문자를 쓸 때 특별한 규정 없는 좌우상하의 위치 이동에는 이러한 특징이 없다. 위에서 언급한 '家'와 '安'의 반대로 쓴 자체에서 특수 관계 의미를 찾으려고 한다면 헛된 것이다.

3.6 省變造字法

李圃의 省變造字法은 "多素字 접붙이기 하는 조자과정에서 字素의 형체 일부분을 생략하거나, 단소자의 형태를 변화시켜 문자를 만드는 방법"이다.(李《甲》1, 65) 省變造字法은 省素嫁接과 變換字素形體의 두 종류로 나눌 수 있다. 省素嫁接에 대해서는 李圃가 이 종류에 해당하는 갑골문에서 규율을 찾으면서 "두 문자를 상하 조합할 때, 흔히 위 자소의 아래 부분을 생략하여 아래 자소와 밀접하게 접붙이기해서 하나의 문자를 구성하지만, 두 자소를 좌우로 결합할 때는 일반적으로 생략하지 않는다"고 하였다.(李《甲》1, 66) 예를 들어, '姜'의 갑골문 ''는 위의 聲素 '' 밑 부분 생략하여 ''의 형태를 이루고, 아래 形素 ''과 밀접하게 접붙이기해서 ''를 구성하였다. 이것이 바로 省素嫁接字다. 갑골문의 '姜'은 좌우로 붙여서 만든 '도 있는데, 이 경우 성소 ''은 생략하지 않았다. 李圃의 이러한 귀납은 앞으로 많은 연구를 통한 증명이 필요하다.

變換字素의 예는 '(大)'이다. '(大)'에서 '(夭)'로 변하는 과정은 기존의 자소가 변환하여 만들어진 것이다. 그러므로 '夭'는 '大'의 變素字다.

李圃는 "省素造字는 表詞 특징에 있어서 合素造字·加素造字·更素造字 등과 같다. 차이점은 생소조자가 형체적으로 블록화〔塊體化〕된 한자의 규격성에 적응하기 위해 상하 자소를 접붙이기할 때 자소 형체의 한 부분을 생략한 것이다"라고 하였다.(李《甲》1, 69) 이 견해는 갑골문의 실제 상황에 부합된다.

3.7 綴加造字法

李圃의 綴加造字法은 "기존 문자를 造字 字素로 삼아 字綴을 붙이거나, 두 개 이상의 字綴로 새 문자를 만드는 방법"이다.(李《甲》1, 73) 자철을 붙이는 것의 예는 '(亦, 腋의 初文)'이다. ''은 독소자 '(大)'에 ''을 덧붙여 '겨드랑이'의 위치를 가리킨다. 이 문자가 바로 綴加造字法으로 만든 綴加字이다. 두 개 이상의 자철로 새 문자를 만든 예는 '(雨)'이다. 李圃는 '—'을 허구의 하늘로 간주하였고, ''는 비의 장막을 가리키며, 두 가지가 합쳐 하늘에서 비가 내리는 것을 나타낸다. 갑골문의 자철은 30종이나 되며[21], 전통적인 '육서설'의 指事符號보다 더 복잡하다. 李圃는 "철가조자법으로 만든 문자는 대개 象意性을 가진다"라고 하였다.(李《甲》1, 73) 사실 그가 말한 30가지 자철로 구성된 문자의 일부분은 상형성도 역시 매우 강하다. 예를 들어, 겨를 체로 치는 것을 의미하는 '康'의 갑골문은 ''이며, 겨가 체에서 떨어지는 모양을 나타낸다. 象意에만 국한되어서는 안 된다.

3.8 借形造字法

李圃의 借形造字法은 "갑골문 文辭에서 본래 문자가 없었는데, 발음이 비슷하거나 발음이 같은 문자를 매개로, 기존 한자의 형태를 사용하여 새 문자를 만드는 방법"이다.(李《甲》1, 73) 예를 들어, '貞'은 원래 '鼎'의 상형이며 ''으로 쓰는데, 이 형태를 빌려서 '貞問'의 '貞'의 뜻을 기록하였다. '東'은 원래 '橐'의 초문이며, 갑골문에서 ''으로 쓰

---

21 상세한 내용은 李《甲》1, pp.73-74 참조.

고, 동녘의 '東'을 나타내도록 빌려 썼다. '南'은 원래 고대 기와로 만든 編鐘과 비슷한 악기로서 갑골문에서 '肖'로 썼는데, 남녘의 '南'으로 빌려 썼다.

李圃는 借形造字가 앞의 언급한 다른 일곱 가지 조자법과는 다르다고 하였다. 형체를 빌리는 것을 왜 조자방법으로 간주해야하는 지에 대해 "형체를 빌린 후에는 이를 표시하는 語素(혹은 詞)와 대응관계가 생겨, 借形字와 본래 문자 사이에 일종의 同形 관계가 생긴다"고 하였다.(李《甲》1, 75) 또한 "借形造字法은 同形字를 만드는 공장"이라고 하였다.(李《甲》1, 75) 이것은 갑골문 卜辭에 많은 同形同音異義字 혹은 同形異音異義字가 나타나는 사실을 근거로 개괄한 것이므로 믿을 만하다. 李圃도 借形字는 通假字나 假借字와 다르다고 여겼지만, 구체적으로 어떻게 다른 것인지에 대해 명백하게 논술하고 있지 않아서 아쉬움으로 남는다.

4. 李圃의 갑골문 표사방식 6종

李圃가 말한 甲骨文 表詞方法은 "기존의 갑골문자 형체 구성의 분석을 통해 각 종류의 갑골문이 어떤 방식으로 어소의 소리와 의미를 나타내는지를 밝힌 것이다."(李《甲》1, 120) 그는 "造字方法과 表詞方式은 같은 평면에 속한 것이 아니기 때문에 함께 논할 수 없다. 한자의 조자방법을 논해보자면, 하나의 조자방법으로 만든 수많은 문자는 8가지 다른 표사방식을 포함할 수 있지만, 반대로 하나의 표사방식이 나타나는 문자는 몇 가지 서로 다른 造字法으로 만든 것일 수도 있다"고 강조하였다.(李《甲》1, 80) 이 학설은 매우 신선하다. 이전의 한자 구조에 관한 이론은 '六書說' 이론을 벗어나지 못하였다. 이것은 造字와 表詞 두 층면을 명백하게 구분하지 못하였기 때문이다. 즉 李圃가 말한 것처럼 "문자 형태 구조의 詞(혹은 語素)에 대한 표시법〔表詞方式〕까지 분석하는 것이야말로 근본적으로 문제의 실상을 드러내는 것이다."(李《甲》1, 122)

李圃가 귀납한 갑골문 표사방식은 여섯 가지가 있다. 즉 象形表詞·指事表詞·形意表詞·會意表詞·意音表詞·假借表詞이다. 이것은 갑골문자의 형태〔形〕·소리〔音〕·의미〔義〕 사이의 관계를 근거한 것이며, 形體結構의 詞(혹은 語素)에 대한 표시방법을 분류한 것이다. 아래에 간단히 소개한다.

4.1 象形表詞

象形表詞方式은 "간결하고 개괄적인 寫意적 筆法으로 사물의 윤곽을 묘사하는 것이며, 사람 혹은 사물의 형태로 사람 혹은 사물의 명칭을 표시한다."(李《甲》1, 122) 상형표사방식의 문자는 간략하게 '象形字'라고 칭한다. 예를 들어, '象'의 갑골문은 ''이며, 코끼리의 긴 코 특징을 돋보이게 묘사함으로 '코끼리〔象〕'의 의미를 나타낸다. '兎'의 갑골문은 ''며, 토끼의 긴 귀와 짧은 꼬리의 특징을 묘사하여 '토끼〔兎〕'의 의미를 표시한다.

李圃가 들은 예에 근거하면 상형표사방식은 '六書'의 象形에 해당함을 알 수 있다. 象形表詞方式에 全體象形과 部分象形이 있으며, 이 문자는 造字의 각도에서 볼 때 모두 獨素造字에 속한다.

4.2 指事表詞

指事表詞方式은 "구체적 사물 형상을 묘사하는 기초에서 차별적 특징을 가진 부호(字綴)를 덧붙여, 전체 구성 형태로 소리 혹은 의미를 표시한다. 이러한 차별화된 특징을 갖춘 부호(字綴)는 表詞 과정에서 일반적으로 결정적인 작용을 발휘하며, 詞義가 가리키는 바를 나타낸다."(李《甲》1, 127) 예를 들어, '才'의 갑골문은 ''이며, 이것은 '在'의 初文이다. ''의 기초에서 땅을 가리키는 '—'를 덧붙인 것이며, 나타내는 의미는 "풀과 나무가 땅 위로 뚫고 나오며", 현재 햇빛 아래 드러나 있는 것을 나타내어 卜辭에서는 이 문자로 '현재 존재하다'의 의미를 표시한다.

李圃는 이러한 표사방식의 문자는 간략하게 '指事字'(李《甲》1, 127)로 칭할 수 있지만, '육서'의 指事字와 완전히 같지는 않으며, 일부 문자는 形聲字에 속한다고 강조하였다. 예를 들어, '彭'은 《說文解字·壴部》에서 "彭, 북소리이다. 壴로 이루어지며 聲符는 彡이다(彭, 鼓聲也, 从壴彡聲)"라고 하였다. 徐鉉 등은 주를 달아 "마땅히 形符는 생략된 형태이고, 이에 소리를 나타내는 부분을 덧붙였다(當從形省, 乃得聲)"라고 하였다.(大徐本, 102) 許愼과 徐鉉은 이 문자를 형성자로 간주하고 있음을 알 수 있다. 그러나 李圃는 이 문자는 指事表詞의 문자로 간주하고 있다. 이것은 李圃의 字綴에 대한 견해와 관계가 있다. 그는 '彭'의 '彡'의 독음이 후세 사람들이 덧붙인 것이고, 갑골문 ''의 ''은 북소리를 허구적으로 나타낸 것이라고 여긴다. 앞에서 언급한 바와 같이 부호의 독음은 원래 있던 것인지 나중에 붙여진 것인지를 판단하기 어렵다. 이 부호가 갑골문에서 단독으로 문자를 성립할 수 있는지의 여부를 판단 기준으로 삼는 것아 연구하는 것이 옳다. '彡'는 갑골문에서 독립된 문자로 ''(一期粹一零七)과 ''(三期合集二七一零七)로 사용되고 있다. 徐中舒는 《說文解字》의 '毛飾畫文(붓으로 그려 꾸민 무늬)' 설에 동의하며, 붓으로 그린 것뿐만 아니라 칼로 새기거나 자수로 만든 문양까지도 포함하며, 때로는 '끊임없이 이어진다'는 의미를 표시하기도 한다고 여겼다.(徐《甲》, 995) '彭'의 '彡'은 마침 북소리가 끊임없이 이어지는 것을 표시한다.

그러므로 이 문자는 會意表詞에 귀납되어야 한다.

指事表詞는 造字의 각도에서 볼 때 마땅히 加綴造字에 속한다.

4.3 形意表詞

形意는 李圃의 책에서 처음으로 나온다. 形意는 한자 중 "象形의 일부 특징을 가지면서도 會意의 일부 특징을 가지는 것이다. 그러나 상형이나 회의와는 명확한 차이가 있는" 것이다. 形意는 또한 "사람에게 하나의 독립적인 형상에 근거하여 관계의미를 이해하라고 요구한다."(李《甲》1, 130) 예를 들어, '大'의 形象은 성인이 똑바로 바라보는 형태이며, 옆으로 보고 서 있는 '人'과 구별된다. 우리는 '大'의 형상으로 '크다〔大〕'의 의미를 생각해 낼 수 있지만 '人'으로는 생각해 낼 수 없다. 일부 문자는 자체의 구조를 변화시켜서 形意表詞의 목적을 달성한다. 예를 들어, '屰'과 '夭'는 '大'의 형체를 '' → '', '' → ''로 변화시켜 언어 중에서 각각 '맞이하다〔逆迎〕'와 '달리다〔奔走〕'의 의미를 나타낸다. 그러므로 '大'·'屰'·'夭' 모두 形意表詞의 문자이며, 아무런 구성요소가 덧붙지 않은 형의표사의 문자이다.

일부 문자는 독립적으로 문자를 구성할 수 있는 하나의 字素에 구성요소를 덧붙여서 形意表詞의 목적을 달성한다. 예를 들어, 단순하게 ''만 그리면 사람들은 이것이 무엇을 가리키는지 모르지만, 제한적 조건인 ''를 첨가하여 ''를 만들면 '치아〔齒〕'의 의미를 알게 된다. 이 문자 또한 形意表詞의 문자이고, 또한 조건을 덧붙인 形意字가 된다. 이 견해에 대해서는 우리의 의견이 다르다.

4.4 會意表詞

會意表詞方式은 "두 개 혹은 두 개 이상의 字素로 구성되며, 두 개 혹은 두 개 이상의 자소가 각각의 의미를 유지하면서 詞義를 나타내는 상위 단계에 처한다. 그러나 의미와 의미는 함께 일정한 사고방식을 통해 특정 관계 의미를 구성한다."(李《甲》1, 137) 李圃는 許愼이 말한 "가리키는 바를 드러냄(以見爲指)"을 비판하였는데, 이것은 사람마다 의미유추 내용이 다를 수도 있기 때문이다. 李圃의 견해는 일리가 있다. 예를 들어, '止'와 '戈'를 보면, 殷商時代의 사람들이 생각할 수 있는 관계 의미는 '무기를 휘두르며 전진하는 것'이다. 하지만 전쟁이 잦은 春秋戰國時代 사람의 사고방식으로 보면 '무력으로 전쟁을 제지하는 것'이 된다. 본서에서는 문자학 자료는 갑골문이 주요대상이 되기 때문에 은상시대 사람의 사고방식에 초점을 맞추고자 한다. 양손으로 도끼를 드는 것을 會意를 하면 '무기'를 가리킬 수도 있고, '士兵'을 가리킬 수도 있지만, 갑골문 卜辭에서 무기의 의미로 많이 사용하기 때문에 오늘날의 사고방식으로 '도끼를 들고 있는 사람'이라고 판단하면 안 된다. '男'은 力과 田으로 이루어지며, 갑골문은 ''이다. 許愼의 해석을 따르면 "남자가 밭에서 힘을 쓰는 것을 말한다(言男用力於田也)."(大徐本, 291) 許愼의 해석은 마치 일리가 있는 것 같지만, 殷商 甲骨卜辭에서 '力'은 '근육의 힘'이 아니라, 쟁기의 모양을 나타낸 것이고, 문자 중간의 점은 쟁깃날이 있는 위치를 표시한 것이다[22]. '男'의 문자 형태를 조성한 의도는 '쟁기로써 밭에서 일하는 것'을 나타낸 것이다. 인류가 농경사회에 진입하면서 이러한 일에 종사하는 사람이 남자였기 때문에 '力(犁)'과 '田'으로 '남자'의 뜻을 會意한 것이다.

어떤 문자가 형태로서 어떤 의미를 나타내는 지에 대해서는 더 진일보한 연구가 필요하다. 예를 들어, '保'의 갑골문은 ''이다. 李圃는

22 李圃,《甲骨文文字學》p.26 참조.

이 문자의 형태에 근거해서 '성인과 유아의 관계'로 해석하였고, '보호'의 의미를 회의한 것이라고 주장하였다. 그러나 金文에서는 ''(父丁鼎)의 형태로 나타난다. 이 형태는 자식을 등에 업는 모양이다. 父丁은 殷代 왕인 康丁의 다른 칭호고, 이 鼎 또한 殷商時期의 鼎이다. 금문의 형태에 나타나는 의미는 갑골문보다 설득력이 더 강하다. 《說文解字·人部》에 "保, 키우다(保, 養也)"(大徐本, 161)라고 하였고, "任, 부합하다(任, 符也)"(大徐本, 165)라고 하였다. 段玉裁 注에서는 '符'를 '保'로 고쳤다. '保'와 '任'의 의미가 유사하다. 大徐本의 '符'는 발음이 비슷하여서 잘못 적은 것 같다. '任'과 '保'의 뜻은 비슷하지만 의미가 통하는 것이 아니다. '任'은 자식을 가슴에 껴안는 것이고, 이 동작은 몸을 곧게 펴야하기 때문에 '壬'[23]으로 이루어졌다. 하지만 '保'는 자식을 등에 업는 것이기 때문에 '背'와 발음이 비슷한 '孚'를 聲符로 삼았다. 부녀가 임신을 하면 '有任'이라고 한다. 《大戴禮記·保傅》에 "주나라 임금의 후궁이 성왕을 임신하였다(周后妃任成王於身)"라는 기록이 있다. 이 의미는 나중에 '妊'으로 쓰였다. 本字는 '任'이고, '任'은 자식을 가슴에 껴안는 것이고, 임신한 부녀도 가슴에 자식을 껴안는 모습으로 나타내기 때문에 '任'으로 회임을 가리킨다. 그러나 '保'에는 이러한 용법이 없다. '保'와 '揹'는 기원이 같은 문자이며, 아이를 등에 업고 돌보는 사람은 보모라고 한 것은 고대의 의미가 남은 것임을 알 수 있다. 황제 대신 어린 아이들을 돌보는 사람을 '保氏'라고 한 것은 바로 업는 의미에서 引伸된 것이다. 그러므로 '保'는 '보호'의 의미가 아니라 '업다〔揹〕'의 의미라고 할 수 있다. 이것을 보면, 갑골문 合素字의 의미를

23 '挺'의 本字이다. 大徐本 p.169 참조. 許愼은 "사물이 땅을 뚫고 곧게 자라는 것을 나타냈다(象物出地挺生也)"고 하였다.

분석할 때《說文解字》의 해석을 주의해야 하며, 상고 문헌의 언어와 대조 확인을 거쳐야 정확한 결과를 도출할 수 있음을 알 수 있다.

4.5 意音表詞

意音表詞方式은 "한 문자의 형태 구조가 表詞의 의미와 발음을 겸하는 表詞方式"이다.(李《甲》1, 143) 李圃가 이러한 표사방식을 形聲으로 간주하지 않은 것은 "갑골문자의 구조에서 관찰해보면, 意音表詞方式의 문자는 대부분 義素와 義素 겸 音素의 두 字素(活性字素 포함)로 구성한다. 그 表層 結構關係는 의소와 의소 겸 음소의 결합이다. 동일한 갑골문자에서 두 자소가 융합하여 문자 전체의 의미와 어음을 나타내는 기능을 함께 맡고 있다. 이러한 의미에서 이 표사방식은 意音表詞方式으로 부르는 것은 더 합리적이다."(李《甲》1, 144-145) 그러나 '形聲'이라는 명칭은 의미가 명확하지 않다. '形'이 문자 전체의 형체를 가리키는 것인지, 문자 속 字素의 형체를 가리키는 것이지, 형체가 의미를 표시하는 것인지(일반적으로 字義 유형의 범주만 표시하는 것으로 여겨짐), 어느 자소가 字義를 담당하는지 알 수 없다. 聲素字라고 해도 聲符가 소리만 나타나는 것도 아니다. 형성 중의 형부와 성부가 문자 전체에서 어떤 지위를 차지하고 있는지, 상호간에 어떤 관계가 발생하는지에 대한 이론적 분석이 부족하다. 李圃는 聲符는 먼저 의미를 나타내고, 발음도 동시에 표시하는 것이라고 여긴다. 이 견해는 매우 학술적이다. 그가 제시한 형성자는 대부분 성부가 근원을 나타낼 수 있는 문자이다. 예를 들어, ''(遘)는 辵으로 이루어지며 冓는 聲符이다. '冓'는 또한 '만난다'는 의미를 겸하여 나타내고 있다.

李圃의 意音字는 전통 '六書說'에서 흔히 象形 혹은 會意로 모는 것이다. 그 예는 '天'[24]·'龍'·'監'·'正' 등이 있다.

여기서 특별히 주의해야 할 것은, 李圃가 과거 形聲字의 聲符를 발음만 표시한 것으로 해석하는 것에 대해 철저하게 부정하고 있다는 것이다. 그는 갑골문의 '盂'를 예로 삼아 분석하였다. "盂은 皿으로 이루어지며 于는 발음이다. '于'가 '盂' 중에 있는 것은 '皿'이 '盂' 중에 있는 것과 같으며, 각각 한 문자를 이루는 '于'(于·竽 등의 초문)와 다르고, 한 문자를 이루는 '皿'(皿)과 다르며, '皿'로 이루어진 용기 '盂'를 구성하였다. 그러므로 '盂' 중의 '于'는 용기(容器)를 나타내는 '盂'의 의미와 직접적인 관계는 없지만, '盂'의 발음과 관계있다. 또한 '于'는 '盂' 전체 구조에 있어서 불가결한 자형 및 자의의 구분 작용을 하여 문자가 형태·소리·의미의 통일성을 갖추도록 한다. 이러한 면을 소홀히 하면 '形聲字'에 대한 오해가 생긴다. 즉 형성자의 전체 표의·표음 성질을 나누게 되고, 단편적으로 '形旁'이 의미범주를 표시하고 '聲旁'이 독음을 표시하는 것만 강조하게 된다. 그러므로 문자에는 이 문자의 의미범위만 존재하고, 한 문자 자체의 특유한 의미를 없애버리는 잘못된 결론을 초래할 수 있다."(李《甲》1, 152-153) 李圃의 분석은 매우 정확하며 학술적이다. 형성자의 聲符가 의미를 구분하는 기능을 가지고 있다는 것에 관해 王寧도 《漢字構形學講座》에서 비슷한 내용의 논술을 진행하였다.[25]

24 王寧의 《漢字構形學講座》에서는 이 문자를 물상을 직접 그려서 구성한 문자로 본다. 아울러 "갑골문의 '天'이 정면의 인체를 직접 그려서, 사람의 머리 부분을 돌출시켜 정수리를 표시한다"고 분석하였다. p.36 참고. 본서에서는 이 견해에 찬성한다. 그러므로 象形表詞에 귀납하는 것이 더 타당하다.

25 王寧이 "한자의 聲符가 해야 할 역할은 단지 義符가 표시하는 의미 종류 범위 내에 있으면서, 문자가 표시하는 개체사물을 구분하는 것이다"라고 지적하였다. 《漢字構形學講座》, 三民書局 2013년판, p.99 참조.

4.6 假借表詞

假借表詞方式은 "語素(혹은 詞)가 원래 자신만의 문자가 없어서 자체의 語音形式을 통해 발음이 비슷하거나 같은 기존 문자를 찾아서, 그 문자의 형체로 빌려 자신의 발음과 의미를 표시하는 표사방식"이다.(李《甲》1, 153-154)

李圃는 이 表詞方式은 앞의 다섯 방식과 같은 평면에 있는 방식이 아님을 언급하였다. 이 방식은 '빌려지는 문자〔被借字〕'와 '빌리는 문자〔借字〕'의 관계이다. '빌려지는 문자〔被借字〕'와 '빌리는 문자〔借字〕'의 차이는 '빌려지는 문자〔被借字〕'는 완전한 形·音·義를 가진 통일체이고, '빌리는 문자〔借字〕'는 소리와 의미는 차용자 語素에 있지만 字形은 차용된 것이라는데 있다. 가차표사는 주로 形體를 차용하며, 소리와 의미는 '빌리는 문자〔借字〕' 본래의 것이다. '빌려지는 문자〔被借字〕'는 어떤 어소 혹은 詞의 차용자로써 원래의 의미를 읽게 되거나(표사하는 것과 관련이 없음), 표사한 의미가 차용자에 떠넘겨져서, 그 소리가 표사한 의미와 다시 합쳐진다.(李《甲》1, 154) 갑골문의 가차표사한 문자는 형체를 빌린 것이 많다. 하지만 한자의 발전 과정에서 변화가 생겼다. 많은 문자가 오랫동안 차용한 뒤 돌려주지 않음으로 인해 나타나게 된다. 고대 중국인들은 원래 문자를 구성 字素로 삼고 加素造字法을 통해 새 문자를 만들어 本字의 소리와 의미를 표시한다. 그러므로 원래 문자와 새 문자 사이에는 初文과 後起字의 관계가 생겼다. 예를 들어, '其'와 '箕', '于'와 '竽', '七'과 '切' 등이다. 반대의 상황도 있다. '빌려지는 문자〔被借字〕'를 기초로 하여 가소조자법으로 통해 원래 없는 문자의 문자를 만든 경우도 있다. 예를 들면 '隹'와 '唯'이다.

李圃의 表詞方式 6종과 造字方法 8종의 대응관계는 아래와 같다.

象形表詞와 形義表詞 → 獨素造字

指事表詞 → 綴加造字

會意表詞와 意音表詞 → 合素造字, 加素造字, 更素造字, 省變造字

假借表詞 → 借形造字[26]

5. 李圃의 갑골문 조자방법 8종과 표사방식 6종에 대한 평가

李圃의 甲骨文 造字方法 8종과 表詞方式 6종을 체계적으로 이해하고자 한다면 그가 1980년대부터 中國文字學 방면에 세운 삼차원 체계이론의 성립 과정을 알아야 한다. 삼차원 체계이론이란 取象發生系統과 本體結構系統, 그리고 心理認知系統이다. 이것은 李圃 갑골문 문자학 이론의 하이라이트다. 李圃 갑골문 조자방법 8종과 표사방식 6종은 모두 취상발생계통과 본체구조계통에 입각한 것이다. 字素分析法, 즉 정태적 字素 本體系統과 동태적 자소 功能系統의 기초에 세운 새로운 한자 구조에 대한 현대적 해독이며, 갑골문자 구조체계에 대한 과학적인 귀납이다.

李圃는 거시적인 수립과 미시적인 분석의 결합과 공시적인 묘사와 통사적인 비교의 결합에 주의하였다. 이렇게 총괄한 갑골문 구자방법 8종과 표사방식 6종은 보편성을 구비하였다. 그는 일찍이 "갑골문자의 조자방법은 기본적으로 한자 隸書化 이전의 고문자의 조자방법을 개괄할 수 있다"라고 자신하였다.(李《甲》1, 81) 이 단언은 그의 제자들의 연구를 통해 실증되었다. 또한 선진 예서화 이전의 한자뿐만 아니라 예서화 이후의 문자에도 적용됨이 밝혀졌다. 이 이론은 殷商 갑골문 이외의 西周金文·戰國秦系文字와 秦漢篆書 등 각종 출토문자를

---

26 李《甲》1, pp.161-162 참조.

분석하고 魏晉 楷書碑帖의 문자체계를 귀납하는 데에도 성공적으로 응용되었다. 그러므로 李圃의 갑골문 구자방법 8종과 표사방식 6종은 창의적인 이론적 의미와 실제적 응용 가치가 있음은 의심할 여지가 없다.

李圃의 갑골문 구자방법 8종과 표사방식 6종은 우수한 점이 많다. 아래에서는 그 우수성을 소개하고자 한다.

첫째, 문자 본체인 字形으로부터, 갑골문 문자 내부 구성을 정태와 동태 두 각도에서 전면적으로 묘사하였다. 갑골문 자체 내부 구성요소〔構件〕를 字素와 字綴로 나눈다. 자소 내부는 문자 만든 이후에 처한 구조단계와 구조기능을 고찰하여 안정성 자소와 활성 자소로 나눈다. 또한 단일 자소로 구성하는 것인지 두 개 이상의 자소로 구성하는 것인지, 그리고 두 개 이상의 자소로 구성하는 문자가 다시 상위 단계에 있는 두 개 혹은 두 개 이상의 자소 사이에 形體와 音義적인 관계에서 어떤 조자방법과 표사방식을 나타내고 있는지를 확정하였다. 한자 구조를 해독하는 데 있어 기초가 튼튼하고 이론과 방법이 과학적이고 분석 과정이 신중함을 알 수 있다. 또한 과거 자형 분석의 간략함과 격식화된 경향을 피하였다. 한자는 表意文字이기 때문에 내부 구조는 반드시 表意의 요구에 따라야 한다. 하지만 객관 사물이 복잡하고 사람의 인식도 끊임없이 심화되면서, 문자를 만드는 사람도 역시 어느 한 시기의 한 사람이 아니게 되었다. 그러므로 한자의 구조는 한두 가지 유형으로 완전하게 귀납시킬 수 없다. 한자 구조는 세부화될수록 좋은 것이다. 세부화 되어야만 한자 구조의 내부적 규율을 전면적으로 철저하게 총괄할 수 있고 한자구조의 복잡함과 다변화 및 정교한 특징을 드러낼 수 있다. 대략적인 분석이나 귀납은 경계가 확실하지 않고 애매모호하게 된다.

둘째, 造字와 表詞를 분리하고, 동태와 정태 두 각도에서 갑골문 내부 형체 구조와 외부 표사 기능을 고찰함으로서, 한자 본체인 字形을 정확히 파악할 수 있을 뿐만 아니라 한자 자형과 소리 및 의미의 관계를 깊게 연구 할 수 있게 되었다. 이에 따라 과거 논쟁이 되었던 학술 문제도 쉽게 해결되었다. 예를 들어, 전통적인 '六書'의 '指事'는 논쟁이 많았고, 象形이나 會意 및 形聲과 서로 분명하게 구분되지 않은 부분이 많았다. 李圃는 指事符號를 단독으로 문자를 만들 수 없는 字綴로 간주하며, 전통 '육서'의 '지사'를 정태적 표사방식으로 간주하였고, 동태적 각도에서 取象發生系統으로 분석하여 '綴加造字法'에 귀속시켰다. 이렇게 하면 자형의 형성 문제는 조자로 귀납되고 자형과 音意의 관계는 표사로 귀납하게 되어, 지금까지의 논쟁은 명확한 해답을 얻게 되었다. 한자 구조에 대한 체계적이고 전면적인 정확한 귀납에 큰 도움이 되었다.

셋째, 다양한 각도에서 갑골문의 合素字('육서설'의 '合體爲字'에 해당)를 고찰하였다. 李圃는 갑골문 합소자의 내부 구조와 표사 기능을 근거로 합소자를 合素造字·加素造字·更素造字(부분)·省變造字의 4종으로 분류하였고, '合體爲字' 중 '字'의 복잡하고 변화가 많은 형체에 대한 분할과 귀납 문제를 해결하였다. 合素造字는 "止戈爲武"의 會意에 국한되지 않고, 合聲素의 形聲, 즉 李圃가 말한 意音表詞의 문자도 포함되었다. 加素造字는 대부분 기존 문자의 기초위에 聲素 혹은 義素를 덧붙인 문자이기 때문에 加素造字로 구성한 문자는 대부분 하나의 字素가 이 문자에서 나타내는 의미와 직접적인 관계가 있게 된다. 合素造字는 이와는 다르다. 문자를 만드는 데에 참여하는 자소의 본래 의미가 이 合素字와 직접적인 관계는 없지만 간접적인 관계가 있다. 李圃는 또한 갑골의 斷代 연구를 진행할 때 역사적 고찰에도 주의를 기울였다. 갑골문 합소자의 내부 구조 변화에서 몇 가지 규율을 찾았다. 更素造字와 省變造字가 여기에 속한다. 전통 '육서설'의 會意와 形聲 두 종류에 대해서 문자 내부 구조에서 세밀한 분류를 진행하고, 경계를 명확하게 구분하여 학자들의 연구에 큰 도움이 되었다.

넷째, 갑골문의 古今字·異體字·假借字(즉 '三字')의 복잡한 관계를 정리하였다. 加素造字로 통해 古今字의 형성 경로를 파악하고, 更素造字·省變造字·移位造字를 통해 異體字의 다양한 형성 경로를 파악하였으며, 借形造字로 통해 假借字의 생성 규율을 파악하였다. 전통 '육서설'에서 '삼자'문제를 해석하는 데 존재했던 불확실성과 의견이 분분했던 골칫거리 문제를 해결했다. 李圃의 갑골문 구자방법 8종과 표사방식 6종은 '삼자' 문제에 있어서 이론적 혁신을 이루었다.

다섯째, 처음으로 갑골문(이후 문자에도 적용)을 삼차원(입체적) 각도에서 묘사하였고, 한자가 塊體文字로서의 造字·表詞의 본질적 특징을 게시하였다. '移位造字法' 중의 '位'와 省變造字 중의 '省變' 규율은 "두 문자가 상하로 조합할 때, 흔히 위 字素의 아래 부분을 생략하며 아래 자소와 밀접하게 접붙이기해서 완전체가 되지만, 두 자소를 좌우로 결합할 때는 일반적으로 생략하지 않는다."(李《甲》1, 66) 등의 토론은 李圃의 갑골문 문자학에서 매우 우수한 내용으로 들 수 있다.

제3절 王寧의 形位分析을 기초로 한 漢字構形學

1. 王寧의 약력 및 학술 성취

王寧은 현재 北京師範大學 文學院 교수이며, 박사학위 지도교수, 漢字與中文信息處理研究所 소장이다. 1958년 북경사범대학 중국학과를 졸업하고, 1961년에서 1964년까지 북경사범대학 고대한어(문자훈고학) 대학원을 졸업하였다. 王寧은 중국 저명한 훈고학자 陸宗達을 스승으로 모셨다. 1983년부터 정식으로 북경사범대학에서 강의를 시작하였고, 지금까지 全國哲學社會科學 '八五'至'十二五'規劃 語言學科專家評審組 구성원, 國家哲學社會科學專家諮詢委員會 위원, 教育部哲學社會科學諮詢委員會 위원, 教育部哲學社會科學學風建設委員會 副主任, 國家語言文字規範審定委員會 위원, 國家語言文字技術標準委員會 漢字技術委員會 주임, 中國語言學會 부회장 등을 겸임하고 있다. 王寧은 중국에서 최초로 컴퓨터를 이용하여 고대한자와 고대한어를 정보화 처리한 학자 중 한 명이다. 전통 '小學'의 기초 위에 理論訓詁學, 漢字構形學, 訓詁學 기반의 漢語語彙語義學, 漢字字體學, 書寫漢字學과 舞蹈生態學 등 새로운 분야를 개척한 학자이다. 중국국가언어문자규범에 대해 많은 공헌을 했고, 《通用規範漢字表》 전문가 작업팀을 이끌고 있다. '21세기 직면 고등사범학교 수업체계 개혁'의 中文專業 召集人, 全國自學考試 中文專業委員會 위원, 教育部 教學指導委員會 위원 등 학술적 직무를 역임하였다. 중국 教育部人文社會科學重點研究의 기지인 北京師範大學 民俗典籍文字研究中心의 첫 주임을 임하기도 하였다.

王寧은 단단하고 심오한 학술 기초를 기반으로 많은 학술성과를 이루었다. 전문서적 14권을 출판하였고, 교재 및 총서 20여 종을 책임편집하였고, 언어학·문자학·훈고학·음운학 논문 200여 편을 게재하였다. 방대한 연구량과 수준 높은 연구 결과물로 학술계에 큰 기여를 하였다. 《中國社會科學》에 게재한 논문만도 10여 편을 달하며, 이 중에 4편을 영문판으로 게재하였다.

王寧은 특히 훈고학과 문자학 분야에 있어서 성과가 매우 뛰어나다. 훈고학에 방면에서는 1983년 陸宗達과 《訓詁方法論》을 함께 저술하고, 훈고 방법을 종합 운용한 실례를 제시한《古漢語詞義答問》을 공저하였다. 이 저서에서 王寧은 '訓詁方法科學化'를 주장하였으며, 처음으로 전통 훈고학의 '以形求義'·'因聲求義'·'比較互證'의 세 가지 훈고방법의 원리를 상세하게 논술하였다. 또한 이 세 가지 방법을 사용하는 조작 순서를 명확하게 하여, 이론적 원리가 취약하고 이해하기 어려운 훈고학을 쉽게 응용하도록 하였다. 王寧은 훈고학을 현대적으로 발전시키는 데에 선도적 역할을 하였다. 그리고 이후 20년 동안 훈고학의 전문용어를 정리하였고, 훈고학의 이론원리를 상세히 밝혀냈으며, 훈고학의 분파인 漢語語源學을 독립적인 학문분야로 확립시켰다. 또한 應用訓詁學을 벗어난 하나의 학문분야가 된 理論訓詁學을 확립시키고《訓詁學原理》를 출판하였다. 21세기에 들어오면서, 王寧은 고대 훈고학의 잠재적 이론을 토대로 훈고학을 기초로 하는 '漢語詞彙語義學'을 제시하였고, 훈고학을 현대 언어과학과 연계시켰다.

문자학에 방면에서 王寧은 章太炎·黃侃·陸宗達의 說文學적 성과를 계승하여,《說文解字》에 대한 독특한 견해를 발표하였다. 또한 當代 체계론적 방법을 받아들여,《說文解字》에서 '小篆構形系統'을 발견하고, 묘사 위주의 '漢字構形學'을 확립시켰다. 그 외에도 啓功의 한자 쓰기에 대한 주장을 받아들여 '漢字字體學'을 확립시켰다. 王寧은 民俗典籍文字研究中心의 초대 주임을 지내는 동안에는 현대적 한자학 기초이론을 응용하여, 한자의 정리 및 연구를 컴퓨터 기술과 결합하여, 디지털화한 說文學과 碑刻典藏與楷書實用文字整理 그리고 中華大字符集創建工程 등 대형 데이터베이스 프로젝트를 진행하였다. 전통 언어문자의 연구 수단을 업그레이드하고, 인문과학과 자연과학의 융합을 실현하였다. 王寧은 한자 표준화와 규범화에 있어서 큰 공을 세웠다. 이미 발표한《中文信息處理GB.13000字符集漢字部件規範》·《常

用漢字部件規範》의 제1개발자며, 《通用規範漢字表》의 개발 전문가 및 개발팀 팀장을 지냈으며, 國家級 및 部委級 프로젝트 14개를 잇따라 주관하였다. 그 중 6개는 중점 및 국가 중대 프로젝트였다.[27]

2. 한자구형학의 확립 과정

1980년대부터 王寧은 십여 명의 명예박사로 구성된 연구팀과 함께 漢字構形學의 이론 수립과 실천 탐색에 힘쓰며 《漢字構形史叢書》[28]를 출판하였다. 王寧의 《漢字構形學講座》는 漢字構形學 이론에 대한 거시적 연구 부분을 제외하고, 나머지는 모두 한자 발전의 각 시기의 대표적 자체를 연구 대상으로 하며, 漢字構形學 이론·방법·조작과정을 활용하여 字體의 構形元素·構件·組合模式을 분석함으로써 각 단계 한자 字體의 構形과 構意에 대해 전체적으로 파악하였다. 이론 및 실천 두 방면에서 "한자의 개체 字符는 고립적이지 않고 흩어져 있지도 않고 서로 연관되어 있으며, 내부에서 일정한 규칙과 질서가 있는 부호체

---

27 이상 데이터와 내용은 2012년 8월 北京師範大學에서 출판한 《北京師範大學民俗典籍文字研究中心, 古代漢語研究所簡介》를 참고하였다.

28 이 총서는 中國 教育部 社會科學研究95博士點基金과 北京師範大學 211工程重點項目 후원을 받아 저술되었다. 上海教育出版社에서 일괄 출판하였다. 이 중 王寧(2002)의 《漢字構形學講座》는 강령(綱領)적인 저술이다. 그 외 대표적인 저술은 아래와 같다. 鄭振峰(2006) 《甲骨文字構形系統研究》, 羅衛東(2005) 《春秋金文構形系統研究》, 趙學清(2005) 《戰國東方五國文字構形系統研究》, 陳淑梅(2005) 《東漢碑隸構形系統研究》, 劉延玲(2004) 《魏晉行書構形系統研究》, 齊元濤(2007) 《隋唐五代碑誌楷書構形系統研究》, 王立軍(2003) 《宋代雕板楷書構形系統研究》, 易敏(2005) 《雲居寺明刻石經文字構形系統研究》 등이 있다. 이 중에 《魏晉行書構形系統研究》은 字體學과 관련된 저술이며, 주로 필기체 행서의 자체 풍격, 변이방식, 변이규율을 연구한다. 자체와 구조의 관계가 매우 긴밀하기 때문에 이 총서에서 수록하였다. 그 외에도 中國廣播電視出版社에서 출판한 周曉文의 《漢字構形屬性歷時演變的量化研究》도 총서의 대표작이지만 비교 역사의 거시적 연구 성과에 속한다.

계로 드러낸다"는 것을 실증하였다.(王《漢》, 12)

漢字構形學은 수십 년의 준비과정을 거쳐서 확립한 것이다. 이 과정에 대해 王寧은 "내가 陸宗達선생님을 따라 《說文解字》를 공부할 때, 한자의 본체는 字形이고, 한자의 構形은 체계적이라는 것을 대략 인식하였다. 상호의 연계 속에 한자를 하나하나 인식해야 한자 부호의 실질을 명백하게 파악할 수 있다. 이러한 생각을 갖게 된 이유는 陸宗達선생님의 문자학 교육방법 덕분이다. 그는 전통문자학을 강의할 때 章太炎과 黃系剛선생의 가르침을 따라, 《說文解字》를 중심으로 하였다. 입문 과정 학생들을 가르칠 때는 系聯〔계통적 연계〕의 방법을 사용하였다. 여러 차례 《說文解字》의 系聯을 통해 나는 문자와 문자 간의 질서를 연관시키게 되었다. 한자는 하나의 정보 저장체〔信息載體〕로서 사회에서 창조되어 공통으로 사용하는 부호이며 결코 무질서한 것이 아니다. 構形에 있어서 반드시 체계적인 형식으로 존재한다"라고 하였다.(王《總序》, 3) 1960년대부터 王寧이 漢字構形學 확립에 대한 기초적인 구상을 이미 했었다는 것을 알 수 있다. 이러한 구상은 선배 대가의 학술적 영향 아래 王寧 본인의 체계론적 사상이 더해져서, 《說文解字》의 만 여 개의 문자와 단어에 나타난 형체의 유기적인 연계와 구조의 조합 순서를 정리하고 사고하는 과정에서 형성된 것이다.

1980년대부터 고고학계에서는 많은 고문자 자료가 출토되었고, 많은 자료와 연구 성과는 王寧의 한자구형의 체계성 문제에 대한 연구에 있어서 큰 도움이 되었다. 王寧은 고문자 자료 및 연구 성과를 심도 있게 연구하여 한자의 공시적 체계의 감성적 인식을 강화하게 되었다. 사회에서 광범위하게 사용했고 시대와 지역 구분이 가능한 戰國文字와 簡帛文字 같은 공시적 한자 자부(字符) 자료에 대해 깊은 고찰과 정리를 하였고, 한자 구형의 체계성에 대한 판단을 확실하게 하였다. 王寧은 辨證唯物主義의 체계론과 구조주의 언어학의 내적 정신을 통해 한자 구형계통의 실질적이고 이성적인 인식을 갖추었다. 王寧은 이 시기의 생각과 연구 성과를 총괄하여 "'정리하고 체제를 단일화한《說文解字》의 소전과 같은 공시적 漢字 字符자료'와 '실제 사용과정에 있어 정리를 가한 공시적이며 공동 지역적인 古文字와 今文字' 모두 자체적인 構型 元素가 있다. 이러한 원소는 마땅히 제한된 것이며, 원소의 조합에는 일정한 순서가 있다. 이러한 조합방식은 몇 가지로 귀납할 수 있다. 한자의 개체 字符는 제한된 원소를 기초로 조합하고, 이 조합 또한 몇 가지 규정된 조합방식이 있기 때문에, 자부 사이는 고립적이지 않고 흩어지지 않은 것이다. 반드시 서로 연관성이 있고 내부에 순서가 있는 부호 체계다"고 하였다.(王《總序》, 4) 이러한 생각은 큰 안목을 통한 논리적인 주장이지만 아직 사실로 증명하지 못한 추론이다. 1984년부터 1988년 5년 사이에 王寧은 陸宗達을 보조하여 박사학위 학생을 지도할 때 학생들과 함께《說文解字》小篆體의 構形系統에 대해 연구하고 이론적 제고 및 개괄을 통해 漢字構形系統이 객관적으로 존재한다는 것을 실증하였다.[29]

1990년대부터 王寧은 박사과정 학생들[30]과 함께 끊임없이 시대 구분이 가능한 古文字와 출토 文字에 대해 체계적으로 연구해 왔고, 이 연구를 시대 구분이 가능한 今文字까지 확대시켰다. 王寧은 啓功의 字

29 이 중에 가장 대표적인 저작은 北京語言學院出版社에서 출판한 1996년판 石定果의《說文會意字硏究》北京師範大學出版社 1996년판 李國英의《小篆形聲字硏究》, 그리고 아직 출판하지 못한 宋永培의《說文義系硏究》가 있다.

30 陳永龍교수와 鄒曉麗교수, 그리고 鄒曉麗교수의 박사학위 학생들도 이 연구에 참여하였다. 예를 들어,《甲骨文字構形系統硏究》의 저자 鄭振峰과《戰國東方五國文字構形系統硏究》의 저자 趙學淸은 鄒曉麗교수의 제자들이다.

體論에서 영향을 받아 행서 초서 등 書寫變異 字體에 대해 관심을 가지게 되었다. 이 연구는 12년 동안 지속되었고, 십여 명의 박사과정 학생들이 통일된 전문용어와 조작규정을 근거로 갑골문·西周金文·春秋金文·戰國楚文字와 일부분 東方文字·睡虎地秦文字·居延漢簡·馬王堆帛書·東漢碑刻隸書·魏晉行書·隋唐五代碑誌楷書·宋代雕板楷書·明代石刻佛經文字·淸代民間手寫 그리고 宮廷文字를 대해 착실하게 정리하였으며 구형 모식을 일일이 서술하였다. 이러한 일련의 연구과제의 결과를 통해 한자가 "서로 연관성이 있고, 내부에 순서를 갖춘 부호체계"라는 것을 밝혔다.(王《總序》, 4) 이 과정을 통해 漢字構形學의 기본 이론 틀이 명확히 확립되고, 구체적인 논증 자료도 풍부해졌으며,《漢字構形史叢書》가 출판되면서 본격적으로 사람들에게 한자 본체를 연구하는 새로운 학문인 漢字構形學을 소개하게 되었다.

漢字構形學의 체계 확립은 수십 년의 과정을 거쳤다. 漢字構形學은 실천을 통해 끊임없이 보충하고 완전함을 추구해온 혁신적인 漢字本體學이고, 한자 구조에 대한 현대 해독 중에 가장 理性化된 과학적 학술 연구의 전형적인 규범이다. 王寧은 漢字構形系統 확립 과정과 성공 경험을 총괄하면서 "漢字構形系統 思想을 완성시킬 수 있었던 첫 번째 원인은 계승에 있다. 이는 章太炎과 黃侃 그리고 陸宗達이 일찍이 실행한 系聯方法과 이 중에 나타난 樸素系統論 사상에서 발원하였다. 두 번째는 참고에 원인이 있다. 즉, 이론방법에 대한 참고와 새로운 자료의 수용이다. 초기 古文字 학자가 제시한 계시였을 뿐만 아니라, 현대 고문자 학자와 배양하는 젊은 석사, 박사들이 모두 우리의 선생이었다. 그들이 우리에게 정리된 자료와 자료를 정리하는 방법을 제공하였다"라고 하였다.(王《總序》, 4) 서양 학문이 점점 동양으로 들어오고, 중국의 학문이 흔들리는 상황 속에서 일부 사람들은 자신을 버리고 다른 사람을 따르고, 일부 사람들은 개혁을 원치 않고 있다. 보수와 포기 두 극단적인 것을 초월하고 조정하면서 발전시키는 방법에 있어서 王寧의 漢字構形學은 학술적인 모범을 보였다고 할 수 있다.

3. 한자구형학의 기초이론 및 조작방법

王寧의 漢字構形學의 기초이론 및 조작방법은《漢字構形學講座》라는 책을 통해 학계에 소개되었다. 이 책의 전신은 王寧이 中國教育報의 원고 청탁을 받아 일 년에 걸쳐 漢字構形學의 내용을 12번으로 나누어 발표한 것인데, 발표 목적은 漢字構形學이 기초교육의 최전선인 교사들에게 받아들여질 수 있는지를 검증하기 위해서였다. 강좌 내용을 발표한 후 초중등학교 어문교육계에서 호응이 매우 좋았다. 많은 초중등학교 중국어 교사들이 열정이 가득 넘치는 편지를 王寧에게 보냈고, 이것을 계기로 王寧은 강좌내용을 수정하고 내용을 보충하여 2002년에 上海教育出版社에서 단행본 한 권을 출판하였다. 초중등학교 중국어 어문교사 뿐만 아니라 언어문자를 연구하는 학자들도 이 책을 통해 배운 것이 많다. 이 책은 '대가가 쓴 작은 책〔大家小書〕'이라고 할 만하다. 단지 오만 오천 개의 한자로 漢字構形學의 기초이론과 조작방법을 상세하게 서술하였다. 글은 평이하고 간결하지만 핵심을 찌르고 있다. 이런 두 가지 방면을 동시에 고려하는 것은 王寧 같은 대가만이 할 수 있는 것이다. 어떤 학자는 핵심만 강조하다보니 글이 난잡하게 되고, 어떤 학자는 평이한 글을 강조하다보니 지루하게 된다. 王寧은 간결함과 평이함을 통일시켰으니 확실히 대가의 솜씨라고 할 수 있다. 초판이 나온 지 11년이 지나고 王寧은 초판의 기초 위에 보충과 수정을 거쳐, 2013년 4월 臺北三民書局에서 다시 출판하였다. 당시에는 문자 수를 배로 증가시켰다.

아래에는 臺北三民書局版의 《漢字構形學講座》에서 서술한 漢字構形學의 기초이론·전문용어체계·연구임무 그리고 조작방법을 하나하나 논술하고자 한다.

3.1 한자구형학의 기초이론

王寧은 《漢字構形學講座》에서 漢字構形學의 기초이론을 상세히 서술하였다. 이 기초이론은 한자의 성질·한자 구조의 내부적 원소인 形位·構件의 結構功能·상호간의 관계·한자 구조의 組合模式 그리고 漢字構形系統性의 문제이다.

한자의 성질에 관해 王寧은 "한자 구형 문제를 토론하려면, 우선 한자의 성질을 명확히 해야 한다. 왜냐하면 성질이 다른 문자는 구형의 근거도 다르다. 문자와 문자를 유지하는 연결체도 다르다. 이들의 개체 구형과 구형모식를 분석하는 방법도 다를 것이다"라고 지적하였다.(王《漢》, 21) 그러므로 王寧은 《漢字構形學講座》 제2강에서 한자의 성질을 명확히 지적하였다. 이것은 오래된 문제이지만, 王寧에게는 한자 구형과 매우 밀접한 관계가 있는 중요한 문제이다. 한자가 어떤 성질의 문자인지에 대해 王寧은 "한자는 표의문자 체계에 속한다. 한자 구형의 가장 큰 특징은 한자가 중국어 중에서 관련된 특정 단어의 의미로 구형된다는 것이다. 그러므로 한자는 형체에 분석할 수 있는 의미정보를 포함하고 있다. 역대 한자의 구형모식 고찰을 통해 共時적인 한자의 전체 체계가 모두 表意원칙에 따라 유지되고 있음을 알 수 있다"고 대답하였다.(王《漢》, 23) 이 단정은 한자의 실제상황과 부합되며 王寧이 심사숙고하여 얻은 결과이다.

王寧은 문자가 표음체계에 속하는 것인지 표의체계에 속하는 것인지를 판단하는 세 가지 원칙을 언급하였다. 첫째, 문자의 성질은 해당

문자의 형체가 해당 언어와 어떻게 연계하고 있느냐에 따라 결정된다. 둘째, 해당 문자가 역사 발전 전 과정 속에서 문자 성질이 변하는지의 여부에 따라 결정된다. 셋째, 전체 체계에서 한 문자 한 부호 혹은 한 유형의 자부(字符)에 얽매여서는 안 된다.(王《漢》, 21)

첫 번째 원칙에 따르면 한자는 중국어에서 관련되는 특정 단어의 의미로 구형한 것이기 때문에 한자는 전형적인 표의체계 문자이다. 두 번째 원칙에서 王寧의 한자를 대상으로 한 共時적 表意度 측정데이터[31]에 근거하면, 한자는 甲骨文·兩周金文·秦代小篆에 걸쳐 隸變楷化에 이르기까지 표의의 성질에 근본적으로 변화가 일어나지 않았다. 셋 번째 원칙에서 王寧은 전체 체계로부터 고찰하여 한자의 다양한 유형의 부호가 표의체계에 들어갈 수 있는지를 고려해야 한다. 이 중 발음을 표시하는 構件을 가진 形聲字가 표의체계에서 자신의 위치를 찾을 수 있는지는 특별히 논증해야 할 것이다. 그러므로 王寧은 긴 편폭을 이용하여 형성자의 세 가지 근원을 분석하였다. 王寧은 한자 형성 초기 단계의 强化形聲字와 分化形聲字의 두 근원을 중점으로 분석하였는데, 이 두 가지는 表音性의 산물이 아니고 한자가 완강하게 表意性을 견지한 결과라고 지적하였다.(王《漢》, 30-33) 두 가지 사실에 근거하여 王寧의 판단이 옳다는 것을 증명할 수 있다. 첫째, 强化形聲字는 聲符를 붙이는 경우도 있지만, 形符를 붙이는 것보다 수량이 적고 빠

---

31 王寧은 "漢代 碑刻의 예서문자를 귀납 및 정리한 결과 표의성이 아직 91%정도 존재하고 있었다. 馬王堆出土帛書를 베껴 전하는 상고 전적 예서문자의 89% 이상은 표의성을 보유하고 있다. 현대 한자의 형성자는 이미 90% 이상에 달하지만, 義符의 표의 능력은 비교적 보유되고 있다. 이것은 역사에서 한자는 어떻게 간화되든 마땅히 있어야 할 의미정보를 완전히 버릴 수 없다는 좋은 증거가 된다. 간화 정도의 하한에 대한 결정은 일반적으로 표의특징의 보유이다"라고 하였다.(王《漢》 p.29 참조.) 이것으로 예서로 변한 후의 한자는 기호문자가 된다는 설법이 신빙성을 잃게 되었다.

르게 사라졌다. 둘째, 分化形聲字도 借義分化·廣義分化·引義分化를 막론하고 "첨가되는 것은 모두 의미정보이고, 聲符는 義符를 덧붙이기 때문에 피동적으로 전화하여 형성된 것이다."(王《漢》, 33) 형성자가 소리와 의미가 결합된 구조를 형성한 뒤에 새롭게 생산된 義符 하나와 音符 하나로 조합된 이러한 유형의 形聲字(즉 형성자의 세 번째 근원) "또한 義符를 위주로 하고, 音符를 구분 수단으로 한다."(王《漢》, 33-34) 이러한 관점과 견해는 매우 치밀하고 훌륭하다.

형성자에 관한 견해는 학자마다 다르며 일치된 결론을 내릴 수 없다. 王寧은 형성자의 세 가지 근원을 조목조목 명확하게 분류하고, 각 근원의 형성자를 전면으로 고찰 하였으며, 形符와 義符가 문자에서 담당하는 기능과 지위까지도 개괄하고 정리하였다. 이것은 일반적으로 몇 가지 예만 들어 바로 결론을 내리는 방법보다 깊이 있고 뛰어나며 사람들을 납득시킬 수 있다. 이러한 견해는 王寧만의 견해가 아니다. 앞에서 언급한 李圃의《甲骨文文字學》에서 언급한 형성자에 관한 견해[32]와 대체적으로 일치한다. 그들은 현대 학술계 이론의 최고봉에서서 한자의 성질에 대해 정확하게 판단을 내린 것이다.

王寧의 漢字構形學의 이론기초에는 세 가지 근원이 있다. 첫째, 중국 전통 小學 중의 樸素辨證法이다. 둘째, 자연과학에서 얻은 체계론 사상이다. 셋째는 서양 구조주의 언어학 중 중국어에 적합한 합리적 원칙이다. 王寧은 고금을 망라하고 중국과 서양의 이론을 통달하였으며, 특히 辨證 唯物主義 철학사상을 바탕으로, 인류가 인식해낸 성과를 비교하고 승화시켜서 이론화하여 한자구형 계통을 분석할 수 있는

---

32 李圃는 "많은 갑골문을 검증하면 대부분이 '형성자'의 聲素가 우선은 표의한 것이고, 표음만 하고 표의를 안 하는 단순한 성소의 수량은 매우 적다"고 하였다.(李《甲》, p.214 참조)

조작방법을 구축하였다. 역사적으로 각 시기에 출현한 한자의 구조체계에 대해 공시적이고 전면적인 과학적 묘사와 분석을 거쳐 漢字構形學의 기초이론을 확립하였다.

> "한자는 일종의 정보 저장체〔信息載體〕이며, 일종의 사회에 의해 창조되어 공통적으로 사용되는 부호로써, 構形에 있어서 반드시 체계적인 형식으로 존재한다. 共時的 역사 층면에서의 한자 총체는 반드시 자신의 구형 원소가 있어야 하고, 이러한 원소는 반드시 자신의 조합 단계와 조합방식을 갖고 있다. 그러므로 한자의 개체 字符는 고립적이지 않고 흩어져 있지도 않으며, 서로 연관되어 내부에 일정한 규칙과 질서를 갖춘 부호체계이다"((王《漢》, 12)

이 기초이론은 세 측면의 요점이 있다. 첫째, 한자는 체계적인 형식으로 존재한다. 따라서 한자 구조에 대한 해독에는 반드시 체계적인 관념을 가지고 있어야 하며, 系統論을 중심 사상으로 삼아야만 진정한 전체적인 한자구조 체계를 묘사할 수 있다. 둘째, 共時的 역사 층면의 한자 구형 모식에 대해서 분석과 묘사를 진행할 수 있다. 정연한 한자 세포인 構形元素, 즉 形位부터 귀납하고, 그것의 조합 단계를 분석하여 조합방식을 귀납한다. 셋째, 전체적으로 볼 때 한자와 한자는 서로 연관되어 있고, 질서정연하게 부호체계를 결합하고 있다. 이 때문에 한자의 구조 분석과 귀납은 단면적이고 독립적으로 파악하면 안 되고, 반드시 보편적이고 연계적인 사상과 관념으로 전면적이며 체계적으로 한자의 개체와 전체의 관계를 관찰해야 한다.

漢字構形學의 이론기초는 매우 튼튼하고, 인식과 견해의 깊이가 매우 심오하다. 한자 구조에 대한 현대적 해독의 이론 구축에 있어서 매우 유리한 위치에 있다.

3.2 한자구형학의 전문용어 체계

王寧은 항상 전문용어의 확립을 중시하였다. 王寧은 1994년에 출판한 《訓詁學原理》에서 특별히 〈談訓詁學術語的定稱與定義〉라는 한 장 분량의 설명을 덧붙였다. 이 책에서는 전문용어의 확립을 학문 이론 구축의 중요한 임무라고 보았다. 아울러 전문용어 명칭을 정하는 규정과 정의의 원칙을 언급하였다. 특히 정의의 원칙에 대해서 王寧은 훈고학에서 세 가지 원칙을 주장하였다. 이 세 원칙은 漢字構形學을 포함한 다른 학문에도 적용할 수 있다. 첫째, 定義는 반드시 정확해야 한다. 표시하는 현상의 실제 상황에 부합되고 본질 속성도 표현해야 한다. 둘째, 정의는 반드시 정확하고 단일한 것이어야 한다. 즉 두 가지 전문용어의 정의가 같은 내용이면 안 되며, 하나의 전문용어에 두 개 혹은 두 개 이상의 정의가 있어서도 안 된다. 셋째, 정의는 반드시 중국어의 특징과 관련이 있어야 하며, 강력한 민족의식을 가지고 있어야 한다.(王《訓》, 27) 전문용어가 과학적인지 아닌지는 학문 분야의 성숙여부를 판단하는 기준이 된다. 王寧은 《漢字構形學講座》에서 漢字構形學의 임무를 언급하면서 첫 번째는 "한자구형의 각종 현상의 실질을 인식하고, 이를 위해 전문용어를 설정한다"고 하였다.(王《漢》, 15) 아울러 新版 《漢字構形學講座》에서는 부록 〈漢字構形學術語表〉를 덧붙였고, 112개 전문용어를 열거하였다. 아래에서는 중요한 전문용어를 선택하여 5개 방면에서 소개하고자 한다.

3.2.1 形位·形素와 構件(部件)

王寧은 形位에 대해서 "동일한 역사시기의 한자를 규정(規整)하여 귀납한 形素群體가 바로 形位이다"라고 정의를 내렸다.(王《漢》, 181) 형위의 규정에서는 주로 "異寫形素·異寫構件·異寫字를 동일시하여 귀납하며, 최적화된 형체를 선택하여 표준체로 삼는다. 다시 말하면 한 形體를 선택해서 다른 異寫形體의 정보코드〔信息代碼〕로 간주한다."(王《漢》, 178) 이 문장에서는 두 개의 전문용어 '形素'와 '構件'을 언급하고 있다. 王寧은 '형소'에 대해서 "우리가 한자를 분할할 때 더 이상 분할할 수 없는 최소단위까지 분할하는데, 이 최소단위는 한자의 기초 구형원소다, 우리는 이것을 형소라고 칭한다."고 정의하였다.(王《漢》, 178)

그렇다면 形位와 形素는 어떤 차이가 있는가? 王寧은 "형소는 구체적인 구형 기초원소이고, 형위는 동일 공시적 구형모식 중 異寫의 기초 구건을 귀납한 결과"라고 하였다.(王《漢》, 181) 즉, 형소는 정리 및 귀납을 거치지 않고 한자를 직접 분석한 한자 내부의 구조원소이다. 형소는 筆畫을 가리키는 것은 아니고, 상대적으로 독립한 하나의 형체를 가리키는 것이다. 예를 들어, '诺'은 '讠'·'艹'·'𠂇(又)'·'口' 4개의 形素로 구성된 것이다. 이것은 楷書의 簡體字를 분석한 것이다. 번체자 '艹'는 '十(屮)'과 '十(屮)'으로 분할할 수 있다. 그러므로 '诺'은 4개의 형소(簡體) 혹은 5개의 형소(繁體)로 구성되어 있다. 만약에 현대 한자라는 共時的 측면에 있고, 지역은 중국 대륙으로 규정한다면, '诺'은 규정을 거친 후에 '诺'의 형체가 이 문자의 정보코드가 된다. '諾'은 異寫字로써 形位를 분석할 수 없다, 그 원인은 현대 한자의 '诺'은 '讠'·'艹'·'𠂇(又)'·'口'의 4가지 형위로 구성된 것이며, '言'·'十(屮)'·'十(屮)'·'𠂇(又)'·'口'의 5개 형위로 구성된 것이 아니기 때문이다. 만약 小篆體였다면, 이 문자의 형소 '言'은 '辛'과 '口'로 분할할 수 있기 때문에 형위는 6개가 된다. 형소는 가장 작은 상대적으로 독립된 형체를 근거로 한자마다 층층이 분할한 결과이지만, 형위는 공시적 구형 모식 한자의 모든 형소에 대한 진일보한 귀납과 정리이며, 表意기능이 같은 異寫字와 異寫構件을 제거하고 얻은 기초원소다. 그러므로 王寧은 "전체 형위를 귀납해야만 구형 모식의 기초원소 전체가 보인다. 형소의 귀납을 기초로 하면, 한자의 복잡한 상태가 각 측면에서 정리되고, 명확하고 규칙적인 총체 상태가 드러난다"고 하였다.(王《漢》, 181)

形位 및 形素와 관련된 전문용어에는 '構件(혹은 部件[33]이라고도 함)'도 있다. '구건'은 《漢字構形學》 제4장 〈漢字的構形元素與結構次序〉에서 언급되었다. 王寧은 한자의 구형 단위는 구건(혹은 부건)이고, 筆畫이 아니란 것을 명확하게 지적하였다. 王寧은 구건에 대해 "하나의 形體로 다른 문자를 조립하여 문자를 구성하는 한 부분이 될 때, 우리는 문자를 구성하는 구건이라고 칭한다"고 하였다.(王《漢》, 80) '구건'은 '直接構件'과 '過渡構件'으로 나눌 수 있다. 이것은 한자 내부 구조에 대한 층별 분석을 통해 얻어낸 전문용어이다. 예를 들어, 위에서 언급한 '诺'은 일차적으로 '讠'과 '若'으로 구성되어 있는데, 이 구성요소는 제1급 분석에 해당하기 때문에 直接構件이다. '讠'과 '若' 두 구건을 통해 '诺'에 담긴 의도와 조합방식을 알 수 있다. 다시 직접구건을 대해 하위 분할을 진행하면 '若'은 '艹'와 '右'로 분할할 수 있다. 이 구건들은

33 王寧(1997)의 〈漢字構形理據與現代漢字部件拆分〉에서 '部件'이라는 전문용어가 나온다(《語文建設》第3期). 학술계에서 '部件'이라는 용어는 많은 저서에서 매우 광범위하게 사용되었다. 예를 들어, 張旺熹(1990)의 〈從漢字部件到漢字結構--談對外漢字教學〉(《世界漢語教學》第2期), 傅永和(1991)의 〈漢字的部件〉(《語文建設》 第12期), 蘇培成(1995)의 〈現代漢字的部件切分〉(《語言文字應用》 第3期), 潘德孚·詹振權(1995)의 〈漢字部件的研究〉(《中文信息·CIP·第3期》), 費錦昌(1996)의 〈現代漢字部件探究〉(《語言文字應用》 第2期), 蘇培成(1997)의 〈漢字部件的拆分〉(《語文建設》 第3期) 등이 있다.

제2급 분석을 통해 얻은 것이다. 제2급부터는 직접구건이 아니고 過度構件이다. '右'는 또한 하위 분할을 진행하면 '𠂇(又)'와 '口'의 두 구건으로 분할할 수 있다. 이 구건은 제2급에 해당한다. '艹'·'右'·'𠂇(又)'·'口'의 네 구건은 모두 全字와 形素 사이의 과정에 해당하는 과도구건에 속한다. "獨體字의 구건은 문자 自體이고, 이 문자의 基礎構件·直接構件·全字의 三位는 모두 같은 것이다."(王《漢》, 82)

'構件'은 또한 '成字構件'과 '非字構件'으로 나눌 수 있다. '成字構件'은 "독립적으로 문자를 만들 수 있으면서, 문자를 만드는 데에 참여하고 만드는 의도도 드러낼 수 있는 구건이다."(王《漢》, 83) 예를 들어, '目'과 '木' 등이다. '非字構件'은 "다른 구건에 의탁해야만 문자 만드는 의도를 드러낼 수 있고, 독립적으로 언어를 기록할 수 없는 구건이다."(王《漢》, 83-84) 이것은 다시 네 종류로 나눌 수 있다. 첫째, 표시 혹은 구분의 역할을 하는 單筆畫 및 筆畫組이다. 예를 들어, 소전 '末'에서 '木'에 의탁하는 '一', '刃'에서 '刀'에 의탁하는 '丶', '亦'에서 '大'에 의탁하는 '丿乀' 등이다. 둘째, 古文字에서 전승된 非字象形符號이다. 예를 들어, '果' 위의 '田'(원래 과실의 모양에서 변이된 것), '番' 밑의 '田'(원래 짐승의 발의 형태에서 변이된 것), 이들은 밭을 나타내는 '田'과 형체는 같지만 발음과 의미가 없는 非字構件이다. 셋째, 部首를 담당하는 書寫의 變體이다. 한자는 隸書·楷書 단계로 발전되면서, 일부 成字構件이 위치가 변동되고 字形도 변이되었다. 예를 들어, '氵'(水, 좌측에 있을 때), '灬'(火, 하측에 있을 때), '月'(肉, 좌측에 있을 때), '刂'(刀, 우측에 있을 때), '扌'(手, 좌측에 있을 때), '阝'(阜, 좌측에 있을 때) 등이다. 이들은 독립적으로 문자는 이룰 수 없지만, 첫째 종류나 둘째 종류와는 달리 楷書體 단계에서 結構部首를 담당할 수 있다. 이러한 非字構件은 상응하는 成字構件의 變體로 본다. 넷째, 變異나 접착을 통해 理據作用이 상실된 記號構件이다. 예를 들어, '冬' 상부의 '夂'(본래는 '夂'이며, '終'의 初文이다), '貴' 상부의 '𠀎'(본래는 '臾'이며, 蕢의 初文이다), '春' 상부의 '𡗗'(본래는 '艸'와 '屯'의 접착이다) 등은 모두 楷書變異 과정을 거치며 형성된 非字構件이다.(王《漢》, 83-86)

위의 네 가지 상황이 각각 다루어야 한다. "우리가 正規字體의 구조를 분석 할 때, 주로 構件과 그의 기능을 분석한다. 그러나 變異字體는 書寫과정에서 변이가 야기되기 때문에 반드시 書寫 순서와 필획의 밀집정도의 영향을 우선적으로 고려해야 한다. 만약에 書寫 단위와 構形 단위가 구별되지 않으면, 다양한 형상을 분석할 때 어려움이 생길 수 있고, 근원과 본질의 완전 다른 형상을 쉽게 헛갈리게 된다."(王《漢》, 87) 王寧은 줄곧 한자의 무리한 분할을 반대하였고, 필획을 구건으로 취급하는 것을 반대하였다. 그러나 王寧은 非字構件의 문제에 있어서는 유동적인 처리 방법을 사용해야 하고, "일부 소수의 구건은 單筆畫"이라고 언급하였다. 이러한 單筆畫은 "구형에 들어가게 되면 單筆構件이라고 칭할 수 있다."(王《漢》, 88) 王寧은 구체적인 문제를 구체적으로 분석하는데 능하며, 적절한 문제 해결책을 제기하는 대가다운 품격을 엿볼 수 있다.

王寧의 漢字構形學은 形位 분석을 기초로 한 것이며, 형위 분석은 漢字構形學에 있어서 매우 중요한 위치에 있다. 그 원인은 세 가지가 있다. 첫째, 한자는 문자를 구성할 수 있고 구성 의미를 드러낼 수 있는 최소원소를 기초로 조합된 것이다. 이러한 최소원소를 귀납하여 형위를 얻어내면 한 역사시기에 정리한 형위의 숫자를 파악할 수 있다. 그리고 다시 최소원소의 문자 구성 기능(혹은 表形·表音·示義·標示, 혹은 겸비한 2종류나 2종류 이상의 기능)을 분석하면, 형위에 근거하여 한 역사시기의 한자 형위가 가진 문자 구성능력을 통계낼 수 있다. 둘째, 형위를 통해 構字와 기능에 대해 분석하여 한자 내부구조의 단계와 조합 방식을 알 수 있다. 공통적인 원소와 동일 조합 방식을 가진 문자사이에는 일정한 관계가 발생하기 때문에, 문자와 문자 사이의 각종 관계에 근거하여 한자를 하나의 같은 계통으로 정리하면 한자의 구형 모식이 체계적으로 드러나게 된다. 셋째, 형위에 대한 묘사와 분석을 통해서만 공시적 字表를 제정할 수 있다. 이 자표는 表形·表義·表音 등을 근거로 形位를 분류하고 차등적으로 배열하면, 한자 構形에 대한 전체적인 규칙과 질서를 파악할 수 있고, 또한 한자의 각 문자 사이의 상호관계도 드러낼 수 있다. 이것은 한자구형 계통에 대한 전체적인 표현이다.[34] 그러므로 漢字構形學을 이해하고자 하면 '形位'라는 전문용어를 먼저 파악해야 한다.

3.2.2 表形構件·表義構件·示音構件·標示構件·記號構件

表形構件·表義構件·示音構件·標示構件·記號構件은 構件이 문자를 구성할 때 표현하는 구성의도〔構意〕(혹은 結構功能)에 따라 구분한 전문용어이다.

表形構件은 表形의 기능을 가지며, 物象과 비슷한 형체로 구성의도를 드러내는 構件이다.[35] 예를 들어, 갑골문의 ''(사람을 표시하며 머리 부분이 돋보이는 구건), '' 중의 ''(곡식 창고가 가득함을 표시) 등이다.

表義構件은 表義의 기능을 가지고 있고, 이를 단독으로 사용할 때 기록한 단어의 語義로써 구성의도를 드러내는 構件이다. 예를 들어, '打' 중의 '扌', '海' 중의 '氵', '梅' 중의 '木' 등이다. 表形과 表義를 구분하기 위해 王寧은 '義化'라는 전문용어를 제기하였다. '의화'는 象物

34 王寧, 《漢字構形學講座》 pp.193-190 참조.

35 이 정의는 (이하 4개 전문용어에 대한 정의 포함) 王寧의 서술을 근거로 귀납한 것이며, 王寧의 책에 수록된 말은 아니다.

性을 잃어 表形構件으로서의 구체적인 함의를 잃고 추상적인 개괄적 의미를 구비하게 된 것이다. 예를 들어, '示'이다. 갑골문 '[illegible]'(祝)에서 '丅'는 象物性을 가지고 있으며, 구체적인 함의는 기도의 대상인 신주의 위패이다. 문자의 형태도 이 사물의 형태와 일치한다. 그러므로 갑골문 단계에서의 '丅'는 表形構件이다. 그러나 小篆에 이르면 '示'의 의미가 추상화된다. 하나의 구건으로써 문자에 구성요소로 들어가며, 흔히 기도나 제사활동과 관련한 일을 표시하는 字形符號가 되었다. 이 때의 '示'는 義化된 表義構件이다. 王寧과 그의 연구진은 일부 表形構件이 楷書 단계에서도 여전히 象物性을 가지고 있음을 발견했다. 앞에서 언급한 '果'와 '番'의 '田'은 今文字에 남은 表形構件의 흔적에 속하며, 이러한 구건은 '象徵構件'이라고도 칭한다. (陳《東漢》, 61-62)

示音構件은 示音의 기능을 가지고 있고, 문자 구성할 때 음을 표시하는 構件이다. 예를 들어, 榆·松·桐·梨·桃 등이다. 王寧이 이러한 구건을 '表音構件'이라고 하지 않고 '示音構件'이라고 명칭을 정한 이유는 "한자의 聲符는 본질적으로 表音을 한 것이 아니다. 문자 발음이 가리키는 기능이 없다. 방언의 차이 때문에 성부가 어느 지역에서든 구성한 문자의 음과 완전히 같을 수 없다. 대부분 비슷한 음을 나타낼 뿐이다. 어음의 변천 때문에 성부와 성부가 구성한 문자 간의 발음관계는 차이가 나게 되어서 대부분 비슷한 음으로 나타날 뿐이다. 한자의 성부가 하는 역할은 단지 義符가 나타내는 의미 종류 범위 내에서 문자가 표시하는 개체 사물을 구분하는 것이다."(王《漢》, 99) 이 논점은 매우 참신하고 독특하다. 그러나 '음이 완전히 같을 수 없다'라는 말은 이해하기 어렵다. 王寧이 열거한 5개의 예문 중에 '桐'과 '榆' 두 문자의 示音構件인 '同'과 '俞'는 고대에서 오늘날까지 각각 '桐'과 '榆'

와 음이 완전히 같다.[36] 문장에서 '완전히'를 '대부분'으로 고치는 것이 더욱 타당할 것이다. 王寧은 일찍부터 성부가 근원을 나타낼 수 있음을 발견하였고, 《訓詁學原理》에서 전문적으로 논술하였다. 《訓詁學原理》 3.5절에서 성부가 같은 同源字를 열거하면서 "음과 형체의 形聲系統과 음과 의미의 同源系統은 일부는 겹칠 수도 있지만 완전히 같은 것이 아니다"라고 지적하였다.(王《訓》, 51) 王寧은 示音構件을 분석할 때 일부 示音構件, 즉 근원을 제시하는 기능을 가진 형체에 대해 자세히 분석을 하여 '廣義分化'와 '引義分化'의 두 종류로 분류하였다. 예를 들어, '政'의 '正', '背'의 '北', '鉤'의 '句', '紳'의 '申' 등은 廣義分化에 속하고, '芯'의 '心', '座'의 '坐', '劑'의 '齊' 등은 引義分化에 속한다. 이들은 모두 근원을 나타내는 기능을 가지고 있지만, 이 기능은 부가적인 것이기 때문에 '示源構件'으로 보지 않는다.

標示構件은 독립적으로 존재할 수 없으며, 다른 構件에 부가되어 구분과 지시의 역할을 하는 構件이다. 앞에서 언급한 非字構件의 첫 번째 분류인 單筆畫 및 筆畫組가 여기에 속하는 구건이다. 그러나 標示構件 중에서 구분의 역할만 하는 이 종류는 전통 '六書'의 指事符號와 완전히 일치하지는 않는다. 王寧은 標示構件을 두 가지로 분류한다. 첫 번째 분류는 구분 역할만 하는 標示構件이다. 예를 들어, '小'와 '少'이다. 갑골문 '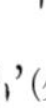'(少)는 ''(小)에 점 하나를 추가하여 ''(小)와 구분한다. 이 점은 구분의 역할을 하는 것이다. 두 번째 분류는 구분의 역할도 하고, 지시의 역할도 하는 標示構件이다. 이 종류에 속한 標示構件은 지사부호가 많다. 예를 들어, 앞에서 언급한 '末'의 횡선과 '刃'의

36 '桐'과 '同'의 古音은 모두 定紐 東部 平聲에 있으며, 오늘날 tóng이라고 발음한다. '榆'와 '俞'의 고음은 모두 喻紐 侯部 平聲에 있으며, 오늘날 yú라고 발음한다. 唐作藩의 《上古音手冊》, 江蘇人民出版社 1982년판 참조.

점이다. 王寧이 말한 標示構件이 李圃의 字綴보다 더 세분되고 구분이 쉽고, 王寧의 분석을 근거하면 獨體象形의 필획 하나를 標示構件(혹은 字綴)이라고 잘못 이해하지는 않게 된다.

記號構件은 字形이 변천 과정에서 구성의미를 잃고 해석이 불가능한 變體로 변하였을 때 이러한 변체를 記號構件이라고 한다.[37] 현대한자에서 이 構件의 수는 많다. 예를 들어, '鸡'·'汉'·'轰' 중의 구건 '又'는 오른손을 의미하던 '又'와는 관계가 없고 하나의 기호일 뿐이다. 이 때 '又'가 '記號構件'이다. 李運富는 《漢字學新論》에서 이 구건이 가진 기능을 '代號功能'이라고 하고, 상응하는 구건을 '代號構件'이라고 했다. 그는 "하나의 문자를 구성할 때 명확한 象形·表意·示音 혹은 標志功能을 가진 구건은 문자 형체의 변천에 따라 이러한 기능이 상실됐지만, 문자를 분석할 때는 이 형체를 버리거나 배재해서는 안 된다. 이러한 변이된 형체는 비록 직접적으로 구성의미를 드러내지 못하여 단어의 音·形·義와 관계가 없지만, 사실 이 형체는 기존의 어떤 형체를 대체한 것이기 때문에 우리는 '代號'라고 칭하며, 혹은 '記號'라고도 칭한다"라고 하였다.(李《漢》, 144) 李運富의 '代號'라는 호칭은 매우 취할만 하다. 이 호칭은 다른 '기호'와 쉽게 구분할 수 있다. 예를 들어, 숫자 五·七·八·九 등이다.

王寧과 연구진은 구건의 구형기능적 각도에서 분석을 진행하여 위의 다섯 종류의 구건 이외에도 共時적인 문자 형체의 구체적 상황에 따라 몇 가지 종류를 더하였다. 예를 들어, 羅衛東(2005)의 《春秋金文構形系統硏究》에서는 '裝飾構件'을 더하여 "문자 구성의미는 없고 문자

37 '記號構件'은 李運富(1997)의 《楚國簡帛文字構形系統硏究》에서 처음으로 제기한 것이다. 王寧, 《漢字構形史叢書·總序》, p.8 참조.

의 構形에서 균형을 맞추거나 구성을 보기 좋게 보이도록 장식의 역할을 하는 구건을 가리킨다."고 하였다.(羅《春秋》, 30) 陳淑梅의 《東漢碑隸構形系統硏究》에서는 '象徵構件'과 '代換構件'을 더하였다. '代換構件'은 省形과 省聲의 구건을 가리킨다. 代換構件과 記號構件은 본질적으로 모두 代換功能을 가지고 있지만, 대환구건은 반드시 원래 형체 구건의 일부분이고, 부분을 사용하여 전체를 대신하는 형식으로 문자 구성에 참여한다. 記號構件은 원래 형체와 전혀 관계없는 기호로 원래 형체를 대신한 것으로 원래 형체의 음과 의미와는 기본적으로 관계가 없다.(陳《東漢》, 63) 王寧은 제자들의 의견을 받아들여 '象徵構件'을 '表形構件' 안의 한 종류로 넣었다.(王,《總序》, 8)

3.2.3 異寫字·異構字

王寧은 《漢字構形學》 제8강에서 漢字構形의 共時的 상관관계의 각도에서 '異寫字'와 '異構字'라는 두 가지 중요한 전문용어를 제기하였다.

異寫字는 "동일 체제에서 같은 단어를 기록하고 구형과 구의가 같으며, 다만 쓰는 법이 다른 문자형태를 이사자라고 칭한다."(王《漢》, 137) 예를 들어, 갑골문 중의 ''와 ''이다. 두 문자의 차이는 結構要素·結構模式·結構分布의 차이가 아니기 때문에 이 두 자형의 구형 속성은 완전히 같다. 차이점은 각 結構要素 내부 筆畫의 차이이다. 다시 말하면 필사 속성의 차이이다. 그러므로 이 두 자형은 이사자에 속한다. 이사자는 필사의 임의성 때문에 형성된 것이다.

異構字는 "형체 구조는 다르지만 음과 의미가 같은 동일한 단어이며, 어떤 상황에서도 서로 호환이 가능한 문자를 이구자라고 한다."(王《漢》, 142) 예를 들어, '綫'과 '線'이다. '綫'의 성부는 '戔'이고, '線'의 성부는 '泉'이다. 示音構件이 다르기 때문에 이구자에 속한다. 이구자는 異體字와 유사하지만 완전히 같은 것은 아니다. 李圃가 책임 편집한 《異體字字典》에는 이사자도 많이 수록하였다. 예를 들어, '堯'의 갑골문은 ''와 '' 두 이체자가 나타나는데(李《異》, 486), 두 형태는 正寫와 反寫의 차이일 뿐이고, 構形屬性에서는 차이가 나지 않는다. 그러므로 원래 이사자에 속하지만 모두 함께 수록하였다.

이사자와 이구자의 구분은 한자구형에 대한 단대적 묘사와 분석에 매우 중요하다. 이사자는 形素를 규범적으로 정리해야 한다. 이사자 중 하나를 선택하여 표준 正字로 삼고, 그 외의 형체는 變體로 삼아 形位로 취급하지 않는다. 이구자는 비록 단어 기록 기능은 같지만 구형속성(구형속성은 다음 장에서 논한다)이 다르기 때문에 다른 형체로 취급해야 한다. 구건을 분석하고 구형모식과 구형배치를 귀납할 때는 구체적이고 섬세한 분석을 거쳐야 하며, 대략 보고 같은 문자로 취급하면 안 된다. 또한 王寧은 '正字'와 '異構字'가 대립할 때 한자를 규범화하거나 자형을 분석함에 있어 다르게 취급하고 처리해야 한다고 주장하였다. 王寧은 "오로지 사회에서 규정된 正字法을 기초로 다양한 이구자 중에서 우수한 것을 선별하고 通行字로 삼는다. 이 문자는 또한 정자(正字)라고도 한다. 이 상황에서 정자와 이구자는 일종의 대립관계를 형성한다. 그러나 이구자의 구형정보가 상실되면 안 되기 때문에, 정자 이외의 다른 형태는 단어를 기록하는 기능에서만 인정하고, 한정된 경우에서 앞에서 언급한 복잡한 상황[38]을 갖출 때에 사용한다. 정자 이외의 형태는 단어를 기록하는 기능에서만 인정을 하고, 한정된

38 구형모식이 다르거나, 形符 및 義符를 첨가 혹은 감소하거나, 혹은 완전히 새로운 사고맥락을 따라 형성된 각양각색의 異構字이다.

경우에만 사용할 수 있지만 경솔하게 없애버리면 안 된다"라고 하였다.(王《漢》, 149) 이 견해는 매우 일리 있는 주장이다. 자형의 분석뿐만 아니라 字意의 파악에 있어서도 이구자를 중시해야 한다. 《說文解字》의 '重文'은 대부분 '이구자'로 볼 수 있다. 이러한 이구자가 계승한 구형 속성과 조자의도는 매우 중요하다. 필자는 《周禮名物詞研究》를 저술할 때 《說文解字》에 수록된 '重文形體'에서 많은 영감을 받았다. 특히 《周禮》 名物詞의 의미적 근원을 연구했을 때 많은 영향을 받았다. 예를 들어 '簋'(劉《周》, 132-136)와 '栗'(劉《周》, 276-277) 두 단어의 근원 고찰과 연구는 '重文形體'의 영향을 받아 진행한 것이다.

3.2.4 構形·構意

王寧은 《漢字構形學》의 제3강 〈構形與構意〉에서 '構形'과 '構意' 두 전문용어를 제기하였다.

構形은 "構件의 종류, 구건의 양이나 조합의 방식 혹은 위치 등을 가리킨다."(王《漢》, 41)

構意는 "구형 중에 드러난 의미가 사회적으로 공인되면 社會約定에 의해 자형과 상대적으로 안정된 결합하게 되어 분석할 수 있는 객체가 된다. 우리는 이것을 構意 혹은 造意라고 한다."(王《漢》, 36)

위의 내용에서 '구형'과 '구의' 두 전문용어의 관계가 매우 밀접함을 알 수 있다. 이 두 용어는 모두 한자 형체 자체가 가진 분석 가능한 의미정보〔意義信息〕와 관계가 있다. 構意(造意)는 문자를 만든 사람이 문자를 처음 만들 때 가졌던 주관적 의도이다. 중국 고대인들은 외부의 객관적 사물에 대한 관찰과 체득을 통해 감지하고, 뇌의 가공을 거쳐 일정한 印象을 형성하고, 이러한 인상을 부호로 표현하여 문자를 形成하였다. 각 한자의 形成은 모두 이러한 과정을 거치고, 일정한 의미정보를 포함하게 된다. 이것이 바로 구의이다. 王寧은 "한자구형의 가장 큰 특징은 표시하는 의미에 근거하여 형태를 구성한다는 것이다. 그러므로 한자는 모두 분석할 수 있는 의미정보를 가지고 있다"라고 지적하였다.(王《漢》, 35) 이러한 객관적 근거와 조건이 있기 때문에 한자의 구의를 탐구하는 것이 가능하게 되었다.

《說文解字》에서는 이미 한자의 구의를 분석하고 있다. 《說文解字》에는 "어떤 것은 어떤 것과 의미가 같다(某與某同意)"라는 말이 종종 나온다. 여기서 '의미'는 '意'를 써서 표현하고, '義'를 사용하지 않았다. 다시 말하자면, 許愼은 문자에 구의가 있는 것을 이미 알고 있었다는 것이다. 예를 들어, 〈巫部〉에서 "巫, 빌다, 여자가 무형(신)을 섬길 수 있음이다. 춤으로 신이 내리게 하는 사람이다. 사람이 춤출 때의 두 소매의 모양을 본뜨고 있다. 工과 같은 의미다(巫, 祝也, 女能事無形, 以舞降神者也, 象人兩褎舞形, 與工同意)"라고 하였다. 〈工部〉에서 "工, 정교한 꾸밈이다. 사람이 법도가 있는 것을 나타낸다. 巫와 같은 의미다(工,巧飾也,象人有規矩也,與巫同意)"라고 하였다. 徐鉉은 徐楷의 말을 인용하여 "정교한 것은 반드시 규칙과 법도에 따라야만 工이 된다. 그러지 않으면 한두 번 보고 그대로 해내는 재주일 뿐이다. 무당이 무형을 섬기는 데에 속이면 어긋난다. 반드시 규칙과 법도를 따라야 한다. 그러므로 巫와 같은 의미라고 한 것이다(爲巧必遵規矩法度, 然後爲工. 否則目巧也. 巫事無形, 失在於詭, 亦當遵規矩, 故曰與巫同意)"라고 하였다.(大徐本, 100) "工과 巫는 같은 의미(工與巫同意)"라고 한 것은 두 문자 모두 반드시 규칙과 법도를 따라야 한다는 공통된 구의를 가진다는 것이다. '정교한 꾸밈〔巧飾〕'과 '여자 무당〔女祝〕'의 사용 의미가 같다는 것이 아니다. 《說文解字》 전체를 대상으로 構意를 분석하고 귀납과 총괄을 거치면 小篆 단계 각 한자의 문자 구성 理據를 얻을 수 있다. 가끔은 王寧이 말한 '이거 상실〔理據喪失〕'과 '이거 재구성〔理據重構〕'의 문제[39]에 직면할 수도 있고, 早期 古文字의 구의가 명확하지 않은 상황도 직면할 수 있다. 이 때문에 王寧은 "역사적 근원 탐구를 통해서 구의를 연구하는 목표는 漢字形源學과 다르며, 다만 문자를 만든 의도가 반영된 자형을 찾아서 형체와 의도를 통일하면 된다"고 하였다.(王《漢》, 57) 王寧은 구의를 갖추지 않거나 구의를 잃어버린 자형을 근거로 임의적으로 구의를 조작하는 "문자 형체만 보고 단편적으로 잘못된 해석을 내리〔望形生義〕"는 것을 반대하였다. 王寧은 "소수의 構意 분석이 어려운 한자는 잠시 결정을 보류하더라도 함부로 결론 내리지 않는 것이 옳다"고 하였다.(王《漢》, 58) 이것은 매우 신중한 학문적 태도이다.

3.2.5 한자의 構形屬性

한자의 構形屬性은 한자 구형과 관련된 구건조합의 동태적 특징, 구조의 層級數, 각 구건과 기능, 구건의 조합양식, 구형모식 그리고 배치도식〔布局圖式〕 등 각 방면의 속성이며, 한자의 차이를 비교하는 데 필요한 각종 파라미터이다.[40]

한자조합의 동태적 특징: 한자의 조합과정 중에는 평면적 조합도 있고, 층차적 조합도 있다. 각 역사적 단계의 문자 조합 방식은 고정불변이 아니며, 문자 형태의 구조 변화에 따라 어떤 방식을 위주로 할 것인지를 채택하는 것이다. 현대 한자는 보통 층차적 구조를 위주로 한다.

---

39 '이거 상실〔理據喪失〕'과 '이거 재구성〔理據重構〕'의 문제는 《漢字構形學講座》의 pp.46-51 참조 바람.

40 이 정의는 王寧 《漢字構形學講座》의 제7강 내용을 귀납한 것이다. 《漢字構形學講座》 pp.69-72 참조.

구조의 層級數: 평면적 구조에는 層級이 없고 한 번에 구성된 것이다. 층차적 구조는 두 층 이상(두 층 포함)으로 조합된 것이기 때문에 층급수의 문제와 연관이 있다. 예를 들어, 薄의 一級構件은 '竹'과 '溥'이다. 二級構件은 '氵'와 '尃'이다. 三級構件은 '甫'와 '寸'이다. 그러므로 '薄'의 층급수는 3이다.

각 구건과 기능은 한 문자가 어떤 구건으로 구성된 것이고, 관련 문자(예를 들어서 같은 부수의 문자)가 구건에 있어서 어떤 차이가 있는지, 이 구건은 表形을 하는 것인지, 表義를 하는 것인지, 혹은 示音을 하는 것인지 등을 가리킨다.

구건의 조합양식은 세가지 방면을 포함한다. 첫째는 구건의 위치방향이다. 둘째는 구건의 상대적 위치다. 셋째는 接合方式이다(또한 離와 接, 夾과 交, 連과 重 세 종류도 있다[41]).

구형모식은 직접 구건의 기능적 결합 특징으로 구분한 것이다. 王寧은《漢字構形學講座》에서 11종을 귀납하였다. 사실 역사비교의 측면에서 볼 때, 한자의 구형모식은 마땅히 증가해야 한다. 李運富(2012)의《漢字學新論》에서는 이론적 구형모식이 30종이 있고, 중복된 것을 제외하면 20종이 있다고 하였다. 王寧이 귀납한 11종 구형모식은 아래와 같다.

①成字部件零合成 (木, 月)

②標形合成 (本, 末)

41 예를 들어, '回'의 '口'와 '口'는 서로 분리〔離〕된 것이다. '委'의 '禾'와 '女'는 서로 연결〔接〕된 것이다. '哀'에서 '口'는 '衣'에 끼여〔夾〕 있다. '秉'에서 '禾'와 '又'는 서로 교차〔交〕하고 있다. '我'의 '一'는 원래 두 횡선을 연결〔連〕한 것이다. '史'에서 '中'과 '又'는 서로 연결〔連〕되면서도 서로 겹쳐〔重〕지는 것이다.

③標義合成 (音, 太)

④標音合成 (千, 百)

⑤會形合成 (: 春, : 降)

⑥形義合成 (柬은 본래 揀의 本字, 束과 八로 이루어진다)

⑦會義合成 (明, 解)

⑧形音合成 (: 鳳, : 鷄)

⑨義音合成 (腫, 桃)

⑩無音綜合合成 (: 折, : 葬)

⑪有音綜合合成 (: 漁, : 能)

王寧이 귀납한 11종 구형모식을 제외한 6종 구형모식도 있다. 아래와 같다.

⑫標標合成[42] (: 上, : 下)

⑬義義合成 (歪, 甭)

⑭音音合成 (静, 牾)

⑮代形合成 (春, 鸡)

⑯代義合成 (春, 汉)

⑰代音合成 (耻[43], 历)

42 李運富의 책에서는 '標標合體字'라고 칭한다. 본서에서는 앞의 방식과 통일하기 위해 '標標合成'으로 바꾸었다.

43 李運富가 분석에 의하면, '耻'는 원래 '恥'이고, 心으로 이루어지며 성부는 耳이다(耳와 恥는 모두 之部에 있다). 나중에 '心'이 흘려 써서 '止'로 잘못 변하여 示音構件이 되었다. '耳'는 어음변화에 따라 시음기능을 잃고 代號構件이 되었다. 그러므로 '耻'는 代音合成字이다. 李運富의 이 분석은 옳다. 그러므로 變體와 正體의 확립과 구형모식의 귀납 등은 반드시 한자구형의 역사와 결합하여야 한다. 오늘날 통용하는 자체에 근거해서 경솔

有音綜合合成과 無音綜合合成은 평면적 구조의 한자 중 다양한 원소로 구성된 한자를 위해 만든 것이다. 왜냐하면 층차구조의 한자는 층차가 복잡해도 第一層次에서는 일단 둘로 나누기 때문에 직접 구건은 두 개가 된다. 이 외에도 全功能零合成字는 또한 獨體象形·獨體標志·獨體變異의 세 종류로 나룰 수 있다.(李《漢》, 145-158) 그러므로 李運富의 책에서 구형모식은 총 20종이 된다. 이 20종 구형모식은 고대에서 현대까지 한자의 모든 구형모식을 망라할 수 있기 때문에 漢字構形學은 한층 더 완벽해진다.

배치도식〔布局圖式〕은 한자가 일정한 모식으로 구성된 후에 기초 구건이 나타내는 일정한 평면적인 배치도식〔布局圖式〕을 가리킨다. 王寧은 12종의 기본 평면적인 배치도식〔布局圖式〕을 귀납하였다. 아래와 같다.

牛·打·湖·吾·莫·因·近·匣·反·司·用·凶

이 12종 기본 배치도식〔布局圖式〕은 모아서 함께 쓰여 복잡한 배치도식〔布局圖式〕을 형성하기도 한다. 예를 들어, '巍'의 배치도식〔布局圖式〕은 이며, 의 모습도 있고, 의 모습도 있으며, 또한 의 모습도 있다.[44]

이 여섯 종류의 구형속성은 모두 각종 파라미터가 필요하다. 다시 말하자면 통계 분석과 계량화가 필요하다. 王寧의 연구진 중의 周曉

하게 결론을 내리면 안 된다.

44 《漢字構形學講座》, p.137 참조.

文은 컴퓨터공학 석사였다. 통계분석과 계량화는 周曉文이 맡고 있었다. 周曉文(2008)의 《漢字構形屬性歷時演變的量化研究》는 바로 "수리통계의 방법을 사용하여, 이미 형성된 역대 한자의 구형속성을 처리하여 이미 형성된 한자체계론의 사상을 실증하였다.……周曉文은 자신의 인문과학과 자연과학을 두루 통달한 지식 구조 위에 창의적 정신을 발휘하여, 수리통계를 통해 얻은 새 데이터는 단순히 개별 데이터를 더한 것이 아니라 한자구형계통에 대한 새로운 구축이다. 또한 한자구형계통사상을 새로운 각도에서 다시 한 번 실증한 것이다."(王《序》, 12) 이 책은 주로 構形層級·構形模式·形式構造 세 방면에서 한자 구형속성에 대해 연구한 것이다. 구체적인 연구방법과 사고 맥락은 "구조속성에 대한 역사적인 분석에서, 우리는 靜態比較法을 채택하여, 직접 斷代屬性 데이터베이스 중에서 비교 데이터를 추출하여 분석하였다. 構形層級에 대한 분석에서는 분량이 같은 샘플에서 표본을 추출하고 傳承字의 네 방면에서 層級分布의 분산과 평균값 등의 통계 특징에 대해 계산과 분석 그리고 비교를 진행하여 각 斷代系統 層級屬性의 특징을 묘사하고 구형층급의 역사적 변천 상황과 한자 계통성능에 대한 영향을 탐구하였다. 형식구조에 있어서 우리는 筆形樣式·構件要素·組合方式 세 방면으로 형식 구조에 대해 묘사하였다. 한자의 형식구조 문제에 관한 탐구에 있어서 우리는 定性的 분석방법을 선택하며 논리분석과 종합비교법으로 보조하고, 한자의 형식구조의 한자 자형 변천에 있어서의 지위와 작용을 중점적으로 논술하였다."(王《序》, 13) 이 책은 많은 노력을 거쳐 과학적 방법을 사용하여 저술되어 漢字構形學의 연구를 진일보시켰다.

漢字構形學의 전문용어체계는 엄밀하고 과학적이다. 실제 연구 중에 끊임없이 수정하고 보충하여 보완한 것이다. 이것은 王寧과 연구진의 큰 연구 성과이다.

3.3 한자구형학의 연구임무와 조작방법

王寧은 《漢字構形學講座》 제1강에서 漢字構形學의 다섯 가지 임무를 제기하였다. 첫째, 한자구형의 각종 현상의 실질을 인식하여 전문용어를 정의한다. 둘째, 한자 정리의 방법을 제기한다. 특히 대량의 異寫字와 異構字 중에서 대표자를 선별하여 정보코드〔信息代碼〕의 원칙과 방법으로 삼는다. 셋째, 共時적으로 같은 구조의 한자를 자료로 삼아 한자구형계통을 묘사하는 방법을 제기한다. 넷째, 각 역사에 나타난 다른 구형계통에 대해 비교방법을 제기한다. 다섯째, 체계적인 관념을 수립한 후에 個體字符에 대한 분석과 고증 그리고 문자 관계를 인정하는 방법을 제기한다.(王《漢》, 14-17) 여기서 첫 번째 임무를 제외한 나머지 네 개는 모두 방법의 문제와 관련이 있다. 그러므로 여기서 임무와 조작방법을 합쳐서 분석한다.

위의 다섯 가지 임무 중에 한자의 정리, 즉 異寫字와 異構字 가운데 적합한 대표 문자를 선별하여 이 문자를 정보코드로 삼는 것은 漢字構形學에서 가장 기본적이지만 또한 가장 어려운 임무이기도 한다. 이 임무는 연구자의 강한 인내심과 의지력이 필요하며, 풍부한 문자학 기초와 예리한 학술적 견해가 필요하다. 이미 출판된 8권의 다른 共時層面의 문자구형계통 연구 저서로 판단하건데 이 임무는 원만하게 마친 것 같다. 羅衛東의 《春秋金文構形系統研究》는 器物 697건의 15,000개 字符(중복 포함)중에서 1,286개 자부를 선별하여, 이 자부를 전체 春秋金文의 대표 문자로 삼았는데, 이 중 기초 구건은 324개가 있다. 대표 문자의 선별과 形位의 정리는 모두 같은 것을 인정하고 다른 것을 식별해야 하는 고통스럽고 힘든 과정이다. 이 과정에서 겪는 보람과 어려움은 저자만이 알고 있을 것이다. 齊元濤의 《隋唐五代碑誌楷書構形系統研究》에서는 공시층면의 한자 기초 구건 503개를 귀납하였다. 이 중 變體가 656개 있고, 총 1159종의 다른 필사법이 있다. 1개의 구건에는 평균 두, 세 개의 다른 필사법이 나타난다.(齊《隋唐》, 23) 대량의 자부에서 우수한 대표자를 선택하는 것은 많은 시간이 소요되고 힘든 과정이다.

공시층면의 한자구형계통을 묘사하고, 백 여 개가 넘은 기초구건의 結構機能을 분석해, 合成字의 結構層次와 結構關係를 정리하고, 모든 공시층면의 한자구형모식을 귀납하는 것은 각 단계마다 통일된 이론과 조작방법 그리고 규정이 구비되어야 연구과정이 순조롭게 전개될 수 있으며 연구결과에 대한 고도의 통합조정이 확보될 수 있다.

漢字構形學의 기본 조작방법은 王寧의 《漢字構形學講座》에서 전문적으로 서술된 것은 없지만, 책의 내용과 王寧의 《漢字構形學史叢書·總序》에 근거하여 아래 9가지로 정리할 수 있다.

① 문자 자료의 선택에 있어서 역대에 실제적으로 사용했던 문장을 선택한다. 모든 자료는 반드시 1차 자료여야 한다. 字書나 다른 사람이 정리한 자료에 의존하면 안 된다.

② 字表의 제정에 있어서 공시측면에 모든 문장의 字符를 포함해야 한다. 누락된 것이 있으면 안 된다.

③ 문장 중의 한자를 식별하는 과정에서 사용된 한자를 세 가지로 귀납해야 한다. 첫째, 字樣의 귀납, 즉 모든 문장 형식의 한자는 문자코드로 바꾼다. 둘째, 字組의 귀납, 즉 구조와 기능이 같으나 필사에 약간의 차이가 있는 異寫字를 귀납한다. 셋째, 字種의 귀납, 즉 기능이 같지만 구조가 다른 異構字를 귀납한다.

④ 권위 있는 규범한자, 사회에서 통용한 문장 중의 한자, 민간에서

쓴 문장 중의 한자에 대한 인정 기준은 세 가지이다. 첫째, 단어를 기록하는 기능이 같아야 한다. 둘째, 구조가 같아야 한다. 셋째, 서사 형태가 같아야 한다.

⑤ 위의 작업 기초에서 최적화 원칙을 선택하여, 많은 이사자 중에서 한 개의 통용 문자 형태를 이 조의 정보코드로 삼는다. 다른 문자 형태는 變體로 간주한다. 많은 이구자 중에서 하나의 통용 문자를 선택하여 主形으로 삼고, 나머지는 발생 원인을 따라 通用字·變體字·轉寫字로 나누고, 한자의 기초 구형원소를 감소시키고 통일하여 한자 구형모식의 분석과 귀납에 적용한다.

⑥ 규정된 기초 구형원소를 形位라고 칭하며, 전체 형위의 집합을 문자 구성의 예비 재료로 간주한다. 이미 문자 구성에 들어가서 기능을 한 형위는 構件으로 본다. 구건의 구의를 분석하고, 구건의 구조기능을 확정하며 기능 종류에 따라 모든 구건을 귀납한다.

⑦ 공시측면의 한자 내부 구조를 분석하고, 일차적 조합인지 여러 차례의 조합인지에 따라 平面結構와 層次結構로 나눈다. 평면구조의 한자는 조합한 구건의 기능에 따라 有音綜合合成(示音構件이 있음)과 無音綜合合成(示音構件이 없음) 방식으로 분류한다. 층차구조로 조합한 한자는 순서에 따라 구조층차를 나눈다. 이 문자의 일차적 直接構件이 가진 구조 기능에 따라 A標形·B標義·C標音·D形音·E義音·F會形·G形義·H會義 등의 모식 중 어디에 속하는지를 확정한다. 그리고 零組合의 獨體字은 全功能零合成方式에 귀납한다.

⑧ 공시측면의 한자 구건 조합 동태적 특징·구조의 급층수·각 급 구건과 기능·구건의 조합양식(구건의 置向, 구건의 상대적 위치, 구건의 접합방식 포함)·구형모식·배치도식〔布局圖式〕 등 여섯 방면에서 공시측면의 한자 구형속성을 묘사하여 공시측면 한자구조의 계통성을 드러낸다.

⑨ 역사적 비교를 통해 공시측면 한자 구조의 규율성 있는 변화를 제시한다. 한자 역사측면의 구조 변천규율과 총체적 특징을 탐색한다.

총괄적으로 말하자면, 漢字構形學은 역사언어학의 공시적 묘사와 역사적 비교가 결합한 방법 및 단일 사례 분석과 총체 귀납이 결합한 방법을 응용하고, 구건의 조합층차와 구형모식에 대한 귀납은 체계론과 수리통계의 방법 등을 응용하였다. 그러므로 이러한 방법은 상대적으로 높은 보편성을 가지고, 또한 검증을 거친 실행 가능성이 높은 과학적 연구방법이다.

위의 9가지 방면의 조작방법은 일반적인 방법이고, 각각의 다른 공시측면 문장의 문자에 대해서는 임기응변적 요소가 있을 것이다. 예를 들어, 易敏의 《雲居寺明刻石經文字構形系統研究》에서는 '異構字'와 '異寫字'의 정리 및 분석을 비롯하여 한자 자형 變異의 원인과 규율을 중점적으로 연구하여 漢字構形學 구축에 있어서 위한 자신만의 학술적 공헌을 하였다.

4. 한자구형학의 학술이론적 의의와 실제 응용가치

王寧이 수립한 漢字構形學은 한자 구조에 대한 현대적 해독 중에 가장 학술이론적 의의가 있고 실제 응용가치가 높은 학술이다. 漢字構形學의 학술이론적 의의와 실제 응용가치는 아래와 같은 4가지 측면에서 구체적으로 드러난다.

① 漢字構形學은 전통 '六書說'을 다시 한 번 뛰어넘었으며, 甲骨文부터 金文·小篆·隸書·楷書 그리고 行草書까지 등 각종 자체의 한자 字形結構와 변천규율을 묘사하고 전시하였다.

王寧의 漢字構形學은 한자 자형을 근본으로 삼아, 한자를 구성하는 기본원소인 構件에 착수하여, 구건의 구조 기능과 구건의 문자 구성에서의 위치와 계층을 분석하고, 직접구건의 구조 기능을 통해 이 문자의 구형모식을 귀납하여 字義와 表詞 등 여러 가지 요소의 방해를 제거할 수 있다. 그러므로 漢字構形學은 진정한 의미에서의 한자 구조에 대한 현대적 해독이고, 한자 본체에 대한 연구다. 裘錫圭와 沈培(1998) 두 학자는 "이 한자 자형 구조 분석 방법은 전통적 육서설과 다르다"고 여겼다.(裘沈《學》, 108) 漢字構形學은 李圃의 《甲骨文文字學》 이후 전통 '육서설'을 다시 한 번 능가하였다. 어떤 면에서는 李圃의 갑골문 造字方法 8종과 表詞方式 6종 보다 해석력이 더 강하다. 예를 들어, 非字構件에 대한 처리, 異體字에서 異寫字와 異構字 분류, 자형분석에 있어서 이구자 중시, 구체적인 상황에 대한 구체적 분석 등이 있다. 羅衛東은 "구형모식이론을 운용하여, '六書說'과 '三書說'로 한자 구조를 분석할 때의 명확하지 않은 한계를 제거하였다. 합리적으로 가장 자리 현상을 처리하였다. 한자구형이론을 응용하여 한자 구조방식 분석이 가능하다는 것을 증명하였다"라고 하였다.(羅《春秋》, 36) 그리고 이는 이미 실천을 통해 검증하였다. 漢字構形學의 이론과 방법은 갑골문부터 금문·소전·예서·해서 그리고 행초서 등 각종 字體의 한자 자형구조와 변천규율에 대한 묘사와 전시에 적용하였으며, 아울러 현대 간체자에 대한 해석력도 갖추고 있다.[45]

② 漢字構形學의 이론체계는 성숙되고, 전문용어 체계가 상세하며,

45 王寧은 《漢字構形學史叢書·總序》에서 "몇몇 기본 원리와 조작방법이 현대 한자에 적용이 되는지를 검증하기 위해, 1997년에 나는 漢字構形學의 비교적 완성된 조작방법을 정보처리용 GB13000.1 字符集漢字部件規範에 응용하여 현대 한자도 계통성이 있는 것을 증명하였다"라고 하였다. 이에 따라 漢字構形學의 보편성이 기존에 있는 한자구조에 관한 학설보다 뛰어남을 증명하였다.

조작방법이 과학적이고, 이를 응용하며 한자와 관련된 소수민족의 고문자를 분석할 수 있다.

漢字構形學은 최초 구상부터 마지막 이론과 방법의 완성까지 수십 년의 세월이 걸렸다. 漢字構形學은 辨證唯物主義 認識論의 보편적 관점과 계통론적 元素·구조·순차적 조합〔有序組合〕 등의 사상을 이론 기초로 삼고, 아울러 서양 구조주의 언어학의 가치가 있는 부분을 받아들였다. 漢字構形學은 章太炎·黃侃 그리고 陸宗達 등 선배 대가의 '說文學' 연구방식의 기초 위에서 이를 능가하고 중국과 서양을 통달하며 고금을 망라하여 수립한 것이다. 그러므로 漢字構形學의 이론체계는 완성도가 매우 높다 할 수 있다.

漢字構形學은 한자의 구조요소인 形素를 해부하고, 공시측면에서 한자구형의 기본원소를 전면적으로 조사하였다. 아울러 이러한 원소에 대해 인정과 구분을 거쳐 정리하고, 마지막에 形位를 귀납하고, 문자를 구성한 構件과 기능이 처한 結構層級을 분석하였다. 또한 일차적 構件의 기능에 근거하여 구형모식을 확정하여, 한자구조의 계통성을 나타내었다. 漢字構形學의 전문용어체계는 매우 상세하고, 조작방법은 과학적이고 이해하기 쉽다. 王寧이 말한 "초학자들이 다른 사람의 고증을 이해하고 직접 고증을 할 수 있도록 돕는" 역할을 하고 있다.(王《漢》, 20) 漢字構形學은 한자와 관련된 문자나 한자의 후예라고 할 수 있는 소수민족의 고문자 자형구조까지도 분석할 수 있다. 예를 들어, 古壯字·古苗字·京族喃字 등이다. 古壯字를 연구하는 학자는 고장자의 자형구조를 분석할 때 일반적으로 전통 '육서설' 방식을 따르고 있기 때문에 고장자 중의 특수구조유형인 音義形字에 대해서는 분석이 제대로 이루어지지 않고 있다.(劉《麽經》, 173) 만약 漢字構形學의 이론·전문용어·조작방식을 응용하면 소수민족의 고문자 자형구조계통에 대해 더 깊은 연구를 진행하고 정밀하게 분석할 수 있을 것이다.

③ 漢字構形學의 이론기초는 변증유물주의 인식론의 보편적 관점과 계통론의 원소·구조·순차적 조합 등의 사상이다. 그러므로 한자의 공시 관련 관계와 역사적 계승 관계 분석에 응용할 수 있다. 문자학의 異體字와 通假字·古今字의 관계 등 미해결 문제가 순리적으로 해결되었다.

漢字構形學의 기초이론은 "한자의 개체 字符는 고립적이지도 않고 흩어져 있지도 않으며, 서로 연관되고 내부에 일정한 규칙과 질서가 있는 부호체계이다."(王《漢》, 12)는 사실을 말하고 있다. 그러므로 漢字構形學은 단순히 공시적 측면에서 한자의 각 형체를 철저히 분석만 하는 것이 아니며, 개체 자부의 고증을 전체 체계와 연결해야 하고, 또한 다른 공시적 측면의 구형모식과 종합적으로 비교하여, 한자구형계통의 역사적 변천규율을 고찰해야 한다. 그러므로 漢字構形學은 한자의 공시적 상관관계와 역사적 계승관계를 탐구하는데 있어서 학술적 우세를 가지고 있다. 공시적 상관관계는 '같은 역사 시기에 동시에 사용한 한자 形體의 관계'를 말한다.(王《漢》, 136) 여기서는 주로 異寫字와 異構字의 인정과 분석 문제를 언급하고, 전문용어에 대해서는 이미 소개했기 때문에 여기서 더 이상 언급하지 않겠다. 漢字構形學은 공시적 상관관계를 분석하고, 이사자와 이구자의 판별을 처리하는데 있어서 뛰어난 기능을 가지고 있다. 易敏은 "漢字構形學 이론은 한자 構件의 구조결합 기능 분석을 근거로 11종의 구형모식을 제기하였다. 새로운 체계로 전통문자학의 象形·指事·會意·形聲의 조자방법에 대한 귀납을 시도하였다. 주요 목적은 새로운 분류로 한자 構形 현상을 포괄하여 갑골문에서 현대까지의 각종 자형의 구성의미를 분석하는데 적용하는 것이다. 또한 분류 개념의 대응성과 조작의 실행 가능성을 동시에 고려하였다. 다른 방면에서는 이구자와 이사자 개념의 확립과 결합하여 漢字構形學에서 구형속성의 차이로 異構관계를 판단하는 원칙을 제기하였다"라고 하였다.(易《雲居》, 21) 한자의 역사적 계승관계는 "다른 역사 시기 구형의 계승과 변천의 관계이다"(王《漢》, 136) 王寧은 계승과 변천의 네 가지 상황을 분석하였다. 첫째, 直接繼承이다. 한자가 발전을 거치며 전반적인 형체변화가 일어나면서 자체의 차이로 인해 필사법이 달라진 것이다. 그러나 구형이 완전히 같으면 같은 문자로 단정할 수 있다. 예를 들어, 小篆의 '[illegible]'와 楷書의 '果'이다. 둘째, 變異繼承이다. 한자가 발전을 거치며 구조요소·구조방식·구조층차와 배치에 모두 변화가 없었고, 단지 기초구건 혹은 일부 문자 구성 가능도가 비교적 큰 복합구건의 양식이 변한 것이다. 얼핏 보면 같은 문자로 보이지 않지만 구형분석을 통해 기초구건이 인정되면 같은 문자로 판단할 수 있다. 예를 들어, 현대 楷書의 '受'와 갑골문의 '[illegible]'이다. 셋째, 理據의 재구성이다. 자형의 계승과정 중에 언어 의미의 변화·문화요인의 변화·字體풍격의 변화·필사 습관의 변화 등 각종 요인에 의해 構形과 構意가 원래의 상태에서 벗어나구형속성의 변화를 일으키거나 구형원소가 변화한 것이다. 이러한 변화는 흔히 잘못된 변화〔訛變〕라는 오해를 받았지만, 王寧은 이것을 '이거의 재구성'으로 판단하였다. 이러한 변화는 새로운 세대의 한자구형계통에 부합한다면 重構字는 새로운 구형모식에서 자신의 위치를 찾을 수 있기 때문에 잘못된 변화라고 판단하면 안 된다. 예를 들어, 갑골문의 '[illegible]'은 小篆의 '[illegible]'로 변하고, 楷書에서는 '盡'으로 변하였다. 이 문자는 변화과정 중에서 '솔'을 나타내는 '[illegible]'가 '聿'로 변했다. 이러한 처리는 매우 타당하다. 넷째, 윤곽의 변화다. 한자는 발전 과정 중에 일부는 변화가 커서 윤곽까지 영향을 끼쳤다. 이 경우 계승의 흔적을 찾아보기 힘든다. 예를 들어, 小篆의 '𣍘'는 隸書에서 '𣍘'로 변하고, 楷書에서 '曺'로 변하였다가 簡體字에서는 '曹'로 변하였다. '曹'와 '𣍘'를 비교하면 윤곽이 크게 변하였음을 알 수 있다. 그러나 예서의 과도 형체를 보면 계승의 흔적이 남아 있다.(王《漢》, 167-174) 한자의 각종 복잡한 역사적 계승 관계를 정리하기 위해서 漢字構形學의 이론과 방법이 필요하다.

④ 漢字構形學은 한자의 構意와 구형이거에 대해 정리하여, 이론과 분석방법을 형성하였다. 이러한 이론과 분석방법은 중국내 한자 교육과 한어국제교육의 대외한자교육에 큰 도움이 된다.

王寧은 "漢字構形學은 기초교육인 한자교육을 위해 간단하면서 통속적인 이론 원칙을 제공해야 한다"고 지적하였다.(王《漢》, 20) 王寧은 항상 기초 교육인 한자 교육에 큰 관심을 가지고 있었다, 王寧은 문자와 훈고를 연구하는 학자는 상아탑에서 벗어나 초중등학교 어문교육 개혁에 힘쓰고 자발적으로 초중등학교 어문교육을 위해 이론과 방법을 제공해야 한다고 주장하였다. 王寧은 2000년에 《中國社會科學》 第3期에 〈漢語語言學與語文教育〉이라는 논문을 발표하였다. 이 논문은 중학교 어문교육 중의 문언 교육과 직접적으로 관련된 내용을 발표하고 있다. 王寧은 자신의 저서(《漢字構形學講座》 포함)에서 초등학교 한자교육에서 임의로 한자의 개체 자부를 분할하고 한자의 구의를 함부로 해설하는 것을 여러 차례 반대하였고, 초등학교 한자교육에 있어서 자형의 분석은 규칙에 맞는 분할을 진행해야 하며 한자 구형의 규율을 따라야 한다고 주장하였다. 王寧은 "한자교육은 단지 한자를 학습하는 목적도 있지만, 더욱 중요한 것은 교육과정을 통해 학생이 表意 한자의 구조특징과 사용 규칙을 체험하도록 하는 것이다. 이러한 체험은 매우 중요하다 …… 한편으로는 과학적인 교육절차와 합리적인 방법을 통해 학생들이 좋은 학습습관을 양성하도록 하고, 다른 한편으로는 이러한 과학적인 교육절차와 합리적인 방법을 충분히 응용해 보게 해야만 학생들이 한자에 대한 호기심을 가지게 된다"고 하였다.(王《漢》, 209-210) 이 견해는 초등학교 한자교육과 대외한어의 교육 사상이 되어야 한다. 필자는《基於漢字構形學的對外漢語教學》에서 이 문제에 대해 전문적으로 토론하였다.(劉《教學》, 353-370)

漢字構形學은 한자 구조에 대한 현대적 해독에서 학술이론적으로 의의가 가장 크며 실제 응용가치가 있는 학술범식이다. 본서에서 한자의 구조를 분석할 때 漢字構形學의 이론과 방법을 활용하고 따른다.

제4절 소결

한자구조에 관한 현대학자들의 해독은 매우 다양하다. 편폭의 제한으로 본 장에서는 唐蘭의 '三書說', 李圃의 構字方法 8종 및 表詞方法 6종, 그리고 王寧의 한자구형모델을 중심으로 소개하였다.

唐蘭의 '三書說'은 현대 문자학계에 혁신적인 영향을 주었다. 唐蘭의 '삼서설'은 전통 '육서설'의 한자의 구조 해독 형식을 완전히 타파하였다. 한자의 형태〔形〕·소리〔音〕·의미〔義〕 세 가지 요소를 통해 한자 구조 유형을 귀납한 것은 매우 합리적이다. 唐蘭 '삼서설'의 가장 혁신적인 시도는 전통적인 '六書'의 '指事'를 철저히 부정한 것이다. 또한 唐蘭은 한자 발생 및 발전과정을 상고문자단계, 근고문자단계, 근대문자단계의 세 단계로 나누고 있으며, 한자 발생을 夏代 이전까지로 보고 있다. 이러한 견해는 이전 학자를 능가하는 것이다. 唐蘭이《古文字學導論》에서 언급한 형성자의 발생원인, 즉 상형·상의로부터 형성까지의 발전 경로와 규율을 분석한 것도 매우 우수한 학설이다.

唐蘭의 '三書說'은 象形·象意·形聲 세 가지 종류의 분류 문제를 여전히 해결하지 못하였다. 예를 들어, 《古文字學導論》에서 唐蘭은 '雨'·'上'·'口(框)'·'O(員)' 등 문자에 대해 象形이라고 하고 象意라고도 하였다. 또한 象意와 形聲 사이의 혼란도 있다. 만약 《古文字學導論》과 《中國文字學》을 비교한다면 같은 문자가 이종귀속이 되는 현상이 많이 나타난다. 이는 '三書說'의 결함을 드러낸다.

唐蘭의 '三書說'은 한자의 구조를 象形·象意·形聲 세 가지 종류로 귀납하였다. 마치 한자의 형태〔形〕·소리〔音〕·의미〔義〕 세 가지 요소에 대응하는 것과 같다. 그러나 사실 이렇게 간단한 문제가 아니다. 한자의 세 가지 요소는 하나의 한자에 있어서 불가분의 통일체이다. 다시 말하면 모든 한자가 형태〔形〕·소리〔音〕·의미〔義〕 세 가지 요소를 가진다는 것이다.

唐蘭의 '삼서설'은 과감히 전통 '六書'의 '指事'를 철저히 부정하였다. 사실 '指事'는 한자에 있어서 가장 특색 있는 유형이다. 일반적으로 指事는 단지 추상적인 개념을 표시(혹은 기록)한다고 생각한다. 그러나 사실 일부분 指事字는 구체적인 것을 가리키고 있다. 예를 들어서 인체부위를 기록하는 '孔'·'克'·'亦'·'寸'·'厷'·'臀'·'膝' 등 한자의 초기 형태는 모두 '지사'에 귀납할 수 있다. 이들은 일〔事〕을 가리키는 것이 아니라 사물〔物〕을 가리키는 것이다. 한자의 구조를 분석할 때 이러한 표시기능을 가진 非字部件을 무시해서는 안된다. 唐蘭의 '삼서설'은 '指事'라는 構字方法을 부정하며, 純符號의 指事字를 象形에 귀납한다. 그러나 상형자의 기초에서 指事符號를 더한 문자를 象意에 귀납하였다는 것 등에 대해서는 토론할 여지가 있다.

李圃의 甲骨文 構字方法 8종 및 表詞方法 6종은 그의 中國文字學 방

면에 세운 삼차원 체계이론, 즉 取象發生系統과 本體結構系統, 그리고 心理認知系統을 기초하여 귀납한 것이다. 李圃 갑골문 조자방법 8종과 표사방식 6종은 모두 取象發生계통과 本體구조계통에 입각한 것이다. 또한 字素分析法, 즉 정태적 字素 本體系統과 동태적 字素 功能系統의 기초 위에 세운 새로운 한자 구조에 대한 현대적 해독이며, 갑골문자 구조체계에 대한 과학적인 귀납이다. 李圃는 거시적인 수립과 미시적인 분석의 결합과 공시적인 묘사와 통사적인 비교의 결합에 주의하였다. 이렇게 총괄한 갑골문 구자방법 8종과 표사방식 6종은 보편성을 구비하였다. 이 이론은 殷商 갑골문 이외의 西周金文·戰國秦系文字와 秦漢篆書 등 각종 출토문자를 분석하고 魏晉 楷書碑帖의 문자체계를 귀납하는 데에도 성공적으로 응용되었다.

李圃의 갑골문 구자방법 8종과 표사방식 6종은 매우 우수한 이론이다. 첫째, 문자 본체인 字形으로부터, 갑골문 문자 내부 구성을 정태와 동태 두 각도에서 전면적으로 묘사하였다. 갑골문 자체의 내부 構件을 字素와 字綴로 나누었다. 자소 내부는 문자 만든 이후에 처한 구조단계와 구조기능을 고찰하여 안정성 자소와 활성 자소로 나누었다. 또한 단일 자소로 구성하는 것인지 두 개 이상의 자소로 구성하는 것인지, 그리고 두 개 이상의 자소로 구성하는 문자가 다시 상위 단계에 있는 두 개 혹은 두 개 이상의 자소 사이에 形體와 音義적인 관계에서 어떤 조자방법과 표사방식을 나타내고 있는지를 확정하였다. 한자 구조를 해독하는 데 있어 기초가 튼튼하고 이론과 방법이 과학적이고 분석 과정이 신중함을 알 수 있다. 또한 과거 자형 분석의 간략함과 격식화된 경향을 피하였다.

둘째, 造字와 表詞를 분리하고, 동태와 정태 두 각도에서 갑골문 내부 형체 구조와 외부 표사 기능을 고찰함으로서, 한자 본체인 字形을 정확히 파악할 수 있을 뿐만 아니라 한자 자형과 소리 및 의미의 관계를 깊게 연구할 수 있게 되었다. 특히 李圃는 指事符號를 단독으로 문자를 만들 수 없는 字綴로 간주하며, 전통 '육서'의 '지사'를 정태적 표사방식으로 간주하였고, 동태적 각도에서 取象發生系統으로 분석하여 '綴加造字法'에 귀속시켰다. 이렇게 하면 자형의 형성 문제는 조자로 귀납되고 자형과 音意의 관계는 표사로 귀납하게 되어, 지금까지의 논쟁은 명확한 해답을 얻게 되었다. 한자 구조에 대한 체계적이고 전면적인 정확한 귀납에 큰 도움이 되었다.

셋째, 다양한 각도에서 갑골문의 合素字('육서설'의 '合體爲字'에 해당)를 고찰하였다. 李圃는 갑골문 합소자의 내부 구조와 표사 기능을 근거로 합소자를 合素造字·加素造字·更素造字(부분)·省變造字의 4종으로 분류하였고, '合體爲字' 중 '字'의 복잡하고 변화가 많은 형체에 대한 분할과 귀납 문제를 해결하였다. 李圃는 또한 갑골문의 斷代 연구를 진행할 때 역사적 고찰에도 주의를 기울였다. 갑골문 합소자의 내부 구조 변화에서 몇 가지 규율을 찾았다. 更素造字와 省變造字가 여기에 속한다. 전통 '육서설'의 會意와 形聲 두 종류에 대해서 문자 내부 구조에서 세밀한 분류를 진행하고, 경계를 명확하게 구분하여 학자들의 연구에 큰 도움이 되었다.

마지막으로 갑골문의 古今字·異體字·假借字(즉 '三字')의 복잡한 관계를 정리하였다. 加素造字로 통해 古今字의 형성 경로를 파악하고, 更素造字·省變造字·移位造字를 통해 異體字의 다양한 형성 경로를 파악하였으며, 借形造字로 통해 假借字의 생성 규율을 파악하였다. 전통 '육서설'에서 '삼자'문제를 해석하는 데 존재했던 불확실성과 의견이 분분했던 골칫거리 문제를 해결했다. 李圃의 갑골문 구자방법 8종과 표사방식 6종은 '삼자' 문제에 있어서 이론적인 혁신을 이루었다.

李圃의 갑골문 구자방법 8종과 표사방식 6종에는 문제점과 한계가 존재한다. 첫째, 字綴의 확립에 관해서 여전히 명백하지 않다. 둘째, 獨素造字 중에 合素字가 섞여 있다. 이것은 그의 獨素造字 범주에 모순된다. 셋째, 갑골문 내부에서 구성 현황이 매우 복잡하기 때문에 구자방법 8종으로는 완전히 귀납할 수 없다. 따라서 李圃의 갑골문 구자방법 8종에 대해서는 토론할 여지가 있다.

王寧이 수립한 漢字構形學은 한자 구조에 대한 현대적 해독 중에 가장 학술이론적 의의가 있고 실제적인 응용가치가 높은 학술이다. 漢字構形學의 학술이론적 의의와 실제 응용가치는 아래와 같다. 첫째, 漢字構形學은 전통 '六書說'을 다시 한 번 뛰어넘었으며, 甲骨文에서 金文·小篆·隸書·楷書 그리고 行草書에 이르기까지의 각종 한자 자체에 대한 字形結構와 변천규율을 묘사하고 전시하였다. 둘째, 漢字構形學의 이론체계는 성숙되고, 전문용어 체계가 상세하며, 조작방법이 과학적이고, 이를 응용하며 한자와 관련된 소수민족의 고문자를 분석할 수 있다. 漢字構形學은 辨證唯物主義 認識論의 보편적 관점과 계통론적 元素·구조·순차적 조합〔有序組合〕 등의 사상을 이론기초로 삼고, 아울러 서양 구조주의 언어학의 가치가 있는 부분을 받아들였다. 漢字構形學은 章太炎·黃侃 그리고 陸宗達 등 선배 대가의 '說文學' 연구방식의 기초 위에서 이를 능가하고 중국과 서양을 통달하며 고금을 망라하여 수립한 것이다. 漢字構形學은 한자의 구조요소인 形素를 해부하고, 공시측면에서 한자구형의 기본원소를 전면적으로 조사하였다. 아울러 이러한 원소에 대해 인정과 구분을 거쳐 정리하고, 마지막에 形位를 귀납하고, 문자를 구성한 構件과 기능이 처한 結構層級을 분석하였다. 또한 일차적 構件의 기능에 근거하여 구형모식을 확정하여, 한자구조의 계통성을 나타내었다. 漢字構形學의 전문용어체계는 매우 상세하고, 조작방법은 과학적이고 이해하기 쉽다. 셋째, 漢字構形學의 이론기초는 변증유물주의 인식론의 보편적 관점과 계통론의 원소·구조·순차적 조합 등의 사상이다. 그러므로 한자의 공시 관련 관계와 역사적 계승 관계 분석에 응용할 수 있고, 이에 문자학의 異體字와 通假字·古今字의 관계 등 미해결 문제가 순리적으로 해결되었다. 넷째, 漢字構形學은 한자의 構意과 구형이거에 대해 정리하여, 이론과 분석방법을 형성하였다. 이러한 이론과 분석방법은 중국내 한자교육과 한어국제교육의 대외한자교육에 큰 도움이 된다.

漢字構形學에도 한계와 좀 더 깊이 연구해야 할 부분이 있다. 크게 세 가지로 정리할 수 있다. 첫째, 表形構件과 示義構件, 그리고 形合과 義合의 구분이 뚜렷하지 않다. 둘째, 層次組合의 한자 중에 直接構件의 기능에 '兼能構件'도 구분해야 하지만 구분하지 않았다. 셋째, 만약 漢字構形學 이론 및 방법을 비교문자학 영역까지 확대시킨다면 구형모식은 늘어날 것이다.

唐蘭의 '三書說', 李圃의 甲骨文 構字方法 8종 및 表詞方法 6종, 그리고 王寧의 漢字構形學의 소개 및 평론의 내용에서, 우리는 한자구조에 대한 현대적 해독이 전통 '六書說'의 속박에서 벗어나서 새로운 한자구형학설을 확립하고자 노력한 것임을 알 수 있다. 이러한 노력들은 만족스러운 성과를 거두었다. 이 세 가지 학설, 혹은 한자 구조를 해독하는 세 가지 모식에 대한 비교 분석을 통해 漢字構形學의 이론 및 방법이 더욱 성숙되고 적용규정에 대한 파악도 용이해 졌다고 생각한다.

그러므로 본서에서 한자의 구조를 분석할 때 주로 漢字構形學의 이론 및 방법을 채택하며, 李圃의 字素 분석을 기초로 한 갑골문문자학과 唐蘭의 '三書說' 중의 합리적인 부분도 아울러 채택하였다.

제3장

한자 구조의 理據

'理據'라는 단어는 중국 南朝시대 齊나라 僧岩의 《重與劉刺史書》에 처음 나타난다. 오늘날의 '論據'와 유사한 의미를 가진다.

중국 어휘에서 '이거'는 일반적으로 命名의 이유와 근거를 가리킨다. 구체적인 특정 사물을 가리키는 중국 名物詞는 일반적으로 命名의 '이거'가 있다. 다만 대부분 명물사의 이거는 시대 변천과 언어 변화에 따라 외형적인 형식에 가려지거나 시대의 흐름에 따라 소멸되면서 현대인들이 파악하기 어려울 뿐이다.

한자 구조의 이거는 漢字의 제작 이유와 근거를 말한다. 즉, '옛 선인들은 왜 이 글자를 만들었을까?' 또는 '어떤 이유로 이 글자를 만들었을까?'에 대한 답인 것이다. 王寧은 《漢字構形學講座》에서 '글자 제작 이거'를 나타내는 造字理據라는 용어를 사용하였고, 다음과 같이 정의하였다. "한자의 형체에서 분석할 수 있는 의미적 정보는 처음 글자를 만들 때 글자 제작자가 가졌던 주관적인 의도이다. 우리는 이것을 '構意' 혹은 '造意'라고 말한다……'造意'는 일단 군중에 의해서 공인되면 분석 가능한 객체가 되는데, 우리는 이것을 '造字理據'라고 한다."(王《漢》, 263) 王寧이 '造字理據'에 대해서 과학적이면서도 매우 명확하게 정의 내리고 있음을 알 수 있다. 조자이거는 '사회의 군중에 의해서 받아들여지고 공인된 한자 제조인의 주관적인 의도'를 가리킨다. 본서에서 말하고자 하는 '한자 구조의 이거'는 각 한자에 구현된 제조자의 주관적 의도를 포함한다. 또한 한자에 반영된 고대 중국인들의 글자 제작 동기와 목적 및 심리적 認知근거와 사물에 대한 각종 인상을 포함한다.

고대 중국학자들은 한자의 구조적 이거에 대해서 연구를 진행했다. 춘추시대 孔子는 '王'에 대해서 '一가 三을 꿰뚫어 王이 된다(一貫三為王).'라고 하였다.(大徐本, 9) 공자는 천하를 통일하고 잘 다스릴 수 있는 사람인 王은 天·地·人의 깊고 신비한 큰 뜻을 꿰뚫는 사람이라고 여겨, 옛 사람들이 이 글자를 만들 때 '丨'로써 세 개의 '一'를 꿰뚫은 형태로 '王'의 의미를 나타내었다고 생각했다. 중국 西漢의 董仲舒는 공자의 견해를 기초로 더욱 명확하게 논술하였다. 동중서는 "옛 사람들이 글자를 만들 때, 세 개의 획 중간을 연결한 것을 王이라 하였다. 세 개의 획은 각각 天·地·人이고, 이 세 가지를 통달한 자가 왕이다(古之人造文者, 三畫而連其中謂之王. 三者, 天地人也, 參通之者, 王也)."라고 하였다.(大徐本, 9) 또한 許愼과 동시대 인물인 王育은 '禿'자의 造字理據에 대해서 "蒼頡이 외출하였을 때 머리가 대머리인 사람이 벼의 중간에 엎드려 있는 것을 보고, 이것으로 글자를 만들었다(蒼頡齣, 見禿人伏禾中, 因以製字)."라고 하였다. 王育의 견해에 대해 許愼은 "(그것이) 정확한 것인지는 알 수 없다(未知其審)."라며 의문을 품었다.(大徐本, 177) 孔子와 董仲舒·王育의 견해는 신뢰성을 떠나 춘추시대부터 兩漢까지의 중국인들이 한자구조의 이거에 대해 관심을 가지고 연구했다는 것을 분명히 나타내고 있다.

許愼은 《說文解字》의 自敍에서 한자 구조의 이거에 대해 다음과 같이 언급하였다. "옛날 포희씨가 천하의 왕 노릇을 함에, 하늘을 우러러보아 현상을 관찰하고, 아래를 굽어보아 땅에서 법을 보았고, 새와 동물의 모양과 땅의 모양을 보았다. 가까이는 주위의 여러 몸에서 취하고, 멀리는 여러 사물에서 취하여, 이에 비로소 팔괘를 지어 신명의 덕을 통하고 만물의 정을 흉내 내었다. 신농씨에 이르러 결승으로 백성을 다스리는 일에 사물을 통찰하여 그 번잡함을 총괄하고 계속하여 일어나는 일들을 표현해 내었다. 그런 후 황제의 史官인 蒼頡이 새나 짐승의 뛰어다니는 발자국을 보고 그 자국이 서로 다름을 깨달아 처음으로 書契를 만들었다. 그리하여 이로써 百官을 다스리고, 온갖 물건을 나타내었다(古者庖犧氏之王天下也, 仰則觀象於天, 俯則觀法於地, 視鳥獸之文與地之宜, 近

取諸身, 遠取諸物. 於是始作易八卦, 以垂憲象. 及神農氏結繩爲治而統其事, 庶業其繁, 飾僞萌生. 黃帝之史倉頡, 見鳥獸蹄迒之跡, 知分理之可相別異也, 初造書契. 百工以義, 萬品以察)."(大徐本, 314)

표면적으로 봤을 때, 許愼의 문장은 한자 생성의 역사를 말하고 있는 듯하다. 한자의 기원은 복희씨 시대까지 거슬러 올라갈 수 있다. 당시 사람들은 이미 위로 하늘의 형상들을 관찰하고 아래로 땅의 이치를 관찰하였지만, 오늘날 개념과 같은 진정한 의미의 문자는 없었다. 다만 하늘과 땅을 관찰하여 얻은 결과로 하늘·땅·물·불·우뢰·바람·산·못 8가지 사물을 대표하는 부호인 八卦가 나타났다. 후에 신농씨의 結繩으로 사건을 기록하던 시기[1]를 거쳐 황제 때에 이르러서야 비로소 史官 蒼頡이 한자를 만들었다. 許愼의 문장 중에서 언급한 '하늘을 우러러보아 현상을 관찰하고, 아래를 굽어보아 땅에서 법을 보았고, 새와 동물의 모양과 땅의 모양을 보고, 가까이는 주위의 여러 몸에서 취하고, 멀리는 여러 사물에서 취하였다(仰則觀象於天, 俯則觀法於地, 視鳥獸之文與地之宜, 近取諸身, 遠取諸物).'와 '새나 짐승의 뛰어다니는 발자국을 보고 그 자국이 서로 다름을 깨달았다(見鳥獸蹄迒之跡, 知分理之可相別異也).'가 바로 한자 전체 구조의 계통적 이거이다.

한자는 일종의 表意文字이다. 한자의 발생은 '사건을 기록하던 結繩'과 契刻에서 기원하였거나 혹은 원시사회 제사 활동이 남긴 岩畵에서 기원하였다. 이 두 가지 모두 실제사건 및 사물과 관련되어 있다. 한자로 기록된 사건과 사물은 인류 초기 활동의 축소판이다. 본서에서는 한자 초기 형체에 남아있는 중국 고대인들의 심리인지 활동의 흔적을 관찰함으로써 문자의 조자이거와 의도를 추측하려 한다. 본

---

1 일설에는 '結繩'이 '盟約의 체결'을 가리킨다고 한다. 杜道生, 〈"及神農氏結繩爲治而統其事"探索〉,《四川師範學院學報》1980年 第1期.

장에서는 다음 몇 가지 기본적인 탐색과 토론을 근거로 한자 조자이거를 분석하고자 한다.

제1절 위로는 하늘의 상을 관찰하고, 아래로는 땅의 이치를 관찰하다

한자는 華夏民族의 언어가 생성된 후에 생겨났다. 한자의 기능은 화하민족의 언어를 기록하는 것이었다. 언어의 발생은 인류의 생산 활동 및 사유 활동과 밀접한 관계가 있다. 문자 발생 이전, 인류는 생산력이 발전하면서 물질생활이 개선되고 사유능력 또한 제고되었다. 이러한 변화에 따라 인류는 개체생활과 군체생활의 외부환경에도 관심을 가지기 시작했고, 우주와 대지에 대한 호기심을 가지면서 하늘의 현상과 땅의 모양을 관찰하는 시청각적인 감지 활동을 진행하였다. 장기간 하늘과 땅을 관찰하여 직관적인 감각을 통해 얻은 인상에 대해서 사유하고 가공하여 각각의 개념형태를 형성시켰다. 예를 들면 하늘은 둥글고 땅은 네모나며 태양은 원만하고 속이 꽉 찬 발광체이며, 달은 어그러지는 천체이라는 개념을 형성하였다. 고대 중국인들이 관찰을 통해 얻은 인상은 암벽에 그림으로 표현되거나 도기 위에 상징적 부호로 새겨지고, 인간의 감각과 인상을 기록하는 초기 부호(천상과 지리 등 객관적인 대상을 반영하는 단어)로 형성되면서 한자가 생겨났다.

그러므로 天文과 地理 등 객관적 대상을 반영하는 초기한자는 중국 고대인들이 천상과 땅의 이치를 관찰한 인지활동의 결정체라고 할 수 있다. 초기 한자 구조의 이거는 고대인의 우주와 대지에 대한 관찰과 인식에서 비롯되었다.

1. 天象을 관찰하여 만든 日·月·星(晶)·云·雨·雷·雪·風

'日'의 本義는 태양이다. '日'은 甲骨文에서 이미 나타나며, 그 형태는 다음과 같다.

 一期前三．一七．一

 四期存一．二二二九[2]

위 두 형체에서 '日'이 원만하고 충실한 구체 모양을 본뜬 것임을 알 수 있다. 갑골의 卜辭에서는 대부분 태양을 가리킨다. 예를 들면 다음과 같다.

庚子貞: 日又戠, 告于河.（存一．一九四一）

초기 甲骨文은 칼로 새겨졌기 때문에 원형을 그리기 어려웠다. 후기에는 원형을 그리려고 노력하였지만 아주 둥글게 그리지는 못했다.

徐中舒 등 일부 학자는 '日' 내부의 점이 다른 원형 사물이나 사각형 물건과 구별하기 위해 덧붙인 부호라고 주장한다.(徐《甲》, 719) 이 의견에 대해서는 좀 더 구체적으로 검토할 필요가 있다.

《說文·日部》에 "日, 꽉 찬 것이다. 태양의 정기가 어그러지지 않음이다. O와 一로 이루어져 있고, 형태를 본뜬 것이다(日, 實也, 大易之精不亏.从O一, 象形)."라고 하였다. 段玉裁는 "實也"의 아래에 주석을 달아 "疊韻字로 분석하였다. 〈月令〉에서 《春秋元命包》를 인용하여 '日은 꽉 찬 것

2 본서의 字形은 모두 徐中舒 主編의《甲骨文字典》에서 가져왔다. 이하 같다.

을 말한다'고 하였으며, 《釋名》에서는 '日은 꽉 찬 것이다. 밝은 빛으로 가득 찬 것이다(以疊韻爲訓. 〈月令〉正義引《春秋元命包》云: '日之爲言實也.' 《釋名》曰: '日, 實也. 光明盛實也).''라고 하였고, 또한 "大易之精不亏" 아래에 "그러므로 가득 찼다고 말한다(故曰實).''라고 주석하였다. "从O一, 象形" 아래에는 "O은 태양의 윤곽을 나타내고, 一은 태양의 중간이 어그러지지 않았음을 나타낸다(O象其輪廓, 一象其中不亏).''라고 주석하였다.(段注, 302) 許愼과 段玉裁·劉熙의 의견이 고대 중국인들의 造字 의도에 더욱 부합한다.

고대 중국인들이 하늘을 관찰할 때 가장 먼저 주의한 것은 태양이었다. 태양이 떠오르는 것은 고대인들의 생산 활동 및 생활에 직접적인 영향을 끼쳤다. 즉, '해가 뜨면 일하고 해가 지면 휴식하였다(日出而作, 日入而息).'[3] 고대 중국인들이 장기간 태양을 관찰하면서 얻은 가장 강렬한 인상은 둥글고 무제한의 빛을 발사하며 속이 꽉 찬 구체라는 것이었다. 그러므로 둥근 형태에 점을 덧붙이는 방식으로 그려내었다. 점은 속이 꽉 차고 어그러지지 않았음을 상징하는 부호이다.

'日'과 '月'의 構形을 비교하면 그 의미가 더욱 명확하다. '月'의 甲骨文 형태는 다음과 같다.

 一期甲一二八九

 一期人九九五

위의 두 형태는 반달과 초승달의 형태이다. 고대 중국인들은 관찰

3 堯帝 때의 〈擊壤歌〉 가사이다. 淸 沈德潛의 《古詩原》에서 재인용하였다. 淸 沈德潛, 《古詩原》, 中華書局, 1963年版, p.1.

을 통해 해와 달의 차이를 파악하였다. 달은 시간이 흐르면서 초승달-반달-보름달의 순서로 변했다가 다시 보름달-반달-초승달로 반복적으로 변하며, 어그러져 있는 시간이 둥근 형태일 때보다 길다. 그러므로 달은 어그러진다는 관념이 생겨났고 문자를 만들 때 둥근 형태가 아닌 초승달과 반달의 형태를 취하여 둥근 태양과의 차이를 나타냈다.

小篆體에서는 甲骨文의 형태를 계승하여 중간에 점을 덧붙인 ⺼로 달을 표현하였다. 중간에 있는 점이 반달 형태의 다른 사물과 구별하기 위해 덧붙인 것이라 말할 수는 없다. 《說文解字·月部》에는 "⺼, 어그러진 것이다. 태음의 정수이다. 상형이다(闕也. 大会之精, 象形)."라고 하였다.(大徐本, 141) 段玉裁의 주석에서는 "月과 闕은 疊韻이다. 《釋名》에서 '月은 어그러진 것이다. 가득 차면 어그러진다.'라고 하였다. 가득 차지 않은 형태를 본뜬 것이다(月、闕疊韻. 《釋名》曰: '月, 缺也. 滿則缺也.' 象不滿之形)."(段注, 313) 徐中舒가 主編한 《甲骨文字典》에 수록된 '月'의 11가지 형체를 보면, 초승달 형태는 7가지이고, 반달 형태는 4개이다. 또한 반달 형태 4개 중에 1개는 第1期의 것이고, 그 나머지 3개는 모두 第5期의 것이다.

후기에 이르면서 달에 대한 관찰이 더욱 섬세해짐을 알 수 있다. 고대 중국인들은 달의 결핍이 실제가 아닌 시각적 변화라는 것을 발견했다. 달의 형태변화가 다양해 보이지만 사실은 내부가 꽉 차 있음을 표시하기 위해 점을 덧붙였다. '日'과 '月' 두 글자는 O형태와 ☽형태로 차이가 나지만 실질적으로는 모두 생동적이고 꽉 찬 天體를 본떴고, 중간에 점을 덧붙였다는 공통점을 가진다. 이 점은 물체의 위치나 형체와 관련된 정보를 덧붙인 것이 아니고 O과 ☽의 두 형태와 함께 각각 '태양'과 '달'이라는 두 가지 천체를 가리킨다. 즉 태양과 달은 하나의 形素로 구성된 全功能零合成字[4]이다. 만약 중간의 점을 다른 원형이나 사각형과 구분하는 부호로 본다면 構形의 유형은 標形合成字로 보아야 한다. 이것은 지금까지 학계에서 '日'·'月' 두 글자를 獨體象形字로 간주하던 것과 차이가 있다. 그러므로 '日'·'月' 두 글자 중간에 덧붙인 점은 태양과 달이 모두 속이 꽉 찬 球體임을 표시하는 것이며, O형태 및)형태와 완전히 융합된 성분으로 보는 것이 타당하다.[5]

'日'과 '月' 두 글자 구조의 이거는 고대 중국인들이 天象을 관찰한 결과에서 온 것이며, 構意는 고대인들의 태양과 달에 대한 섬세한 관찰을 구현한다. 태양은 외부 윤곽이 둥글고 내부가 꽉 찬 球體이므로 ⊙형태로 묘사하였다. 달은 외부 윤곽이 어그러졌지만 내부는 꽉 차 있기 때문에 (형태로 묘사하였다. '日'과 '月'은 외부 윤곽의 차이로 구분된다. 許愼이 언급했듯이 고대 중국인들은 "형태가 서로 차이 나는 것을 깨닫고(知分理之可相別異也)" 윤곽의 차이를 표현한 두 개의 문자부호로 태양과 달을 구분한 것이다.

하늘에는 태양과 달 외에도 별이 있다. '星'의 本字는 '晶'이다. 甲骨文의 형태는 다음과 같다.

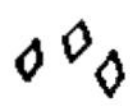 一期前七．一四．一

4 形素와 全功能零合成 등의 술어는 王寧의 《漢字構形學講座》에서 온 것이다. 본서의 한자 형체구조 관련용어는 따로 설명을 덧붙이는 것을 제외하고는 모두 이 책을 따른다.

5 淸 王筠의 《文字蒙求》에서는 '日' 중간의 점은 "태양 중간의 검은 그림자(日中有黑影)"로서 "소위 삼족오(卽所謂三足烏者也)"이며, '月' 중의 세로선은 "본디 땅의 그림자로서 詞藻家들이 말하는 옥토끼와 계수나무(顧兎桂樹)이다(本是地影, 詞藻家所謂顧兔桂樹也)."라고 하였다. 淸 王筠, 《文字蒙求》, 中華書局, 1962年版, p.8. 이 설명은 검증되지 않은 것으로 믿을 수 없다.

 三期甲六七五

徐中舒는 글자를 해석하여 "많은 별이 나열되어 있는 형태를 본뜬 것이다. '星'의 本字이다(象衆星羅列之形, 爲星之本字)."라고 하였다.(徐《甲》, 741) 이러한 주장은 매우 타당하다. 이후에 '生'을 聲符로 덧붙여 '曐'이 만들어진다. '曐'은 音義合成[6] 글자이다. 시간이 흐르면서 '星'으로 간략하게 되어 形音合成字가 되었다. 聲符 '生'을 덧붙인 '星'은 甲骨卜辭에 보인다. 다음과 같다.

 一期乙一八七七

 一期前七 . 二六 . 三

聲符 '生'을 덧붙인 '星'은 별이라는 천체를 표시하는 부호로써 두 가지 형태 혹은 다양한 형태를 가지는데, 이후 소전체에서 '晶'이 '日'로 생략되는 근거가 된다. '星'의 구조적 이거를 탐색하려면 本字인 '晶'에서 분석을 시작해야 한다.

태양·달·별은 중국 고대인들이 天象을 관찰함에 있어 주요 관찰대상이 되었다. 중국 고대인들에게 이 세 가지 천체는 시간을 기억하는 근거로서 실용적인 목적을 가진 관찰대상이었다. 태양과 달은 하늘에 하나씩만 존재하기 때문에 외부 형상에 대해 관찰하고 얻은 느낌과 인상을 근거로 문자부호를 만들었다. 태양은 하나의 원형에 점을 덧붙여 묘사하고, 달은 반달의 형태에 점을 덧붙여 묘사하였다. 그러나

---

6 본서에서 말하는 '音義合成'은 王寧《漢字構形學講座》의 '義音合成'과는 다르다.

별은 하나가 아니었다. 여름의 청량한 밤하늘에는 크고 작은 수많은 별이 빛나고 있다. 하늘의 수많은 별을 문자부호로 나타내는 것은 쉬운 작업이 아니다. 그러므로 고대 중국인들은 세 개의 별로서 많은 별을 나타내는 방법을 생각해냈다. 문자제조 초기부터 세 개의 발광 천체로 표시한 것은 아니었다. 1期前七.二六.三의 '星'은 5개의 별로 표시하였다. 세 개의 별로 많은 별을 표시한 것은 伏犧氏가 八卦를 만들어 周易의 數理가 생겨난 이후의 일이다.

팔괘의 純陽卦인 乾卦 ☰는 세 개의 획으로 이루어진다. 純陰卦인 坤卦 ☷는 여섯 개의 획으로 이루어져 있다. 그러나 《易經》에서 陽爻는 9이고, 陰爻는 6이다. 양은 음의 수를 겸할 수 있다. 乾卦의 3획이 坤卦의 6획을 겸용할 수 있기 때문에 '三'은 '모든 것을 다 포괄하다'는 의미를 가진다. 한자의 초기 제작단계에서는 數理의 영향을 받아 세 개의 같은 형태를 중첩하여 '사물의 많음'을 나타내었다. 세 명의 사람형태로 이루어진 '众', 세 개의 나무형태로 이루어진 '森', 세 마리의 물고기형태로 이루어진 '鱻'이 그 대표적인 예이다. 세 개의 日을 중첩하여 별〔星〕을 표시한 '晶'은 고대 중국인들의 하늘에 대한 관찰의 결과이자 상고시대 易經 數理의 영향을 받은 증거이다.

의미적으로 봤을 때 '星'에는 '흩어지다(散)'의 의미도 있다. 《說文解字·晶部》에는 "星은 만물의 정기이다. 위의 형태는 나열된 별이다. 晶로 이루어져 있고, 성부는 生이다(星, 萬物之精, 上爲列星. 从晶, 生聲)."라고 하였다.(大徐本, 141) 段玉裁의 주석에서 "별이 흩어져 있는 것을 말한다. 부서져 흩어지다는 의미로 인신되었다(星之言散也. 引伸爲碎散之稱)."라고 하였다.(段注, 312) 段玉裁의 "별이 흩어져 있음을 말한다(星之言散)"는 말은 《釋名》의 영향을 받은 것이다. 《釋名·釋天》에는 "星은 흩어진 것이다. 차례로 나열되어 흩어져 있는 것이다(星, 散也. 列位布散也)."라고 하였다. 王先

謙의 《疏證補》에서는 王啟原의 문장을 인용하여 “《春秋文耀鉤》에서 북두칠성 위는 九州라 하였다. 《感精符》에서 땅에는 산천이 있고, 산천의 정기 위에 별이 나열되어 있어, 각각 州域과 分野에 응하고 있는 것이 소위 列位라고 하였다. 皮錫瑞는 《爾雅》에서 별에게 제사 지내는 것을 布라고 하였다고 하였다. 郭璞의 注에서는 ‘땅에서 흩어져서 제사 지낸다’고 하였다. 《史記·天官書》에서 ‘별은 金의 흩어진 정기이다’고 하였고 주석하여 ‘五星은 五行의 정기이다. 많은 별들이 흩어져 따로 자리하면서 교차하여 흐르고 있으며 각각 속하는 바가 있다. 星에는 나열되고 흩어져 있다는 의미가 있기 때문에 별에게 제사 지내는 것을 布라고 한다’라고 하였다(《春秋文耀鉤》云: 北門七星上爲九州. 《感精符》云: 地爲山川, 山川之精上爲列星, 各應其州域分野, 所謂列位也. 皮錫瑞曰: 《爾雅》‘祭星曰布’. 郭註: ‘布散祭於地.’ 《史記·天官書》曰‘星者金之散氣’註: 五星, 五行之精, 衆星列布, 別居錯行, 各有所屬. 是星有陳列布散之義, 故祭星曰布).”(王《補》, 4) 王先謙과 皮錫瑞는 ‘星’·‘精’과 ‘星’·‘散’에 관한 두 가지 주장을 합쳐서 정리하였다. 이것은 劉直의 의견과 크게 다르다. 劉直은 “星은 散이다. 차례로 나열되어 흩어진 것이다(星, 散, 列位布散).”고 하여 땅 위의 정기가 天干에 나열되어 있다는 말은 하지 않았다. 《釋名·釋天》에서는 ‘싸라기 눈〔霰〕’이라는 자연현상에 대해서 ‘星’으로 해석하고 있어 星으로 ‘흩어지다〔散〕’는 의미를 나타내고 있다. “霰은 星이다. 물과 눈이 서로 부딪히는 것이 별이 흩어지는 것과 같다(霰, 星也. 水雪相搏如星而散也).”(王《補》, 16) 許愼과 劉直의 의견을 비교할 때, 劉直의 의견이 星의 의미 특징에 근접하고 있음을 알 수 있다. ‘星’과 ‘散’은 현대 중국 보통화에서는 발음의 차이가 크지만 고음의 발음은 매우 유사했다. ‘星’과 ‘散’ 두 글자의 聲母는 모두 心紐로서 雙聲字이며, 韻母는 각각 耕部와 元部이다. 耕部와 陽部는 旁轉할 수 있고, 陽部와 元部는 종종 通轉되기 때문에, 元部와 耕部는 간접적으로 연관이 있다. 段玉裁의 17部에서는 11部와 14部의 관계이다. 예를 들면, 罠은 본래 14部에 속하는 글자인데, 《詩·杕杜》에서 菁·姓 등의 글자와 압운한다.(段注, 850) 그러므로 '星'의 어원에 '散'의 의미가 있었다는 주장은 신뢰할 만하다.

단어의 의미특징과 명칭의 유래는 각각 다른 차원의 개념이지만 연관이 되어 있다. 즉, 별의 '흩어지다'는 의미 때문에 '星'은 다양한 의미로 인신되었다. 예를 들면 가늘고 작게 흩어져 있는 사물을 星으로 이름 지었다. 사람의 침이 별처럼 흩어지기 때문에 '唾沫星子'라고 하고, 땔감을 태울 때 날리며 흩어지는 불꽃을 '火星儿'이라 한다. 그러나 흩어진다고 모두 '星'으로 명명하는 것은 아니며, '흩어진다'는 의미는 세 개의 '日'로 구성된 '晶'의 구조적 이거도 아니다.

'晶'의 구조적 이거는 하늘을 관찰한 후에 얻은 느낌과 인상이다. 고대 중국인들이 별을 관찰하고 얻은 '하나씩 셀 수 없이 많이 나열되어 있다'는 인상이 바로 '晶'의 구조적 이거이다. 易經 數理를 참고하여 빛을 발하는 세 개의 행성으로 표현한 것이 '星'의 구조적 이거이다.

중국 고대인들이 관찰한 天象의 또 다른 대상은 구름·비·눈·바람이었다. 이 네 가지 자연현상은 고대 농경생산과 밀접한 관계가 있다. 하늘에 떠다니는 구름, 구름이 모여서 만들어진 짙게 깔린 먹구름이 주렴 같은 막을 펼친 모습, 겨울에 날리는 거위 깃털 같은 눈송이, 여름에 불어와 나뭇가지를 부러뜨리는 큰 바람이 고대 중국인들의 관찰 대상이 되었다. 중국 고대인들은 구름·비·눈·바람을 관찰하여 얻은 느낌과 인상을 그림 같은 문자로 묘사하였고, 이 네 가지 자연현상을 기록하는 네 가지 한자의 초기 형체가 만들어졌다.

'云'은 甲骨文에서 이미 나타난다. 글자 형태는 다음과 같다.

一期合集一三三九二

一期合七八

위의 형태는 하늘에 떠서 지나가는 흰 구름덩어리를 나타낸다. 문자 위쪽의 와 는 하늘을 표시하는 부호이다. 는 구름이 모이고 흩어지는 모양을 본뜬 것이다. ‘’는 標形合成字[7]이다. 이후에 ‘말하다’의 의미를 가진 ‘云’으로 사용되면서, 의미를 구별하기 위해 ‘雨’를 形符로 덧붙여 ‘雨’와 聲符 ‘云’으로 이루어진 ‘雲’을 만들었다. ‘雲’은 義音合成의 글자이다. 《說文解字·雲部》에는 “雲은 산천의 기(氣)이다. 雨로 이루어져 있고, 云은 구름이 회전하는 형태를 본뜬 것이다…… 는 고문에서 ‘雨’를 생략한 형태이고, 또한 고문 ‘雲’이다(雲, 山川氣也. 從雨, 雲象雲. 回轉形……, 古文省雨, 亦古文雲).”라고 하였다.(大徐本, 242) 許愼은 고문 ‘云’이 “雨를 생략했다(省雨)”라고 하였는데 정확한 말이 아니다. 고문 ‘云’은 ‘雨’를 생략한 것이 아니라 今文 ‘雲’이 의미를 나타내는 ‘雨’를 덧붙인 것이다. ‘云’은 ‘雲’의 本字이고, ‘雲’은 ‘云’의 後起區別文이다. 중국 고대인들은 구름 같은 자연현상을 문자로 만들 때 구름의 출현 배경이 되는 하늘의 위치를 ‘上’ 의 古文 으로 표시하고, 물이 선회하는 형태를 본떠서 구름의 형태를 표현하였다. 그러므로 許愼은 ‘회전하다〔回轉〕’로 해석했다. 甲骨文 의 구조적 이거에는 위치와 형태의 두 가지 요소를 포함하고 있다.

‘雨’는 甲骨文에도 존재한다. 글자 형태는 다음과 같다.

---

7 標形合成에 관해서는 王寧의 《漢字構形學講座》 第五講과 第六講을 참고한다. 가 하늘을 본뜬 것이 아니고 표시기능을 가진 構形元素이기 때문에, 본서에서는 ‘云’을 ‘全功能零合成字’로 간주하지 않는다.

一期粹六六六

五期前二．三五．三

후기 甲骨文에 나타나는 '雨'의 글자 형태는 小篆體와 매우 비슷하다. 《說文解字·雨部》에 "雨, 물이 구름에서 내려오는 것이다. 一은 하늘을 나타내고, 冂는 구름을 나타낸다. 그 사이에 비가 내리고 있다……[illegible]는 고문이다(雨, 水从云下也. 一象天, 冂象雲, 水霝其間也.……[illegible], 古文)."라고 하였다.(大徐本, 241)

許愼은 '雨'에 대해 정확하게 분석하였다. 하늘에서 비가 내리려면 충분한 구름이 필요하다. 그러므로 許愼은 '一은 하늘을 나타내고, 冂은 구름을 나타낸다(一象天, 冂象雲).'고 분석하였다. 아래쪽 네 개의 점은 구름에서 떨어진 빗방울이 촘촘하게 내리는 모양을 나타내고 있다.

중국 고대인들은 이 글자를 만들 때 많은 고민을 했다. 빗방울로 묘사하면 일반적인 물과 혼동이 될 수 있기 때문에 하나의 선으로 구름층을 나타내어 構意를 명확하게 표현하였다. 一期의 '雨'는 半字의 성질을 가진다. 즉 오늘날의 衬體象形字에 해당되며, '眉'·'页' 등의 글자와 같은 의미를 가졌다. 五期의 '雨'가 오늘날 '雨'의 직접적인 어원이 된다. 이 글자를 제조하던 당시에는 다양한 것이 고려되었다. 빗방울을 일반 물과 구분하기 위해 횡선으로 구름층을 그려 명확하게 표현하였다. 甲骨文 五期에 나타난 [illegible]이 현대 '雨'의 어원이다. 이 글자는 형태구조가 복잡하다. 위쪽의 짧은 옆선은 [illegible]의 생략된 형태로서 하늘을 나타내는 부호이고, [illegible]은 짙게 덮인 검은 구름이며, 아래쪽 네 개의 점은 빗방울이다. 이 글자의 첫 번째 조합은 [illegible]의 생략형과 먹구름 아래로 촘촘히 내리는 비 [illegible]를 합한 것이다. '雨'와 '云'은 모두

標形合成字이다. 그러나 '雨'에서는 표시부호 의 생략형을 사용하고, 상형부호 에서 (짙게 덮인 검은 구름)으로 빗방울을 부각시키고 있다. 徐中舒 등은 甲骨文 은 구름을 본뜬 것이 아니라고 생각하여, 許愼의 글자 분석이 정확하지 않다고 여겼다.(徐《甲》, 1240)

許愼의 견해는 매우 탁월하다. 許愼은 '云'의 고문자 형태를 알고 있었지만, '云'이 산천의 기를 본 뜬 것이고, 산천의 기는 산언덕 위에 맴돌며 버섯모양을 나타내거나 고삐 풀린 말 모양을 나타내는 구름이라고 여겼다. 이러한 '云'은 일반적으로 비를 내릴 수 없다. 許愼은 '雨'가 구름층에서 내려온 것이며, 비를 뿌리는 구름은 한 두 조각으로 이루어진 것이 아니고, 빛조차 뚫을 수 없을 정도로 짙게 덮여 있는 검은 구름이라고 생각했다.[8] 許愼의 해석은 고대 중국인들의 글자 제작 의도에 정확하게 부합한다. 가 구름층을 본떴다는 것은 '霝'에서 증거를 찾을 수 있다. '霝'은 큰비를 가리킨다. 甲骨文의 형태는 다음과 같다.

一期合集一一四二三

위쪽 은 와 構形이 비슷하다. 두 가지 모두 솥바닥 같이 검은 먹구름이 층층이 두껍게 쌓여 있음을 본뜬 것이다. 은 큰 빗방울을 본떴다. 구름이 이렇게 많이 모이고 쌓여야 억수같이 퍼붓는 큰비가 내린다.

그러므로 초기 甲骨文 '雨'의 造字理據는 하늘의 현상을 관찰하여

8 사천성 동쪽 지역의 속어에서 검은 구름이 짙게 쌓여있는 것을 '솥바닥처럼 검다(黑得像鍋壁子)'라고 한다. 甲骨文의 형태에 부합하는 말이다.

얻은 느낌과 인상이다. 비는 짙게 쌓인 먹구름 가운데에서 내리며, 촘촘한 빗방울은 옅은 막을 형성한다. 그러므로 후기의 '雨'에는 하늘을 나타내는 짧은 횡선(혹자는 고문 '丄'의 생략형으로 간주한다)이 덧붙여져서 먹구름이 하늘 높이 걸려있으며, 층층이 짙은 구름이 형성되었을 때 비가 내림을 나타내었다. 후기 甲骨文의 '雨'는 衬體象形字에서 小篆體와 같은 標形合成字로 전환되었다. 그러나 '雨'의 造字理據는 중국 고대인들이 天象에 대한 관찰을 통해 얻은 직관에서 유래하였다. 단지 약간의 이성적 사고를 덧붙인 것이다.

비와 밀접한 관계가 있는 것이 천둥이다. '雷'는 甲骨文에도 나타나는 매우 오래된 글자이다. 字形은 다음과 같다.

一期後下一．一二

위에서 은 번개가 치는 것을 본 뜬 것이고, 은 천둥소리이다. 이 글자의 구조에서 중국 고대인들이 天象을 관찰할 때 눈으로만 살핀 것이 아니라 귀로도 들었음을 알 수 있다. 위의 글자에서는 천둥소리를 듣고 들은 결과를 으로 표시하였다. 후에 번개를 표시하던 을 '雨'로 대체하고 O에 선을 그어서 '田'자 형태와 유사한 표기부호를 만들었다. 이 부호는 세 개를 덧붙이기도 하고 네 개를 덧붙이기도 하였는데, 소전체에는 로 표기한다. 籀文 에서는 회전하는 구름 형태의 두 부호를 덧붙이고 있다. 중국 고대인들이 글자를 만들 때 여러 감각기관을 사용하여 사물을 감지했음을 알 수 있다.

'雪'은 甲骨文에서 나타나며, 그 형태는 다음과 같다.

一期後下一．一三

一期庫一五三三

위 두 글자 형태의 構意는 '하늘에서 눈이 내리고 땅 위에 층층이 두꺼운 눈이 쌓이면, 사람들이 비를 사용하여 쌓인 눈을 제거한다'는 것이다. 은 '雪'에서 명사 '雨'의 의미가 아닌 동사 '내리다'의 의미를 나타낸다. '雨'는 甲骨文에서 동사의 의미로 많이 사용된다. 예를 들면 다음과 같다.

丁卯卜. 貞: 今夕雨? 之夕允雨.(續四 . 一七 . 八)

위 卜辭의 의미는 '정묘일에 점을 쳤다. 貞人이 "오늘 저녁에 비가 옵니까? "라고 물었는데, 비가 온다는 점사가 나왔고, 저녁이 되자 과연 비가 내렸다'이다. '雨'는 여기서 '비'가 아닌 '비가 내리다'의 동사로 사용되었다.

한자의 문자 제조에서 '雨'는 동사 '내리다(落下)'를 나타내는 構形元素로 많이 사용된다. 예를 들어 《說文解字·雨部》에서 "霾는 바람 불어 내리는 흙먼지이다. 雨로 이루어져 있고 聲符는 貍이다. 《詩經》에서 '온종일 바람 불고, 흙비 퍼붓네'라고 하였다(霾, 風雨土也. 从雨貍聲. 《詩》曰 '終風且霾')."(大徐本, 242) 段玉裁의 주석에서는 본래 '바람 불어 내리는 흙먼지이다(風雨土也)'를 '바람 불어 내리는 흙먼지가 霾이다(風而雨土爲霾)'로 고쳤다. (段注, 574) 이러한 수정의 근거는 《爾雅·釋天》의 단어 해석이며 매우 믿을만하다. '風而雨土'는 바람이 불 때 내리는 흙먼지이며, 오늘날의 황사이다. 이 글자에서 '雨'라는 構形元素가 나타내는 것은 '내리다'이다. '雪'자 안의 構形 '雨'와 '霾'자의 '雨'가 나타내는 의미기능이 같음을 알 수 있다. 두 가지 모두 '내리다'는 의미를 기록한다.

甲骨文 의 은 빗자루의 형상을 묘사한 것이다. 빗자루〔彗〕와 눈〔雪〕 두 글자는 어음과 의미에서 연계되어 있다. 馬敘倫의《說文解字六書疏證》卷二十二에서는 “羅振玉은 두 개의 又로 이루어져 있다고 여겼다. 雪은 얼어붙은 비이기 때문에 손으로 취할 수 있다고 여겼다. 이것과 周伯琦가 빗자루로 제거한다고 한 것은 모두 雪의 어음이 彗에서 왔음을 모르기 때문이다. 彗의 음은 邪紐이고, 雪은 聲符가 彗이기 때문에 心紐가 된다. 次濁摩擦音이 次清摩擦音으로 바뀐 것이다. 모두 舌尖前音이다. 만약 雨와 彗로 이루어진 글자라면 ‘비를 쓰는 것’이지, 어찌 눈이겠는가?(羅振玉以爲從二又, 雪爲凝雨, 得以手取之. 此與週伯琦謂以彗掃除之者, 皆由不明彗爲雪之所從得聲也. 尋彗音邪紐, 雪從之得聲, 音入心紐. 由次濁摩擦音轉入次清摩擦音耳. 衙爲舌尖前音也. 若從雨從彗, 則爲掃雨矣, 安得爲雪乎？)”라고 하였다.(李《古》九, 335-336) 馬敘倫의 의견은 좀 더 논의해 볼 여지가 있다. ‘雪’의 구성성분인 ‘雨’는 명사가 아닌 동사이다.(앞 내용 참고) ‘彗’과 ‘雪’은 古音에서 疊韻이고 모두 月部 글자이다. 또한 ‘彗’는 匣紐이고[9] ‘雪’은 心紐에 속해 있다. 고음에서 齒音과 牙音은 通轉이 가능하다. 예를 들면,《禮記·玉藻》‘楔’ 아래《釋文》에서 “徐遵明은 古八切이라 했고, 皇侃은 先結反이라 했다(徐音古八切, 皇音先結反).”라고 하였다.(陸《經》, 109) ‘楔’는 고음에서 牙音 見紐의 음이고, ‘先’은 齒音 心紐이다. 牙音과 齒音이 通转할 수 있음을 알 수 있다. ‘彗’는 ‘雪’과 어음적으로 매우 근접하기 때문에 聲符로 볼 수 있다. 은 ‘雪’의 표음부호이면서 의미적으로도 연관이 있다. 눈이 쌓여 도로를 막고 마당을 덮으면 사람들은 주행의 편의를 위해 빗자루를 들고 쌓인 눈을 치운다. 그러므로 ‘눈〔雪〕’은 ‘빗자루〔帚彗〕’와 연

9《廣韻》에는 于歲切과 祥歲切의 음이 기록되어 있는데, 于歲切은 匣紐이고 祥歲切은 邪紐이다. 馬敘倫은 又音을 근거로 邪紐라고 했고, 唐作藩의《上古音手册》에서는 匣紐에 넣고《廣韻》에 두 개의 독음이 있다고 설명하였다. 彗는 邪紐이고, 雪과는 旁紐의 관계이다.

관이 있다. '彗'는 甲骨文에서 로 쓰여 있는데, 小篆의 '羽'자와 유사하다. 의 부분은 새 깃을 본 뜬 형태가 아니다. 甲骨文 '彗'는 '羽'의 글자와 형태가 완전히 다르다. '彗'의 甲骨文은 다음과 같다.

一期後下二五．九

一期鐵二八．一

위의 형태는 단단히 묶은 빗자루의 대나무 가지가 분산되어 나누어진 형태를 본 뜬 것으로 초기에는 손을 표현하는 '又'가 없었으나 小篆에서는 '又'를 덧붙여 가 되었고, '빗자루'라는 의미는 변하지 않았다. 《說文解字·又部》에는 "는 청소하는 대나무이다(, 掃竹也)."라고 하였다.(大徐本, 64) 청소하는 대나무〔掃竹〕는 대나무로 만든 빗자루를 말한다. '彗'는 빗자루 형태와 연관이 있다. '帚'의 甲骨文은 다음과 같다.

一期乙三一三0

一期乙六七五八

'彗'는 쓸기 전의 빗자루 끝이 나뉘어져 있는 형태가 두드러지고, '帚'는 손잡이를 묶은 모습이 두드러진다는 점에서 차이가 난다.

'羽'와 '彗'는 甲骨文에서 혼동되지 않는다. '羽'의 甲骨文 형태는 다음과 같다.

一期鐵一六二．一

'羽'는 실사의 필법으로 새 날개 위의 단단하고 긴 깃털을 묘사한 것이다.

고대 중국인들은 '雪'을 제작할 때 직관적인 관찰뿐만 아니라 관련 사물과 연관시켜 표현하였다. 즉, '雪'은 '雨'처럼 구름층에서 내려오는 것이므로 '雨'를 表義의 構件으로 삼은 다음 다시 관련 사물을 고려하였다. 비는 땅에 닿으면 곧바로 땅 속으로 스며들지만 눈은 쌓여 도로를 막고 마당을 덮는다. 사람들은 주행의 편의를 위해 빗자루를 들고 쌓인 눈을 치운다. 빗자루를 나타내는 '彗'자는 '雪'의 表音 및 表義의 構件이 된다. 즉, 는 음과 뜻을 나타내는 構形元素이다.[10] '雪'은 義音合成字이고, 음을 나타내는 '彗'부분은 의미를 나타내는 기능을 함께 가진다.

'바람(風)'은 甲骨文에서 이미 나타나고 있으며, 字形은 다음과 같다.

一期合集一三三五六

위의 형태에서는 '鳳'을 '風'으로 삼았다. 바람은 형태나 색이 없으

10 王寧《漢字構形學講座》의 第五講〈構件在組構中的功能〉에서는 한자 構件의 의미 표현 기능을 크게 4가지로 분류하였다. 첫째, 형태를 표시하는 기능, 둘째, 의미를 표시하는 기능, 셋째, 음을 표시하는 기능과 어원을 표시하는 기능, 넷째, 표시기능이다. 음을 표시하는 기능 중에서 本字의 음을 표시하는 構件과 '인신의 분화자'의 음을 표시하는 構件을 언급했다. 그러나 '雪'의 '彗'와 같은 構件에 대해서는 언급하지 않고 있다. 이는 '彗'를 '雪'의 本字로 간주할 수 없으며, '雪'도 '彗'의 '인신의 분화자'로 간주할 수 없기 때문이다. '彗'는 '雪'과 의미적으로 관련된 글자일 뿐이다. 이러한 상황에 대해서는 '음과 의미를 동시에 나타내는 구성요소'인 音義兼示構件을 덧붙여 '彗'를 '음과 의미를 동시에 나타내는 構件'인 音義兼示構件으로 간주할 수 있다.

며 움직임에 종적을 파악할 수 없는 대상이다. 사람들은 어디서든 바람을 느낄 수 있지만 형상을 관찰할 수 없었기 때문에, 바람의 유래는 중국 고대 선인들에게는 하나의 풀기 어려운 수수께끼였다. 그러므로 중국 고대 선인들은 바람이 신조인 봉황의 비상에서 생겨난 것이라고 여겼다.《說文解字·鳥部》에서 '鳳'을 아래와 같이 설명하고 있다.

> 신조이다. 천로(天老: 황제의 신하)가 "봉황을 본뜬 것이다. 앞쪽은 기러기를 본뜨고 뒤쪽은 기린을 본떴다. 뱀의 목·물고기의 꼬리·황새의 이미·원앙의 빰·용의 무늬·호랑이의 등·제비의 턱·닭의 부리 모양의 본떴으며 몸에 다섯 가지 색이 겸비되었다. 동방 군자의 나라에서 출생하였으며, 四海의 밖에서 비상한다. 崐崘山을 날아 지나며 砥柱山의 물을 마시며, 弱水로 깃을 씻는다. 황혼이 되면 風穴에서 묵고, 나타나면 천하가 크게 태평한다……봉황이 날면 뭇 새들이 따름이 수만에 이르므로 朋黨의 朋으로 가차하였다(神鳥也. 天老曰: "鳳之象也, 鴻前麐後, 蛇頸魚尾, 鸛顙鴛思, 龍文虎背, 燕頷雞喙, 五色備舉. 鹷於東方君子之國, 翱翔四海之外. 過崐崘, 飲砥柱, 濯羽弱水. 莫宿於風穴, 見則天下大安寧……鳳飛, 群鳥从以萬數, 故以爲朋黨字).(大徐本, 79)

봉황은 神鳥이다. 許愼은 先賢의 말을 인용하여 신화처럼 묘사하였다. 그 중 "莫宿於風穴"과 "鳳飛, 群鳥從以萬數"는 중국 고대인들이 '鳳凰'을 '風'으로 삼은 심리적 인지의 근거이다. 중국 고대인들은 만물을 표시하는 단어를 만들 때, 일부 형태적인 특징이 명확한 사물은 "그 사물의 형태에 따라 그리는(畫成其物, 隨體詰詘)" 방식으로 묘사하였다. '日'과 '月' 두 글자가 그 예이다. 그러나 형태가 없거나 형상이 명확하지 않거나 혹은 형태가 있더라도 그려내기 어려운 사물은 유사하거나 연관된 사물로서 표현하였다. '風'자가 그 예이다. 甲骨文에서는 '鳳'으로 자연계 대기 순환으로 발생하는 바람을 표시하면서 을 덧붙여 봉황이 날면서 발생하는 기류를 표현하였다.

甲骨文 의 構形은 標義合成字에 속한다. 甲骨文 은 고대인들의 바람에 대한 초기 인식을 반영한 바람의 원초적인 字形이다. 후대 사람들은 의미를 구분하기 위해 鳳에 形符 '凡'(甲骨文 H)으로 바람을 타고 나아가는 사물을 나타내는 돛(帆: 일설에서는 접시〔盘〕라고도 한다)을 표현하여 글자의 의미를 나타냈다. 字符 '凡'에 대해서 일부 학자는 聲符로 분석하기도 한다. '凡'과 '風'의 고음이 모두 侵部이기 때문에 疊韻관계이다. '凡'은 並紐이고 '風'은 幇紐이기 때문에 旁紐관계이다. 두 글자의 음은 유사한다. 사실 의미를 나타내기 위해 사용한 '凡'은 形符로 보는 것이 옳다. '鳳'이 음을 나타내며 동시에 어원을 나타낸다.

甲骨文 의 구조적 이거는 하늘의 현상을 관찰한 결과이다. 바람의 형태는 그려낼 수 없기 때문에, 한번 날면 땅을 쓸어버릴 정도의 바람을 일으킨다고 여겨지던 봉황을 문자 구조의 요소로 삼았다. '風'의 구조에서 詩적인 정취를 느낄 수 있다. 이러한 연상은 자연만물에 대한 초보적인 관찰과 사고에 근거한 것이다.

이상 '日'·'月'·'星'·'云'·'雨'·'雷'·'雪'·'風' 여덟 글자의 구조적 理據를 고찰하였다. 위의 내용을 통해 이 글자가 모두 고대 중국인들이 天象을 관찰하고 얻은 느낌과 인상에 근원을 두고 있음을 알 수 있다. 태양은 둥글고 꽉 찬 것이므로 ⊙으로 표현하였고, 달은 주로 이지러진 형태로 나타나지만 결핍은 외형적인 것일 뿐 실제로는 꽉 차 있으므로 으로 표현하였다. 별은 형상이 있지만 묘사할 수 없으므로 세 개의 日을 중첩한 '晶'의 형태로 밤하늘에 흩어져 있는 많은 별을 나타내었다. 구름은 하늘에서 휘말리며 날아다니기 때문에 으로 표현하였다. 구름은 하늘의 구름층에서 내리는 珠簾 같은 비의 막을 형성하므로 [illegible]으로 표현하였다. 천둥은 번개가 친 뒤에 발생하는 '우르릉 쾅쾅'하는 소리이므로 [illegible]으로 표시하였다. 눈은 형상은 있지만 표현하기 어려웠기 때문에 중국 고대인들은 연관 사물인 빗자루〔帚彗〕로서 음을 표시하면서 동시에 의미를 나타내었다. 또한 '비(雨)'를 덧붙여 눈이 하늘의 구름층에서 내려온다는 것을 표현하였다. 바람은 형태도 색도 없으므로 풍부한 상상력을 동원하여 神鳥인 봉황과 연계하였다. '鳳'에 [illegible]을 덧붙여 형태가 없는 바람을 묘사하였다. 고대 중국인들이 天象을 관찰하고 사유기관인 눈·귀·코·입·마음을 통해 얻은 결과를 표현했음을 알 수 있다. 그 중 눈으로 보는 것이 가장 중심이 되고, 그 다음 귀로 들은 내용을 토대로 글자를 만드는 과정에서 마음(두뇌)이 결정을 내렸다.

2. 地理를 관찰하여 만든 阜·山·丘·原(邍)·谷·川·回·泉

地理가 대지의 무늬를 가리킨다는 것은 '防'의 구조에서 알 수 있다. 《說文解字·十四下·阜部》에서 "阞는 땅의 무늬이다. 阜로 이루어져 있고, 성부는 力이다(阞, 地理也. 从阜力聲)."라고 하였고, 段玉裁는 〈考工記〉에서 "'무릇 땅의 무늬에 거스르게 도랑을 파는 것을 不行이라 한다'고 했다. 주석에 말하기를 '溝는 도랑을 만드는 것이고, 防은 무늬를 말하는 것이다'라고 했다. 생각건대 力은 맥이다. 맥에는 맥락을 찾을 수 있기 때문에, 대개 무늬가 있는 글자들은 모두 力으로 이루어져 있다. 防은 땅의 무늬이고, 朸은 나무의 무늬이다. 泐은 물결이다. 手를 부수로 가진 扐도 같은 의미이다('凡溝逆地防, 謂之不行.' 註云: '溝謂造溝, 防謂脈理.' 按力者, 筋也. 筋有脈絡可尋, 故凡有理之字皆从力. 防者, 地理也, 朸者, 木理也. 泐者, 水理也. 手部有扐, 亦同意)."라고 주석했다.(段注, 731) 段玉裁의 주석에서 力을 聲符로 가진 글자와 '阞'이 모두 '무늬가 있다〔有理〕'의 의미를 나타낸다는 것을 알 수 있다. 대지에는 무늬가 있기 때문에 관찰을 통해 그 맥락을 찾을 수 있다. 중국 고대 사람들의 지리에 대한 세심한 관찰과 깨달음을 통해 중화민족의 독특한 문화 특징인 풍수지리학이 발생한 것이다.

중국 고대에는 일찍부터 풍수를 보았다. 《詩·大雅·公劉》에는 周부족의 조상인 公劉가 邰에서 豳지역으로 옮겨 와서 豳지역에서 펼친 서사시 같은 영웅적 사적을 기록하고 있다. 公劉는 먼저 "빈지역의 지리를 관찰하였다(于胥斯原)". 公劉가 빈 지역을 관찰 할 때 "작은 산에 오르고 평원으로 걸어 내려가면서 반복적으로 관찰하였다(陟則在巘, 復降在原)." 동시에 "온갖 샘의 발원지에 가보고, 넓은 들판을 상세히 관찰하였다(逝彼百泉, 瞻彼溥原)." 마지막으로 "남쪽 산에 올라 빈 지역의 터를 확정하고 번영한 백성들이 편안한 풍요로운 땅을 건설하였다(迺陟南崗, 乃覯於京)."(阮《疏》, 542)

지리 관찰은 주로 지세를 관찰하는 것이다. 고대 중국 사람들은 대지의 지세는 무늬를 통해 찾을 수 있고, 지세의 고저와 이어지면서 나타나는 기복이 마치 용이 대지를 지나가는듯하여 지세가 우수한 곳을 龍脈이라 한다. 龍脈은 사람이 거주하기에 적합하고 가족을 장례 지내기에 적합하다. 이 때문에 陽宅과 陰宅은 터를 선별해야 한다. 중국 고대의 택지를 보는 사람을 地理先生이라 했다. 터를 선택하는 기본 원칙은 '龍眞(용의 모양이 생기 있게 참된)'·'穴的(생기가 뭉쳐있는)'·'砂環(산이 둘러싸고)'·'水抱(물이 안아주는)'의 여덟 글자로 개괄할 수 있다. 이 여덟 글자는 모두 지리와 관련된 것으로 합리적인 면이 많아서 오늘날 사람들도 참고할 수 있다.

《周禮·地官·大司徒》에서 "천하 토지의 그림으로 9주 지역과 땅의 넓이를 모두 알고, 산(山)·숲(林)·내(川)·못(澤)·산(丘)·언덕(陵)·섬(坟)·샘(衍)·벌판(原)·진펄(隰)의 명물(名物)을 분별한다(以天下土地之圖, 周知九州之地域、廣輪之數,

辨其山、林、川、澤、丘、陵、坟、衍、原、隰之名物)."라고 하였다.(阮《疏》, 702) 山·林·川·澤·丘·陵·坟·衍·原·隰은 지리를 관찰해서 얻은 구분이다. 이 열 가지 지리는 대지의 모든 형세 특징을 포함하며, 또한 고대 중국인들이 장기간의 관찰을 통해서 얻은 직관이자 이성적인 분류이다. 鄭玄이 주석에서 "돌이 쌓여 있는 것이 山이고, 竹林이 林이며, 흙탕물을 川이라 하고, 물이 갇혀 있는 것을 澤이라 하고, 흙이 높은 것을 丘라 하고, 큰 언덕을 陵이라 하고, 물에 접한 벼랑을 坟이라 하고, 낮고 평평한 것을 衍이라 하고, 높고 평평한 곳을 原이라 하고, 낮고 습한 곳을 隰이라 한다. 명물이라는 것은 10가지의 이름과 생겨난 사물이다(積石曰山, 竹木曰林, 註瀆曰川, 水鐘曰澤, 土高曰丘, 大阜曰陵, 水崖曰墳, 下平曰衍, 高平曰原, 下濕曰隰. 名物者, 十等之名與所生之物)."라고 하였다.(阮《疏》, 702) 그 중 '大阜曰陵'의 '阜'는 중국 고대 사람들의 주거환경과 직접적인 관련이 있기 때문에 분석해 볼 가치가 있다.

'阜'는 매우 오래된 글자로서 甲骨文에 이미 나타난다. 그 형태는 다음과 같다.

 一期菁一

'阜'는 象徵性이 매우 강한 한자이다. 고문학자의 고증에 따르면 '阜'는 고대 중국인들의 혈거생활(穴居生活)에 대한 생동적인 묘사이다. 《禮記·禮運》의 기록에 의하면 고대 중국인들은 집이라는 주거형태가 생기기 전에 "겨울에는 산벼랑의 동굴에 거주하고, 여름에는 나무 위에 거주지를 만들어 거주하였다(冬則居營窟, 夏則居橧巢)."(阮《疏》, 1416) 이후에 점차 대륙으로 이동하면서 적합한 동굴을 찾지 못하게 되자 지면에 흙구덩이를 파고 간단한 지붕을 지탱하여 바람과 비를 막으면서 혈

거식 거주생활을 시작하였다. 甲骨文 은 고대 중국인들이 혈거하던 구덩이 벽 위를 파서 발로 밟을 수 있게 만든 구덩이집이다. '阜'를 形符로 삼은 글자가 이 점을 설명해 주고 있다. '隊(墜)'는 '阜'만큼 오래된 글자이며, 甲骨文에 이미 나타난다. 글자의 형태는 다음과 같다.

一期甲三四七

一期粹一五八O

위의 글자가 楷書에서는 '队'로 변한다. 이 글자는 '사람이 거꾸로 되어 있는 모양'으로 '높은 곳에서 떨어지다'는 의미를 나타낸다. 아래쪽 글자의 형태는 '거꾸로 된 사람'을 '거꾸로 된 아이'로 바꾸어 놓아서 더욱 명확하게 의미를 나타내고 있다. 성인이 흙 계단을 오를 때는 잘 떨어지지 않지만, 어린 아이가 계단을 오를 때는 넘어지기 쉽다. '阜'는 사람들이 드나드는 거주지의 통로이다. '阜'를 形符로 가진 것으로 '陟'과 '降'이 있다. '陟'은 낮은 곳에서 높은 곳으로 오르는 것이고, '降'은 반대로 높은 곳에서 낮은 곳으로 내려오는 것이다. '陟'의 甲骨文 형태는 다음과 같다.

一期粹一六七

'降'의 甲骨文은 다음과 같다.

一期天四四

'陟'과 '降'의 차이는 발가락의 방향이다. 하나는 위쪽으로 향하고, 하나는 아래쪽으로 향한다. 오르고 내리는 대상은 모두 혈거하는 구덩이 벽의 발 디디는 곳이다. '阜'가 기록한 의미가 고대 중국인들의 혈거생활과 연관됨을 알 수 있다. '阜'에 대한 고대 중국인들의 인식은 거주환경의 각도에서 고찰한 것이며 지리와 연관된다. 구덩이 팔 곳을 선택하는 것은 매우 중요한 일이다. 토질뿐만 아니라 물길도 고려해야 한다. 《說文解字·十四下·阜部》에서 '阜'에 대해서 다음과 같이 해석하였다. "대륙의 산이며 돌이 없는 것이다. 형태를 본 뜬 것이다(大陸山無石者, 象形)."(大徐本, 304) 許愼은 상고시대의 의미로 해석하고 있다. 대륙은 높고 위쪽이 평평한 땅을 가리킨다. 堯가 홍수를 만난 이후에 이러한 곳은 사람들이 살기에 가장 적당한 곳이었다. 산에 돌이 없으면 경작지를 만들 수도 있고 구덩이를 파기에도 용이하다. 홍수의 재난을 피할 수 있는 조건이 거주지 선택에 있어 가장 먼저 고려해야할 것이었다. 宋永培는 《說文解字》 전체의 의미를 귀납하고 상고시대 '요임금이 홍수를 만난(堯遭洪水)' 문헌기록을 근거로 《說文解字》에서 종종 '거처'의 의미와 '물중의 높은 땅'의 의미를 연계하여, '거처'의 의미를 나타내는 글자의 本字는 마땅히 尸와 兀로 이루어진 '𡰥'이며, 尸와 几로 이루어진 凥가 아니라는 결론을 내렸다.(宋《史》, 16) 이 견해는 매우 타당하다. 兀에 대해 《說文解字·八下·儿部》에서 "兀은 높고 위가 평평한 곳이다. 一가 사람의 위에 있는 형태로 이루어져 있다(兀, 高而上平也. 从一在人上)."라고 하였다.(大徐本, 176) '兀'은 매우 오래전에 만들어진 한자이다. 甲骨文의 형태는 다음과 같다.

 一期一七九四

위의 甲骨文 형태는 小篆 '兀'자와 構意가 같다. 사람들은 거주지를 선택할 때 습한 곳을 피하고 건조한 곳을 선택하기 때문에 높고 평평한 곳이 거주하기에 적합하다. '阜'와 유사한 '𠂤'의 甲骨文은 다음과 같다.

一期铁二O七.二

이 글자의 형태에 대한 해설은 매우 다양하다. 徐中舒가 主編한《甲骨文字典》은 유일하게 '의 본래 형태가 가로로 쓴 이며 사람의 엉덩이를 본 뜬 형태'라고 여기는 일본 학자 加藤常賢이 주장한 관점에 찬성한다. 즉 사람이 앉아서 휴식하거나 휴식하는 장소를 표시한다는 것이다. 아울러 고대 중국인들이 야외에서 여행하다가 앉을 곳을 선택할 때 필히 높고 건조한 곳을 선택함을 언급하였다.(徐《甲》, 1500) 加藤常賢의 해설은 널리 인정되고 있지는 않지만 어떤 의미에서 上古시대 중국인들의 생활상을 제시하고 있다. 잠시 휴식할 때도 높고 건조한 곳을 선택하는데, 장기 거주지를 선택할 때는 특히 낮은 곳을 피하고 높은 곳을 선택하였을 것이다. 상고시기의 중국인들은 여러 차례 물난리를 경험하였기 때문에 홍수와 맹수를 함께 언급하였고, 홍수를 재난의 근원으로 간주하였다. 甲骨文의 '灾'인 ''는 홍수가 옆으로 흐르는 것을 본떠서 물이 범람하여 재난이 되는 형태이다. 홍수는 사람들에게 큰 생명의 손실과 재산의 손실을 가져온다. 그러므로 ''로 재난을 상징한다.

사람들이 '거처'를 높고 위가 평평한 곳으로 선택하는 것은 홍수를 피하고 생활의 편의를 위해서이다. '阜'는 표면적으로는 혈거지 벽의 통로인 계단을 형상화하였지만, 심층적인 글자 구조의 이거는 許愼이 말한 '大陸山無石', 즉 높고 위쪽이 평평한 땅이다. 그러므로 '阜'를 形符로 가진 문자는 모두 산릉과 관련이 있다.

'山'은 옛날 중국인들이 생존을 위해 살아가던 주요 장소이다. 이 때문에 고대 중국인들을 일찍부터 산에 대해 관찰하고 경험을 가지고 있었다. 甲骨文 '山'은 다음과 같다.

一期合集六五七一

위의 글자는 산봉우리가 나란히 늘어져 있는 형태를 매우 명확하게 본뜨고 있다. 許愼의 '山'에 대한 해석은 聲訓의 방식을 사용하고 있다. 許愼은 "山은 宣이다. 氣를 발산하여 만물을 생성한다. 돌이 있고 높다. 형태를 본뜬 것이다(山, 宣也, 宣氣散生萬物, 有石而高, 象形)."라고 하였다.(大徐本, 190) 段玉裁는 陸德明의 《莊子音義·山木》에서 인용한 《說文解字》에 근거하여 이 글자의 訓釋을 "山, 宣也. 謂能宣散气, 生萬物也."로 고쳤다.(段注, 437) '山'과 '宣'은 疊韻으로 모두 元部에 속한다. '山'의 聲紐는 生紐이고, '宣'은 心紐로서 準雙聲의 관계이다. 山과 宣의 어음은 매우 유사하다. 이 聲訓은 바위로 이루어진 봉우리가 우뚝 솟아 있는 땅의 형태를 '山'이라 이름 짓는 이거를 나타낸다. 산은 氣를 발산하고 만물을 생성하는 기능이 있다. 이 문자는 세 개의 산봉우리가 나란히 서 있는 형상으로 산을 기록한 문자로서 사람들이 지리를 관찰한 결과에 의거하여 만든 글자이다. 중국의 지형은 고대부터 지금까지 서북쪽이 높고 동남쪽이 낮은 특징을 가지고 있다. 황하와 장강이 중국을 꿰뚫어 산지가 이어지고 계곡이 종횡으로 놓여 있고, 구릉이 기복하고 평원이 광활하게 펼쳐져 있는 판도를 구성한다. 지형의 복잡함은 온갖 생물의 생존과 번성을 위한 최적의 조건이다. 山地의 풍

부한 자원과 많은 산물은 어렵과 농경을 하는 사람들이 생존할 장소이다. 또한 구릉지는 고대 帝王이 거처지로 삼아 토지를 경영하던 영토이다. '山'을 形符로 가진 '嶧'·'嶷'·'嶨'가 가리키는 높은 산과 험준한 고개에는 '虞舜'·'夏禹' 등 고대 제왕의 유적이 남아 있으며, 네 개의 높은 산인 泰山·華山·霍山·恒山은 역대 제왕들이 순렵(巡獵)하던 곳이다. 그러므로 '山'은 돌로 이루어진 산봉우리가 나란히 서있는 형태이지만, 내면에는 사람들의 공경과 두려움을 나타내려는 의도가 포함되어 있다.

'丘'는 현대 단어에서 '陵'과 조합되어 '丘陵'로 사용된다. 丘陵은 일반적으로 작은 산을 가리킨다. 丘가 山보다 낮다는 것은 현대인의 오해이다. 사실, '丘'는 '山'보다 높다. '丘'의 甲骨文 형태는 아래와 같다.

一期乙七一一九

徐中舒는 혈거하는 구덩이 양측에 높이 솟은 출입구멍의 형태라고 주장한다.(徐《甲》, 924) 이 해석은 잘못된 것이다. 甲骨文의 글자 형태를 근거할 때 許愼의 해석이 '丘'의 초기 構意에 부합한다. 《說文解字·八上·丘部》에는 "㐀, 흙이 높이 쌓인 것으로 인위적인 것이 아니다. 北과 一로 이루어져 있다. 一은 땅이다. 사람이 언덕의 남쪽에 거주하기 때문에 北으로 이루어져 있다. 중국인은 곤륜의 동남쪽에 거주한다. 일설에는 사방이 높고 중앙이 낮은 곳을 丘라고 한다. 형태를 본뜬 것이다(㐀, 土之高也, 非人所爲也. 从北从一, 一, 地也. 人居在丘南, 故从北. 中邦之居在崐崘東南. 一日四方高, 中央下爲丘, 象形)."라고 하였다.(大徐本, 169) 小篆의 글자 형태가 변했기 때문에 許愼의 '丘'의 字形에 대한 분석은 착오가 있다. 뒷부분 "四方高, 中央下爲丘, 象形"이라 한 것이 오히려 '丘'의 초기 構意에 부합

한다. 산이 돌로 이루어진 산봉우리나 나란히 서있는 형태라면 '丘'는 사면이 군산들로 둘러쳐 있고 중앙에 움푹 들어간 형태이다. 군산들이 둘러쳐 있는 지형은 전통 풍수지리학의 '龍眞(용의 모양이 생기 있게 참된)'·'穴的(생기가 뭉쳐있는)'·'砂環(산이 둘러싸고)'·'水抱(물이 안아주는)'의 원칙에 가장 부합하여 거주하기 좋은 곳이다. 그러므로 丘는 일찍이 행정단위로 사용되어 "九夫를 井이라 하고, 4井을 邑이라 하고, 4邑을 丘라고 했다(九夫爲井, 四井爲邑, 四邑爲丘)."(大徐本, 169) 許愼이 "丘는 땅의 높은 곳으로 인위적인 것이 아니다(丘爲土之高也, 非人所爲也)."라고 한 것은 매우 정확하다. 고대에 인위적으로 만든 흙산은 '丘'가 아니라 '京'이었다.《說文解字·五下·京部》에서 "사람이 많은 가장 높은 언덕이다. 高의 생략된 형태로 이루어져 있다. 丨는 높은 형태를 나타낸다(人所爲絕高丘也, 从高省, 丨象高形)."고 하였다.(大徐本, 111) '丘'는 자연적으로 형성된 군산으로 인위적이지 않으며 혈거 구덩이의 출입구멍이 아님을 알 수 있다.

孔子의 이름은 丘이다. "태어나면서 머리 위쪽이 제방 모양의 이마를 가졌기 때문에 孔丘라 이름 지었다(生而首上圩頂, 故因名曰孔丘云)."(《史記》, 1905) 제방 모양의 이마〔圩頂〕는 숨구멍이 움푹하게 들어가 있고, 머리 정수리에 "사방이 높고 중앙이 낮은(四方高, 中央下)" 기이한 형상이 나타난 것이다. '丘'의 초기 글자 형태와 유사하였기 때문에 이름을 '丘'로 지은 것이다. 이것은 許愼의 '丘'자에 대한 해석을 증명하는 증거이다.

宋永培는 융합관통식(融合貫通式)으로《說文解字》의 해석과 상고 문헌 자료를 정리하여 '丘'가 '山'보다 높음을 신빙성 있게 증명했다. 이러한 주장은 두 가지 근거에서 나왔다. 첫째,《說文解字》의 '岳'자의 형태에서 '丘'가 '山'의 위에 있다. 만약 丘가 山보다 낮다면 山이 丘 위에 있어야 한다. 둘째,《莊子》·《韩非子》·《淮南子》·《論衡》·《漢書》 등의 先秦两漢 문헌에서 丘와 山이 이어지는 문장은 대부분 丘가 앞에 있고 山이 뒤에 있는 '丘山'의 형태를 보이고 있다. 즉, '山丘'의 형태가 아니라는 것이다. 두 가지를 근거로 삼으면 상고시대 사람들에게 丘는 높은 것이고 山은 낮은 것이었다는 결론이 나온다.(宋《史》, 30-33) 또한 《說文解字》 및 그 注釋에서 '丘'는 항상 '土'와 연결되고, '山'은 항상 '石'과 연결된다는 점을 언급하였다. '丘'는 높으면서도 흙으로 이루어져 있고, '山'은 높으면서 돌로 이루어져 있다.(宋《史》, 30-35) 이러한 정황들을 근거로 '山'과 '丘'의 字形 構意를 파악해 보면 '山'의 봉우리는 고대 중국인들이 돌산을 관찰한 후에 느낀 '흙과 돌이 섞여 웅대하고 우뚝하게 솟아있는 기세'를 나타낸 것임을 알 수 있다. 그러므로 '丘'는 많은 산으로 둘러쳐져 있고 중앙이 움푹 파여 있으며, 길게 이어진 산봉우리가 연결되어 첩첩이 솟아 있는 웅장한 모습을 표현한다.

原의 높고 평평한 들판〔高平之野〕이란 의미는 본래 '邍'으로 썼다. 《說文解字·二下·辵部》에는 "邍은 높고 평평한 들판이다. 사람이 오르는 곳이다. 辵·备·录로 이루어져 있다. 闕(邍, 高平之野. 人所登, 从辵, 備、錄闕)."(大徐本, 42) 許愼이 해석한 '邍'의 本義에 대한 내용은 정확하다. 字形 분석에서는 '궐여(闕如)'[11]의 신중한 태도를 보여주고 있다. 段玉裁의 주석에서는 '高平之野'를 《韻會》에 근거하여 '高平日邍'으로 고치고 이 글자의 형태에 대해 비교적 명확한 분석을 진행했다.

---

11 許愼은 《說文解字·叙》에서 "《尙書》에 이르기를 '나는 옛 사람들의 모습을 보고 싶다.'하니 이는 반드시 옛 문장을 연구해야하고 견강부회해서는 안 된다는 것이다. 공자가 말하기를 '나는 그래도 역사기록에 궐문(闕文)을 보았는데 지금은 없구나!'라고 하였다. 대개 그들이 알지 못하면서 묻지 않는 것을 비판한 것이다. 사람들이 자신의 방법만을 쓰니 시비가 바로 잡히지 않고 교묘한 설과 엉터리 말들은 천하의 배우는 사람을 미혹되게 한다(《書》曰 '予欲觀古人之象', 言必遵修舊文而不穿鑿. 孔子曰: '吾猶及史之闕文, 今也亡矣夫!'蓋非其不知而不問. 人用己私, 是非無正, 巧說邪辭, 使天下學者疑)."라고 하였다. 許愼이 궐문(闕文)을 숭상하였고, 모르면서 묻지 않고, 이해하지 못하면서 이해한 척하고, 견강부회하는 것이 학문의 금기라고 여겼음을 알 수 있다.

대저 陸·阜·陵·阿는 모두 높은 곳이다. 곡식을 키울 수 있는 곳은 모두 原이라고 하였기 때문에 '높고 평평한 곳을 原이라 한다(高平日原)'라고 한 것이다. 〈地官·遼師〉에 주석하여 말하기를 '遼은 땅이 넓고 평평한 곳이다(地之廣平者)'라고 하였다. 〈大司徒〉의 주석과 다른 점은 原이 넓고 평평한 곳이라고만 한 것이다. 坟·衍·原·隰은 넓고 평평하고 原은 높고 평평하다. '遼'은 후인들이 샘의 근본을 나타내는 原으로 대체하였는데, 《周禮》에 보인다. '人所登, 从辵, 备、錄闕'의 여덟 글자는 누락과 오류로 의심된다. 마땅히 '从辵、从略省, 从录, 人所登也'이어야 한다. 그러므로 '从辵'의 14 글자는 오늘날 식견이 짧은 사람들이 어지럽힌 것이다. 人所登은 무지하여 从辵의 의미를 지나치게 해석한 것이다. 略은 토지의 계획하고 운영할 수 있음이다. 錄은 토지의 마음대로 새길 수 있음이다. 〈西都賦〉의 '溝塍刻鏤'가 이와 같다. 대개 세 글자가 모여 이루어진 것이다(凡陸、阜、陵、阿, 皆高地, 其可種穀給食之處皆日原. 是之謂'高平日原'也. 〈地官·遼師〉註云: '遼, 地之廣平者', 與〈大司徒〉註不同者, 單言原則爲廣平, 墳、衍、原、隰並言則衍爲廣平, 原爲高平也. '遼'字後人以水泉本之原代之, 惟見《周禮》. '人所登, 从辵, 備、錄闕' 此八字疑有脫誤, 當作'从辵、从略省, 从錄, 人所登也'. 故'从辵'十四字今本淺人所亂耳. 人所登, 矇高解从辵之意也 ; 略者, 土地可經略也. 錄者, 土地如刻木錄錄然. 〈西都賦〉'溝塍刻鏤'是也. 蓋从三字會意)." (段註, 75)

段玉裁주석의 고증과 해석이 매우 자세하다. '遼'의 本義와 글자 형태에 대한 분석이 매우 철저하다. 그러나 '遼'의 초기 構形와 제작의도를 이해하려면 상고시대의 역사와 문화적인 배경과 결합하여 분석해야 한다. 《說文解字·十一下·川部》에서 말하기를 "𡿧, 물 가운데 거주할 수 있는 곳을 州라고 한다. 주위의 물이 州의 옆을 감싸고 있어,

두 개의 川자가 중첩된 것으로 이루어져 있다. 고대 堯임금 때 홍수가 일어나 백성들이 물 중간의 높은 땅 위에 거주하게 되었다. 혹자는 이러한 높은 땅을 九州라고 한다. 《詩經》에 '강 중간의 작은 섬 위에서(在河之州)'라고 하였다. 일설에서는 '州는 농지이다. 각각 그 땅을 경작하여 생활한다(巛, 水中可居曰州. 周遶其旁, 从重川. 昔堯遭洪水, 民居水中高土. 或曰九州. 《詩》曰: '在河之州.' 一曰: '州, 疇也. 各疇其土而生之').'라고 하였다.(大徐本, 139) '요임금이 홍수를 만난(堯遭洪水)' 사건에 대해서 宋永培는 중화 고원 농경문명의 기점이라고 주장한다. 《尚書·堯典》에서는 요임금 때의 홍수에 대해서 "넘실대는 홍수가 바야흐로 폐해를 끼쳐서 쓸어버릴 듯 산을 에워싸고 언덕을 넘어 거대하게 하늘까지 넘치네(湯湯洪水方割, 蕩蕩懷山襄陵, 浩浩滔天)."라고 기록한다.(阮《疏》, 122) 《孟子·滕文公上》에서도 "요임금 때 천하가 아직 평온하지 못해서 홍수가 넘쳐 천하에 범람했다(當堯之時, 天下猶未平, 洪水橫流, 氾濫於天下)."라고 하였다.(阮《疏》, 2705) '堯遭洪水'는 신뢰할만한 역사적인 사실임을 알 수 있다. 요임금 때 중국의 대지에는 큰 홍수의 재해가 있어서 고대인들은 평지에 살지 못하고 나무속을 파서 배를 만들어 높은 평지로 건너갔다. 높은 평지에서 황무지를 개간하고 농업에 종사하며 생존하였다. 고원에는 고대 중국인들의 개간을 거쳐 층층의 계단 농지가 생겨났는데 마치 나무에 새긴 篆文의 모양과 같았다. 이것이 바로 '邍'의 초기 造字의도이다. '邍'의 造字의도에 대한 증거는 오늘날에도 찾아볼 수 있다. 廣西省 龍勝縣에 남아있는 龍脊梯田은 용승현의 壯族·苗族·瑶族이 역대로 이 산에 만든 신기한 걸작이다. 사진 3-1과 같다.

사진 3-1-1 龍脊梯田

층층의 제전(梯田)은 나무에 새긴 한 줄 한 줄의 篆文과 같은 모양을 나타내어 사람들의 주목을 받고 있다. 그러므로 높은 평지의 들판을 나타내는 '邍'은 옛 사람들이 지리를 관찰하고 만든 글자로서 고원 농경문명에 대한 사실적인 묘사임을 알 수 있다. '邍'은 중화문명의 역사적 발전을 표현하고 있으며, 상고시대 華夏民族의 역사를 사실적으로 묘사하고 있는 살아있는 화석이다.

山谷의 '谷' 또한 중국 고대인들이 지리를 관찰하여 만든 문자이다. '谷'의 甲骨文 字形은 다음과 같다.

一期前二．五．四

산골짜기 계곡물이 골짜기에서 나오는 모양을 본 뜬 것이다. 는 계곡물이 흐르는 모양이고, 는 산골짜기의 출구이다. 앞에서 우리는 '阜'·'山'·'丘'·'原'(邍)네 글자가 모두 고대 중국인들의 생존환경, 특

히 주거환경과 밀접한 관계가 있음을 고찰하였다. 중국 고대인들은 거주지를 선택할 때 낮을 곳을 피하고 높은 곳을 선택하였고, 습한 곳을 피하고 건조한 곳을 선택하였다. 이 때문에 '陵'·'阜'·'山'·'阿'는 중국 고대인들의 거주지로서 가장 적합한 곳이었다. 산이 있으면 물이 있었다. 물은 샘에서 시작하여 산골짜기로 들어가 졸졸 흘러내리다가 시냇물에서 모였다가 다시 강으로 들어간다. 고대 중국인들은 끊임없이 흘러내린 계곡물이 산골짜기로 흘러갔다가 넓은 강으로 흘러가는 과정에서 유입구는 항상 口형태의 골짜기 진입구라는 것을 파악하였다. 그러므로 仌형태로 골짜기에 흐르는 계곡물을 나타내고 ㅂ형태로 산골짜기 진입구를 나타내어 산골짜기〔谷〕를 표시하였다. '谷'은 사실 산지와 하천, 농지와 물길을 연결하는 연결체이다. 《說文解字·十一下·谷部》에서 "谷, 샘이 출구에서 하천으로 연결되는 곳이 谷이다. 水의 반쪽으로 이루어져 있는 형태가 口에서 나오고 있다(谷, 泉出通川爲穀. 从水半見, 出於口)."라고 하였다.(大徐本, 240) 谷은 두 개의 산 사이에 있는 협곡으로 물의 통로이다. 사실 산골짜기 협곡의 물은 높고 평평한 들판인 邍 위의 물로 모였다. 邍은 중국 고대인들이 개간한 고원의 농지이다. 농지는 물을 다스리기 위해 밭 사이에 일정한 비율로 물길을 만들어야 한다. 이것에 대해서 《周禮》의 〈考工記·匠人〉에 비교적 상세한 기록이 남아있다. "장인이 봇도랑을 만들 때, 보습〔耜〕의 넓이는 5촌이다. 2사(耜)는 우(耦)가 되니, 하나의 우가 가는 것은 넓이 한 척에 깊이가 한 척이고, 이를 甽이라 한다. 밭머리 도랑〔田首〕은 두 배인데, 넓이 두 척에 깊이 두 척이며 遂라 한다. 아홉 농부가 井이 되니 井마다 넓이 네 척에 깊이 네 척의 도랑을 두니 이를 溝라고 한다. 사방 10리가 成이 되니, 성 사이에는 넓이 여덟 척에 깊이 여덟 척의 도랑을 두었는데 이를 洫이라 한다. 사방 1백리가 同이 되는데, 동 사이에는 넓이 2심(尋) 깊이 2인(仞)[12]의 도랑을 두니 이를 澮라 한다(匠人爲溝洫, 耜廣五寸. 二耜爲耦, 一耦之伐, 廣尺, 深尺謂之畎 ; 田首倍之, 廣二尺, 深二尺謂之遂 ; 九夫爲井, 井間廣四尺, 深四尺謂之溝 ; 方十里爲成, 成間廣八尺, 深八尺謂之洫 ; 方百里爲同, 同間廣二尋、深二仞謂之澮)." (阮《疏》, 931) 높은 산에서 나온 좋은 물이 바로 샘물〔泉水〕이다. 산의 샘이 넘쳐 나오면 농지에 관개용수로 쓸 수 있다. 고대의 밭을 갈던 쟁기의 날 부분이 5촌이고, 두 개의 쟁기 날이 밭을 갈 때 파낸 도랑이 한 척의 넓이이다. 한 척만큼 깊게 판 것은 畎이라 하는데, 本字가 く이며, 혹은 '甽'으로 쓴다. 畎은 밭 사이에 관개하는 물 통로가 되는 도랑을 나타낸다. 밭머리 도랑은 넓이가 두 척이고 깊이가 두 척인데 遂라고 한다. 아홉 명의 농부가 경작한 땅이 井이고, 井과 井 사이의 도랑은 넓이가 네 척이고 깊이가 네 척인데 溝라고 한다. 사방 10리가 成이 되니, 성 사이에는 넓이 여덟 척에 깊이 여덟 척의 도랑을 두었는데 이를 洫이라 한다. 사방 1백리가 同이 되는데, 동 사이에는 넓이 16자(2尋) 깊이 14자(2仞)의 도랑을 두니 이를 澮라 하며, 本字는 巜이고, 계곡물이 모여 졸졸 흘러서 큰 천으로 나아가는 의미를 나타낸다. '谷'의 조자 의도는 같은 도랑의 남은 물이 모여 계곡물을 이루어 구불구불한 산골짜기 계곡을 지나 하천으로 들어가는 것이다. '谷'은 농지의 도랑과 하천을 연결하는 산골짜기 물길이다. 谷을 形符로 삼은 '睿'의 本字는 容이며, 《說文解字》에서는 "깊이 파서 통하게 한 내이다. 谷과 歺로 이루어져 있다. 歺는 땅을 파서 통하게 함을 나타내고, 谷은 구

12 《說文解字》의 段玉裁 주석에 의하면, 尋은 넓이를 측정한 것이고 仞은 깊이를 측정한 것이라고 한다. 성인이 팔을 벌렸을 때 두 팔의 길이가 尋이다. 수평으로 하여 넓이를 재면 둘레가 8척이다. 그러나 몸을 기울여 두 팔로 높이를 재면 한 척이 작아지기 때문에 澮의 넓이와 깊이는 두 척의 차이가 있다. 劉興均, 〈〈周禮〉物量詞使用義探析—兼論〈說文段註〉的文獻詞義訓釋價值〉, 《古漢語研究》 2002年 第1期 참조.

덩이를 뜻한다. 〈虞書〉에서는 '깊이 파 통하는 澮가 큰 川을 이루네'라고 하였다(容, 深通川也. 从穀从歺, 歺, 殘地阬坎意也. 〈虞書〉曰: 睿畎澮距川)."로 해석하였다.(大徐本, 240) '睿'의 本義는 '밭 사이의 크고 작은 도랑을 소통하여 홍수를 만나면 막힘없이 흘러 큰 川으로 유입되도록 하는 것'이다. 이것 또한 '谷'이 단순한 산골짜기 수로가 아니라 상고시대 농경지 수리와 연계됨을 증명한다.

川은 《說文解字·十一下·川部》에서 "巛은 관통하여 흐르는 물이다. 〈虞書〉에서 '濬 < 巜距川'라고 하였는데, 깊게 흐르는 <와 巜같은 도랑이 모여서 川이 되는 것을 말한다(巛, 贯穿通流水也. 〈虞書〉'濬 < 巜距川', 言深 < 巜之水, 會爲川也)."라고 하였다.(大徐本, 239) 許愼은 암암리에 기원이 되는 단어를 포함하는 聲訓의 방식으로 '川'의 의미를 구분하고 해석하여 '川'이 관통하다는 의미의 '穿'과 어음이 의미적으로 연계되어 있음을 밝힌 것이다. 이 점에 대해서 段玉裁의 주석에는 매우 분명하게 정리하고 있다. 段玉裁는 주석하여 "穿은 통하는 것이다. 川은 관통하여 흐르고 巜보다 크다. 처음 생성되어 나온 물을 川이라 한 것은 《爾雅》의 '물이 川으로 흘러드는 것이 谿이다(水注川曰谿)'와 許愼의 '샘에서 흘러나와 川으로 흘러들어가게 한 곳이 谷이다(泉出通川曰谷)'이다. 큰물을 川이라 한 것은 〈皋陶謨〉의 '견과 괴가 巛에 이른다(< 巜距川)'와 〈考工記〉의 '澮가 川에 이른다(澮達於川)'이다. 본래 작은 물의 이름이 이 때문에 큰물의 이름으로 여겨진 것이다(穿, 通也. 川則毌穿通流又大於巜矣. 水有始出謂川者, 如《爾雅》'水註川曰谿', 許云'泉出通川曰穀'是也. 有絕大乃謂川者, 如〈皋陶謨〉'< 巜距川', 〈考工記〉'澮達於川'是也. 本小水之名, 因以爲大水之名)."라고 하였다.(段注, 568) '川'과 '<'·'巜'은 小篆에서 각각 巛·𡿨·巜로 써서 물 흐름의 많고 적음으로 구분한다. '𡿨'은 한 줄기 수류로 표시하였고, '巜'은 두 줄기 수류로 표시하였으며, '川'은 세 줄기 수류로 표시하였다. 앞에서도 언급하였지만 고대 중국인

들은 세 개의 부호를 중첩하여 물건의 수량이 많음을 표시하였다. 세 줄기의 수류로 이루어진 ‘川’은 많은 물이 모임을 나타낸다. 小篆의 字形으로 봤을 때 ‘川’은 同體會意字이고, 漢字構形學적 분석으로는 會義合成字이다.

그러나 甲骨文에서 이 세 글자는 구분되지 않고 있다. 甲骨文의 ‘川’은 다음과 같다.

一期存二．五八六

一期前八．一二．四

一期寧一．四八二

羅振玉의 《增訂殷墟書契考釋中·釋川》에서는 이 글자가 “양안 사이 수류의 형태를 본떴다(象兩岸間水流之形).”라고 하였다.(徐《甲》, 1228) 이 해석은 믿을만하다. “양안 사이 수류의 형태(兩岸間水流之形)”는 〈考工記·匠人〉에서 말한 “대저 천하의 지세에서 두 산 사이에는 반드시 川이 있다(凡天下之地勢, 兩山之間必有川焉).”라고 한 것과 같다.(阮《疏》, 933) 이 때문에 ‘兩岸’은 두 산 사이에 높고 깎은 듯이 서 있는 험한 낭떠러지로 이해해야 한다. 낭떠러지 사이에 있는 이 水流는 막힘없이 통하고 일사천리로 흐른다. 《甲骨文字典》에서 인용한 세 개 ‘川’의 字形은 모두 양쪽의 필획이 實筆이고, 중간 획은 虛筆이다. 實筆인 ‘≀≀’은 양쪽 낭떠러지를 상징하고, 虛筆인 ‘⁝’·‘⁝’·‘⁚’은 내달리는 수류의 형태를 나타낸 것이다. ‘川’은 形義合成 글자에 속한다. ≀≀은 의미를 표현한 構件이고, ⁝은 형태를 나타낸 構件이다. 小篆 ‘川’은 甲骨文 ‘川’의 虛筆을 實筆로 바꾸

었을 뿐이다. 그러므로 '川'은 水流를 나타내는 ''을 세 번 중첩한 형태는 아니다. 小篆 '川'의 字形은 한자 구조의 이거를 분석할 초기 字形으로 삼을 수 없다. 이것은 甲骨文 '水'에 ·의 형태가 존재함을 봐도 알 수 있다. 예를 들어, (淮)는 으로 이루어져 있고, (洹)은 으로 이루어져 있다. 그러므로 甲骨文 ''·''은 '水'의 變體일 뿐이며, 넓이와 깊이가 한 척인 '畎'과 넓이 2尋에 깊이 2仞인 '澮'의 형태를 본 뜬 것이 아니다.

甲骨文 '水'와 '川'은 字形에서 用例까지 서로 많이 혼용된다. '水'의 甲骨文은 다음과 같다.

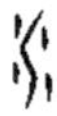一期前四．一三．五

간략한 필획으로 나타내는 水는 實筆로 중간 물 흐름〔中流〕을 나타내고, 虛筆로 물방울을 표현한다. 전체 字形은 강물이 흐르는 형태이다. 實筆이 중간에 있는 것은 '川'의 虛筆이 중간에 있는 것과 정반대의 현상이다. 그러나 '水'에도 虛筆이 중간에 있는 것이 있다. 예를 들면 다음과 같다.

一期合集一O一六一

'一期存二．五八六'의 '川'과 똑같은 모양이다. '川'은 또한 卜辭에서 '水'의 의미로 쓰인 예가 있다.

丙子貞: 不川. (一期寧一．四八二)

'不川'은 큰물이 발생하지 않았다는 의미이다. '川'은 '水'의 의미로 쓰인다. '川'과 '水'는 본래 하나의 글자였으나 후에 두 가지 형태로서 각각의 두 가지 의미로 분화되었다.

'谷'과 '川'의 의미는 밀접하게 연계되어 있다. 《爾雅·釋水》에 "川에 물을 대어주는 것이 溪이고, 溪에 물을 대어주는 것이 谷이며, 谷에 물을 대어주는 것이 溝이고, 溝에 물을 대어주는 것이 澮이고, 澮에 물을 대어주는 것이 瀆이다(水註川曰溪, 註溪曰穀, 註穀曰溝, 註溝曰澮, 註澮曰瀆)."라고 하였다. 晋나라 郭璞은 주석하여 "이것은 모두 물길이 서로 물을 대어 들어가는 곳의 이름이다(此皆道水轉相灌註所入之處名)."라고 하였고, 清나라 郝懿行은 "그 문장을 바꾸어 말하면 瀆는 澮에 물을 대고, 澮는 溝에 물을 대며, 溝는 谷에 물을 대고, 谷은 溪에 물을 대며, 溪는 川에 물을 댄다(倒轉其文則爲瀆註於澮, 澮註於溝, 溝註於穀, 穀註於溪, 溪註於川)."라고 언급하였다.(郝《疏》, 229) '谷'이 이어진 도랑의 물이 산의 계곡으로 들어가서 큰 하천에 유입되는 통로임을 알 수 있다. 그러나 '川'은 또한 많은 물이 바다로 흘러들어가는 통로이다. '谷'과 '川'은 모두 산 사이 물길의 이름이다. 그러나 '谷'과 '川'이 모두 산 사이의 수로를 가리키지만 차이가 있다. '谷'은 하나의 산에 있는 많은 계곡 사이에 있는 하나의 수로이고, 계곡이 종횡으로 놓여 山谷을 이룬다. 물이 나오는 입구를 谷口라고 한다. 그러나 '川'은 많은 산 사이 협곡 사이의 수로이다. '峡'의 本義는 두 산 사이에 하나의 강이 끼여 있는 것이다. '峡'의 聲符는 夹이다. 夹은 또한 의미를 겸하여 나타낸다. 夹은 '두 개가 하나를 끼고 있다〔二夹一〕'라는 의미 특징을 가진다. 《禮記》에서는 젓가락을 '梜'이라 하고, 《周禮》에서는 동서쪽 堂과 동서쪽 房 사이의 건물을 '夾'이라고 한다. '夹'의 甲骨文은 이며 두 사람이 한 사람을 끼고 있는 형태를 나타낸다. 그러므로 '夹'에는 "두 개가 하나를 끼고 있다〔二夹一〕"

의 의미를 가지고 있다.(劉《周》, 318-320) 《說文》에는 '峡'은 없지만 '陜'이 있다. 朱駿聲의 《說文通訓定聲·謙部》에는 '陜'의 아래에 주석하여 "陝은 좁은 것이다. 阜로 이루어져 있고 聲符는 夾이다. 또한 陿·峡·狭로도 쓴다. 陝州와는 다르다. 《漢書·地理誌·武威郡》의 '蒼鬆'의 주석에는 '남산 松陜은 물이 나오는 곳이다'라고 하였다. 顔師古는 '陜은 두 산 사이이다. 松陜은 계곡 이름이다. 〈上林賦〉에 '赴隘陿之口'라고 하고 주석하기를 '양안 사이에 끼여 있는 곳을 陿이라 한다'고 하였다. 《淮南·原道》에 '산협의 옆에서 방황하다'라고 하고 '두개의 산 사이를 峡이라 한다'고 주석하였다(陝, 隘也. 从阜夾聲. 字亦作陿, 作峽, 作狹. 與陝州之迥別. 《漢書·地理誌·武威郡》'蒼鬆'註: '南山鬆陜, 水所出.' 師古曰: '陜, 兩山之間也.' 鬆陜, 陜名. 〈上林賦〉 '赴隘陿之口'註: '夾兩岸間爲陿.' 《淮南·原道》 '仿洋於山峽之旁', 註: '兩山之間爲峽')."(朱《聲》, 155) 朱駿聲의 견해는 매우 정확하다. 峡·陜·陿 세 글자는 형태는 다르지만 같은 글자이다. 세 글자 모두 두 산 사이의 협곡지대를 가리킨다. '峽'은 '谷'과 連用한다. 峽이 앞에 있고 谷이 뒤에 있다. 峽이 谷보다 크다. '峽'은 두 개의 산 사이이고, '谷'은 산골짜기 양쪽의 사이이다. 크기에 따라 이름이 다르다. 물 또한 谷이 峽보다 작다. 이것은 "谷은 溪에 물을 대고, 溪는 川에 물을 댄다(谷水注于溪, 溪水注于川)"라는 말에서 알 수 있다.

'谷'과 '川' 두 글자는 땅을 관찰하여 물의 모양을 분별하여 만든 글자이다. 그 구조적 이거는 물이 흘러 지나가는 땅과 물이 흐르는 기세의 강도 및 합류하는 현상 등에 대한 관찰의 결과이다.

回는 甲骨文에 없다. 金文 '回'의 字形은 다음과 같다.

 卿回父丁爵 (容《金》, 425)

《說文解字·六下·囗部》에 "回는 회전하는 것이다. 囗로 이루어져 있

고, 중간에 회전하는 형태를 표현했다. 囘은 古文이다(回, 轉也. 从口中象回轉形. 囘, 古文).”라고 하였다.(大徐本, 129) 許愼은 ‘轉’으로 ‘回’를 해석하면서 體詞가 어느 것인지를 언급하지 않았기 때문에 현대 학자들은 의견이 분분하다. 일부 사람은 구름이 회전하는 형태를 표현했다고 주장한다. 古文 雷의 字形 靁은 중간에 두 개의 回가 있어 마치 구름이 회전하는 형태와 합치된 것으로 보인다. 馮振興·馬敍倫·吳承仕·楊樹達은 물이 회전하는 형태를 나타내며, ‘淵’과 같은 의미를 나타낸다고 주장한다.(李《古》六, 133) 馮振興·馬敍倫·吳承仕·楊樹達의 견해는 매우 정확하다.

《爾雅·釋水》에는 “湀闢流川, 過辨回川.”라고 하였다. 清나라 郝懿行의 疏에서는 “湀闢은 《說文解字》에서 ‘湀辟’라고 하며 ‘물이 흐르는 곳이다’라고 하였다. 《玉篇》에 ‘湀闢는 泉으로 통한다(湀闢通泉).’라고 하였다. ‘過辨’는 소용돌이 물의 이름이다. 〈釋文〉에서는 ‘過’는 본래 ‘渦’로 쓰고, ‘回’는 또한 ‘洄’로 쓰고 있는데 모두 假借字이다. 《說文解字》에서 ‘淀은 回泉이다.’라고 하였다. 대개 回淀은 回旋과 같다(湀闢, 《說文》作 ‘湀闢’, 云‘流水處也’. 《玉篇》云: ‘湀闢通泉.’ ‘過辨’者, 旋水之名, 〈釋文〉‘過’本或作‘渦’, ‘回’, 又作‘洄’, 並叚借字. 《說文》云: ‘淀, 回泉也.’ 蓋回淀猶回旋).”라고 하였다.(郝《疏》, 225) 《爾雅》에서는 소용돌이처럼 회전하며 흐르는 물을 ‘回川’이라 하고 있어서 ‘回’가 소용돌이치는 물을 가리키는 것은 분명하다. 막힘없이 곧바로 흐르는 물은 ‘流川’이라 한다.

물 아래에 장애가 있어 소용돌이치는 물을 回川이라 하고, 또한 ‘過(渦)辨’이라고도 한다. 回·漩(旋)·淵은 모두 음이 유사하고 의미가 통한다. ‘回’의 古音은 匣紐 微部이고, ‘漩’의 고음은 邪紐 元部이며, ‘淵’의 고음은 影紐 眞部이다. 微部·元部·眞部는 旁對轉 할 수 있고, 匣紐와 影紐는 侯音과 牙音으로서 通轉할 수 있으며, 匣紐와 邪紐는 牙音과 齒音으로서 通轉할 수 있어 세 글자는 음이 유사하다. 《說文解字·十一

下·水部》에서 "淵, 소용돌이치는 물이다. 水로 이루어져 있고, 형태를 본뜬 것이다. 좌우는 기슭이다. 중간은 물 모양이다. 𣶒는 淵에서 水를 생략한 형태이다. 囦는 고문이며, 口와 水로 이루어져 있다(淵, 回水也. 从水, 象形. 左右岸也. 中象水貌. 𣶒, 淵或省水. 囦古文从口水)."라고 하였다.(大徐本, 131) 段玉裁의 주석에서는 "颜回의 자(字)가 子淵이다……口가 바깥에 있고 물이 그 가운데 있다(顔回字子淵……口其外而水其中)."라고 하였다.(段注, 550-551) 淵과 回는 소용돌이 물이라는 의미에서는 어원이 같다. 그러므로 淵과 回는 어음이 유사하고 의미가 통한다. 回로서 旋를 해석할 수 있다. 《離騷》에서 "내 수레를 돌려 내 길로 돌아감이여(回朕車以復路兮)"라고 하였고, 王逸의 주석에서는 "回는 도는 것이다(回, 旋也)."[13]라고 하였다. 그러므로 淵·回·旋은 어음이 가깝고 의미가 통한다.

'回'에 소용돌이라는 의미가 있다는 것은 '𠬛'에서도 근거를 찾을 수 있다. 《說文解字·三下·又部》에서 "𠬛는 물에 들어가서 취하는 것이다. 又가 回 아래에 있는 형태로 이루어져 있다. 回는 고문 回이다. 回는 소용돌이치는 못이다(𠬛, 入水有所取也, 从又在回下, 回, 古文回, 回, 淵水也)."라고 하였다.(大徐本, 64) 許愼의 '𠬛'의 字形에 대한 분석에서 '回'가 '淵'임을 알 수 있다. 그러나 許愼이 분석한 '𠬛'의 本義에는 착오가 있다. '𠬛'은 "물에 들어가서 취하는 것(入水有所取)"이 아니고 사람이 소용돌이에 휩쓸려 들어가 생명이 위험한 상황에서 손을 내밀어 도움을 청하는 신호이다. 이 글자는 '淹没(침몰하다)'는 '没'의 本字이다. 사진 3-1-2과 같다.

13 《四部叢刊》初編集部, 第97册, 《楚辭》卷一, 上海書店, 1989年版, p.17.

사진 3-1-2 𠬛

'𠬛'의 本義는 '물에 들어가 취하는 것(入水有所取)'이 아니고 '손을 내밀어 도움을 청하는 것'임을 알 수 있다. 이렇게 해석해야 '침몰하다'는 의미와 관련이 생긴다. 段玉裁의 주석에서는 '𠬛'와 '沬'는 본래 어음과 의미면에서 관련이 있다고 여겼다. '沬'의 음은 荒內切이고, huì로 읽는다. '靧'와 의미가 같으며 "물로 얼굴을 씻다(以水洗面)"는 의미이다. 이것은 段玉裁가 許愼의 '入水有所取'라는 해석에 얽매여서 나타난 일종의 곡해이다. '𠬛'가 만약 '얼굴을 씻다〔洗面〕'의 의미라면 '소용돌이치는 못'과 관련이 없기 때문에 回로 이루어져서는 안 된다. '못〔淵水〕'은 소용돌이치는 물이다. 이곳은 겉으로 드러나지 않게 솟아오르기 때문에 사람이 들어가면 소용돌이에 휩쓸리기 쉽다. 생명의 위기에서 손을 들어 도움을 청하는 것이 '𠬛'의 本義이다. 𠬛로서 어음과 의미를 나타내는 𣳚(沒)에서 그 증거를 찾을 수 있다. 許愼은 𣳚을 '沈'이라고 했다. 段玉裁는 주석하여 '湛也'라고 고쳤다. '湛'

과 '沒'은 《說文解字》에서 상호 훈석〔互訓〕한다. 《說文解字》의 배열원칙은 '형태의 연계(據形繫聯)' 외에도 '유형의 연계(以類相從)'가 있다. '沒'은 '湛'·'湮'·'休'의 뒤와 '溭'의 앞에 배열되어 있다. 이 다섯 글자는 형태적으로 차이가 크기 때문에 형태의 연계에 의한 배열은 아니고, 같은 유형에 따른 배열이다. 이 다섯 개의 글자는 '沒'만 '沈也'로 해석되고 나머지 네 글자는 모두 '沒也'로 해석된다. 그러므로 '沒'과 '湛'·'湮'·'休'[14]·'溭'는 같은 의미를 나타내며, 모두 물에 빠진 것을 나타낸다. 㲋는 水部의 '沒'과 古今字 관계이다.

이상의 분석을 통해 '回'의 金文과 《說文解字》에 수록된 古文 형태는 모두 선회하는 물을 나타내는 소용돌이 모양으로 표현하고 있음을 알 수 있다. '回'의 구조적 이거는 물의 기세와 물결무늬에 대한 관찰 결과이다. 고대 중국인들이 지리의 혈맥인 하류의 흐름과 물결무늬에 대해 관찰하였음은 확실하다. 앞에서 인용한 段玉裁의 '阞'에 대한 주석 "阞은 地理이다. 朸는 나무무늬(木理)이다. 泐은 물의 무늬(水理)이다(阞者, 地理也, 朸者, 木理也. 泐者, 水理也)."에서도 알 수 있듯이(段注, 731) 중국 상고인들은 땅의 地理와 나무의 무늬(木理)·물의 무늬(水理)를 인식했다.

水理에 대한 인식은 얼음 층의 무늬와 수면의 물결무늬에 대한 관찰에서 나왔다. 《說文解字·十一下·仌部》에서 "仌은 얼은 것이다. 물이 응고한 형태를 본떴다(仌, 凍也. 象水凝之形)."라고 하였다.(大徐本, 240) 段玉裁의 주석에서는 '水凝'을 '水冰'으로 고치고 "물이 처음 응고한 무늬를 본뜬 것이다(象水初凝之文理也)."라고 주석하였다.(段注, 570) 段玉裁의 주석은 정확하다. '仌'은 얼음을 잘라낸 후에 나타나는 무늬를 본 뜬 全功能零合

14 郝懿形의 《爾雅義疏》에서 〈釋水〉의 '過辨回川' 아래에 주석하여 '漩水善休人'이라고 하였다. 즉 소용돌이 물에는 사람이 빠지기 쉽다는 것이다. '休'와 '沒'의 本義가 사람이 물에 빠지는 것임을 알 수 있다.

成字이다.

고대 중국인들이 수면의 물결무늬를 관찰하여 水理에 대한 인식이 생겼음은 '淪'이 명확한 증거가 된다.《說文解字·十一上·水部》에 "𣸣, 작은 물결이 淪이다. 水로 이루어져 있고, 侖이 聲符이다.《詩經》에 '강물은 맑고 또 잔물결이 인다네(𣸣, 小波爲淪, 从水侖聲.《詩》曰'河水淸且淪漪')." 라고 하였다.(大徐本, 230) 작은 물결을 '淪'이라고 하는 이유는 蜀漢 劉熙의《釋名·釋水》에서 명확하게 이야기하고 있다. 劉熙는 "물의 작은 물결을 淪이라 한다. 淪은 순서〔淪〕이다. 물결무늬에는 순차적인 규칙이 있다(水小波曰淪, 淪, 倫也. 水文相次有倫理也)."라고 하였다.(王《補》, 35) 侖이 聲符인 글자에는 대부분 순차적인 규칙의 의미가 있다. 倫이 가리키는 것은 人倫이다. 즉 父子와 君臣 사이에는 상하의 도리 관계가 있다. 輪은 36개의 바퀴살이 순차적으로 배열되어 수레의 바퀴와 바퀴통을 지탱한다. 綸에 대해서는《釋名·釋採帛》에 "綸은 倫이다. 규칙 있게 하는 것이다(綸, 倫也, 作之有倫理也)."라고 하였다.(王《補》, 153) '淪'이 '작은 물결'인 것과 상대적으로 '큰 물결'을 나타내는 한자가 있다.《水部》의 '澐'과 '瀾' 두 글자가 바로 큰 물결을 나타낸다.

중국 고대인들은 물과 땅의 무늬에 대한 직관적인 관찰하여 구체적으로 형상화하였고, 한자의 구조 중에 이러한 특징을 잘 구현하였다.

'泉'은 중국 고대인들이 땅의 무늬를 관찰하는 과정에서 매우 중요한 글자이다. 앞에서도 언급하였듯이 중화문명의 출발점은 '요임금 때 홍수를 만나다(堯遭洪水)'이다. 중국 고대인들은 홍수라는 자연재해를 피하기 위해서 홍수를 피할 수 있는 높은 산으로 올라갔다. 이때부터 고원 농경문명이 생겨났다. 지리환경을 관찰할 때 샘물은 고려해야 할 중요한 요소였다. 그러므로《詩經·大雅·公劉》에서 公劉가 '이 들판을 시찰'했을 때를 기록할 때, 빈 땅의 샘물에 대해 깊이 고찰하여 "백천으로 가시어 부원을 바라보셨다. 남쪽 산마루에 올라서 경 땅을 살펴보셨다(逝彼百泉, 瞻彼溥原, 陟彼南岡, 乃覯於京)."라고 하였다. 鄭玄이 주해하여 "후덕하시도다. 공유께서 이 자리를 살펴보심이여! 이 백천 사이로 가시어 광대한 들판의 거주할 곳을 바라보셨다. 남쪽 산마루에 올라서 경 땅의 거주할 곳을 살펴보시고 도읍을 세울 수 있는 곳(厚乎. 公劉之相此原地也！往之彼百泉之間, 視其廣原可居之處, 乃升其南山之脊, 乃見其可居者於京, 謂可營立都邑之處)."이라 하였다.(阮《疏》, 542) 정현의 주석에서 공유가 빈 땅의 지리를 관찰할 때 주변 산지의 물의 근원인 '百泉'을 중시하였음을 알 수 있다.

泉은 甲骨文에 나타나는 매우 오래된 한자이다. 그 字形은 다음과 같다.

一期前四．一七．一

四期甲九O三

물이 산 바위 틈새에서 흘러나오는 형태를 나타낸다. 는 산 동굴 샘구멍의 형태를 나타내고, 나 는 샘물이 흘러나오는 형태를 나타낸다. ''는 構形면에서 보면 會形合成의 글자이다. '산 동굴'을 나타내는 와 水의 變體 [15]의 결합이다.

'泉'의 분석에서는 '原'을 고려할 필요가 있다. 《說文解字》에는 세 개의 泉으로 이루어진 '灥'이 있는데, 灥으로 이루어진 '原'을 '厵'으로

15 甲骨文 水는 몇 개의 점으로 표현한 것이 있다. 예를 들면, 沚의 甲骨文 은 세 개의 점으로 물을 나타낸다.

쓴다. 許愼은 "샘물의 근본이다. 灥이 厂아래로 나오는 형태이다. 篆文 厵은 泉으로 이루어져 있다(水泉本也. 从灥出厂下. 厵, 篆文从泉)."라고 해석한다.(大徐本, 239) 段玉裁의 주석에는 '水泉本'을 '水本'으로 고쳤다. 아울러 주석하여 "〈月令〉의 '百源'에 주석하여 '모든 물의 근원지가 百源이다' 라고 했다. 하나는 原이라 하고, 통칭은 原泉이라 한다. 《孟子》에 '샘이 깊은 물은 끝없이 용솟음친다(原泉混混)'라고 한 곳이 이것이다. 厂은 산 바위의 벼랑이다. 會意이다……후인들이 '原'으로 '높고 평평한 곳을 邍이라 한다'의 '邍'을 대체하고, 따로 '源'을 만들어 물의 근본을 나타내는 原으로 삼았다. 오랫동안 거듭되어 당연시된 것이 오래되었다(〈月令〉'百源'註曰: '衆水始所出爲百源.' 單呼曰原, 纍呼曰原泉. 《孟子》'原泉混混'是也. 厂者, 山石之厓岩, 會意……後人以'原'代'高平曰邍'之'邍', 而別製'源'字爲水原之原, 積非成是久矣)."라고 하였다.(段注, 569) 앞에서 언급하였듯이 밭 사이 도랑의 물은 산 바위 벼랑가의 샘물에서 나오는데, 이곳은 또한 모든 물의 근원이다. 그러므로 源泉의 源은 본래 '原'이며, 이 글자가 고원(高邍)의 '邍'으로 대체되었기 때문에 水와 聲符 原으로 이루어진 '源'을 만들었다.

샘물〔泉水〕에는 본래 근원의 의미가 있다. 샘에는 산벼랑 사이의 샘물이 있고 지하의 샘물도 있다. 《爾雅·釋水》에는 "濫泉은 正出한다. 正出은 솟아서 나오는 것이다. 沃泉은 縣出한다. 縣出은 아래로 나오는 것이다. 氿泉은 穴出한다. 穴出은 옆에서 나오는 것이다(濫泉正出, 正出涌出也 ; 沃泉縣 (懸) 出, 縣出下出也 ; 氿泉穴出, 穴出, 仄出也)."라고 하였다.(郝《疏》, 225) 郭璞의 주석과 郝懿行의 疏에 의하면 '濫泉'이 山東省 濟南의 박돌천(趵突泉)과 같은 지하샘이다. 아래 사진 3-1-2와 같다.

사진 3-1-3 趵突泉

'옥천(沃泉)'은 빠르게 흘러 곧바로 떨어지는 샘이다. 아래 사진 3-1-4와 같다.

사진 3-1-4 沃泉

'궤천(氿泉)'은 옆에서 나오는 샘이다. 아래 사진 3-1-5와 같다.

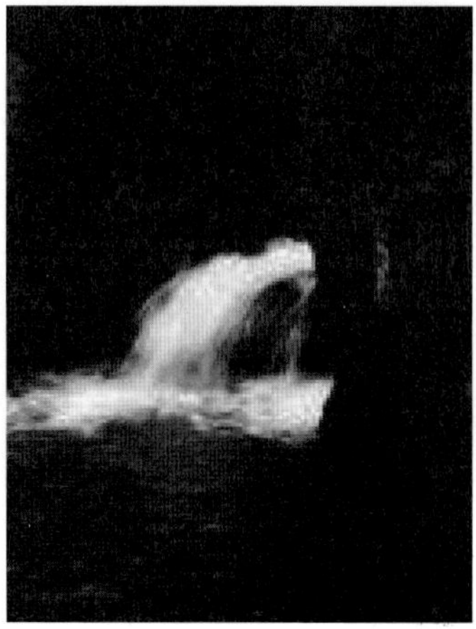

사진 3-1-4 氿泉

《說文解字》의 '原'에 대한 해석에는 '沃泉'과 '氿泉'만을 물의 근원으로 보고 있다. 그러나 지하에서 솟아오르는 샘이 어찌 모든 물의 근원이 되지 않을 수 있겠는가? 필자는 일찍이 廣西省 興安縣 猫兒山에 가 본적이 있는데, 그 곳을 '三江之源'이라고 한다. '三江'은 漓江·資江·尋江을 가리킨다. 우리가 본 '源'은 늪의 수초지로서 곳곳에 작은 줄기의 涌泉이 있었다.

'泉'의 構意는 명확하다. 산의 샘이 넘쳐흐르는 모습을 표현하고 있다. 산천을 오랫동안 관찰하고 얻은 느낌과 인상에 근거하여 만든 문자이다.

이상으로 '阜'·'山'·'丘'·'原(邍)'·'谷'·'川'·'回'·'泉'의 여덟 한자에 대해서 고찰하였다. 이 여덟 글자의 초기 字形에는 중국 고대인들의 대지의 地理와 물결에 대한 인식과정과 지리를 관찰하여 얻은 인지성과가 충분히 담겨 표현되고 있었다. '阜'·'山'·'丘'·'原(邍)'·'谷'·'川'·'回'·'泉'의 구조적 이거는 땅의 이치를 관찰하여 얻은 직관적이고 구체적인 인상과 감각이다. 이 문자는 華夏民族의 고원 농경문명 발생과 직간접적으로 연관이 있다.

제2절 새와 짐승의 문양과 땅의 이로움을 살피다

고대 중국인들의 시야 속에 새와 짐승의 얼룩무늬·발자국과 九州 땅에서 나온 사물이 들어오면서, 형태를 묘사하여 의미를 표현하는 방식으로 동식물 관련 어휘와 漢字가 만들어지게 되었다.

許愼의 아들 許沖은 황제에게 올리는 上書에서 "許愼이 전문가들에게 널리 물어보고 賈逵의 고증을 거쳐《說文解字》를 지었고, 六藝群書의 의미를 해석했다. 그리고 천지와 귀신·산천과 초목·조수와 곤충·잡다한 사물과 기괴한 사물·왕제예의·세간의 인사 등 기재되지 않은 것이 없다(愼博問通人, 考之於逵, 作《說文解字》, 六藝群書之詁, 皆訓其意. 而天地鬼神、山川草木、鳥獸昆蟲、雜物奇怪、王製禮儀、世間人事莫不畢載)."라고 하였다.(大徐本, 320) 許沖의 말대로《說文解字》540부 9,353자에는 天地萬物과 人間世事가 포괄되어 있다. 許愼이 13만여 글자로 천지만물을 모두 포괄하여 해석하고 있으니 매우 감탄할 만하다. 許愼의 체계적인 논리사고는 한자 자체의 계통성에서 유래되었다. 이 계통성은 한자 제조의 초기단계에서 완벽하게 구현되고 있다.

만약 고대 중국인들이 "하늘을 우러러보아 현상을 관찰하고, 아래를 굽어보아 땅에서 법을 살핀(仰觀天文, 俯察地理)" 단계에서 하늘과 땅 사이에서 생존하며 살아가는 동물과 식물을 언급하지 않았다면, "새와 동물의 모양과 땅의 모양을 살핀(視鳥獸之文與地之宜)" 단계에서 문자를 제작하면서 직접 천지 사이의 동물·식물과 소통하고 교류했을 것이다.

본 절에서는 중국 옛 선인들이 어떻게 鳥獸의 무늬와 발자국·각종 식물의 생장 및 성장 상태를 관찰하여 관련 한자를 만들었는지를 고찰하고자 한다.

1. 鳥獸 신체 무늬와 발자국이 조수류 관련 한자의 주요 의거가 되다

'조수의 무늬〔鳥獸之文〕'는 조수의 이름과 형태 및 활동의 흔적을 말한다.

조류와 짐승의 종류는 수천수만 가지이다. 초기 문자에서 각종 조류와 짐승을 구분한 방법은 크게 두 가지로 정리할 수 있다. 첫째, 발자국으로 구분한다. 둘째, 신체의 무늬로 구분한다.

《說文解字·二上·釆部》에 "釆, 구분하는 것이다. 짐승 발굽의 차이를 본뜬 것이다.……𠂹은 古文 釆이다(釆, 辨别也. 象獸指爪分別也.……𠂹, 古文釆)."라고 하였다. (大徐本, 28) 段玉裁는 주석하여 "蒼頡이 새와 짐승의 발자취를 보고 무늬의 차이를 알아 문자를 만들었다(倉頡見鳥獸蹄迒之迹, 知分理之可相別異也, 初造書契. 釆字取獸指爪分別之形)."라고 하였다.(段注, 50) 段玉裁가 '釆'와 蒼頡의 造字를 직접적으로 연계한 것은 명철한 견해라 할 수 있다.

'釆'의 甲骨文 형태는 다음과 같다.

粹一一二

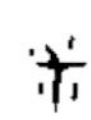陈九八(《甲骨文编》)[16]

16 저자주: 徐中舒 主編《甲骨文字典》에는 이 글자를 수록하지 않았다. 李圃 主編《古文字詁林》의 第一册 p.675에 이 글자의 甲骨文 字形이 수록되었다. '釆'의 甲骨文 字形 두 가지는《古文字詁林》을 인용하였다.

위 甲骨文의 字形을 통해 許愼이 말한 “짐승 발굽의 차이를 본뜬 것이다(象獸指爪分別)”를 다음과 같이 이해할 수 있다.

甲骨文 는 鳥獸가 진흙이나 모래를 밟아 남겨진 발자국을 본뜬 것이다. 이 발자국은 사냥꾼에게 鳥獸에 대한 정보를 제공하게 되고, 사냥꾼은 자신의 오랜 경험을 근거로 발자국이 어떤 조수의 것인지를 알고 추적여부를 결정하게 된다. 그러므로 “象獸指爪”가 가리키는 ‘釆’의 고문 字形 의 모양은 짐승의 발모양을 본뜬 것이고, ‘分別’의 주체는 사냥하는 사람이며, 이 사람이 조수가 땅에 남긴 발자국을 근거로 구분한다는 의미이다. 分別의 최초 목적은 사냥감을 계속 추적할지에 대한 결정을 위한 것이었음은 분명하다. 이후 사람들은 발자국을 근거로 조수의 종류를 판단한 것에서 ‘만약 다양한 그림으로 조수의 발자국을 그려낸다면 사람들이 구분할 수 있게 되지 않을까’하는 생각을 가지게 되었다. 그러므로 許愼은 《說文解字·叙》에서 “황제의 사관 蒼頡이 조수의 발자국 흔적을 보고 무늬가 서로 다른 것을 근거로 구분할 수 있음을 알게 되어 문자를 만들었다(黃帝之史倉頡見鳥獸蹏迒之跡, 知分理之可相別異也, 初造書契).”라고 하였다.(大徐本, 314) 이것은 매우 옳은 말이다. 段玉裁는 이 문장에 高誘가 注를 단 《呂覽》을 인용하여 “蒼頡은 태어나면서 문자를 알고 조류의 흔적을 본떠서 문자를 만들었다(蒼頡生而知書, 寫仿鳥跡以造文章).”라고 하였다.(段注, 753) 이런 의미에서 중국 고대인들에게 있어서 초기에 한자를 제조하는 것은 일종의 살아있는 생물을 본뜨는 행위였다고 할 수 있다.

그러므로 ‘釆’는 한자의 초기 제작과정에서 매우 중요한 위치를 차지한다. ‘의미를 구분하는 것’과 관련된 글자는 모두 ‘釆’을 形符로 삼는다. 《說文解字·釆部》에는 ‘番’·‘宷’·‘悉’·‘释’의 네 글자가 수록되어 있다. ‘番’에 대한 《說文解字》의 해석은 “짐승의 발이다. 釆로 이루어져 있으며, 田는 짐승의 발바닥을 본 뜬 것이다(獸足, 从釆, 田象其掌).”이다. ‘宷’는 ‘審’의 本字이며 《說文解字》에서 ‘자세히 살피다(審諦也)’로 해석하였다. ‘悉’은 《說文解字》에서 “남김없이 다하다(詳盡也)”로 해석하였으며, ‘释’은 ‘풀다(解也)’로 해석하였다.(大徐本, 28) 사물을 자세히 관찰하고 이해하는 것과 사물을 해석하는 것은 모두 ‘釆’의 의미와 밀접한 관계가 있다. ‘釆’는 사물이 사람에게 남긴 정보이지만 때때로 명확하지 않거나 일부 실마리만을 제공하기도 한다. 사람이 진상을 명확히 파악하려면 사물의 흔적을 자세히 분석하고, 실마리를 토대로 파악하고, 현상을 통해 본질을 파악해야 한다.

조류와 짐승의 발자국을 관찰한다는 말은 사실 발 부분을 근거로 조류와 짐승을 구분한다는 것이다. 인류는 초기에 조수의 발모양과 발자국을 비교하는 과정을 분명히 거쳤을 것이다. 문헌 중에 기록된 자료는 발견되지 않았지만, 한자 중에는 조수의 발모양을 반영한 글자 형태가 있다. 위에서 인용한 ‘番’도 하나의 예이다.

‘番’은 짐승의 발을 본떠서 만든 것이며, ‘田’은 발바닥을 본뜬 모양이다. 이 글자는 나중에 ‘蹯’으로 쓰인다. 《左傳·宣公二年》에는 “궁궐 요리사가 요리한 곰 발바닥이 제대로 익지 않아서, (진 영공이)노하여 요리사를 죽여 삼태기에 놓았다. 요리사의 부인을 시켜 시신을 들고 궁궐 밖으로 나가게 했다(宰夫胹熊蹯不孰, (晋靈公) 殺之, 置諸畚. 使婦人載以過朝).”(阮《疏》, 1867)라고 기재하고 있다. 黃侃의 《手批白文十三經》에서는 ‘蹯’자 위에 붉은 점을 찍었다.(黃《批》, 136) 《符識說明》에 따르면 이러한 권점(圈點)은 이 글자가 진서(眞書: 해서(楷書))체로 篆文과 다르거나 古本과 今本이 다름을 나타낸다고 한다. ‘熊蹯’은 ‘곰발바닥(熊掌)’이며, ‘蹯’이 기록한 것이 바로 ‘番’자의 本義이다. 《說文解字·足部》에는 ‘蹯’자가 수록되어 있지 않고, 〈釆部〉에 ‘番’만 수록되어 있다. 언어문자와 경전 분야의 대가인 黃侃은《左傳》의 '蹯'이 小篆의 '番'임을 알고 붉은색으로 점을 찍은 것이다. '番'은 甲骨文에는 수록되어 있지 않지만 金文에는 이 글자가 보인다. 형태는 다음과 같다.

口白者君盤

혹은 생략되어 다음과 같이 나타난다.

白者君盤[17]

위에서 '田'자 형태의 字符는 두꺼운 발바닥을 본뜬 것이고, 는 발가락과 발톱부분을 본뜬 것이다. 이 字形과《說文解字》에서 인용한 '番'의 古文 은 모두 사실적인 수법을 사용하여 발바닥이 있는 짐승의 발을 그린 것이다. '釆'로 이루어져 있고, '田'으로 발바닥 형태를 본떠 만든 '番'은 構形學적으로 분석하면 形義合成 글자에 속한다. '釆'는 '番'에서 단독으로 글자를 이루지 않고, 형태를 나타내는 기능을 가지며, 이미 義化된 부호이다. '田'이 형태를 나타내는 기능을 가진 부호이다. '番'과 '蹯'은 古今字 관계임은 분명하다. '番'은 초기에 곰발바닥을 가리키다가 나중에 범위가 확대되어 짐승의 발바닥을 가리키게 되었다. 예를 들면,《爾雅·釋獸》에는 "삵괭이〔貍〕·여우〔狐〕·담비〔貒〕·오소리〔貈〕같은 동물의 발바닥은 蹯이라고 하고, 그 발자국은 厹라고 한다(貍狐貒貈醜, 其足蹯, 其跡厹)."라고 하였다.(郝《疏》, 326)

짐승의 발을 표시하는 글자에는 또한 '厹'가 있다.《說文解字·厹部》

---

17 李圃 主編,《古文字詁林》第一册, 海教育出版社, 2004年版, p.678 재인용.

에 "禸, 짐승의 발이 땅을 밟은 것이다. 형태를 본뜬 부분과 聲符는 九로 이루어져 있다. 《爾疋》에서 '貍·狐·貒·貈같은 동물의 발바닥은 蹞라고 하고 발자국은 禸라고 한다(狐貍貛貉醜, 其足蹞, 其迹禸).'라고 하였다. ……蹂는 篆文이며, 形符는 足이고, 柔가 성부이다(禸, 獸足蹂地也. 象形, 九聲. 《爾疋》曰: '狐貍貛貉醜, 其足蹞, 其迹禸.'……蹂, 篆文从足柔聲)."라고 하였다.(大徐本, 308) 許愼이 말한 '象形'은 段玉裁의 주석에 의하면 ''부분이 '땅에 생긴 짐승의 발자국을 본뜬 것'임을 가리킨다. 일부 학자들은 이러한 주장이 옳지 않다고 주장한다. 그들은 '禸' 전체가 하나의 象形字로서 짐승이 땅을 밟아 생긴 발자국을 본뜬 것이라 여긴다.[18] 禸의 聲符는 九이고, 禸와 九는 모두 幽部에 속하는 疊韻字이다. 聲紐는 禸는 日紐이고 九는 見紐이므로 차이가 크다. 그러나 上古音에서 牙音과 齒音은 通轉관계에 있으므로 禸의 성부가 九라는 것은 큰 문제가 없다. 甲骨文에 禸가 보이지 않고, 金文에도 禸는 보이지 않지만 禸로 이루어진 '萬'과 '禹'가 나타나고 있다. 金文에서 '萬'과 '禹'의 偏旁 '禸'는 대부분 ""(《虢叔鐘》의 '萬'字)나 (《禹敦》의 '禹'字)의 두 가지 형태로 나타난다. 林義光의 《文源》卷四에서는 은 발의 형태를 본뜬 것이고, 은 신체에 꼬리가 연결된 형태라고 여긴다.(李《古》十, 915) 이 의견이 옳다면 '禸'는 '九'와 무관하게 된다. 그러므로 본서에서는 '禸' 전체가 하나의 象形이라는 설을 따른다. 《爾雅·釋獸》에 따르면 '番'(이후의 '蹯'이나 '蹞')은 짐승 발의 실체를 본뜬 象形이고, '禸'은 '釆'와 같은 땅에 남겨진 짐승의 발자국이다.

고대 중국인들의 조류와 짐승의 발자국에 대한 세밀한 관찰은 '鹿'

---

18 청나라 嚴可均과 于鬯 등의 주장이다. 李圃가 主編한《古文字詁林》第十册, 上海教育出版社, 2004年版, p.699 참조.

과 '鳥'의 古文 字形에서 발견할 수 있다. '鹿'은 甲骨文에 나타나고 있다. 그 字形은 다음과 같다.

一期合集一九九五六

三期合集二八三 . 二七

위의 두 가지 字形은 모두 머리 위에 여러 갈래로 나뉘어진 뿔의 모양이 묘사되어 있고, 아래에는 발굽의 형태를 나타내고 있다. 一期 '鹿'의 형태는 정지되어 있는 사슴의 형상이지만, 三期의 字形은 사슴이 빠르게 달리는 형태이다. 三期 의 형태는 여러 갈래로 나뉜 사슴뿔을 나타내면서 발굽에 대해서 비교적 자세하게 묘사하고 있다. 사슴의 발굽이 뒤쪽을 향해 있는데, 이것은 새의 발과 유사한 면이 있다. '鳥'의 甲骨文 형태는 다음과 같다.

 一期簠文三九

 一期京二一二二

의 발과 의 뒷발굽은 모두 정지한 상태를 나타낸다. 의 발과 의 앞뒤 발굽은 모두 움직이는 모습이다. 東漢의 許愼도 이러한 사실을 이미 파악하고 있었다.

《說文解字·鹿部》에 ", 짐승이다. 머리·뿔·네 발의 형태를 본뜬 것이다. 새와 사슴의 발은 비슷하다. 匕로 이루어져 있다(, 獸也. 象頭、角、四足之形. 鳥、鹿足相似. 从匕)."라고 하였다.(大徐本, 202) 段玉裁는 《韻會》를 근거로

'鳥、鹿足相似. 从匕'를 '鳥、鹿足相比. 从比'로 고치고 "새와 사슴의 글자 형태에 나타난 두 발은 거리가 가까워서 다른 짐승들의 두 발이 떨어져 있는 것과는 다르다. 그러므로 새는 匕로 이루어져 있고, 사슴은 比로 이루어져 있다. 比는 가까운 것이다. 고대에 匕는 比와 통용되었다. 그러므로 모두 比로 이루어져 있다(鳥鹿皆二足相距密, 不同它獸相距寬. 故鳥從匕, 鹿從比. 比, 密也. 古匕與比通用. 故概之曰從比)."라고 하였다.(段注, 470) 段玉裁의 주석은 왜곡된 것이다. 許愼이 "새와 사슴의 발이 비슷하다. 匕로 이루어져 있다(鳥鹿足相似, 从匕)"고 한 것은 새가 날거나 사슴이 달릴 때 발 부분이 모두 '匕'와 유사한 모양이 된다는 것이다. 새와 사슴의 앞뒤 발의 거리가 가깝다는 의미는 절대 아니다. 현대 동물 분류학에서 사슴과 새는 같은 目이나 科에 속하지 않는다. 발가락 수의 홀수와 짝수의 여부나 각도를 근거로 구분해도 사슴과 새는 같은 目이 아니다. 사슴의 발가락은 짝수이며, 조류의 발가락과 비교할 때 외형적으로도 매우 큰 차이가 난다. 중국 고대인들이 글자를 만들 때, 왜 이 두 가지 다른 目이나 科에 속하는 동물의 발자국을 같은 모양으로 묘사했는지에 대해서는 연구해 볼 가치가 있다.

사실 고대 중국인들은 다양한 각도의 관찰을 통해 두 동물을 나타내는 문자를 만들었다. 새는 잘 날고, 사슴은 잘 달린다. 사슴이 달릴 때 앞발굽의 형태는 아래 사진 3-2-1와 같다.

사진 3-2-1 달리는 사슴

위의 사진에서 사슴이 달릴 때 앞발이 '匕'자의 형태를 이루게 됨을 확인할 수 있다. 이것이 바로 許愼이 말한 '从匕'의 의미이다. 만약 許愼이 '鹿'의 '比'를 하나의 의미표시 기능을 가진 構件으로 봤다면 '鹿'에 대한 분석을 "比로 이루어져 있다. 머리·뿔·신체의 형태를 본뜬 것이다(從比, 象頭、角、身之形)"라고 했을 것이다. 이렇게 서술해야《說文解字》의 字形해설 條例에 부합한다. 許愼은 먼저 "머리·뿔·네 개의 발의 형태를 본떴다(象頭、角、四足之形)"라고 말하여, 이 글자를 形義合成字가 아닌 全功能零合成의 象形字로 보고 있음을 나타내었다. '从匕'는 사슴의 발과 새의 발을 비교한 후에 기록한 것이다. '从匕'는 새가 날거나 사슴이 달릴 때의 형태가 '匕'자와 같음을 설명하는 것이다. 이것은 새가 나는 것을 찍은 사진에서도 나타난다. 새가 날 때 발의 모양은 사진 3-2-2와 같다.

사진 3-2-2 나는 새

새가 비행할 때의 발가락 와 사슴이 뛸 때의 을 비교해 보면 유사한 점을 찾을 수 있다. 두 형태 모두 발가락을 오므리고 뒤쪽을 향하고 있다. 이러한 해석은 새와 사슴의 초기 글자형태의 구조적 의도에 부합하며, 또한 고대 중국인들의 형상에 대한 직관적인 사유와 만물에 대한 세밀한 관찰을 반영한다.

漢字에 나타난 동물의 발에 대한 묘사를 논할 때, '馬'자를 언급하지 않을 수 없다. 말〔馬〕은 기제목(奇蹄目) 馬科에 속한다. 발굽 중간이 땅에 닿는 동물이 하나의 발굽을 가진 기제목에 속한다. 초기 甲骨文의 '馬'에는 이 점을 명확하게 반영하고 있다. 글자 형태는 아래와 같다.

一期前四．四六．三

위의 甲骨文에서는 O으로 발굽을 나타내어, 땅을 밟고 있는 말의 하나로 이루어진 둥근 발굽을 매우 유사하게 표현하고 있다.

'犬'의 발은 살로 이루어진 발바닥에 날카로운 발톱이 있다. 초기 한자에서 '犬'의 형태는 개의 발에 나타나는 특징을 분명하게 표현했다.

三期京四四O八

개의 발을 나타내는 는 나뉜 발가락 형태를 본뜬 것이다. 이 형태의 특징은 '龜'의 초기 한자에도 나타난다. 초기 甲骨文의 '龜'는 다음과 같다.

一期合集一OO七六

위 글자에서는 네 개의 발을 모두 의 형태로 나타내고 있다. 거북의 발은 개의 발과 유사하기 때문에 같은 형체로 묘사했다.

이상의 분석에서 고대 중국인들이 긴 시간 동안 새와 짐승의 발자국을 자세히 관찰하고 종류와 속성에 대해 직관적으로 파악한 후에, 자신들이 관찰을 통해 얻은 인상을 동물의 실제 모습과 비교하고 분석하며 귀납하는 과정을 거쳤음을 알 수 있다. 또한 정태적인 각도에서 묘사하고 동태적인 각도에서 모사하여 동물을 나타내는 초기 한자 형태를 제조했다. 이 유형의 한자는 새나 짐승의 발에 대해 "그 사물의 형태에 따라 그리(畫成其物, 隨體詰詘)"거나 전체적인 묘사에 발의 국부적인 특징을 강조하였다. 모두 고대 중국인들의 새와 짐승의 발에 대한 세밀한 관찰을 반영하고 있다.

조류와 짐승에 대한 관찰은 발자국과 발 부분을 관찰하는 것에 국한되지 않고 깃이나 몸의 무늬 같은 특징도 포함되었다.

중국인들은 일찍부터 동물의 이름과 특징을 분별하였다. 東周 시기에 지어진 《周禮》가 대표적인 예이다. 〈春官·龜人〉에 말하기를 "(귀인은) 六龜를 관장하였는데, 각각 명물이 있었다(掌六龟之屬, 各有名物)."라고 하였고, 唐나라 賈公彦의 〈疏〉에 말하기를 "物은 色이다. 육방의 거북이는 각각 이름이 있었는데, 그 색이 각각 달랐다(物, 色也. 六方之龜各有名, 其色各異也)."라고 하였다.(孫《義》, 1950) 賈公彦은 〈疏〉에서 '物'을 '色'으로 해석하였는데, 이것은 '物'의 本義에 매우 부합한다.

《說文解字·牛部》에 "物, 만물이다. 소는 큰 사물이고 천지의 음양오행은 牵牛星에서 시작된다. 그러므로 牛로 이루어져 있으며 聲符는 勿이다(物, 萬物也. 牛爲大物, 天地之數起於牵牛, 故从牛、勿聲)."라고 하였다.(大徐本, 30) 許愼이 '物'로서 만물을 나타낸 이유가 '소는 큰 사물〔牛爲大物〕'이기 때문이라고 한 것은 견강부회이다. '物'의 甲骨文 형태는 다음과 같다.

二期戬六．四

物은 音義合成字이다. 牛와 勿로 이루어져 있으며 勿은 또한 聲符이다.[19] 卜辭에서는 '잡색 소'의 의미로 쓰인 예가 있다.

丙申卜, 行貞: 父丁歲物, 在五月.(戬六．四)(徐《甲》, 84)

여기서 '物'은 '잡색 소'를 가리킨다. 고대 중국인들은 소의 색 분별

---

19 '物'을 音義型合成의 글자라고 한 것은 음을 나타내는 構件 '勿'이 甲骨卜辭에서 '物'의 使用義인 '잡색 소'로 쓰였었기 때문이다. 構件 '牛'는 여기서 '物'이 소와 관련된다는 의미를 나타내는 작용만 하고, '잡색 소'라는 의미는 음을 나타내는 '牛' 자체에 포함되어 있다. 이렇게 음을 나타내는 동시에 의미를 나타내고, 직접 문자 전체의 의미를 나타내는 것을 '音義兼示構件'이라 한다.

을 중시하였다. 이러한 사실은 《說文解字》에 나타난다. 《說文解字·牛部》에 수록한 45개의 글자 중에 10개는 소 신체의 색과 관련이 있다.

> 牻, 흰 색과 검은 색이 섞인 소. 牛로 이루어져 있고, 聲符는 尨이다.
>
> 犡, 등뼈부분이 흰 소. 牛로 이루어져 있고, 聲符는 厲이다.
>
> 㹈, 호랑이 무늬의 노란 소. 牛로 이루어져 있고, 聲符는 余이다.
>
> ⿰牛寽, 흰 등뼈를 가진 소. 牛로 이루어져 있고, 聲符는 寽이다.
>
> ⿰牛平, 별과 같은 얼룩을 가진 소. 牛로 이루어져 있고, 聲符는 平이다.
>
> 犖, 얼룩 소. 牛로 이루어져 있고, 聲符는 勞의 생략된 형태이다.
>
> 犥, 노란 색과 흰 색이 섞인 소. 牛로 이루어져 있고, 聲符는 麃이다.
>
> 犉, 노란색에 검은 입술을 가진 소. 牛로 이루어져 있고, 聲符는 𦎧이다.
>
> ⿰牛隺, 흰 소. 牛로 이루어져 있고, 聲符는 隺이다.
>
> 牷, 하나의 색으로 이루어진 소. 牛로 이루어져 있고, 聲符는 全이다.
>
> (大徐本, 29)

신체가 한 가지 색으로 이루어진 소를 '牷'이라 하고, 색깔이 얼룩으로 섞인 소는 '犖'이라 하고, 등뼈 쪽이 흰 소는 '犡'나 '⿰牛寽'라고 한다. 또한 별 무늬가 있는 소는 '⿰牛平'이라고 하고, 몸 전체가 흰 소는 '⿰牛隺'라고 하며, 노란색과 흰 색이 섞여 있는 소는 '犥'라고 한다.

고대 중국인들은 왜 이렇게 소의 색을 중시했을까? 이것은 고대인들의 제사문화와 관련이 있다. 제사에는 제물〔犧牲〕이 있어야 하고, 소·양·돼지는 짐승 중 가장 좋은 제물이었다.[20] 소는 그 중 최고의 제물이다. 許愼은 '牲'자에 대해 "牛가 완벽하고 신체가 한 가지 색인 소이다. 牛로 이루어져 있고, 聲符는 生이다(牛完全. 从牛, 生聲)."라고 해석하였다.(大徐本, 29) 그 중 '完全'은 나누어서 해석해야 한다. '完'은 소의 신체가 흠이 없이 완벽하다는 것이고, '全'은 털색이 한 가지임을 가리킨다. 이러한 소는 선왕과 제후〔先王先公〕에게 제사지낼 제물로 가장 적합하다.[21]

---

20 소·양·돼지의 세 제물 모두가 있으며 태뢰(太牢)이며, 그 중 하나가 빠지면 소뢰(少牢)가 된다.

21 《周禮·地官·牧人》에서 "여섯 가지 제물을 기르고 번식시키는 것을 관리하여 제사의 제물을 공급하는 것을 관장한다(掌牧六牲而阜蕃其物, 以共祭祀之牲牷)."라고 하였는데, 鄭玄이 주석하여 "여섯 가지 제물은 소·말·양·돼지·개·닭이다. 鄭司農은 '牷은 완벽한 것이다'고 했다. 정현이 말한 牷은 신체가 다 갖춘 것이다(六牲曰牛、馬、羊、豕、犬、雞. 鄭司農云: '牷, 純也.' 玄謂牷, 體完具)."라고 하였다. 孫詒讓의 《周禮正義》에는 "정사농이 말한 '牷, 純也'는 〈犬人〉의 先鄭 주석과 같다. 《說文解字·牛部》에서 '牷은 소의 털색이 하나이다'라고 했고, 《禮記》에서는 '제사의 제물의 털색은 순수해야한다'고 하였다. 曾釗가 말하기를 '대개 시사(時祀)의 제물은 반드시 털색이 순수한 것을 사용해야 하고, 산천의 신에게 제사를 지낼 때는 尨을 사용해도 된다'고 하였다. 〈犬人〉에서는 '대개 제물로 제공되는 개는 털색이 순수해야 하고, 대개 가축의 피로서 산천의 신에게 지내는 제사에는 尨을 사용해도 된다.'라고 하였다. 〈玉人〉에서는 '천자는 全을 사용하고, 상공은 尨를 사용한다'라고 하였다. 모두 全와 尨을 비교하고 있다. 尨은 잡색이며, 牷은 순수한 색임을 알 수 있다. 曾釗의 주장이 옳다……또한 《左桓六年傳》에서 '나의 제물은 털색이 순수한 살찐 돼지이다(吾牲牷肥豚).'라고 하였는데, 杜預의 注에서 '牷은 순수한 색이 완벽한 것이다'고 하여 정현과 선정의 주장과 같다. 曾釗는 《說文解字》의 牲은 신체가 완벽한 것으로 해석하였고, 牷은 순수한 색으로 해석하였다. 경전에서는 牲과 牷을 대비시켜 말하는데, 牷이 완전히 갖춤을 나타낸다. 牷은 색의 순수함이고, 牲은 신체의 완벽함이다. 증쇠는 牲과 牷 두 글자의 의미를 파악하였다. 지금 여러 경전과 《說文解字》로 교감하면, 대개 '牲牷犧牲'의 牲은 뿔과 신체가 완벽함이고, 牷은 털과 깃의 색깔이 하나이며, 犧은 제물의 뿔과 신체가 완벽하면서 털이나 깃의 색깔이 하나임을 나타냄을 알 수 있다(鄭司農云'牷, 純也'者, 〈犬人〉先鄭註衕. 《說文·牛部》云: '牷, 牛純色.' 《禮》'祭祀牷牲', 曾釗云: '下經云: '凡時祀之牲, 必用牷物, 凡外祭毁事, 用尨可也.' 〈犬人〉: '凡祭祀共犬牲用

이 때문에《說文解字·牛部》의 20%가 넘는 글자가 소의 털색과 관련이 있다. '物'은 본래 소의 털색과 관련이 있는 글자이다. 그러나 안타깝게도 許愼은 당시의 고문자 자료에 얽매여 '物'의 後起 의미에 따라 해석하였다. '萬物'이라는 의미는 '物'의 本義가 아니다.

'物'에는 색의 의미가 있으며, 聲符 '勿'은 매우 중요한 요소이다. '勿'은 甲骨文에서 '物'과 다른 형태를 나타내고 있다. 다음과 같다.

 一期後下五．九

'物'의 해석에 대해서 고문학자들은 의견이 분분하다. 徐中舒는 이 쟁기의 형태를 본떴고, "은 '쟁기 끝으로 밭에서 흙을 일구는 것'을 본떴으며, 한번 쟁기를 들어 흙을 일구는 것을 '일발(一墢)'이라고 하는데, 墢과 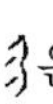은 古音이 같다. 와 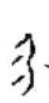은 형태가 유사하기 때문에 은 후세에 또한 勿로 쓰였다. '흙을 일구다〔起土〕'의 의미에서 '흙 색〔土色〕'으로 해석되었고, '色'은 形色이기 때문에 경전에서 '物'을 많이 빌려 썼다. ……'物'로 '色'을 해석한 것은 '한 가지 색이 아님'이기 때문에 인신되어 여러 가지 색이 섞여있음을 나타내게 되었다(像耒端刺田起土, 一擧耒起土爲一墢, 墢與古音同. 形近, 故字後世亦隸定爲勿. 由起土而訓爲土色, 色, 形色, 經

牷物, 凡幾珥沉辜, 用尨可也.' 〈玉人〉'天子用全, 上公用尨', 皆以全與尨對言, 尨爲雜, 則牷是純可知.' 案: 曾說是也.……又《左桓六年傳》云: '吾牲牷肥豚.' 杜註云: '牷, 純色完全也.' 則兼用二鄭之義. 曾釗云《說文》牲訓體完具, 牷訓純色, 此經牲、牷對言, 牷安有又訓完具之理. 牷, 色之純, 牲, 體之具也. 案: 曾釋牲牷二字義, 得之. 今以諸經及《說文》通校之, 凡言牲牷犧牲者, 牲謂角體完具, 牷謂毛羽純色, 犧則祭牲角體完具而又兼毛羽純色也)."(孫《義》, 914·916) 牷은 신체의 완벽함을 포함하지 않지만 牲은 털이나 깃이 하나의 색깔임을 포함한다. 신체가 완벽하나 털색이 섞여 있으면 제물이 될 수 없고 깊이 묻는 수장품으로 사용할 수 있다. 曾釗의 주장은 완벽하지 않다.

傳多藉‘物’爲之.……物訓色則非一色, 引伸之爲雜).”(徐《甲》, 83) 徐中舒는 ‘勿’의 어원을 두 가지로 본 것이다. 하나는 ‘쟁기로 흙을 일구다’의 의미를 나타내는 ‘撥’의 古文 이고, 다른 하나는 ‘잡색(혹은 잡색 소)’의 의미를 나타내는 이다. 이 두 글자 모두 色과 관련이 있다. 후에 어음이 같고 형태가 비슷하기 때문에 혼용되었고 모두 ‘勿’로 쓰였다. 이 의견에는 문헌적인 근거가 있으므로 믿을만하다. 그러나 ‘勿’은 甲骨文에서 ‘잡색 소’나 ‘잡색’의 의미로 사용된다. ‘잡색 소’의 의미를 나타낸다는 각도에서 ‘物’의 구조적 의도를 살펴보고자 한다. ‘牛’의 형태는 다음과 같다.

 一期合二六八

‘牛’는 몸에 무늬가 전혀 없는 완벽한 소의 형태를 나타낸다. 털의 색이 한가지이기 때문에, 여러 색이 섞여 있음을 표시하는 ‘’가 보이지 않는다. 그러나 ‘勿’의 은 형태가 완전하지 않으며 여러 색이 섞여있음을 나타내는 가 있어 ‘잡색 소’의 형상으로 나타난다. 이런 소는 제물로 사용할 수 없다. 만약 제물로 사용한다면 祈福의 목적을 달성할 수 없다. 아래에 인용한 卜辭가 이 내용을 증명한다.

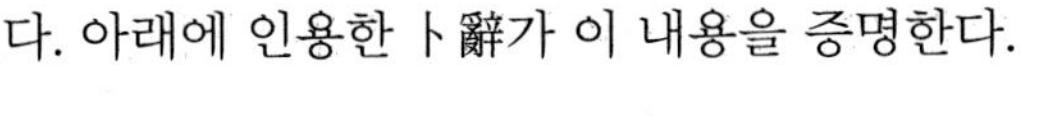

甲戌卜, 王曰: 貞, 勿告于帝, 丁不系.(粹三七六)(徐《甲》, 83)

徐中舒의 해석에 따르면 ‘系’는 “神과 교접하고자 제물을 바치는 것이다(欲交接於鬼神而以品物系屬也).”(徐《甲》, 1406) ‘不系’는 神과 교접하고자 하는 목적을 이루지 못하였음을 가리키며, 그 원인은 ‘잡색 소로 상제에게 제사지냈기(勿告于帝)’ 때문이다. 上帝에게 제사지내면서 잡색 소를 제물로 바치는 것이 큰 금기를 범하는 것임을 명확하게 나타내고 있다.

그러므로 '勿'의 초기 造字理據는 '잡색 소'를 가리키는 것이었음이 분명하다. 후에 '牛'를 소의 머리뼈로 표현하는 Ψ로 쓰게 되었다. 즉 제물로 사용한 후에 익혀서 먹고 남은 소의 머리뼈를 나타낸 것이다.

王國維의 〈釋勿〉에 "예전에는 잡색 비단을 物이라 하였는데, 대개 物이 본래 '잡색 소'의 이름이었으므로 후에 잡색 비단을 가리키게 된 것이다(古者謂雜帛爲物, 蓋由物本雜色牛之名, 後推之以名雜帛)."라고 하였다.(王《觀》, 287) 매우 옳은 말이다. '雜帛爲物'은《周禮·春官·司常》의 문장이다.《周禮·春官·司常》에 "사상은 아홉 종류의 기의 형상과 명칭을 관장하는데, 아홉 종류의 기는 기에 그려진 徽號에 따라 종류가 다르며, 국가의 정무에 쓸 수 있도록 준비한다. 해와 달을 그린 것을 常이라 하고, 交龍을 그린 것을 旂라 하고, 기의 바탕과 테두리가 같은 색으로 되어 있는 것을 旜이라 하며, 기의 바탕과 테두리가 다른 색으로 되어 있는 것을 物이라 하고, 곰과 호랑이를 그린 것을 旗라 하고, 새나 맹금류를 그린 것을 旟라 하며, 거북이나 뱀을 그린 것을 旐라 하고, 기의 술을 오색의 깃털로 장식한 것을 旞라 하고, 기의 술을 서로 다른 색깔의 깃털로 장식한 것을 旌이라고 한다(司常掌九旗之物名, 各有屬, 以待國事. 日月爲常, 交龍爲旂, 通帛爲旜, 雜帛爲物, 熊虎爲旗, 鳥隼爲旟, 龜蛇爲旐, 全羽爲旞, 析羽爲旌)."라고 하였다. 鄭玄은 주석하여 "잡색 비단〔雜帛〕은 비단의 측면에 장식한 것이다(雜帛者, 以帛素飾其側)."라 하였다.(孫《義》, 2203-2204) 鄭玄과 許愼의 주장은 서로 다르지만, 모두 '物'에 잡색의 의미와 특징이 있다는 내용을 담고 있다.

'勿(物)'은 '잡색 소'에서 '다양한 색이 섞인 기'의 의미로 인신 되었고, 나아가 색채가 찬란한 대천세계를 가리키게 되었다. 의미의 인신 과정에서 '物'이 색과 밀접한 관계를 가지고 있음을 알 수 있다. 고대 중국인들이 동물을 분별할 때 색을 중시했으며, 색이 사물의 이름을 짓는 과정에서 중요한 근거가 되었음도 알 수 있다.

《說文解字·牛部》의 20%가 넘는 글자가 소의 털색과 관련이 있는 것처럼 〈馬部〉에도 많은 글자가 말의 신체 색과 관련이 있다. [illegible]에서 [illegible]에 이르기까지 23개의 篆文이 모두 말의 색과 관련된다.(大徐本, 199) 그 외에도 '馼'은 "붉은 갈기에 몸은 희고, 눈은 황금색과 같은(赤鬣縞身, 目若黃金)" 말을 가리킨다.(大徐本, 200) 이 유형의 글자는 〈馬部〉의 115개 글자 중 거의 20% 정도의 비율을 차지한다.

호랑이와 관련된 〈虍部〉와 〈虎部〉에는 모두 24개의 글자가 있다. 그 중 호랑이 신체의 무늬나 색과 관련된 글자가 6개 있는데 20% 이상을 차지한다. '虍'는 《說文解字》의 해석에 의하면 호랑이의 무늬이다. 虍를 形符로 갖는 '虨(布還切)'와 〈虎部〉의 '彪(甫州切)'는 '호랑이 무늬〔虎文〕'라는 의미이다. 그 외에도 '[illegible](莫狄切, 흰 호랑이)'·'虪(式竹切, 검은 호랑이)'·'[illegible](徒登切, 검은 호랑이)' 등이 있다.(大徐本, 103) 실제로 '虎'자의 초기 형체에서 호랑이 무늬의 형상이 표현되었다. 甲骨文 '虎'는 다음과 같다.

一期四．四四．五

一期一四九七

위의 字形은 모두 호랑이 몸에 있는 무늬를 그려 넣고 있다.

고대 중국인들은 새와 짐승의 외형을 세밀하게 관찰하였다. 이것은 '麇'의 甲骨文 字形에서도 알 수 있다. '麇'의 甲骨文 字形은 다음과 같다.

一期续四．五．五

위의 字形에서는 눈 위 눈썹의 모습이 두드러진다. '麋'는 사슴 중에서도 큰 체형을 가진다. 뿔은 넓고 크면서도 나뉘어져 있다. 문자를 만들 때 왜 크고 나뉜 뿔을 묘사하지 않고 눈 위의 눈썹을 강조하여 묘사하였을까? 고대 중국인들은 관찰을 통해 '麋'가 다른 사슴과 달리 눈썹이 사람 눈썹처럼 검다는 것을 파악했다. 아래 사진 3-2-3과 같다.

사진 3-2-3 麋

徐中舒의 《甲骨文字典》에서는 《急就篇》 "삵·토끼·날다람쥐·이리·고라니·사슴(貍兔飛鼯狼麋麠)"에 대한 顔師古의 주석 "麋는 사슴과 비슷하나 크다. 동지에는 뿔이 풀리고 눈 위에 눈썹이 있다. 그래서 이렇게 이름 지었다(麋似鹿而大, 冬至則解角, 目上有眉, 故以爲名也)"를 인용하고, "顔師古의 주석과 甲骨文의 형상이 부합한다. 甲骨文에서는 눈썹의 형태가 두드러지는데, 이것을 그 특징으로 삼고, 성부를 眉로 삼았다.《說文解字》에서는 '麋는 사슴의 일종이다. 鹿으로 이루어져 있고 성부는 米이다'라고 하였는데 麋는 후기의 형성자이다. 米와 眉는 음이 유사하므로 麋는 米를 성부로 삼았다(颜注與甲文形合. 甲骨文突出眉形, 以爲其特徵, 且以眉爲聲.《說文》: '麋, 鹿屬. 从鹿, 米聲.' '麋'爲後起之形聲字, 米、眉音近, 故麋得以米爲聲)."라고 하였다.(徐《甲》, 1082) 徐中舒는 唐나라 顔師古의《急就篇》에 대한 주석내용이 甲骨文의 字形과 매우 일치한다고 하였는데, 이 주장은 매우 옳다. 그러나 甲骨文 은 聲符가 眉라고 한 것은 좀 더 토론할 여지가 있다. 徐中舒의《甲骨文字典》에서 인용한 고라니를 나타내는 7가지 甲骨文 字形은 모두 하나의 整體象形字이며, 눈 위의 눈썹이 두드러진 특징을 가진다. 만약 눈썹〔眉〕을 ''에서 제거한다면 남은 부분은 완전한 형태와 의미를 갖춘 構件을 형성하지 못하게 되고, 이러한 분할은 타당하지 않다. 眉자를 ''에서 분할해서는 안 된다. ''는 全功能零合成 상형자이고, 小篆의 '麋'가 義音合成字로 변했다.

'犬'과 '尨'의 차이도 털색과 무늬를 통해 나타난다. 甲骨文 '尨'의 字形은 다음과 같다.

一期前四 . 五二 . 三

'尨'는 '犬에 構件 '彡'을 덧붙여 만들었다. 彡는 털 무늬가 장식되어 있다는 뜻이므로 배 아래에 털이 많은 개를 본뜬 것이다.《說文解字·犬部》에 "尨는 털이 많은 개다. 犬과 彡로 이루어져 있다.《詩經》에 '삽살개가 짖게 하지 마세요(尨, 犬之多毛者, 从犬从彡.《詩》曰: '無使尨也吠')"라 하였다.(大徐本, 203) 小篆 의 긴 털은 등으로 이동되어 있기 때문에, 許愼은 "尨는 털이 많은 개(犬之多毛者)"라고 해석하였다. 그러나 사실 이런 개의

가장 두드러진 특징이 독일의 牧羊犬처럼 배의 아래에 많은 털이 있는 것이다. 사진 3-2-4와 같다.

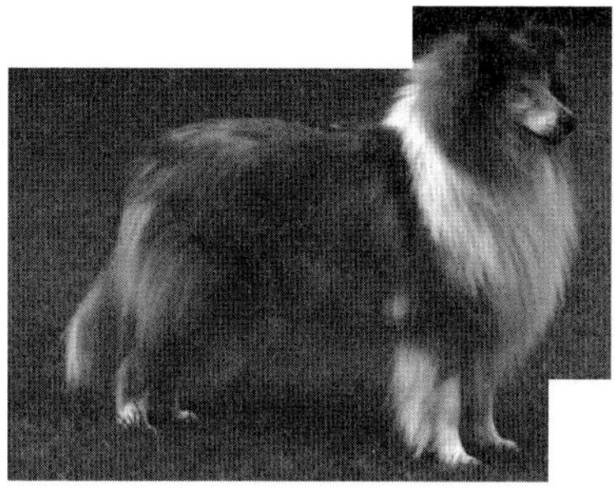

사진 3-2-4 尨

배 아래에 많은 털이 있는 형태는 양과 유사하여 양의 무리에 들어가 이리를 현혹시키는 작용을 했다. 이 글자에서 한자가 上古 농경 유목사회와 밀접한 관계가 있음을 알 수 있다.

고대 중국인들은 글자를 만들 때 배 아래의 털 외에도 머리 위의 털에 주목했다.《說文解字·萑部》에 "雈, 올빼미 종류이다. 隹로 이루어져 있고, 𦫳로 이루어져 있는데, 𦫳는 머리에 뿔 같은 털이 있음을 나타낸다. 울면 그 지역 사람들에게 화가 닥친다(雈, 鴟屬. 从隹, 从𦫳有毛角. 所鳴其民有旤)."고 하였다.(大徐本, 77) 萑가 기록하는 대상은 올빼미 종류의 새이므로 '隹'로 이루어져 있다. 이 종류의 새와 다른 새의 차이점은 머리 위에 뿔과 같은 털이 있다는 것이다. 甲骨文 '萑'는 다음과 같다.

[甲骨文]一期人二七七

위의 형태는《說文解字》에 수록된 글자와 構形이 유사하다. 이 글자 역시 '隹'에 뿔 모양의 털(귀깃)이 덧붙여져 있는 형태이다. 또한 두 눈을 크게 뜨고 있는 형태로 나타나기도 하는데 다음과 같다.

一期文七〇八

위의 형태는 楷書에서 '藿'가 된다. 徐中舒는 이 甲骨文의 글자 형태가 '雈'와 같고, 하나의 같은 글자에 대한 다른 형태라고 여겼다.(徐《甲》, 409) 종합적으로 정리하면 '雈'와 '藿'의 초기 글자 형태는 다른 새 종류와 구별하기 위해 머리 위에 뿔 같은 털이 두드러진다는 특징을 가졌다. '雈'와 '藿' 두 한자의 구조 이거는 고대 중국인들의 올빼미와 새의 귀깃에 대한 섬세한 관찰에서 기인하였다.

'鳳'에는 '雈'와 유사한 형태의 뿔 같은 것이 있지만 하나로 모여 있다. 甲骨文 '鳳'은 다음과 같다.

一期續四．二二．七

봉황 머리 위의 형태는 올빼미와 새와는 차이가 있다. 봉황은 하나로 모여 있는 형상이고, 올빼미와 새는 고양이 귀와 같은 형태로 양쪽으로 나뉘어져 있다. 그러므로 올빼미과인 부엉이는 속칭 '貓頭鷹(고양이 머리 형태를 가진 매)'라고 한다.

꿩과에 속하는 새(특히 수새)는 머리 위에 벼슬이 있다. 이것을 중국 고대인들이 관찰해내고, 얻은 인상을 글자 형태의 구조 속에서 표현한 것이다. '雞'의 甲骨文은 다음과 같다.

一期前七．二三．一

위의 형태에서는 벼슬 부분이 비교적 두드러지고 나뉜 형태이다.

어류에는 털이 없지만 비늘이 있다. 중국 옛 선인들은 '鱼'를 만들 때 비늘의 등분되고 교차하는 무늬에 주목하여, 甲骨文에서 '鱼'를 다음과 같이 표현했다.

一期前一．二九．四

간단한 필획의 방식으로 묘사한 물고기의 외형은 지느러미와 비늘이 있는 특징이 두드러진다.

위의 내용을 종합해 볼 때 고대 중국인들은 동물을 나타내는 문자를 제조할 때 발자국과 발 부분의 특징, 깃이나 몸의 무늬 같은 외형을 중시하였음을 알 수 있다. 동물의 유형과 관련된 한자의 초기 형태는 동물의 전체적인 특징뿐만 아니라 동물의 부분적인 특징을 확대하여 표현하는 방식을 취했다. 또한 정태적 특징뿐만 아니라 몸 기관의 동태적 특징에 주의하였으며 유사한 동물과 대비하여 묘사하였다.

2. 초목·곡식의 생장 모습이 식물류 관련 한자의 주요 의거가 되다

許愼의 《說文解字·叙》에서 이야기한 '地之宜'가 가리키는 것이 무엇인지에 대해서는 上古시대 문헌을 살펴보면 그 의미를 명확하게 알 수 있다. 東週시기에 완성된 《周禮·夏官·職方氏》와 《逸周書·職方》에는 천하 九州 땅에서 재배하기 적당한 곡물이 상세히 서술되어 있다. 아래와 같다.

州名	各州所宜種之穀物	
	《周禮》	《周書》

揚	稻	稻
荆	稻	稻
豫	五種[22]	五種[23]
青	稻麦	稻麦
兖	四種	四種[24]
雍	黍稷	黍·稷
幽	三種[25]	黍·稷
并	五種	五種
冀	黍稷(孙《義》, 2640-2679)	黍稷(陳《逸》, 8-34)

위의 내용은 周代의 九州이다.《周禮》와《逸周書》에 기록된 九州의 명칭과 대표 곡물은 기본적으로 같다. 오직 幽州에 대해서만《周禮》에서는 기장〔黍〕·메기장〔稷〕·벼〔稻〕 세 가지를 나열하고,《逸周書》에서는 기장·메기장 두 가지를 나열했다. 豫州와 并州의 다섯 곡물에 대해서는 漢代 鄭玄의 注와 晋代 孔晁의 注가 다르게 해석한다. 兖州의 네 가지 곡물에 대해서는 鄭玄과 孔晁의 해석이 같다. 九州의 대표 곡물은 기장·메기장·콩〔菽〕·보리〔麥〕·벼·조〔穀〕·마〔麻〕 등으로 정리할 수 있다. 보리를 大麥과 小麥으로 나누고, 콩을 大豆와 小豆로 나누어 모두 '九穀'의 명칭으로 불린다. 이것은 농경지에 경작하는 곡물이고, 야생에서 자라는 식물은 포함되지 않았다.

---

22 漢나라 鄭玄은 五種은 기장〔黍〕·메기장〔稷〕·콩〔菽〕·보리〔麥〕·벼〔稻〕이라고 주석하였다.

23 晋나라 孔晁는 기장·메기장·곡(穀)·보리·벼라고 주석하였다.

24 鄭玄과 孔晁 모두 기장·메기장·벼·보리라고 주석하였다.

25 鄭玄은 기장·메기장·벼라고 주석하였다.

땅에 따라 경작하는 곡물이 다르다. 이것이 바로 許愼이 말한 '地之宜'이며, 이것은 《說文解字》의 해설에도 설명되고 있다. 《說文解字·禾部》에 ", 伯益 후예의 封國이다. 땅이 禾를 기르기 적당하다. 禾와 '春의 생략된 형태'로 이루어져 있다. 일설에는 秦이 禾의 이름이라고 한다. 籒文 '秦' 는 秝으로 이루어져 있다(, 伯益之後所封國. 地宜禾, 从禾春省. 一日: 秦, 禾名. , 籒文秦从秝)."라 하였다.(大徐本, 146) 許愼은 진나라 땅이 禾를 심기에 적당하다고 여겼다. 그러므로 진나라 땅의 이름인 '秦'이 '禾'로 이루어졌다고 여겼다. 許愼의 견해에는 근거가 있다. 秦은 고대에 雍州에 속하였는데, 위에 인용한 《周禮·夏官·職方氏》에서 雍州가 기장〔黍〕·메기장〔稷〕을 심기 적당하다고 하였다. 禾는 곡물의 통칭으로 사용되기 때문에 기장과 메기장을 포함한다. 만약 禾가 粟만 가리킨다 하더라도, 稷이 粟의 별칭이다. 清代 桂馥의 《說文解字義證》에서는 《漢書》의 "明帝가 북으로 伊吾庐 땅을 정복하고 宜禾都尉를 屯田에 배치하였다(明帝北征取伊吾庐地, 置宜禾都尉以屯田)." 라는 문장을 인용하였다.(桂《證》, 616) 《說文解字》의 해석 또한 '秦'의 초기 글자 구조에 부합한다. '秦'의 甲骨文 형태는 다음과 같다.

一期後下三七．八 取伊吾廬地

甲骨文 '秦'은 許愼이 인용한 籒文 '秦'과 같은 형태이다. 두 손으로 절구공이를 들고 禾를 찧는 형태이다. 고대 중국인들은 일찍부터 땅의 성질을 적합하게 활용하고 있었다.

시대에 따라 땅에 심는 곡물이 달라지기도 한다. 예를 들면, 사수(社樹: 토지신을 제사지내는 대 위에 심는 나무)는 夏·商·周 삼대가 모두 달랐다. 《論語·八佾》에 "애공이 재아에게 토지신 社를 제사 지내는 것에 대해 물었다. 재아가 말하길 '하대에는 소나무를 썼고, 은대에는 잣나무를 썼으며, 주대에는 밤나무를 썼는데, 그 위미는 백성들을 전율케 하기 위함이었다'(哀公問社於宰我, 宰我曰: '夏侯氏以鬆, 周人以柏, 週人以慄, 使民戰慄')."라고 하였다. 孔安國이 주석하여 "대저 나라에서 社를 세울 때 각각 그 땅에 적합한 나무를 사용하였다. 재아가 그 뜻에 근거하지 않고 함부로 말하였다. 주나라 때 밤나무를 사용한 것을 가지고 '백성들을 전율케 하기 위함'이라고 하였다(凡建邦立社, 各以其土所宜之木. 宰我不本其意, 妄爲之說. 因周用慄, 便云'使民戰慄')."라고 했다.(劉《義》, 119) 孔安國의 주석에 나타난 夏·商·周 삼 대의 社樹가 달랐던 사실에서 실제적으로는 그 땅에 적합한 나무를 심었음을 알 수 있다. 그러므로 '땅의 적합함〔地之宜〕'의 문제는 시대에 따라 바뀌었음을 알 수 있다.

'땅의 이치를 살핀다〔視地之宜〕'는 것은 각 지역의 지리환경에 적응하여 성장한 식물의 발아에서 생장·개화·결실 및 시드는 과정 중에 나타나는 변화 형태를 관찰하였음을 말한다. 이러한 식물의 변화 형태는 고대 중국인들의 마음에 일정한 인상으로 각인되었다가 한자 제조과정에서 표현되었다

예를 들면, 草木이 막 나왔을 때는 땅에서 싹의 끝부분이 나오기 때문에 싹의 끝부분을 형상화한 글자를 만들었다.

一期鐵七六．二

甲骨文의 이 글자는 '才'자이다. '才'는 초목의 새싹 끝부분이 땅에서 살짝 나온 형태이다.《說文解字·才部》에 "扌는 초목의 처음 형태이다. |가 一을 관통한 형태로 이루어져 있다. 가지와 잎이 나오려고 하고 있다. 一은 땅이다(扌, 艸木之初也, 从|貫一, 將生枝葉. 一, 地也)."라 하였다.(大徐

本, 126) 小篆의 형체는 甲骨文과 차이가 크다. 그러나 박학다식한 許愼은 글자의 조자 의도가 '초목의 가지와 잎이 나오려는' 상태임을 파악하였다. 許愼의 분석내용은 甲骨文의 글자 형태에 매우 부합한다. 또한 이 해석으로 인하여 '才'의 오늘날 상용의미가 어떻게 생성되었는지를 알 수 있다. 초목의 새싹이 나온다는 것은 '일이 막 시작된다'는 의미를 나타낸다. 그러므로 '막〔剛剛〕'·'방금〔不一會兒〕'의 의미로 인신되었다. 현대 중국어에서 사용되는 '방금〔剛才〕'은 인신된 의미이다. 초목이 새싹을 틔운 것은 '나서다(出頭)'·'두드러지다(勝出)'는 특징을 가진다. 그러므로 '능력이 뛰어난 사람'이란 의미로 인신되었다. 현대 중국어의 '人才'라는 말은 이런 과정을 통해 인신되었다. '방금〔剛才〕'이나 '人才'의 어원을 따지면 '초목이 지면에서 싹을 틔우다'의 의미까지로 거슬러 올라갈 수 있다. 이것은 중국 고대인들이 초목이 처음 땅에서 나오는 상태를 자세히 관찰하여 얻은 직관을 생동적으로 표현한 것이다. 독자들이 초목의 발아-생장-개화의 과정과 상태를 직관적으로 이해하도록 난초를 예로 들어 식물의 변화과정과 이를 근거로 만든 한자의 조자이거를 설명하고자 한다. 난초의 발아 상태는 사진 3-2-5와 같다.

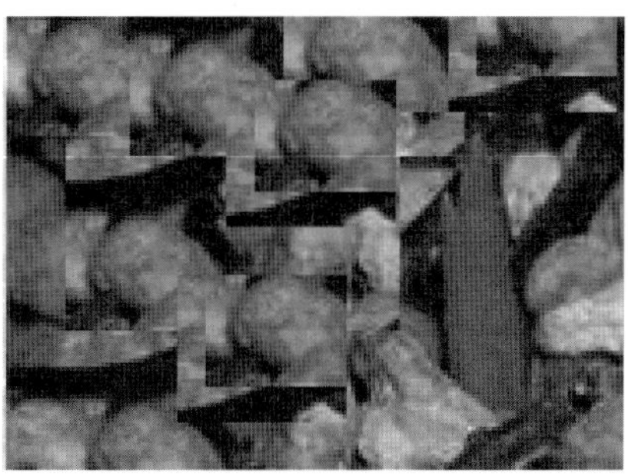

사진 3-2-5 난초의 싹

녹색의 뾰족한 끝부분이 바로 '才'에서 표현된 고대 중국인들의 초목의 싹에 대한 인상이다.

땅 아래 뿌리 부분의 힘에 근거하여 싹은 서서히 성장하고 줄기와 잎이 나오게 되는데, 이러한 형태가 '屯'이 표현하는 의미이다.

二期人一五一四反

《說文解字·屮部》에 "屯, 어렵다. 초목이 처음 나올 때 구부러지면서 어렵게 나오는 형상을 본뜬 것이다. 屮가 一을 꿰뚫는 형태로 이루어져 있다. 一은 땅이다. 꼬리부분이 굽었다. 《易》에서 '屯은 강함과 부드러움이 만나기 시작함에 나오기 어려움을 뜻한다.'라고 하였다(屯, 難也. 象草木之初生屯然而難. 从屮貫一, 一, 地也. 尾曲. 《易》曰: '屯, 剛柔始交而難生')."라고 하였다.(大徐本, 15) 許愼의 小篆 글자체에 근거한 해석이 '屯'의 초기 제조 의도가 아닐 수도 있지만, '屯'의 구조적 특징을 잘 파악한 해석이다. 즉, 하나는 '초목이 처음 나오는 것'이고, 다른 하나는 '어렵게〔屯然〕'이다. 宋永培는 '屯然'이 나타내는 상태에 대해 독창적인 견해를 제시하고 있다. 다음과 같다.

> 천지의 음양의 기가 통과하여 서로 교차하여, 감응 속에서 만물을 낳고, 만물이 싹트기 시작할 때의 생물체는 모두 일종의 에워 쌓여 있는 상태에 놓여있다……이러한 에워 쌓인 상태로 있는 것은 '강하고 부드러움이 교차하면서 나오기 어렵기' 때문이다. 강하고 부드러움이 교차하면서 태어난 생명은 형성을 시작할 때 어려움에 처한다. 초목의 싹을 예로 들면 싹은 흙층의 압력을 받으며 껍질 속에 있을 때, 성장의 정력을 모아 '흙을 뚫고 나올' 단

계로 성숙할 수 있다(當天地的陰陽之氣通過交午、感應來孕育萬物, 使萬物萌動的時候, 這時的生物個體都是處於一種環合包裹的狀態的.……之所以具有這種環合的狀態, 是因爲“剛柔始交而難生”, 由剛柔始交而孕育的生命, 從她形成之始就面臨著艱難. 以草木的萌芽爲例, 萌芽受著土層的壓迫, 它在孚甲之中, 正好可以屯聚與滋長其精力, 以便成熟到一定的階段“破土而出”).(宋《史》, 262)

초목이 지층의 압력을 뚫으려면 뿌리의 힘을 이용해야 한다. 뿌리의 힘이 어느 정도 모였을 때 싹은 지면을 헤치고 싹을 펼치며 대지 위의 신선한 공기를 들여 마신다. 이러한 상태가 바로 한자 ‘屯’의 초기 字形이 표현하려는 것이다. 甲骨文 [illegible]는 비스듬히 나온 하나의 싹으로 어렵게〔屯難〕 나온 상태를 표현하고, 一로 지면의 흙층을 표시한다. 蘭草를 예로 들면, 사진 3-2-6가 바로 [illegible]의 字形구조형태가 나타내는 장면이다.

사진 3-2-6 난초의 발아

사진 중 녹색으로 비스듬히 나와 펼쳐진 잎이 바로 [illegible]의 [illegible]부분이 전달하려는 형상이다.

초목이 처음 나옴을 표시하는 한자는 ‘才’와 ‘屯’ 외에도 ‘屮’가 있다. '屮'의 甲骨文 字形은 다음과 같다.

 一期合三O二反

《說文解字·屮部》에는 "Ψ는 초목의 처음 나옴이다. |는 (땅에서) 나온 형태를 본뜬 것이며, 가지가 있는 것이다. 古文을 어떤 사람은 艸자로 여기기도 한다.(Ψ, 艸木初生也. 象|出形, 有枝莖也. 古文或以爲艸字)."(大徐本, 15) 許愼은 '屮'의 本義에 대해 잘 파악하고 있지만 글자 형태 분석은 정확하지 않다. '屮'은 全功能零合成의 상형자이며 잎 세 개가 자란 식물의 형태이다. 구체적인 형상을 난초를 예로 들어 파악하면 사진 3-2-7과 같다.

사진 3-2-7 막 나온 난초

위의 내용을 통해 '才'·'屯'·'屮' 세 글자는 초목의 초기 생장과 관련이 있음을 알 수 있다. 그러나 세 글자가 각각 표현한 초기 생장 상태는 차이가 있다. '才' 가 나타내는 것은 방금 새싹의 끝부분이 솟아났다는 정보이고, '屯'이 나타내는 것은 한 장의 잎이 나온 초목이고, '屮'가 나타내는 것은 세 장의 잎이 자라난 초목이다. 사람의 출생과 비교할 때 '才'는 엄마의 뱃속에서 막 머리가 나온 태아이고, '屯'은 방금 태어나서 울고 있는 아기이며, '屮'는 강보의 속박에서 벗어나 걸을 수 있는 아이이다. 세 글자의 構形에서 문자의 구조형태가 고대 중국인들의 상상 속에서 나온 것이 아니라 실제적인 초목생장 과정에 대한 관찰을 통해 나온 것임을 알 수 있다.

초목이 에워 쌓여 있는 상태에서 태어나는 단계를 거쳐 성장하면 건강하고 튼튼한 새싹이 되고 정상적으로 자랄 수 있게 되는데, 이 단계 또한 '生'이란 한자에 기록되었다. '生'은 초기 한자 중의 하나이며 甲骨文의 字形은 다음과 같다.

一期合集四六七八

'生'은 정상적이고 건강한 초목의 새싹이다. 세 장의 잎이 위로 솟아 있고, 줄기는 똑바로 서 있다. 《說文解字·生部》에 "生은 나아가는 것이다. 초목이 흙 위로 나온 모습을 본 뜬 것이다(生, 進也. 象草木生出土上)." 라고 하였다.(大徐本, 127) 許愼은 '進'을 '生'으로 해석하였는데, 聲訓의 해석방식이다. '生'은 '进'과 음이 비슷하다. '生'은 生紐 耕部에 속하고, '進'은 精紐 眞部에 속하는 글자이다. 精紐와 生紐는 모두 齒音으로 서로 통한다. 耕部와 眞部는 通轉할 수 있다. 그러므로 '进'과 '生'은 음이 유사한 관계에 있다. 淸代 桂馥의 《說文解字義證》卷十八에 "進也는《尙書·盤庚》에 보면 '너희 만 백성들이 삶을 살아가지(生生) 못하니' 라고 하였다. 王肅의 注에서 '生生은 進進이다'로 하였고, 또한 '나가는 것이다, 生生이라 함은'이라 하였다.《傳》에 '지금부터는 善으로 나아간다'라 하였고, 또한 '생업에 힘쓰는 사람을 공경한다'라고 하였으며, 또한 '살아가며 태연자약하다'고 하였다. 전하여 말하기를 '살아

감에 공덕으로 한다'고 하였다(進也者,《書·盤庚》: '汝萬民乃不生生.' 王肅註: '生生, 進進.' 又: '往哉! 生生.'《傳》云: '自今以往, 進進於善' 又: '敢恭生生.'《傳》云: '敢奉用進進於善者.' 又: '生生自厲.' 傳云: '當進進皆自用功德).'"라고 하였다.(桂《證》, 530) '生'은 '進'으로 사용하는 사례가 있으며 '生'과 '進'의 의미가 통함을 알 수 있다. 초목이 처음 나오는 단계를 거치면 줄기가 서고 줄기와 잎에 곁가지가 생겨나고 뻗어나갈 준비를 하게 되어 나아가 취하려는 형상을 이룬다. 그러므로 '生'과 '進'은 음이 유사하고 의미가 통한다.

난초를 통해 '生'자의 초기 의미를 알 수 있다. 사진 3-2-8과 같다.

사진 3-2-8 난초의 싹

'生'과 '屮'가 모두 줄기와 잎이 자라는 형태를 나타내고 있지만, '生'의 줄기는 똑바로 서 있고, '屮'의 줄기는 구부러진 형태이다. '生'의 잎은 나날이 쭉쭉 자라는 형상이고, '屮'의 잎은 옆으로 비스듬히 나와 있다. '生'은 활발한 생기를 나타내고, 屮는 어리고 약함을 나타낸다.

초목은 일정한 단계까지 성장하면 꽃을 피우고 열매를 맺게 된다.

고대 중국인들은 오랜 기간 동안 이 과정에 대한 실제적인 관찰을 통해 얻은 인상을 초기 한자의 구조 중에 담아냈다.

개화를 의미하는 '蕐'의 초기 한자의 구조 역시 形象性이 매우 강했다. '蕐'의 甲骨文은 늘어져 있는 하나의 꽃잎줄기를 묘사한 것이다. 다음과 같다.

一期前一．三四．六

중간의 ○는 꽃의 형상을 나타낸다. 小篆에 이르면 꽃의 형상은 알아볼 수 없지만, '꽃과 잎이 늘어져 있다'는 筆意[26]는 여전히 담고 있다.《說文解字·𠌶部》에 "𠌶, 초목의 꽃이다. 𠂹로 이루어져 있고 聲符는 亏이다. ……荂, 𠌶에 대해 혹자는 艸와 夸로 이루어져 있다고 한다(𠌶, 艸木華也. 从𠂹亏聲.……荂, 𠌶或从艸从夸)."라고 하였다.(大徐本, 128) 許愼이 小篆 𠌶를 초목의 꽃〔蕐〕으로 해석한 것은 매우 옳은 주장이다. 글자 형태에 대한 분석도 정확하다. 𠌶는 𠂹로 이루어져 있고 亏(于)가 聲符이다. 𠂹는 초목의 꽃과 잎이 아래로 늘어져 있는 모양을 나타내며, '꽃'이라는 의미를 직접적으로 나타낸다. '亏(于)'와 '花'는 上古音에서 모두 魚部 匣紐에 속하는 同音관계이며, 음을 표시하는 부호로 간주할 수 있다. '𠌶'는 音義合成字로 보아야 한다. 의미를 나타내는 構件은 직접적으로 '𠌶'의 의미를 나타내며, '蕐'의 筆意도 포함하고 있다. 小篆 𠂹은

---

26 '筆意'는 陸宗達과 王寧 두 사람이《訓詁方法論》에서 주장한 것이다. '筆意'는 '筆勢'와 대비되는 문자훈고학 용어이다. 筆意는 원래 글자를 만들때의 의도를 포함하고 있어 글자의 本義를 나타낼 수 있는 형태를 가리킨다. 筆勢는 한자가 변화를 거쳐 정형화되고 부호화되어 원래 조자의도를 벗어나 本義를 나타낼 수 없는 형태를 말한다.《訓詁學名詞解釋》, 中國社會科學出版社, 1983年版 참조.

甲骨文 에서 변한 것이고, 小篆 은 의 後起字이고, 은 의 後起字이다. 그러므로 '花'의 형체구조와 조자의거를 분석할 때는 甲骨文 나 小篆 을 근거로 해야 한다. 고대 중국인들이 글자를 만들 때 '초목이 꽃을 피운 이후 꽃과 잎이 늘어진 상태를 이거로 삼아 을 만들어낸' 시각이 甲骨文 와 小篆 에서 재현되고 있다.

난초를 예로 들어 '華'자의 초기 형태가 나타내는 상태를 살펴보고자 한다. 사진 3-2-9와 같다.

사진 3-2-9 난꽃

난초의 꽃과 가지는 위로 자란다. 그러나 꽃 봉우리가 핀 이후에는 꽃가지가 아래로 늘어진다. 이 때문에 고대 중국인들이 '꽃과 잎이 늘어진 형태'를 근거로 '華'를 만들어 낸 것은 사물의 특징을 정확하게 파악한 뒤 표현한 것이다.

열매 관련 문자는 초기 한자에서 많이 나타난다. 나무 위에 맺힌 과일을 '果'라고 하고, 넝쿨에서 나온 열매를 '瓜'라고 한다. 이러한 구분은 후기에 나뉜 것으로 초기에는 이렇게 세분하지 않았다. '果'는 甲骨文에서 이미 나타나고 있지만 '瓜'는 없다. 金文에는 '瓜'자가 나타나지만 '狐(여우)'의 의미로 쓰이고,[27] 넝쿨의 열매를 의미하는 사례가 없다.

甲骨文 '果'는 '叶(葉)'과 혼동되기 쉽다. 예를 들면 다음과 같다.

一期合集一九九五六

一期乙五三O三

이 두 甲骨文의 형태에 대해서 일부 고문학자들은 나뭇잎을 나타내는 '枼'이라고 주장한다.[28] 그러나 '采'의 甲骨文 형태를 근거로 봤을 때 이 글자는 '果'로 해석하는 것이 옳다. 甲骨文 '采'는 다음과 같다.

一期合集一二八一四

위 글자 중의 ''와 一期乙五三O三의 ''은 크게 다르지 않다. 두 형태 모두 나무 위에 맺힌 열매의 형태이다. 甲骨文은 칼로 새긴 문자이기 때문에 원형인 열매가 마름모 형태로 나타나고, 이 때문에 고문자학자들이 나뭇잎의 형태로 여기게 된 것이다. 이 글자는 卜辭에서 지명과 인명으로 가차되었고 '果'의 의미로 사용되지 않고 있어 파악

---

27 《金文編》에는 "령호군의 壺(命瓜君壺)"를 수록하였는데, 전국시대의 용기이다. '命瓜'는 '令狐'이다. 容庚, 《金文編》 1985年版, 中華書局, 509쪽 참조.

28 郭沫若은 《卜辭通纂考釋》에서 '葉'의 初文이라고 주장했다. 徐中舒 主編, 《甲骨文字典》 1989年版, 四川辭書出版社, p.654 참조.

하기 어려운 점이 있다. 그러나 甲骨文 '栗'의 위쪽에 나타나는 왕밤의 형태에서 당시 나무 열매의 형태를 파악할 수 있다. 甲骨文 '栗'은 다음과 같다.

一期合六O八

위 글자 위쪽 세 개의 ◇는 밤나무 열매에 가시가 나있는 모습을 나타낸다. 이 글자를 근거로 하면, 가 나무에 달린 열매의 형태를 나타낸다는 것을 알 수 있다.

이상의 '才'·'屯'·'屮'·'生'·'華'·'果' 등은 초목의 발아에서 싹을 틔운 과정과 건강한 새싹단계 및 개화와 결실의 전체 과정을 기록하고 있다. 이 한자는 모두 고대 중국인들이 대지에서 자라는 초목의 성장에 대한 깊은 관찰을 통해 얻은 결과를 섬세하게 묘사한 것이다.

고대 중국인들은 사계절에 대해서도 자세히 관찰을 하였고, 관찰을 통해 얻은 인상을 문자 제조 과정에서 표현하였다. 가장 전형적인 글자가 '春'이다.

'春'은 甲骨文에 나타나며 많은 異形字가 보인다. 《甲骨文字典》의 분석에 의하면 '春'의 異形字는 13개가 있다. 예를 들면 다음과 같다.

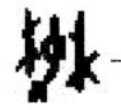一期續一 . 五三 . 四

一期鐵二二七 . 三

一期京一九四九

위의 字形은 日·林(혹은 屮나 木)·屯의 構件으로 이루어져 '봄의 햇살 아래에서 대지의 초목이 소생하고 여린 잎사귀가 움트기 시작함'을 나타낸다. 이러한 정취는 고대 중국인들이 묘사한 한 폭의 봄 경치이다. '春'의 초기 한자는 고대 중국인들의 봄에 대한 느낌과 인상이다.

小篆으로 문자가 통일된 이후의 '春'에는 艸만 보이고 木은 보이지 않지만 日과 屯의 構件은 남아있다. 《說文解字·艸部》에 "萅, 미는 것이다. 艸과 日로 이루어져 있다. 艸은 봄에 자라는 것이다. 聲符는 屯이다(萅, 推也. 从艸从日, 艸, 春時生也. 屯聲)."라고 하였다.(大徐本, 27) '屯'은 소리를 나타낼 뿐만 아니라 의미도 나타낸다. 위에서 언급하였듯이 '屯'의 초기 형태는 초목에 잎 한 줄기가 자랐음을 나타내어 초목의 초기 생장 단계를 기록한다. 봄은 초목이 발아하여 생장하는 초기 단계에 해당하는 계절이다. '屯'의 의미는 봄을 나타내고자 하는 의도와 매우 밀접한 관계를 가지기 때문에, '屯'을 소리만을 나타내는 구성요소로 볼 수는 없다. 《甲骨文字典》에 수록된 13가지 '春'의 字形을 관찰해보면, 日을 생략한 것도 있고, 林(혹은 屮나 木)을 생략한 것은 있지만, '屯'을 생략한 것은 없다. '屯'이 '春'에서 의미와 소리를 동시에 나타내는 중요한 構件임을 알 수 있다. 艸·木·日은 의미를 나타내는 역할만 한다.

여름을 반영하는 글자에는 '未'가 있다. 《說文解字·未部》에 "未, 정취이다. 6월에는 정취가 있다. 오행에서 나무는 未月에 성숙한다. 나무에 가지와 잎이 겹쳐있는 것을 나타낸다(未, 味也, 六月有滋味也. 五行木老于未, 象木重枝葉也)."라고 하였다.(大徐本, 311) 許愼의 해석은 표면적으로 陰陽五行說의 흔적이 엿보이지만, 사실 許愼의 해석은 매우 정확한 것이다. 未는 12地支의 紀月로 삼는데, 夏建寅으로 계산하면 음력 6월에 해당하며 가장 덥고 햇볕과 비가 가장 왕성한 늦은 여름을 가리킨다. 이 시기의 수목은 생장이 왕성하였기 때문에 許愼은 "오행의 木은 未月에 성숙한다(行木老于未)"라 하였다. 또한 '未'의 小篆 는 '木'의 소전 와 비교해보면, 나뭇가지와 잎이 한 층 더 많이 나타나기 때문에, 許愼은 "가지와 잎이 겹쳐있는 것을 나타낸다(象木重枝葉也)"라고 하였다. 이 주장은 甲骨文의 字形과 일치한다. '未'의 甲骨文은 다음과 같다.

一期甲二四一八

一期京四七六

두 형태 중의 아래 것은 중첩된 나뭇가지를 생략했지만, 잎이 '木'의 甲骨文 보다 길다. 한여름인 6월은 수목의 가지와 잎이 무성하여 음이온이 가득하고 산소가 짙게 뿜어내는 삼림의 분위기가 형성된다. 여름에 숲에 들어가는 것은 산소가 가득한 장소에 들어가는 것이다. 그러므로 고대 중국인들은 중첩된 가지를 가진 '未'로 한여름 6월을 표시하였다.

고대 중국인들의 수목에 대한 관찰은 매우 섬세하였다. '相'은 고대 중국인들이 눈으로 나무를 관찰하는 행위의 동기와 목적을 표현한다. 《說文解字·目部》에 "相, 관찰하는 것이다. 目과 木으로 이루어져 있다. 《周易》에 '땅에서 관찰할 것으로 나무만한 것이 없다'고 하였다(相, 省視也. 从目从木. 《易》曰: '地可觀者, 莫可觀於木')."라고 하였다.(大徐本, 72) 許愼이 인용한 《易》의 "地可觀者, 莫可觀於木"은 오늘날 현존하는 《周易》本에는 보이지 않는다. 이것에 대해 淸代 桂馥의 《義證》에서 王應麟을 인용하여 "역경의 傳은 緯의 문장으로 언급한 것으로 의심된다(疑易《傳》及易《緯》之文)."고 하였고, 王觀國을 인용하여 "고대 易經으로 유명한 사람들은 각각 訓說이 있었다. 각 학자를 존숭하는 傳記를 모두 《易》이라 하였다(古之以易名家者, 各有訓說. 而爲之傳記宗其學者皆以《易》曰稱之)."라고 하였다.(桂《證》, 279) 그 주장에는 일리가 있다. 오늘날 《周易》에는 그 문장이 보이지 않으니, 許愼이 漢代 역학가의 말을 인용한 것 같다. "地可觀者, 莫可觀於木"는 觀卦를 해석하고 있다. 觀卦는 《周易》 64괘 중의 하나이며 巽과 坤의 두 단괘로 이루어져 있는데, 巽上 坤下괘이다. 巽은 五行에서 木이고, 坤은 地이다. 그러므로 역학자는 이 괘의 의미를 '땅에서 관찰할 것으로 나무만한 것이 없다'고 해석한다. 이 때문에 '相'은 目과 木으로 이루어져 있고, '눈으로 수목을 관찰한다'는 의미를 나타낸다. 눈으로 나무를 관찰하는 것은 놀기 위한 것이 아니라 실리적인 목적을 가지고 있다. '相'도 일찍부터 있던 한자이며 甲骨文에 이미 나타나고 있다. 문자의 형태는 다음과 같다.

一期乙四五六七

五期前五．二五．五

초기 字形은 상하로 배치되었다가 후기에는 좌우로 배치되었다. 그러나 두 형태의 構件은 모두 目과 木으로 이루어져 있다. 눈으로 나무를 관찰하는 것은 숲에서 방향을 분별하기 위한 것이다. 벌목 후에 남은 나무의 나이테를 통해 방향을 구분할 수 있다. 나이테의 간격이 넓은 쪽은 햇볕을 많이 받은 곳이므로 남쪽이다. 나이테의 간격이 좁은 쪽은 북쪽이다. 고대 중국인들은 오랜 시간의 관찰을 통해 나이테를 이용해 남북을 구분하는 방법을 파악하게 되었고, 눈으로 나무를 관찰하는 '相'을 만들어 내었다.

후에 '相'은 장님이 길을 걸을 때 도와주는 사람을 가리키게 되었다. 장님은 나무를 관찰하여 방향을 구분할 수 없기 때문에 도움을 받아야만 목적지에 도착할 수 있다. 세월이 더 흐른 뒤에는 天子나 諸侯를 도와 나라를 다스리는 사람을 가리키게 되었다. 고대 중국은 西周 때부터 封建의 세습제도가 실시되었기 때문에 아무것도 모르는 어린 아이가 天子나 군주가 되기도 하였다. 이 경우 나라를 다스리는 것이 장님이 길을 걷는 것과 같았기 때문에 옆에서 보좌할 사람이 필요했다. '相'의 다양한 의미는 사용 중에 인신되어서 생겨난 것임을 알 수 있다.

아래 두 글자에서 고대 중국인들의 수목에 대한 세심한 관찰을 파악할 수 있다. 첫 번째 글자는 '桑'이며, 甲骨文의 字形은 다음과 같다.

一期合集二四九

이 글자는 뽕나무의 가지가 갈라진 상태를 표현하고 있어 形象性이 매우 강한다. 小篆에 이르면 갈라진 가지가 '叒'로 변하여서 의 형태로 사용된다. 許愼은 이 글자를 會意字로 이해하였는데, 이는 잘못된 것이다. 뽕나무 잎은 누에를 먹이기 위해 사람들이 손으로 채취하던 것이기 때문에 손〔又〕 세 개로 이루어진 '叒'이 되었다. 사실 이것은 문자의 발전과 변화 과정에서 생겨난 筆力이며, 이 형태를 통해 문자의 초기 제조 의도를 파악할 수는 없다. '桑'은 全功能零合成字이다. 즉 뽕나무 가지와 잎이 시들어 떨어진 후의 형태를 본 뜬 것이다. 잎이 시들어 떨어진 후에 뽕나무의 특징인 '가지가 갈라져 자란 형태'가 드러난다. 그러므로 고대 중국인들이 문자를 만들 때 객체에 대해 얻은 주체(두뇌)의 인상은 선택적인 것이었으며, 사물의 가장 두드러진 특징을 나타내는 것이었음을 알 수 있다.

두 번째 글자는 '朿'이다. 甲骨文의 형태는 다음과 같다.

一期乙二三四六

一期京二八二九

徐中舒는 "하나 혹은 서너 개의 날을 가진 날카로운 도구의 형태를 본 뜬 것이다(象一鋒或三鋒、四鋒之利器)"고 하였다.(徐《甲》, 765) 그러나 이 의견은 《說文解字·朿部》의 '朿'에 대한 해석과 전혀 다르다. 許愼은 "나무의 가시이다. 형태를 본 뜬 것이다(木芒也, 象形)."라고 하였다.(大徐本, 143) 許愼의 해석에 대해서 馬敘倫은 또한 "가시가 있는 나무이다(有芒木)"로 고쳐야한다고 주장하였고, 본인이 직접 경험한 증거를 근거로 '朿'의 本義가 '가시가 있는 나무'를 가리키는 것임을 증명했다.[29] '朿'는 병기의 명칭이 아니며, 수목에 있는 가시의 일종이다. 만약 가시가 아니라면 '棗'가 왜 두 개의 朿(상하로 배치됨)로 이루어져 있고, 荊棘의 '棘'가 왜 두 개의 朿(좌우 배치)로 이루어져 있는지를 이해할 수 없게 된다. 甲骨文 은 나무가시 자체를 본 뜬 것으로 생각된다. 필자는 어린 시절 시골에서 매우 크고 날카로운 皀角刺라는 가시를 본 적이 있다. 조각자는 쥐엄나무에 자라는 가시인데, 바퀴살 같이 사방으로 펼쳐진 모양을 가진다. 만약 사람이 밟기라도 하면 큰 상처를 입곤 했다. 그러

29 《說文解字六書疏證》卷十三에서 보인다. 李圃 主編, 《古文字詁林》第六册, p.568 재인용. 馬敘倫이 《說文解字》의 '木芒也'를 '有芒木也'로 고친 것은 《字林》의 인용문에 근거한 것이다. 芒木은 가시가 있는 나무이다. 그는 자신이 직접 본 杭州의 老虎刺라는 나무를 예로 들어 '朿'가 '가시가 있는 나무'임을 설명했다. 또한 《方言》에서 가시에 대한 남북의 명칭이 다름을 통해 朿와 刺·刅·傷의 의미가 연계됨을 설명하였다. 이 설은 신뢰도가 높다.

므로 甲骨文 '朿'의 형태는 가시가 있는 나무이며, 병기로 해석할 필요는 없다.

'桑'과 '朿'의 두 글자를 통해 고대 중국인의 수목에 대한 관찰이 매우 자세하고 신중함을 알 수 있다. 또한 문자를 만들 때 깊은 사고를 거친 후에야 선택하는 과정을 거쳤다. 이상의 여러 글자에 대한 분석을 통해 수목이 고대 중국인들의 중요한 관찰대상이었음이 증명된다.

고대 중국인들은 농작물의 생장과 성숙 단계에 대해서도 섬세한 관찰을 진행하였다. 농장물 성장의 초기 단계는 야생 초목과 같은 과정을 거친다. 그러므로 농작물에 대한 관찰은 새싹의 밀도, 이삭의 형태, 각 곡물의 성숙 상태에 집중된다. 또한 이러한 관찰을 근거로 각종 농작물을 나타내는 문자를 제작하였다.

'秝'은 농작물의 듬성듬성한 밀도를 반영한다. 《說文解字·秝部》에 "秝, 간격이 적당함이다. 두 개의 禾로 이루어졌다(秝, 稀疏適也. 从二禾)."라고 하였다.(大徐本, 146) '稀疏適'은 농작물 모종 사이의 거리가 적당함을 가리킨다. 너무 가깝지도 않고 너무 멀지도 않음이다. 농작물 모종 간의 거리가 지나치게 가까우면 모종은 충분한 햇볕을 쬐지 못하고, 수분과 양분이 부족하여서 약해지게 되고, 이것은 수확에 직접적으로 영향을 준다. 모종간의 거리가 지나치게 넓으면 단위면적의 수확량에 영향을 끼친다. 그러므로 농부는 생산량을 제고하기 위해서 적당한 모종 거리를 파악해야 한다. '秝'도 초기 한자에 속한다. 甲骨文 형태는 다음과 같다.

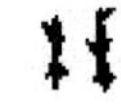三期人一九O三

위 甲骨文은 두 개의 禾로 이루어져 있고, 禾와 禾 사이에도 일정한

거리가 있다. 이러한 형태로 모종 사이의 거리가 가장 적당한 상태에 있음을 나타내고 있다. 段玉裁의 주석에는 '適' 뒤에 '秝'을 덧붙여 놓고, 江聲과 王念孫의 설에 근거하여 고친다고 적어놓았다. '適秝'은 모두 일정함을 말하는 것으로 許愼의 주장과 상충되지 않는다. 또한 '从二禾' 아래에 "농작물의 거리는 정해진 규칙이 있다(禾之疏密有章也)."고 주석하였다.(段注, 329) '疏密有章'은 거리를 맞춤에 정해진 법칙이 있으며, 주관적으로 마음대로 안배하는 것이 아님을 말한다.

'禾'는 좋은 곡물을 가리키는 말이다. '禾'는 농작물이 이미 이삭을 늘어뜨린 형태를 본뜬 것이다. 甲骨文 '禾'의 형태는 다음과 같다.

 一期乙四八六七

위의 형태는 곡물이 새싹 단계를 지나 꽃을 피우고 열매가 여물고 아래로 처진 상태를 묘사하고 있다. 곡식의 싹이 이 단계까지 자라면 풍부한 수확을 기대할 수 있으므로 '좋은 곡식〔嘉穀〕'이 本義가 된다. 곡식에 이삭이 달린 초기에는 이삭이 위로 솟아 있어서 들판에 가지런하게 배열되어 있다. 이러한 상태를 '齊'로 기록한다. 《說文解字·齊部》에 "齊, 벼와 보리 이삭의 위쪽이 평평하고 가지런한 것이다. 형태를 본뜬 것이다(齊, 禾麥吐穗上平也. 象形)."라 하였다.(大徐本, 143) 이 문자의 本義에 대한 許愼의 해석은 매우 정확하며, 甲骨文의 字形과도 일치한다. 甲骨文 '齊'는 다음과 같다.

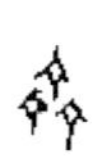 五期前二 . 一五 . 三

위의 형태는 보리밭의 보리 이삭이 가지런히 배열해 있는 상태를

본뜬 것이다. 甲骨文은 평면적으로 보면 가지런한 느낌이 없다. 段玉裁의 주석에서 보이는 소전 字形에 대한 해석은 "땅의 높고 낮음에 의해 가지런하지 않은 것 같지만, 사실은 가지런히 배열되었다. 윗부분이 가지런하지 않는 것은 가지런하지 않음으로서 가지런함을 나타낸 것이다(隨地之高下爲高下, 似不齊而實齊. 參差其上者, 蓋明其不齊而齊也)."라고 하였다.(段注, 317) 段玉裁의 해석은 왜곡되었다. 甲骨文 은 위가 가지런한 상황을 나타낸다. 즉 '似不齊而實齊'의 상황은 그림 3-2-10과 같다.

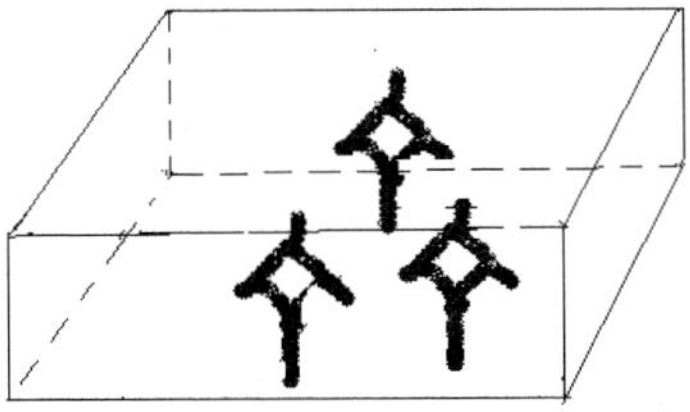

그림 3-2-10 齐

즉 평면으로 보면 가지런하지 않은 것 같지만 입체적으로 보면 매우 가지런한 것이다. 許愼이 말한 '吐穗上平'은 '隨地高下'의 의미를 포함하지는 않는다. 千亩의 보리밭에 있는 보리의 이삭은 질서 정연하게 위를 향해 서 있어서 장관을 이룬다. 이것이 바로 중국 고대인들이 '齊'자를 만들 때 관찰한 모습이며, 甲骨文 에 기탁된 造字 근거이다.

곡물의 이삭에 관련하여 언급할 수 있는 글자가 '穆'이다. '穆'의 甲骨文은 다음과 같다.

 三期甲三六三六

곡물의 위쪽에 날카로운 이삭이 자라난 형태이다. 이 형태는 곡식의 이삭이 여물어 이삭의 줄기가 굽어진 상태이다. 金文에서는 '彡'을 덧붙인 형태가 된다. 다음과 같다.

克鼎

'彡'을 덧붙이는 것은 아름답게 수식하려는 의도가 있다. '穆'은 본래 곡식의 이삭이 여문 형태를 나타낸다. 는 全功能零合成字이다. 곡식의 이삭이 여물었다는 의미 외에도 날카로운 이삭의 끝을 가지고 있음이 두드러진다. '이삭의 끝'에는 '미약하다'의 의미가 있다. 그러므로 '穆'은 본래 곡식의 이름이지만 '미약하다'나 '엄숙하고 경건하다' 등의 의미로 인신될 수 있었다.

보리 '麥'의 本字는 '來'이다. 초기 한자에서 '來'는 보리가 뿌리와 줄기 및 잎을 갖춘 성장한 형태를 나타낸다. 甲骨文은 다음과 같다.

一期乙六三七八

위쪽의 는 보리의 잎이 아니다. 《說文解字·來部》에 "來, 주대에 생겨난 상서로운 보리 來와 麰이다. 하나의 보리에 두 줄기의 이삭이 있는 것이다. 보리 이삭과 가시의 형태를 본떴다. 하늘에서 온 것이다. 그러므로 '오다'의 來가 되었다. 《詩經》에 '우리에게 작은 보리와 큰 보리를 주었네'라 했다(來, 週所受瑞麥來麰, 一來二縫, 象芒朿之形. 天所來也, 故爲行來之來. 《詩》曰: 詒我來麰)."라고 하였다.(大徐本, 111) 즉, 은 성장한 보리에서 자라난 두 개의 이삭이다. 甲骨文에 나타난 '麥'의 異體字가 이 주장을 뒷받침하고 있다.

一期粹一五九三

위의 형태는 하나의 보리에 두 개의 이삭이 있는 형태를 본뜬 것이다. 하나의 보리에 두 개의 이삭이 자라는 현상은 고대 중국인의 호기심을 자극했고, 주대에는 왕권 교체의 합리적 근거가 되었다. 즉 '하늘에서 내려온 상서로운 보리'라는 신화가 덧붙여진 것이다. 사실 '來'가 표현하는 것은 보리 중에서 매우 독특한 형태이다.

'黍'는 오곡 중 좋은 곡식으로서 고대 중국인의 흥미를 불러일으켰을 것이다. 甲骨文 '黍'는 다음과 같다.

一期前四．三九．八

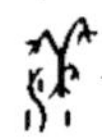一期前三．二九．五

위 형태 중 'ㄚ'는 흩어져 있는 이삭의 모양이다. 黍는 기장(끈기 있는 좁쌀)이며, 술을 만들 수 있기 때문에 水로 이루어져 있다. '粟'의 이삭이 모여 있는 것과는 차이가 난다. 甲骨文 '粟'은 다음과 같다.

三期佚五六三

위 문자에서 ⁘는 둥글고 아래로 처진 조의 알갱이가 모여 있는 형상이다. '粟'은 멥쌀이고, '黍'는 기장이다. 두 가지 곡물의 이삭이 처져 있는 형태는 차이가 있다. '黍'의 이삭은 흩어져 있는 형태이고, '粟'의 이삭은 모여 있다. 그러므로 '黍'는 이삭을 ㄚ으로 나타내고, '粟'은 ⁘으로 나타내었다. '粟'의 이삭은 사진 3-2-11과 같다.

사진 3-2-11粟

‘黍’의 이삭은 벼의 이삭과 유사하다. 사진 3-2-12와 같다.

사진 3-2-12 黍

甲骨文 의 ‘’와 의 ‘’는 이삭의 외형적인 형태를 명확하게 나타내고 있다. 이로써 고대 중국인들이 ‘黍’와 ‘粟’ 두 글자를 만들 때 두 농작물의 이삭이 처음 여물었을 때의 외형을 구체적으로 관찰했음을 알 수 있다.

농작물은 수확한 이후에 찧어서 밥을 지을 수 있는 형태로 만들 수 있다. ‘米’의 甲骨文은 다음과 같다.

一期鐵七二．三

은 쌀 알갱이를 나타낸다. 중간에 덧붙인 가로선은 徐中舒 등에 의하면 모래알과 구별하기 위한 것이다.(徐《甲》, 792) '米'는 標形合成字이다. 構件 '一'은 이 모래알이 아닌 쌀 알갱이임을 표시하는 기능이 있다.

쌀 알갱이가 용기에 들어가 있는 상태는 로 나타낸다. 甲骨文은 다음과 같다.

一期庫一五三七

위의 문자 형태는 米와 로 이루어져 있다. 는 속칭 '시루〔甑子〕'라고 하는 밥을 찌는 용기 언(甗)이다. 형태는 사진 3-2-13과 같다.

사진 3-2-13 甗

위 사진의 형태는 의 모양과 일치한다. '米'를 시루에서 찌면 밥이 된다. '米'는 대부분 남방의 '쌀〔稻米〕'이기 때문에 卜辭에서는 를 '稻'자로 사용한다. 예를 들면 다음과 같다.

癸巳卜, 設貞: 我受𥝢年, 三月. (遺四五六)

그러므로 고문학자들은 이 글자를 '稻'로 여겼으며, 이것은 매우 신빙성 있는 주장이다.

제3절 가까이는 신체에서 취하고, 멀리는 사물에서 취하다

許愼은 《說文解字·叙》에서 庖犧氏가 천하를 다스릴 때 "가까이는 신체에서 취하고, 멀리는 사물에서 취하여(近取諸身, 遠取諸物)", 역경의 여덟 卦 형태의 부호를 만들었다고 하였다. 팔괘를 이루는 기본 부호는 두 가지이다. 하나는 '—'陽爻이고, 하나는 '– –'陰爻이다. 郭沫若과 周予同의 고증에 의하면, 陽爻와 陰爻는 생식 숭배의 흔적이다. '—'은 남성의 생식기를 표현하는데, 이는 서방의 고대 민족들이 삼각형·십자형·뾰족한 탑·막대기 등으로 남성 생식기를 표현하던 것과 동일하다. '– –'은 여성의 생식기를 나타내는데, 중간을 끊어서 표현하고 있다. 이것 또한 서방 고대 민족들이 원형·문짝·배 등으로 여성 생식기를 표현하던 것과 동일하다. 이러한 주장은 아직 정설로 정해진 것은 아니다. 만약 이 주장이 옳다면 '近取諸身'의 근거는 되지만 '遠取諸物'은 이 두 가지 부호로 표현할 수 없다. 그러므로 '近取諸身, 遠取諸物'을 팔괘의 理據 중 하나로 삼는 것은 牽强附會이다.

그러나 이러한 생각에서 출발하여 한자의 초기 형태 구성의 理據를 찾는 것은 매우 바람직하다.

'取諸身'과 '取諸物'은 문자를 만들 때 참고하던 사물과 사유방식 중의 연상 및 유추를 나타낸다.

고대 중국인들의 사유방식에서 연상과 유추는 매우 두드러진다. 漢語 단어구성의 내부형식(혹은 이름의 유래)은 대부분 연상과 유추의 사유방식과 연관이 있다. 연상과 유추는 인류가 가진 공통적인 천성이다. 그러나 華夏民族의 연상과 유추는 운용에 있어서 매우 능숙하며, 전통적인 규칙을 갖추고 있다. 예를 들면, 고대 중국인의 마음 속에서 사람은 사물보다 귀하다. 사람 신체의 이름으로 유형별 사물을 비유한다. 예를 들면, 《周禮》에서 인체의 '발뒤꿈치〔踵〕'·'넓적다리〔股〕'·'정강이〔骹〕'·'손톱〔爪〕'·'손발가락〔指〕'·'치아〔牙〕'로 수레의 부속을 가리킨다.(劉《周》, 546) 그러나 사물의 이름으로 인체부위를 가리키는 경우은 없었다. 이 현상에 대해서 청나라 段玉裁는 《說文解字·肉部》의 "膏, 지방이다(膏, 肥也)." 아래에 주석하여 "생각건대, '肥'는 '脂'이다. '脂'가 이 문장에 쓰이지 않는 것은 許愼이 사람과 사물을 엄격하게 구분하였기 때문이다……'膏'는 사람의 지방을 말한다. 사람의 신체의 명칭으로 사물의 이름을 기탁할 수 있는데, 예를 들면 '뿔이 없는 것은 膏라 한다(無角者膏)'이다. 脂는 사물의 지방을 가리킨다. 사물의 명칭에는 사람 신체의 이름을 기탁할 수 없다(按: '肥'當作'脂'. '脂'字不廁於此者, 不廁於此者, 許嚴人、物之別……'膏'謂人脂, 在人者可假以名物, 如'無角者膏'是也. 脂專謂物. 在物者不得假以名人也)."라고 했다.(段注, 169) "嚴人物之別"의 규칙은 초기 한자 구성과정에서 나타났다. 예를 들면 사람의 머리를 나타내는 초기 한자는 '首'·'頁'·'元'·'天' 등이다. 이러한 문자는 새나 짐승의 머리 부분을 나타낼 수 있다. 그러나 호랑이 머리를 나타내는 '虍'와 돼지머리를 나타내는 '彑'는 사람의 머리를 나타내는 기호로 쓸 수 없다. 이 점은 華夏民族이 연상과 유추과정에서 서방의 민족과 현저하게 다른 특징이며, 華夏民族의 강력한 주체의식을 반영한다.

본 절에서는 한자 제조과정 중에서 고대 중국인들이 어떤 방식으로 '가까이는 사람의 신체에서 취하고, 멀리 사물에서 취하여' 인사활동과 관련된 단어를 만들었는지에 대해 토론하고자 한다.

1. 인체 기관과 부위 관련 부호는 인체를 본뜨다

사람의 감각사유기관을 나타내는 '眼(目)'·'耳'·'口'·'鼻'·'心' 다섯 글자의 초기 字形은 인체를 근거로 만들었다. 눈을 나타내는 '目'은 사람 눈의 외부 윤곽과 눈동자를 본뜬 것이다. 甲骨文은 다음과 같다.

一期甲二一五

一期拾一O.三

위 문자는 모두 사람의 눈을 본뜬 것이다. 은 왼쪽 눈을 본떴고, 은 오른쪽 눈을 본뜬 형태이지만, 甲骨文에서는 좌우 구분이 없는 경우도 있다. 그러나 옆으로 쓰는 것과 세워서 쓰는 것은 구분이 있다. 옆으로 쓴 것이 '目'이고, 세워서 쓴 것이 '臣'이다. '臣'의 甲骨文은 다음과 같다.

一期前四.二七.六

위 문자는 눈의 형태를 세로로 세운 형상이다. 郭沫若의 《甲骨文字研究·釋"臣""宰"》에서는 "하나의 눈으로 한 사람을 나타낸다. 사람의 머리를 아래로 굽히면 가로방향이었던 눈이 세로 방향으로 변하기 때문에 세워진 눈의 형태로 굴복한 신하와 엎드린 노예를 나타낸다(以一目代錶一人, 人首下俯時則橫目形變爲竪目形, 故以竪目形象屈服之臣僕奴隸)."라고 하였다.(徐

《甲》, 321) 郭沫若의 주장은 아직 정설이 되지는 못했다.

'目'과 관련된 한자는 '眉'이다. 甲骨文의 형태는 다음과 같다.

一期乙七五四六

一期乙六四八一

눈의 형태가 배경이 되어 눈 위의 눈썹을 두드러지게 하고 있다. 에는 사람의 신체와 사지를 덧붙여 이 눈썹이 사슴의 것이 아니고 사람의 것임을 강조하고 있다.[30] 그러므로 '眉'는 衬體象形字이다. 은 사람의 눈썹을 나타내고, 이 배경이 되어 눈썹을 두드러지게 하였다.

'耳'도 사람 귀의 외부 윤곽을 본뜬 것이다. 甲骨文의 형태는 다음과 같다.

一期京一六四八

위 문자는 인체의 귀 형태를 본뜬 것이다. 卜辭에는 종종 '疒耳'·'耳鳴' 같은 단어가 나타나는데, 모두 귀의 질병을 점치는 내용이다.

'口'는 사람 입의 외부 윤곽을 본 뜬 것이다. 甲骨文의 형태는 다음과 같다.

30 사슴은 눈 위에 눈썹이 있기 때문에 '麋'라고 한다. 본장 제2절 1에 상세한 내용이 보인다.

一期合一二三

사람 입의 외부 윤곽을 본뜬 것이다. 甲骨卜辭에는 '疒口'라는 단어가 나타난다. '口'가 사람 입을 나타냄을 알 수 있다.

구강 내부 기관 관련 한자에는 '어금니〔牙〕'·'앞니〔齒〕'·'혀〔舌〕'가 있다. '齒'와 '舌'은 甲骨文에도 나타나며, 모두 사람의 앞니와 혀의 형태를 그리고 있다. '齒'의 甲骨文은 다음과 같다.

一期乙七三一O

위 문자의 은 앞니의 형태이다. 바깥에 입의 윤곽을 덧붙여 두드러지게 하였다. '牙'는 甲骨文에는 나타나지 않지만 금문에 보인다. 다음과 같다.

屪敖簋(李《古》二, 573)

상하의 이가 교차하는 형태를 본뜨고 있고, 어금니를 나타내고 있어서 許愼의 주장과 일치한다. 《說文解字·牙部》에 "牙, 어금니이다. 위아래가 교차하는 형태를 본뜨고 있다……𤘓는 古文 牙이다(牙, 牡齒也. 象上下交錯之形……𤘓, 古文牙)."라고 하였다.(大徐本, 45) 段玉裁는 '牡'를 '壯'으로 고쳐 썼는데, '壯'에는 '크다'는 의미가 있다. '壯牙'는 '大牙'이다. '大牙'는 '臼齒'라고도 하는데, 이것은 아래위가 교차하고, 치아의 면이 움푹 들어가 있는 형태 때문에 지어진 이름이다. 段玉裁는 "壯齒는 큰 치아이다. 치아는 모두 齒라고 하고, 牙라고도 한다. 두 가지를 나누어 말하면 입술 쪽에 있는 것이 齒이고, 뒤의 하악골과 잇몸 쪽에 있

는 것이 牙이다. 牙는 齒보다 크고 자웅이 없다(壯齒者, 齒之大者也. 統言之, 皆稱'齒', 稱'牙'; 析言之, 則前當脣者稱'齒', 後在輔車者稱'牙'. 牙較大於齒, 非有牡牝也)."라고 하였다.(段注, 80) 그러므로 고문자 '牙'가 가리키는 것은 움푹 파인 어금니이고, '齒'는 앞니를 가리킨다. 이것은 오늘날의 의미와 완전히 반대된다. 오늘날 '牙'는 앞니를 가리키고, '齒'는 어금니를 가리킨다.

'舌'의 甲骨文은 다음과 같다.

一期乙四五五O

一期乙三八一

徐中舒는 '舌'이 "목탁의 탁설이 진동하는 형태를 본뜬 것이다. 口는 거꾸로 놓인 목탁의 몸체이다(象木鐸之鐸舌振動之形, 口爲倒置之鐸體)."라고 하였다.(徐《甲》, 208) 이 주장은 좀 더 토론할 여지가 있다. 만약 '舌'이 목탁의 탁설(鐸舌)이라면 甲骨文 (飮)을 해석할 방법이 없으며, 음식 관련 글자인 '甜'·'[illegible]'·'舓' 등이 '舌'로 이루어져 있는 이유를 설명할 방법이 없다. 오히려 林義光이 《文源》卷二에서 주장한 "입 위 혀 형태를 본뜬 것이다(象口上舌形)."가 믿을만하다.(李《古》二, 650) 다만 이 의견은 약간의 수정을 거치는 것이 더욱 정확해질 듯하다. 즉, 을 근거로 분석해 보면, '舌'은 '혀가 입 밖으로 나온 형태(舌頭伸出口外之形)'를 본뜬 것이다.

초기에 코를 나타냈던 '自'는 사람의 코끝·콧날·콧대의 형태를 본뜬 것이다. 甲骨文은 다음과 같다.

一期菁五.一

卜辭에서 '自'는 '코'의 의미로 쓰인다. 예를 들면 다음과 같다.

貞: 有疒自隹有蚩.(乙六三八五)

후에 시간이 흐르면서 '自'는 인신되어 '자기, 자신'의 의미를 나타내게 되었고, '畀'를 聲符로 덧붙인 '鼻'가 코를 가리키게 되었다. '自'와 '鼻'는 古今字 관계이다.

'心'은 甲骨文에는 보이지 않고 金文에 나타난다. 그 字形은 다음과 같다.

冬戈鼎(李《古》八, 937)

사람 심장의 외형을 그린 것이다.

'目'·'耳'·'口'·'自(鼻)'·'心' 다섯 글자의 구성 이거는 고대 중국인들이 관찰한 인체기관이며, 인체의 기관을 관찰한 후에 간략하게 그리는 방식으로 인체의 사유감각기관을 나타내는 초기문자를 만들어내었음을 알 수 있다. 이것이 바로 許愼이 말한 '近取諸身'이다.

인체의 각 부위를 기록한 글자도 같은 원리로 만들어졌다. 사람의 머리를 기록한 한자는 '首'·'頁'·'元'·'天'이 있다. 이 네 글자는 甲骨文에 나타난다. '首'의 甲骨文은 다음과 같다.

一期合集二六三二

위의 형태는 사람의 머리를 그렸지만 다른 동물의 머리와 혼동될 여지가 있다. 그러므로 고대 중국인들은 '首'자 아래에 사람의 몸과

사지를 그려 넣어 개나 돼지의 머리와 구분하는 방법을 생각해 내었다. '頁'의 甲骨文은 다음과 같다.

一期乙八七八O

일부 사람들은 이런 유형의 象形字를 '半字'라고 하고, 일부 사람들은 衬體象形字라고 한다. 甲骨卜辭에서 '頁'가 사람의 머리를 의미한 사례가 나타난다. 예를 들면 다음과 같다.

己巳卜: 雀, 不其以頁. (乙四七一八)

'首'와 '頁'은 글자 형태는 다르지만 나타내는 의미가 동일함을 알 수 있다. 이후 '頁'은 葉의 의미로 쓰이게 되었고, 本義는 사라지게 된다.

'元'은 문자 제조의 초기에 사람의 머리를 나타냈다. 甲骨文은 다음과 같다.

一期前四. 三二.四

이 글자는 全功能零合成字이다. 二부분이 古文 '上'과 유사하지만, 사실은 사람 머리 형태를 변화시킨 것이다. 金文 '元'은 다음과 같다.

 元卣

사람 옆모습 위쪽의 머리가 매우 두드러진다. '元'은 卜辭에서 시작

을 나타낸다. 이것은 本義를 근거로 인신된 것이다.《春秋左氏傳》에서 '元'은 사람 머리를 나타낸다. 예를 들면 다음과 같다.

> 《左傳·僖公三十三年》: "先軫이 '투구를 벗고 狄의 군사 속으로 쳐들어가 전사했다. 狄의 사람들이 그의 머리를 돌려보냈는데, 얼굴이 살았을 때와 같았다((先軫) 免胄入狄師, 死焉. 狄人歸其元, 面如生)." (阮《疏》, 1833)

'天'은 문자 제조 초기에 사람의 머리를 나타냈다. 甲骨文 '天'은 다음과 같다.

一期後下一八.七

의 형태로 사람의 머리를 강조하고 있다. 卜辭에서 '天'은 사람의 머리를 가리킨다. 예를 들면 다음과 같다.

庚辰王弗疒朕天. (乙九O六七)

'天'을 構形學의 각도에서 분석하면 形義合成字이다. '大'는 정면을 향한 사람의 형태를 나타내고, 은 義化[31]되어 사람의 머리를 나타낸다.

---

31 '義化'는 王寧의《漢字構形學講座》에 나오는 용어이다. 왕녕은 "이러한 構件은 사물을 형상화한 성질이 사라지고, 의미를 가진 글자로서 字形에 덧붙여져 構意를 나타내는데, 이것을 構件義化라 한다."라고 했다. 본서에서 위의 를 義化符號로 보고 있는데, 이는 사물을 본뜬 성질이 명확하지 않고 이미 의미를 나타내는 구성요소로 사용되었기 때문이다.

사람의 머리와 관련 있는 글자에는 사람의 얼굴을 나타내는 '面'이 있다. 甲骨文은 다음과 같다.

一期甲四一六

은 얼굴의 윤곽을 본뜬 것이고, 은 얼굴부분의 중요한 특징이다. 이 글자에서 알 수 있듯이 고대 중국인들의 관찰은 매우 정확했다. 한 사람을 나타낼 수 있는 특징은 주로 얼굴 부분이며, 얼굴에서 가장 주목되는 것이 눈이다. 눈은 마음의 창이며, 얼굴의 가장 중요한 부분이기 때문에 고대 중국인들은 얼굴의 윤곽에 눈의 형체를 덧붙여 '面'을 만들었다. '面'은 零合成全功能象形字이다.

'孔' 또한 인체의 머리와 관련된 글자이다. 甲骨文에는 '孔'이 나타나지 않고, 金文에 보인다. 다음과 같다.

史孔盉 (李《古》九, 450)

이 문자의 構意에 대해서는 다양한 견해가 있다. 일부 학자들은 '孔'의 本義를 乳穴로 여기는데, 글자의 부분이 乳穴의 형태를 본뜬 것이라 여긴다.[32] 郭沫若은 '囟'로 해석하여 어린애 머리 정수리에 있는 숨구멍을 나타낸다고 주장하였다.(李《古》九, 450) 郭沫若의 주장이 옳다. 갓난 아기는 머리 위 정수리의 숨구멍이 벌어져 있기 때문에 '孔'에는 '통하다(通)'의 의미가 있다. 고대 중국인들의 관념 속에 '通'은 순조로운 것이고 좋은 것이며, '不通'은 장애가 있는 것으로 재난이 생

---

32 林義光의 《文源》卷二 참조. 李圃 主編의 《古文字詁林》 第9册 p.450 재인용.

긴 것이다. 그러므로 '孔'에는 좋은 의미가 있다. 孔子 6세조 公孫嘉는 字가 子孔이었다. 후인들이 그의 字로서 성씨를 삼았으니, 그 의미를 알 수 있다. 이 글자는 標形合成字이다. '子'는 象形이고, 부분이 어린애 정수리의 숨구멍이 있는 곳을 나타낸다.

흥미로운 것은 인체의 부위를 기록한 대부분의 글자가 標形合成의 구조형식을 가진다는 것이다. '孔' 외에도 아래의 몇 글자가 있다.

'克'에 대해 《說文解字·克部》에서는 ", 어깨이다. 지붕 아래에 깎은 나무가 있는 것을 상형하였다……는 고문 克이고, 또한 고문 克이다(, 肩也. 象屋下刻木之形……, 古文克, , 亦古文克)."라고 했다.(大徐本, 143) 許愼이 해석한 '克'의 本義는 정확하지만, 字形에 대한 분석은 정확하지 않다. '克'의 甲骨文은 다음과 같다.

一期前一.五.五

徐中舒는 "북채의 형태를 본떴다. 金文 '皮'는 그것으로 이루어져 있다(象鼓槌之形, 金文皮字从之)."라고 하였다.(徐《甲》, 773) 그러나 이 말은 옳지 않다. 許愼이 해석한 本義가 정확한 것이다. '克'의 本義는 '肩'이며, 인체 에 을 더한 것으로 어깨가 있는 곳을 가리킨다. '克'은 갑골복사에서 '能'으로 사용되었다. 예를 들면 다음과 같다.

癸卯卜：其克 周.(掇二.一六.四)

'能'은 '肩'의 本義에서 인신된 것이다. 어깨는 무거운 것을 지는 부위이기 때문에 '할 수 있는 능력〔能〕'을 겸비하여 '어려움을 극복할 수 있고, 적을 무찌를 수 있다'는 의미에서 '승리하다〔勝〕'의 의미로

인신되었다.[33]

손 부분에 대한 標形合成字도 몇 가지 나타난다. 그 중 하나가 '寸'이다. '寸'은 甲骨文에는 나타나지 않고, 《睡虎地秦简》에 수록되어 있다. 字形은 다음과 같다.

 雜二七 (李《古》三, 578)

이 글자는 《說文解字》에 수록된 小篆의 字形과 유사하다. 《說文解字·寸部》에 "ㅋ, 10分이다. 사람의 손에서 一寸 뒤가 동맥이 있는 寸口이다. 又와 一로 이루어져 있다(ㅋ, 十分也. 人手卻一寸動脈謂之寸口. 从又、从一)."라고 하였다.(大徐本, 67) '寸'의 本義는 사람 손에 있는 촌구(寸口: 맥이 짚이는 곳)를 가리킨다. 은 오른 손의 측면을 상형했으며, 은 寸口의 위치를 표시하는 부호이다. 그러므로 '寸'은 標形合成字이다.

손가락과 관련된 문자 '尤'는 標形合成字이다. 甲骨文의 형태는 다음과 같다.

 一期鐵三五.一

부분은 中指가 위로 향한 손을 본뜨고 있다. 中指 위에 점을 더하여 위쪽에 이물질이 생겼음을 표시한다. 이 글자에 대한 해석은 의견이 분분하다. 어떤 학자는 개의 일종이며, '羞耻'의 '羞'자의 本字라고 주장하고(馬敘倫), 어떤 학자는 족제비를 나타내는 '犹'라고 여겼다(陳獨

33 羅振玉은 '克'의 本義가 '勝'이고, '肩'이 '勝'의 引申義라고 주장한다. 本義와 引申義를 반대로 말하고 있다. 《增訂殷虛書契考釋》卷中 참조. 李圃 主編의 《古文字詁林》 第6册 p.588 재인용.

秀). 어떤 학자는 손 위에 있는 점이 차단됨을 표시하기 때문에, '災'와 같은 의미라고 여겼고(丁山), 어떤 학자는 東夷 소수민족 구역의 강 이름이라고 주장한다(葉玉森)[34]. 朱芳圃의 《殷週文字釋叢》卷下에서는 이 문자가 손가락 위에 생긴 사마귀이며, '疣'의 本字라고 주장한다.(李《古》十, 954) 朱芳圃의 주장이 옳다.

'尤'의 本義는 손가락에 자란 사마귀이다. 손가락에 사마귀가 있다는 것은 두 가지 방향으로 引申할 수 있다. 하나는 일반적인 것과 다르다는 뜻이다. 그러므로 《說文解字·乙部》에서 "[illegible], 다른 것이다. 乙로 이루어져 있고, 又가 聲符이다([illegible], 異也. 从乙又聲)."라고 하였다.(大徐本, 308) 許愼의 해석은 '尤'의 引申義이다. '尤'가 形符가 되는 '就'에 대해서 《說文解字·京部》에는 "[illegible], 높은 곳에 거주하는 것이다. 京와 尤로 이루어져 있다. 尤는 일반적인 것과 다름이다([illegible], 就高也. 从京从尤, 尤異于凡也)."라고 했다.(大徐本, 111) 이 주장은 '尤'의 本字에 대한 해석과 일치한다. 다른 하나는 '재난'의 의미이다. 卜辭에 '亡尤'란 말이 있는데, '亡尤'는 '재난과 화가 없음'을 나타낸다. '尤'는 '손가락에 난 사마귀'를 構意로 삼고 있기 때문에, 필연적으로 나쁜 요소를 포함하고 있고, 이 때문에 재난이란 의미로 인신되었다.

'尤'가 손가락과 관련 있는 글자이며, 사마귀가 난 비정상의 손가락임을 알 수 있다. 그러므로 '다르다'와 '재난'이라는 두 가지 引伸義가 생겨났다.

손과 관련된 標形合成字에는 '厷(후에 肱로 쓴다)'도 있다. '厷'의 甲骨文은 다음과 같다.

34 李圃 主編, 《古文字詁林》 第十册 pp.953—954 참조.

一期乙三O六二

一期後下二O.一七

부분은 팔뚝 전체를 본뜬 것이고, 팔꿈치 부분에 으로 표시하여 팔의 가장 굵은 부분을 가리키고 있다. 그러므로 '厷'은 標形合成字이다.

팔뚝 아랫부분은 겨드랑이이다. 초기 한자에서는 '亦'이 겨드랑이를 나타냈다. '亦'의 甲骨文은 다음과 같다.

一期林二.三.一五

부분은 정면을 향한 사람을 본뜬 형태이고, 두 팔 아래 ,、을 덧붙여 겨드랑이의 위치를 가리킨다. 이 문자는 標形合成字임이 명확하다. 이 문자는 이후에 빈도부사 '亦'으로 사용되었기 때문에, 다시 '肉'에 聲符 夜를 합친 '腋'을 만들어 겨드랑이를 나타내게 되었다.

(臀) 역시 甲骨文에 나타나는 인체와 관련된 문자이며, 標形合成字이다. 문자 형태는 다음과 같다.

一期乙四O七一

李孝定의 《甲骨文字集释》에서는 '꽁무니〔尻〕'로 해석한다.(徐《甲》, 942-943) 사실 이 문자는 '臀'으로 해석해야 한다. 은 옆으로 앉은 사람 형태 에 을 덧붙여서 '불룩 솟은 엉덩이의 위치'를 가리킨다. 그러

므로 는 標形合成字이다.

발과 관련 있는 한자에도 標形合成字가 있다. 고문학자들이 아직 인지하지 못하고 있지만, 甲骨文의 '膝'이 바로 標形合成字이다. 문자 형태는 다음과 같다.

一期乙一一八七

고문학자들은 일반적으로 을 '疋' 아래에 두고 '足'의 의미와 같다고 주장한다. 이러한 주장은 '膝'의 형태 중에 넓적다리와 종아리 사이에 불룩 솟은 부호 을 인지하지 못했기 때문이다. 이 부호는 표시성 構件이며, 무릎의 위치를 가리킨다. 는 '무릎〔膝〕'을 나타낸다. 의 부분은 넓적다리와 종아리 및 발의 형태를 나타내고, 부분은 무릎을 가리키고 있어, 의 構意와 유사하다.

고문학자들이 이 글자에 대해 정확하게 해석하지 못하는 이유는 《說文解字》의 영향 때문이다. 《說文解字》의 〈肉部〉와 〈足部〉 모두 '膝'을 수록하지 않고 있기 때문에, 이 문자의 今文이 어디에 속하는지 판단할 근거가 없다. 그러므로 古文字를 분석할 때 《說文解字》만을 의지해서는 안 된다는 것을 알 수 있다.

〈手部〉에 수록된 한자는 '手'·'又'·'𠂇'·'爪' 등이 있다. 모두 고대 중국인들이 손의 다양한 형태에 대해 관찰하고 얻은 인상을 근거로 만들어진 문자이다.

'手'는 甲骨文에 나타나지 않고 金文에 보인다. 글자의 형태는 다음과 같다.

揚簋(李《古》九, 601)

손바닥과 벌어진 다섯 손가락의 형태를 본뜬 것으로 全功能零合字이다.

'又'의 甲骨文은 오른손 측면의 형태를 본뜬 것이다. 글자의 형태는 다음과 같다.

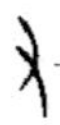一期京二二一六

오른손 측면의 엄지손가락과 食指가 벌어져 있고, 나머지 세 손가락은 가지런하게 겹쳐져 있는 형태이다.

'𠂇'는 손의 방향이 반대로 나타난다. 두 손이 겹쳐져서 '廾'(拱手의 의미이다)가 되고 있다. 甲骨文의 형태는 다음과 같다.

一期前七.三.二

왼손과 오른손이 합쳐진 會意字이다.

손가락이 아래로 향하면 '爪'가 된다. 甲骨文의 형태는 다음과 같다.

一期乙四五二二

사물을 잡거나 채집할 때의 손가락 형태를 본뜬 것이다. '采'와 '爲'의 形符로 사용되고 있다.

발 부분과 관련된 문자에는 '足(疋)'·'止'·'步' 등이 있다. '足'의 초기 漢字형태는 넓적다리 아래에서 발가락까지의 전체 부분을 나타낸다. 甲骨文의 형태는 다음과 같다.

一期佚三九二

一期甲二八七八

'足(疋)'의 甲骨文 字形은 매우 형상적으로 사람의 발을 나타내고 있다. 오늘날 '足(疋)'은 발바닥과 발가락 부분을 가리킨다. 이러한 의미는 초기 한자에서 '止'로 나타내었다. 甲骨文 '止'는 다음과 같다.

一期拾一O.五

발바닥과 발가락의 형태를 본뜬 글자이다. 金文 '止'는 더욱 형상적이다. 문자의 형태는 다음과 같다.

大保敔(李《古》二, 234)

진흙땅에 남겨진 사람의 발바닥과 발가락 모양을 본뜬 것이다. 釆의 構意와 같다. 다만 釆은 鳥兽가 진흙땅에 남긴 발자국을 나타낸다는 점에서 사람의 발자국을 나타내는 釆와 차이가 있다.

'止'의 발가락은 위와 아래로 놓여있든 좌우로 놓여있든 의미적으로 차이가 없지만, '步'는 왼쪽 발과 오른쪽 발을 구분할 수 있다. '步'의 甲骨文 형태는 다음과 같다.

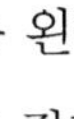一期合集六四六一

사람이 걸을 때 왼쪽 발이 앞에 있고, 오른쪽 발이 뒤쪽에 있는 모

습을 본뜨고 있다. 위쪽 '止'는 왼발이고, 아래쪽 '止'는 오른발이다.

이상의 분석에서 인체 기관이나 부위의 명칭을 나타내는 한자는 대부분 한자 제조 초기단계에서 全功能零合成의 상형 방식으로 만들어졌음을 알 수 있다. 일부 인체 부위의 명칭을 나타내는 한자 중에서 象形의 방식으로 글자를 만들기 힘든 경우는 標形合成의 방식——즉 상형의 기초에 표시성 부호를 덧붙여 인체 부위의 위치를 가리키는 방식으로 글자를 만들었다. 零合成象形과 標形合成의 指事로 만들어진 문자의 造字理據는 모두 고대 중국인들이 자신의 신체 각 부위에 대한 자세한 관찰을 통해 얻은 구체적인 인상을 바탕으로 한다. 이런 유형의 문자는 만들 때 사람 자신의 인체가 근거가 되었다는 규칙성이 있었음이 반영된다. 당연히 예외의 글자도 있다. 예를 들면, '血'·'肉'·'骨'이 사람의 피·고기·뼈를 근거로 만들었는지는 확실하지 않다.

'血'의 甲骨文은 다음과 같다.

一期鐵一七六.四

부분은 혈액이 용기에 담겨 응고된 모양을 본뜬 것이고, 부분은 피를 담은 용기를 나타낸다. 용기 중에 담긴 피가 사람의 것인지 제물로 바쳐진 가축의 것인지는 판단하기 어렵다. 《說文解字·血部》에는 "血, 제사에서 제물로 쓰인 가축의 피다. 皿으로 이루어져 있고, 一은 피의 형태를 본뜬 것이다(血, 祭所荐牲血也, 从皿, 一象血形)."라고 하였다.(大徐本, 105) 가축과 사람 모두 제물로 사용되었다. 甲骨文이 생성되던 당시에는 사람을 제물을 삼는 경우도 많았다. 그러므로 용기의 피가 사람의 것인지 소나 양의 것인지는 판단하기 어렵다. '骨'의 뼈와 '肉'의 고기

또한 같은 상황이다. 그러나 위의 분석에서 인체기관이나 부위를 나타내는 한자가 모두 사람 자신의 인체에서 왔다는 이 사실은 의심의 여지가 없다.

2. 인류 활동 관련 문자는 객관적 사물이나 사람 자신을 근거로 하다

사람이 다른 동물과 다른 점은 직립보행이 가능하고, 우수한 두뇌와 두 팔을 가지고 있기 때문에 공구의 제조가 가능하고 생산노동을 할 수 있다는 것이다. 사람은 사회성을 갖춘 동물이기 때문에 사회성원의 집체적 협력을 통해 개인이 혼자서는 극복할 수 없는 어려움도 극복할 수 있고, 개인 혼자서는 이길 수 없는 적을 무찌를 수 있다. 인류의 생활과 생산 활동은 사회 환경 속에서 이루어진다. 고대 중국인들은 자연재해 앞에서 자연에 순응하고 자연을 존중해야만 자연과 화합할 수 있음을 인지했다. 그러므로 그들의 시선은 자신에서 객관적인 외부 사물로 전환되었다. 이 때문에 인류의 생활과 생산 활동을 표시하는 문자는 객관적인 외부 사물이나 사람 자신을 근거로 만들어졌다.

(1) 객관적인 외부사물을 근거로 만들어진 인류 활동을 나타내는 문자

먼저 고대 중국인들에게 발생했던 재해나 禍福과 관련 있는 한자를 살펴보고자 한다.

인류는 생활과 생산에 있어서 각종 재난이나 재해를 피할 수 없다. 고대 중국인들에게 가장 큰 재해는 水害였다. 이 때문에 洪水가 넘실대는 형태로 '灾'를 만들었다.

甲骨文 '灾'의 형태는 다음과 같다.

一期戩四四.二

二期合集二四四二六

三期甲二六四二

一期에는 의 형상으로 강물이 옆으로 흘러넘치거나 역행하는 많은 물의 기세를 나타내었다. 이것은 《尚書·堯典》에서 묘사한 "넘실거리는 홍수가 널리 해를 끼치고, 광대한 물이 산을 에워싸 구릉을 잠기게 하고, 끝없는 물이 하늘에 닿을 듯하다(湯湯洪水方割, 蕩蕩懷山襄陵, 浩浩滔天)"의 상황에 매우 부합된다.(阮《疏》, 122) 二期와 三期에는 비스듬히 쓰거나 세워서 쓴 '巛'가 나타난다. 옆으로 쓰건 세워서 쓰건 모두 물결 모양으로 물의 기세가 크고 광대함을 형용한다. 정상적으로 막힘없이 흘러내리는 강물 형태는 甲骨文에서는 아래의 모습으로 나타난다.

一期存二.五八六

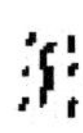一期前四.一二.七

위의 글자는 '川'으로 해석된다. 《說文解字·川部》에는 "뚫고 통하여 흐르는 물이다(貫穿通流水也)" 로 해석했다.(大徐本, 239) '뚫고 통하는〔貫穿〕'의 대상은 물의 흐름을 막는 山陵이다. 옆으로 늘어져 강물 앞을 막은 산릉이 뚫리면서 순조롭게 흐르는 기세가 형성된다. 아래 글자는 '水'로 해석된다. 《說文解字·水部》에는 "많은 물이 함께 흐르는 모양을 본떴다(象衆水並流)"고 해석하였다.(大徐本, 224) "많은 물이 함께 흐르는(衆水並

流)" 것은 길을 따라 흐르는 것으로 옆으로 흐르거나 비스듬히 흐르지 않는 것이다. 고대 중국인들은 옆으로 흐르고 역행하는 巛로 모든 재난의 근원을 나타내었다. 이것은 심사숙고를 거친 후에 표현한 것으로, 임의대로 선택한 것이 아니다.

'禍'는 '福'과는 상대적 개념인 고난을 나타내고, '灾'와 비교하면 성향은 같으나 정도에서 차이가 있다. 小篆에서는 '示에 聲符 咼를 덧붙여' 만든 禍으로 표시한다. 사실 '咼'는 '禍'의 초기 형태이다. 甲骨文 '禍'는 다음과 같다.

一期合二八六

소의 견갑골(肩胛骨)에 문자가 새겨진 형태이다. 冎가 '祸'를 나타내는 것은 중국 고대 占卜과 관련이 있다. 고대 중국에는 모든 일에 반드시 제사를 지냈으며 제를 지낼 때마다 점을 쳤다. 殷商 때는 거북껍질과 짐승 뼈를 占卜의 재료로 삼았다. 점을 칠 때는 잘 손질된 거북껍질과 소의 견갑골을 불 위에 구워 갈라지는 선을 관찰하고 길흉화복을 점쳤다. 만약 불길한 징조가 나타나면 소의 견갑골 위에 기록하였기 때문에 글자를 소의 견갑골에 새긴 형태 冎가 '불길한 사물'을 나타내게 되었다.

'灾'와 '禍' 두 글자는 객관적인 사물을 근거로 만들어졌다.

'灾'·'禍'와 상대적인 개념이 '福'이다. '福' 역시 객관적인 사물의 형태를 근거로 만들어진 글자이다. 《說文解字·示部》에 "福, 돕는 것이다. 示로 이루어지고 성부는 畐이다(福, 佑也. 从示、畐聲)."라고 하였다.(大徐本, 7) 사실 '福'의 초기 글자 형태는 '畐'이다. '福'의 甲骨文 異體字는 107개에 달하며, 글자 형태는 크게 두 가지로 나눌 수 있다. 한 가지 유형은 '畐'으로 福을 표시한 것이고[35], 다른 유형은 '畐'에 '示'나 다른 構件을 덧붙인 것이다. 그러나 초기의 '福'은 '畐'으로 나타내었다. 甲骨文의 형태는 다음과 같다.

一期存一.一四五九

甲骨文 '福'은 술독을 기울인 형태인 이다. 술독과 '福'의 관계는 고대 제사문화에 기인한다. 고대 제사는 천지신령과 조상의 비호를 기원하여 가정의 평안과 행복을 빌기 위한 것이었다. 제사를 지낼 때 반드시 사용해야 하는 것이 술이었다. 술독의 술을 神象에 부어 복과 평안을 기원하였다.

술은 사람이 만든 것이지만 사람 자신은 아니다. '福'은 외부 사물을 근거로 만들어진 문자임을 알 수 있다.

제사와 관련된 한자에는 또한 '薶(貍)'·'沈' 두 글자가 있다. 고대 중국인들은 만물에 영혼이 있다고 믿었다. 천지귀신과 죽은 조상뿐만 아니라 산림이나 하천·조류·짐승·곤충·초목·꽃에도 모두 영혼이 있다고 믿었다. 그러므로 封禪 등의 祭祀大典을 거행할 뿐만 아니라, 동시에 많은 소규모의 제사활동이 있었다. '霾(貍)'와 '沈'의 두 글자가 기록하는 것이 이런 소규모의 제사활동이다. 《周禮·春官·大宗伯》에서는 "희생을 묻어 산천에 제사지내다(以貍瀋祭山林川澤)."라고 하였다. 鄭注에서 "산림에 제사지내는 것을 埋라고 하고 하천에 제사지내는 것을 沈이라 한다. 그 성질에 따른 함장이다(祭山林曰埋, 祭川澤曰瀋. 隨其性之含藏)."라고

35 徐中舒 主編의 《甲骨文字典》에는 이러한 유형이 15개 있으며, 전체의 11%이상을 차지한다고 하였다

하였다.(阮《疏》, 756) '貍'와 '沈'은 제사의 이름이며, 그 초기 字形은《周禮》경전 및 주석과 일치한다. 甲骨文 '薶'의 형태는 다음과 같다.

一期續二.一.八.八

一期前六.三九.一

一期前七.三.三

부분과 부분은 파놓은 구덩이를 나타내고, 와 은 파묻은 사물을 나타낸다. 소나 돼지, 개 등의 짐승을 파묻어서 산림의 신에게 제사 지내는 것을 나타낸다. 산천에 대한 제사를 나타내는 은 객관적인 외부 사물을 근거로 만들어진 글자이다.

하천에 제사 지내는 것을 나타내는 '沈'의 甲骨文 형태는 다음과 같다.

一期前一.二四.三

一期乙三O三五

四期粹九

위의 세 형태는 모두 으로 하천의 물을 나타내고, 와 는 물에 넣는 사물을 표시한다. '沈'은 하천에 지내는 제사의 이름이며 소와 양을 물에 넣는 형태로 의미를 표현하였다. 하천에 대한 제사를 나타

내는 또한 객관적인 외부 사물을 근거하여 만들었다.

제사 외에도 일상생활을 나타내는 용어도 외부 사물을 근거로 만든 것이 있다. 오늘날 인터넷에는 '결탁하다〔糾結〕'란 단어가 유행한다. 사실 이 단어는 매우 오래전부터 사용되었다. 甲骨文에도 '糾'가 나타난다. '糾'는 넝쿨의 엉킨 형태를 근거로 만들었다. 甲骨文의 형태는 다음과 같다.

一期乙二八四四

이 형태는 《說文解字》의 '丩'에 대한 해석과 일치한다. 〈丩部〉에는 ", 서로 얽혀있는 것이다. 일설에는 오이의 넝쿨이 얽혀서 올라가는 것이라고도 한다. 형태를 본뜬 것이다(, 相糾繚也. 一日瓜瓞結糾起. 象形)."라고 하였다.(大徐本, 50) 小篆의 형태에도 甲骨文의 筆意가 남아 넝쿨이 서로 얽혀있는 모양을 본뜨고 있다. '丩'와 '糾'는 古今字 관계이다. '丩'는 '얽혀있다'·'결탁하다'는 의미를 나타내며, 외부 사물을 근거로 만든 것이다.

'富丽(화려하다)'·'美丽(아름답다)'를 나타내는 '丽'의 초기형태도 외부 사물을 근거로 만들어졌다. 甲骨文 '丽'의 형태는 다음과 같다.

一期續三.四O.四

는 두 개의 쟁기를 본뜬 것이다. 上古시대에는 우경제(偶耕制: 두 사람이 짝을 이루어 밭을 가는 방법)가 있었는데, 부분은 '짝을 이룬다'의 의미를 나타낸다. 은 두 마리 개를 나타낸다. 두 마리 개가 땅을 가는 농부의 뒤를 따르는 형태로 '덧붙인다'는 의미를 나타낸다. 소전에서는

의 형태로 변하는데, 이것 또한 짝을 이루어 밭을 가는 형태이다. 許愼은 鹿에 聲符 丽가 덧붙여진 籒文의 영향[36]을 받아 글자 형태의 構意를 잘못 이해하고 있다. 《說文解字·鹿部》에서는 “麗, 함께 가는 것이다. 사슴의 천성은 음식을 보고 마음이 급하더라고 반드시 함께 움직인다. 形符는 鹿이고 聲符는 丽이다. 《禮記》에서 ‘두 장의 가죽을 주어 정혼한다’고 하였는데 대개 사슴의 가죽이다. ‘丽’은 古文이고, ‘𠀅’은 篆文 ‘麗’이다(麗, 旅行也. 鹿之性見食急, 則必旅行. 从鹿丽聲. 《禮》‘丽皮納聘’, 蓋鹿皮也. ‘丽’, 古文. ‘𠀅’, 篆文‘麗’字).”라고 하였다.(大徐本, 203) 段玉裁 주석에서는 ‘旅行’을 ‘丽’의 本義라고 하였다. 甲骨文의 글자 형태를 살펴보면 許愼의 설명은 틀린 것이다. ‘짝을 이루어 밭을 가는’ 것이 ‘麗’의 本義이고, ‘덧붙이다’는 引申義이다. ‘丽’는 외부 사물을 근거로 만든 것이다.

상고 시대는 교통이 발달하지 않았기 때문에 사람들이 산을 오르고 물을 건너는 상황이 많았다. 《詩經·邶風·匏有苦葉》에서는 “깊으면 벗고 건너고, 얕으면 걷고 건넌다(深則厲, 淺則揭).”라고 하였다.(阮《疏》, 302) 《說文解字·水部》에서는 이 시를 인용하여 ‘厉’를 ‘砅’로 해석하여 “砅은 돌을 밟고 물을 건너는 것이다. 石과 水로 이루어져 있다. 《詩經》에서 ‘深則砅.’라고 하였다. 濿은 厲로 이루어지기도 한다(砅, 履石渡水也. 从石, 从水. 《詩》曰: ‘深則砅.’ 濿, 或从厲).”라고 하였다.(大徐本, 233) 《說文解字》에서 언급한 ‘砅’이 ‘厲’의 초기형태에 더욱 부합한다. 甲骨文 ‘砅’의 형태는 다음과 같다.

---

36 𠀅을 篆文으로 여기고, 麗을 籒文으로 여기는 것은 段玉裁의 주장에 따른 것이다. 이것은 부득이한 선택이다. 사실 글자의 형태를 근거로 하면, 𠀅은 籒文에 가깝고, 麗은 篆文에 가깝다. 그러나 《說文解字》에서 두 글자를 바꾸어 썼다는 증거가 없기 때문에, 우선 段玉裁의 注에 따른다.

一期金五O七

두 개의 돌 사이에 물이 흘러 통과하는 형태이다. 이 돌은 일반적으로 하천에 널려 있는 돌이 아니고 사람이 하천을 건너기 위해 세워 만든 징검돌이다. 이 문자에는 계발의 의미가 농후하다. 돌을 밟고 물을 건너는 것은 본래 사람의 행위이지만 문자를 만드는 과정에서는 사람의 주체적인 참여를 나타낼 수 없기 때문에 객관적인 외부 사물을 통해 표현하였다. 세워진 두 개의 징검돌이 있고, 중간에 물이 흐르는 형태를 통해 이 강이 징검돌을 밟고 건널 수 있음을 나타낸다. 이것은 객체로서 주체의 행위동작을 명시한 것으로 고대 중국인들의 구상 사유 중에 주객이 대립되거나 통일된 소박한 변증법의 요소가 있었음을 나타낸다.

고대 중국인들의 전쟁은 수레를 많이 사용했으며, 활은 전투 중에 적을 무찌르는 중요한 무기가 되었다. 화살을 쏘는 행위를 '发'이라 한다. '發'의 초기 字形은 주체의 참여가 아닌 객체를 통해 의미를 표현하였다. '發'의 甲骨文은 다음과 같다.

一期前五.八.二

화살이 활줄을 떠나면서 활줄이 진동하는 모양을 본뜨고 있다. ⁝부분이 진동하는 활줄을 나타내고 있다. 이 형태에서는 활을 잡고 있는 주체의 손동작은 보이지 않고 객체의 상태를 통해 사람의 행위를 나타내고 있다. 후에 이 형태에 癹을 덧붙여 小篆 發이 된다.《說文解字·弓部》에는 "發, 활을 쏘는 것이다. 弓으로 이루어져 있고 성부는 癹이다(發, 射發也. 从弓, 癹聲)."라고 하였다.(大徐本, 270) 癹의 甲骨文은 다음과 같다.

一期合三五

위의 형태에서 부분은 좌우의 두 발을 나타내고, 부분은 손으로 나무막대기를 잡은 형태를 나타내고 있기 때문에, 은 會形合成字이다. 사람이 멀리 가는 것을 나타내는 글자로서 '出發' '發'의 本字이다. 小篆 은 화살을 쏜다는 의미를 나타내고 있으며, 부분은 발음뿐만 아니라 의미도 나타낸다. 는 에서 소리와 의미를 동시에 나타내는 構件이다. '弓'은 이 동작이 활과 관련 있음을 나타내는 의미 표시의 구성성분이다. 甲骨文 이 '發射' '發'의 本字이다. 이 문자는 활을 쏜 뒤 활의 형태라는 객체를 통해서 주체의 행위를 간단하게 묘사하였다. 이 문자의 구조에서 고대 중국인들이 글자를 만들 때 나타났던 독창성을 파악할 수 있다.

'引'도 활과 관련 있는 글자이다. '引'은 甲骨文에도 나타나고 있으며, 주객 쌍방을 모두 고려하여 표현한 형태를 나타낸다. 이러한 구조 형식은 아래에서 세 번째 구조형식으로 다시 다루고자 한다.

실을 자르는 동작을 '絕'이라 한다. 이러한 의미를 나타내는 한자의 초기 형태는 객체를 통해 표현한 구조를 가진다. 甲骨文 '絕'은 다음과 같다.

一期乙八三七O

一期庫一五二

하나로 연결되어 있는 줄을 끊어버리는 형태를 나타내고 있다. 은 하나로 연결된 줄이고, 은 연결된 줄을 칼 같은 날카로운 도구로 끊

는 것을 나타낸다. 이 문자는 標形合成字이다. 이 문자의 構形에서 주체가 참여하는 것을 나타내는 構件을 찾아볼 수 없다. 甲骨文의 형태는《說文解字》의 '絕'에 대한 해석 및 인용한 고문자 형태에 부합한다. 〈糸部〉에서는 "絕, 선을 끊는 것이다. 糸·刀·卩로 이루어져 있다. 𢇍은 古文 絕이다. 연결되지 않은 형태와 끊어진 두 개의 줄의 형태를 본뜨고 있다(絕, 斷絲也. 从糸, 从刀, 从卩. 𢇍, 古文絕, 象不連體, 絕二絲)."라고 하였다.(大徐本, 271) 許愼이 인용한 고문 𢇍은 甲骨文 의 형체를 그대로 계승하고 있다. 줄을 끊는 것이 '絕'의 本義인 것은 명백하다. 사람의 행위를 객체의 상태를 통해 표시하고 있기 때문에 객관적인 외형 사물에서 형태를 취해 만든 문자이다.

용기의 뚜껑으로 입구를 닫는 것을 '合'이라 한다. 이 행위를 나타내는 초기 한자는 객관적인 대상의 형태를 근거로 만들어졌다. 甲骨文 '合'은 다음과 같다.

一期前七.三六.一

위의 부분은 기물의 뚜껑이고, 아래 부분은 기물의 입구이다. 두 가지가 합쳐져서 을 구성하였고, 기물의 뚜껑과 입구가 합쳐지는 것을 나타낸다.

이상 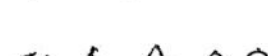 은 모두 사람의 행위에 대한 결과이고, 모두 외부 사물을 근거로 만들어졌다.

원시 씨족사회에서 사람들은 군집생활을 하였는데, 문자에 이런 생활이 기록되어 있다. 그 예가 후대 사람들이 말하는 '寮'의 초기 형태이다. '寮'의 甲骨文은 다음과 같다.

二期京三三一六

부분은 대형 가옥이다. 은 '寮'이며, 방바닥을 파서 만든 화로에서 큰 땔감이 타는 모양을 나타낸다. 은 대청에서 불을 피워 음식을 만드는 것을 나타낸다. 상고시대에 사람들이 군집생활을 하며 식사를 함께 하던 모습에 대한 묘사이다. '寮'자의 ·· 은 모두 객체 외부 사물을 근거로 만들어졌다.

(2) 사람을 근거로 만든 인류활동 관련 문자

감각기관을 통한 동작행위를 나타내는 문자는 대부분 사람 자신을 근거로 만들어졌다.

귀는 듣는데 사용한다. 듣는 행위를 나타내는 '聞'의 초기 형태는 순전히 사람 자신을 근거로 만든 문자이다. '聞'의 甲骨文은 다음과 같다.

一期續五.二三.六

한 사람이 위부에서 들은 상황을 다른 사람에게 종합적으로 보고하는 형태를 나타내고 있다. 이런 일에 종사하는 사람도 '聞'이라고 하는데, 오늘날의 정탐원에 해당된다. 즉 비밀리에 정보나 소식을 정탐하는 사람을 가리킨다. 甲骨卜辭에는 항상 '聞'을 마지막에 놓아서 점을 친 내용이 들어맞았다는 소식이 정탐원이 제공한 것임을 나타낸다. 이 문자는 소식을 정탐하는 귀를 두드러지게 한 형태를 나타내어 완벽하게 사람 자신의 형태를 근거로 만든 것이다.

눈은 사물을 보는데 사용한다. 甲骨文에는 手와 目으로 이루어진

'看'은 없지만, '見'과 '望' 두 글자가 보인다. '見'의 甲骨文은 다음과 같다.

一期前七.三三.一

가로방향의 눈 아래에 사람의 몸과 사지가 덧붙여진 형태를 통해 일반적으로 바라보는 것을 가리킨다. '目'은 사람의 눈이고, 꿇어앉은 사람의 형체는 사람의 모습을 근거로 만든 것이다.

눈을 크게 쓰고 멀리 바라보는 것은 나타내는 한자는 '望'이다. 甲骨文 '望'의 형태는 다음과 같다.

一期後上三.一九

四期人二五二九

부분은 눈이 세로방향으로 놓여 있다. 세워져 있는 눈으로 크게 뜬 눈을 나타낸다. 一期의 '望'은 인체의 옆면 형태를 통해 의미를 강조했고, 四期의 '望'은 몸을 세우고 서있는 사람의 형태로 의미를 나타내고 있다. 한 사람이 몸과 머리를 세우고 눈을 들어 바라본다는 의미를 나타낸다. 이후에 '月'을 덧붙여서 小篆에서 '朢'이 되었다. 《說文解字·𡈼部》에서 "朢, 달이 가득 차서 해와 더불어 서로 이어져 보이니, 신하가 조정에서 군주를 조회함과 같다. 月·臣·𡈼으로 이루어져 있다. 𡈼은 조정이다. 는 古文 望의 생략형이다(朢, 月滿與日相望, 以朝君也. 从月、从臣、从𡈼, 𡈼, 朝廷也. , 古文望省)."라고 했다.(大徐本, 169) 許愼이 해석한 '望'의 의미와 형태 모두 甲骨文과 차이가 있다. 오히려 許愼이 인용한 고문이

甲骨文의 형태와 유사하다. 壬도 조정을 가리키는 것이 아니라 '몸을 세워 서 있는 형태'이다.

코〔自〕는 호흡에 사용한다. 호흡을 나타내는 한자는 '息'이다. '息'은 甲骨文에는 보이지 않으나 금문에 나타난다. 그 字形은 다음과 같다.

 中山王嚳壺(李《古》八, 941)

이 문자는 코를 나타내는 '自'와 심장을 표시하는 '心'이 합쳐진 會意字이다. 《說文解字·心部》에는 "息, 호흡하는 것이다. 心과 自로 이루어져 있고, 自는 또한 음을 나타낸다(息, 喘也. 从心, 从自, 自亦聲)."라고 하였다.(大徐本, 217) 許愼은 호흡을 나타내는 '息'이 마땅히 '心'과 '自' 두 개의 인체기관으로 이루어져야 한다고 여겼다. '息'과 '自'는 음이 유사한〔音近〕 관계이기 때문에 '自'는 음과 의미를 동시에 표현하는 構件이다. '自'는 質部 從紐이고, '息'은 職部 心紐의 글자이다. 从紐와 心紐는 旁紐의 관계이므로 성모가 相通의 관계에 있지만, 韻은 발음상 차이가 크다. 王力이 通轉의 예로 든 對轉·旁轉·旁對轉·通轉(王《典》, 14-17)에 모두 포함되지 않는다. 그러므로 '息'의 음을 '自'로 나타냈다는 주장은 틀린 것이다. 최근 일부 학자들은 '心'이 음을 나타낸다고 주장한다.[37] '心'과 '息'은 모두 心紐이므로 쌍성(雙聲) 관계이고, 職韻과 侵韻은 通轉할 수 있기 때문에 '自'가 음을 나타낸다는 주장보다는 믿을만하다. 그러나 '心'은 또한 이 문자에서 의미도 나타낸다. 우리는 楊樹

37 馬敘倫의 《說文解字六書疏證》 卷二十은 戴侗의 주장에 찬성하여, 形符가 自이고 聲符가 心이라고 여긴다. 李圃 主編의 《古文字詁林》 第八册 pp.941—942 참조.

達의 《文字形義學》의 관점에 찬성한다. 양수달은 “사람의 호흡은 주로 폐에서 이루어진다. 문자 제조자가 만든 ‘息’의 ‘心’부분은 사실 폐를 가리킨다. 숨을 내쉬면 폐에서 코까지 나오고, 숨을 들이쉬면 코에서 폐까지 이르기 때문에 ‘息’은 心과 自로 구성된다(人主喘息之官爲肺, 造字者‘息’字从‘心’, 實謂肺也. 呼息出氣, 自肺而達於鼻, 吸息入氣, 自鼻而達於肺, 故息字从心从自).”라고 하였다.(李《古》八, 942) 이 말은 이치에 맞다. 고대 중국인들의 인체기관 기능에 대한 인식은 현대인과 달리 명확하지 않았다. 唐宋 때의 사람조차도 사유를 관장하는 기관이 심장이라고 여겼다. 그러므로 고대 중국인들이 심장을 인체의 가장 중요한 기관으로 여기고 사유와 호흡 등 많은 기능을 한다고 여겼을 가능성이 있다. 그렇다면 ‘息’이 心과 自로 이루어진 것은 이해가 가능하다. 숨을 들이 마실 때 코에서 심장(실제로는 폐이다)까지 이르고, 숨을 내쉴 때 심장(실제로는 폐이다)에서 코까지 이른다. 그러므로 ‘息’은 인체를 근거로 만들어진 문자이다.

사람 입은 기능면에서 말을 할 수 있다는 면에서 동물의 입과 차이가 있다. 그러므로 사람 입의 중요한 기능은 언어, 즉 말하는 것이다. 《說文解字·言部》에는 “䇂, 나오는 데로 말하는 것이 言이고, 의논하고 논박하는 것이 语이다. 口로 이루어져 있고, 성부는 䇂이다(䇂, 直言曰言, 論難曰語. 從口, 䇂聲).”라고 하였다.(大徐本, 51) 許愼이 해석한 ‘言’의 本義는 현대 同義詞 분석과 유사하다. ‘直言’은 생각을 거치지 않고 나오는 데로 말하는 것이고, ‘論難’(段玉裁주에는 ‘論議’로 되어있다)은 심사숙고를 거쳐서 상대에게 정곡을 찔러 대답하는 것이다. 그러므로 ‘言’과 ‘語’는 일반적으로 같다고 말하지만, 자세히 분석하면 구분이 된다. ‘言’의 構形은 許愼이 말한 것과는 차이가 있다. ‘言’의 甲骨文 형태는 다음과 같다.

一期乙七六六

二期存一.一五O七

徐中舒는 甲骨文 '言'이 '舌'·'告'와 같은 하나의 글자라고 여긴다.(徐《甲》, 222) 이 주장은 매우 식견이 높은 견해이다. 그러나 '舌'을 목탁의 鐸舌로 오인하고 있기 때문에 '言'의 정확한 해석을 얻지 못하였다. '言'의 字形분석에 대해서 고문학자들은 《說文解字》의 "口로 이루어져 있고, 성부는 䇂이다(从口, 䇂聲)"라는 분석에 얽매여 形聲字나 會意字로 본다. 許愼 등의 학자들이 성부로 오해한 '䇂'은 사실 혀를 본뜬 것이다. 이 때문에 徐中舒는 '言'과 '舌'이 본래 하나의 글자이며 이체자의 관계로 보았고, 그의 주장은 믿을만하다. 앞에서 '舌'이 인체의 혀를 본 뜬 것임을 이미 분석하였다. 그렇다면 '舌'의 기능은 무엇인가? 《說文解字·舌部》에서는 매우 분명하게 "입에서 말을 하고 맛을 구분하는 것이다(在口所以言也, 別味也)."라고 하였다.(大徐本, 59) 許愼은 말하는 것을 혀의 첫 번째 기능으로 보고, 맛을 구분하는 것을 그 다음 기능으로 보았다. 고대 학자들의 눈에는 '言'과 '舌'은 관계가 매우 밀접한 글자였고, 초기에는 같은 글자로서 혀를 가리키기도 하고 '말하다'의 의미를 뜻하기도 한 것으로 여긴 것이다. 어휘학에서 이런 유형의 단어를 動名同詞라고 하고, 문자학에서는 動名同字라고 한다. 후대에 이르러 의미 구분이 명확해진 후에 두 글자를 구분하기 위해 '舌' 위에 구별을 위한 부호를 덧붙였다. 그러므로 에서 보이는 위쪽 점은 標示性 부호이다. 고대 중국인들은 '舌'이 사람 언어에서 중요한 요소임은 일찍부터 알고 있었다. 孟子는 楚나라 사람을 "남쪽 오랑캐의 뱁새 혀〔南蠻鴂舌〕"라고 비판하였다. '鴂舌'은 새처럼 이야기한다는 것이다. 元音의 高低와 前後를 舌面으로 조정하기 때문에 오늘날에는 元音圖를 '설면원음도(舌面元音圖)'라고 한다. 輔音 역시 주로 舌頭가 장애를

이루는 위치에 따라 소리가 결정된다. 그러므로 ‘言’은 ‘말하다’의 의미를 나타내는 부호이며, 초기 형태는 사람의 입과 혀를 본 뜬 것이라는 주장은 믿을만하다.

손동작과 관련된 문자도 사람 자신의 몸을 본떠서 만들었다. 예를 들면, ‘奚’·‘俘’·‘及’·‘𠬝’·‘取’·‘乳’·‘耴’·‘妥’ 등의 문자가 있다.

‘奚’의 甲骨文 형태는 다음과 같다.

一期前六.一九.二

은 두 손의 형태를 본뜨고 있고, 는 두 손이 뒷짐 지어 결박된 전쟁포로의 형태를 나타내어, 전쟁포로의 변발이 사람의 손에 잡혀 끌려가는 형태를 통해 전쟁포로를 체포한다는 의미를 나타낸다. 이후에는 잡힌 전쟁포로만을 가리키게 되었다. 고대에 전쟁포로는 종종 제사의 제물이 되었다. 卜辭에는 이와 관련된 참혹한 사건이 기록되어 있다. 예를 들면 다음과 같다.

庚午卜：侑奚大乙卅.(合二八)

선왕 大乙에게 제사지내기 위해 한번에 30명의 포로를 베어 죽였으니 노예 주인의 잔혹함을 엿볼 수 있다. 잡은 전쟁포로를 의미하는 ‘奚’는 사람 자신을 근거로 만들어졌다.

‘俘’의 甲骨文은 다음과 같다.

一期乙六六九四

손(왼손의 옆모양)으로 사람을 잡은 형태를 통해 전쟁포로를 잡았음을 나타낸다. '及'에 대한 《說文解字》의 해석은 '체포하다〔逮〕'이다. 이 해석은 甲骨文에 부합한다. 甲骨文 '及'의 형태는 다음과 같다.

一期林二.二九.八

이 글자는 범인을 체포하는 것과 관련이 있다. '又' (오른손의 옆모양) 로 한 사람을 잡는 모습을 통해 의미를 나타낸다. 이 글자는 会义合成字이다.

𠬝는 '적을 제압하다'는 의미의 本字이다. 甲骨文의 형태는 다음과 같다.

一期乙八七O五

손으로 사람을 눌러 무릎을 꿇리는 모습을 통해 '전쟁포로나 죄인을 제압하다'의 의미를 나타낸다. 이 글자도 會義合成字이다.

'取'의 本義는 베어서 취하는 것이며, 손으로 사람의 왼쪽 귀를 잡고 있는 모습을 나타낸다. 고대에 정벌전쟁은 나라의 큰 사업 중의 하나였다.[38] 싸움이 끝난 뒤에는 자신의 공적을 기록해야 했는데, 적의 왼쪽 귀를 취하여 근거로 제시하는 통일된 규정이 있었다. 그러므로 《說文解字·又部》에서 "取, 잡아서 취하는 것이다. 又와 耳로 이루어져 있다. 《周禮》에서 '잡은 사람은 왼쪽 귀를 취했다(獲者取左耳)'라고 하였

---

38 《左傳·成公十三年》에서는 "나라의 大事는 제사와 정벌에 있다(國之大事, 在祀與戎)."라고 하였다. 제사와 정벌은 夏·商·周의 두 가지 대사였다.

다. 《司馬法》에서 '귀를 실어다 바친다(載獻聝).'라고 하였는데, 聝는 귀이다(取, 捕取也. 从又, 从耳. 《周禮》'獲者取左耳'. 《司馬法》曰: '載獻聝.' 聝者耳也)."라고 하였다.(大徐本, 64) 이 해석은 옳은 것이며 甲骨文 문자 형태와도 부합한다. 甲骨文 '取'의 형태는 다음과 같다.

一期前一.九.七

一期京六九二

甲骨文의 형태 분석을 통해 고대 초기에 전쟁에서 공적을 증명하는 방법에서는 귀의 좌우를 구분하지 않았음을 알 수 있다. 이후 공적을 명확하게 계산하기 위해서 왼쪽 귀를 근거로 한다는 규칙으로 통일되었다.

'鬥'는 '분발하다'의 의미를 나타내는 本字이다. 두 사람이 서로 맞붙어 싸우는 형상을 나타내고 있다. 甲骨文의 형태는 다음과 같다.

一期合九一

一期前二.九.一

아래 글자는 위쪽 글자와 달리 머리 위에 치밀어 오르는 노기를 덧붙여 표현했다.

이상 여러 글자는 모두 정벌전쟁과 관련된 것이다. 이러한 행위동작은 모두 손의 동작과 관련이 있기 때문에 모두 手로 이루어져 있지만 손의 형태는 모두 다르다.

이러한 전쟁포로 체포·죄인 제압·전쟁의 육박전 같은 인류활동을 나타내는 한자는 모두 사람 자신을 근거로 만들어졌다.

일반적인 행위활동에서 손의 동작과 관련이 있는 문자도 사람 자체를 근거로 만들었다. 엄마가 모유를 수유하는 행위동작은 '乳'로 나타낸다. '乳'의 甲骨文 형태는 다음과 같다.

一期合集二二二四六

엄마가 아기를 안고 모유를 수유하는 형태를 본뜨고 있는 象事의 글자이다. 이 문자는 두 개의 構件으로 이루어져 있다. 하나는 입을 벌려 모유를 먹는 아기를 나타낸 이고, 하나는 가슴을 풀어헤치고 풍만한 가슴을 노출한 채 두 팔을 벌리고 있는 엄마를 나타낸 이다. '乳'는 매우 생동적이고 형상적인 광경을 표현하고 있다. 고대 중국인들이 글자를 만들 때 나타났던 표현력에 탄복하지 않을 수 없다.

두 손을 뻗는 것은 인류활동의 가장 기본적인 동작이다. 농작물을 심으려면 손으로 모종을 잡고 두 손으로 땅에 심어야 한다. 이 동작을 나타내는 한자가 '丮'이다. '丮'의 甲骨文 형태는 다음과 같다.

一期後下三八.二

'丮'은 두 손이 협력하는 동작을 나타낸다. 두 손만으로 표현하면 拱手의 와 혼동되기 때문에 몸을 굽히고 꿇어앉아 있는 인체를 같이 그렸다. 甲骨文에는 丮으로 이루어진 많은 글자가 있다. 사람의 손이나 코를 잡은 것도 있고, 술독·붓·키를 들고 있는 것도 있다. 이런 문자가 《說文解字》에는 수록되지 않았기 때문에 고문학자들은 이런

형태의 글자들이 후대의 어떤 글자에 해당하는지를 단정하기 어려웠다. 그러나 한 가지 확실한 것은 이 글자가 기록하는 것들은 일정 직업에 종사하거나 궁정에서 노역을 하던 노복이라는 것이다.

손으로 여자를 눌러 앉게 하는 이 동작을 한자 '妥'가 기록하고 있다. '妥'도 초기에 만들어진 한자이며 甲骨文의 형태는 다음과 같다.

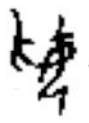一期粹一二四O

는 머리에 비녀 장식품을 꽂고 두 손을 단정히 모으고 꿇어앉아있는 여자의 형태이다. 여자가 머리에 비녀를 꽂고 있으면 성숙한 여인임을 나타낸다. 성숙한 여인이 눌려 앉혀진 채로 움직이지 못하고 있다는 것은 특별한 의미가 있다. 그 기원을 따지자면 상고시대에 있었던 약탈혼인의 풍습까지 거슬러 올라가야 한다. 다른 종족(나라)의 여자를 집으로 약탈해 온 뒤 위로와 설득을 거쳐 그녀가 남아서 가정의 여주인이 되도록 하는 것이 '妥'에 담긴 문화적 함의이다.(본서 제4장 제2절에 상세한 내용이 기록되어 있다)

'丑' 역시 손의 동작과 관련된 문자이다. 古文字 '丑'은 12지신의 '丑'으로 차용되었다. 오늘날 簡化字에서는 '못생겼다'를 의미하는 '醜'로 쓰인다. '丑'의 本义가 완전히 사라졌다. 사실 '丑'의 本义는 子丑寅卯의 丑도 아니고, '못생겼다'를 의미하는 '醜'도 아니다. '丑'의 本義는 '붙잡다〔扭〕'이다. 甲骨文의 형태는 다음과 같다.

一期京一二三三

三期京三九二.一

고문학자들이 분석한 ‘丑’의 글자 형태에 대한 해석은 다양하다. 徐中舒 등은 郭沫若의 손가락을 본 뜬 형태라는 주장에 찬성한다.(徐《甲》, 1584) 초기에 甲骨文과 金文에서는 ‘丑’과 ‘爪’가 혼동되기 쉬웠다. 그러나 ‘丑’과 ‘爪’는 구별되는 문자이다. ‘爪’는 甲骨文과 篆文에서 모두 손을 엎고 있는 형태를 나타내고, ‘丑’은 손을 세운 형태를 나타낸다. ‘爪’의 甲骨文과 금문은 손가락을 구부리지 않은 형태를 나타내지만, ‘丑’의 가장 두드러진 특징은 손가락을 구부린 형태이다. 일부는 손가락 두 개를 구부리고 있고, 일부는 손가락 세 개가 모두 구부러져 있다(사실은 모든 손가락을 굽히고 있는 것이다). 손가락을 구부리는 것은 어떤 상황일까? 하나는 병이 난 상태이다. 四川 川東 일대에는 이런 상태를 ‘爪掌’이라 한다. 또 다른 하나는 사람과 붙잡고 싸울 때 힘주어 상대방을 꽉 잡는 상황이다. ‘丑’이 병든 사람의 손을 나타낸 용례가 없기 때문에 후자일 가능성이 크다. 즉 사람이 맞잡고 싸우는 상태를 표현한 것이다. ‘丑’이 ‘扭’의 本字이고, 이 한자의 구조적 이거는 사람이 다른 사람과 맞잡고 싸울 때 손을 굽히고 있는 상태임을 알 수 있다.

인류 활동은 사람의 生老病死와 밀접한 관계가 있다. 사람의 생로병사를 나타내던 초기 한자는 사람 자신을 근거로 만들어졌다. 먼저 ‘孕’을 살펴보면, 甲骨文은 다음과 같다.

 一期佚五八六

一期乙八五O四

위쪽 문자 형태에서는 뱃속의 아이를 나타내는 이 두드러진다. 그러므로 튀어나온 복부를 나타내는 은 매우 과장되게 그려져 있다. 아

래 형태에서는 임신한 주체인 여인이 두드러지고, 여인의 가지런히 모은 손과 꿇어앉은 형태가 매우 완전하게 표현되고 있지만 뱃속의 아이는 선 하나로 의미만 표시하고 있다.

생육을 나타내는 '育'은 본래 '毓'이다. 이 글자의 甲骨文 형태는 다음과 같다.

一期京七三一

二期前二.二四.七

은 임산부를 나타내고, 은 막 태어나서 엄마의 혈액과 양수가 묻어있는 아기를 나타낸다. 두 가지 요소가 결합하여 아기가 막 엄마의 몸에서 분만되어 나온 상태를 나타낸다. 甲骨文에서 나타나는 다른 하나의 형태는 매우 형상적으로 임신부가 분만하는 과정을 기록하고 있다. 그 글자 형태는 다음과 같다.

一期合四O五

분만을 돕는 산파의 두 손이 산도의 입구를 벌리고 있고, 막 태어난 아기가 머리 부분을 드러낸 형태를 통해 '分娩'이라는 단어를 기록하고 있다. 도 甲骨文에서 分娩의 의미를 기록한다. 예를 들면 다음과 같다.

贞: 妇好娶.(乙六二七三)

이 卜辭는 婦好의 이번 분만이 매우 순조로움을 말하고 있다. 이 문자는 외부 사물을 근거로 만들어진 것처럼 보이나, 사실은 역시 사람 자체를 근거로 만든 것이다.

인생의 과정을 반영한 글자에는 또한 '長'와 '老'가 있다. 그 중 '長'이 기록한 의미는 '나이 많은 어른'이다. 甲骨文의 형태는 다음과 같다.

一期乙二九O七

사람의 머리가 긴 형태이다. 고대에는 이발이 성행하지 않았다. 《孝經·开宗明义》에 기재한 孔子의 말에 "신체의 털과 피부는 부모에게서 받은 것이니, 이를 손상하지 않는 것이 효의 시작이다(身體髮膚, 受之父母, 不敢毁傷, 孝之始也)."라고 하였다.((阮《疏》, 2545) 옛 중국인들은 출생에서 사망 때까지 머리카락을 함부로 손상하지 않았다. 이 때문에 머리카락이 길수록 나이가 많음을 나타낸다. 머리카락의 길이로 나이 많은 어른을 나타내었다는 견해는 매우 타당하다. 후기 甲骨文에서는 지팡이의 형태를 덧붙여서 나타내었는데 다음과 같다.

三期林二.二六.七

위의 형태 또한 어른을 나타낸다. 나이가 많아지면 걸을 때 지팡이를 짚게 되는데, 이것 또한 매우 당연한 것이다. 노인을 나타내는 또 하나의 글자가 '老'이다. 甲骨文의 형태는 다음과 같다.

一期前七.三五.二

지팡이를 짚은 노인의 모습을 본뜬 것이다. 이 글자의 형태는 와 유사하다. 다만 머리가 길다는 것을 표현한 형태에서 차이가 있다. 이 두 글자의 구조 理據를 분석하려면 아래에서 사물과 사람을 동시에 근거로 삼아 만든 글자와 함께 토론하는 것이 좋다.

병이 난 것을 기록하는 초기 한자는 '疒'이다. 이 글자 역시 사물과 사람을 동시에 근거로 하여 만든 글자이며, 본 절의 세 번째 단락에서 토론하고자 한다.

사람 인생의 마지막을 기록한 한자는 '死'이다. 甲骨文 '死'의 글자 형태는 다음과 같다.

一期合四七O

一期前五.四一.三

은 인골의 잔해를 나타내고, 은 꿇어앉은 사람의 형태를 나타낸다. 사람이 죽어서 뼈만 남은 상태에서, 자손이 무덤 앞에서 제사를 지내는 형태로 '사람이 죽었다'의 의미를 나타낸다. 이 인골의 잔해이기 때문에,  또한 완전히 사람 자신을 근거로 만들어진 글자다.

3. 신체를 근거하고, 다시 사물을 근거하여 만든 초기 한자

인류 활동을 기록한 초기 한자는 대부분 사람 자신을 근거로 만들어지고, 일부는 또한 외부 사물을 근거로 만들어졌다. 인류가 살아가는 광활한 세계는 본래 주체와 객체가 대립되어나 통일되는 양상을 나타낸다. 주체(사람)의 활동은 외부 사물을 기반으로 하며, 외부 사물의 존재와 운행에는 인류의 참여와 촉진이 필요하다. 한자를 만든 사람은 직각적으로 사람과 사물이 하나이며 나뉠 수 없음을 알았기 때문에 일류가 생존하면서 하는 각종 사회활동을 나타내는 한자를 만들 때 인체를 표시하는 부호와 외부 사물을 표시하는 부호를 결합하여 주체와 객체, 사람과 사물이 하나가 되는 형식으로 한자를 만들었다.

인류활동을 나타내는 한자의 구성은 다음의 몇 가지로 나눌 수 있다.

(1) 주체가 동작을 할 때, 객체가 근거나 도구가 되는 경우

앞에서 언급한 '引'의 甲骨文이 좋은 예이다. 甲骨文 '引'의 형태는 다음과 같다.

一期合集二O一四O

은 활과 화살을 나타내고, 은 주체인 사람을 나타낸다. 주체가 활을 당겨 화살을 쏘려는 동작에 있어 활과 화살이 도구가 된다.

'앞'을 나타내는 '前'의 초기 문자 형태도 같은 예이다. 甲骨文 '前'은 다음과 같다.

一期乙七六六一

동작을 하는 주체인 사람의 발은 으로 나타내고, 객체인 배는 이다. 사람이 배를 타고 앞으로 나가려면 반드시 배의 전진에 의지해서만 나갈 수 있다. 《說文解字·止部》에서 "歬, 나아가지 않으면서 가는 것을 歬라고 한다. 止가 舟 위에 있는 형태로 이루어져 있다(歬, 不行而進謂之歬, 从止在舟上)."라고 하였다.(大徐本, 38) 許愼이 분석한 '前'의 本義와 형태

분석은 매우 정확하다. '不行'은 사람의 두 발을 움직이지 않는 것이다. 그러나 배가 앞으로 나가면 배를 탄 사람이 저절로 앞으로 나가기 때문에 '不行而進'이 되는 것이다. '止在舟上'은 사람의 발이 배 위에 있는 것을 나타낸다. 사람의 발이 육지에서 걸어가려면 발의 힘에 의지해야 한다. 그러나 물 위에서는 발의 힘은 쓸모가 없고, 배와 노에 의지해야 움직일 수 있다. 그러므로 荀子는 "배와 노를 이용하면, 물에 익숙하지 않더라도 강을 건널 수 있다(假舟檝者, 非能水也, 而絕江河)."라고 했다.(王《解》, 2)

'舞蹈'의 '舞'도 이러한 유형에 속한다. 甲骨文 '舞'의 형태는 다음과 같다.

一期人三O八五

는 손과 발로 춤추는 사람의 형태이고, 두 손에 있는 은 춤 출 때의 도구이다. 《呂氏春秋·仲夏紀第五·古樂》에는 "옛날 갈천씨의 음악은 세 사람이 소꼬리를 취하고 발을 굴려 팔결이라는 노래를 불렀다(昔者葛天氏之樂, 三人操牛尾, 投足以歌八闋)."라고 하였다.(高《注》, 51) 葛天氏는 三皇 때의 부락 우두머리이다. "三人操牛尾"가 바로 甲骨文 '舞'의 구조적 理據이다. 은 소꼬리의 형태이고, 후대에는 새의 깃을 쥐고 춤추었다. 요컨대 은 주체로서 동작을 하는 사람이고, 은 객체로서 주체 동작의 근거나 도구이다.

'休'는 현대까지도 筆意를 유지하고 있다. 초기 甲骨文 '休'의 형태는 다음과 같다.

一期合集八一五四

주체는 옆모습 형태의 사람이고, 객체는 나무이다. 사람이 나무에 의지해서 짧은 휴식을 취한다. 이것이 바로 '休'의 형태에 담긴 構意이다. 이 글자 또한 사람 자신과 외부 사물을 근거로 만들어졌다.

'休'와 관련이 있는 한자에는 '宿'이 있다. '宿'의 甲骨文은 다음과 같다.

一期甲三五三O

은 옆모습의 사람을 나타내는 동작의 주체이고, 은 사람이 누워서 휴식하는 풀로 만든 자리이다. 후기 甲骨文에는 構件 '宀'를 덧붙여 의미를 더욱 명확하게 나타내었다. 그 甲骨文은 다음과 같다.

三期粹一一九九

이런 과정을 통해 '宿'의 누워서 쉬는 의미에 '고정 장소'라는 의미소가 생겨났다. '休'와 '宿' 두 글자가 나타내는 의미는 모두 휴식이다. 그러나 '休'는 밖에서 휴식하는 것이고, '宿'은 실내에서 휴식하는 것이다. '休'는 나무에 기대어 짧은 휴식을 취하는 것이고 '宿'은 집에서 자리에 누워 긴 휴식을 취하는 것이다. 두 글자에는 사람이 휴식하면 나무나 명석 같은 도구가 필요하다는 공통점을 나타낸다.

원시시대 인류가 동물을 생으로 먹던 단계가 끝나면서 음식생활을 매우 중시하게 되었다. 먹고 마시는 활동에서 도구를 사용하게 되었다. 甲骨文 '即'은 문명화된 시대의 음식문화를 나타낸다. 甲骨文 '即'의 형태는 다음과 같다.

一期鐵三.八三

一期金六七三

은 음식을 담던 용기 '궤(簋)'를 나타내고, 은 꿇어앉은 사람의 형태를 나타낸다. 은 음식을 담은 簋 옆으로 사람들이 가서 음식을 먹는 것을 나타낸다. 이것은 인류가 함께 모여서 같이 식사하는 상황을 반영한다.[39]

'飮'은 사람 자신을 근거로 했을 뿐만 아니라 동시에 외부 사물을 근거로 만들어졌다. 甲骨文 '飮'의 형태는 다음과 같다.

一期菁四

한 사람이 몸을 굽히고 혀를 내밀어 음식을 핥는 형태를 나타낸다. '飮'의 주체는 몸을 굽히고 혀를 내민 사람의 형태이고, 객체는 물이나 죽을 담은 '酉(항아리)'이며 '마시다'는 동작의 근거가 된다.

'舂'도 사람과 사물을 동시에 근거로 하여 만든 글자이다. 甲骨文의 형태는 다음과 같다.

一期續五.二.四

주체적인 동작은 두 손 에서 나오고, 쌀을 찧는 도구는 절구공이와 절구통이다. 은 쌀을 찧는 절구공이를 나타내고, 은 절구통을

39 본서 제4장 제4절 참조.

나타낸다. 절구공이와 절구통 모두 주체가 쌀을 찧는 도구가 된다.

航行 '航'의 초기 문자 역시 사람과 사물을 동시에 근거로 하여 만든 문자이다. 그 字形은 다음과 같다.

一期合三O三

一期後下四三.七

두 형태 모두 사람이 물 위에서 배를 타고 나무 노를 저어 나가는 형태를 나타낸다. 주체는 옆모습이나 정면의 사람 형태이고, 객체는 배와 나무 노이다. 배와 노는 모두 사람이 물에서 항해하는데 필수적인 도구이다.

'疒'도 사람과 사물을 동시에 근거하였고, 객체가 주체행위 활동의 도구가 된다. 甲骨文 '疒'의 字形은 다음과 같다.

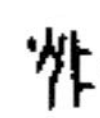一期前四.四.二

'疒'의 은 침대의 형태로서 사물이다. 은 사람의 형태를 본뜬 주체이다. 의 구성 의도는 사람이 병이 나서 침대에 누워있는 것이며, 몸의 위쪽에는 땀방울이 있다. 객체 은 병든 주체 이 의지하는 도구이다.

(2) 객체가 주체동작의 대상이 되는 경우

즉, 문자의 형태에서 주체를 나타내는 構件이 나타내고자 하는 동사 의미의 실행자이고, 객체를 나타내는 構件이 동사 의미의 대상자인 경우이다.

'得'의 초기 형태가 이 유형에 속한다. 甲骨文 '得'은 다음과 같다.

一期粹二六二

손으로 조개를 들고 있는 형태이며, 두 성분의 의미가 합쳐져서 '얻다'를 나타내는 '得'이 되었다. 은 찾는 동작의 실시자인 주체자를 나타내고, 은 찾으려는 대상이다.

'爯'도 이 유형에 속한다. 甲骨文 '爯'은 다음과 같다.

一期前七.一九.一

은 주체의 손을 나타내고, 은 객체인 물고기를 나타낸다. 손으로 물고기를 드는 것은 물고기의 중량을 가늠해보는 것이다. 그러므로 물고기는 "무게 달다(爯: 稱)"의 대상이 된다.

'启'도 이 유형에 속한다. 甲骨文 '启'는 다음과 같다.

一期菁八

주체 이 열려고 하는 대상은 (한 짝의 문)이다. 손으로 한 짝의 문을 여는 것이 '启'의 本義이다.

이 유형에 속하는 것으로는 '韋'·'爲'·'解'·'埶'·'采'·'弄'·'興'·'受' 등이 있다. 甲骨文 '韋'는 다음과 같다.

一期京一一五三

一期乙二一一八

'韋'의 甲骨文 형태가 나타내는 의미는 비교적 모호하다. 徐中舒는 城의 해자 주위를 순찰하는 발자국이라고 여기고, 이 문자를 '보위하다'의 '衛'라고 주장한다. 사실 口(성과 해자) 밖의 발자국은 적군의 발자국으로 간주할 수도 있다. 그렇다면 이 성과 해자는 사면이 적군에게 포위된 성을 나타낸다. '韋'와 '圍'는 고문과 금문의 관계이다. 포위된 성이든 지키고 있는 성이든 두 가지 모두 주체의 발자국이 나타내는 동작의 대상은 '口'이다. 그러므로 '口'는 포위되거나 보호되는 대상이다.

甲骨文 '爲'는 다음과 같다.

一期前三.三O.四

주체 은 코끼리를 부리는 동작을 하고, 객체인 은 일을 하는 코끼리를 나타낸다. 의 字形 構意는 사람이 일을 시키는 코끼리이며, 코끼리가 사람을 도와 일을 한다는 의미를 근거로 '하다'는 의미 '爲'의 인신의가 생겼다.

甲骨文 '解'는 다음과 같다.

一期後下二一.五

주체인 은 객체 (소뿔)을 힘껏 뽑고 있다.

甲骨文 '埶'는 다음과 같다.

一期存二三三一

주체 이 객체 (곡식의 모종)을 들고 있다. 의 字形 構意는 농부가 곡식의 모종을 심고 있는 것이다.

甲骨文 '采'는 다음과 같다.

一期合集一二八一四

주체 이 객체 (과일)을 채집하고 있다.

甲骨文 '弄'은 다음과 같다.

一期乙一八OO

주체 은 객체 (옥)을 다듬고 있다. 후대에 이것을 바탕으로 '바위굴'을 표시하는 부호를 덧붙여서 아래 형태를 만들었다.

一期佚九六一

'弄'의 '옥석을 다듬다'의 의미가 더욱 명확해졌다.

甲骨文 '兴'은 다음과 같다.

一期合二三三

주체 이 객체 을 들고 있다. 은 小篆에서 '同'으로 변했지만 사실은 무거운 사물을 상징하는 부호일 뿐이다. 이 글자는 標形合成

字이다. 은 많은 손이 협력하는 형태를 나타내고, 은 대상을 나타낸다.

甲骨文 '受'는 다음과 같다.

一期前七.四三.一

주체 (한 사람이 물건을 쥐고 다른 사람의 손으로 건네는 형태)가 객체 (나무판의 형태를 나타냄)를 주고받고 있다.

이상의 여러 글자는 모두 사람의 동작행위에서 나온 것과 동작행위의 대상인 사물을 근거로 만들었다. 주체와 객체 사이는 지배관계이다.

(3) 객체가 주체행위의 대상이면서 주체 행위의 근거인 경우

이 유형에 속하는 한자에는 '棄'·'薵'·'敗'·'璞'·'叟'가 있다.

甲骨文 '棄'는 다음과 같다.

一期後一.二一.一四

은 '버리다(棄)'의 동작은 하는 주체이고, 객체인 (난산과정에서 죽은 아기이다)은 버리는 대상이다. 는 죽은 아이를 버리는 도구이다.

甲骨文 '薵'은 다음과 같다.

一期寧二.二九

은 김매는 동작을 하는 주체이고, (초목)은 제거해야할 대상이며, (辰은 蜃이다. 상고시대 낫 같은 농기구)은 풀을 김매는 도구이다. 은 会形合成으로 '김매다'의 의미를 나타낸다.

甲骨文 '敗'는 다음과 같다.

一期乙七七O五

주체인 가 (나무 몽둥이, 행위를 나타내는 도구)를 하나 들고 객체인 (鼎, 나라의 중요한 용기)을 부수고 있다.

甲骨文 '璞'은 다음과 같다.

一期前五.七.七

주체인 이 객체인 을 들고 (옥을 다듬는 집)아래에서 (옥석)을 두드려 다듬고 있다. 아래 은 옥을 다듬는 받침돌을 본뜨고 있으며, 도구의 예이기도 하다.

甲骨文 '叟'는 다음과 같다.

一期前四.二八.七

주체인 이 객체 (횃불)을 들고 (집)을 수색한다. 은 동작의 주체이고, 은 동작의 대상이며, 은 동작의 도구이다.

(4) 객체가 주체 행위의 장소·배경인 경우

이 유형에 속하는 한자는 '出'·'各'·'复'·'陟'·'降'·'汓'·'涉'·'浴'·

'夂' 등이 있다.

甲骨文 '出'은 다음과 같다.

一期前四.二六.七

객체 (거주하는 굴을 나타낸다. 상고시대 사람들이 풀이 자라는 곳에서 혈거생활을 한 것이 증명된다)는 주체 가 나오는 장소이다.

甲骨文 '各'은 다음과 같다.

一期合集五四三九

객체 (거주하는 굴을 나타낸다)은 주체 가 가는 장소이다.

甲骨文 '复'은 다음과 같다.

一期乙一八四

객체 (굴 앞뒤의 통로이다)은 주체 이 오가는 장소이다.

甲骨文 '陟'은 다음과 같다.

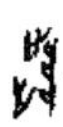一期粹一六七

객체 (거주하는 굴 벽에 있는 계단이다)은 주체 (步)가 오르는 통로이다.

甲骨文 '降'은 다음과 같다.

一期天四四

객체 (거주하는 굴 벽에 있는 계단이다)은 주체 ('步'를 거꾸로 쓴 것이다)가 내려가는 통로이다.

甲骨文 '汓'는 다음과 같다.

一期乙九O三二

사람이 물에서 떠가기 때문에 머리·손·몸만 보이는 형태이다.《說文解字·水部》에 ", 물위에 떠서 가는 것이다. 水와 子로 이루어져 있다. 예전에 혹자는 '汓'를 '没'로 여겼다(, 浮行水上也. 从水从子. 古或以'汓'爲'没')."라고 하였다.(大徐本, 233) 許愼의 문자 형태에 대한 분석은 정확하지 않다. 이 문자의 '子'는 어린애〔子〕가 아니고, 사람이 물에서 머리와 손·몸만 보이는 형태이다. 객체 은 주체 이 헤엄치는 장소이다.

'汓'와 연관 있는 문자가 '㲻'('溺水'의 本字)이다. 甲骨文 '㲻'는 다음과 같다.

一期佚六一六

객체 은 주체 이 물에 빠지는 장소이다.

甲骨文 '涉'은 다음과 같다.

一期合一九七五七

객체 은 주체 이 건너는 장소이다.

甲骨文 '浴'은 다음과 같다.

—期前一.五一.一

객체 은 주체 가 씻는 장소이다.

사람과 사물을 동시에 근거로 하여 만든 글자는 항상 주체와 객체간의 일정한 관계를 나타낸다. 주체와 객체간의 관계는 이상의 4가지이다. 즉, '객체가 주체 행위의 근거와 도구인 경우'·'객체가 주체동작의 대상이 되는 경우'·'객체가 주체행위의 대상이면서 주체 행위의 근거인 경우'·'객체가 주체 행위의 장소·배경인 경우'이다.

제4절 소결

한자 구조의 理據는 한자의 제작 이유와 근거를 말한다. 우리는 한자 구조의 이거가 중국 고대 사람들이 하늘을 우러러보아 현상을 관찰하고, 아래를 굽어보아 땅에서 법을 보고, 새와 동물의 모양과 땅의 모양을 관찰하여, 천문(天文)과 지리(地理)·동물·식물에 대한 자세하고 섬세한 관찰을 통해 얻은 느낌과 인상에서 유래했음을 고찰하였다. 또한 중국 고대인들은 자신의 신체나 행위와 관련된 사물을 관찰하여, 가까이는 신체에서 취하고, 멀리는 사물에서 취하여 인사활동과 관련된 언어를 기록하는 부호를 만들었다.

'日'·'月'·'星'·'云'·'雨'·'雷'·'雪'·'風' 여덟 한자의 구조적 의도에 대한 분석을 통해, 이 한자들이 중국 고대인들의 하늘의 천체(天體)와 현상에 대한 관찰을 근거로 제작되었음을 알 수 있었다.

'阜'·'山'·'丘'·'原(邍)'·'谷'·'川'·'回'·'泉'의 여덟 한자와 관련한자 '兀'·'防'·'𠂤'·'𡿨(畎)'·'巜(澮)'·'𠂢'·'仌'의 구조적 의도에 대한 분석을 통해, 이 한자들에 중국 고대인들의 대지의 지리(地理)와 물결에 대한 인식과정과 지리를 관찰하여 얻은 인지성과가 충분히 표현되고 있음을 알 수 있었다. '阜'·'山'·'丘'·'原(邍)'·'谷'·'川'·'回'·'泉' 등 한자의 구조적 이거는 땅의 이치를 관찰하여 얻은 직관적이고 구체적인 인상과 감각이다. 이 문자는 하화민족(華夏民族)의 고원 농경문명 발생과 직간접적으로 연관이 있다. '阜'·'山'·'丘'·'原(邍)'·'谷'·'川'·'回'·'泉'의 구조적 이거는 땅의 이치를 관찰하여 얻은 직관적이고 구체적인 인상과 감각이다. 이 한자는 하화민족(華夏民族)의 고원 농경문명 발생과 직간접적으로 연관이 있다.

"새와 동물의 모양과 땅의 모양을 관찰하다(視鳥獸之文與地之宜)"의 '조수의 무늬(鳥獸之文)'는 조수의 이름과 형태 및 활동의 흔적을 말한다. 사람들은 초기에 조류와 짐승의 발자국와 신체 무늬의 차이를 근거로 각종 조류와 짐승 관련 문자를 만들고 구분하였다. 본서에서는 '釆'·'番'·'禸'·'鹿'·'鳥'·'馬'·'犬'·'龟'·'物'·'勿'·'牛'·'虍'·'虎'·'麋'·'尨'·'萑'·'雚'·'鳳'·'雞'·'魚'에 대한 분석을 통해, 고대 중국인들은 동물을 나타내는 문자를 제조할 때 발자국과 발 부분의 특징, 깃이나 몸의 무늬 같은 외형을 중시하였음을 알 수 있었다. "새와 동물의 모양과 땅의 모양을 관찰하다(視鳥獸之文與地之宜)"의 '땅의 이치〔地之宜〕'는 각 지역 지리환경의 차이에 따라 재배하는 식물의 차이를 가리킨다. 대지 관련 한자는 농작물에 대한 관찰 및 인지와 관련이 있다. 본서에서는 '才'·'屯'·'屮'·'生'·'𠌶'·'果' 등의 한자를 통해, 중국 고대인들이 초목의 발아에서 싹을 틔우는 과정과 건강한 새싹단계 및 개화와 결실의 전체 과정을 기록하고 있음을 알 수 있었다. 또한 '春'·'耒' 두 한자를 통해 봄과 여름 두 계절의 변화에 대한 고대 중국인들의 관찰과 느낌을 알 수 있었고, '相'·'桑'·'朿'에 대한 분석을 통해서 수목이 고대 중국인들의 중요한 관찰대상이었고, 문자에서 형상이 매우 생동적으로 묘사되어 있음을 알 수 있었다. '秝'·'禾'·'穆'·'来'·'粟'·'黍'·'米'·'稻' 여덟 한자의 구조분석을 통해서는 고대 중국인들의 농작물에 대한 관찰이 새싹의 밀도와 이삭의 형태, 각 곡물의 성숙 상태에 집중되었고, 이를 근거로 한자를 제조했음을 알 수 있었다.

만약 "하늘을 우러러보아 현상을 관찰하고, 아래를 굽어보아 땅에서 법을 본(仰觀天象, 俯察地理)" 것이 천문(天文)이나 지리(地理)와 관련된 단어를 기록하는 부호의 구조적 이거였고, "새와 동물의 모양과 땅의 모양을 관찰한(視鳥兽之文與地之宜)" 것은 동식물과 관련된 단어를 기록하는 부호의 구조적 이거였다면, "가까이는 신체에서 취하고, 멀리는 사물에서 취한(近取諸身, 遠取諸物)" 것은 인사(人事) 관련 초기 한자의 구조적 이거였다고 할 수 있다. 인사(人事) 관련 한자는 매우 많다. 사람의 감각사유기관을 기록한 '眼(目)'·'耳'·'口'·'鼻'·'心'과 관련 한자 '臣'·'眉'·'牙'·'齒'·'舌'의 초기 글자 형태는 사람의 신체를 근거로 만들었다. 인체의 기관과 각 부위의 명칭을 나타내는 한자는 초기단계에서는 대부분 全功能零合成의 象形 방식으로 만들어졌다. 예를 들면 '首'·'頁'·'元'·'天'·'面'(사람의 머리와 얼굴을 기록함)·'手'·'又'·'ナ'·'爪'(사람의 손을 기록함)·'足(疋)'·'止'·'步'(사람의 발을 기록함)가 있다. 일부 인체의 부위 명칭을 나타내는 한자는 象形의 방식으로 제조하기 어려워서, 標形合成의 방식으로 만들어졌다. 즉 象形을 기초로 하고, 다시 표시성 부호를 덧붙여서 그 부위의 위치를 가리켰다. 예를 들면, '孔'·'克'·'寸'·'尤'·'厷(나중에 肱로 쓴다)'·'亦'·'[illegible](臀)'·'膝'가 있다. 그러나 문자제조 방식에 관계없이 零合成의 象形으로 제조된 한자와 標形合

成의 指事로 제조된 한자가 모두 고대 중국인들이 인체 각 부위에 대한 자세한 관찰을 통해 얻은 구체적인 인상을 조자(造字)의 이거로 삼고 있다.

인류의 생활과 생산활동을 기록한 부호는 객관적인 외부사물을 근거로 만들어졌다. 예를 들면, '灾'·'禍'·'福'·'薶(貍)'·'沈'·'凵'·'丽'·'砅'·'發'·'絕'·'合'·'寮'이 있다. 또한 사람의 신체를 근거한 한자도 있다. 예를 들면, '聞'(귀와 관련됨)·'看'·'見'·'望'(눈과 관련됨)·'息'(코·심장과 관련됨)·'言'(입과 관련됨)·'奚'·'俘'·'及'·'艮'·'取'·'乳'·'玔'·'妥'·'丑'(손과 관련됨)·'孕'·'毓'·'娩'·'長'·'老'·'死'(생로병사와 관련됨) 등이다. 인체를 표시하는 부호와 외부 사물을 표시하는 부호를 결합하여 만들어진 한자도 있다. 이러한 한자는 4가지로 나눌 수 있다. (1) 주체가 동작을 할 때, 객체가 근거나 도구가 되는 경우. 예를 들면, '引'·'前'·'舞'·'休'·'宿'·'即'·'飲'·'春'·'航'·'戒'·'疒'이다. (2) 객체가 주체동작의 대상이 되는 경우. 예를 들면, '得'·'爯'·'启'·'韋'·'爲'·'解'·'埶'·'採'·'弄'·'興'·'受'이다. (3)객체가 주체행위의 대상이면서 주체 행위의 근거인 경우. 예를 들면, '弃'·'蕁'·'敗'·'璞'·'叟'이다. (4)객체가 주체 행위의 장소·배경인 경우. 예를 들면, '出'·'各'·'复'·'陟'·'降'·'汓'·'涉'·'夾'·'浴'이다.

본 장에서는 218개의 한자를 분석하였다. 그 중 138개의 한자가 540부의 부수자이며, 전체의 63% 이상을 차지한다. "하늘을 우러러 보아 현상을 관찰하고, 아래를 굽어보아 땅에서 법을 보고", "새와 동물의 모양과 땅의 모양을 관찰하고", "가까이는 신체에서 취하고, 멀리는 사물에서 취한" 세 가지 각도에서 한자의 구조적 이거를 찾는 것이 보편성을 갖춘 타당한 분석법임을 알 수 있다.

제4장

한자의 構形에 내포된 문화적 함의

중국어는 형태변화가 부족한 언어이다. 중국어는 표의성이 강한 문자 부호인 한자로 기록한다. 한자는 단순한 기록 부호가 아니다. 의미와 긴밀한 관계를 맺고 있다. 한자는 그 자체에 깊은 문화적 함의를 담고 있다. 그래서 옛날부터 지금까지 중국 뿐 아니라 외국의 많은 학자들이 오천년의 유구한 역사를 가진 한자의 신비한 의미를 탐구하고 있다. 그들은 연구를 통해 한자가 가지고 있는 오묘한 비밀을 파헤치고 있다.

본 장은 남녀성별, 사회신분, 사회생활 등의 의미 범주 가운데 20개의 한자를 골라 그 구조와 구의를 해독하고, 이 한자들의 형체에 내재된 문화적 함의를 제시하고자 한다.

본 장은 문자학, 훈고학, 음운학, 현대 언어학 및 역사비교언어학 등의 연구 성과를 포함하고 있다. 王寧의《漢字構形學》의 이론과 방법으로 한자의 구의를 분석하고, 전통 훈고학에서 사용하는 形으로 의미를 탐색하며, 聲으로 의미를 탐구하는 방법을 이용해서 한자의 구조에 담긴 의미와 초기 의미를 고찰할 것이다. 동시에 현재 중국 훈고학에서 유행하고 있는 비교를 통한 증명과 계통을 따라 진행하는 연구 방법을 통하여 문자와 어휘, 언어와 역사문화를 통합하여 연구를 진행하고자 한다. 이와 같은 연구방법은 현재 중국에서 활발히 진행되고 있는 방식이다. 본 장은 시험적인 연구에 불과하여 타당하지 않은 점도 있으니 여러 독자의 가르침을 바라는 바이다.

제1절 남성을 칭하는 한자 구형에 내포된 문화적 함의

남녀성별의 구분은 인류사회의 발전에 따라 만들어진 것이다. 인류가 원시적 무리집단에서 혈족 사회집단으로 형성되기까지는 매우 오랜 시간이 걸렸다. 견고한 혈연관계 집단은 느슨한 원시 무리집단을 대신했다. 고인류에서 신인류가 발생한 단계는 구석기 중반에서 말기 무렵까지이다. 지금으로부터 약 4만 년 전이다.

혈연 집단혼에서 원시 씨족 사회로 넘어가기까지 많은 역사적 단계를 거쳤다. 지금으로 부터 약 1만 9천 년 전인 산정동인(山頂洞人)[1]의 문화 유적에 반영된 상황을 살펴보면 이미 씨족사회의 씨앗이 움트고 있었다. 산정동인이 거주하던 동굴 문화 유적의 고고학적인 유물들을 발굴해 보면 산정동인은 "성별, 연령에 따라 불안정하지만 분업이 이루어졌다. 남자는 수렵에 종사했고 여자는 채집에 종사하거나 집을 보거나 봉제를 하거나 노인을 봉양하거나 아이를 돌보는 등의 일을 했다. 노인과 아동은 보조적 노동에 종사했다."(王《史》, 44) 그러나 당시는 아직 혈족 집단사회에서 씨족사회로 넘어가는 과도기였다. 사회생산력은 일정 정도까지 발전했고, 구석기 시대에서 신석기 시대로 진입한 이후 씨족사회는 비로소 발전하고 성숙되기 시작했다.

수렵과 유목 위주의 사회에서 농경사회로 진입한 후, 중국의 고대사회는 강력한 남성 집권 사회가 되었다. 남성우월의 특징이 뚜렷하게 나타났다. 이러한 사실은 한자에서 유력한 증거를 찾을 수 있다. 그래서 본 장에서는 여러 한자들 가운데 남성을 가리키는 4개의 한자 즉 '男', '夫', '父'[2], '士'를 선택하여 연구하고자 한다. 이 한자들의 자

1 1933년에 지금의 北京市 房山縣 周口店에 있는 龍骨山 정상에서 발견된 약 18,000여 년 전의 인류 화석【역주】

2 '父'는 동시에 친족을 가리키는 단어이기도 하다. 본 책에서는 이것을 성별을 나타내는 단어로 간주한다. 그래서 '爸', '哥', '弟', '兒'와 같이 단순히 친족관계를 나타내는 단어는 비록 남성의 의미요소가 있지만 본 책에서는 다루는 범위 안에 포함시키지 않는다.

형 구조와 구자(構字)의도 및 사의(詞義)를 일일이 분석하고자 한다. 우선 이 4개의 한자의 본의(本義)에서 인신의(引伸義)에 이르기까지 살펴보고 이들 한자로 기록된 원시 단어에서 파생 단어까지 단어의 사의 관계를 정리하고자 한다. 또한 더 나아가 이 글자들의 초기 한자의 형체에서 이후 나타난 한자 사이의 발전 맥락을 통해, 자형과 사의에 내재된 연관성을 살펴볼 것이다. 아울러 고대 중국 사회의 역사 문화 배경과 연관하여 내부 깊숙한 곳에 자리 잡고 있는 문화적 의미 또한 토론하고자 한다.

1. '男'

'男'은 남성의 총칭이다. 동시의 '여자'의 상대어이다. 예를 들어 《禮記·禮運》에 다음과 같은 말이 있다. "음식남녀는 인간의 가장 큰 욕구이다(飮食男女, 人之大欲存焉)."(阮《疏》, 1422)여기에서 남녀는 남녀 간의 성행위를 말한다. '男'은 '女'의 상대이며 성행위시 수컷을 대표한다. 때로는 子를 덧붙여 복합어를 구성하기도 하며 '婦人'의 상대어이기도 하다. 예를 들면 다음과 같다.

《禮記·曾子問》 "남자는 서향이고 부인은 동향이다(男子西鄕(向), 婦人東鄕(向))."(阮《疏》, 1304)

여기서는 영구(靈柩)를 묘혈(墓穴)에 보내는 것을 가리킨다. 남자와 부인이 널길에 서는 위치가 다른데 남자는 널길의 동쪽에 서서 서쪽을 향해야 하고 부인은 서쪽에 서서 동쪽을 향해야한다. 영구를 보내는 사람 가운데 여자는 대부분 성년의 기혼자가 대다수를 차지하므로 남자와 부인은 서로 상대되는 말이 된다.

'女'와 상대되는 말이건 婦人과 상대되는 말이건 '男'은 모두 남성을 총칭하는 단어로 문헌언어에 속한다. 이것은 '男'의 자형구조와 부합된다.

갑골 복사문에 이미 ‘男’자가 있다. 다음과 같다.

一期鐵一三二

혹은 다음과 같다.

一期前八·七·一

‘男’은 회의조합방식으로 구성되어있다. 공식을 사용해서 표시하면 Y+田Y=男(YY)[3]이다. 고문자 학자들의 고증에 따르면 ‘’는 쟁기〔耒〕의 상형이다.[4] 쟁기〔耒〕는 원시고대인들이 땅을 갈아엎는데 사용하던 도구였다. 나무로 만들어지고 자루가 구부러진 농기구이다. 하단에는 갈퀴가 있고 갈퀴 위에 가로의 나무자루가 있어서 발로 밟을 수 있도록 되어 있다. ‘’와 ‘’의 두 자형이 전달하는 자형 구의는 ‘밭에서 경작하다’ 이다. 채집수렵사회에서 농경사회로 진입한 후 사회는 초보적인 분업이 일어났다. 밭에서 경작하는 일은 보통 남자가 담당하고 부녀자는 가사노동을 담당했다.

《周易·家人》에서 “여자는 자리를 안에서 바로 잡고 있고, 남자는 자리를 밖에서 바로잡고 있는 것이다. 남편과 아내의 위치가 바른 것

---

3 구건의 병음 기호는 鄭振峰의 《甲骨文字構形系統研究》 중의 《甲骨文構形分析總表》가 사용한 기호를 사용했다. X는 표형(表形)구건이고 Y는 표의(表義)구건이다. S는 시음(示音)구건이며 B는 표시(標示)구건이다. 鄭振峰, 《甲骨文字構形系統研究》, 上海教育出版社, 2006年版. pp.67-159.

4 徐中舒, 《耒耜考》, <中央研究院歷史語言研究所集刊> 2本1分, 1937年 참고.

은 천지의 큰 의의가 있다(女正位乎內, 男正位乎外. 男女正, 天地之大義也)."(阮《疏》, 50) 라고 했다.

그래서 의미를 나타내는 구건 ''과 '田'을 결합한 '男'자가 남성을 나타내는 것은 매우 자연스러운 것이다. 금문의 자형은 형상성이 더욱 두드러진다.

侯簋

''은 쟁기의 형태이다. 은상시기에 이미 소가 끄는 쟁기가 있었고 갑골문에 ''로 기록된 이 글자가 나타내는 것은 소를 이용해 끄는 쟁기이다. 금문의 '男'자는 ""로 구성되어 있다. 이것은 바로 소 쟁기의 형상이다.[5]

진대(秦代)이르면 자형이 田과 力으로 구성되는 형태로 변했다. 태산의 돌에 조각된 것은 아래와 같다.

泰山刻石

소전자형도 본래 이와 같았다. 단지 자형이 좌우구조에서 상하구조 ''로 변했을 뿐이다. 예서, 해서도 모두 이와 같다.

東漢 許愼의《說文解字》의 〈男部〉에서 '男'자에 대해서 자형에서 자의까지 다음과 같이 해석했다. "男은 장부이다. 田과 力으로 구성되었다. 남자가 밭에서 힘을 쓰는 것을 말한다(, 丈夫也. 从田从力. 言男用力於田也)."(大徐本, 291) 許愼이 장부를 '男'으로 해석한 것은 '男'의 본질적 특징

5 吳浩坤, 潘悠,《中國甲骨學史》, 上海人民出版社, 1985年版. p.272. 참조.

을 간파한 것이다. 장부는 성년의 남자를 가리킨다. 또한 결혼하고 직업이 있는 남자를 말한다(夫자에 관해서는 아래에서 다시 토론하고자 한다). 이런 남자는 가족을 부양할 책임을 가지고 있다. 농경사회에서는 농사일에 힘을 써야만 한다. 그래서 段玉裁는《說文解字》에 대한 주에서《白虎通》에서 "'男'은 맡는다(任)는 뜻이다. 일을 맡는다는 뜻이다. 예전에는 '男'과 '任'이 동음이었다. 그래서 公侯伯子男의 '男'자를 王莽은 任이라고 썼다.……농사는 밭에서 힘을 쓴다. 왕공(王公)이하는 모두 밭에서 힘써 일하지 않는 사람이 없다(男, 任也. 任功業也. 古'男'與'任'同音, 故公侯伯子男, 王莽作'任'.……農力於田, 自王公以下, 無非力於田者)."(段注, 705)라고 했다.

段玉裁가 말한 '男'과 '任'이 동음이라는 것은 믿을 만하다고 생각한다. '男'의 고음은 泥紐侵部이고 任의 고음은 日紐侵部에 있다. 章太炎이 "고음 娘日 二紐는 泥로 귀납된다"고 설명한 것을 보면 옛날에는 실제로 쌍성첩운의 관계였다. 班固도 '任'으로 '男'을 해석할 뿐 아니라, 이후 劉熙의《釋名·釋長幼》에서도 "男은 맡기는 것이다. 일을 맡기는 것이다(男, 任也. 典任事也)."(王《補》, 92)와 같이 해석했다.

농경사회에서 최대의 '공로'와 '업적'은 농사를 짓는 데에 들이는 노동이었다. 백성은 먹는 것을 하늘로 삼았기 때문에 고대 중국의 통치자들은 모두 농업을 매우 중시했다. 천자가 직접 농사를 지었고(즉 밭을 갈아야 했고), 후비는 누에를 키우고 실을 짰다. 班固와 劉熙의 해석은 절대로 아무렇게나 소리로 의미를 부가한 것이 아니다. 분석을 해보면 다음과 같다.

옛사람들이 인생의 여정에 대해 서술한 것을 보면 남자는 서른에 장성하여 처를 얻고 집을 장만해야만 가장의 책임을 다했다고 할 수 있었다.《禮記·曲禮上》에서 "사람은 태어나서 열 살이 되면 유라고 하며 이때부터 배우며 외부에 스승을 두고 밖에서 기거하면서 책과 셈을 배운다. 이십이 되면 약이라고 하며 관례를 치른다. 삼십이 되면 장이라고 하고 아내를 얻는다. 사십은 강이라고 하고 벼슬을 한다. 오십은 애라고 하고 관정에 복무한다. 육십은 기라고 하고 남에게 지시하여 시킨다. 칠십은 노라 하고 가사를 아들에게 전한다. 팔십 구십은 모라고 한다(人生十年日幼, 學, 出就外傳, 居宿於外學書計 ; 二十日弱, 冠 ; 三十日壯, 有室 ; 四十日强, 而仕 ; 五十日艾, 服官政 ; 六十日耆, 指使 ; 七十日老, 而傳 ; 八十九十日耄)."라고 했다.

鄭玄의 주에서 "有室이란 처가 있다는 것이다. 처를 실이라고 칭한다고 했다(有室爲 : "有妻也. 妻稱室)."(阮《疏》, 1232)라고 했다. 이를 통해 살펴보면 진정으로 남자라고 칭할 수 있는 나이는 서른 살 이후이다. 이 시기의 남자는 체력이 점차 강해지고 원기가 왕성해져서 아내를 얻고 자식을 낳기에 적합하여 독립하여 가정을 이루게 된다.

《禮記·禮運》에서 "남녀를 결합시키는 일과 작위를 나눠 주는 일은 반드시 그럴 만한 덕이 있는 자에게 한다(合男女, 頒爵位, 必當年德)."라고 했다.

鄭玄 주에는 "중매쟁이는 남자는 삼십에 아내를 얻도록 했고, 여자는 이십에 시집가도록 했다고 말했다(謂媒氏令男三十而娶, 女二十而嫁)."라고 했다.(阮《疏》, 1472) 왜 고대 남자는 삼십에 부인을 얻기에 가장 좋은 나이라고 했을까? 이것은 상고시대는 농업 경작기술이 상대적으로 낙후하여 농사일이 많고 힘든 것과 관련이 있다.

西漢 揚雄의 《方言》 卷六에서 "'踞'과 '膂'는 力이다. 동제에서는 '踞'이라고 했고, 송로에서는 '膂'라고 했다. '膂'는 밭에서 힘쓰는 것이다(踞, 膂, 力也. 東齊日踞, 宋魯日膂, 膂, 田力也)."라고 했다.

晉의 郭璞 주에서는 "경작하고 개간하는 것을 말한다(謂耕墾也)."고 설명하고 있다.(錢《疏》, 401)

이를 통해 서한 때에 이르면 경작하고 개간하는 농사일이 힘든 육체노동이어서 일정한 체력이 있어야 가능한 것으로 여겼음을 알 수 있다.

殷周시대부터는 정전제(井田制)가 실시되었다. 이를 통해 농사 노동의 어려움을 볼 수 있다. 정전제는 사방 1 리의 큰 밭(모두 9백 무(畝))을 1정(井)으로 삼으며, 여덟 가구가 경작한다. 매 가구당 1백무를 경작한다. (지금의 삼십 여 무에 해당한다.) 그 밖에 노예주 소유의 전답 1백무를 공동으로 경작해야 했다. 《孟子·滕文公上》에서 "사방 1 리를 정이라고 했고 정은 구백 무이다. 그 가운데 공전이 있는데 여덟 가구는 모두 각자 1백무가 있고, 공전을 같이 경작한다(方里而井, 井九百畝. 其中爲公田, 八家皆私百畝, 同養公田)."(阮《疏》, 2703)라고 했다.

사람의 힘만으로 이렇게 넓은 토지를 경작해야 했으므로 건장한 신체가 아니면 불가능했다. 그래서 남자는 농경사회의 가정에서는 한 가정의 대들보였다. 그는 밭에서 힘든 노동을 했기 때문에 가정과 사회로 부터 인정을 받았고, 그래서 높은 사회적 지위를 누릴 수 있었던 것이다.

남자아이가 출생하면 가족은 그 아들에게 희망을 걸었다. 그래서 남자가 담당해야할 책임은 막중했다. 이 점은 《詩經·小雅·斯干》에서 가장 잘 묘사되고 있다. 다음과 같다. "아들을 낳으면 평상에 재우고 비단옷을 입히며 구슬을 주어 놀게 하니 울음소리도 우렁차구나. 붉은 슬갑이 휘황하여 실가를 소유하며 군왕이 되리로다(乃生男子, 載寢之床. 載衣之裳, 載弄之璋. 其泣皇皇, 朱芾斯皇, 室家君王)." 孔穎達 疏에서는 "남자가 태어나면 집 안 사람들이 모두 붉은 슬갑을 차니 화려하기 그지없었다. 아내를 얻고 가정을 이루니 군주가 되고 왕이 되리로다(男子之生, 於是室者皆將服朱芾, 煌煌然:有室有家, 爲君爲王矣)."와 같다.(阮《疏》, 437)

〈斯干〉에서는 남자아이가 태어나면 재빨리 침상에 누이고 좋은 옷을 입히고 예쁜 옥을 가지고 놀게 했다. 온 식구가 매우 기뻐하였으며 화려한 예복을 입고 아이의 탄생을 축하하며 새로 태어난 아이에게 큰 희망과 기대를 가졌다. 이와 반대로 여자아이가 태어나면 냉정하기 그지없었다. "여자아이가 태어나면 바닥에 누이고 포대기를 입히며 실감개를 주어 놀게 하니 잘못함도 없고 잘하는 것도 없게 하리라. 오직 술과 밥을 익히게 하여 부모에게 근심을 끼침이 없게 한다(乃生女子, 載寢之地, 載衣之裼, 載弄之瓦, 無非無議, 唯酒食是議, 無父母詒罹)." (阮《疏》, 438)라고 했다. 즉 여자아이를 낳으면 땅 위에 눕히고 별로 급할 것 없으니 얼지 않을 정도로 아이를 싸매면 되었다. 실패를 주어 놀게 할 뿐 그 아이가 장차 큰 인물이 되기는 원하지도 않았고 술이나 빚고 밥이나 하는 것이 그 아이의 본분으로 부모의 욕이나 안 먹이기를 바랐을 뿐이었다. 이를 통해 남성 집권사회에서 남녀는 출생부터 불평등한 대우를 받았음을 알 수 있다. 당시 남자는 가정과 사회에서 중대한 책임을 지고 있었기 때문에 남자의 학식과 기예에 대한 요구는 따라서 당연히 높았다.

《禮記·射義》에서 "그래서 남자가 태어나면 천지사방에 화살을 쏘라는 뜻에서 6쌍의 상호봉시(桑弧蓬矢:뽕나무 활과 쑥대 살)를 걸었다. 천지사방이라는 것은 남자가 뜻을 펼칠 곳이다. 그래서 반드시 먼저 그 일이 있는 곳에 뜻을 두고, 그런 뒤에 감히 곡식을 먹었다(故男子生, 桑弧蓬矢六, 以射天地四方. 天地四方者, 男子所有事也. 故必先有志於其所有事, 然後敢用穀也)." (阮《疏》, 1689)

이 말은 남자아이가 태어나면 그 아이가 성인이 된 이후 천지 사방으로 뜻을 펼치기를 바라는 의미에서 대문에 6쌍의 상호봉시를 걸었음을 뜻한다. 중국 고대의 육예(六藝)라는 것은 학교 수업에서 이루어지는 여섯 가지의 기술과 재능, 즉 예(藝), 악(樂), 사(射), 어(御), 서(書), 수(數)이다. 이는 남자들의 전인교육과정이라고 할 수 있었다. 남자들에게는 높은 학식과 기예가 요구되었을 뿐 아니라 도덕적 약속도 요구되었다.

고대 중국은 남녀유별을 매우 중시했다. 이것은 사회의 분업적인 측면을 강조하는 것 이외에도 남녀 사이의 엄격함도 포함되었다. 남녀가 지나치게 친밀하면 음란한 일이 발생되기 쉬웠기 때문이다.《禮記·曲禮》에서는 남녀는 칠세부터 같은 자리에 앉지 말아야 하며 심지어 빨래를 말리는 옷걸이도 같이 뒤섞어 놓아서는 안 된다고 규정하였다.《禮記·坊記》에서 "남녀는 매파가 없으면 교재하지 않으며 납폐가 없이는 서로 만나지 않으며(男女無媒不交, 無幣不相見)."(阮《疏》, 1622)라고 했고,《孟子·離婁上》에서도 역시 남녀가 물건을 주고받을 때는 직접 주고받지 않는다(男女授受不親)."(阮《疏》, 2722)라고 했다. 왜 이렇게 엄격하게 통제했을까?《禮記·樂記》에서 그 이유를 분명히 말하고 있다. 즉 "사물이 때에 맞지 않게 변화하면 생육을 멈추고, 남녀가 유별하지 않으면 화란이 일어나기 때문이다(化不時則不生, 男女無辨則亂生)."(阮《疏》, 1531)라고 했다.

'男'자의 자형에서 남자의 책임을 읽을 수 있다. 남자는 가정사회의 기둥이다. 숭고한 사회적 지위와 대우를 누리는 동시에 자신을 통제할 수 있도록 도덕 수양을 쌓아야 한다. 또한 훌륭한 생존 전략이 있어야만 치열한 사회에서 경쟁할 수 있다. 그래야만 가족의 기대를 저버리지 않을 수 있기 때문이다. 동시에 정정당당한 남자가 되기 위해서는 봉건사회의 예의제도와 각종 행위규범을 통해 자신 스스로 칠정육욕을 통제할 줄 알아야 한다.

2. '夫'

'夫'는 남성화 정도가 가장 높음을 나타내는 한자이다. '夫'라고 불리는 남자는 한 가정을 부양할 책임이 있을 뿐 아니라, 이에 상응하는 사회적 책임 또한 담당해야 한다. 서주 시대에 정전(井田)제도가 실시되었을 때 '夫'를 단위로 토지를 분할하여 인구를 계산했다. 《周禮·地官·小司徒》에 "토지를 경영하는데 있어서 그 밭을 정과 목으로 정했다. 구부를 정이라고 하고 사정을 읍으로 하고 사읍을 구로 하고 사구를 전이라고 하고 사전을 현이라고 하고 사현을 도로 했다(乃經土地而井牧其田野. 九夫爲井, 四井爲邑, 四邑爲丘, 四丘爲甸, 四甸爲縣, 四縣爲都)."와 같은 기록이 있다. 鄭玄의 주에 "구부를 정이라고 하였는데 사방 일리를 말한다. 구부를 기준으로 전을 다스렸다. …… 《사마법》에서는 육척이 보가 되고 보백을 무라고 했고 무백을 부라고 했으며 부삼을 옥이라고 했고 옥삼을 정이라고 했다. 정십은 동이다(九夫爲井者, 方一里, 九夫所治之田也.……《司馬法》曰 '六尺爲步, 步百爲畮, 畮百爲夫, 夫三爲屋, 屋三爲井(井十爲同)."라고 기록되어 있다.(阮《疏》, 711)

이를 통해 '夫'는 한 가정의 주인으로, 가족 부양의 책임을 담당할 뿐 아니라 사회에 대한 책임 역시 담당해야 한다는 것을 알 수 있다. 이 책임은 사회의 가장 기본 단위, 즉 가정의 생산 활동을 조직하는 것이며 아울러 기타 여덟 가정의 이웃과 공동으로 왕실과 제후들이 먹을 양식을 제공하기 위해 1백무의 공용 토지를 경작하는 책임을 담당하는 것이다.

'夫'의 가장 주요한 책임은 처에 대한 책임이다. 운명적으로 한 여자[6]가 그에게 분배되었으니 그는 그 여자의 일생이 편하도록 책임을 져야 한다. 또한 그 여자와 함께 완벽한 가정을 꾸려나가야 한다. '夫'의 기록은 매우 일러 갑골문시대에 벌써 나타나고 있다. 갑골문은 다

---

6 중국 고대사회는 '부모의 명, 중매인의 말'을 중시했다. 혼인과 같은 인륜지대사가 모두 타인에 의해 결정되었다.

음과 같다.

一期乙六六九0

이것은 성인을 나타내는 자형 (大)위에 가로획 두 선을 더한 것이다. 이 두 개의 가로획은 지사 부호로 볼 수도 있고, 또 남자의 머리 위에 비녀를 꼽은 형상으로도 볼 수 있다. 이것은 지사와 상형 사이에 있는 글자이다. 한자의 구형학의 원리에 따르면 표형합성자라고 할 수 있다. 그 공식은 二B+大X=夫(BX)이다. 금문에서의 '夫'자 역시 다음과 같다.

大簋

'大'자를 기본 토대로 하고 그 위에 가로획을 더했는데 그 가로획이 아래로 경사진 두 사선으로 변했을 뿐이다. 소전에서도 필획의 의도가 여전히 남아 있어서 소전에서는 로 쓰였다. 許愼의《說文解字》에서는 소전을 근거로 해석하고 있다. 許愼은 '夫'에 대한 해석을 " 는 장부이다. 大一(大와 一)로 구성되어 있으며 一은 비녀와 같다. 주대 길이를 측량하는 단위제도로 추측해 보면 팔 촌은 척이고 십 척은 장이다. 사람의 키가 팔 척이므로 장부라고 불렀다(, 丈夫也. 从大一, 一象簪也. 周制以八寸爲尺, 十尺爲丈. 人長八尺, 故曰丈夫)."(大徐本, 216)라고 되어 있다. 許愼이 '丈夫'를 '夫'로 해석하였고, 주대의 길이 계산 단위로 추측해 보면 한대(漢代)의 팔 척은 주대의 일 장에 해당했다. '夫'는 그래서 '장부'(팔 척 남아)라는 이름을 얻게 되었음을 알 수 있다. 이 주장은 따를 만하다.

상고문헌에서 '夫'는 '婦'의 상대되는 말이다. '丈夫', '婦人'이라고도 칭한다. 예를 들어 《儀禮·喪服》에서는 "장부와 부인이 종자와 종자의 어머니와 아내를 위해서 (상복을 입는다)(丈夫, 婦人爲宗子, 宗子之母, 妻 (服喪))" 라고 했다. 鄭玄 주에서는 "종자가 이어진 후 백세동안 바뀌지 않으면 이를 적장자라고 한다(宗子繼別之後, 百世不遷, 所謂大宗也)."라고 했다.(阮《疏》, 1110) 또 "조카를 위해서 장부와 부인이 갚는다(姪,丈夫婦人報)."는 鄭玄 주에서 "조카를 위해서 남녀가 상복은 입는 것이 같다(爲姪, 男女服同)."(阮《疏》, 1114)의 의미이다. 報란 鄭玄 주에 따르면 고모가 죽으면 조카가 그녀를 위해 상복을 입고 반대로 질녀가 죽으면 고모도 마찬가지를 그녀를 위해 상복을 입는 것으로 서로 상복을 입어 갚는다는 뜻이다. 남자조카와 여자조카이다. 보답하는 것이다.

이상의 두 예에서 '丈夫'는 '夫'이고 '婦人'은 '婦'이다. 모두 성인의 기혼자이고 한 가정의 가장을 담당할 수 있는 부부를 가리킨다. 현재로 치면 '남자 주인'과 '여자 주인'을 말한다.

결혼을 하지 않은 즉 혼례를 올리지 않는 남녀는 '부부'라고 칭할 수 없었다. 이것은 중국 고대 사회에서 상당히 엄격했다.

《周禮·地官·媒氏之職》에서 "매씨는 모든 백성들의 짝을 찾아서 맺어주는 일을 관장한다. 남자가 삼십이면 장가를 들고 여자가 이십이면 시집을 가게 된다(媒氏掌萬民之判, 令男三十而娶, 女二十而嫁)."(阮《疏》, 732)라고 했다.

여기에서 '男'은 '夫'로 대신할 수 없고 '女'는 '婦'로 대신할 수 없다. 《禮記·郊特牲》에서 "남자가 친영을 갈 때 남자가 여자 앞에 가니 강유의 뜻이니라(男子親迎, 男先於女, 剛柔之義也)."(阮《疏》, 456)라고 했다. 친영을 가는 길이지만 아직은 '男'과 '女'라고 칭할 수밖에 없다. 신부를 맞이하는 집 앞에 이르러서도 '男'은 '사위[壻]로 칭할 수밖에 없었다. 《儀禮·士昏禮》에서 "사위는 그 수레를 먼저 타고 문밖에서 기다린다(壻乘

其車先俟於門外).”라고 했다. 鄭玄의 주에서 “사위의 수레가 문밖에 있으니 먼저 타서 인도한다. 남자는 여자를 이끌고 여자는 남자를 따르는 것이 부부강유의 뜻이니라(壻車在大門外, 乘之先者, 道(導)之也. 男率女, 女從男, 夫婦剛柔之義).”라고 했다.(阮《疏》, 966) 이미 신부를 집 문 앞에서 영접했다면 서로 ‘夫婦’라고 칭해야 하지만, 아직 대례를 올리지 않았으므로 ‘사위〔壻〕’라고 칭할 수밖에 없는 것이다. ‘壻’는 ‘士’로 구성되어 있다. ‘士’는 이미 성숙해지만 아직 장가를 가지 않았다는 의미를 가지고 있다. 그래서 대례를 올리기 전에는 ‘男’ 혹은 ‘壻’로 불릴 뿐 ‘夫’로 칭하지는 않았다.

만약 신랑의 부친 혹은 모친이 사망하면 신부가 시댁에 와서 만 세 달을 다 채우고 묘현(廟見-돌아가신 분에 제사를 올리는 것)을 올린 후에야 비로소 ‘婦’로 칭할 수 있었다. 만약 신부가 불행히도 묘현을 다 지내기 전에 죽는다면 남자 측의 선영의 무덤에 안장될 수 없었고 친정집으로 되돌아가 안장되어야 했다. 이에 대해서는 《禮記》에 특별한 기록이 있다.

《禮記·曾子問》에서 “석 달 후에 묘현을 하고 며느리〔婦〕라고 칭한다. 택일하여 사당에 제사를 지내는데 이것은 며느리로서의 예의를 다하는 것이다(三月而廟見, 稱來婦也. 擇日而祭於禰, 成婦之義也).”라고 했다. 鄭玄의 주에서 “시아버지와 시어머니가 돌아가신 자는 반드시 제사를 지내서 며느리로서의 예를 다해야 했다. 婦는 공양의 예를 갖추어야 하므로 마치 시아버지와 시어머니가 살아계실 때와 같이 제실에서 관욕을 하고 공양을 올려야 한다(謂舅姑沒者也. 必祭成婦義者, 婦有供養之禮, 猶舅姑存時盥饋特豚於室也).”라고 했다.(阮《疏》, 1392) 즉 비록 시부모가 이미 사망하였지만 반드시 묘현을 지내야만 며느리가 되는 예를 이루게 된다. 돌아가신 시부모에게도 며느리로서 효심을 다해야 만이 비로소 며느리가 될 수 있었음을 말한다. 또 같은 편에 증자가 물어서 말하길 "'여자가 묘현을 지내기 전에 죽으면 어떻게 됩니까?' 공자가 말하길 '영구를 조상의 사당에 옮겨 작별 인사를 하는 의식을 행하지 않으며, 그 신주를 시어머니 사당에 부사하지 않으며, 사위는 지팡이를 짚지 않고 짚신도 신지 않고 상가 집에도 머무르지 않는다. 여자의 고향사당으로 돌아가 안장되어야 하는데 이는 며느리〔婦〕로서의 도리를 다하지 못했음을 보여주는 것이다('女未廟見而死, 則如之何？' 孔子曰：'不遷於祖, 不祔於皇姑. 壻不杖, 不菲, 不次. 歸葬於女氏之黨, 示未成婦也.').'"라고 했다. 孔穎達의 疏에서는 "묘현을 하지 않고 죽으면 그 사위는 단지 재최의 상복만 입고 엄숙하게 슬퍼하기만 하면 된다. 그 영구는 돌려보내 여자 쪽의 사당에 안장된다. 왜냐하면 아직 묘현을 하지 못하여 시부모의 명시를 얻지 못했으므로 아직 며느리〔婦〕가 되지 못한 것과 같은 이치이다. 그러나 사실은 이미 며느리〔婦〕가 된 것이다. 단지 아직 며느리가 되는 예를 올리지 못하여 알현하고자 해도 감히 혼자 결정할 수 없는 것을 보여주는 것이다(今未廟見而死, 其壻唯服齊衰而已, 其柩還歸葬於女氏之黨, 以其未廟見, 不得舅姑之命示, 若未成婦. 然其實已成婦. 但示之未成婦禮, 欲見其不敢自專也)."라고 말했다.(阮《疏》, 1392)

孔穎達의 疏에서는 결혼한 지 석 달이 되어서도 아직 시댁의 사람으로 인정받지 못하는 원인으로 가장 주된 것이 효자는 '혼자 결정하는 것이 아니기' 때문이라고 설명했다. 이는 고대 혼인은 반드시 부모의 명령으로 이루어지는 것과 직접적인 관계가 있다. 부모의 육체는 비록 사망하였더라도 그 영혼은 아직 존재하므로 반드시 삼 개월을 기다려 돌아가신 부모에게 제사를 지내야만 비로소 신부를 자기의 정실로 인정할 수 있는 것이다. 또한 돌아가신 부모에게도 승인을 얻어야 비로소 가능했다. 만약 돌아가신 부모의 승인을 얻지 못한다면 설령 자신과 사실상의 부부가 되었더라도 진정한 부부가 될 수 없는 것이다.

중국어는 사람의 탄생과 성장 단계에 따라 여러 가지 표현이 있고, 이에 상응하는 여러 가지 단어가 생겨났다. 문자 상으로도 여러 가지 글자가 기록되어 있다. 예를 들어 어머니의 뱃속에 있는 것을 '巳'로 칭했다.

갑골문에서는 다음과 같다.

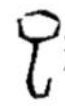粹一一一三

아직 사람의 형상이 되지 않은 상태이다. '台' 혹은 '胎'자는 이 글자에서 파생되어 나왔다. 포대기 속의 갓난아이는 '子'이다. 갑골문에는 다음과 같다.

後下四二·七

갓난아이의 두 발은 포대기 속에 들어가 있고 두 손만 나와 있는 형상이다.

동자의 의미를 나타내는 글자는 '兒'이다. 갑골문은 다음과 같다.

一期前七·四0·二

금문의 자형은 더욱더 유사하다.

小臣兒卣

李孝定의 《甲骨文字集釋》에서는 "갑골문이든 금문이든 모두 소아총각(小兒總角)의 형상과 같다."(李《釋》, 2786)[7]고 했다.

성인은 '大'자로 나타낸다. 갑골문에서는 다음과 같다.

一期後上四·一七

一期佚三九三

'大'자는 성인을 의미한다. 지금의 중국어에서는 합성사 '大人'(어린아이의 상대)이 그 의미를 나타낸다.

고대의 '大'는 비록 성인의 의미를 직접적으로 나타내지 않지만 고대에도 '大父', '大母' 등의 호칭이 있었다. 일부 방언에서는 '父'를 '大'로 칭했다. 이것으로 증거를 삼을 수 있다. 明代의 沈榜의 《宛署雜記·民風二·方言》에서는 "父는 爹라도 하고 別이라고도 하고 大라고도 했다(父曰爹, 又曰別, 又曰大)."(沈《記》, 193)[8]라고 했다. 중국 사천성 천동(四川省 川東) 일대(주로 산골짜기에서)에서는 아버지를 여전히 '大'라고 한다. 段玉裁는 '夫'자 아래 주를 달아, '一'과 '大'로 구성되어 있는 것은 '天'이고, '大'와' 一'로 구성되어 있는 것은 '夫'라고 했다. 이를 통해 사람과 하늘은 같다는 것을 알 수 있다. "天은 一이 大 위를 덮어쓰고 있는 회의자이고, 夫는 一이 大자의 머리를 꽤 뚫고 있는 상형자이자 회의자이다. 兂은 머리의 비녀로, 속자로는 簪이다(从一大則爲天, 从大一則爲夫. 於此見人與天同也. 天之一冒大上爲會意, 夫之一毌大首爲象形, 亦爲會意. 兂, 首笄也. 俗作簪)."라고 설명했다. 《御覽》 宜補에는 "관례를 치루면 상투를 틀고 비녀를 꼽는

7 원문에서는 契와 금문의 兒자는 모두 총각의 형상과 같다고 되어 있다.

8 '別' 아래 주를 달아 '평성'이라고 말했다.

다. 사람이 20세가 되면 관례를 올리고 성인이 된다(冠而後簪, 人二十而冠, 成人也)"라는 열 두자가 있다. 이 말을 통해 一자는 비녀의 의미를 가지고 있는 것을 알 수 있다. 〈尺部〉에서는 "중년 부인의 손의 길이 8촌을 지라고 한다. 주대에는 척이라고 했다('中婦人手長八寸謂之咫'. 周尺也)."라고 했고, 〈十部〉에서는 "장은 십 척이다. 손〔又〕으로 十을 들고 있는 것을 나타낸다. 이 말은 장부의 뜻을 가리킨다('丈, 十尺也, 从又持十'. 此說人稱丈夫之指)."라고 했다.(段注, 504) 段玉裁의 말은 일리가 있다. '夫'는 大의 기초 위에 가로획을 더한 것으로, 이 가로획은 비녀의 형상과 같으며 天地의 天의 의미를 상징하기도 한다. 徐中舒는 "갑골문에서 大, 天, 夫는 한 글자이다."(徐《甲》, 1179)라고 한 것은 가히 믿을 만하다. 성인이 되어 이미 결혼한 남자는 하늘을 감당할 수 있고 땅을 온전히 디디고 설 수 있는 것이다. 갑골문의 에서 보면 마치 기마자세로 가랑이를 벌려서 땅위에 선 형상이다. 그리고 갑골문의 은 하늘을 이고 땅에 서 있는 형상이다.

사실 '天'의 최초의 의미도 인체와 관련이 있었다. 사람의 정수리, 즉 머리의 의미를 나타냈다. 갑골문에서는 다음과 같다.

甲三六九0

王國維는 《觀堂集林》에서 "고문의 天자는 사람의 형상을 닮아 있다. …… 본래는 사람의 머리를 일컫는 것으로, 즉 사람의 형상이다. ……머리만으로 단독으로 무덤을 만드는 것은 머리가 바로 가장 특징적으로 두드러진 형상이기 때문이다(古文天字本象人形.……本謂人顚頂, 故象人形.……以獨墳其首者, 正特著所象之處也)."(王《觀》, 282)라고 지적했다. '天'자는 후에 이마에 글자를 새기는 일종의 형벌로 기록되었다. 《周易·火澤睽》에

서 "수레를 당기고, 그 소가 멈추고, 그 사람은 이마에 묵형을 하고 코를 벤다(見輿曳, 其牛掣, 其人天且劓)."라고 했다. 陸德明은 《音義》에서 "천은 묵형이다(天, 剠也)."라고 했다. 馬融은 "그 이마에 묵형을 하는 것을 天이라고 한다(剠鑿其額曰天)."고 말했다.(李《周》, 359) 사람의 머리는 인체 중에서 위에 있다. 마치 하늘이 땅의 위에 있는 것과 같아서 사람의 머리인 天을 上天으로 대신 가리키는 것이다. 이것은 동상인신(同狀引伸)의 규칙에 부합되는 일종의 사의인신(詞義引伸)이다. 사물의 이름을 지을 때, "사물은 같은 형상으로 이름을 부여한다(物有同狀予之一名)."는 원칙에 부합되고 있다. '夫'는 하늘을 이고 땅에 선다는 의미의 한자이므로 사회의 추앙을 받는 것이다. '夫'와 '婦'의 상대적 관계를 통해 '夫'와 '婦'의 지위는 하늘과 땅과 같은 것이라는 것을 알 수 있다.

西漢 董仲舒는 《春秋繁露·基義第五十三》에서 다음과 같이 말했다.

> "무릇 사물은 반드시 합이 있는데 합에는 반드시 위가 있고 아래가 있다. 좌가 있고 우가 있으며, 앞이 있고 뒤가 있으며 겉이 있고 속이 있다. 아름다움이 있으면 추악함이 있고, 순이 있으며 역이 있고 기쁨이 있으며 분노가 있고 추움이 있으면 더움이 있고, 낮이 있으면 밤이 있다. 이것이 모두 합이다. 양은 음의 합이고, 남편은 처의 합이고 자식은 부모의 합이고 신하는 왕의 합이다. 사물에는 합이 없는 것이 없으니 합은 각각 양과 음이 있다. 양은 음을 겸하고 음은 양을 겸한다. 지아비는 처와 겸하고 처는 지아비와 겸한다. 아비는 아들과 겸하고 아들은 아비와 겸하며 왕은 신하와 겸하고 신하는 왕과 겸한다. 군신, 부자, 부부의 의미는 모두 모든 음양의 도를 취한 것이다. 왕은 양이 되고 신하는 음이 되며 아비는 양이 되고 아들은 음이 되며 지아비는 양이 되

고 아내는 음이 된다. 음은 혼자 행하는 바가 없으니 그 시작이며 홀로 일어나지 못하니 그 마지막이다. 공은 나누지 못하며 겸하는 의미가 있다(凡物必有合, 合必有上, 必有下; 必有左, 必有右; 必有前, 必有後; 必有表, 必有里. 有美必有惡, 有順必有逆, 有喜必有怒, 有寒必有暑, 有昼必有夜, 此皆合也. 陰者陽之合, 夫者妻之合, 子者父之合, 臣者君之合. 物莫無合, 合各有陰陽. 陽兼於陰, 陰兼於陽. 夫兼於妻, 妻兼於夫, 父兼於子, 子兼於父, 君兼於臣, 臣兼於君. 君臣, 父子, 夫婦之義, 皆取諸陰陽之道. 君爲陽, 臣爲陰; 父爲陽, 子爲陰; 夫爲陽, 妻爲陰. 陰道無所獨行, 其始也. 不得專起, 其終也. 不得分功, 有所兼之義)."(蘇《證》, 305-351)

董仲舒는 이 문장을 통해 천지의 음양과 사회 인륜의 관계를 천명하고 있다. 일체의 사물은 모두 서로 대립되지만 또한 서로 의존하는 모순의 움직임 속에 놓여 있다. 대립의 쌍방은 주요한 것이 있고 부차적인 것이 있으니 지위가 불평등한 것이다. 그가 볼 때 하늘은 높고 땅은 낮고 양은 존귀하고 음은 비천하며 아버지는 앉고 자식은 엎드리며 왕은 위에 있고 신하는 아래에 있으며 지아비는 밖을 주관하고 아내는 안을 주관하는 것은 모두 합리적인 자연과 사회의 질서인 것이다. 부인은 독립적인 인격체가 될 수 없으며 독단적인 생각을 가질 수 없으며, 남자와 공로나 상을 다투어서는 안 되는 것이다. 모든 것에 있어서 자신을 의지하는 위치에 놓아야 한다는 것이다.

《儀禮·喪服傳》에서 "지아비는 아내의 하늘이다."라고 했다. "부인이 거듭 참최(斬衰)복을 입지 않는 것은 무슨 이유인가? 부인에게는 삼종의 의가 있고 전용하는 도가 없기 때문이다. 그러므로 시집가지 않아서는 아버지를 따르고 이미 시집을 가서는 지아비를 따르고 지아비가 죽으면 아들을 따르는 것이다. 그러므로 아버지는 아들의 하늘이요. 지아비는 아내의 하늘이다. 부인은 두 번 참최를 입지 않는 것은 가히 하늘을 거듭하지 않는다고 이르는 것이며 부인이 능히 거듭 높이지 않는 것이다(婦人不貳斬者何也？婦人有三從之義, 無專用之道. 故未嫁從父, 既嫁從夫, 夫死從子. 故父者子之天也, 夫者妻之天也. 婦人不貳斬者, 猶曰不貳天也. 婦人不能貳尊也)."(阮《疏》, 1106)라고 말했다.

중국 고대 사회에서 남녀의 지위는 극단적으로 불평등했는데 이것은 모두 이러한 전통적인 문화적 인식에서 나온 것이다. 이렇게 축적된 문화적 인식은 중국어의 의미 발전에 영향을 미쳤다.

劉熙의 《釋名·釋宮室》에는 "성 위의 쪽담을……여벽이라고 한다. 이는 그 벽이 초라하고 작아서 성벽과 비교하면 마치 대장부와 여자를 비교하는 것과 같기 때문이다(城上垣……亦曰女墻, 言其卑小, 比之於城, 若女子之於丈夫也)."(王《補》, 182)라고 했다. 성 위의 쪽담을 왜 여벽이라고 부르고 남벽이라고 부르지 않았는가? 그것은 그 벽이 비천하고 작아 성벽과 비교하면 여자와 남자가 비교되는 것처럼 높이의 차이가 너무 커서 여벽이라고 말하는 것이다.

劉熙의 《釋名·釋首飾》에서 "장보는 은나라 때의 (머리에 쓰는)관의 이름이다. 보는 장부이다. 이 관을 써서 장부라는 것을 나타냈다(章甫, 殷冠名也. 甫, 丈夫也. 服之所以表章丈夫也)."(王《補》, 156)라고 했다.

이러한 호칭들을 통해서 '夫'가 사람들의 마음속에서 얼마나 숭고한 위치를 차지하고 있었는지를 알 수 있다. 유가 경전 가운데 가장 우두머리 격인 《易經》에서도 남자의 강한 권력의 흔적들을 엿볼 수 있다.

易蒙䷃ 艮上

坎下

六三："행실이 좋지 못한 여자에게 장가들지 말라.

금을 가진 남자를 보고 따라가니, 네 몸을 가지고 있지 못할 것이다. 이로울 것이 없으리라(勿用取女 , 見金夫, 不有躬, 無攸利)."

魏· 王弼의 주에서는 "육삼은 하괘의 상에 있다. 상구는 상괘의 상에 있다. 남녀의 의미이다. 상은 삼을 구하지 않으나 삼은 상을 구한다. 여자가 먼저 남자를 구하는 것이다. 여자의 體는 행실을 바르게 하여 命令을 기다리는 자이니, 강한 지아비를 보고 구하므로 '몸을 두지 못한다.'고 말한 것이다. 이것을 여자에 베풀면 행실이 순하지 않은 것이다(魏·王弼注曰 : "六三在下卦之上, 上九在上卦之上, 男女之義也. 上不求三而三求上, 女先求男者也. 女之爲體, 正行之待命者也. 見剛夫而求之, 故曰不有躬也. 施之於女行在不順也.")(阮《疏》, 20).

감괘(坎卦)의 상효(上爻)는 음효(陰爻)이고, 음은 '육(六)'으로 칭해졌으므로 육이라고 칭했다. 세 번째 효의 위치에 놓였으므로 '육삼'이라고 칭했다. 본래 간괘(艮卦)의 상효(上爻)상구(上九:양효 (陽爻) 는 구 (九) 라고 칭하고 위에 위치해 있어서 상구라고 칭한다)와 결합하여 부부가 되는 것이다. 그러나 《易經》의 저자는 그렇게 하면 안 된다고 생각했다. 왜냐하면 여자의 지위는 비천하여 수동적으로 받아들여질 뿐이지 주도적으로 나설 수 없기 때문이다. 만약 주도적으로 남자에게 다가가는 그런 여자를 감히 아내로 삼으면 '몸을 부지하지 못하는(不有躬也)' 위해를 당할 수 있기 때문이다. 孔穎達의 疏에 따르면 '자신의 몸을 부지하지 못한다(不能自保其躬)'의 의미이다. 왜 이런 여자를 아내로 맞이할 수 없는 것인가? 王弼의 주에서 이유가 나오는데 그것은 순종적이지 않기(不順也) 때문이다. 이것은 고대 여성에게 있어서는 크게 금기시 되던 행위였다. 여자는 태어나면서부터 복종하는 지위에 놓였으니 어찌 혼인이라는 대사에서 여자의 덕목을 살피지 않을 수 있겠는가? 그래서 "행실이 좋지 못한 여자에게 장가들지 말라"로 한 것이다.

정상적인 혼인관계를 유지할 수 있느냐 없느냐는 전적으로 남편에게 달려 있다. 그 당시 중국은 미혼 남녀에게 뿐 아니라 기혼 남녀에게도 남녀사이에 엄격한 규범이 있었다. 예를 들면 다음과 같다.

《禮記·禮器》에서 "해는 동쪽에서 나오고, 달은 서쪽에서 나온다. 이것은 음양의 분별이며, 부부의 자리이다(大明(日) 生於東, 月生於西. 此陰陽之分, 夫婦之位也)."(阮《疏》, 20)라고 했다. 또 《禮記·内則》에서 "예는 부부가 서로 도리를 지켜 삼가는 데에서 시작되는 것이다. 그러므로 집을 지을 때 안과 밖을 구분하는 것이니 남자는 밖에 기거하고 여자는 안에 거처하며, 안채는 깊숙한 곳에 두고 문을 견고하게 하여 문지기가 지키도록 한다. 남자는 필요한 때가 아니면 안에 들어가지 않고, 여자는 필요한 때가 아니면 밖에 나오지 않는다(禮始於謹夫婦. 爲宮室, 辨内外, 男子居外, 女子居内. 深宮固門, 閽寺守之, 男不入, 女不出)."(阮《疏》, 1468)라고 했다.

해와 달이 생기는 위치에 따라 남자와 여자의 위치는 정해졌다. 그래서 영구를 보내고 매장할 때도 남녀가 널길에서 서는 위치가 남자는 서향이고 부인은 동향이었다. 침실도 남자는 바깥채에 있었고, 여자는 안채에 있었다. 이렇게 하는 것은 남편의 음욕이 지나쳐 가정과 사회의 책임을 망각하는 것을 방지하는 데에 있었다. 고대 중국에서 부부는 내외가 유별하여 늘 남자는 주로 밖에 있었고, 여자는 주로 안에 있었다. 이것은 상고문헌에 잘 나타나 있고, 그 예는 매우 많다.

《禮記·禮運》에서는 "남자는 직분이 있고 여자는 돌아갈 곳이 있다(男有分, 女有歸)."라고 했는데 鄭玄의 주에서 "분은 직이다. 귀는 좋은 집을 얻는다는 의미이다(分, 職也. 歸謂皆得良奥之家)."라고 했다.(阮《疏》, 1414)

남자는 직업(조정에서 일하는 공직이나 기술업)이 있어야 하지만 여자는 단지 좋은 집(오늘날로 치자면 좋은 남자에 시집가는 것)만 있으면 되었다. 남자는 집에서 군림할 수 있지만 여자는 청소하고 술을 빚고 밥을 하는 하찮은 일을 해야 했다. 이것은 관료들이나 백성들에게 해당되는 것이었다. 왕실의 부부사이에는 더욱더 세밀한 분업이 이루어졌다. 예를 들면 다음과 같다. 《周禮·天官·酒正》에서 "왕은 빈객을 접대하는 예주를 제공하고 왕후의 음료를 제공한다. 왕후가 빈객을 접대하는 예에는 맑지 않은 단술과 탁한 술을 제공하는데 다 주인이나 장인에게 받들어 가게 한다(掌共宾客之禮酒, 共后之致飲於宾客之禮醫, 酏, 糟. 皆使士奉之)." 鄭玄의 주에서 "예주는 왕이 대접하는 술이다. 왕은 술을 대접하고 왕후는 음료를 대접하니 부부의 예의이다(禮酒, 王所致酒也. 王致酒, 后致飲, 夫婦之義)."라고 했다.(阮《疏》, 670)

주 왕실은 알현하는 빈객에게 예주와 음료를 대접하는 이렇게 작은 일에도 부부간의 하는 일이 달랐다. 왕은 예주를 대접하고 왕후는 단술이나 찌기미 등의 음료를 대접했다. 왕과 왕후가 대접을 하는 데에도 '부부유별'이 엄격했다는 것을 알 수 있다.

부부의 지위는 뚜렷했다. 남편의 지위는 높았고 부인의 지위는 낮았다. 모순되고 대립되는 쌍방처럼 보이지만, 같은 방에 기거하고 함께 한 가정을 경영하면서 서로 의지하는 관계를 이루었다. 중국 고대 문헌에서는 남녀유별과 남편은 부인의 하늘임을 강조하는 동시에 부부관계의 조화로움과 행위의 협조와 일치를 중시했다. 다시 말해 부부는 조화로우며 서로 분리할 수 없는 하나의 통일체였다.

《周易·序卦》에서 "천지가 있은 다음에 만물이 있고, 만물이 있은 다음에 남녀가 있고, 남녀가 있은 다음에 부부가 있고, 부부가 있은 다음에 부자가 있고, 부자가 있은 다음에 군신이 있고, 군신이 있는 다음에 상하가 있고, 상하가 있는 다음에 예의가 있게 되었다. 부부의 도는 오래지 않을 수 없다. 그러므로 항괘로 받는다(有天地然後有萬物, 有萬

物然後有男女, 有男女然後有夫婦, 有夫婦然後有父子, 有父子然後有君臣.有君臣然後有上下, 有上下然後禮義有所錯. 夫婦之道不可以不久也. 故受之以恒).”(阮《疏》, 96)라고 했다. 이를 통해 중국 고대 사람들의 관념 속에서 부부는 사회시스템 속에서 가장 중요한 연결 고리로 여겨졌음을 알 수 있다. 부자, 군신의 관계는 모두 부부에서부터 생겨나며, 상하내외의 구분 역시 부부에서 부터 비롯된 것이다.

부부의 지위가 비록 천양지차이지만, 한 가정 안에서는 서로 의지하고 협력하여 한 가족을 이끌어가는 관계이다. 魏·張揖의 《廣雅·釋親》에서 "지아비는 부양하는 것이다(夫, 扶也)."(王《疏》, 201)라고 했다. '扶'자는 남편이 부인에 대한 책임을 말하는 것이다

하늘을 떠받치고 땅위에 서있는 대장부인 '夫'는 한 연약한 여자가 그녀의 인생여정을 끝까지 걸어갈 수 있도록 도와줄 책임을 가지고 있다. 〈序卦〉에서 "부부의 도는 오래지 않을 수 없다(夫婦之道不可以不久也)."라고 했다. 이는 한 남편이 한 여자를 아내로 맞이하면 그녀와 함께 인생의 길을 온전히 걸어야 하며 항상 변함없는 마음을 가지고 아내를 버리는 일 따위는 해서는 안 된다는 것을 말한다. 宋의 王應麟이 편찬한 《周易鄭康成注》에서 〈恒〉괘의 괘의를 해석하면서 鄭玄은 "부부동심하여 가정을 이루니 오래도록 지속되어야 마땅하다(夫婦同心而成家, 久長之道也[9])."라고 말했다. 부부가 오래 관계를 지속할 수 있는 핵심은 부부의 마음이 같음에 있다. 마음이 같으면 화목해지고 마음이 다르면 어지러워지는 것이다. 《禮記·禮運》편에서 반복하여 강조한 것은 바로 "예의를 기강으로 삼아, 군주와 신하의 분수를 바로 잡으며 부자

9 王應麟, 《周易鄭康成注》, 《文淵閣四庫全書电子版》經部一, 上海人民出版社, 迪志文化出版有限公司, 1999年.

사이를 돈독히 하고, 형제간에 화목하게 하며 부부사이를 화합하도록 하는 것(禮義以爲紀, 以正君臣, 以篤父子, 以睦兄弟, 以和夫婦)."이다.(阮《疏》, 1414) 아울러 부부가 화목한 것은 집을 부유하게 하는 조건이자 표준이다.[10] 大夫의 의미는 정실부인을 보살필 줄 아는 대장부라는 의미에서 시작되어 군왕을 보필할 수 있는 재목이 되는 신하의 의미로 확대되었다. 이것은 사전적 의미에 부합하는 사의인신이다.

'夫'의 원시 자의에서 알 수 있는 것은 무거운 책임감이다. 우선 정실부인에 대한 책임이고, 그 다음은 사회에 대한 책임이다. 이러한 아름다운 영예를 받을 수 있는 사람은 고귀한 면류관을 더럽힐 수 없다. 초기 한자인 ''가 보여주는 것처럼 하늘을 이고 땅에 선 사내대장부가 되어야 하는 것이다.

3. '父'

'父'는 '母'와 상대되는 남성을 칭하는 말이다. 이 글자는 친속을 지칭할 뿐 아니라 성별을 칭하는 말이기도 하다. '父'가 나타난 시기는 비교적 이르다. 갑골문에 이미 '父'가 있다.

 鐵一九六·一

손으로 물건을 잡고 있는 형상이다. 그 가운데 'I'에 대해서 郭沫若은《甲骨文字研究》에서 돌도끼의 형상이라고 이미 고증한 바 있다. 郭沫若은 "父는 돌도끼의 초기글자이다. 석기시대에 남자는 돌도끼(I는

---

10 원문은 "父子篤, 兄弟睦, 夫婦和, 家之肥也."라고 되어 있다. 阮元 等 校刻《十三經注疏》(下冊), 中華書局, 1980年. p.1427.

돌도끼의 형상이다)를 가지고 일을 해서 부모의 '父'로 번식되었다(父乃石斧之初字, 石器時代, 男子持石斧(|即石斧之象形)以事操作, 故孳乳爲父母之父)."(郭《究》, 35)라고 했다. 이와 같이 '父'자는 두 개의 구건으로 구성되었다. 오른손의 측면의 형상을 가진 'ᚨ'와 돌도끼의 형상인 '|'이 합성되어 만들어진 회형 합성자이다. 그 구형 공식은 ᚨX+|X=ᚨ(XX)로 나타낼 수 있다.

'父'의 최초의 의미는 '母'와 상대되는 '아버지'의 의미가 아니라 '남성'을 나타내는 칭위사였다. 즉 체력이 강한 성년의 남자를 가리키며, 석기를 제작하고 능숙하게 다룰 수 있는 사내를 나타냈다. 《父癸鼎》의 '父'는 돌도끼를 가지고 있는 형상과 많이 닮아있다.

 父癸鼎

이를 통해 郭沫若의 말이 검증되었다. 중국 고대 문헌에서 '父'로 남성을 지칭하는 예는 적지 않다. 유가(儒家)의 五經을 보면 '父'가 다수의 상황에서는 친속을 나타내는 말로 나타나지만 남성을 나타내는 예도 적지 않다. 모든 경전의 으뜸이라고 할 수 있는 《周易》에서 '父'가 나타나는 횟수가 그리 많지 않고 대부분은 친속을 지칭하고 있다. 그러나 십익(十翼)의 〈繫辭〉에서 "건괘는 하늘이고 아버지를 칭한다. 곤괘은 땅이며 어머니를 칭한다. …건괘는 하늘이 되고 둥글음 되고 임금이 되고 아버지가 되고 옥이 되고 금이 되고 추음이 되고 얼음이 되고 큰 적색이 되고, 좋은 말이 되고 늙은 말이 되고 여윈 말이 되고 얼룩말이 되고 목과가 된다. 곤괘는 땅이 되고, 어머니가 되고 베가 되고 가마가 되고 인색함이 되고 평균함이 되고 새끼 딸린 암소가 되고 큰 수레가 되고 무리가 되고 자루가 되니, 그것이 땅에서는 검은 것이다(乾, 天也, 故稱乎父. 坤, 地也, ……故稱乎母. 乾爲天, 爲圜, 爲君, 爲父, 爲玉, 爲金, 爲寒, 爲冰, 爲大赤, 爲

良馬, 爲老馬, 爲瘠馬, 爲駁馬, 爲木果. 坤爲地, 爲母, 爲布, 爲釜, 爲吝嗇, 爲均, 爲子母牛, 爲大輿, 爲衆, 爲柄, 其於地爲黑)."(阮《疏》, 94-95)라고 했다. 즉 이 두 예에서 '父'와 '母'는 상대되는 것이며 친속의 호칭으로 보이지만 사실 《易傳》의 저자는 '父'와 '母'를 음양으로 대표되는 인세간의 두 사물로 간주하고 있으며, 남녀의 성별의 의미를 훨씬 더 많이 부여하고 있다. 단지 이 남녀는 이미 성숙하여 한 가정의 주인이 된 남녀의 의미를 가지는 것이다.

8개의 단괘를 사람의 일에 대입해 보면, 건은 아버지가 되고, 곤은 어머니가 되다. 곤이 건에게 첫 번째 구하니(양의 성분을 구함) 장남을 얻어 진(震: 초효는 양효가 되니 장남이라고 칭한다)이 되고, 두 번째 구하여 중남을 얻고 감(坎: 이효는 양효이니 중남이라고 칭한다)이 되고, 세 번째 구하여 소남을 얻으니 간(艮: 삼효는 양효이니 소남이라고 한다)이라고 한다. 반대로 건이 곤에게 첫 번째 구하여(음의 성분을 구하다)장녀를 얻으니 손(巽: 초효가 음효가 되니 장녀라고 한다)이 되고 두 번째 구하여 중녀를 얻으니 이(離: 이효는 음효가 되니 중녀라고 칭한다)라고 하고 세 번째 구하여 소녀를 얻으니 태(兌: 삼효는 음녀가 되니 소녀라고 칭한다)이라고 한다. 이것은 모두 음효, 양효를 남, 여에 비유한 것이다. 그래서 '건부곤모(乾父坤母)'라는 말은 사실상 남녀성별의 성분인 것이다.

《尙書》에서도 '父'를 남성의 칭위사로 사용한 용례가 대량으로 나타나고 있다. 나아가 '父'는 남자의 미칭으로 사용되었다. 예를 들어 〈酒誥〉에서 "그대의 친구들인 반역도배의 토벌을 맡은 기부〔사마:司馬〕와 백성을 잘 보호하는 농부〔사도:司徒〕(矧維若疇圻父, 薄違農父)."라고 했다. 僞孔傳에서 "기부는 사마이고 농부는 사도이다(圻父, 司馬. 農父, 司徒)."라고 했다. 또 "임금을 안정시키는 굉부〔사공:司空〕(若保宏父)"라고 했는데 僞孔傳에서 굉부는 사공이다(宏父, 司空)."라고 했다.(阮《疏》, 207)

사마와 사도 그리고 사공은 나라의 삼대 중신이다. 모두 '父'로 칭했지만 아버지의 의미가 아니라 성년의 남자, 그 중에서도 중요한 직무를 담당하는 관원을 '父'로 칭했다는 것을 알 수 있다. 사실 이는 그들에 대한 미칭(美稱)이다. 청대의 《四庫全書》를 찬수한 학자들은 전인들이 '父'를 字로 보는 것에 반대했다. 그들은 "'父'는 字가 아니다. 옛사람들은 관례를 치루면 자가 생겨 이후에는 자로 호칭된다. 나이가 오십 이상이면 천거를 받는데 이러한 사람들을 존중하여 백(伯), 중(仲), 숙(叔), 계(季)로 칭했으며 또 천거되면 '父'로 칭한 것이다(父併非字, 古人冠而字, 則以字稱. 年五十以上又進而尊之, 則以伯仲叔季稱, 又進則以父稱)."[11]라고 여겼다.

청나라 사람들의 관점은 중시할 만하다. 사마는 병갑(兵甲) 등의 무사를 담당하였고, 사도는 토지와 인구 및 교육 등 정사를 담당했으며, 사공은 국가의 토목건축 등 공사를 담당했다. 모두 중요한 권한을 장악한 신하들로 고위직에 이르렀다. 그래서 '父'라고 칭한 것이다. 따라서 천거되어 고위직이 된 사람을 '父'라고 칭하는 것이다. '父'는 일종의 미칭이었고, 이러한 미칭은 남자에게만 사용되었다. 또 '父'가 字가 아니기 때문에 '父'의 뒤에 字를 또 덧붙일 수 있었다. 《尙書》에서 그 예를 볼 수 있다.

〈文侯之命〉에서 왕이 이와 같이 말했다. 의화 숙부시여 크게 빛나는 문왕과 무왕께서는 덕을 삼가 밝히셨으니(王若曰 : "父義和丕顯文武, 克愼明德)"라고 했는데, 僞孔傳에서는 "그 공에 따라 명명하였다. 문후는 동성이니 부라고 칭했다. 의화는 자이다. 부라고 칭하는 자는 한사람이 아니었으므로 자로 그들을 구별했다(順其功而命之. 文侯同姓, 故稱曰父. 義和, 字也. 稱父者, 非一人, 故以字別之)."(阮《疏》, 253)라고 했다. 은주시기에 천자는 공경, 제

11 文淵閣《四庫全書》經部五,《春秋左傳註疏》卷四《考證》, 臺灣常務印書館 影印1986年版. 참조

후와 같은 성이어서 은왕과 주왕은 모두 '父'로 칭해졌다. 예를 들어 殷 紂王은 箕子를 '父師'라고 불렀다.(《尙書·微子》참조)文侯는 의화(義和)를 부의화(父義和)라고 칭했다.

다른 성이지만 공덕이 매우 높은 사람 역시 '父'로 칭했다. 예를 들어 무왕(武王)은 강상(姜尙)을 상보(尙父[12])(《詩經·大明》참조)라고 칭했다. 왕자도 '父'로 칭해졌는데, 예를 들어 주자(紂子)는 녹보(祿父)로 (〈泰誓上〉참조)칭해졌다. 이러한 현상은 춘추시대까지 이어져서 《春秋》에서는 '父'를 미칭으로 사용한 사례가 헤아릴 수 없을 정도로 많이 나타나고 있다. 예를 들면 다음과 같다.

1. 예속국가의 제후를 '父'로 칭했다. 예를 들어 《左傳·隱公元年》에서 주국(邾國)의 군주를 '주의보(邾儀父)'라고 불렀다. 《左傳·隱公二年》에 비국(費國)의 군주를 '비금보(费庈父)'로 칭했다.

2. 제후국 태자 혹은 공자를 '父'로 칭했다. 예를 들어 《左傳·隱公八年》에 송국(宋國)태자를 자보(兹父)로 칭했고 또 후에는 송양공(宋襄公)이라고도 칭했다. 《左傳·隱公元年》에 노(魯)나라의 공자(公子) 익사(益師)를 중보(衆父)라고 칭했다.

3. 천자는 동성의 제후를 숙부(叔父)라고 칭했다. 예를 들어 《左傳·僖公二十四年》에서 "감히 숙부께 알립니다(敢告叔父)"라고 했는데 杜預의 주에서 "천자는 동성의 제후를 숙부라고 칭한다(天子謂同姓諸侯曰叔父)." 라고 설명하고 있다.(阮《疏》, 818)

4. 제후국 군왕이 자기보다 나이가 많은 대부(大夫)는 백부(伯父)라고 칭하고, 자기보다 나이가 적은 대부는 숙부(叔父)라고 칭했다. 예를 들어 《左傳·隱公五年》에서 은공은 장희백(臧僖伯)을 숙부로 칭했다.

---

12 남자의 미칭으로 쓰일 때는 '보'로 읽으므로 아래에서는 '보'로 음을 단다.【역주】

5. 천자와 제후국의 대부를 '父'로 칭했다. 예를 들어《左傳·桓公七年》에서 가(家)로서 씨(氏)를 칭한 왕실의 대부를 "가부(家父)"라고 칭했는데 이는 분명히 후대의 가부(家父)와는 다른 것이다.《左傳·隐公六年》에서 "진대부(晉大夫) 경보(頃父)가 죽고, 그의 아들 가보(嘉父)가 그 작록을 이어받았다(晉大夫"顷父"死, 其子"嘉父"繼承其爵祿)."라고 기록되어 있다. 아버지와 아들을 모두 '父'로 칭했으므로 '父'가 친속의 칭위사가 아니라는 것을 알 수 있다.

6. 하급군관과 가신을 '父'라고 칭했다.《左傳·成公二年》에서 제진(齊晉)의 안(鞌)의 전쟁에서 제(齊)경공(頃公)의 수레를 모는 사람과 위호하던 사람 중의 '봉축보(逢丑父약칭 丑父)'와 '정주보(鄭周父)'가 있다.《左傳·襄公十年》맹헌자(孟獻子)의 가신 가운데 '동보(董父)'라고 칭하는 사람이 있다고 기록되어 있다.

7. 특수한 업종의 관장이나 나라의 덕망 있는 학자를 '父'라고 칭했다.《左傳·僖公十五年》에 진(秦)의 귀복(龜卜)을 관장하던 사람을 '복도보(卜徒父)'라고 칭했고,《左傳·僖公十七年》에 양(梁)나라의 태복을 '복소보(卜招父)'라고 칭했다. 이 사람은 점치는 것을 관장하던 관원이었다.《左傳·哀公十六年》에서 노(魯)나라의 애공(哀公)은 공자를 '니보(尼父)'라고 칭했는데 "니보는 자율이 없다(尼父無自律)"라고 했다. 杜預의 주에서는 "니보를 잃었다고 자신으로 법을 삼으면 안 된다(喪尼父無以自爲法)."고 했다.(阮《疏》, 2177)

전적으로 어떤 직업에 종사하는 사람을 '父'라고 칭했는데 후세에도 이어져 현재에 까지 이르렀다. 예를 들어《莊子·漁夫》에서 "어부가 배에서 내려서 왔다(有漁父者, 下船而來)." 陸德明의《釋文》에서 "漁父라는 것은 음은 보(甫)이고 어부를 취한다(有漁父者, 音甫, 取魚父也)."(王《莊》, 433)라고 했고, "항왕이 음릉에 이르러 길을 잃고 한 농부에게 묻자 농부는 왼쪽으로 가라고 했다(項王至陰陵, 迷失道, 問一田父, 田父紿曰 : 左)."(《史記》, 334)라는 기록이 있다. 단지 근현대에는 '父'를 '夫'로 바꾼 것에 불과하지만 농부(農夫) 혹은 차부(車夫) 등은 현재 폄하의 의미를 가진 호칭이 되었다.

8. '父'는 지명으로도 쓰인다. 《左傳·桓公九年》에 무부(武父)라는 지명이 있는데 杜預 주에서 鄭나라 땅을 말하며 陳留 濟陽에 있다고 했다. 《左傳·桓公十二年》에 무부성(武父城)이라는 성이 있다. 《左傳·文公十七年》에는 진나라 땅에 '황부(黃父)'가 있다. 지명으로 '父'를 사용한 것은 그 지명의 유래를 고찰할 필요가 있다. 그 가운데는 분명히 사람들에게 잘 알려지지 않은 이야기와 관계가 있을 것이다.

이상 여덟 가지의 '父'의 예를 통해 '父'는 '아버지'라는 의미로만 간주해서는 안 된다는 것을 알 수 있었다. 춘추시대에 '父'를 미칭으로 삼은 것은 당시의 유행이었다. 또 '父'를 자(字)의 뒤에 덧붙이기도 했는데, 예를 들면 니보(尼父), 우보(羽父), 중보(衆父) 등이었다. '父'를 성씨 뒤에도 부쳤는데, 예를 들면 정주보(鄭周父), 가보(家父), 화보독(華父督) 등이었다. 또 숙부(叔父)로 동성의 제후를 부르기도 했다. 이 모든 것들은 모두 존칭이었다. 경우에 따라 점술가, 가신, 하급 관리도 '父'라고 칭했는데 여기에도 역시 존경의 뜻을 가지고 있었다. 이러한 출신이 비천한 사람들은 다른 사람보다 월등한 체력과 담력이 있었기 때문에 그들의 행동거지가 때로는 매우 놀라웠다. 예를 들어 봉축보(逢丑父)는 임금을 대신해 어려움을 받아서 《左傳》의 저자에게 찬양을 받기도 했다.

중요한 점은 남자의 미칭인 '父'가 《說文解字》에서는 '甫'로 기록되었다는 것이다. 《說文·用部》에서 "甫는 남자의 미칭이다. 用과 '父'로 구성되어 있고, '父'는 또한 성부이다(甫, 男子美稱也. 从用父, 父亦聲)."(大徐本, 70)라고 했다. 段玉裁는 '父'자 아래 주를 달아 "경전에서도 '父'를 甫로 차용했다(經典亦借父爲甫)."(段注, 116)라고 했는데, 사실 이것은 동음 대체의 차용이 아니다. '父'와 甫는 사실상 문자 번식의 관계이며 사의(詞義) 파생의 관계이기도 하다. 許愼은 甫를 '父'에서 번식되어 나온 글자로 보았다. 그래서 '用'과 '父'로 구성되었고 '父'가 성부라고 해석한 것이다. '甫'자는 전기 갑골문에서 이미 나타나고 있다.

 前六·三二·一

마치 밭에서 자라나온 새싹의 형상과 같다. 파종한 씨앗에서 부드러운 싹이 자라나왔다. 따라서 '甫'에는 시작의 의미가 있다. 그러나 '父'는 장성하여 이미 결혼한 남자이며, 처와 공동으로 새로운 생명을 낳아 기를 수 있는 것으로 땅에 씨앗을 뿌리는 것과 같다. 父와 甫는 이렇게 억지로 연상시켜 생산된 音義 관계를 가지고 있다. 민속학을 통해 父와 甫의 음의관계의 증명할 수 있다. 중국 고대인들의 풍속 가운데 지금까지도 일부 소수민족 풍속에서도 유지되고 있는 것이 있는데 그것은 파종할 시기에 부부가 자신의 밭에서 부부관계를 맺으면 농사가 잘되고 풍성하게 수확할 수 있다고 생각하는 것이다.

계한(季漢) 劉熙는 《釋名·釋親屬》에서 '甫'로 '父'를 해석하였고, 두 글자가 연계될 수 있었던 동기는 "父는 甫이다. 처음에 나를 낳았기 때문(父, 甫也. 始生己也)."(王《補》, 97)이라고 설명했다. 劉熙의 해석은 사실 이해하기 힘든 부분이 있다. 아이를 낳는 것은 어머니의 일인데 어찌 아버지의 공로가 될 수 있는가? 사실 옛사람들은 아들은 아버지가 낳는 것이라고 여겼다. 《詩經·小雅·蓼莪》 에서 "아버지가 나를 낳으시고 어머니가 나를 기르시니(父兮生我, 母兮鞠我)."(阮《疏》, 460)라고 했다. 나를 낳는 것은 아버지고 어머니는 나를 키웠다고 했다. 이러한 인식을 통해 중국 고대의 남권지상(男權至上)이 거의 황당무계함의 지경에 다다랐음을 보여주고 있다.

父와 甫가 고음은 모두 帮紐 魚部자로 같다. 게다가 모두 상성이다. 성음을 따르던 의미를 따르던 모두 직접적 관계를 가지고 있다. 만약 '삼자(古今字, 異體字와 通假字)'를 기준으로 본다면 마땅히 古今字로 보아야 한다. 父는 古字이고 甫는 今字이다. '남자의 미칭'이라는 의미에서 후에 '甫'자로 계승되었으나 경전에서는 여전히 '父'로 쓰고 있다. 그것은 경전이 古字를 사용하기 때문이다.

그러면 '父'가 왜 남자의 미칭이 되었을까? 이것은 '父'가 본래 남자의 칭위사라는 점과 인류 사회가 부계 씨족사회에 들어간 이후 점점 남성 집단화 사회를 형성한 역사 문화적 배경과 관계가 있다.

현대 고고학과 갑골학은 이미 기본적으로 은상(殷商) 초기의 문화와 신석기 문화의 관계를 증명했다. '父'자의 초기 자형은 석기시대의 주된 노동 도구인 돌도끼와 직접적인 관계가 있다. 석기 시대에 도끼를 가지고 노동을 하는 사람은 성년의 남자였다. 노예 제도가 고도로 발전된 청동기 시대에 남성 중심의 사회가 보다 공고하게 형성되었고, 남성 집권 정도는 이미 최고조의 상태에 이르렀다. 생산 노동에 종사하는 남성은 국가 권력의 중심이 되었다. 금자탑식의 남성 집권 통치를 건립한 것이다. 갑골 복사에서 역대 은왕(殷王)의 가계 기록이 나타나고 있는데, 그들은 왕을 칭하고 자신을 칭할 때 '여일인(余一人)' 혹은 '일인(一人)'이라고 칭했다. 온 세상에서 더 이상 윗사람이 없는 최고 통치자의 의미였다. 그 아래에 '婦', '伯', '子', '男' 등 근친의 귀족과 성이 다른 제후가 있었다. 그 아래로 더 내려가면 몇 십 종에 다다르는 관직의 칭위사가 있었는데, 예를 들면 경사(卿事: 조정을 집정하는 사람)가 있었고, 대사(大史) 등 역사를 기록하는 관직과 각급 관리 조정과 지방의 사무를 담당하는 신(臣), 다신(多臣), 소신(小臣), 소적신(小籍臣) 등의 관원을 칭하는 호칭이 있었다. 또 무사를 전적으로 관리하는 다마(多馬), 다아(多亞), 사위(射衛) 등의 관원이 있었다. 많은 관원가운데 오직 '소신명(小臣冥:분만원)', '아가(妿嘉)' 등 극소수의 여자 관원의 칭호가 나타나고 있다. 큰 권력은 모두 남자가 장악했다. (吳潘《史》, pp.256-258)

이러한 정치경제적 환경제약 아래에서 남자는 자연히 지극히 높은 특권을 누렸다. 가정생활 속에서 성년의 남자인 '父' 역시 권력 중심에서 중요한 역할을 담당해왔다. 돌도끼를 손에 든 남자가 남권사회로 들어간 후, 돌도끼는 권력을 휘두르는 지휘봉이 된 것이다. 許愼의《說文·又部》에서는 다음과 같이 설명하고 있다. "[illegible]는 곱자이다. 가장이 인솔하여 가르치는 것이다. 又(手)로 지팡이를 들고 있는 것으로 구성되었다([illegible], 矩也. 家長率教者. 从又举杖)."(大徐本, 64)라고 했고, 黃侃의 《眉批》에서는 "父는 소서의 《통론》에서는 '손으로 丨를 들고 있는 것이 父이다.' 又는 손이고, 丨는 지팡이이다. 父의 대전은 편방이 같다. … 父의 소리는 보(甫)(鬴, 釜)와 통한다. 윤(尹), 축(丑)과 자형이 닮아있다(父, 小徐《通論》: '又举丨爲父. 又, 手也. 丨, 杖也. 父籒偏旁同. ……父聲通甫 (鬴, 釜) 與尹, 丑形近)."라고 했다.(黃《批文》, 196) 許愼이 사람의 아버지라고 한 것은 사람을 가르치는 책임이 있다는 측면에서 소전의 '父'를 해독한 것이다. 소전의 [illegible]자의 丨를 지팡이로 보았고, 黃侃은 父와 윤(尹), 축(丑) 등의 형체가 서로 닮아 있는 것으로 보았다. '윤(尹)'은 국사를 통치하고 다스리는 사람이며, 축(丑)은 힘으로 움켜쥐고 있는 형상이다. 갑골문에서는 다음과 같다.

三期京三九二.一

만약 '父'가 '윤(尹)'과 '축(丑)'의 자형이 유사하다면, 그 의미는 바로

권력을 꽉 움켜쥔 남자이다. 돌도끼를 쥐고 있는 것과 권력을 쥐고 있는 것은 그 의미가 서로 통한다. 갑골복사에서 '부(斧)'는 생사여탈의 권력을 장악한 대권의 상징적 부호이다. 은의 선공(先公-개국군주)은 이름이 '성(成)'이었다. 갑골문은 다음과 같다.

一期前一.四.三

권력이 정상에 다다랐다는 의미를 나타내며(李《甲》, 252), 들고 있는 는 부월(斧鉞)의 본자이다. 는 돌도끼가 발전된 것이다. 돌도끼를 쥐고 노동에 종사하는 사람인데, 후에 점점 가정과 국가의 통치자로 발전했다. 노동의 도구가 권력의 상징으로 변한 것이다. 고대 이집트의 파라오가 손에 들고 있던 지휘봉과 같다. 일반적인 평민은 군중을 통치하는 지휘봉은 들 수 없지만, 아들을 관리하고 교육할 권력은 가지고 있었다. 그들이 손에 든 것은 자신의 어린 아이를 엄하게 꾸짖는 몽둥이였다. 그래서 許愼은 곱자〔矩〕를 '父'로 해석하다. 이것은 첩운의 글자로 훈(訓)을 삼아, 성훈을 사용한 것이다. 구(矩)와 부(父)의 성이 유사하여 의미가 서로 통했다. 고대에는 모두 魚部의 글자이며 상성이었다. 단지 矩는 성모가 見紐에 있고 父는 帮紐에 있는 것이다. 矩는 규율의 의미가 있다. 아이를 교육하는 목적은 아이가 말을 잘 듣고 규율을 지키도록 하는 것이다. 그래서 '父'는 가르치는 사람인 것이다. 《三字經》에서는 "가르치지 않고 기르는 것은 아버지의 과오이다(養不教, 父之過)."라고 했다. 이것은 《說文解字》의 '父'자의 대한 해석과 일치하는 것이다.

'父'자의 원시적 자형을 통해 '父'는 권력의 상징을 갖고 있다는 것을 알 수 있다. 동시에 일종의 도덕적 감화력이 있음을 볼 수 있다. 이것은 고대 중국의 관사합일(官師合一)이라는 문화적 특성과 정교합일(政敎合一)의 사회 행정체제와 밀접한 관련이 있다. 은상과 서주시기에 학교는 관부(官府)에 있었고 사적으로는 제자를 둘 수 없었다. 관료가 즉 스승이었다. 《周禮》에서 대사도(大司徒)의 관직은 국가의 토지와 백성을 관장할 때, 백성을 교육하는 직책도 함께 담당하고 있었다. 성숙한 남성의 '父'는 권력을 장악함과 동시에 교육의 직책을 담당하였다. 이러한 직책은 말과 행동으로 가족과 주위 사람들에게 영향을 미치는 것이었다. 許愼의 "거느리고 다스린다(率敎者)"는 것의 의미는 바로 아버지의 도덕적 감화력에 있다. 그래서 도덕과 양심을 갖추지 못한 사람은 '父'의 칭호를 받을 수 없는 것이다.

'父'가 남자의 미칭으로 사용되기 위해서는 사회경제적 기초가 있어야 한다. 동시에 도덕 윤리적인 제약도 함께 부여된다. 남성의 칭위사로 사용된 '父'는 이미 성숙하였고 풍부한 사회적 경험을 가졌음을 의미한다. 아울러 일정한 권력을 가진 남자를 나타낸다. 남권사회에서 숭고한 명성을 누리고 있어서 자연적으로 '父'로 미칭이 되는 시대적 유행을 형성한 것이다. 위로 왕공 대신에서 아래로 서민 백성에 이르기까지 '父'로 칭해지는 영광을 가지지 않은 자가 없었다. 친속의 칭위사로 편입된 이후에 '父'는 신성한 의미를 가지게 되었고 '아들의 하늘이' 되었다. 부자의 관계는 천지(天地)의 관계와 같았고 군신(君臣)의 관계와 같았다. 그러나 아버지가 되는 자는 아들에 대해 최고의 권력을 가짐과 동시에 자신에게는 도덕적 제약이 부여되었다. 유가는 아버지는 아버지다워야 하고 아들은 아들다워야 하는 윤리질서를 강조했다. 이것은 아버지는 아버지답게 행동하고 아들은 아들답게 행동하도록 요구한 것이었다. 아버지와 아들 쌍방 모두에게 도덕적 규약을 가진 것이다.

최고의 유가경전인 《周易》은 〈蠱卦〉의 초육효사(初六爻辭), 구삼효사(九三爻辭), 육오효사(六五爻辭)에서 모두 간부지고(幹父之蠱: 즉 아버지의 잘못을 바로잡다)를 언급하고 있다. 또한 이렇게 하는 것은 단지 일반적인(잘못이 없음)일 뿐 아니라 명예로운(칭찬받을) 일이라고 말하고 있다. 반대로 유부지고(裕父之蠱: 아버지의 잘못을 방임하거나 비호하는 것은)는 왕견인(往見吝: 하늘의 징벌을 받는 일)이라고 하였다.(阮《疏》, 35) 그래서 '父'는 성숙한 남자의 머리 뒤에 드리운 후광임과 동시에 손오공의 머리에 씌워진 금고아인 것이다.

4. '士'

'士'는 남성을 지칭한다. 특히 고대에는 아직 장가가지 않은 남자를 주로 가리켰다.

《詩·鄭風·褰裳》에서는 "그대가 나를 생각하지 않는다면 세상에 사내가 그대 뿐 이겠습니까(子不我思, 豈無它士)?"라고 했고, 《毛傳》에서는 "士는 아직 아내를 얻지 않은 것을 칭한다(士, 未娶者之稱)."(阮《疏》, 342)라고 했다.

이 의미항은 매우 중요하다. '士'의 최초의 자형 구의는 '혈기가 왕성하나 아직 장가가지 못한 남자 혹은 건장한 음경을 가진 남자'를 가리킨다. 아래의 몇 가지 내용을 통해 이를 증명할 수 있다.

(1) '士'와 그 파생자의 구조의미에서 볼 때 '士'는 웅장하고 아름다우며 미끈하다는 함의를 가지고 있다.

'士'의 자형은 갑골문에서 이미 나타났다. 그러나 단독으로 형상을 이루는 글자가 아니었고, 글자를 구성하는 部件으로 나타나고 있다. 금문에 이르러서 단독으로 형태를 이룬 '士'가 출현했다. 금문은 다음과 같다.

士 鸟旼尊

혹은 다음과 같다.

𡉀 中山王壶

독체의 '士'가 있고 또 합체의 𡉀가 있다. 독체의 士는 형상성이 강한 부호였음을 알 수 있다. 이것은 표형구건으로 구성된 全功能零合成字이다. 합체의 𡉀자를 보면 약간의 실마리를 찾을 수 있다. 그것은 이 글자와 수컷 짐승을 나타내는 모(牡)자와 일정한 연관이 있다는 것이다. 牡는 갑골문에서 우(牛)로 구성되었을 뿐 아니라 시(豕)로 구성된 牡도 있고 견(犬)으로 구성된 牡도 있고, 녹(鹿)으로 구성된 牡도 있다. 금문에서는 마(馬)로 구성된 牡도 있다. 예를 들면 다음과 같다.

牡 前一.二九.五
牡 通七三三
牡 前七.一七.四
牡 好蛮壶

許愼은 牡에 대해 다음과 같이 해석하고 있다. "牡은 가축의 아비이다. 牛로 구성되어 있고 土의 소리이다(牡, 畜父也. 从牛, 土聲)."(大徐本, 29) 許愼은 소전의 자형에 억매이지 않고 가축의 아비를 소의 아비로 해석하고 있은데, 이것을 통해 그의 식견이 얼마나 높은 지를 보여주는 것이다. 그는 상고문헌의 牡자의 용례를 통해서 牡는 협의의 수소를 가리키는 것이 아니라고 판단했다.

갑골문 모(牡)가 '한 글자이지만 다양한 형태'로 존재하는 현상에 대해 고문학자들은 '유속에 따라 형상을 부여하는 것'이라고 칭했다. 郭沫若은《甲骨文字研究》에서 다음과 같이 설명하고 있다.

"복사의 모(牡)와 빈(牝)자는 정해진 형상이 없다. 소, 양, 개, 돼지, 말, 사슴은 모두 부류에 따라 자형을 달리했다. 우(牛)로만 구성되어 있지 않다(卜辞牡牝字無定形, 牛羊犬豕馬鹿均隨類賦形, 而不盡从牛作)."(郭《甲》, 32)

郭沫若은 원래 牡, [illegible], [illegible], [illegible]는 각각 수컷의 소, 개, 사슴, 말을 가리킨다고 했다. 소, 개, 사슴, 말 등의 구자부건은 그 유속을 나타낸다. '丄'은 수컷을 나타내는 대표 부호로 郭沫若은《甲骨文字研究》에서 "모(牡) 자는 복사에서 丄로 구성되어 있고 수컷의 성기를 형상한다(牡字卜辭从丄, 乃牡器之象形)."(郭《甲》, 34- 35)라고 분명히 밝혔다.

따라서 갑골문 자형과 郭沫若의 설명에 의하면 '士'는 전공능영합성자이다. 뒤에 이 글자는 토(土)로 잘못 변했고, 許愼이 토(土)자의 소리로 오인하게 된 것이다. 모(牡)자와 유속에 따라 형태가 다른 모(牡)자들은 모두 회의의 방식으로 구성된 것이다. 의미는 긴 성기를 가진 소, 개, 사슴, 말 등을 의미한다.《鷄吱存》의 '士'자는 그 형상이 모(牡)의 갑골문인 수컷의 성기관의 부호인 '丄' 와 상당히 유사하다. '士'의 금문 자형 역시 남성의 생식기관의 형상이다. '士'의 직접 파생자는 사(仕)이다. 문자로 볼 때 '士'의 직접 번식자이다. 만약 仕와 牡, [illegible], [illegible], [illegible]등의 글자를 함께 놓고 비교한다면, 仕 역시 유속에 따라 형상을 부여한 것으로, 남성의 사람(妣의 상대)을 나타내는 회의자라는 것을 바로 알 수 있다. 즉 '士'의 왼편에 人을 덧붙여서 구성한 것이다. 이 글자의 함의는 건장한 음경이 자라난 남성이다. 仕는 상고문헌에서 이러한 용례가 있다.

《詩·大雅·文王有聲》에서 “무왕께서 어찌 일을 하지 않으십니까?(武王豈不仕?)”라고 했다. 毛《傳》에서는 “仕는 일이다(仕, 事).”라고 했다.(阮《疏》, 527)

許愼의 ‘士’에 대한 해석과 일치한다. 그 후 문헌들에서 仕와 ‘士’는 통용되어 구별이 없었다. 예를 들면 다음과 같다.

《孟子·公孫丑下》에서 “여기 한 남자가 있는데 자네가 그를 좋아하여 왕에게 아뢰지도 않고 그대의 관직을 사사로이 그에게 주고, 그 남자 또한 왕의 명령이 없이 사사로이 그대에게서 받는다면 되겠는가?(有仕於此, 而子悅之, 不告於王, 而私與之吾子之祿爵. 夫士也, 亦無王命而私受之於子, 則可乎?)(阮《疏》, 2629)”라고 하였다. 淸·兪越은 《古書疑義擧例·上下文異字同義例》에서 ‘여기 한 남자가 있는데’의 ‘남자〔仕〕’는 ‘그 남자 또한’ 의 ‘남자〔士〕’이다. ……‘그 남자 또한(夫士也)’은 ‘여기 한 남자가 있는데(有士於此)’라는 말 다음에 바로 이어지는데 여기서 ‘士’는 정자이고 仕는 차자이다(有仕於此之仕, 卽夫士也之士.……‘夫士也’正承‘有仕於此’而言. 士正字, 仕叚字).”(兪《疑》, 1)

이와 같이 선진 문헌에서 ‘士’와 ‘仕’는 통용되었고 구별이 없었다. 이러한 통용은 동음으로 대체되는 통가(通假)가 아니고 동원(同源) 통용(通用)이며, 고금자의 관계로 볼 수 있다. ‘仕’자는 비록 늦게 출현했지만 《中山王壺》에 나타나는 자가 ‘仕’자와 전혀 무관하다고는 할 수 없다. 옛사람들이 글자를 만드는 사고 구조를 유추해보면 남성을 나타내는 ‘士’는 오히려 ‘仕’가 보다 설득력이 있다. 이렇게 해야만 牡, , , 등의 글자와 대응될 수 있기 때문이다. ‘士’자의 형태에서 볼 수 있는 것은 남성 성기의 상징이다. 그래서 변이, 혹은 번식자에서 그 증거를 찾을 수 있다.

𡈼(정: 挺의 본자)는 ‘士’의 변이자로 볼 수 있다. 許愼은 이 글자에 대해서 다음과 같이 해석하고 있다. “𡈼는 선이다. 人과 ‘士’로 구성되어 있다. 士는 일한다는 뜻이다. 일설에 식물이 땅에서 꼿꼿하게 생겨 나오는 것을 상형하였다(𡈼, 善也. 从人从士. 士, 事也. 一日象物出地挺生也)."라고 했다. 北宋·徐鉉의 《說文解字》의 주해를 보면 "사람은 흙 위에 있으니 𡈼은 자연스럽게 선 것이다(人在土上, 𡈼然而立也)."라고 설명하고 있다.(大徐本, 169)

《說文解字》 8편 상에 𡈼와 14편 하의 임(壬)은 서로 다른 글자이다. 8편 상의 𡈼은 他鼎切로 읽는데, 절합하면 지금의 음으로는 'tǐng'으로 읽어야 한다. 14편 하의 壬은 如林切이며 절합하면 지금의 음인 'rén'으로 읽어야 한다. 의미 역시 다른데 8편 상의 𡈼은 꼿꼿하게 자란 것이고, 14편 하의 壬은 십 천간 중의 壬으로 북방에 위치하고, 인체의 정강이를 상징하는 의미를 가지고 있다. 그러나 두 글자는 고대에 일정한 음의(音義)관계가 있었다. 갑골문의 자형을 보면 𡈼은 건장한 음경을 가진 남성의 형상을 하고 있다. 갑골문에서는 다음과 같다.

天六九

혹은 다음과 같다.

後下三九.一

갑골문의 '𡈼'의 글자 아래에 구성된 은 '士'로 오해하기 쉽다. 《漢語大字典》의 편찬자들이 바로 이렇게 오인했는데[13], 아마도 徐鉉과 段玉裁의 영향을 받았기 때문일 것이다. 段玉裁 주에서도 다음과

13 문장에서 '갑골문에는 사람이 땅위에 똑바로 선 형상이다 (甲骨文象人挺立土上之形).'라고 했다. 제 1 책, 四川辭書出版社, 湖北辭書出版社, 1988 年版. p.416.

같이 말하고 있다. "𡈼과 挺은 첩운이다. 이 말은 상형이라는 설명으로 앞에서 말한 것과 다르다. 위는 뻗어 나온 모양을 상형하였고, 아래는 土자가 되어야 한다. 옛날에는 '土'와 '士'를 구분할 수 없어서 이렇게 된 것이다(𡈼, 挺迭韻. 此說象形與前說別. 上象挺出形, 下當是土字也. 古土與士不甚可分如此)."(段注, 391)

이 글자의 자형으로 보면 '土'라고 말하는 것은 그래도 일리가 있다. 그러나 갑골문의 '土'는 형태로 되어 있지 않고 금문의 '土'자 역시 ♦의 형상이 없다. '土'자는 아래의 반드시 가로획이 있어야 한다. 이것은 '土'의 본의가 토지 신을 가리켰기 때문이다. 원시고대의 사람들은 만물에는 영혼이 있다는 인식이 있었다. 한 무더기 흙을 쌓아놓고 토지의 신이라고 여겼다. 이것이 최초의 사신(社神:토지신)이다. 따라서 '土'로 社(토지의 신)을 삼은 것이다. 《公羊傳·僖公三十一年》에서 "천자는 하늘에 제사지내고 제후는 토지에 제사를 지낸다(天子祭天, 諸侯祭土)."라고 했고 何休의 주에서 "토는 토지 신을 일컫는다(土謂社也)."(阮《疏》, 2263)라고 했다. 王國維 역시 社는 은주시대의 고문에서는 '土'로 되어 있다고 했다. 土(사신)는 지면에 지탱하는 것이 없으면 설 수 없으므로 아래에 반드시 지면을 나타내는 가로 획이 있어야 한다. 그러나 𡈼자에는 이 가로획이 필요 없다. 이 글자에서 두드러진 것은 생명력이 왕성하여 웅장하고 건장한 남성의 음경이다. 그래서 ''는 꼿꼿한 모양을 보일 수 있는 것이다. '𡈼'는 하체가 건장하고 크다는 함의를 가지고 있다. 이 글자를 壬과 비교할 수 있다. 許愼은 '壬'을 다음과 같이 해석했다.

"壬은 북방에 위치한다. 음이 극에 다다르면 양이 생겨난다. 그래서 《易經》에서는 '용이 들에서 교접한다. 戰은 접하다는 뜻이다. 사람이 임신한 형상이다. 亥에서 잉태하여 子에서 생겨나는 순서를 이어간다는 뜻이다. 壬은 巫자와 글자 구성의 원리가 같다. 壬은 辛을 잇는다. 사람의 정강이를 상형하였다. 정강이는 몸체를 지탱해준다(壬, 位北方也. 陰極陽生, 故《易》曰: '龍戰於野.' 戰者, 接也. 象人懷妊之形. 承亥, 壬以子. 生之叙也. 與巫同意. 壬承辛, 象人脛. 脛, 任体也).'"(大徐本, 309)라고 했다.

許愼의 해석은 도통 무슨 소리인지를 알 수가 없다. 음양오행의 인지패턴을 가지고 있다. 그러나 그가 이 글자의 구조의미는 여인이 임신을 한 형상이라고 분석한 것은 따를 만하다.

段玉裁의 《說文解字》의 주석 역시 다음과 같이 설명했다. 《禮記·月令》에 대한 鄭玄의 주에서는 '壬은 임신하다(任)는 뜻이다. 때에 이르니 만물은 아래에서 임신한다.'라고 했다. 《史記·律書》에서는 '임은 임신하다는 뜻이다. 양기가 아래에서 만물을 잉태하고 길러주는 것을 말한다.'라고 하였다. 《漢書·律歷志》에서는 '壬에 회임한다'라고 하였다. 《釋名》에서는 '임은 임신하다는 뜻이다. 음양이 교차하면 만물이 씨앗을 잉태하여 싹이 트게 된다.'라고 하였다 …… 許愼은 亥와 壬으로 덕을 합하고 亥와 壬이 양기를 잉태하면 子에 이르러 낳게 된다고 생각한 것이다. ……巫자는 사람이 두 소매로 춤을 추는 모습을 상형하였고 壬자는 사람의 배가 큰 모습을 상형하였다(《月令》鄭注: "壬之言任也. 時萬物懷任於下." 《律書》曰 : "壬之爲言任也. 言陽氣任養物於下也." 《律歷志》曰: "懷任於壬." 《釋名》曰: "壬, 妊也.陰陽交, 物懷妊, 至子而萌也."……許君以亥壬合德, 亥壬包孕陽氣, 至子則滋生矣.……巫象人兩袖舞, 壬象人腹大也)."(段注, 784)

段玉裁가 말한 "許愼이 亥와 壬이 덕을 합하고 亥와 壬이 양기를 잉태하면 子에 이르러 낳게 된다고 생각한 것이다. ……巫자는 사람이 두 소매로 춤을 추는 모습을 상형하였고 壬자는 사람의 배가 큰 모습을 상형하였다"라고 말하는 것은 따를 만하다. 금문에서 '壬'은 다음과 같다.

鬲攸从鼎

마치 배가 몹시 부른 사람과 같다. '壬'은 실질적으로 '妊'의 본자이다. 부인이 임신하여 배가 불러진 것이다. 이러한 의미는 후에 '任'이 담당하게 되었다.

《大戴禮記·保傅》에서 "주나라 후비는 몸에 성왕을 임신하였다(周后妃任成王於身)."(王《詁》, 62)라고 했다.

《漢書·敍傳上》에서는 "처음에 유오가 고조를 임신하여 꿈에서 신과 만났다(初, 劉媪任高祖而夢與神遇)."(班《書》, 4211)라고 했다.

이것은 모두 '任〔임신하다〕'으로 '壬'의 본의를 삼은 것이다. 뒤에 또 '壬'은 기본적으로 女를 더해 '姙'을 구성하였다. 또 人의 편방을 없애고 오늘날의 '妊'자가 생겨났다. '壬'에는 '배가 크다'는 의미 특징이 있다. 그래서 '크다'는 의미로 인신되었다. 예를 들면 다음과 같다.

《詩經·小雅·宾之初筵》에서 "백례가 이미 지극하니 크고 많도다(百禮既至, 有壬有林).이라고 했다. 毛《傳》에서 "壬은 大이고 林은 君이다(壬, 大. 林, 君也). "라고 했다.(阮《疏》, 485)

馬瑞辰의 《毛詩傳箋通釋》에서 "壬과 林은 백가지 예를 잇는다는 말이다. 壬이 있다는 것은 그 예가 큰 상태임을 말한 것이며, 林이 있다는 것은 그 예가 많은 상태임을 말한다(壬, 林承上百禮言, 有壬, 狀其禮之大也. 有林, 狀其禮之多也)."라고 했다.(馬《釋》, 750)

'壬'과 '𡈼'의 관계와 차이점을 살펴보면 壬의 자형은 중간이 큰 것으로, 여자가 임신한 형상이다. '𡈼'의 자형을 보면 아래가 크므로 옛 사람들이 허리 이하를 하체로 여겨서 하체가 크고, 또 하체가 커지는 것은 남자인 것이다. 이 자형은 미혼의 남자가 이미 성숙하여 하체가 팽창하고 장대해진 것과 같다. 따라서 갑골문의 와 는 아래에 매

달아 의미를 보여주었다. 許愼이 ‘壬’을 ‘士’와 관계있는 글자로 보는 것은 일리가 있다. ‘만물이 땅에서 꼿꼿이 자라나는 것을 상형했다’라고 말하는 것은 사물로 사람을 비유한 것이다. ‘善也’의 해석에 담긴 함의는 나라의 임금이 능히 일을 처리하는 것이 아니라, 남자가 이미 장성하여 가족 식구수를 계속 늘릴 수 있음을 보증한다는 것이다. ‘其士는 事이다’는 부인을 맞이하고 자식을 낳을 수 있다는 것으로 해석해야 한다.

‘壬’은 ‘이룬다〔成〕’의 의미가 있다. 《玉篇·壬部》에서 “壬은 이룬다[14](壬, 成也).”라고 했다. 장성했으나 아직 결혼하지 않았으니 청춘의 발육시기에 하체가 늘 우뚝 솟아있는 형상을 보인다. ‘士’가 아직 장가가지 않은 것을 가리키는 것과 일치한다. 徐鉉과 段玉裁 등은 소전의 자형에 얽매여 중간이 큰 것을 ‘士’라고 하고 아래가 큰 것을 ‘士로 여겼다. 실질적으로 許愼의 생각이 받아들여지지 않은 것이다. 고문의 자형으로 보면 중간이 큰 것은 ‘壬’이고 아래가 큰 것은 ‘壬’로 하나는 여자가 임신한 것을 나타내고 하나는 남자가 이미 성숙하여 아내를 얻고 자식을 낳을 수 있는 것이다. 모두 가족번성의 좋은 징조라고 할 수 있다. 따라서 대의도 있고 선의도 있는 것이다. 이렇게 《說文解字》에 나타난 내용을 해석하는 것이 許愼의 원래 의미와 부합하는 것이다.

‘壯’과 ‘壻’는 ‘士’자의 직접 파생사이다. 문자학에서는 번식자〔孳乳字〕라고 칭한다. 모두 ‘士’에서 그 의미를 얻었다. 許愼은 ‘壯’자에 대해서 이렇게 해석하고 있다.

“壯은 大이다. 士로 구성되어 있고 爿이 성부이다(壯, 大也. 从士爿聲).”(大

14 《宋本玉篇》, 中國書店, 1983年版. p.301.

徐本, 14)

段玉裁 주는 大자 뒤에 '士'자가 있다고 여기며 다음과 같이 지적했다.

"《方言》에서 '무릇 사람의 큰 것을 奘이라고 일컫거나 혹은 壯이라고 일컫는다. 《說文解字》에서 그 예를 찾아보면 다음과 같다. '大士이다'라고 되어 있고 그 아래 '士로 구성되었다'라고 언급되고 있다. 이것은 아마도 천인이 '士'자를 뺀 것일 것이다(《方言》曰 : '凡人之大謂之奘, 或謂之壯.' 尋《說文》之例, 當云 : '大士也.' 故下云'从士'. 此蓋淺人删'士'字)."(段注, 20)

許愼은 '大'를 '壯'으로 해석했다. 여기서 '壯'은 도대체 얼마나 큰 것을 가리키는가? 段玉裁는 '士'가 큰 것〔大〕이다. 마땅히 '士'자를 더해야 한다고 생각했는데 이는 매우 일리가 있는 말이다. 大士者라는 것은 성년 남자 중에서 신체가 뛰어나고 건장한 사람이다. 이를 직접적으로 말한다면 크고 단단한 음경을 가진 남자이다. '壯'자는 爿로 구성되어 있다. 이 '爿'은 표의부호이면서 표음부호이다. 爿은 갑골문에서 다음과 같이 나타난다.

前四.四.五三

이 자형에 대한 고석은 여러 가지이다. 어떤 사람은 '편(片)'의 반대를 '장(爿)'으로 생각했고[15], 李義光은 '상(床)'의 고문이라고 여겼다.(丁《林》, 6811-6812)필자는 '床'의 본자라고 보는 견해에 동의한다. 갑골문 가운데는 똑바로 쓰나 반대로 쓰나 구별이 없는 글자가 있다. 그러나 '爿'은 '片'과 다르다. 후에 '床'은 단지 옛 자에다가 '木'을 더한 것에

15 許愼의 《說文解字》에서 이렇게 해석했다. 뒤에 일부 사람들은 목편이라고 여겼다.

불과하다. 금문의 '壯'은 바로 침대에 누워있는 '士'이다.

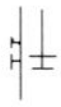 中山王鼎

성숙한 남자가 침대 위에 누워있는데 어떻게 그 씩씩함을 알 수 있을까? 이것은 말이 아니라 비유인 것이다. '壯'은 '爿'으로 구성되었는데 이는 표음부호만이 아니라 더욱 중요한 것은 표의적인 부분이다. '壯'의 본의는 장성한 사내〔大士〕이다. 그의 능력은 침대 위에서 분명히 나타난다. 그래서 '爿'으로 구성된 것이다.

옛 사람은 늘 '壯'과 '정(丁)'을 하나로 연결시켰다. 정장(丁壯)이라는 말이 있었는데 뒤에 순서가 바뀌어 장정(壯丁)이 되었다. 계한(季漢)·劉熙의 《釋名·釋長幼》에서 "삼십을 장이라고 한 것은 정장을 말하는 것이다(三十曰壯, 言丁壯也). "(王《補》, 94)라고 했다. 〈釋天〉편에서 十 天干의 丁에 대해서 언급할 때 "정은 장이다. 물체는 모두 정장(丁壯)이다(丁, 壯也. 物体皆丁壯也)."(王《補》, 14)라고 했다. 우리는 丁의 본의는 '나무에 박힌 못'이라고 알고 있다. 갑골문에서는 다음과 같다.

 甲二三二九

마치 대가리가 네모난 못이 나무판자에 박혀있는데 그 못대가리가 드러나 있는 형상을 하고 있다. 후에 '丁'의 의미는 못〔釘〕이 되었다. 이 글자가 만들어진 이후에도 ㅁ이었다. 예를 들어 '단(旦)'과 '성(成)'의 이 두 글자는 갑골문에서 각각 ㅁ ㅂ로 나타나고 있다. 李圃는 '丁'은 정점에 다다른다는 의미로, 丁壯이라는 말은 발육이 정점에 다다름을 말하는 것이라고 여겼다.(李《甲》1, 252-253) 丁자는 후에 장정을 나타냈

으며, 또한 '丁'의 본의(못) 때문에 남성의 성기관이 연상되는 작용도 지녔다. 그래서 옛사람들은 丁壯은 수컷 성기관이 건장하다는 의미를 가진다고 보았다.

'壻'는 남편과 사위의 두 가지 의미가 있다. 許愼의 해석은 다음과 같다. "壻은 夫이다. 士로 구성되어 있으며 胥가 성부이다.《詩經》에서는 '내 마음이사 한결같지만 그대는 행실을 둘로 하네. 사내란 욕심이 한량없어 변덕이 두세 길이 아니어라'라고 했다. '士'는 '夫'이다. 細로 읽는다. 婿는 壻로도 쓰며 혹은 女로 구성된다(壻, 夫也. 从士胥聲.《詩》曰: '女也不爽, 士貳其行.' 士者, 夫也. 讀與細同. 婿, 壻或从女)."(大徐本, 14)

段玉裁 주에서는 "夫란 남편이다. 그러므로 壻란 남자의 미칭이다. 그래서 남편의 호칭이라고 여겨진다. 〈釋親〉에서는 '여식의 남편을 서'라고 한다. 鉉본에 '聲'자가 있는데 이는 잘못된 것이다.《周禮注》와《詩箋》에서 모두 '胥는 재주와 지혜가 있음을 나타내는 호칭이다'라고 했다. 또 胥를 諝라고 읽는 것은 그것이 재주와 지혜가 있기 때문이다.《說文·言部》에서는 '諝는 지혜로움이다. 그래서 胥로 구성된 것은 諝로 구성된 것에서 생략된 것이다. ……여식의 배우자가 재주와 지혜가 있는 것이다. 회의자이다(夫者丈夫也. 然則壻爲男子之美稱, 因以爲女夫之稱. 〈釋親〉云: 女子子之夫爲壻. 鉉本有'聲'字, 誤.《周禮注》,《詩箋》皆曰 '胥有才知之稱.'《說文·言部》曰: '諝, 知也'. 然則从胥者, 从諝之省.……以女配有才知者, 爲會意)."(段注, 20)라고 지적했다.

段玉裁는 壻의 두 개의 의미항인 남편과 사위 사이에 내재한 관계는 바로 '壻는 남자의 미칭'임을 천명했다. 이 말은 설득력이 있다. 지금도 민간에서는 '사위는 황제만큼 크다'는 이야기가 전해진다.

남편이건 사위건 간에 모두 찬미하는 호칭이다. 이 단어의 의미 특징과 그 자형구조는 일치한다. '士'를 성숙하고 건장한 남자라고 한다면 胥는 재주와 지혜를 가졌다는 칭호로 양자를 결합하면 지금 흔히 말하는 "재능과 용모를 모두 훌륭히 갖추었다(才貌俱佳)"가 되는 것이다. 만약 '胥'를 '재주'로 표현한다면 그러면 '士'는 용모를 나타낸다. 許愼이 壻자를 해석할 때 특히 《詩經·衛風·氓》중의 두 구절을 인용했다. 〈氓〉에서 한 남자는 단지 용모만 빼어날 뿐, 재능이나 인품은 모두 엉망인 남자였다. 《詩經》에서 그 여자는 용모로 사람을 골라 결과적으로는 농락당하고 버려지는 신세가 되었다. 許愼이 《詩經》을 인용한 데는 깊은 뜻이 있다. 남편 혹은 사위를 선택할 때에는 재능과 인품은 상관하지 않고 용모만 보아서는 안 된다는 것이다.

만약 용모만 출중하고 재능과 인품을 갖추지 못한다면 '애(毐)'로 일컬어진다. 許愼의 해석은 "毐는 덕행이 없는 사람이다. '士'와 毋로 구성되어 있다. 賈侍中은 진시황의 어머니가 노애(嫪毐)와 정분이 나서 징벌을 받았다. 그래서 음탕함을 욕할 때 '노애'라고 한다고 말했다(毐, 人無行也. 从士从毋. 賈侍中說 : 秦始皇母與嫪毐淫, 坐誅. 故世罵淫曰嫪毐)."(大徐本, 263)이다. 段玉裁 주에서는 毐는 "사내가 덕행이 없는 것(士之無行者)"이라고 고쳤다. 또 "책에서는 '사람이 덕행이 없는 것'이라고 되어 있다. 지금 顔師古의 《五行志》주에 따라 바르게 고친다. 사내(士)가 덕행이 없는 것이므로 그 글자는 '士'와 毋로 구성된다. 옛날에는 많은 경우 毋를 빌려 無자를 대신했다.…… 毐의 본의는 이와 같은 것이다. 결코 嫪毐를 위해서 만들어진 글자가 아니다(各本作'人無行也', 今依顔師古《五行志》注所引正. 士之無行者, 故其字从士毋. 古多假毋爲有無字……毐之本義如此, 非爲嫪毐造此字也)."(大徐本, 632)라고 했다. 段玉裁의 말이 일리가 있다. 毐는 결코 '노애'로만 사용되기 위해 만들어진 글자가 아니다. '노애'는 단지 '士'의 각도에서 하나의 건장한 남자(壯士)라고 볼 수 있다. 《史記·呂不韋列傳》에서 이 사람의 음경은 오동나무 바퀴를 꿰어 걸고도 걸을 수 있다고 기록되어 있다.(《史記》, 2511)그러나 재주도 없고 인품도 갖추지 못한 사람이 조희(趙姬: 진시황의 어머니)의 총애를 얻은 후 거만하게 횡포를 부리다가 마침내 진시황에 의해 죽음을 당하고 가족이 멸해졌다.

'淫亂'자는 본래 '㸒'이다. 이 글자는 '𡈼'의 직접 번식자이며 '士'와는 간접적인 번식의 관계가 있다. 許愼은 "㸒는 가까이에서 구하는 것이다. 爪𡈼로 구성되어 있다. (爪)𡈼는 요행이다(㸒, 近求也. 从爪𡈼, (爪)𡈼, 徼幸也)."(大徐本, 169)와 같이 해석했다.

'가까이에서 구한다'는 것은 동성동본이나 심지어 여자형제들과도 음란한 관계를 맺는 것이다. 자형은 爪와 𡈼로 구성되어 있는 회의자이다. 段玉裁는 "爪𡈼으로 그 손톱을 뻗쳐 허망하게 취하는 바가 있다는 것이 요행의 뜻이다(爪𡈼, 言挺其爪, 妄有所取, 徼幸之意)."(段注, 391-392)라고 설명했다.

고대 중국은 청춘남녀들(소년들도 포함)이 서로 접촉하는 행위에 제약이 많았다. 남녀가 칠세가 되면 같은 자리에 앉을 수 없는 엄격한 규정이 있었다. 이러한 제약의 목적은 남녀의 사이를 엄격하게 막기 위해서였다. '가까운데서 구하여' 발생하는 음란행위를 막기 위한 것이다.

이상의 분석을 통해 다음과 같은 결론을 얻을 수 있다. 仕(士)와 牡, , , 는 같은 구조이다. 자형이 만들어진 의미는 건장한 음경을 가진 남자이다. '士'의 변이자는 '𡈼'인데, 이것은 남자의 하체가 이미 성숙하여 건장한 것을 보다 직접적으로 나타내고 있다.

'士'에서 직접적으로 파생된 글자인 壯과 壻는 모두 건장한 아름다움에 대한 호칭이다. 전자는 남자의 성적 능력에 대한 찬탄이 두드러진 것이고, 후자는 남자의 체력과 기백을 감상하는 동시에 그 재주와 지혜를 흠모하는 것이다. 그러나 그 용모가 형편없으며 지혜와 인덕도 가지지 못한 사람을 폄하하여 '毐'라고 했다. 윤리 규범에 따르지 않고 음란한 행위를 범하는 사람을 멸시하여 '垩'라고 한다. '士'의 본자의 본의에서 번식되고 파생되는 글자 사이의 일련의 의미연결에서 보면 남성을 지칭하는 글자인 '士'는 남자의 생식기관 및 그 기능과 직접적인 관련이 있는 것이다.

(2) '士'가 나타나는 문헌을 살펴보면 '士'는 아직 장가가지 못해 성적 충동을 가지고 있는 남자를 지칭하는 의미가 있다.

앞에서 자형구조의 각도에서 '士'의 원시의미를 논증했다. 결론은 '士'의 지칭의는 건장한 음경을 가진 남자이다. 만약 단순히 자형분석에 의지하여 이러한 결론을 얻었다면 이는 문자 놀음에 불과할 것이다. 그래서 고대 문헌들을 통한 논증이 필요하다. 위에서 언급한 적이 있는 西漢 毛亨의《詩經故訓傳》에서는 "士를 아직 장가가지 않는 사람의 호칭"이라고 했다. 이것은《詩經》의 十五國風에서 나타난 '士'의 주요한 용례이다. 여기서 다시 몇 가지 예를 들면 다음과 같다.

《召南·江有汜》에서 "아가씨가 춘정을 품으니 멋진 총각이 그녀를 유혹 한다(有女懷春, 吉士誘之)"라고 했고, 鄭玄《毛詩傳箋》에서 "멋진 총각이 죽은 노루를 흰 띠로 싸고 춘정을 품은 아가씨를 유혹하는 것을 말한다(言美士以白茅包其死麕而誘懷春之女也)."라고 했다.(阮《疏》, 292)

《鄭風·溱洧》에서 "여자가 가 볼까하고 말하니 남자가 벌써 갔다 왔는 걸이라고 말했다. ……정말 재미있고 즐거울 텐데 남자와 여자는 희희덕거리네(女曰觀乎, 士曰既且.……洵吁且樂, 維士與女)."라고 했다. 주희(朱熹)의《集傳》에서 "이 시는 음란한 자가 스스로 풀어놓는 말이다(此詩淫奔者自叙之辭)."이라고 했다.(朱《傳》, 56)

《邶風·匏有苦葉》에서 "기럭기럭 기러기 울며가고, 환히 아침 햇살 비추네. 총각이 장가들려면 얼음이 다 녹기 전에 해야 하네(雝雝鳴雁, 旭日

始旦. 士如歸妻, 迨冰未泮)."(阮《疏》, 303)라고 했다.

위의 세 가지 예에서 '士'는 모두 장가가지 않았지만 이미 성숙한 남자를 가리킨다. 혹은 왕성한 발육시기에 있는 같은 나이의 여자를 적극적으로 유혹하거나 혹은 춘정이 가득한 여자의 유혹에 빠져 함께 사랑의 도피를 떠나는 것을 가리킨다. 또 혹은 길일을 택해 아내를 맞이하기를 기다리고 있는 연인이기도 하다. 그러나 《衛風·氓》에서 묘사된 '士'는 여자를 농락하고 버리는 양심 없는 남편이지만 버려진 부인의 마음에는 여전히 아직 결혼하지 않았을 때의 그 멋지고 호방한 남자에 대한 그리움이 남아 있다.

明·梅膺祚의 《字匯·士部》에서 "아직 장가가지 않을 것을 또한 士라고 한다(未娶亦日士)."(吳《補》, 95)로 되어 있는데 사실 여기에서 또한〔亦〕을 제거하면 아직 장가가지 않았음이 '士'의 본의라는 것을 알 수 있다.

清·黃生의 《義府·士》에서 "士라는 것은 젊은 남자의 칭호이다(士者, 少男之稱)"라고 하였고, 《周易·大過》에서는 "'늙은 여자가 젊은 지아비를 얻었다.' 이것이 본의이다. 또 壯자와 壻자는 모두 '士'로 구성되어 있고 있으니 그 뜻을 더욱더 볼 수 있다('老婦得其士夫.' 此本義也. 又壯字, 壻字, 皆从士, 意益可見)."(黃《按》, 159)라고 하였다. 清·俞正燮은 《癸巳類稿·釋士·補〈儀禮〉篇名義》에서는 "士는 옛 사람의 나이가 어려서 아직 장가를 가지 않은 사람을 통칭하는 것이다(士者, 古人年少未冠娶之通名)."(俞《癸》, 242)라고 했다. 黃生은 자원의(字源義) 고석의 전문가이며 俞正燮 역시 청대의 유명한 선비로 그들의 말은 모두 타당성이 있다.

선진문헌의 용례에서 보면 '士'가 아직 장가가지 못한 남자를 나타내는 것이 매우 많다. 《周易·大過》에서 "늙은 부인이 젊은 지아비를 얻다(老婦得其士夫)"의 '士'가 아직 장가가지 않았음을 지칭하는 것 이외에도 《詩·小雅·信南山》에는 "크게 여기고 머무는 곳에 우리 준사들을 나오게 하여 위로하도다(攸介攸止, 烝我髦士)."라는 말이 있다. 毛《傳》에서 "髦는 俊이다(髦, 俊也)."라고 설명하고 있다.(阮《疏》, 473) 여기에서 모사(髦士)는 毛《傳》에 의하면 준사(俊士)라고 말할 수 있을 것 같지만 사실은 '아직 장가가지 못하였다'는 의미이다. 아래의 문헌자료로 증명할 수 있다. 《詩·墉風·柏舟》에서 "늘어진 더벅머리 총각이 실로 내 배필이다(髧彼兩髦, 實維我儀)."가 있다. 毛《傳》에서 "모는 머리가 눈썹까지 내려온 것으로 자식이 부모를 섬김을 나타내는 장식이다(髦, 髮至眉, 子事父母之飾)."라고 했다.(阮《疏》, 312) 모(髦)는 지금의 여자들이 하는 앞머리와 같은 것이다. '모사(髦士)' 역시 바로 아직 장가가지 않는 남자이다. 이러한 남자는 여자들이 따라다니는 상대이다. 따라서 《墉風》시에서 "실로 나의 배필이다(實維我儀)." 의 의미는 실제로는 내가 찾고 있는 좋은 남자라는 뜻이다. '髦'와 '士'를 연이어 써서 '士'가 더욱더 '아직 장가가지 않았다'는 의미를 보여주고 있다. '士'의 의미가 '글 읽는 선비' 혹은 '백성과 사대부 사이의 하나의 계층'이라는 의미로 상용되던 전국시기까지 '士'의 의미는 줄곧 '아직 장가가지 않은 남자'를 나타냈으며, 그 용례는 많이 찾아 볼 수 있다.

《荀子·非相》에서 "지금 세상을 어지럽히는 지도자들과 시골에서도 약삭빠른 사람들은 모두가 예쁘고 멋지며, 특이한 옷에 부인 같은 꾸밈을 하여 그들의 기질과 맵시는 여자와 비슷하다. 부인들은 그들을 남편으로 삼기를 바라지 않는 이가 없고, 처녀들은 그들을 애인으로 삼기를 바라지 않는 이가 없다(今世俗之亂君, 鄕曲之儇子, 婦人莫不愿得以爲夫, 處女莫不愿得以爲士)."(王《解》, 48)가 있다. 여기서 현자(儇子)는 외모는 아름다우나 속은 텅 빈 잘생긴 남자이다. '婦人'은 '處女'의 상대되는 말이고, '夫'는 '士'의 상대되는 말이다. '處女'와 '士'는 모두 아직 시집가지 않거나 장가가지 않은 남녀를 가리킨다는 것을 알 수 있다. '士'는 성숙하였으나 아직 장가가지 못한 남자의 호칭으로 성적 충동을 나타낼 수 있다. 이를 최초의 시가총집인 《詩經》에서 매우 생동적으로 묘사하고 있다. 그 예는 다음과 같다.

《衛風·氓》에서 "외지에서 온 한 남자가 히죽거리며 옷감을 실과 바꾸자하네. 실을 사러온 것이 아니라 와서 나를 꾀이네(氓之蚩蚩, 抱布貿絲. 匪來貿絲, 來自我謀)."(阮《疏》, 292)라고 했다. 겉으로 보면 천진난만한 옷감 장수 같지만 속마음은 충동적이고 불안한 마음을 가지고 있다. 실을 파는 것은 핑계이고 실제로는 소녀의 마음을 꾀어내려는 수작인 것이다.

《鄭風·褰裳》에서 "그대가 나를 사랑할 때는 옷을 걷어 올리고 진수를 건너고… 그대가 나를 사랑할 때는 옷을 걷어 올리고 회수를 건넜다(子惠思我, 褰裳涉溱……子惠思我, 褰裳涉洧)."(阮《疏》, 342)라고 했다.

여기에서의 그대〔子〕가 바로 '士'이다. 여자는 마음속으로 오래 기다린 남자가 오지 않을 때 복수의 마음을 품고 한 한 마디의 말이 바로 "子不我思, 豈無他士!"로 '그대가 날 사랑하지 않으면 어찌 다른 남자를 찾지 않겠는가?'라고 했으니, 시에서 그대〔子〕는 이 여성을 열렬히 사랑할 때에는 거의 미친 것처럼 여러 번 옷을 걷어 올리고 물을 건너고 강을 건너 여자와 밀회를 즐겼음을 볼 수 있다. 젊은이의 혈기왕성한 충동이 없다면 이렇게 목숨을 거는 무모한 행동을 하지 않았을 것이다.

《召南·摽有梅》에서는 "나에게 구혼할 여러 남자들 좋은 기회 잡으세요(求我庶士, 迨其吉兮)."라고 했다. 朱熹의 《集傳》에서 "남국은 문왕의 교화를 입어 여자들이 곧은 신념으로 자신을 지킬 줄 알았다. 그래서 시집가기 전에 강간을 당하는 수모를 두려워했다(南國被文王之化, 女子知以貞信自守. 惧其嫁不及時而有强暴之辱也)."고 말했다.(朱《傳》, 11)

朱熹는 도학가이다. 그의 해석이 시의 원작자의 원래의 의도일 것이라고는 말하기 어렵다. 그러나 주자가 말한 것과 같이 의례와 문명이 발달한 지역에서도 여자가 강간당하는 일들은 흔히 일어났다는 것을 알 수 있다. 이는 당시 사회풍속에도 욕정이 넘쳐났음을 볼 수 있는 것이다.

《鄭風·女曰鷄鳴》에서 "여자가 '닭이 우네요.' 라고 말하니 남자가 '아직 날이 어두워요. 당신이 일어나 밤하늘을 보세요. 샛별이 반짝이고 있어요(女曰鷄鳴, 士曰昧旦. 子興視野, 明星有爛).'"(朱《傳》, 51)라고 말한다.

朱熹는 부부가 서로 훈계하는 말로 보았으나 필자는 여기서 '士'는 아직 결혼하지 않는 남자로 생각한다. 다음 문장에서 "당신이 오는 것을 알면 온갖 패옥을 가져다드리고 그대가 저를 받아들이는 것을 알고 온갖 패옥으로 문안을 드리고 그대가 나를 좋아하는 걸 알고 온갖 패옥으로 보답 드립니다(知子之來之, 雜佩以贈之, 知子之順之, 雜佩以問之, 知子之好之, 雜佩以報之)." 등의 말로 볼 때 《詩經》에서 '女'와 '士'는 이미 결혼한 부부가 아니라 한 쌍의 열애 중인 연인으로 볼 수 있다.

'여자가 말하길 닭이 우네요(女曰鷄鳴)'는 여자가 그녀의 남자가 가야 할 때임을 알려주는 것이다. 이에 남자가 아직 날이 밝지 않았으니 아직 시간이 있다고 대답을 한다. 이러한 애절함은 오로지 열애 중인 연인 사이만이 느낄 수 있는 것이다. 따라서 주자의 '부부사이의 훈계'라는 논리는 사실상 억지로 끼워 맞춘 것으로, 당시의 정지(鄭地)의 풍속과 서로 맞지 않는 것이다.

남녀 간의 밀회에 대한 묘사가 절정에 다다른 것은 《召南·野有死麕》이다. 시에서 '美士'라고 칭한 남자가 한 것은 흰 띠로 죽은 노루를 싸서 사춘기의 여자를 유혹하는 짓이었다. "너 동작을 얌전하게 해. 나의 두건을 구기지 마. 우리 집의 큰 누렁이를 시끄럽게 하지 마(舒而脫脫兮, 無感我帨兮. 無使尨也吠)!"(阮《疏》, 293)이 몇 마디의 말은 남자의 성적충동과 여자의 부끄러움, 공포 그리고 기대심리를 사실과 똑같이 묘사해내고 있다.

이상의 문헌에 나타난 용례를 보면, 남녀사이가 아직 엄격하지 않았던 춘추전국시대에 성숙한 남자 '士'가 드러낸 성적 각성이나 성의식 그리고 성적충동들은 모두 자연적인 것이고, 일체의 구속이 없음을 보여주고 있다. 이는 '士'의 최초의 지칭의인 '성숙했지만 아직 장가가지 않은 남자'와 부합되고 있으며, '士'의 원시자형인 남성의 성기관이 돌출된 것과 일치한다. 자형이 변화되고 의미가 분화되었다고 그 원시의미를 홀시해서는 안 된다.

(3) '士'가 '성행위를 할 수 있다'에서 '정사를 돌볼 수 있다'로 발전된 것은 '진취'라는 단어에 담긴 특징의 자연적 확장이다.

춘추 말기에 이르러서 '士'의 의미는 '글 읽는 선비'로 바뀌었다. 서민과 사대부 사이의 하나의 계층의 의미를 가진 이후 사람들은 점점 '士'의 본의를 망각했다. 許愼의 《說文解字》에서 본래는 '인신되었지만 근본은 연구해야 한다(引而申之, 以究萬原).'(大徐本, 319)고 했다. 그러나 변화 후의 소전자형과 후에 나타난 의미에만 국한하면 '士'에 대해서 원시의 조자의도에 부합되지 않는 해석을 하게 된다. "士는 일을 맡는다는 뜻이다. 수는 1에서 시작하여 10에서 끝난다. 一과 十으로 구성되었다. 공자는 십을 밀어 일과 합하면 '士'가 된다고 하였다(士, 事也. 数始於一, 終於十. 从一从十. 孔子曰 : "推十合一爲士)."(大徐本, 169)라고 했다. 許愼이 事를 '士'로 해석하는 것은 분명히 후기에 나타난 '士'의 의미를 가리킨다. 그가 말하는 것은 '士'라는 계층은 정치에 종사할 수 있는 계층으로, 통치자는 자신의 역할을 충분히 발휘하여 그들로 하여금 정치 통치의 업무를 하도록 할 수 있다는 것이다. 또한 '정사(政事)를 할 수 있다'

이다.

그러나 상술한 (1)과 (2)의 두 가지 분석을 살펴보면 '士'의 본의는 발육이 이미 완성되었으나 아직 장가가지 않은 남자이다. 이러한 남자가 가장 잘 할 수 있는 일은 방사(房事) 즉 성행위이다. 남자는 일단 성장기에 들어서면 성적충동이 생기고 공격성이 생기게 된다. 성희롱 혹은 성범죄를 일으킬 수 있는 소지가 생기나 사회적 규범과 규약으로 인해 억압된다. 그러나 사회적 규약은 이 문제를 근본적으로 해결할 수 없다. 가장 좋은 방법은 때를 놓치지 않고 남녀의 배필을 짝지어주어 문제를 해결하는 것이다. 그래서 고대 사회에서는 밖으로는 배회하는 남자가 없도록 하고, 안으로는 원망하는 여자가 없게 하는 것이 당시 왕의 정사를 평가하는 하나의 표준이 되었다.

《孟子·梁惠王下》에 제선왕(齊宣王)이 맹자에게 어떻게 해야 왕정(王政)을 펼칠 수 있는지 묻는 기록이 있다. 맹자는 그에서 문왕이 치산을 다스린 사례를 들어 왕정의 구체적인 표준을 설명했다. 세수를 줄이고 백성들에게 더 많은 행동의 자유를 부여하고, 더욱 편안한 발전 기회를 제공하는 등의 백성을 사랑하고 보호하는 조치를 취해야 한다고 했다. 제선왕은 그 말을 듣자 바로 나는 할 수 없다고 말했다. 그는 연이어 "과인은 결점이 있습니다. 과인은 재물을 좋아하며 과인은 색을 좋아한다(寡人有疾, 寡人好貨, 寡人好色)."고 했다. 맹자는 그를 개도하여 말하기를 "옛날에 태왕은 색을 좋아하고 그 비를 사랑하였습니다. 《詩經》에서는 '고공단보께서 일찍이 말을 달리어 서쪽 칠수 가로부터 기산 밑으로 오셨으니, 이에 태강도 함께 와서 살게 되었네.'라고 전해집니다. 당시에는 안으로는 원망하는 여자가 없었고 밖으로는 배회하는 남자가 없었습니다. 왕이 색을 좋아하시기를 백성과 함께하신다면 왕이 되시기에 무슨 어려움이 있겠습니까(昔者太王好色, 愛厥妃. 《詩》云 : "古公亶

父, 來朝走馬, 率西水滸, 至於岐下, 爰及美女. 聿來胥宇." 當是時也, 內無怨女, 外無曠夫. 王如好色, 與百姓同之, 於王何有)?라고 했다. 宋의 張九成은 《傳》에서 "그 의미는 왕이 비빈을 사랑하니 백성 역시 아내를 사랑하는 것이다. 비빈을 사랑하는 마음으로 백성들이 가정에서 서로 즐겁도록 하고 부부가 서로 편안하게 하며 혼인을 때맞추어 하여 원망하고 떠도는 이가 없도록 하니 문왕의 정치와 무엇이 다르겠는가? 무릇 전국의 국왕들은 오로지 혼자 이익을 취하고 백성과 서로 오랫동안 소통하지 않았다. 맹자의 학문은 천하의 국가에 크게 쓰여서 일일이 왕을 만류하여 백성과 함께 하도록 하고 정과 뜻이 서로 통하게 하고 혈과 맥이 서로 관통하도록 했다. 이로서 괘는 태가 되고 때는 봄이 되니 천지의 조화롭고 신명이 공교하였다(其意以爲王愛妃嬪, 民亦愛妻子. 推愛妃嬪之心使百姓室家相樂, 琴瑟相安, 婚嫁以時, 怨曠無有, 與文王之政何以異乎？ 夫戰國之君, 利專一己, 其與民相絶久矣. 孟子之學以用天下國家爲大, 故事事挽王與民同之, 使情意相通, 血脉相貫. 此於卦爲泰, 於時爲春,天地之造, 神明之功也)."라고 했다.(張《傳》, 266) 張九成의 《傳》은 맹자의 바람과도 맞을 뿐 아니라 또한 옛 사람들의 남녀 간의 화합과 종족 번식의 문화배경과도 맞는 것이었다.

사회의 발전은 인간 자신들의 발전이다.

《易經·繫辭上》에서 "천지의 음양이 크게 화합하여 만물이 순화하고, 남녀의 정기를 합하여 만물이 변화 생성한다(天地絪縕, 萬物化醇. 男女構精, 萬物化生)."로 기록되어 있다. 宋·胡瑗의 《周易口義》은 해석은 다음과 같이 말했다. "남녀가 정기를 합하니 만 가지 사물 역시 변화하여 생겨나게 됨을 말한다(言男女構精和會而萬品之物亦得以變化而生也)."(胡《義》, 529)

'士'는 성숙했지만 장가가지 않은 남자이므로, 건장하고 남성다운 기운을 가지고 있다. 그래서 사람들은 이를 찬미하는 태도를 가지고 있다. 고문헌에서는 '士'를 언급할 때 과분한 칭찬을 하는 예문이 수 없이 많다. 예를 들면 다음과 같다.

《詩·小雅·北山之什》: "씩씩한 젊은이 아침저녁으로 일하네(偕偕士子, 朝夕從事)." 朱熹《集傳》에서 "해해는 건장한 외모이다(偕偕, 强壯貌)."라고 했다.(朱《傳》, 150)

《詩·小雅·祈父之什》: "사마님이시여, 저희는 왕의 졸개의 병사이니(祈父予王之爪士)."(阮《疏》, 433)

'爪士'는 졸개의 병사이다. '爪牙'는 고문헌에서는 칭찬의 뜻을 가진 단어로 '용기 있고 유능한 조수'의 의미이다.

《詩·小雅·文王之什》: "훌륭한 많은 선비가 이 왕국에서 태어났다. …재주 있는 여러분들이여, 문왕의 영혼도 편하시리로다(思皇多士, 生此王國.……濟濟多士, 文王以寧)."(阮《疏》, 504)

문왕은 우수한 많은 인재 즉 '士'에 의지하여 통일 대업의 기초를 다질 수 있었다. 《尙書·周書》에서는 또 '士'와 맹수를 연결했다. 《康王之誥》에서 "즉 또한 천하의 용맹한 군사들과 두 마음을 먹지 않는 신하가 있었다(則亦有熊羆之士, 不二心之臣)."(阮《疏》, 244)라고 했다. '용맹한 군사와 두 마음을 먹지 않는 신하'는 문장에서 보면 분명히 칭찬의 의미이다. 옛사람들은 '士'를 매우 찬미했다. 아래 문헌을 통해 그 마음을 엿볼 수 있다.

《尙書·商書·太甲上》에서 "두루 뛰어나고 어진 사람들을 구하여 뒷사람들에게 길을 열어 주셨습니다(旁求俊彦, 启迪後人)."라고 했는데 僞孔《傳》에서 "아름다운 남자를 '彦'이라고 한다(美士日彦)."라고 했다.(阮《疏》, 164)

《周書·泰誓下》에서 "날랜 병사 삼백인(虎賁三百人)"이라고 했다. 僞孔《傳》에서 "용감한 병사를 칭한다. 호랑이처럼 날랜 짐승으로, 그 용맹함을 말한다(勇士稱也. 若虎賁獸, 言其猛也)."라고 했다.(阮《疏》, 182)

《夏書·甘誓》에서 "우군이 오른 쪽의 적을 공격하지 않으면 명에 복종하지 않는 것이다(右不攻於右, 汝不恭命)."라고 했다. 僞孔《傳》에서 "우는 차의 오른 쪽이다. 용기 있고 힘이 있는 병사이다. 창을 들고 적을 물리치는 것이다(右, 車右, 勇力之士也. 執戈矛以退敵)."라고 했다.(阮《疏》, 155)

《呂氏春秋·仲夏紀》에서 "종묘에서 쓰이는 그릇들은 모두 높고 큰 것들을 사용한다. 그리고 장년에 속한 힘이 센 장정들을 잘 양육한다(其器高以埆, 養壯狡)."라고 했다. 高誘의 주에서 "장교란 힘이 많은 장정이다(壯狡, 多力之士).라고 했다."(高《注》, 44)

남성적인 기운이 있고, 진취적인 마음으로 가득 차 있는 것이다. 西漢 揚雄의 《方言》의 두 기록에서 이 점을 살펴볼 수 있다. "진진사이에 범인 중에서 큰 사람을 '奘' 혹은 '壯'이라고 일컬었다(秦晉之間, 凡人之大謂之奘, 或謂之壯)."(錢《疏》, 52) '사람 가운데 크다'는 것은 성숙하고 장성한 것으로 '奘'을 칭하기도 하고 '壯'을 칭하기도 한다. 앞에서 이미 '壯'와 '士'의 본의가 동원파생관계라는 것을 증명했다. 직접적인 의미관계를 가지고 있다. 재미있는 것은 〈卷三〉에서 壯 혹은 奘은 또 다른 의미항을 가진다고 지적하고 있다. "무릇 초목이 사람을 찌르는 것이다. 북연과 조선 사이를 일컬어 책(茦)이라 하거나 壯한다. 사람이 큰 것을 奘 혹은 壯이라고 한다(凡草木刺人, 北燕朝鮮之間謂之茦, 或謂之壯, 人之大謂之奘, 或謂之壯)." 晉의 郭璞 注에서는 "지금 회남사람 역시 壯이라고 부른다. 壯은 傷이다. 《山海經》에서 刺를 傷이라고 했다(今淮南人亦呼壯, 壯, 傷也. 《山海經》謂刺爲傷也)."라고 설명하고 있다.(錢《疏》, 196)

사람들이 '초목이 사람을 찌른다(草木刺人)'를 '사람이 크다(人之大)'와 연결하여 모두 '壯' 혹은 '奘'이라고 칭했다. 이것은 연상비유의 사유방식, 즉 시적인 은유의 방식으로 언어부호의 체계를 만들어 낸 것이다. 이러한 시적 은유의 방식은 어떤 때는 예의 규범에도 영향을 미친다. 예를 들면 다음과 같다.

《尙書·周書·顧命》에서 "네 사람이 검푸른 두건을 쓰고 날을 바깥쪽으로 향하도록 창을 들고 두 섬돌 옆에 당(堂) 언저리에 서 있었다(四人綦弁, 執戈上刃, 夾兩階戺)."고 했다. 僞孔《傳》에서 "전당의 가장자리를 戺라고 한다. 선비가 서야할 곳이다(堂廉曰戺, 士所立之處)."라고 했다.(阮《疏》, 249) 여기서 戺는 계단 양쪽에 박아놓은 비스듬한 돌을 말한다. 왜 '士'는 창을 들고 두 계단 사이의 쌓아놓은 비스듬한 돌이 있는 곳에 서야하는가? 비스듬한 돌이 사람들에게 주는 인상은 사선으로 위로 솟은 것이다. 이는 남자의 성기가 솟아 있는 상태와 관계가 있다. '戺'와 '士'는 동음이다. 중고에는 모두 止韻 崇母 上聲이었다. 상고에는 모두 之部 崇紐였다. 어음이 서로 같으면 의미도 서로 관계가 있다. 옛사람은 이름이 많고 물건이 많으면 이러한 방식을 취해 말을 했다. 그러나 예의에 관한 규정에 사용하는 것은 드물었다.

위에서 인용한 문헌을 통해 사람들의 마음속에서 '士'는 '공격성을 띠고 있고 진취적인 마음가짐을 가진' 이미지임을 엿볼 수 있다. 남녀가 서로 교제를 할 때 남자는 언제나 주도적인 지위를 차지하고 있다. 선진시대에 귀족 사이의 통혼에는 여러 가지 제약이 있었다. '같은 성씨는 부인으로 들이지 않고 다른 성씨는 보내지 않는다.', '중매하지 않으면 사귀지 않는다.' 등의 규약이 있었다. 그러나 평민들은 상대적으로 이보다 훨씬 자유로웠다. 《詩經·國風》의 시에서도 이점을 볼 수 있다.

《周禮·地官·媒氏》에서 "중춘의 달에는 남자와 여자를 모이게 한다. 이때 예를 갖추지 않고 혼인하더라도 금하지 않는다(中春之月, 令會男女, 於是時也, 奔者不禁)."라고 했다. 鄭玄 주에서 "중천에는 그것을 허락할 권한이 있다(重天時, 權許之也)."라고 했다.(阮《疏》, 733) 남자와 여자가 사통하고 도망가는 것은 쌍방이 서로 원한다는 전제 하에서는 실현가능한 일이다. 고대 중국 남자는 수신, 제가, 치국, 평천하(修身, 齊家, 治國, 平天下)의 길을 따랐다. 성숙한 남자가 되어 생리적 욕구가 충족되면 즉 장가가서 아이를 낳으면 그 다음에는 하나의 목표를 향해 매진하게 된다.

《禮記·曲禮上》에서 "이십은 약이라고 하는데 이때에 관례를 행한다. 삼십은 장이라고 하며 이때에 아내를 맞이한다. 사십은 강이라고 하며 이때에 벼슬길에 나간다(二十日弱, 冠 ; 三十日壯, 有室 ; 四十强, 而仕)."(阮《疏》, 1232)라고 했다. '仕'는 곧 관료가 된다는 것이다. 관료는 아내를 맞이한 후에 된다. 그래서 '士'는 성숙한 남자가 자연스럽게 관료가 되는 것, 혹은 평민과 다르지만 대부보다는 지위가 낮은 단계를 의미한다. 이것은 본의가 자연스럽게 인신되어 나온 의미이다. 그래서 맹자는 관료가 되는 것과 아내를 얻는 것, 아내를 좋아하는 것과 왕을 좋아하는 것을 동등하게 대우했다. "벼슬하는 것은 가난을 극복하기 위해서는 아니지만 때로는 가난을 극복하기 위해서 이기도 하며, 아내를 얻는 것은 살림을 돌보도록하기 위해서는 아니지만 때로는 살림을 돌보도록도 한다. 아내가 있으면 아내를 사랑하고 벼슬을 하면 임금을 사랑하니, 임금의 사랑을 받지 못하면 속을 태운다(仕非爲貧也, 而有時乎爲貧, 娶妻非爲養也, 而有時乎爲養. 有妻子則慕妻子, 仕則慕君. 不得於君, 則熱中)."(阮《疏》, 2744)라고 했다.

'士'의 본의는 성기관이 이미 성숙한 남자다. 이러한 남자는 아내에게나 관직에서나 모두 심한 갈증을 느끼고 있다. 그래서 '진취'하려는 마음을 가지고 있는 것이다. 글자 자체와 중국 상고 역사 문화적 배경의 각도에서 '士'의 본의와 그 인신의의 관계를 탐구했다. '士'의 원시자형이 나타내는 의미는 성기관이 성숙한 남자이다. 이러한 남자가 가장 절박한 것은 장가가는 것이고 한 가정을 이루는 것이다. 아울러 가족을 늘려 남성의 책임을 맡는 것이다. 만약 '事'로 '士'를 해석한다면 그는 먼저 '방사(房事)에 능해야' 했다. 그래서 옛사람들은 남자가 삼십이 되어 아내를 얻으면, 하늘은 양의 수인 삼이 되고 땅은 음의 수인 이가 되며〔天三地二〕, 하늘은 만물을 덮고 땅은 만물을 싣는〔天覆地載〕음양오행의 사유방식의 영향을 받는 것을 제외하면, 다른 것은 모두 신중해야 한다고 규정했다. 성행위를 잘하는 것에서 정사를 잘하는 것으로 확대된 것은 '진취적'이라는 단어가 나타내는 의미특징의 자연스러운 확장이다.

언어문자와 역사문화 및 사회풍속은 서로 영향을 미치는 관계를 가지고 있다. 남성을 가리키는 위의 4개의 한자에 대한 고찰을 통해서 중국 민족의 역사문화와 그 풍속이 중국어 단어 의미 생산과 발전에 어떻게 영향을 주었는지 알 수 있었다. 예를 들어 성 위의 담장을 '여담〔女墻〕'이라고 한다든지 남자가 쓴 갓을 '장보(章甫)'라고 한다든지 등은 남권사회의 남존여비의 문화 인식이 언어문화에 각인된 것이다. 동시에 언어문자는 또한 반대로 민간의 풍속에 영향을 미쳤다. 예를 들면 남녀유별이라든지 남녀 간의 교제를 엄격히 막는 것 등이다. '士'라는 남성칭위사와 그 문자부호에 함축된 문화의미의 탐구를 통해 우리들은 중국민족의 역사문화와 그 풍속이 중국어 어휘와 그 의미의 생산과 발전에 영향을 끼쳤을 뿐 아니라 언어문자 역시 반대로 역사문화풍속에 영향을 미쳤다는 것을 발견했다. 선비들이 서있는 장소를 사선으로 위를 향해 경사진 섬돌(戺라고 칭함)에 배치하는 것이 바로 그 증거이다. 그래서 중국 민족의 언어문자와 역사문화 및 사회풍속은 서로 영향을 주고받는 관계를 형성하고 있다는 것을 알 수 있다.

제2절 여성을 칭하는 한자 구형에 내포된 문화적 함의

본 절에서는 여성을 지칭하는 초기 한자 가운데 네 개의 한자 '婦', '妻', '母', '女'를 골라 남성 칭위사인 '男', '夫', '父', '士'와 대응하여 살펴보고자 한다.

"백성들은 그 어머니는 알지만 그 아버지는 모른다(民知其母, 不知其父)."(王《庄》, 197)와 같이 모계 씨족 사회에서 여성의 지위는 매우 높았다.

王玉哲은 "여성의 양육 혹은 후에 고대 제왕을 기르는 것을 포함하는데, 이는 사실상 원시 고대 사회에서 모계 사회의 수장이 여성이었다는 것을 암시한다. 따라서 어머니의 최고 덕목인 낳아서 기르는 것이어서 이와 같이 칭해졌다(以含女性的毓或後稱古帝王, 實暗示遠古母系社会之酋長爲女性, 故以母之最高属德之生育尊稱之)."(王《史》, 79)라고 했다.

중국 원시 고대의 전설가운데 여와씨, 서왕모를 비롯하여 문헌에 기록되어 있는 상(商)의 시조 간적(簡狄)과 주(周)의 시조 강원(姜嫄)은 모두 여자 수장이었다. 그밖에 '규(嬀)', '요(姚)', '희(姬)', '강(姜)', '영(嬴)', '호(好)', '언(匽)' 등 원시 고대의 성씨는 모두 '女'로 구성된 점으로 보아 원시 고대사회에서 여성이 사회 활동의 중심인 시기가 있었다는 것을 알 수 있다. 여성의 사회적 지위는 부계씨족사회가 생겨나고 모계씨족사회가 와해되면서 하락했다. 이러한 변화는 초기 한자 즉 갑골문과 금문에 반영되어 나타나고 있다.

아래의 네 개의 한자를 자형구조와 構字 의도 그리고 詞義를 일일이 분석하고자 한다. 이 네 개의 한자로 기록된 원시한자에서 파생한 자까지 詞義 관계를 살펴보고 다시 초기 한자의 형체에서 후기 한자 사이의 발전 과정을 통해 자형과 사의 사이에 내재된 관계를 고찰하고, 아울러 고대 중국사회의 역사문화배경과 결합하여 그 문화적 의미를 밝히고자 한다.

1. '婦'

'婦'자는 상고 전적에서 항상 '夫'와 대칭되어 나타난다. 예를 들면 다음과 같다.

《儀禮·士昏禮》에서 "신부를 따라온 여자들은 실(室)의 서남쪽 모퉁이에 연회석을 편다. 신랑이 실(室)안으로 들어가 좌석에 앉는다. 신부는 술잔의 서쪽에서 남면한다. 신부 측에서 따라온 여자들과 신랑 측 시종들이 바꾸어 맞이하여 신부도 손을 씻고 신랑도 손을 씻게 하여 처음으로 정이 가까워지게 한다(媵布席於奥, 夫入於室即席. 婦尊西南面, 媵御沃盥交).(阮《疏》, 966)라고 했다.

'婦'는 '夫'와 대칭되어 나타나고 있다. 그러나 글자를 만드는 각도에서 보면 '男'의 구의와 보다 더 상응한다. '男'은 밭에서 힘을 쓰는 것이고 '婦'는 집에서 빗자루를 들고 집안일을 하는 것이다. 상고 전적에서도 성별칭위사로 '婦'와 '男'이 서로 대응되는 용례가 있다. 예를 들면 다음과 같다.

《禮記·曾子問》에서 "남자는 서쪽으로 향하고 부인은 동쪽으로 향한다(男子西鄉(向), 婦人東鄉(向))."(阮《疏》, 1304)로 기록하고 있다.

'婦人'은 '男子'와 대칭되어 나온다. '男'과 '婦' 역시 서로 대응된다고 할 수 있다. 여기서 동향, 서향은 영구(靈柩)가 묘혈에 다다를 때 묘혈의 널길위에서 부인은 동쪽을 향하여 서쪽에 서야하고 남자는 서쪽을 향하여 동쪽에 서야 하는 것이다. 이 의미에서 볼 때 '男'과 '婦'는 서로 대응되는 것이다. 이는 지금 '男'과 '女'가 서로 대응되는 것과는 다르다. '婦'는《儀禮》에서 모두 294번 나타나는데 그 가운데 127번이 '主婦'로 나타나고 '主人'과 대칭되고 있다. 예를 들면 다음과 같다.

《儀禮·士昏禮》: “주인이 재배하고 예물을 받으면 사위가 재배하고 예를 행하고 문밖으로 나간다. 이에 주인의 부인(장모)을 뵌다. 주인의 부인은 왼쪽 문짝을 닫고 그 안에 서있다(主人再拜, 受. 壻再拜, 送. 出見主婦, 主婦闔扉立於其內).”(阮《疏》, 973)

‘主婦’는 ‘主人’과 대칭되어 나타났다. ‘主婦’는 지금으로 말하자면 ‘여주인’에 해당한다. 주인은 지금의 남자주인(男主人)을 말하는 것이다. 주부와 주인이 대칭되는데 마치 남과 부가 대칭되는 것과 같다. ‘主人’과 대칭되든지 ‘夫’와 대칭되든지 간데 ‘婦’의 사의는 모두 ‘기혼의 여성’이라는 것은 분명하다. 게다가 이는 ‘婦’의 초기 자형과도 부합되고 있다.

《說文·女部》에서 “𡠝는 服이다. 여자가 빗자루를 들고 청소하는 것으로 구성되었다. 물청소하는 것이다(𡠝, 服也. 从女持帚, 洒掃也).”(大徐本, 259)라고 했다. 服으로 ‘婦’를 해석하는 것은 전통 훈고학의 ‘성훈’의 훈석 방식을 사용한 것이다. 王寧은 “성훈은 동원사를 통해서 사의의 특징 즉 사원의미를 나타낸 것이다.” 라고 설명하고 있다. (王《訓》, 106-107)

許愼이 ‘服’으로 ‘婦’를 해석한 것은 단순하게 성음이 서로 같은 글자로 훈석한 것이 아니라 그 의도를 가진 것이다. 즉 그는 일반적인 훈석으로 그 글자가 나타내는 사의를 훈석한 것이 아니라 왜 기혼의 여자를 ‘婦’로 칭하는 지 깊이 연구했다.

段玉裁 주는 “또한 첩운[16]으로 훈을 삼는다. ‘婦’는 주로 일을 하는 사람이다. 《大戴禮·本命》에서 ‘여자는 남자가 가르쳐서 그 의리를 기르는 사람을 말한다. 그래서 부인이라고 칭한다. 부인은 사람에게 복종한다. 그리하여 스스로 결정할 수 없고, ‘삼종’의 도리가 있을 뿐이

16 ‘婦’의 고음은 之部에 속한다. ‘服’의 고음은 職部에 속한다. 之職 陰入對轉으로 모두 段玉

다(亦以叠韻爲訓. 婦, 主服事人者也.《大戴禮·本命》: 女子者言如男子之教而長其義理者也. 故謂之婦人. 婦人, 伏於人也. 是故無專制之義, 有'三從'之道).'라고 하였고,《曲禮》에서는 '사의 비를 부라고 했는데 이것을 해석한 말이다(士之妃曰婦. 析言之也).'"라고 했다.(段注, 259) 段玉裁는 '婦'와 服의 음의 관계를 제시했다. 이러한 관계가 옛사람의 구자에 반영된 의도와 같은지 아닌지 고문자를 통해 증명하고자 한다.

'婦'자가 만들어진 시기는 매우 이르다. 갑골문에서는 이미 '婦'자가 있었다. 그 자형은 다음과 같다.

一期存一.一0一四

혹은 다음과 같다.

一期卜七二三

徐中舒는 "女와 (帚)로 구성되어 있다.《說文》의 '婦'자는 전문(篆文)과 같다. 복사에서는 많은 경우 '帚'를 가차하여 '婦'로 삼았다. 는 '女'로 구성되어 있고 '帚'성으로 '帚'의 번식자이다."라고 지적했다.(徐《甲》, 307) 徐中舒의 말은 容庚의《金文編》을 계승한 것이다. 容庚은《比簋》에 근거하여 伯婦의 '婦'는 가 된다. '帚'는 '婦'로 번식되었다고 지적했다.(容《金》, 550) 만약《比簋》가 서주 초기(기원전 11세기)의 기물이어서 '婦'자가 최초에는 '帚'자로 기록되었다는 것을 증명하기에는 부족하

裁의 十七部 중의 第一部에 있다. 聲은 모두 併紐에 있다. 그래서 准叠韻雙聲 관계가 된다. 음이 매우 근접해있다.

다면, 1976년 중국 하남(河南) 안양(安陽)시 소둔(小屯)촌 은허의 부호묘(婦好墓)에서 출토된 은상 무정세(武丁世)의 《婦好鼎》의 '婦'자를 '帚'로 기록한 것으로 증명할 수 있다.

그 '婦'자는 다음과 같다.

 婦好鼎

무정(武丁)은 갑골문의 탄생과 형성 제1기[17]에 해당한다. 徐中舒의 말이 믿을 만하다는 것을 증명한다. 徐中舒는 이 자의 초기 글자가 바로 '帚'라고 여겼다. '婦'자는 '帚'의 기초 위에 의미를 나타내는 부건인 '女'를 덧붙여서 구성된 후 나타난 글자이다. 徐中舒의 말은 근거가 있다. 복사는 '帚'를 '婦'로 쓴 것이 있다. 예를 들면 다음과 같다.

갑골문 一期合二八七에 "부어의 아들을 비라고 한다(帚御子曰啚)."(徐《甲》, 1339)라고 했다.

帚御는 婦御로 사람(혹은 천신지신)이름이다. 이 복사는 婦御의 아들을 啚라고 한다고 말하고 있다. 위에서 언급한 금문에서 사용한 글자 역시 徐中舒의 견해를 증명하고 있다고 할 수 있다. 즉 '婦'자는 의음(義音)합성자에 속한다. 그 공식은 女Y+帚S=婦(YS)[18]이다. 그 가운데 시음구건은 자원의(字源義)를 보여주는 글자를 겸한다. 시원구건이라고도 볼 수 있다. 다시 말해서 '婦'와 '帚'는 음의(音義)상의 근원관계를 가지고 있다. 따라서 '婦'자에 내재된 문화의미를 연구할 때는 반드시 '帚'자의 자형구조와 그 구의에 대한 정립이 필요하다.

---

17 董作賓, 《甲骨文斷代硏究例》, 《蔡元培先生六十五歲慶祝文集》 抽印本. 참조.

18 만약 단순히 갑골문의 '婦'자의 자형으로만 분석한다면 '婦'는 두 개의 구건으로 구성되었다. 그 중 女는 사람이 손이 묶인 체 꿇어앉은 형상이다. '帚'는 빗자루의 형상이다. 그

《說文·巾部》에 "帚는 오물을 치우는 것이다. 又(手), 巾, 冂으로 구성된 회의자이다. 한 사람이 손에 수건을 들고 경내를 청소하는 것을 나타낸다. 옛날에 소강이 처음으로 키와 비와 고량주를 만들었다. 소강은 바로 두강이다. 장환에 묻혔다(帚, 糞也, 从又持巾埽冂內. 古者少康初作箕帚, 秫酒. 少康, 杜康也, 葬長垣)."(大徐本, 159)라고 했다.

그러나 갑골문을 살펴보면 '帚'자는 巾, 又자로 구성되어 있지 않고 또한 冂으로도 구성되어 있지 않다. '帚'자는 갑골문에서 이미 존재한다. 그 자형은 다음과 같다.

一期乙八八九三

마치 대나무 가지 혹은 수숫대 등으로 엮어 만든 빗자루 형상과 같다. 段玉裁는 "억새나 기장으로 땅을 쓸어버리는 것(乃用萑芀, 黍梨爲帚拂地矣)."(段注, 361)이라고 했다

巾은 비의 자루의 자형이 변한 것이고, 又는 빗자루 끝의 자형이 변한 것이며, 冂은 묶어놓은 모양의 자형이 변화된 것이다.[19]

이것은 全功能零合成字로 독립된 표형구건으로 구성되어 있다. 그래서 여러 개의 구건으로 분리할 수 없다. '帚'는 비록 갑골문에서 빗자루의 형태를 보이지만 빗자루의 의미로는 거의 사용되지 않았다. 徐中舒의 《甲骨文字典》에 수록된 의미는 다음의 세 가지이다. 첫째 '婦'로 가차된 것이고, 둘째 '歸'로 가차되었으며 셋째는 천신지신의

래서 회형합성자이다. 그 공식은 女X+帚X=婦(XX)이다.

19 羅振玉의 《殷墟書契考釋》에서 冂은 빗자루를 걸어놓은 틀과 같다고 했다. 이 말은 庄有可, 馬敍倫 등의 사람들의 비판을 받았다. 또 李圃主編 《古文字詁林》 第7冊, pp.191-194에 기재되었다. 上海敎育出版社, 2004년판.

이름으로 사용되었다.(徐《甲》, 865)여기서 '婦로 가차되었다는 것'은 '본래 '婦'로 사용되었다'로 간주해야 한다. 이렇게 해야 '婦'자 아래에 글자를 해석하면서 "𡚸는 '女'로 구성되었고 '帚'의 소리이다. '帚'자의 번식자이다."(徐《甲》, 1307)라는 말과 합치된다. 容庚은 《金文編》권 7에서 "번식하여 歸가 되었다[20] ", "번식하여 婦가 되었다"(容《金》, 549-550)라고 했다.

'帚'가 '婦'로 사용된 것은 사의의 상(狀)이 인신되어 이루어진 결과[21]이다. 논리와 언어의 각도에서 보면 '帚'와 '婦'는 속성과 성질이 완전히 다른 두 가지 사물이다. 그러나 그 외부 성상(형상, 성능, 기능 등등을 포함해서)이 서로 비슷하여 이름을 공유할 수 있거나 혹은 근원을 같이 할 수 있는 것이다. 이것은 형상이 인신된 동상(同狀)인신이다. 동상(同狀)인신을 가진 두 개의 글자는 문헌에서 종종 하나의 글자로 기록된다. 예를 들어 하늘에 날아다니는 기러기와 집안에서 기르는 집오리는 본래 다른 것이다. 그러나 그 외형은 서로 비슷하다. 그래서 선진 문헌에서 이 두 동물을 모두 기러기로 불렀고 하나의 한자 '雁'로 기록했다. '帚'와 '婦'가 가리키는 것 역시 동상(同狀)의 관계이다. 이 점은 '帚〔빗자루〕'가 《禮記》에서 3개의 다른 이름으로 나타나는 것을 통해

---

20 郭沫若과 唐蘭 등에 따르면 가차되어 '歸'가 되었다는 오독이다. 사실, 복사에서 '帚某'는 모두 '婦某'로 해석할 수 있다. 殷王母妣는 甲乙 등 천간으로 칭해졌고, 妃嬪은 '帚'를 성씨에 더해 칭해졌다. 妃嬪은 전묘가 없어서 母妣의 묘에서 함께 제사를 받았다. 그 설은 따를 만 하다. 郭沫若의 《殷契餘論·骨臼辭》와 唐蘭의 《殷墟文字記》을 참고하고, 李圃主編의 《古文字詁林》第7册, pp.191—196, 上海教育出版社, 2004年版에 수록됨.

21 사의(詞義)의 상(狀)이 인신되어 이루어진 결과라는 것은 王寧이 귀납해낸 규율 가운데 하나이다. 사의의 이성(理性)인신과 상대되는 인신 규율이다. 사의의 상이 인신된 것이란 구체적 사물의 물상(物狀)관계에 기초하여 논리와 서로 부합될 수 없는 인신을 가리킨다. 그 가운데는 동상(同狀)의 인신, 동소(同所)의 인신, 통감(通感)의 인신 등이 포함된다. 《訓詁學原理》, 中國國際廣播出版社 1997년. p.57 참조.

서 '帚'의 외형특징을 볼 수 있고, 다시 '婦'의 지칭 대상의 외형특징과 비교하면 두 글자 사이의 유사점을 발견할 수 있다. 《禮記》에서 청소 도구로 '帚'이외에 '彗', '茢', '鬣'의 세 글자가 있다. 예를 들면 다음과 같다.

〈曲禮上〉에서 "도성 안에서는 대나무가지로 된 빗자루로 말의 등을 긁어서 달릴 때 나는 먼지가 바퀴 자국을 벗어나지 않게 한다(國中以策彗, 卹勿驅, 塵不出軌)." 라고 했는데 鄭玄의 주에서 "혜는 대나무 빗자루이다(彗, 竹帚)."라고 했다.(阮《疏》, 1253)

〈檀弓下〉에서 "임금이 신하의 상에 임할 때에는 아직 염습하기 전에 간다. 무당으로 하여금 복숭아나무 가지와 갈대 이삭으로 만든 비를 가지고 창을 잡게 하는 것은 흉하고 사악한 기운을 싫어하여 쓸어내기 위한 것이며, 죽은 자와 산자를 다르게 취급하는 것이다(君臨臣喪, 以巫, 祝, 桃, 茢, 執戈, 惡之也, 所以異於生也)."라고 했다. 鄭玄의 주에서 "열은 갈대 이삭으로 만든 비이다. 상서롭지 않은 것을 쓸어버릴 수 있다(茢, 萑苕. 可埽不祥)."라고 했다.(阮《疏》, 1303)

〈少儀〉에서 "좌석 앞만을 쓸어내는 것을 분이라고 한다. 좌석만을 털어버리는 데에는 비를 쓰지 않는다(埽席前曰拚, 拚席不以鬣)."라고 했다. 鄭玄 주에서 "엽은 빗자루이다(鬣謂帚也)."라고 했다.(阮《疏》, 1511)

'帚'의 세 개의 다른 이름은 '彗', '茢', '鬣'이다. 고찰을 통해서 이 사물들은 모두 외부적 특징에 따라 이름을 지었음을 알 수 있다.

'彗'는 《說文·又部》에서 "彗, 는 청소할 때 사용하던 대나무이다. 손으로 甡을 움켜쥐고 있는 것으로 회의자이다(彗, 掃竹也. 从又持甡, 會意)." 朱駿聲은 "甡의 훈은 초목이 무성하게 자라난 것으로, 의미와 거리가 있어 甡으로 구성되었는지 의심스럽다. 甡자는 고문에 풍부한데 글자가 彗의 형상과 닮아 있다(甡訓衆生并進, 於義爲迂. 疑从甡, 甡者古文豊, 字亦象彗形也.)"라고 했다.(朱《聲》, 1569) 필자는 朱駿聲의 말이 옳다고 생각한다.

'彗'는 갑골문에 이미 있었다. 그 자형은 다음과 같다.

一期鐵二八.一

바로 빗자루의 형상이다. '彗'는 풀 혹은 대나무를 묶어 만든 것이다. 작은 대나무 가지로 재료를 삼거나 풀로 만들거나 떨어진 억새로 만든다. 어떤 종류든지 간에 모두 작다는 의미를 가지고 있다. 그래서 '彗'에서 소리를 얻는 글자는 대부분 작다는 의미가 있다. 예를 들면 다음과 같다.

> 嘒는 작은 소리이다. (小聲也)
>
> 槥는 작은 관이다. (小棺也)
>
> 繐는 사천지역의 가는 베이다. (蜀細布也)
>
> 鏏는 작은 정이다. (小鼎也) (朱《聲》, 569)

'彗'는 '帚'의 다른 이름이며, 만드는 재료의 특징인 '작다'에서 그 의미를 취했다고 할 수 있다. '茢'과 '鬣'도 '帚'의 다른 이름으로 그 사유 방향은 대체로 일치한다. 단지 그 형상에 차이가 있어 각각 茢과 鬣으로 불리게 된 것이다.

'茢'은 원래 갈대를 가리키는 것이다. 《說文·艸部》에선 "茢은 갈대이다. 艸로 구성되어 있고 列의 소리를 가지고 있다(芀也. 从艸, 列聲)."라고 했다. 段玉裁 주는 "갈대 비는 꽃이 지면 이삭을 이용해 만든다. '芀'은 다른 이름으로 '茢'이라고 한다. 따라서 '帚'의 다른 이름 역시 '茢'이다(芀帚, 花退用穎爲之. 芀一名茢, 故帚一名茢)."라고 했다.(段注, 34) 段玉裁 주를 통해서 '茢'은 본래 갈대류의 초본식물의 일종이라는 것을 알 수 있다. 그 갈대의 꽃이 떨어진 후에 그 줄기와 꽃대로 빗자루를 만들 수 있으며 또한 그것으로 '帚'를 지칭할 수 있다. 만들어진 빗자루는 또 초추(艻帚) 혹은 추초(萑苕)으로 칭할 수 있다. 鄭玄은 〈檀弓下〉주에서 다음과 같이 말하고 있다.

"열은 추초이다. 상서롭지 않은 것을 쓸어낼 수 있다(茢, 萑苕. 可埽不祥)."(阮《疏》, 1511)

'茢'은 억새로 만들어진 빗자루를 가리킨다. 북방에서는 초추(苕帚)라고 부른다. 부뚜막을 쓰는데 사용하는 것으로 땅바닥을 쓸지는 않는다. 청소의 의미가 있고 여러 갈래로 갈라졌다는 외형적 특징을 가진다. 그래서 '列'이 성부가 된다. '列'에서 소리를 얻은 글자는 대부분 분열, 분리의 의미를 가진다. 예를 들면 다음과 같다.

> 列, 잔골을 분해하다.
>
> 裂, 비단의 잔여물
>
> 䶛, 치아가 분골되는 소리
>
> 㮖, 알곡을 제거한 후의 수숫대

그래서 段玉裁는 '帚'자 아래 주를 달아서 黍䅀의 䅀이라고 했다. 그래서 '帚'를 '茢'로 칭한 것은 빗자루 끝이 갈라져 잔가지가 많은 형상적 특징에서 그 사유방향을 취한 것이다.

'鬣'의 본의는 머리카락이 위로 치솟은 모습이다. 《說文·髟部》에서 "𩮀은 머리가 치솟은 것이다(𩮀, 髮鬣鬣也)."라고 했다. 段玉裁의 주에서 "엽렵(鬣鬣)은 움직여서 곧게 위로 치솟은 모양이다. 두발이 위로 솟은 것으로 두발이 위쪽의 관에 부딪치는 것이다(鬣鬣, 動而直上皃. 所謂髮上指, 髮上

沖冠也).”라고 했다.(段注, 427) 두발이 위로 치솟은 것은 그 형상이 갈라져 있고 분산되었다. 후에 인신되어 길고 억센 수염을 가리켰다. 《左傳·昭公七年》에는 “초나라 군주가 노나라 소공에게 새 궁대에서 향연을 베풀었는데 그 때 긴 수염이 난 건장한 사내에게 공의 시중을 들게 했다(楚子享公於新台, 使長鬣者相).”라고 했다. 杜預의 주에서 “鬣은 수염이다(鬣, 須也).” 孔穎達 소에서는 “오나라와 초나라의 사람들은 수염이 적었다. 그래서 수염이 긴 건장한 사람을 골라 시중을 들게 하는 것이 예의였다(吳楚之人少须, 故選長鬣者相, 禮也).”라고 했다.(阮《疏》, 2049) 《禮記·明堂位》에서 “하후씨의 낙타는 검은 수염이고 은나라 사람의 백마는 검은 머리였고, 주나라 사람의 황마는 갈기가 많았다(夏后氏駱馬黑鬣, 殷人白馬黑首, 周人黃馬蕃鬣).”(阮《疏》, 1490) 라고 했다. “鬣”이 위로 벋친 머리든지 억센 수염을 가리키는 것인지 혹은 말갈기 등을 가리키는 것인지는 중요하지 않다. 단지 그 외형적 특징이 모두 갈라지고 분산된 형태를 나타내는 것이다. 이것은 갈대비의 끝이 모두 갈라지고 분산된 형상을 보이는 것과 같다. 그래서 ‘鬣’으로 칭한 것이다. 이 글자들의 사유방향은 ‘帚’를 ‘莿’이라고 칭한 것과 일치한 것이다.

그래서 ‘帚’는《禮記》에서 같은 물건이지만 다른 이름으로 세 번 나타나는 것에서 ‘帚’가 가리키는 대상 즉 갈대비의 의미 특징들을 볼 수 있었다. 즉 첫 번째는 작고 가는 대나무 가지나 갈대의 꽃대로 엮은 것이다. 그래서 작다는 의미 특징을 가지고 있고 ‘彗’ 라고 칭했다. 두 번째는 빗자루 끝이 분산되고 가지가 많은 형상이다. 그래서 산란하다는 의미특징이 있고 ‘莿’ 혹은 ‘鬣’이라고 칭했다. 그래서 이 두 가지의 의미특징과 ‘婦’자가 기록한 대상 즉 기혼의 여자들은 모두 공통점을 가지고 있는 것이다.

단순히 ‘婦’의 갑골문을 통해서는 ‘婦’와 ‘帚’ 사이에는 어떠한 외부 형상도 서로 통하는 점을 찾아볼 수 없다. 그러나 '婦'와 같은 의미를 가진 '妻'의 갑골문의 자형을 통해서 그 단서를 찾아볼 수 있다. '妻' 역시 여성을 지칭하는 칭위사 중의 하나이다. (아래 내용에서 토론할 예정이다). 주의할 것은 '妻'의 초기 자형이 갑골문에서는 다음과 같이 쓰였다는 점이다.

一期佚一八一

혹은 다음과 같다.

一期後下三八.一

이 두 종류의 자형은 공통적인 특징이 하나 있다. 그것은 바로 '妻'가 가리키는 대상은 타인의 손에 붙잡힌 것이다. 게다가 머리카락이 산발을 하고 있다는 점이다. 徐中舒는 " (又)로 구성되어 있고 로 구성되어 있다. 는 부녀자의 머리카락이 긴 형상을 나타내는 것이다. 혹은 (廾)가 되는 것과 같다. 부녀자와 같은 형상이다. 상고에는 부녀자를 약탈하여 배우자로 삼는 습속이 있었다. 이것이 바로 약탈혼이었다. 갑골문의 '妻'자는 이 약탈혼의 반영이다. 후세에 여성배우자를 칭하게 되었다."(徐《甲》, 1303)라고 말했다.

徐中舒의 말은 따를 만하다. 그러나 부녀자의 긴 머리 형상과 같다는 점은 다시 고려해 보아야 한다. 장발을 형상하는 글자는 長의 갑골문 이 나타내는 '길다'와 닮아야 한다. '길다'의 의미를 가진 장발은 의 형상이다. 길지만 어지럽지 않다. 그러나 '妻'의 '두발'은 길지만 그 형태가 으로 보기에도 매우 어지러워 보인다. 이것은 상고시대에 혈연관계인 근친 간에 통혼이 엄격하게 금기시 된 이후, 여성 배우자를 획득하기 위해서 다른 부족에서 강제로 빼앗아오는 방법 밖에 없었음을 보여주는 것이다. 강탈하는 과정에서 피비린내 나는 격투가 있었고, 그래서 강탈한 여성의 머리는 일반적으로 산발일 수밖에 없었던 것이다.

엥겔스는 《가족, 사유재산, 국가의 기원(家庭, 私有制和國家的起源)》에서 인류가정의 혼인 형식의 형성 단계를 네 단계로 나누었다.

(1) 혈연가정 - 혼인 집단은 항렬에 따라 나뉜 것이다. 가정 범위 내의 모든 조부와 조모는 모두 부부가 된다. 그들의 자녀는 부부가 되어 아버지와 어머니가 되었다. 이와 똑같이 그들의 자녀도 세 번째 공동 부부권을 구성한다.

(2) 푸날루아 가정 - 혈연관계(하나의 씨족)의 자매들과 혈연관계가 없는 다른 씨족의 형제들과 혼인관계를 맺어 하나의 대가족을 구성하는 것을 가리킨다.[22]

(3) 대우혼 가정 - 일정 시간 동안 혹은 장단기의 시간 안에서 짝을 이루는 배우제도로, 약탈혼은 이 단계에 형성된 것이다.

(4) 일부일처제 가정- 엥겔스는 "일부일처제가정과 대우혼 가정의 차이점은 혼인관계가 훨씬 견고하다는 데에 있다. 이러한 관계에서는 일방의 임의대로 결혼을 해체할 수 없게 되었다."라고 했다.(中《馬》, 67)

약탈혼은 푸날루아 가정에서 대우혼 가정으로 넘어가는 과도기에 발생되었다. 네 단계중의 하나의 에피소드라고 볼 수 있다. 약탈혼에 대해서 엥겔스는 다음과 같은 견해를 펼쳤다. "부녀자를 강탈하는 현

---

22 푸날루아(punalua)는 원시가정구성으로 하와이 말이다. 그 의미는 친밀한 짝이라는 뜻이다. 푸날루아는 주로 동복의 형제자매의 자녀, 조손자녀 및 증손자녀간의 결혼을 금지하기 위해 형성된 일종의 가정 혼인 제도이다.

상은 이미 혼인이 개별혼인으로 넘어가고 있음을 나타내는 조짐이다. 적어도 대우혼의 형식에서 이러한 조짐이 나타냈다. 청년 남자는 친구들의 도움으로 아가씨를 강탈하거나 편취할 때, 청년남자와 그 친구들은 그 아가씨를 윤간한다. 그러나 그런 다음 이 아가씨는 주도적으로 강탈한 그 청년남자의 아내로 인식된다. 반대로 만약 강탈되어 온 여자가 남편에게서 도망치고 다른 남자에게 붙잡히면 그녀는 후자의 아내가 된다. 전자는 그의 특권을 상실하게 된다.(中《馬》, 41)"

엥겔스의 논리로 보면 강탈한 여자가 산발의 형상을 보이는 것은 당연하다. 우선 강탈하는 과정에서 발생한 피비린내 나는 혈투에서 그 이유가 찾을 수 있고, 두 번째 강탈한 후 많은 남자들에게 윤간을 당하는 행위를 통해서도 머리는 산발될 수밖에 없기 때문이다. 따라서 "상고에 부녀자를 약탈하여 배우자로 삼는 풍습은 약탈혼을 위한 것이다. 갑골문의 '妻'자는 바로 이러한 약탈혼인이 반영된 것이다." 라는 추론은 원시고대의 역사 문화적 배경과 부합하는 것이다.

이러한 약탈혼의 습속은 후대에도 여전히 남아 있었다. 《後漢書·梁冀傳》에 "양기는 다시 빈객을 변방으로 파견해서 외국과 왕래를 하여 진기한 물품을 널리 구했다. 출행도중에 시녀와 시종을 골라 대동했다. 이러한 시종들은 또 그의 세력을 믿고 난폭하게 행동하며 부녀자를 강간하고 낮은 관리들을 구타하여 가는 곳 마다 사람들의 원한이 뼈 속 깊이 사무쳤다(冀又譴客出塞, 交通外國, 廣求異物. 因行道路, 發取妓女御者, 而使人復乘埶橫暴, 妻略婦女, 毆擊吏卒, 所在怨毒)."(范《書》, 1181)라는 기록이 있다.

'妻略婦女'라는 말은 다른 사람의 아내를 약탈하여 자기의 처로 삼는 것이다. 물론 이것은 東漢의 혼란한 시대에 梁冀의 소행이다.

그래서 '妻'의 두발이 산란한 형상을 보이는 것은 바로 '婦'의 원초자의 형상인 와 매우 비슷하다. 이것은 강탈하여 배우자로 삼은 여

자의 두발이 매우 어지러운 외형과 '帚'의 외형특징과 관계가 있는 것이다. '帚'자로 강탈한 배우자 즉 '婦'를 기록했고 이렇게 형성된 것이다.

성능과 기능의 각도에서 보면 '帚'와 '婦' 역시 일정한 관계가 있다. 앞에서 '帚'는 작은 대나무 가지 혹은 억새풀로 엮어서 만든 것으로 보았다. 구성 재료에서 보면 배나 수레 혹은 궁궐을 만드는 재료와 비교하면 미미하기 그지없다. 그래서 '彗'로 칭한 것이다.

'婦' 역시 비천하다는 의미를 포함하고 있다. 이것은 원시사회가 모계에서 부계로 전환되면서부터 사용되었다고 할 수 있다.

인류는 원시집단에서 혈족사회집단이 형성되기까지 매우 긴 시기를 경험했다. 혈연의 집단혼에서 원시씨족사회로 넘어가는 시기에도 또한 긴 역사적 단계를 거쳤다. 사람들은 혈연관계가 있는 친족 간의 통혼이 다음 세대 혹은 더 먼 후대에 신체 발육에 많은 생리적 결함을 가져다준다는 것을 발견하고 점차적으로 혼인관계를 개선했다. 직계부모 소생의 친형제자매간의 혼인을 배제한 것이다. 그리고 한 가정의 여러 형제와 다른 가정의 여러 자매간의 혼인을 맺었다. 이것은 씨족 사회가 건립한 혼인의 기초이다. 씨족 사회의 초기 가계는 모계로 이어졌다. 그래서 여성이 사회에서 지배적인 지위를 점유했고 사회의 상층에 위치했다.

모계씨족사회에서 부계씨족 사회로 옮겨가는 과정 역시 오천년의 역사적 단계를 거쳤다. 대략 오천년 전 부터 중국의 황하유역과 양자강 유역의 일부 씨족과 부락이 연달아 모계씨족사회에서 부계씨족 공동체 시대로 진입했다. 이러한 변화는 사회 생산 능력의 발전으로 남자가 점차 생산의 주도적 위치를 점하면서 형성된 것이다.

부계 씨족공동체 사회는 본격적인 농업기반 사회이다. 과거의 농업

형태와는 달리 토지를 깊이 갈아엎어야 했다. 화전민처럼 들풀이 탄 초지에 작은 구멍을 파고 씨앗을 심는 것과는 달랐다. 땅을 갈고 엎으려면 체력이 필요했다. 그래서 농업생산에 종사하는 주체는 부녀자에서 남자로 바뀌었다. 다시 말하면 남자는 밖에서 농사일을 담당하고, 식구의 생계를 책임지는 중책을 맡게 됨으로써 한 가정에서 주인의 지위를 부여받게 된 것이다.

인류사회가 부계씨족사회로 진입한 이후 점점 남성이 집권하는 사회가 형성되었다. 현대고고학과 갑골학은 기본적으로 은상초기 문화와 신석기 문화의 관계를 증명했다. 윗 절에서 이미 '父'자의 초기 자형과 석기시대의 주요 노동 공구인 도끼가 직접적 관계를 가지고 있음을 증명했다.

석기시대에 도끼를 들고 노동하는 주체는 남자였고, 노예 제도가 고도로 발전된 청동기 시대에 진입하면서 남성중심의 사회가 공고하게 형성되었다. 남성 집권이 이미 최고봉에 이르게 된 것이다. 생산노동에 종사하는 남자는 국가권력의 중심이 되었다. 금자탑식의 남성 집권 통치를 이루어 낸 것이다.

남성 집권의 최고봉에 진입한 봉건시대에 '男'과 '婦'의 사회적 지위는 마치 하늘과 땅과 같았다. 아래 문헌자료에서 그 사실을 증명할 수 있다.

《儀禮·喪服傳》에서 "부인이 거듭 참최(斬衰)복을 입지 않는 것은 무슨 이유인가? 부인에게는 삼종의 의가 있고 전용하는 도가 없기 때문이다. 그러므로 시집가지 않아서는 아버지를 따르고 이미 시집을 가서는 지아비를 따르고 지아비가 죽으면 아들을 따르는 것이다. 그러므로 아버지는 아들의 하늘이요. 지아비는 아내의 하늘이다. 부인은 두 번 참최를 입지 않는 것은 가히 하늘을 거듭하지 않는다고 이르는 것이며 부인이 능히 거듭 높이지 않는 것이다(婦人不貳斬者何也？婦人有三從之義, 無專用之道. 故未嫁從父, 既嫁從夫, 夫死從子. 故父者子之天也, 夫者妻之天也. 婦人不貳斬者, 猶曰不貳天也. 婦人不能貳尊也."(阮《疏》, 1106))"라고 했다. 이 말은 곧 이미 결혼한 여자는 자신의 남자를 하늘과 같이 우러러 봉양해야 한다는 것이다.

《釋名·釋親屬》에서 "대부의 아내를 명부라고 한다. 부는 복이다. 가사 일을 하는 것이다. 남편은 조정의 명을 받고, 아내는 가장의 명을 받는다(大夫之妃曰命婦. 婦, 服也, 服家事也. 夫受命於朝, 妻受命於家也)."(王《補》, 106)라고 했다.

고귀하여 '명부'에 이른 대부의 아내이더라도 그 직책은 겨우 집안 일을 관리하는 것에 불과하다. 조정의 명을 받아서 조정에 참여하는 남편과 비교하자면 그 지위의 차별은 당연한 것이다.

《荀子·樂論》에서 "난세의 징조는 그 옷은 무늬가 있고 그 용모는 부인과 같다(亂世之徵, 其服組, 其容婦)."(王《解》, 256)라고 했다.

'組'는 文의 의미이다. 형용사성 단어이다. 文과 의미가 호응되므로 '婦' 역시 형용사성 단어로 보아야 한다. 여기서는 요사스럽고 아름답다는 의미[23]이다. 이는 쾌락에 빠져있고, 사치에만 몰두하는 남자를 부인에 비유한 것으로 그 쭈뼛거리는 태도가 구역질난다는 것을 의미하고 있다.

위 문헌은 모두 남성이 집권하는 고대사회에서 부녀자의 지위는 낮았다는 것을 증명하고 있다. 또한 남성의 눈에 부녀자들은 비천한 것이었다. 그래서 '婦'는 실질적으로 '보잘 것 없다'는 의미적 특징을 포함하고 있다. 이것은 '帚'가 지칭하는 대상과 성능적인 부분에서도

---

23 《漢語大字典》에서는 이 예 가운데 '婦'를 '부드럽고 아름다우며 정숙한 용모'라고 말하고 있으나 문장의 의미와는 맞지 않는다. 荀子는 여기서 분명히 폄하의 의미를 가지고 있었지 결코 칭찬하는 의미를 나타낸 것이 아니다.

서로 상통한다.

기능적으로 본다면 다음과 같다. 許愼은 ‘糞’을 ‘帚’로 해석했다. 段玉裁는 주에서 다시 ‘糞也’를 ‘所以糞也’로 바꾸었다(段注, 361) 許愼은 ‘帚’를 동사로 해석하였고, 段玉裁는 ‘帚’를 명사로 해석한 것이다. 실질적으로 모두 물청소와 관련이 있다. ‘糞’은《說文解字 華部》에서 ‘糞은 버리고 청소하는 것〔棄除〕’이라고 했다. 許愼은 ‘糞’을 ‘帚’로 해석했고, ‘棄除’를 ‘糞’으로 해석했다고 생각된다. 즉 ‘帚’와 ‘除’는 서로 일맥상통하는 것이다.

《說文·阜部》에서 “除는 궁전의 계단이다.(除, 殿陛也).”라고 했다. 段玉裁 주에서는 “전은 궁전이다. 전폐는 계단을 일컫는 것이다. 그래서 무릇 옛것을 없애고 새롭게 하는 것을 모두 除라고 일컬었다. 단계를 올려 취하여 쉽게 바꾼다는 의미이다(殿謂宮殿, 殿陛謂之除. 因之, 凡去舊更新皆曰除, 取拾級更易之義也).”(段注, 361)라고 했다. 즉 除는 동사와 명사를 겸하는 겸류사로 ‘帚’의 구의와 합치된다. ‘帚’는 뜰을 물청소하는 데에 사용되었고, 먼지를 없애고 새롭게 하는 것이다. 除의 ‘오래된 것을 제거하고 새롭게 한다는 것’과 서로 통한다. ‘帚’의 고음이 章紐 幽部에 있고, 除의 고음은 定紐 魚部에 있다. 성(聲)인 定과 章은 준방뉴(準旁紐)이며 운(韻)은 魚, 幽로 방전(旁轉)이다. 따라서 음이 서로 가깝다. ‘帚’라고 명명된 것은 그 기능 즉 ‘먼지를 제거한다’는 데에 초점을 둔 것이다.

부인이 남자는 밖에서, 여자는 안에서 일하는 분업 사회에서 부담해야할 직무는 대부분 물청소하는 일과 상관이 있다. 예를 들면 다음과 같다.

《儀禮·士昏禮》에서 “신부는 대추와 밤이 들어 있는 대나무 바구니를 들고 문안으로 들어가 서쪽 계단으로 올라서 동면하고 절을 하고 대추와 밤이 있는 대나무 바구니를 자리에 놓는다(婦執笲棗, 栗自門入, 升自西

階, 進拜, 奠於席).”라고 했다. 鄭玄의 주에서 변(笲)은 대나무로 만든 대바구니이며 대추나 밤을 넣는 예물 바구니 이다. 그 형태는 대체로 지금의 광주리와 같다(笲, 竹器而衣者, 其形蓋如今之筥, 筌芦矣).”라고 했다.(阮《疏》, 967)

부녀자는 설사 제사 활동 중이라도 대추와 밤을 가득 담은 대나무 그릇을 들고 제사를 지내는 남자를 도와주는 조수의 역할을 할 뿐이었다.

《韓詩外傳》卷九에서 “초장왕은 하인으로 하여금 금 백 근을 가져와 북곽선생을 초빙하니 선생이 말하길 ‘신은 아내가 있으니 계산에 넣어주길 바랍니다.’ 즉 부인을 언급하며 말하길 ‘초나라는 나를 재상으로 삼길 바랐으니…’(楚蔣王使使齎金百斤, 聘北郭先生. 先生曰 : “臣有箕箒之使, 愿入計之.” 即謂婦人曰 : “楚欲以我爲相……”).”(韓《傳》, 327)라고 말했다. 자신의 부인을 낮추어 ‘청소하는 일꾼〔箕箒之使〕’이라고 했다. 이를 통해 여자의 활동범위가 단지 청소하고 소지하는 그런 종류의 가사 활동에 국한하고 있다는 것을 알 수 있다. 이점을 통해 ‘帚’와 ‘婦’는 기능적으로 서로 유사하다는 것을 알 수 있다.

그래서 우리들이 ‘帚’로 ‘婦’로 여기는 것은 일반적 차용이 아니고 의미상의 동원통용관계이다. 문자의 관점에서 보면 처음에 사람들은 ‘帚’를 ‘婦’로 사용하였고, 나중에 ‘帚’는 ‘婦’의 의미에서 인신되어 마당을 청소한다는 의미가 되었다. ‘帚’의 기초 위에서 ‘女’자를 더하여 구성된 뜻과 소리가 합성된 ‘婦’자가 되었다. 기혼의 여자[24]를 기록할 때 ‘帚’와 ‘婦’는 실질적으로 초기 글자와 번식자의 관계를 가진다고 할 수 있다.

---

24 明代 張自烈의 《正字通·女部》에 “婦는 여자가 이미 시집간 것을 婦라고 한다(婦, 女子旣嫁曰婦).”라고 했다.

위의 분석으로 볼 때, '婦'의 초기자형인 '帚'는 실질적으로 원시 씨족 사회가 모계에서 부계로 전환된 흔적을 보여주고 있다. 또한 원시 사회의 강탈혼의 낙인이 찍혀 있는 것이다. '帚'로서 '婦'를 삼은 것은 남성 집권 사회의 산물이다. '帚'와 '婦'의 두 한자가 기록한 어휘 지칭의 대상은 외부형상과 내부성능 및 그 기능에 있어서 모두 서로 유사한 점이 있다. 그래서 '帚'와 '婦'의 두 단어는 형상에서 인신의 관계를 가지고 있다. 그래서 동일한자로 기록될 수 있었던 것이다. 남자는 부인과 사회적 지위의 차이가 크다. 이 두 한자의 형성과 구조에서 이미 분명히 나타나고 있다.

2. '妻'

'妻'는 남성칭위사 '夫'의 기록부호와 서로 대응되는 한자이다. 고대든지 현대이든지 '夫'와 '妻'는 서로 대부분 대칭된다. 예를 들면 다음과 같다.

《儀禮·喪服》에서 "부자는 일체이고, 부부도 일체이며 형제도 일체이다. 따라서 부자는 머리와 발이 같고, 부부는 반쪽이 합한 것이요, 형제는 사지가 같다(父子一體也, 夫妻一體也, 昆弟一體也. 故父子, 首足也；夫妻, 牉合也；昆弟, 四體也)."(阮《疏》, 1105)라고 했다.

西漢 董仲舒의 《春秋繁露·基義第五十三》에서 "남편은 양이 되고, 처는 음이 된다. 음도는 홀로 행하는 바가 없으니 그 처음이다. 혼자 일어날 수 없으니 그 끝이다. 공을 나눌 수 없으니 겸한다는 의미가 있다(夫爲陽, 妻爲陰. 陰道無所獨行, 其始也. 不得專起, 其終也. 不得分功, 有所兼之義)."(蘇《義》, 350-351)라고 했다.

《說文·女部》에서 "婁는 '婦'라고도 한다. '夫'와 나란한 사람이다. 女와 屮와 又로 구성되어 있고, 又는 일을 하는 것으로 처의 직무이다.

는 고문의 '妻'이다. 肖女로 구성되어 있다. 肖는 고문의 貴자이다(, 婦與夫齊者也.从女从屮从又, 又, 持事, 妻職也. , 古文妻, 从肖女, 肖古文貴字)."(大徐本, 259)라고 했다. 段玉裁 주에서는 '夫'를 근로 바꾸고 '屮聲'의 두 글자를 늘렸다.(段注, 614) '屮'와 '妻'의 소리는 서로 가깝다. 屮는 月部 透紐이고 '妻'는 脂部 淸紐이다. 月, 脂는 旁對轉할 수 있고, 透, 淸는 齒舌 隣紐이다. '妻'가 좌의 소리(屮聲)라는 것은 일리가 있다.

그러나 갑골문의 '妻'와 屮는 어떤 관계도 없다. 갑골문의 '妻'는 다음과 같다.

—期佚一八一

또는 다음과 같다.

—期后下三八.一

徐中舒는 "(又)와 로 구성되어 있다. 는 부녀자의 긴 머리카락과 같다. 은 또한 (廾)로 한다. 부녀자의 형상이다. 상고시대에 부녀자를 강탈하여 배우자로 삼는 습속이 있었다. 즉 약탈혼이 성행했다. 갑골문에서 '妻'자는 바로 이 강탈혼의 반영이다. 후세에 여성 배우자의 지칭"(徐《甲》, 1303)으로 여겼다. 徐中舒의 자형설명은 기본적으로는 정확하다. 단지 "가 부녀자의 긴 머리카락"이라는 것은 조금 문제가 있다. 이에 대해서는 '婦'에 대한 설명에서 이미 증명했다. 만약 "를 부녀자의 머리카락이 엉클어진 형상"이라고 고친다면 타당하다. 그래야 원시 고대에 강탈혼의 습속과 꼭 들어맞아 떨어지기 때문이다.

갑골문에서 ''는 두 개의 구건으로 구성되었다. 하나는 머리가 산발한 잡혀온 여자의 형상인 ‘’이다. 다른 하나는 강탈자의 손인 ‘’이다. 이 글자는 全功能零合成字로 분석할 수 없다. 여자와 손은 분리되어 있기 때문이다. 는 의 손이 아니라 강탈자의 손이다. 그래서 이 글자는 形義合成字이다. 그 공식은 X+Y=(XY)이다.

갑골문 ‘’은 ‘’을 ‘’로 바꾼 것이다. 그 조합은 2급의 층위 조합이다. 이 글자는 形義合成字이다. 왜냐하면 제 1 층위에 놓인 직접 구건이 X+Y 이기 때문이다. 그 공식은 X+Y(Y+Y)=(XY)이다.

‘妻’의 갑골문의 構意는 매우 명확하다. 한 씨족 남자가 다른 씨족(부락)에 가서 여자를 강탈하여 자신의 아내로 삼은 것이다. 그래서 그 여자의 머리는 산발이 되었다. 손은 묶여있고 강탈의 흔적은 매우 명확하다. ‘’과 ‘’는 여자의 몸과 분리되어 있다. 여자의 손이 아니라 타인의 손이기 때문이다. 그 타인은 바로 강탈자이고 나중에 그 여자의 남편이 된다.

소전이 이르면 여자의 한 움큼의 산발머리는 屮로 변한다. 강탈자의 손이 여자의 손으로 잘못 해석되어서 ‘女와 屮와 又로 구성되고, 우(又)는 일을 가리킨다.’라는 분석이 나타나게 된 것이다. 소전의 ‘妻’는 한 평면의 다원적 구성이다. 만약 段玉裁 주와 같이 屮를 표의 겸 표음의 구건으로 본다면 그 글자는 有音綜合合成字이다. 그 공식은 女Y+又Y+屮Y/S=(YYY/S)과 같게 된다. 만약 ‘夫’가 가리키는 것이 독립적으로 한 가정을 책임지는 기혼남자라면, ‘妻’는 남편을 보필하고 아이를 가르칠 수 있으며 가사 일을 처리하는 기혼의 여자이다. 게다가 사회지위는 비교적 낮은 여자이다.

《釋名·釋親屬》에서 “선비와 백성들은 ‘妻’라고 한다. 처는 가지런함이다. 지아비가 미천하여 존칭으로 부르기에 부족하므로 남편과 대등하다는 말이다(士庶人曰妻, 妻, 齊. 夫賤不足以尊稱, 故齊等言也).”(王《補》, 106)라고 했다.

'齊'로 '妻'를 해석하는 것은 마치 남자와 여자의 지위가 평등하다고 말하는 것과 같다. 권한이 없거나 혹은 권한이 극히 제한적인 남자 앞에서 여자는 평등할 수 있다. 그러나 일단 대부와 같은 계층으로 진입하면 남편과 아내의 지위는 큰 차이가 생긴다. 선비와 평민의 배우자로 볼 때 처의 지위는 비천하다. 그래서 졸형(拙荊), 기취첩〔箕帚之使〕과 같은 칭호가 생겼고 조강(糟糠)도 같은 부류의 말이다.

許愼과 劉熙는 모두 '齊'를 '妻'로 해석했다. 그러나 가지고 있던 포폄(褒貶)의 태도는 같지 않았다. 許愼은 고문의 ''를 근거로 '귀한 여인〔貴女〕'라고 해석했다. 즉 여자를 존중하는 의미가 있었다. '妻'는 남자와 나란히 할 수 있었고 같이 동석할 수 있는 여자였다. 許愼의 관점 역시 문헌에서 증명할 수 있다. 《禮記·內則》에서 "예를 갖추어 맞이하는 것은 처이고, 예를 갖추지 않고 맞는 것은 첩이다(聘則爲妻, 奔則爲妾)."(阮《疏》, 1471)라고 했다. 측실로 들여진 죄가 있는 여자 혹은 부모의 허락이나 매파의 중매 없이 사통한 여자인 첩과는 상대적으로 '妻'는 가정에서 그 지위는 당연히 매우 높았다. '妻'는 남편의 집에서 예를 갖추고 혼례를 청한 것이고, 중매를 통하였으며 정중히 꽃가마를 타고 시집왔기 때문이다. 許愼이 말한 '妻'는 계층을 나누지 않고 모든 남성의 배우자를 두루 칭한 것이다.

劉熙가 해석한 '妻'는 선비와 평민 남성의 배우자를 지칭한다. 오로지 이러한 계층에 있어야 남자와 부녀자가 서로 동등해질 수 있다. 劉熙의 해석은 재미가 있다. "夫는 미천하여 존칭하기에 부족하다(夫賤不足以尊稱)"는 즉 남녀가 모두 비천한 지위에 있으면, 높고 낮고 존귀하고 비천함의 구분이 없다. 그래서 선비와 백성들은 그 '妻'와 동등하다고 할 수 있고 이러한 평등함은 부득이한 것임을 알 수 있다.

劉熙의 해석은 생활과 좀 더 근접해 있으며 고대의 의미에 더 가깝다고 할 수 있다. 역사적으로 보나 현실생활에서나 빈천한 부부가 오히려 함께 동고동락하며 화목하고 무탈하게 지내는 것을 볼 수 있다. 그런데 남자가 벼락출세를 하거나 고속승진을 하게 되면 가정은 풍파가 일어나기 시작한다. 남자의 권력 욕망은 가정생활에서도 나타난다. 남자는 모든 것을 장악하고자 하는 본성을 드러내게 된다. 여자를 농락하는 사람도 있고, 함부로 부리는 사람도 있다. 가정폭력의 비극이 시작되는 것이다.

언어학의 각도에서 보면 진정으로 평등한 부부는 하층 평민에 국한된다고 할 수 있다. 《說文·齊部》에서 "齊는 벼나 보리가 이삭을 토해내어 위가 고르게 되었다는 뜻이다. 상형자이다(齊, 禾麥吐穗上平也. 象形)."라고 했고, 徐鉉은 徐鍇를 인용하여 "자라나서 고르게 된 것이다. 벼와 보리가 같지 않다. 상(二)[25]은 땅이다. 양쪽이 낮은 곳에 있음이라(生而齊者, 莫若禾麦, 二, 地也, 兩傍在低處也)."(大徐本, 143)라고 했다.

徐鍇가 "상(二)는 땅이다. 양쪽이 낮은 곳에 있음이라(二, 地也, 兩傍在低處也)"라고 해석한 것은 명확하지 않다. 갑골문으로 검수해보면, '齊'는 본래 상(二)로 구성되어 있지 않았고, 상(二)은 후에 획이 더해진 것으로 자형의 균형과 평행을 위하여 더해진 것이다. 갑골문의 '齊'의 자는 다음과 같다.

 五期前二．一五．三

이삭이 마치 넓은 보리밭에 보리 이삭이 팰 때처럼 가지런히 배열

25 二는 上자의 고문이다. 염정삼, 《설문해자주부수자역해》, 서울대학교출판사, 2007, p.323 참조.【역주】

된 상태이다. 천무(千畝)의 보리밭의 보리 이삭이 패여 위를 향하여 가지런히 뻗어 있어서 한 폭의 평평한 장관을 이룬 것이다. 이것은 바로 옛사람들이 齊자를 만들 때 관찰한 생동적인 풍경이다. 또한 갑골문의 자가 만들어진 근거이기도 하다.

劉熙가 《釋名》을 쓴 목적은 백성들이 일상적으로 칭하고 있으나 그렇게 불리게 된 까닭을 모르는 사물에 대하여 그 이름을 갖게 된 유래를 밝히기 위해서였다. '妻'의 칭위가 그 이름을 얻게 된 근원을 탐구해보면 劉熙의 해설이 許愼의 해설에 비해서 보다 심도 있는 문화적 함의를 지니고 있다. 그것은 바로 齊로서 '妻'를 해석한 것인데 이는 결코 여자의 신분적 지위를 끌어 올리려는 의미를 포함하고 있지 않다.

'齊'와 '妻'는 음의(音義)상의 관계를 가지고 있다. 고음에서 보면 '齊'는 脂部 从紐자이고, '妻'는 脂部 清紐자이다. 운(韻)은 첩운(疊韻)이고 성(聲)은 방뉴(旁紐)로 고음은 서로 근접해있다. 고문자로 보면 '齊'의 구의는 벼와 보리가 이삭을 토해내어 위가 평평해진 것으로 '고르고 평평하다'는 의미가 있다. 그러나 평(平)과 불평(不平)은 상대적인 것이다. 불평하면 정리가 필요하다. 따라서 '平'과 '整'은 같은 부류에 속한 단어이다. 현대중국어에서도 평정(平整)이라는 단어가 있다. 《廣雅·釋言》에서 "제는 정이다(齊, 整也)."(王《證》, 500)라고 되어 있다. 그래서 모든 사람의 일과 관련된 고르고 평평한 것은 모두 인위적으로 정리된 것이라고 말할 수 있다. 정리가 필요한 까닭은 사물이 들쑥날쑥하고 가지런하지 않기 때문이다. 들쑥날쑥하여 가지런하지 않은 것은 즉 어지럽다는 의미가 있다. 이렇게 보면 '齊'는 '妻'의 갑골문의 자형과 관련이 생기게 된다. 갑골문 중의 는 머리카락이 현저하게 어지러운 형상이다. 강탈자는 강경책도 쓰고 유인책도 썼다가 그것도 안 되면 주먹으로 때리고 발로 차 본 때를 보여주기까지 해서 마침내 아내는 순종하게 된다. 순종한 이후에 아내는 강탈자를 위해서 아이를 낳고 기른다. 이렇게 일단 대를 이을 아들을 낳으면 아내 비로소 남편과 나란히 설 수 있는 지위를 갖게 된다. 따라서 고인들이 '齊'를 '妻'로 해석하는 것은 마음대로 같은 음 혹은 음이 비슷한 글자로 다른 글자를 훈석한 것이 아니다. 당연히 깊은 뜻이 담겨있다.

齊에서 소리를 얻은 글자를 살펴보면 '어지럽다'는 의미를 가진 글자가 있다. 예를 들면 제(薺)와 같다. 《說文·艸部》에서 "薺는 가시나무이다. 屮로 구성되어 있고 齊성이다. (薺, 蒺藜也, 从艸, 齊聲)."(大徐《本》, 19)라고 했다.

가시나무(질려: 蒺藜)는 자(茨)라고도 칭한다. 《爾雅·釋草》에서 "자는 질려이다 (茨, 蒺藜)."라고 했다. 晉 郭璞의 注에는 "땅을 덮어서 넝쿨지어 자라나는 것으로 씨앗이 삼각형으로 사람을 찌른다(布地蔓生, 子有三角刺人)."(郝《疏》, 247)라고 했다. 이와 같이 '齊'가 기록하는 대상은 어지럽고 무질서하여 가시가 달린 넝쿨과의 식물이다. 즉 제(薺)의 성부인 '齊'는 실질적으로 단어가 유래된 의미를 분명히 보여주는 기능을 하고 있다. '齊'가 '위가 평평하다'에서 '어지럽다'는 의미로 인신되었는데, 이것을 사의(詞義)의 반정(反正)인신이라고 하며 또 정반동사(正反同詞)라고도 한다.

劑 역시 齊에서 소리를 얻었지만 '잘라서 가지런하게 하다'는 의미가 있다. 唐 李賢의 注《後漢書·劉梁傳》에서 "시고 써서 그 맛을 가지런하게 하다(酸苦以劑其味)"라고 했는데 《左傳》에서는 劑를 齊로 적었고 《爾雅》에서는 "劑는 잘라서 가지런히 하는 것이다(劑, 剪齊也)."라고 했다.(范《書》, 2636) 이를 통해 齊는 실질적으로 가지런하지 않고 산란하다는 의미를 포함하고 있으며, 정리가 필요하고 잘라야 가지런해질 수 있다는 것을 알 수 있다.

반대로 '妻'에서 소리를 얻은 글자 역시 '산란하여 가지런하지 못하다'는 의미가 있으며 나아가 '쇠퇴하고 비통하다'는 의미로 까지 발전되었다. 朱駿聲은 《說文通訓定聲·履部弟十二》에서 "萋는 풀이 무성한 것이다. 艸로 구성되었으며 '妻'는 소리이다. 《詩經·巷伯》에 '무성하고 무늬가 아름답네.'라고 했으며, 《傳》에서 '萋斐는 문장이 서로 복잡하게 얽혀있는 것이다'라고 했다. 悽는 '애통하다'이다. 《廣雅·釋訓》에서는 '悽悽는 슬프도다'라고 했다. 凄는 구름비가 일어나는 것이다. 緀는 비단의 무늬이다("萋, 艸盛也.从艸, 妻聲.《詩·巷伯》: '萋兮斐兮.'《傳》: '萋斐, 文章交错也.' 悽, 痛也.《廣雅·釋訓》: '悽悽, 悲也.' 凄, 雲雨起也. 緀, 帛文皃)."(朱《聲》, 582)라고 설명하고 있다.

'妻'에서 소리를 얻은 글자들은 갑골문의 ' '에서 번식되어 나온 동원자이다. 이 글자들이 기록하고 있는 사의는 남자가 행하는 폭력과 범죄행위를 겪어 머리가 산발이 된 형상적 특징인 의 모습과 직접 혹은 간접적으로 관계가 있다. 마치 엥겔스가 《가정, 사유제 그리고 국가의 기원》에서 언급한 것과 같이, '모권제가 전복당한 것은 여성이 가지고 있던 역사적 의미의 실패를 말하는 것이다. 남편은 집에서도 권력을 장악하였고, 아내는 천시되고 노역을 당하며 남편의 음욕을 충족하는 노예로 전락했으며 아이를 생산하는 도구가 되었다.'(中《馬》, 52)그래서 '齊'를 '妻'로 해석한 것과 貴女(여자를 존중하여)라고 말하는 것은 오히려 여자를 천시한다고 말한 만 못하다. 이것은 남성집권사회에서 여자를 멸시하는 극단적 표현이다. 가정폭력의 역사적 근원은 푸날루아 가정에서 대우혼으로 넘어가는 과도시기인 약탈혼 시대에까지 거슬러 올라간다고 할 수 있다. 그래서 한자의 '妻'의 초기 자형 ' '는 이 시기의 문화를 비추는 거울인 것이다.

금문에 나타나는 '妻'로 해석되는 글자의 자형에서도 '妻'가 노역을 당한 역사적 흔적을 찾아볼 수 있다.

父丁方罍

農卣

위의 두 글자를 다수의 고문학자들은 모두 '妻'로 해석하고 있다. 그러나 자형의 분석에 대해서는 여러 가지 견해가 있다. 《農卣》의 ''의 상부에 있는 ''는 '甹'자가 생략된 글자이며, ''가 만들어진 의미는 《禮記》에서 말하는 "예를 갖추어 맞이해 아내로 삼는다(聘則爲妻)"와 같은 것이라고 여기는 학자도 있고,[26] 장군과 같은 그릇을 머리에 이고 있는 형상이라고 여기는 학자도 있으며[27], 고문의 '西'자이며, '西'의 본의는 새의 둥지로 '서식하다'는 의미가 있어서 '妻'는 '西'의 소리로 구성되어 있고 그 의미를 함께 취할 수 있다고 여긴 학자도 있다.[28] 필자는 戴家祥의 관점에 동의하고 있다. 《農卣》의 상부의 ''와 《父丁方罍》의 ''의 상부의 ''는 모두 여자의 머리카락이 남자의 손에 의해 잡힌 것으로 부권사회에서 남편이 지닌 아내에 대한 절대적 권력을 상징한다.(李《古》九, 763) 이것은 갑골문의 ''자의 자형 構意와 매우 합치되고 있다.

만약 금문과 갑골문의 자형이 다소 다르다고 말한다면, 갑골문의

---

26 이 견해를 가진 사람은 强運開이다. 李圃 主編《古文字詁林》第九册,《說文古籒三補》卷十二. 上海教育出版社, 2004年. p.766 참조.

27 이 견해를 가진 사람은 馬敍倫이다. 李圃 主編《古文字詁林》第九册,《說文解字六書疏證》卷二十四, 上海教育出版社, 2004年. p.766 참조.

28 이 견해를 가진 사람은 楊樹達이다. 李圃 主編《古文字詁林》第九册,《积微居金文說·農卣跋》,上海教育出版社, 2004年. p.766 참조.

‘’는 여자가 금방 포로로 잡혀온 상황을 묘사한 것이고 금문의 ‘’ 혹은 ‘’은 남자가 이미 철저하게 여자를 정복하여 고분고분한 아내로 만든 형상을 나타낸 것이다. 《農卣》의 는 ‘여자가 사람에게 시집간다(嫁女於人)’라는 의미에서 사용된 기록 부호이다. 명문(銘文)에는 “使農.”로 언급되어 있다. 劉心源의 해석에 따르면 “그의 친구로 하여금 딸을 농이라고 부르는 사람에게 시집가도록 한다(使厥友以女妻農)”[29]는 말이다. 이러한 용법은 《論語》에서도 나온다.

《論語·公冶長》에서 “공자께서 공야장에게 이르기를 ‘시집보낼 만하다. 비록 그가 오랏줄에 묶여 감옥에 있으나 그것은 그의 죄가 아니다.’ 하시고 그의 딸을 그에게 시집보내셨다(子謂公冶長 : ‘可妻也, 雖在縲絏之中, 非其罪也.’ 以其子妻之).”라고 했다. 杜道生은 주를 통해 “妻 (qì 氣)는 여기에서 동사로 사용되었다. 딸을 그 사람에게 시집보내는 것을 가리킨다.”라고 했다.(杜《譯》, 32) 주에서 알 수 있듯이 《논어》에서의 ‘妻’와 《農卣》의 명문에서의 의 용법은 완전히 같다. 단지 하나는 딸을 공야장이라고 불리는 사람에게 시집보내는 것이고 하나는 농이라고 불리는 사람에게 시집보내는 것이다. 모두 뜻이 있거나 혹은 명을 받들어 딸을 시집보내는 것이다.

그래서 금문의 ‘妻’는 원시 사회의 약탈혼이 지닌 피비린내와 야만성은 이미 사라졌음을 보여주고 있다. 단지 남편과 평등하다는 함의를 가지고 있어서 그 머리카락은 이미 정리된 형태로 나타난 것이다.

‘妻’와 관계있는 글자에는 또 ‘妃’와 ‘改’의 두 글자가 있다. 고문자학계에서 몇몇 사람들은 이 두 글자를 한 글자의 異寫 형식이라고 보

---

29 李圃 主編 《古文字詁林》 第九册, 《奇觚室吉金文述》卷六, 上海教育出版社, 2004年. p.766 참조.

고 있다. 이러한 생각을 가지고 있는 학자는 劉心源, 高田忠周 등이다. 또 어떤 학자들은 妃는 妃이고(妃의 원자는 본래 女와 巳로 구성되어 있고 己로 구성되어 있지 않다) 改는 改로, '妻'와 같은 의미를 가진 것은 妃이고, 改는 성씨를 나타내는 글자로 보고 있다. 이러한 생각을 가진 학자로는 羅振玉, 徐中舒 등이다.

《說文·女部》에서 "𡚱는 필이다. '女'로 구성되어 있고 己는 소리이다(𡚱, 匹也. 从女己聲)."(大徐本, 259)라고 했다. 許愼의 해석은 간략하지만 段玉裁 주의 해석은 상세하다. 다음과 같다.

"필은 4장이다. 《禮記》에서 '혼인의 납폐는 한 묶음인데, 한 묶음은 5냥이고 한 냥의 길이는 5심이다.'라고 했다. 주에서 '10개가 한 묶음이 된다. 두 량을 합하면 권이며 5량이라고 한다. 8척을 심이라고 한다.' 4장을 둘로 나누면 각자 2장을 얻는다. 부부의 편합은 비단의 판합과 같다. 그래서 비단 4장을 양이라고 하고 필이라고도 한다. 사람의 배우자 역시 필이라고 한다. 기는 본래 상하에서 모두 통칭되었는데 후에 사람들이 귀칭으로 여겼을 따름이다. 《釋詁》에서 '비는 견주는 것'이다. 인신되어 배우자를 지칭한다. 《左傳》에서 '아름다운 배우자를 비라고 한다.'고 했다. 그 글자는 또한 배로 가차되기도 한다. 《太元(玄)》에서는 嬖로 썼으며, 嬖은 𢀳이라고 말했다. 즉 《左傳》의 '아름다운 배우자는 비라고 하고 원망스러운 배우자는 구'인 것이다(匹者, 四丈也. 《禮記》: '納幣一束, 束五兩, 兩五尋.' 注云: '十箇爲束. 兩兩合其卷, 是謂五兩. 八尺曰尋.' 按四丈而兩之, 各得二丈. 夫婦之片合, 如帛之判合矣. 故帛四丈曰兩, 曰匹. 人之配耦亦曰匹. 妃本上下通稱, 後人以爲貴稱耳. 《釋詁》曰: '妃, 媲也.' 引伸爲凡相耦之稱. 《左傳》'嘉耦曰妃', 其字亦假'配'爲之. 《太元(玄)》作'嬖', 其云'嬖', '𢀳'者, 即《左傳》之'嘉耦曰妃, 怨耦曰仇'也)." 段玉裁 주는 다시 고쳐서 '여로 구성되고 기는 소리이다(从女己聲)'를 '여와 기로 구성되어 있다(从女己)'로 고쳤다. 또한 이것은 회의자로 여와 기를 나란히 하고

있다(此会意字, 以女儷己也)라고 했다.(段注, 614)

段玉裁가 '女로 구성되어 있고 己성이다' 에서 '女와 己로 구성되어 있다'라고 고친 것은 妃는 己의 성으로 구성되어 있지 않았기 때문이다. 己의 고음은 之部에 있고 妃는 微部에 있어서 비록 之와 微가 서로 通轉할 수 있다하더라도 聲紐의 차이가 너무 크다. 즉 하나는 見紐에 있고 하나는 滂紐에 있기 때문이다. 아음과 순음 간의 차이도 너무 멀어서 음이 비슷하다고 하기에는 다소 억지스럽다고 할 수 있다.

妃와 匹의 훈에 대한 段玉裁 주의 찬석은 매우 분명하다. 고대의 면직물은 '양(兩)'으로 칭해졌다. 왜냐하면 양 끝이 있기 때문이다. 면직물은 신부를 맞이할 때 때 반드시 구비해야할 예물이고 다른 명칭으로 '속백(束帛)'이라고도 했다. 속백은 《禮記》에서 그 출현빈도가 매우 높아 다섯 번이나 나타난다. 속백의 제작은 〈雜記下〉에서 다음과 같이 언급되고 있다. "혼인의 납폐는 한 묶음인데, 한 묶음은 5냥이고 한 냥의 길이는 5심이다(納幣一束, 束五兩, 兩五尋)."라고 했다. 鄭玄의 주에 "납폐는 혼례에서의 혼수품을 말한다(納幣, 謂婚禮納徵也)."라고 했다. 그것은 段玉裁의 주에서 언급된 것과 같다. 속백은 십단이 있는데 단 끝을 각각 말아 하나로 합치고, 두 개의 두루마리를 서로 연결하여 일량(一兩)을 만든다. 두 두루마리는 각각 이장(二丈)이며 합하면 일량이 된다. 즉 일량은 사장(四丈)이고 이를 일필(一匹)이라고 한다. 속백은 모두 오량(五兩)으로 모두 계산하면 면직물의 길이는 이십 장(二十丈)이다. 오량을 포개어 함께 놓으면 다음 그림과 같다.

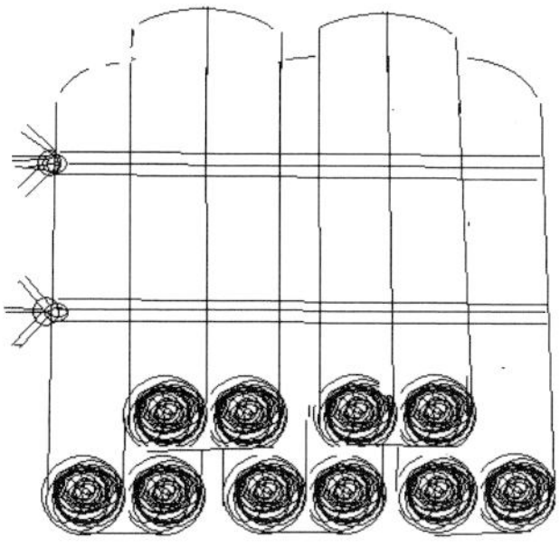

그림 4-2-1[30]

검은 색의 두루마리 세 개를 아래층에 두고, 분홍색의 두루마리 두 개를 위층에 둔 다음 비단실로 위아래 두루마리를 두 줄로 묶으면 일속(一束)이 된다. 그래서 속백이라고 부른다. 속백은 진헌(進獻)할 때의 상태이다. 헝겊이 묶이고 속박되어 속백(束帛)이라는 명칭이 유래되었다. 현훈(玄纁)이라고도 한다. 아래는 현색(검은색)이고 위에는 훈색(분홍색)이기 때문이다. 이름은 다르지만 실물은 같다. 남녀배우자를 필부필부(匹夫匹婦)라고 칭하는 것은 段玉裁의 주에서 '부부의 편합은 비단의 판합과 같다'는 의미이다. 부부는 마치 비단의 양쪽 끝처럼 서로 떨어질 수 없는 것이다. 이러한 의미에서 볼 때 '妃'는 '妻'에 비해서 훨씬 더 존중받는다. 그래서 후에 제왕의 배우자를 칭하는 전용자로 발전되었다.

'妃'는 갑골문에 이미 나타나고 있다. 그 자형은 다음과 같다.

 前四.二四.二

---

30 이 그림은 錢玄, 錢興奇,《三禮辭典》, 江蘇古籍出版社, 1998년, p.407를 참조하여 만들었다.

혹은 다음과 같다.

乙四五三

女와 巳로 구성되어 있다. 갑골문을 살펴보면 '妃'는 본래 '己'로 구성되어 있지 않다. '己'로 구성된 것은 아마도 성씨를 나타내는 '改'자에서 발생되어 혼돈되어 후에 바뀐 것으로 보인다.

성씨를 나타내는 '改'자는 금문에 있는데 그 자형은 다름과 같다.

蘇公作王改簋

혹은 다음과 같다.

虢文公鼎

王國維는 다음과 같이 지적했다. "소야임정에서 '소야임은 괵기어모잉정을 만들었다.'라고 했다. 改라는 것은 소국의 성씨이다(蘇冶妊鼎曰 : '蘇冶妊作虢改鱼母媵鼎.' 改者, 蘇國之姓)."(王《觀》, 163) 王國維의 말은 설득력이 있다. '改'는 주로 성씨에 사용하는 전용자이다. 소나라의 성씨이다. 은나라 주왕(紂王)의 총애를 받았던 비의 이름이 달기(妲改 혹은 妲己라고도 적는다)를 통해 유추할 수 있다. 금문은 바로 쓰거나 반대로 쓰거나 어떤 때에는 구별이 없었다. 그래서 '기(改)'와 '비(妃)'는 한 글자의 異寫 형식이다.

위에서 살펴보았듯이 남성의 배우자를 의미하는 '妃'는 본래 '妃'이고 女와 巳로 구성되어 있다. 巳는 徐中舒 등의 관점에 따르면 제사(祭

祀)의 '祀'자이다. 이것은 '巳'을 사람이 기도하는 형상으로 본 것이다. 그래서 '妃'자의 자형 구의는 파악하기 어렵다.

고문자학 학자들은 십이지의 여섯 번째 지지인 '巳'에 대해서 여러 가지 해석을 하고 있다. 許愼은 '巳'와 십이지지의 蛇가 서로 대응되기 때문에 뱀의 형상이라고 언급했다. 이 말은 郭沫若 등 여러 사람들에게 비판을 받았다. 郭沫若은 십이지지는 漢武帝가 서역과 교역을 할 때 고대 바빌론이나 이집트, 인도 등의 나라에서 수입된 것으로 결코 중국 전통문화의 고유한 요소가 아니라고 주장했다. '巳'를 뱀의 형상으로 보는 것은 분명히 이치에 맞지 않다.[31] 馬敍倫 역시 같은 관점을 가지고 있다. '巳'의 형상은 章太炎의 관점이 타당하다. 章太炎은 《文始八·之蒸類》에서 다음과 같이 지적했다. "사람이 임신을 하면 복중에 태아가 생기는데, 그 자식이 아직 형성되지 않는 모습이다. 그래서 巳은 아직 성숙하지 않는 자식이다. 의미가 그것만 있는 것이 아니다. 반대로 巳를 㠯로 보는 사람가운데 賈侍中은 그 의미를 열매로 보았다. 이유는 우왕의 어머니가 질경이 열매를 먹고 우왕을 낳았다. 그래서 姒씨 성이 되었다고 한다. 질경이는 자식을 낳는 데에 좋아서 이름이 㠯에서 유래가 되었는데 㠯가 곧 질경이라고는 할 수 없다. 巳, 㠯는 왼쪽과 오른쪽으로 구부러졌지만 같은 자로 보아야 한다(人褢妊, 巳在中, 象子未成形. 然則巳者, 未成之子, 非必訓已然也. 反巳爲㠯, 賈侍中說爲意㠯實, 緣禹母呑芣苢實生禹, 故爲姒姓. 芣苢宜子, 其得名由於㠯, 㠯非即芣苢也, 巳, 㠯左右詘曲, 當爲同字)."(章《始》, 156) '巳'는 사실 복중의 태아의 형상이다.

위의 설명에 따라서 '妃'자의 구자 의도를 추측할 수 있다. '妃'는 女와 巳로 구성되어 있다. 여자는 남자를 대신해서 자손을 낳고 기르

---

31 李圃, 《古文字詁林》第十册, 〈甲骨文字研究·釋支干〉, 上海教育出版社, 2004年版. p.1131.

는, 남편 집안의 대를 잇는 도구였음을 나타낸다. 바로 이러한 의미에서 妃는 妻보다 더욱 높은 예우를 받는다. 남성의 눈으로 보면 妃는 夫의 지위와 동등하다고 볼 수 있다. '妃'자는 일부일처제 가정이 출현한 사회적 배경 아래에서 생산된 글자이다. 왜 아내를 얻는 것과 아이를 낳는 것을 서로 연관시켰을까? 엥겔스의 일부일처제 가정에 관한 논술이 그에 대한 명확한 답안을 제시하고 있다. "일부일처제 가정은 상술한 바와 같이 야만시대의 중급 단계와 고급 단계가 교차되는 시기에 대우 가정에서부터 생산된 것이다. 일부일처제의 최후의 승리는 문명시대가 시작됨을 알리는 표지 중의 하나였다. 일부일처제는 남편의 통치 위에서 건립된 것이다. 일부일처제의 목적은 무엇인가? 특정한 아버지의 자녀임을 증명하기 위해서이다. 그러면 특정한 아버지에게서 태어났다는 사실을 확정해야할 까닭은 무엇인가? 그의 자녀가 친생의 상속인의 자격으로 부친의 재산을 물려받기 위해서이다."(中《馬》, 52)중국 고대에도 "어머니로 인해 자식이 귀해진다(母以子貴)."(阮《疏》, 2197)는 말이 있었다. '妃'자는 '巳'로 구성되었다는 것은 부인을 얻어 종을 전하고 대를 잇는 것이 그 근간의 목적이었음을 나타낸다. 그래서 자식이 대를 이어야 하는 이유는 자기의 재산을 최종적으로 혈육과 정을 나눈 자식에게 물려주기 위해서이다.

종합적으로 살펴보면, 갑골문과 금문의 '妻'자는 대우혼 시대를 보여주는 축소판이며 약탈혼의 흔적을 담고 있는 것이다. 남성의 고정적 배우자가 된다는 것은 그 지위가 낮았음을 의미한다. 왜냐하면 첫째, 다른 종족에게서 포로로 잡혀왔고, 남편이 될 남자와는 한 방울의 혈육도 섞이지 않은 관계여서 남편은 자신을 노예 다루듯이 다루기 때문이다. 둘째, 부부관계가 아직 안정되지 못하여 포로로 잡혀온 여자는 수시로 도망가려고 하고 남편은 언제나 여러 가지 방법으로 그녀의 자유를 제한하기 때문이다. 집단혼시대에 여자들이 누릴 수 있었던 성적 자유와 권리는 절대 허락되지 않았다. 그래서 갑골문의 '妃'자는 일처일부시대의 산물이다. 남성배우자의 '妃'와 '妻'를 비교하면 지위가 다소 올라갔지만 결코 여자가 그 시대에 지위가 상승되었음을 의미하는 것이 아니라 어머니가 아들로 인해 귀한 대접을 받게 되었음을 의미하는 것이다. '妻'자에 담겨진 함의가 대우혼시기의 약탈혼의 습속문화라면, '妃'가 담고 있는 의미는 일부일처제사회에서 대를 잇는 아들을 중시하고 재산을 상속하는 문화전통에 있다고 할 수 있다.

3. '母'

'母'는 '父'와 상대되는 글자이다. 고대문헌에서 '母'와 '父'는 항상 짝으로 언급된다. 예를 들면 다음과 같다.

《儀禮·士昏禮》에서 "아버지가 딸을 보내며, 훈계를 한다. '삼가하고 공경하라, 새벽부터 밤까지 시부모의 명을 어기지 마라.' 어머니가 딸의 예복 띠를 매주고 수건을 묶어주면서 말한다. '노력하고 공경하라. 새벽부터 밤까지 집안일을 어기지 마라.'(父送女, 命之日 : "戒之敬之, 夙夜毋違命." 母施衿結帨日 : "勉之敬之, 夙夜無違宮事")."(阮《疏》, 972)라고 했다.

《周禮·地官·師氏》에서 "세 가지 행동을 가르친다. 첫째는 효행으로 부모를 가까이 모시는 일이다. 둘째는 우행으로 어질고 능력 있는 이를 높이는 일이다. 셋째는 순행으로 스승과 어른을 섬기는 일이다(教三行 : 一日孝行, 以親父母 ; 二日友行, 以尊賢良 ; 三日順行, 以事師長)."(阮《疏》, 730)라고 했다.

이상의 두 예는 친속호칭의 함의를 담고 있기도 하지만 성별호칭의 함의를 담고 있기도 하다. 楊樹達은 "지금은 모두 父母의 '母'로 '母'자의 초기의미를 본다. 나는 그렇지 않다고 생각한다. '父'는 남자이고, '母'는 여자이다(今皆以父母之母爲母字之初義, 余謂殆非也. 父者, 男子也 ; 母者, 女子也)[32]." 楊樹達이 말한 것은 '父', '母' 두 글자의 고대의 의미이다. 楊樹達은 갑골문의 '대을모(大乙母)'과 '조정모(祖丁母)'는 태을(太乙)의 여인과 조정의 여인이라는 예를 들어서 '母'는 복사에서 여성을 가리킨다고 설명했다. 사실 선진시대에서 전해져 내려오는 전적에서 '母'는 친속의 의미로 보는 것이 많지만, 성별의 호칭을 나타내는 예도 드물지 않다.

《禮記·內則》에서 "무릇 아들을 낳아 처음으로 만나보는 예는 길일을 가려서 행한다.…… 특별히 궁중에다가 어린 아이가 거처할 방을 마련하고, 어느 첩이나 그 밖의 적당한 사람 중에서 반드시 그 마음이 너그럽고 여유가 있으며, 자애롭고 은혜로우며, 온순하고 어질며, 공손하고 조심성이 있으며, 삼가고 말이 적은 자를 택하여 아들의 스승이 되게 한다. 그 다음에는 자모가 있고, 또 그 다음에는 보모가 있어 모두 아들의 방에 거쳐하며, 다른 사람들은 일이 없으면 그 방에 들어가지 않는다(凡接子擇日……異爲孺子室於宮中, 擇於諸母與可者, 必求其寬裕慈惠, 溫良恭敬, 愼而寡言者, 使爲子師 ; 其次爲慈母, 其次爲保母, 皆居子室.他人無事不往)."라고 했다. 鄭玄의 주에서는 "이것은 군왕이 아들을 기르는 예이다. 제모는 여러 첩이다. 가자는 시중을 드는 무리이다. 자사는 가르쳐서 옳은 도를 보여주는 스승이다. 자모는 아이를 바르게 지도하는 사람이다. 보모는 아이의 잠자리를 보살피는 사람이다(此人君養子之禮也. 諸母, 衆妾也. 可者, 傅御之屬也. 子師, 教示以善道者. 慈母, 知其嗜欲者. 保母, 安其居處者)."라고 했다.(阮《疏》, 1469)

위에서 '諸母'는 사실 아버지의 여러 소첩들이다. 아이와 직접적인 혈연관계가 없다. 여기서 '母'는 단지 여성의 성별의 나타내는 칭위에

---

32 李圃, 《古文字詁林》第十册, 〈積微居甲文說·釋夾〉, 上海教育出版社, 2004年版. p.776.

불과한 것이다. 그러나 그들은 아버지의 첩으로 아이의 친어머니와는 같은 항렬의 사람들이다. 그래서 '母'로 칭해진 것이다. 약간은 친속의 칭위사의 의미를 나타내고 있다. '慈母'는 그 아이의 아버지에 의해서 지정된 보모의 역할을 하는 소첩을 가리킨다. 아이와 아무런 직접적인 혈연관계는 없지만 양육해준 은혜 때문에 가족관계가 생겼다. 그래서 慈母의 '母'는 친속호칭과 성별호칭의 두 가지 의미를 모두 갖는다. '保母'의 '母'는 순수한 성별칭위사이다. 保母는 일반적으로 여성이 담당하며 엄마와 동년배의 사람에만 국한하지 않는다. 그래서 保母의 '母'는 친속호칭의 의미가 없다. 바로 이러한 이유로 후세에는 '女'와 '母'로 구성되고, '母'의 소리를 가진 '姆'로 문장을 구별했다. '母'가 성별 칭위의 의미 범주를 가지고 있기 때문에 암컷의 동물을 지칭하는 데에도 사용할 수 있었다. 예를 들면 다음과 같다.

《孟子·盡心上》에서 "다섯 이랑의 대지에 뽕나무를 심어서 필부가 누에를 치면 늙은이는 족히 옷을 만들어 입을 수 있고, 다섯 마리 암탉과 두 마리 암돼지는 그 때를 놓치지 않으면 노인이 족히 때를 놓치지 않고 고기를 먹을 수 있게 된다(五畝之宅, 樹墻下以桑, 匹婦蠶之, 則老者足以衣帛矣, 五母鷄, 二母彘, 無失其時, 老者足以無失肉矣)."(阮《疏》, 2768)라고 했다.

《爾雅·釋鷄》에서 "전은 암모기이다(鷏, 蟁母)."라고 했다

晉의 郭璞의 주에서 "까마귀처럼 크고, 황백색에 복잡한 무늬가 있으며 비둘기 소리처럼 운다. 지금 강동에서는 암모기라고 부른다. 속설에서는 새가 항상 모기를 토해서 이름이 지어졌다고 전한다(似烏而大, 黃白雜文, 鳴如鴿聲, 今江東呼爲蚊母. 俗說此鳥常吐蚊, 故以名云)."라고 했다.(阮《疏》, 2649)

이러한 용법은 지금까지 줄곧 답습되었다.

암컷을 지칭하는데 사용될 수 있어서 과실을 맺는 식물에도 사용되었다. 예를 들면 다음과 같다.

《爾雅·釋草》에서 "莩는 마모이다(莩, 麻母)."라고 했다.

郭璞 주에서 "저마는 씨앗이 가득한 것이다(苴麻盛子者)."라고 했다.(阮《疏》, 2628) 여기에서 자(莩)와 저마(苴麻)는 동일한 것을 가리킨다. 모두 대마의 암그루를 가리킨다. 모마(牡麻: 대마의 수그루)의 상대이다. 암그루의 마는 자라서 열매가 생기는데 이를 마모(麻母)라고 칭한다. 이처럼 '母'는 암컷의 칭호이다.

종합적으로 본다면 '母'는 여성(식물에서는 암컷)의 성별 칭위사를 기록하는 부호라는 것은 의심할 바 없다. 여성 칭위사인 '母'는 성숙된 것을 가리킨다. 일정한 생육 능력이 있고, 아이를 양육한 경험이 있는 여자이다. 그것은 남성 칭위사인 '父'와 상대되는 한자이다. 이것은 '母'의 초기 자형과 그 構意가 서로 합치된다.

《說文·女部》에서 "𡚾는 牧이다. 女로 구성되었고 여자가 아이를 안고 있는 형상이다. 일설에서는 아이에게 젖을 먹이는 것이라고 말한다(𡚾, 牧也. 从女象褢子形, 一曰象乳子也)."(大徐本, 259)라고 했다. 許愼이 '牧'을 '母'의 훈석자로 사용된 것은 성훈으로 자원의를 탐색하는 데에 목적이 있다.

段玉裁 주에서는 다음과 같이 언급했다.

"첩운으로 훈을 삼는다. 목자(牧者)는 소를 키우는 사람이다. 사람이 아이에게 젖을 주는 것으로 비유되었다. 그것에서 인신되어 낳아서 후대를 이을 수 있는 모든 것을 母라고 부른다. 회(褱)는 포(裹)이다. 마치 두 손으로 아이를 안고 있는 것 같다. 《廣韻》은 〈蒼頡篇〉을 인용하여 '그 가운데에 두 점이 있는데 마치 사람의 젖과 같은 형상이다. 수직으로 통한 것은 음이 無이다.'라고 했다. 이것은 예서로 해석한 것이다(以疊韻爲訓. 牧者養牛人也, 以譬人之乳子. 引伸之, 凡能生之以啓後者皆曰母. 褱, 裹也. 象兩手褢子也. 《廣韻》引《蒼頡篇》云 : '其中有兩點者, 象人乳形, 豎通者即音無.' 按 : 此就隸書釋之

也)."(段注, 614)

이를 통해 許愼은 소전의 '𠫓'자를 여성 칭위사를 기록하는 부호로 해석했다는 것을 알 수 있다. 만약 아이를 송아지에 비유한다면 '母'는 바로 소를 방목하는 목자와 같은 것이다. 목자와 어머니는 소를 키우거나 사람을 키우는 일을 한다. 이것이 바로 許愼이 한자 '母'의 자원의에 대한 인식이다. 그는 또한 이 자형의 분석에 대해서 두 가지 견해를 제시했다. 첫번째는 아이를 안고 있는 여인이고 또 다른 하나는 아이에게 젖을 먹이는 어머니이다. 段玉裁는 두 번째 견해를 증명하기 위해서 〈蒼頡篇〉을 인용하여 예서의 '母'자에 나타난 두 개의 점은 유두와 같다고 설명했다. 그러나 소전에 와서 유두를 나타낸 두 점이 두 개의 긴 점으로 변했다. 유두의 형상이 아니었다. 그래서 許愼은 아이를 품은 형상이어야 '母'자의 최초의 구의가 될 수 있다고 생각했다. 아이를 품는다는 것은 아이를 안는 것이다. '포(褱)'는 지금의 '포(抱)'이다. 마치 가슴 앞에 아이를 안고 있는 모양이다. 사실 許愼의 '母'자의 자형에 대한 두 가지 해석은 일리가 있는 것 같기도 하지만 정확성이 부족한 것 같기도 하다. 그러나 그는 '牧'을 '母'로 해석한 것은 자못 의의가 깊다고 할 수 있다.

劉熙의 '母'에 대한 해석을 다음과 같다.

《釋名·釋親屬》에서 "모는 모이다. 자신을 낳은 사람이라는 의미를 함유하고 있다(母, 冒也, 含生己也)."(王《補》, 97)라고 했다. 劉熙는 '母'를 친속의 칭호를 나타낸다는 의항에 치중하고 있다. 어머니는 자기를 낳고 길렀다는 바로 이러한 의미를 내포하고 있는 가족이지 직접 자기를 낳고 기른 사람이 아니다. 나를 직접 낳고 기른 사람은 '母'가 아니라 '父'이다. 《釋名》의 같은 편에서 "부는 보이다. 자신의 생명의 시작이다(父, 甫也, 始生己也)."(王《補》, 97)라고 했다. 이러한 설명은 오늘날 사람들을 당혹하고 이해할 수 없게 만든다. 자신을 낳고 기른 공로는 분명히 어머니에게 있는데 왜 아버지에게 있다고 하는가? 사실 고대 사람들은 그렇다고 생각한 것이다. 《詩·谷風·蓼莪》를 통해 증명할 수 있다. 다음과 같다.

다북쑥이 더부룩이 자랐다면 다북쑥이 아니라 약쑥이지
슬프다 부모님은 나를 낳으시고 기르느라 수고하셨네.

다북쑥이 더부룩이 자랐다면 다북쑥이 아니라 왕쑥이지
슬프다 부모님은 나를 낳으시고 기르느라 고생하셨네.

텅 빈 병은 항아리 대하기 부끄럽네.
가난한 사람들의 삶은 일찍 죽어 버림만 같지 못하네.

아버지 말고 누구를 의지할 것이며 어머니 말고 누구에게 기대겠나?
나가서는 부모님 걱정되고 들어와서는 할 일 없는 듯하네.

아버님 날 낳으시고 어머님 날 기르시니
쓰다듬고 길러주시고, 키워 주시고 감싸주셨네.
돌아보시고 또 돌아보시며 나갔다 들어와서는 다시 돌보아 주셨으니,
이 은혜 갚고자 하나 하늘이 무정하시네.

남산은 높다랗고 회오리바람 쏜살같네.

사람들은 모두 잘 지내거늘 왜 나만 홀로 해를 입는가?
남산은 우뚝하고 회오리바람 몰아치네.
사람들은 모두 잘 지내거늘 나만 홀로 부모님 끝내 모시지 못하네.

蓼蓼者莪, 匪莪伊蒿.
哀哀父母, 生我劬勞.

蓼蓼者莪, 匪莪伊蔚.
哀哀父母, 生我勞瘁.

缾之罄矣, 維罍之耻.
鮮民之生, 不如死之久矣.

無父何怙, 無母何恃?
出則啣恤, 入則靡至.

父兮生我, 母兮鞠我.
拊我畜我, 長我育我.
顧我復我, 出入腹我.
欲報之德, 昊天罔极.

南山烈烈, 飄風發發.
民莫不穀, 我独何害.
南山律律, 飄風弗弗.
民莫不穀, 我獨不卒.(阮《疏》, 459-460)

이 시는 《詩序》의 작가에 따르면 周 幽王을 풍자한 것이다. 당시 주유왕은 백성들에게 노역과 병역의 의무를 크게 지어서 백성들이 의지할 곳 없이 떠다니게 되었다. 부모와 처자식들이 오랫동안 뿔뿔이 흩어져 사는 상태에서 효자는 부모를 봉양하는 도리를 제대로 하지 못하여 이 시를 지어 당시의 사태를 풍자하고 있다. 시 앞의 4장은 작가가 외지에서 오랫동안 복역하는 효자의 입을 빌어 당시 통치자에 대한 극단적인 불만을 표출하고 있다. 글자의 행간을 통해서 자신을 낳고 길러주신 부모의 은혜에 보답할 수 없는 무한한 회한의 정이 드러나 있고, 빈부격차가 큰 사회와 욕심이 한이 없는 통치자에 대한 원망과 통한의 정을 나타내고 있다. 여기서 주의를 기울일 부분은 제 5 장으로, 나를 낳고 기른 사람은 아버지이고 나를 기른 사람은 어머니라는 것이다. 이 두 구에 대한 이해는 전인의 주석을 참고할 만하다.

鄭玄의 《箋》에서 "아버지가 나를 낳았다는 말의 근원은 그 기를 일컫는 것이다 (父兮生我者, 本其氣也)."(阮《疏》, 459)라고 했다.

'아버지 나를 낳았다'는 것은 기혈(오늘날로 치자면 유전자)의 각도에서 보는 문제이다. '妻'를 해석할 때 이미 인류가 일부일처의 혼인시대에 진입하면서 가장 중시되는 것은 후계자였음을 언급했다. 다시 말해 혼인의 최종목적은 특정한 아버지에게서 나와 한 치의 의심할 바 없는 자녀를 낳고 기르는 것이며, 진정한 혈연관계가 있는 사람에게 자신의 가업을 계승하도록 하는 데에 있다고 분석한 바 있다. 바로 이러한 의미 때문에 옛사람들은 혈연의 순수성 여부를 그 무엇보다도 중시했다. 이러한 의미를 담고 있는 한자가 바로 肖이다.

《說文·肉部》에서 "肖는 골육이 서로 유사한 것이다. 肉으로 구성되었고, 小의 소리이다. 선친을 닮지 않은 것을 不肖라고 한다(肖, 骨肉相似也. 从肉, 小聲. 不似其先, 故曰'不肖'也)."(大徐本, 88)라고 했다. 肖는 농후한 혈연 친족의 기질을 담고 있는 글자라는 것을 알 수 있다. 肖의 본의는 부자가 서로 닮았다는 것이다. 고대에는 DNA 검사법이 없었으므로 부자가 혈연관계인지 아닌지를 판단하는 방법은 유전인자를 대조하여 검증하는 것이 아니라 부자 두 사람의 외모를 가지고 판단할 수밖에 없었다. 외모가 아버지와 똑같이 닮은 아들은 자신과 가장 혈연관계가 분명한 순수한 핏줄의 아들로 인식되었으나 외모가 비슷한 구석이 하나도 없는 그런 아들은 자신과 친생관계가 있는지 의심했다.

《戰國策·趙策四》에는 觸龍이 趙太后와의 대화를 기록해 놓았는데 사뭇 흥미롭다.

左師公이 말하기를 "노신은 아들 서기가 있는데 어리고 불초합니다. 신이 비록 늙기는 하였으나 아들을 무척 사랑합니다. 그에게 위사가 되어 왕실을 지키게 하였으면 합니다(左師公曰: 老臣賤息舒祺老臣賤息舒祺, 最少, 不肖. 而臣衰, 竊愛憐之竊愛怜之. 願令補黑衣之數, 以衞王宫)."(劉《策》, 768)

여기서 '不肖'는 아들이 변변치 못하고 패기가 없음을 말하는 것이다. 또한 이 아들이 나의 씨를 물려받지 않았다는 것을 말할 가능성은 더욱 크다. 아래 문장에서 '신이 노쇠하여' 라는 전환 관계를 보이는 구문이 있다. 만약 '변변치 않고 패기가 없다면' 설령 자기가 노쇠하다라도 그를 교육할 수 있으며 그로 하여금 분발하여 정도(正道)로 나아갈 수 있도록 할 수 있다. 자신의 친생 혈육인지 아닌지를 의심하고 있다면 젊고 힘이 센 사람이었다면 바로 자기의 친자식을 다시 한 명 더 낳으려고 할 것이다. 그러나 나이가 많고 노쇠한 촉룡은 그럴만한 힘이 없었다. 설령 아들이 얻어온 자식이라도 거둘 수밖에 없는 것이다. 그래서 '그를 사랑하고 불쌍히 여기는 것'이다. 촉룡은 왜 자기의 작은 '아들이 닮지 않았다'고 의심할 수밖에 없었을까? 아마도 '늙어 아들을 얻었기' 때문이었을 것이다. 늙은 남편의 젊은 아내는 아들을 낳을 충분한 능력이 있다. 그러나 이는 단지 말일 뿐일 것이다. 설령 아들을 낳았다 하더라도 다른 사람의 씨일 가능성이 있다. 그래서 늙어서 아들을 얻은 사람은 대부분 이 아들이 정말 나의 핏줄인지 의심하며 괴로워할 것이다.

바로 이러한 역사 문화적 배경 때문에 옛사람들은 낳는 공로를 아버지에게 돌리며 이러한 생각은 현재까지 이어지고 있다. 아버지가 우리들을 이 세상에 데려온 것이라고 여긴다. 그래서 키운 공로를 어머니에게 돌리는 것이다.

《詩經》에서 "나를 기르시고 쓰다듬고 길러주시며, 키워주시고 감싸주시고 돌아보시고 또 돌아보시고 나갔다 들어와서는 다시 돌보아 주시는 것(鞠我, 拊我, 畜我, 長我, 育我, 顧我, 復我, 出入腹我)"은 모두 부양함을 말하는 것이다. 鄭玄의 《箋》에서 "拊는 음이 撫이다. 畜은 키우는 것이고 育은 기르는 것이다. 顧는 돌보는 것이다. 復은 반복이다. 腹은 품는 것이다(拊音撫.畜, 起也.育, 覆育也.顧, 旋視也.復, 反復也.腹, 懷抱也)."라고 했다.(阮《疏》, 459) 그 가운데 育은 《說文·𠫓部》에서 "育는 자식을 착한 쪽으로 가도록 기르는 것이다. 𠫓로 구성되었고, 肉의 소리이다. 《虞書》에서 자식을 교육하는 것이다. 毓는 育의 혹체이고, 每로 구성되어 있다(育, 養子使作善也.从𠫓, 肉聲.《虞書》曰 : 教育子. 毓, 育或从每)."라고 했다. 徐鉉은 徐鍇의 말을 인용해서 "𠫓는 말을 듣지 않는 아들이다. 순종하지 않는 아들 역시 가르치는데 하물며 말을 잘 듣는 아들이야 어떠하겠는가(𠫓, 不順子也.不順子亦教之, 况順者乎)?"(大徐本, 310)라고 했다. 사실 가르치고 기른다는 의미는 나중에 생긴 의미이다. '育'의 본의는 낳아서 기른다는 의미이다. 갑골문에서 혹체의 '毓'자가 있는데 그 자형은 다음과 같다.

一期前二.二五.三

혹은 다음과 같다.

二期前二.二四.七

徐中舒는 글자를 해석하면서 "로 구성되었다. , 로 구성되었는데 은 子가 거꾸로 된 형상이다. ……아이를 낳는 형상이다. 子 옆의 작은 여러 개의 작은 점은 양수이다.《說文》의 育자의 혹체 와 형상이 대략 같다(从, 从, , , 爲倒子形.……象産子形, 子旁或作数小點乃羊水. 與《說文》育字或体形略同)."(徐《甲》, 1582)라고 했다.

'育'은 본래 '毓' 이라고 볼 수 있다. 그 본의는 여자가 작은 아이를 낳는 형상이다. 그래서 낳고 기른다는 의미는 이 글자의 본의이다. 아들을 낳는 형상은 그것의 구의이다. 갑골문 복사에서 '毓'자는 결코 낳고 기른다는 의미가 없다.《甲骨文字典》에서 귀납한 의미 항목을 살펴보면 보면 하나는 군장(君長)을 가리키는 것으로 은나라 선왕 先公을 칭하고 다른 하나는 묘호(廟號)의 선후(先後)를 가리킨다.

그 원인은 두 가지로 분석할 수 있다. 첫 번째는 王玉哲이 말한 바와 같이 "여성을 포함하여 '毓' 혹은 '后'로 고대 제왕을 칭했다는 것은 실질적으로 원시 고대의 모계사회에서는 추장이 여성이었음을 암시한다. 그래서 어머니의 최고 덕목인 낳고 기르는 것으로 그들을 존칭하였다."(王《史》, 79)원시 고대는 이와 같았다. 노예제 사회의 고급단계에 들어섰지만 아직도 '毓' 혹은 '后'로 고대 제왕을 칭했다는 것은 여성을 존숭하는 최고의 덕목이 이처럼 간단할 뿐 아니라, 여전히 여성과 생육권을 다툰다는 의미를 포함하고 있다. 두 번째는 복사에서 낳고 기른다는 의미를 보다 더 직관적 형상으로 보여주는 것은 바로 '㝃'자이다.

갑골문은 다음과 같다.

一期合四0五

혹은 다음과 같다.

一期鐵一八六.一

이 글자를 고문자학자들은 모두 《說文·子部》의 '㝃'라고 공인하고 있다. 許愼은 "㝃는 아들을 낳고 몸을 푼 것이다. 子와 免으로 구성되어있다(㝃, 生子免身也, 从子, 从免)."(大徐本, 310)라고 했다.

그러나 그 형체는 도리어 믿을 만한 해설이 없다. 이것은 무음종합 합성자라고 생각한다. 는 산문(産門)과 같다. 는 아기를 받는 산파가 출산부의 음문을 벌리고 있는 두 손과 같다. 그리고 는 막 태어나고 있는 영아의 노출된 머리와 같다. 세 개의 형상을 합쳐서 나타낸 직관적 형상이라고 할 수 있다. 이것으로 여자의 분만의 의미를 나타냈다. 혹체의 ''는 이 생략되었지만 㝃자라고 식별하는 데에는 영향을 미치지 않는다. 아이의 탄생을 기다리는 출산부의 음문인 ''에 산파가 출산부의 음문을 벌리고 있는 두 손 ''이 더해진 완전한 會形 합성의 '㝃'자로 아들을 낳는다는 의미를 나타내고 있다. 그래서 복사에서 '毓'을 사용하지 않고 아들을 낳는다는 의미를 기록한 것은 매우 정상적이다.

許愼이 말한 '育'은 '아들을 선한 쪽으로 기른다'는 '育'의 인신의이고, 《詩經》의 '育兒'에서의 '育'은 하나의 의미가 아니고, 鄭玄의 주에서 언급한 '품어 기른다(覆育也)'로 《說文·十二下·女部》에서 "嫗는 母이다(嫗, 母也)."(大徐本, 259)라고 한 것과 같은 것이다. 段玉裁 주에서는 "《樂記》에서 '후구(煦嫗)하여 만물을 품어 키운다.'라고 했다. 鄭玄은 '기(氣)를 후(煦)라고 했고, 체(體)를 구(嫗)라고 했다.'라고 했다. 《詩經》 毛《傳》에서 '유하혜가 집에 가지 못한 여자를 따뜻하게 하니(柳下惠嫗不逮門之女)'에서도 역시 체(體)로 구(嫗)의 의미를 삼은 것으로 볼 수 있다. 불체문자(不逮門者)는 문에 들어가지 못하는 것이다. 荀卿이 말한 '후문에 있는 사람과 같은 옷을 입다'가 바로 그것이다. 대개 사람과 새가 낳은 자식을 '乳'라고 한다. 모두 반드시 몸으로 그 자식을 품어야 한다. 《方言》에서 '품고 있는 닭을 포(抱)라고 한다.'라고 했다. 郭璞은 '강동 방언에서는 구(蓲)라고 불렀다. 央富반이다.' 구(蓲)에서 구(嫗)가 나왔다. 어머니를 구(嫗)라로 부르는 것도 여기에서 유래되었다(《樂記》: '煦嫗覆育萬物.' 鄭曰: '以氣曰煦, 以體曰嫗.' 《詩》毛《傳》'柳下惠嫗不逮門之女', 亦以體曰嫗之意. 不逮門者, 不及入門. 荀卿所謂'與後門者同衣'即此也. 凡人及鳥生子曰乳, 皆必以體嫗之. 《方言》: '伏鷄曰抱.' 郭云: '江東呼蓲, 央富反.' 按'蓲'即'嫗'也. 母之呼嫗由此)."(段注, 620-621)라고 했다. 《詩經》에서 말한 育은 '女'로 구성되었고 區의 소리를 가진 嫗가 나타내는 의미이다. 覆育이란 바로 어미닭이 병아리를 품는 것처럼 날개로 병아리를 보호하는 것이다.

〈蓼莪〉에서 "나를 기르시고 나를 쓰다듬고 길러주시고, 키워주시고 감싸주시고 돌아보시고 또 돌아보시고 나갔다 들어와서는 다시 돌보아 주시는 것(鞠我, 拊我, 畜我, 長我, 育我, 顧我, 復我, 出入腹我)"은 사실 모두 부양과 관계가 있지, 낳고 기른다는 의미와는 관계가 없다. 이러한 각도에서 보면 '母'가 기록하는 대상인 어머니〔母〕라는 성별 칭위사는 자녀를 부양한다는 뜻에 편중되어 있다. 그래서 牧과 음도 비슷하고 의미도 서로 통한다. 許愼의 이러한 관점은 '毋'자의 초기 자형으로 증명할 수 있다. '毋'자는 갑골문에 이미 있었는데 그 자형은 다음과 같다.

一期后上二三.七

혹은 다음과 같다.

一期林一.二二.二

徐中舒는 "갑골문의  는 처음에는 한 글자였다. 후에 는《說文》에서 '女'자의 전문(篆文)의 본자로 삼았고, 는《說文》에서 '毋'자의 전문의 본자로 삼았다. 그래서 '女'와 '毋'의 두 글자가 되었고 의미도 달라졌다."(徐《甲》, 1299)라고 했다. 徐中舒의 이 말에는 근거가 있다. 갑골 복사에서 분명히 '女'를 '毋'로 쓴 용례가 있다. 예를 들면 다음과 같다.

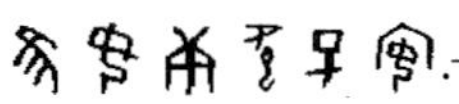.—隹(唯)女(毋)庚蚩子安.(合九四)(徐《甲》, 1300)

이 가운데 는 바로 '毋'이다. 그러나 고문자학자들은 갑골복사에서 '女'를 '毋'로 사용한 것은 있지만 반대의 경우, 즉 '毋'를 '女'로 사용한 예는 절대로 없다고 지적하고 있다. 그래서 陳偉湛은 '女'와 '毋'는 異字同形에 불과할 뿐 절대 한 글자로는 볼 수 없다고 강조했다. 그는 "갑골문의 여자는 모두  혹은 의 형상이다. 마치 한 여인이 땅바닥에 꿇어앉아 가슴 앞에 두 손을 포개고 있는 형상이다. 소수의 몇 자는 의 형상도 있다. 머리 부분에 하나의 획이 더 있는데 마치 비녀

와 같다. 갑골문의 '母'는 대부분 혹은 이다. '女'자의 가운데에 두 점을 더한 것이다. 마치 가슴의 두 유방의 형상으로 금문 역시 대부분 이와 같다. 이것은 육서 중에서 지사라고 할 수 있다. 소전은 로 바뀌었는데 《說文解字》에서는 牧로 해석되었다. '女'로 구성되어 있고 아이를 안고 있는 형상으로 일설에서는 아이에게 젖을 주는 것이라고 해석하고 있다. 이와 같이 는 '母'이지 '女'가 아니라는 것은 매우 분명하다. 그러나 는 도리어 '女'이기도 하고 '母'이기도 하다. 이자동형으로 변한 것이다. 분별하기 어렵다."(陳《例》, 29)라고 했다. 陳偉湛의 말은 일리가 있다. '母'와 '女'는 분명 같은 글자가 아닌데 자형면에서 '女'자는 '母'자와 혼동되고 있다. 복사에 나타난 문장의 의미를 통해 구별해 보면 다음과 같다.

갑골문 자형에서 는 아이를 안고 있는 형상도 아니고 아이에게 젖을 주는 형상도 아니라는 것을 볼 수 있다. 단지 손이 묶이고 꿇어앉은 사람의 형상에다가 두 점을 더한 것이다. 이 두 점은 튀어나온 유두를 나타낸다. 이런 사람은 의심할 여지없이 젖을 먹여 아이를 키우고 있는 여성이다. 그러면 '母'자는 분명히 標形合成字에 속한다. 그 공식은 다음과 같다. B+X=(BX)이다.

사실 '母'자는 갑골문에서 순수한 상형의 글자가 또 있다. 상형성이 매우 강한 글자인데 그것은 바로 爽이다. 갑골문은 다음과 같다.

四期戩三.三七

혹은 다음과 같다.

四期后上二二.四

徐中舒의 《甲骨文字典》에서는 이 글자를 '奭'아래에 두었고, 자형을 다음과 같이 해석했다. "양 손으로 두 사물을 들고 형상이다. 가지고 있는 사물은 비록 양손에 서로 다른 기물을 들었다하더라도 좌우 두 손 아래 두 개의 사물은 모두 같은 형태이다. 이 두 사물이 서로 짝을 이루는 것으로 부부의 의미를 나타냈다."(徐《甲》, 373) 그러나 徐中舒는 이 견해가 이미 정해진 결론은 아니라고 언급했다. 이 글자의 자형과 구의에 관해서 물론 다른 의견도 있다.

郭沫若은 이 글자를 '母'자의 이구자(異構字)라고 했다. 그는 羅振玉이  등의 글자를 '奭'자로 해석한 것을 반박하면서, "이것은 고대 '母'자의 이문(異文)이다. 좌우에 끼고 있는 것은 두 유방의 형상이며 '母'자의 두 점과 같다(此乃古母字之異文也. 左右所夾者乃二乳之象形, 與母字之兩點同意)." 라고 설명했다. 그런 다음 복사의 용례와 비교했다. 그 가운데 다음과 같은 것이 있다.

> 己丑卜, 貞 : 王宾四, 祖丁妣己□日亡尤.(前編卷一, 十七頁二片)
>
> □辰貞其𠦪生祖丁母妣己.(後編上, 二十六叶六片)(李《古》九, 775)

이 두 개의 복사에서 '奭'와 '母'가 나타나는 언어 환경은 거의 차이가 없다. 奭는 '母'의 이구자라는 것을 증명할 수 있다. '母'자는 손이 묶이고 꿇어앉은 '女'자에 두 점을 더해서 두 유방을 나타내었고 은나라 선왕의 배우자를 지칭했다. 奭은 大자의 좌우에 대칭의 유방을 나타내는 형상성부호를 더하여 은나라의 선왕의 배우자를 기록하였다.

郭沫若은 "자형은 大로 구성되었고 조비(祖妣)의 상대 배우자로 전용되었다. 이를 통해 존귀하고 크다는 의미가 함유되었음을 알 수 있다. 아마도 모권시대의 유문에서 유래되었을 것이다. 그래서 모권 사회가 끝나서 [illegible]가 폐기된 것이다(字形从大, 是專用祖妣之相配, 可知必含有尊大之意, 蓋由母權時代之遺文也. 故終致母行而[illegible]廢矣)."(李《古》九, 775)[33]라고 지적했다.

郭沫若의 말은 일리와 근거가 있어 믿을만하다. 楊樹達은 이 학설을 극찬하면서 "그 창의성은 경천동지할 만큼 뛰어나다(此其創造性之發明, 可謂石破天驚)."(李《古》九, 775)고 말했다. 楊樹達은 더 나아가서 고음과 고의의 두 방면에서 이를 논증했다. 郭沫若과 楊樹達 두 사람의 말은 믿을 만하다. 이는 羅振玉이 이 글자를 奭으로 해석하는 것 보다 뛰어나고, 葉玉森이 '夾'자로 해석하는 것과 陳夢家가 '姆'로 해석하는 것보다 더욱 설득력이 있다.

그래서 생육능력을 가지고 있고 생육경험이 있는 여성의 칭위사를 기록하는 자형부호는 표형합성의 '[illegible]'자 이외에도 또 단순상형의 '[illegible]'(이사자로 [illegible], [illegible], [illegible], [illegible] 등)이 있다. 표형합성의 '[illegible]'이든지 전공능영합성의 순상형의 '[illegible]'이던지 간에 모두 여성의 형상적 특징이 두드러지고 있다. 그것은 바로 유방이 크고 선명하다는 것이다. 유방은 아이를 포육하는 인체 기관이다. 그래서 '母'의 원초적 자형이 나타내는 구의의 핵심은 바로 '낳는 것〔生〕'에 있는 것이 아니라 '기르는 것〔養〕'이라는 의미에 치중되고 있다. 그래서 許愼이 방목(放牧)의 '牧'을 '母'로 해석하고 '母'의 고의로 본 것이 상고의 역사 문화적 의미와 보다 더 부합된다고 할 수 있다.

그러면 초기 한자가운데 '母'와 같은 의미를 가지고 있고 '낳는 것〔生〕'에 중점을 둔 한자는 어떤 것인가? 그것은 바로 '비(妣)'이다. '母'자에 담고 있는 의미와 비교하면 '妣'는 '낳는 것〔生〕'이라는 의미에

---

33 李圃, 《古文字詁林》 第九册, 《殷周青銅器銘文研究卷一·戊辰彝考釋》, 上海教育出版社, 2004年版. p.775.

보다 더 중점을 두고 있다.

《說文·女部》에서 "妣는 죽은 어미이다. 女로 구성되었고 比의 소리이다. 妣는 주문에서 비가 생략된 것이다(妣, 歿母也. 从女比聲. 妣, 籒文妣省)."(大徐本, 259)라고 했다. '죽은 어미〔歿母〕'는 바로 돌아가신 어머니이다. 이것은 '妣'의 본의가 아니다. 段玉裁 주에서 "〈曲禮〉에서 '살아있으면 '父'라고 하고 '母'라고 하고 '妻'라고 한다. 죽었으면 考라고 하고 妣라고 하고 嬪이라고 한다(生曰父曰母曰妻, 死曰考曰妣曰嬪).'라고 했다. 《釋親》에서는 '父를 考라고 하고 '母'를 妣라고' 하여 섞어서 말했다"(段注, 615)라고 했다. 段玉裁는 《曲禮》를 인용하여 "죽었으면 考라고 하고 妣라고 하고 嬪"이라고 한 것으로 許愼의 '죽은 어미'라는 해석을 증명했고, 또 《爾雅·釋親》의 훈석을 인용하여 고대 '母'와 '妣' 두 글자가 생사의 구별이 없다는 것을 증명했다. 모순처럼 보이지만 사실을 모순되지 않는다. 글자의 의미는 사회의 발전에 따라서 부단히 변화하고 발전한다. 어떤 글자는 의미가 증가되지만 어떤 한자는 반대로 후대 의미가 축소된다. 이것은 모두 정상적인 것이다.

'妣'자는 상고문헌에서 살아있는 어머니로 기록되기도 하고 죽은 어머니로 기록되기도 한다. 게다가 살아있는 어머니 역시 매우 일상적인 의미였다. 예를 들면 다음과 같다. 《尙書·虞書·舜典》에서 "순임금이 요임금을 대신해 천하를 다스린 지 28년째 되던 해에 요임금께서 돌아가셨다. 백성들은 마치 부모를 여윈 듯이 슬퍼하였다(二十有八載, 帝乃殂落. 百姓如喪考妣)."라고 했다. 僞孔《傳》에 "조락(殂落)은 죽은 것이다. 요임금은 나이 열여섯에 즉위하여 칠십년간 재위에 있다가 순임금에게 선양하였다. 3년간 순임금은 시험을 받은 후 정월초하루부터 시작하여 나라를 다스린 지 28년 되던 해에 요임금이 붕어하셨다. 당시 요임금의 세수는 백십칠 세였다. 考妣는 부모이다. 아버지를 考라고 하고 어머니를 妣라한다(殂落, 死也. 堯年十六即位, 七十載求禪, 試舜三載, 自正月上日至崩二十八載, 堯凡壽一百一十七. 考妣, 父母. 言父日考, 母日妣.)"라고 했다.(阮《疏》, 129)

여기에서 '考妣'는 '父'와 '母' 두자로 바꿀 수 있다. 결코 죽은 아비와 죽은 어미를 가리키는 것이 아니다.

《左傳·昭公十年》에서 "읍강은 진당숙의 어머니이다(邑姜, 晉之妣也)."(阮《疏》, 2058)라고 했다.

邑姜은 晉唐叔의 어머니이다. 당시에는 아직 죽지 않았고 단지 점성가가 혜성이 무녀성좌를 범하는 것을 보고 邑姜이 난으로 죽을 것을 예언했다. 따라서 여기서 妣자는 살아있는 어머니의 의미로 사용된 것이다.

'妣'의 초기 의미에 대해 楊樹達의 《殷墟文字甲編考釋》에서 다음과 같이 말했다. "匕는 妣의 초기 의미이다. 妣는 암수를 구별하는 명칭이다. 처음에는 생사의 구별이 없었다. 〈曲禮〉에서 칭한 것은 후세 문치가 크게 일어난 이후 분별하여 나타난 말이다(匕, 妣之初義, 妣爲別於雄牡之稱名, 初無生死之別. 《曲禮》所稱, 乃後世文治大進以後分別之辭耳)."(李《古》七, 458)

'妣'는 수컷과 구별하기 위한 명칭이라는 말은 지극히 옳다. 위절에서 '士'를 해석할 때 '士'가 수컷의 의미를 가지는 형상부호임을 논증한 바 있다. '妣'의 성부인 '比' 역시 이러한 기능을 가지고 있다. 주문의 에서 匕는 바로 '士'와 상대적인 구형 요소로 암컷의 의미를 가진 형상부호이다. 그러면 '士'와 비교하여 '匕'를 서술할 수 있다. '匕'에 대해 서술하면 다음과 같다.

갑골문에는 '匕'자가 있다. 단독으로 문자가 되기도 하고 부건으로 글자를 구성하기도 한다. 단독으로 문자가 된 갑골문은 다음과 같다.

 一期甲三五五

徐中舒는 〈女部〉의 '妣'자 아래 다음과 같이 서술했다. "복사는 匕를 사용하여 妣를 썼다."(徐《甲》, 1037)그러나 본자 '匕' 아래 그 자형을 다음과 같이 분석했다. "사람이 절을 하거나 포복하는 측면의 모습이다. …그 초기형태는 ㄋ이다. 세로로 배열하기 위해서 점차 ㄗ이 되었다."(徐《甲》, 914)라고 했다. 徐中舒의 이 말은 근거가 있다. 吳其昌은《金文名象疏證》에서 "祖妣의 匕는 사람의 옆모습의 형태이다. 그래서 그 글자는 人자의 반대 형상으로 구성되었지 刀자의 반대 형상이 아니다. 이점에 대해 본인은 깊이 분석해 내지 않을 수 없었다. 조비의 비는 갑골문에서 ㄅ 혹은 ㄋ으로 쓰였다. 모두 사람의 형상 혹은 절하거나 엎드린 측면이다(祖妣之匕則象人之側形, 故其字从人字之反, 不爲刀字之反. 此點吾人不能不深切辯認. 祖妣之匕, 龟甲文作ㄅ, 或作ㄋ, 皆象人或鞠躬或匍伏之側形)."(李《古》七, 452)라고 했다. 그러나 정론은 아니다.

'匕'의 본의 및 그 자형구의에 관한 해석은 매우 많다. 그 가운데 하나는 匕의 본의가 취사도구인 국자에서 왔다는 것이 있다. 이러한 주장을 하는 사람은 聞宥, 商承祚, 高田忠周 등이다.[34] 또 다른 주장은 제물로 바쳐지는 고기를 들어 정(鼎)에 올리는 나무 삼지창(畢이라고도 칭하는데 이러한 견해를 가진 사람은 郭沫若[35], 孫海波[36] 등의 사람이다.)이다. 또 어떤 사람들은 匕를 음성 생물의 생리기관으로 본다. 이 주장을 펼치는 사람은 吳其昌이 대표적이다. 吳其昌은《殷墟書契解詁》에서 갑골문의 'ㄅ'는 '牡'

34 聞宥《殷墟文字研究》, 商承祚《甲骨文字研究下編》, 高田忠周《古籒篇三十三》, 李圃,《古文字詁林》第七册,上海教育出版社, 2004年版. p. 452. 참조.

35 郭沫若은 〈金文餘釋之餘·釋[illegible]氏〉에서 "비의 상단에 가지가 있는 것은 정의 주둥이에 걸어 떨어지는 것을 방지하기 위한 것이다(匕之上端有枝者, 乃挂於鼎唇以防其墜)."라고 했다. 李圃,《古文字詁林》第七册, p.452. 참조

36 孫海波는 〈甲骨金文研究〉에서 "ㄅ은 정기를 긁는 것이다(ㄅ, 撓鼎器也)."라고 했다. 李圃,《古文字詁林》第七册, p.453. 참조

를 구성하는 '丄'와 상대되는 하나의 字符라고 여겼다. 그는 "은나라 사람들이 문자를 만들 때 양성의 생물은 옆에 '丄'를 덧붙여 수컷의 부호로 삼았고 음성의 생물은 옆에 '𠤎'를 덧붙여 암컷의 부호로 삼았다. '丄'와 '𠤎'는 모두 그 생리기관의 차이를 특징적으로 나타낸 것이다.

吳其昌의 이 학설은 羅振玉에서 나온 것으로, 羅振玉은 갑골문의 다음 글자를 따른 것이다.

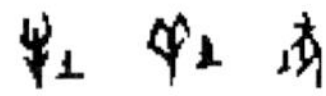

(牡)　(⿰羊土)　(⿰豕土)

(牡)　(⿰羊匕)　(⿰豕匕)

위의 글자들의 대응 관계와 《說文解字》의 '牡', '牝'의 두 글자의 본의에 대한 탐구에서 위 두 조의 글자에서 '丄'와 '𠤎'는 각각 수컷과 암컷 두 성의 생식기를 나타낸다는 것을 깨달았다. 다시 말해서 '丄'은 수컷(사람으로 말하자면 남성)의 생식기관이고 '𠤎'은 암컷(사람으로 말하자면 여성)의 생식기관이다.

위절에서 이미 '丄'(해서로는 '士'이고 후에 '土'로 잘못 바뀌었다.)는 수컷의 생식기관을 나타내는 형상부호임을 설명한 바 있다. 나아가서 발육이 끝나 성숙하였지만 아직 장가가지 못한 남성을 나타낸다고 설명한 바 있다. 따라서 '𠤎'(해서로 '匕')은 분명히 암컷의 생식기관을 나타내는 형상부호이며, 나아가 생육의 능력이 있거나 생육의 경력을 가진 여자를 지칭했다.

그러면 옛 사람들은 왜 '𠤎'라는 부호로 음성 생물의 생식기관을 나타내야 했는가? 바꾸어 말해 '[illegible]'의 구자 의거는 어디에 있는 것인가? 郭沫若은 《甲骨文字硏究·釋祖妣》에서 다음과 같이 말했다. "匕는 匕柶자의 인신이다. 무릇 암컷의 생식기관이 匕와 비슷하여 匕로서 妣라고 한 것은 牝와 같기 때문이다(匕乃匕柶字之引申, 蓋以牝器似匕, 故以匕爲妣若牝也)."(李《古》七, 453)

郭沫若이 말한 비사(匕柶)가 가리키는 것은 바로 제사에 사용하는 나무 삼지창이다. 사실 '匕'와 '柶'를 연달아 말하는 것은 단지 두 사물이 비슷하여 억지로 함께 가져다 붙여 놓은 것이지 결코 동일한 물건은 아니다. 曹詩成은 《史學年报》第二卷第五期의 <匕器考釋>에서 '匕'가 제물로 희생된 고기를 드는 기물로 제작된 형상과 그 역할에 관해서 가장 상세하게 고증한 바 있다. 曹詩成은 먼저 清 王筠의 《說文釋例》와 朱駿聲의 《說文通訓定聲》, 그리고 饒炯의 《說文部首訂》 등 세 전문가가 匕柶자에 대해 고증한 것에 대해 논증하여 결론을 내려 다음과 같이 설명했다.

"《釋例》에서는 '숟가락' 같다고 했고, 《定聲》에서는 '거꾸로 된 방패' 같다고 했으며, 《部首訂》에서는 '똑바로 있는 숟가락'이라고 했는데 모두 옳지 않다. 柶는 국자〔勺〕같으며 자루가 있다. 액체를 뜰 수 있다. '勺'의 전서는 [illegible]로, 국자 가운데 물체가 있는 것과 같다. '匕'의 전서는 [illegible]로 두 획이 서로 연결되어 있는데 柶가운데 물건이 있는 형상과는 다르다. 또 匕의 고문은 '[illegible]'로 나타나는데 이는 더욱더 柶와 다르다. 《部首訂》에서는 억지로 柶의 정면으로 해석했는데 역시 유사하지 않다고 생각한다. 《通訓定聲》에서는 거꾸로 된 방패라고 했는데 육서에서 의미를 취한 바가 없기 때문에 이 역시 따르기 어렵다. 曹詩成은 [illegible] [illegible] 두자를 叉의 형태와 같다고 했고, 또 고대 '匕器'의 원형이라고 여겼다(《釋例》謂'象柶', 《定聲》謂'象倒干', 《部首訂》謂'象正柶', 皆非. 柶似勺, 有斗, 可以挹流

質, '勹'之篆爲[glyph], 似勹中有物, '匕'之篆作乛匕, 二畫相連, 非柶中有物之象 ; 又匕之古文作'朩', 尤與柶異. 《部首訂》强以柶之正面釋之, 亦覺不類. 《通訓定聲》倒干之說, 似近之, 然於六書無所取義, 故亦難從. 詩成以乛匕朩二字, 當象叉形, 亦即古'匕器'之原形)."(李《古》七, 454)

曹詩成은 고대 문헌에서 관련 재료를 상세하게 열거하여 증명하였다. 曹詩成의 학설은 기존의 여러 학설의 모호함을 바로 잡을 수 있다고 생각한다. 匕는 匕이고 柶는 勹이다. 匕는 정(鼎) 가운데 있는 희생된 고기를 도마 위에 올려놓는 나무 삼지창이다. 朩는 그 정면의 모습이고, 乛匕은 측면의 모습이다. 정면의 형상은 또 아이들이 가지고 노는 새총과 유사하다. 그래서 '畢'자의 자형과 관계가 있다.

《儀禮·特牲馈食禮》에서 "종인은 필을 가지고 먼저 들어가 동쪽 계단에 마주하여 남면한다(宗人執畢先入, 當阼階南面)."라고 했다. 鄭玄의 주에서 "畢의 모양이 叉와 유사하다. 대략 필성(畢星)과 유사하여 그 이름을 지었다(畢狀似叉, 蓋爲其似畢星取名焉)."라고 했다.(阮《疏》, 1183)

鄭玄 주에서 '畢'의 의미는 匕(혹은 朼)와 같다. 鄭玄의 주는 앞의 내용은 맞지만 뒤의 문장에서 차육(叉肉)의 畢이 그 모양이 이십팔수(二十八宿) 가운데 필수(畢宿)의 별 모양과 비슷하다고 생각했는데 이것은 정확하지 않다. 하늘에 줄지어 있는 별 가운데 필수는 8개의 별로 이루어졌고 그 형상은 ''과 같다. 마치 새총의 모양과 비슷하다. 가장 원시적인 새총의 틀은 가지가 있는 나무 가지에서 가져온 것이다. 그래서 제물로 희생된 고기를 드는 데 사용하는 匕 역시 가지가 있는 뽕나무 혹은 대추나무로 만든다. 두 개의 사물이 모양이 서로 유사하다면 옛날 사람들은 '같은 모양의 물체에 같은 이름을 부여한다'는 원칙에 따라 하나의 음성형식으로 같은 모양의 사물들을 부를 수 있었다. 그래서 서면어에서도 같은 문자부호로 그것들을 기록한 것이다.

그래서 '畢'과 '匕(혹은 朼)'는 다른 이름이지만 실체는 똑같은 것을 가리킨다. 郭璞 주《爾雅·釋天》에서 "탁을 일컬어 필이라고 한다. 토끼를 잡는 망인 필(畢)인데 탁이라고도 부른다. 별의 형상이어서 이름을 따왔다(濁謂畢云: 掩兔之畢, 或謂之濁, 因星形以名)."(郝《疏》, 195)라고 했다. 郭璞은 아마도 鄭玄 주의 영향을 받아 '필망(畢網:사냥하는데 사용하는 자루가 있는 망)'은 '필수(畢宿:별이름)'에서 이름을 따왔다고 생각했는데 사실 이 말은 본말이 전도된 것이다. '가장 가까운 곳에서 취한다'는 원칙에 따라서 옛사람들은 사물의 이름을 지을 때 분명히 우선 신변에 있는 사물에 관심을 가진 다음, 다시 멀리 떨어진 곳의 사물에서 이름을 취했을 것이다. 고대 천문학이 나타나기 전에 이미 먼저 사냥을 했을 것이니 어휘발생학의 각도에서 보아도 사냥하는 그물의 의미가 필수의 의미보다 먼저였을 것이라는 것은 매우 자연스러운 일이다. 필수는 사냥그물의 형상에서 인신되어야만 비로소 옛사람들의 이름을 짓는 규칙에 부합할 수 있다.

曹詩成이 '匕'를 희생된 고기를 드는데 사용한 도구라는 논의는 매우 자세했지만 匕가 祖妣의 匕를 지칭하는데 어떻게 사용되었는지에 대해서는 설명을 하지 않았다. 이는 유감이다. '匕'는 희생된 고기를 드는 기구를 나타내는 부호인 동시에 암컷의 생식기관을 나타내는 부호이다. 이 두 사물에는 공통의 특징이 있다. 그것은 바로 가랑이라는 것이다. 사람이건 동물이건 여성 혹은 암컷의 생식기관은 하체에 긴 가랑이에 있다. 이점은 희생된 고기를 드는 나무 가지와 그 모습이 비슷한 것이다. 그래서 '匕'의 음은 하나의 이름이지만 두 가지를 가리키는 것이며, '匕'자는 하나의 형상으로 두 가지로 사용할 수 있는 것이다. 吳其昌은 匕의 형상을 두 가지 해석을 했는데 하나는 음성 동물의 생식기관이고, 하나는 사람이 기어가는 형상의 人의 반대의 형상이다. 이 두 해석은 서로 연관된 것이라고 생각한다. 李星可는《釋女》

에서 갑골문의 '女'자가 왜 꿇어앉은 형상을 취했어야 하는 가에 관해서 다음과 같이 말했다.

"무릇 무릎을 꿇는 것은 사실 앉은 것이다. 고대 사람들의 하의에는 아직 바지가 없어서 앉으면 두 허벅지가 벌어져서 하체가 노출되기 쉬웠으므로 꿇어앉아서 노출되는 것을 피할 수 있었기 때문이다(蓋跽實即坐也. 古人下衣無褲, 坐則兩股開張, 易露下體, 跽則能免)."(李《古》九, 734)

李星可의 말은 비록 추측한 것으로 보이지만 증거도 있다. 1988년 감숙성 옥문(甘肅 玉門) 신석기 문화유적지에서 하나의 채색도기 인형이 발굴되었는데 李星可의 말의 증거가 될 만하다. 그림을 보면 다음과 같다.

그림4-2-2 신석기 시대 채색도기 인형

그림에서 인형이 입고 있는 사선이 서로 교차되고 있는 바지가 짜개바지라는 것은 의심할 여지가 없었다. 20세기 초에 일본인도 무릎을 꿇고 않았는데, 그 이유가 밑이 없는 바지 때문이었다. 하체가 노출되는 것을 피하기 위해서라는 말이 있다. 또한 양한 때까지 사람들은 공개적인 장소에서 모두 꿇어앉는 자세를 취했다. 공공장소에서 지금의 앉는 자세인 다리를 뻗고 앉으면 매우 야만적인 행위라고 배척당했기 때문이다. 그래서 고대 사람들은 땅에 엎드렸고 그 형상이 '匕'의 측면인 'ㄴ'과 다르지 않았다. 두 다리가 교차하는 곳이 바로 하체가 노출되는 지점인 것이다.

수컷의 성기는 형상이 두드러지기 때문에 묘사할 수 있지만 암컷의 성기는 그렇지 않았다. 그래서 옛사람들은 엎드린 측면의 인체로 전체의 모습을 그려냈다. 만약 'ㄴ'을 180도 돌린다면 그 모습이 'ㅋ'로 마치 남녀가 교합할 때 남자가 위에 있고 여자가 아래 있는 전통적인 체위에서 여자가 바로 누워 하지를 벌린 형상이다.

이렇게 여러 가지 유사한 점 때문에 갑골문과 소전의 '匕'는 한 글자가 세 가지 의미로 사용되었다고 할 수 있다. 첫 번째는 제물로 희생된 고기를 찍어 들던 나무 삼지창이고, 두 번째는 암컷의 생식기관을 가리키는 것이다. 세 번째는 성행위 중의 여성의 체위 가운데 하나이다. 이 세 가지는 모두 그 형상이 매우 유사하여 옛사람들은 그것들을 연상 비유의 사유방식을 통해 하나로 연결시켰다. 그래서 하나로 여러 가지를 가리키고, 한 글자로 여러 의미로 사용하는 현상을 낳게 된 것이다.

'匕'가 여성칭위사로 사용된 기록 부호가 갑골문에는 보이지 않지만 '女'를 첨가한 구건 '妣'가 금문에는 있다. 그 모양은 다음과 같다.

召仲作生妣鬲

그러면 '妣'이 가리키는 것과 '母'자는 동일한 것이다. 그러나 글자

를 만드는 측면에서 보면 '母'는 표형합성자이고 가장 두드러진 특징은 아이를 양육할 수 있는 두 유방이다. 따라서 '母'자는 아이를 부양한다는 점에 치중하고 있는 반면, '妣'는 의음합성자로 시음구건인 '匕'가 표형의 기능을 겸하고 있으며, 두드러진 것은 여자의 하체(즉 생식기관)인 것이다. 따라서 '妣'자는 생육이라는 측면에 치중되고 있다.

상고에는 생식을 숭배하는 습속이 있었다. '匕'자는 상고시대의 수렵하고 유목하던 사회생활의 청사진이다. 그래서 은상시대에 은나라 선왕의 배우자로 칭했고, '母'와 '妣'는 '婦'와 '妻'와는 다른 의미를 담고 있다. 즉 자손과 후대를 생육하고 번식하는 여성을 존중하는 역사 문화적 의미를 담고 있는 것이다.

4. '女'

'女'는 출가를 기다리는 여성에 대한 호칭이며, '士'가 지칭하는 대상과 상대적인 의미이다.

《詩經》에는 '女'와 '士'를 대칭하여 많이 쓴다. 예를 들면, 《召南·江有汜》에 "사랑에 눈을 뜨기 시작한 여자를 멋진 사내가 유혹한다(有女懷春, 吉士誘之)."라고 하였다. 鄭玄《箋》에 "멋진 사내는 띠풀로 죽은 사슴을 싸고, 사랑에 눈을 뜨기 시작한 여인을 유혹한다(言美士以白茅包其死麕而誘懷春之女也)."라고 하였다.(阮《疏》, 292)

《鄭風·溱洧》에는 "여인이 구경가보자고 말하자 사내는 벌써 갔었다고 한다……즐겁게 웃고 노래 부르며, 총각은 여자에게 약초 꽃을 주었다(女曰觀乎, 士曰旣且.……洵吁且樂, 維士與女)."라고 하였다. 朱熹《集傳》에 "이 시는 사통한 자가 스스로 서술한 말이다(此詩淫奔者自敘之辭)."라고 하였다.(朱《傳》, 56)

先秦시기부터 전해져오는 전적에는 '女'를 여성에 대한 호칭으로 사용하는 것이 매우 보편적인 일이다. 예를 들면,《周禮》의 '女禦'·'女祝'·'女舂'·'女府'·'女史' 등의 관직명에서 '女'는 성별 호칭에 대한 어소로 사용되었다.

또한 전적에서 흔히 출가를 기다리는 여자를 가리킨다. '三禮'에 나오는 것을 예로 들면 다음와 같다.《周禮·地官·媒氏》직제에서 "남자와 여자가 태어나서 이름을 지으면 다 생년월일과 이름을 써서 올린다. 남자는 30세면 장가들고 여자는 20세면 시집가게 한다(凡男女, 自成名以上, 皆書年月日名焉. 令男三十而娶, 女二十而嫁)."라고 하였다.(阮《疏》, 733)《儀禮·士昏禮》에 "여자가 시집갈 것을 허락한 경우에는 비녀를 꽂는 예를 행하도록 하는데 이때부터 字를 쓴다(女子許嫁, 笄而醴之, 稱字)."라고 하였다.(阮《疏》, 970)《禮記·麯禮上》에 "남자와 여자 사이에는 중매를 통하지 않고는 서로 이름을 알지 못하며, 납폐를 받지 않으면 교제하지도 않고 가까이 하지도 않는다(男女非有行媒, 不相知名 ; 非受幣, 不交不親)."라고 하였다.(阮《疏》, 1241)

상술한 문헌에서 女(혹은 女子)는 모두 미혼여성을 가리킨다. 이런 의미는 '女'의 최초의 자형과 서로 부합한다.

《說文· 女部》에 "𡚦은 부인이다. 상형자다. 王育의 주장이다(𡚦, 婦人也. 象形, 王育說)."라고 하였다.(大徐本, 258) 단옥재의 주에서 "男은 장부이며, 女는 부인이다. 문장은 서로 대응된다(男, 丈夫也, 女, 婦人也. 立文相對)."라고 하였다.《喪服》에 "매번 丈夫와 婦人을 연이어 사용하였다. 대체적으로 말하면 '女'는 부인을 말하나, 구체적으로 말하면 출가를 해야만 부인이라 할 수 있다(經每以丈夫、婦人連文, 渾言之, 女亦婦人. 析言之, 適人乃言婦人也)."라고 하였다.《左傳》에서 이르기를 "군자는 '宋나라의 共姬를 말하는데 아직 처녀이며 결혼하지 않았다'라고 하였다. 여기서 女는 누군가의 부인이 되기를 기다린다는 뜻이고, 좋은 일이다(君子謂宋共姬女而不婦, 女待人婦, 美

事也).” 이것으로 ‘女道’와 ‘婦道’가 다르다는 것을 알 수 있다. ‘女子’는 ‘男子’에 상대되는 말이다. ‘子’는 일반적으로 미화시켜 부르는 美稱인데 ‘女子’에서 ‘子’를 사용하는 이유는 부모와 연결시켜 말하는 것이다. 《集韵》에서 “‘吳’지방의 사람들은 女를 媎라 하는데 牛와 居의 반절로 발음한다고 하였다. 青州에서는 女를 媎라 하는데 五와 故의 반절로 발음한다. 楚지방의 사람들은 女를 女라 하는데 奴와 解의 반절로 발음한다.”라고 하였다. 모두 방언이다. (‘女’자는)六書에서는 어디에 해당하는지 알 수가 없다. 王育은 상형이라고 하였다. 손을 거두어 모아 스스로 지키는 모양을 상형하였기 때문일 것이다(‘吳’人謂女爲媎, 牛居切. 青州呼女曰媎, 五故切, 楚人謂女曰女, 奴解切.’皆方語也. 不得其居六書何等, 而惟王育說是象形也. 蓋象其揜斂自守之狀).”라고 하였다.(段注, 612) 段玉裁의 주는 신뢰할 만하다. 許慎은 ‘婦人’으로 女를 해석하였는데 이것은 통틀어서 하는 말이다. ‘누군가의 부인이 되기를 기다리다’가 바로 ‘女’자의 원래의 의미이다.

‘女’자는 갑골문에 이미 나타나고 있다. 그 자형은 아래와 같다.

一期乙一三七八

혹은 아래와 같다.

佚八0七

徐中舒는 다음과 같이 말했다. “마치 무릎을 구부리고 손을 마주 잡은 사람의 모양과 같다. 부녀들은 대부분 실내에서 활동하고, 무릎을 꿇고 손을 마주 잡은 모양은 실내에 있을 때 자주 보이는 모습이므로 이것을 여성의 특징으로 삼고 力과 田으로 이루어진 男자와 구분하였

다(象屈膝交手之人形. 婦女活動多在室內, 屈膝交手爲其於室內居處之常見姿態, 故取以爲女性之特徵, 以別於力田之爲男性之特徵也)."(徐《甲》, 1299) '무릎을 꿇고 손을 마주 잡은 모습'과 段玉裁의 주에서 말한 '얼굴을 가리고 스스로 지키는 모습'이 서로 부합한다. 여기서 알 수 있듯이 '女'자는 남자가 집밖의 일을 돌보고, 여자가 집안일을 돌보는 사회적 분업이 형성될 시기에 출현하였다. 즉, 남자집권사회가 초보적으로 형성될 무렵에 나타났다.

일련번호가 '佚八0七'인 ''은 손을 모으고 무릎을 꿇고 있는 ''에 가로획을 하나 그은 형태이다. 《儀禮·士昏禮》에서 말한 것처럼 '女子許嫁, 笄而醴之'이고, 지금의 표현으로 말하면 여자가 시댁이 생긴 후(그러나 아직 출가전인 상태)에 머리에 비녀를 꼽아 구분하는 것이다. 이 가로선이 바로 여자의 머리에 꼽은 비녀의 상형자로 고대문헌에서 '계(笄)'라고 부르는 장신구이다.

여성이 비녀장식을 하면 이미 성년이 되었음을 나타내며, 이것은 남자가 관대를 한 것과 같은 것이다. 그러므로 ''와 ''의 '女'자 초기 형태는 모두 全功能零合成字이며, 순수한 상형부호(象形符號)이다. 일부 사람들은 ''를 標形合成字로 여기고, ''를 標示性 부호로 본다. ''를 덧붙인 ''가 시집갈 여자를 가리키고, ''이 없는 ''가 출가를 허락받지 않은 여자를 가리킨다는 관점도 가능성이 있는 것 같다. 그러나 《甲骨文字典》에 수록된 8개 이상의 예문에서 시집갈 여자를 가리키지 않고 있다. 그러므로 ''은 성숙된 여인의 머리에 꼽은 비녀를 본뜬 하나의 상형문자로 봐야 한다. 王寧의 《漢字構形學講座》의 분석방법에 따라 形位를 정리하면 ''은 단지 ''의 변체이며, ''가 '女'자 갑골문의 주요 형태가 된다. 鄭振峯도 이렇게 분석하고 있다.(鄭《甲》, 147) 본서에서도 이 의견에 동의한다.

갑골문 ''은 손을 모으고 무릎을 꿇은 사람의 형태이다. 이 형태에는 중국 상고시대의 문화정보가 많이 내포되어 있다.

성숙한 미혼 여성을 왜 손을 모으고 무릎을 꿇는 형태로 표시하였는지에 대해서 학자들은 견해가 서로 다르지만 크게 다음과 같은 두 가지로 나눌 수 있다. 첫 번째 주장은 여자가 두 손을 모으고 무릎을 꿇는 모양은 상고시대 여인들의 자연스런 모습이며, 오늘날 일본 여성들이 일본 전통복장을 입고 이런 자세를 앉아있는 것을 고려할 때 전혀 이상할 것이 없다는 것이다. 두 번째 주장은 여성 중심의 사회에서부터 남성 중심 사회로 전환된 증거라는 것이다. 여성은 남성이 집권하는 사회에서는 기생계층이기 때문에 남성에게 복종해야 하는데, 손을 모으고 무릎을 꿇는 모양은 바로 여성이 노예의 지위에 있음을 상징한다고 하였다. 전자를 주장하는 사람들은 田倩君, 林義光, 李星可, 徐中舒 등이며[37], 후자를 주장하는 사람들은 馬敘倫, 姚孝遂 등이다[38].

徐中舒는 "여인들은 대부분 실내에서 활동하고", "무릎을 꿇고 손을 마주 잡는 것은 실내에 거처할 때 흔히 보이는 자세"(徐《甲》, 1299)이기 때문에, 손을 모으고 무릎을 꿇는 형태로 '女'자로 표시하여 성별을 지칭하는 호칭을 기록한 것이라고 하였다. 馬敘倫은 갑골문에서 '女'자는 사실 '奴'자이며, ''는 손이 묶인 모양이라고 주장한다. 馬敘倫은 노예를 뜻하는 다른 글자 '奚'의 이체자 중에 여자를 가리키는 ''과 ''으로 이 주장을 증명하고 있다.(徐《甲》, 735) 본서에서는 문자

37 田倩君의 주장은 《中國文字》第十二期에 보이고, 林義光의 견해는 《文源》卷一에 보이며, 李星可의 설법은 〈釋女〉(《中法大學月刊》卷三期)에 보인다. 徐中舒의 주장은 《甲骨文字典》에 보이며, 李圃 主編의 《甲骨文字詁林》第9冊 pp.733—735에도 보인다.

38 馬敘倫의 설은 《說文解字六書疏證》卷二十四 참조. 姚孝遂의 설은 陳偉湛가 인용하여 서술한《甲骨文異字同形例》에 보이며, 李圃 主編의 《甲骨文字詁林》第9冊 pp.735—737에도 보인다.

만으로는 증명이 충분하지 못하며, 반드시 문헌적인 자료로 설명해야 한다고 생각한다. 姚孝遂는 '女'는 제후들이 상나라 왕에게 바치는 여자 포로이며, '침대 위에서의 노예'라고 주장한다.(李《古》九, 737) 이 주장도 타당하지만, 문자와 문헌적 측면에서 증명할 필요가 있다.

초기 한자 중에 무릎 꿇은 형태의 한자에는 ''('服'의 本字)과 ''(卩) 두 문자가 있다. 《說文·又部》에 "𠬝은 治이다. 又와 卩로 구성되었으며, 卩은 사물의 마디이다(𠬝, 治也. 从又, 从卩, 卩, 事之節也)."라고 하였다.(大徐本, 64) 許愼의 단어 의미와 형태에 대한 분석은 모두 정확하지 않다. '𠬝'의 갑골문은 다음과 같다.

一期乙八七0五

마치 한 사람이 다른 사람한테 눌려 무릎을 꿇고 굴복당하는 모양을 나타낸다. 이 문자는 포로〔俘虜〕'俘'의 本字이다. 갑골문 卜辭에서도 포로로 사용된 용례가 있는데 전쟁에서 포로가 된 적을 가리킨다. 예를 들면 다음과 같다.

癸酉卜, 貞: 方其正, 今二月, 𠬝不執.(乙一三五)

'卩'은 '사물의 마디'가 아니다. '卩'은 갑골문에 있는 글자이며, 그 형태는 아래와 같다.

一期合集二0六

위의 갑골문은 바로 사람이 꿇어앉아 있는 모양을 나타낸다. 徐中

舒는 다음과 같이 말했다. “무릎을 꿇는 것은 은나라에서 제사지낼 때 무릎 꿇는 자세이며, 앉는 것은 집에서 한가롭게 있을 때의 자세인데, 모두 두 무릎이 땅에 닿는 모양 으로 나타내며 구분하지 않았다. 이것은 가 제사지낼 때 절을 하는 의미가 있기 때문이다.”(徐《甲》, 999-1000) 徐中舒의 주장은 믿을 만하다. ‘𠬝’의 구성요소인 ‘卩’도 사람의 두 무릎이 땅에 닿는 모양이다. 그러나 ‘卩’은 주동적으로 두 무릎이 땅에 닿는 것이지만, ‘𠬝’의 ‘卩’은 피동적으로 무릎이 꿇려져서 땅에 닿는 모양이다. 전쟁포로가 땅에 무릎을 꿇는 것은 굴복당한 후에야 있을 수 있는 일이다. 그러므로 ‘𠬝’의 本義가 ‘전쟁포로’라는 것은 의심할 여지가 없다. 후에 전쟁포로라는 뜻으로 사용되지 않고, ‘굴복되다’는 의미만 남게 되었으며, 다시 引申되어 다스린다는 의미를 가지게 되었다. 許愼은 ‘다스리다’는 의미로 해석하였는데, 引申義를 本義로 보고 있으므로 이 견해에는 동의할 수 없다.

‘’과 ‘奚’은 같은 의미이며 모두 전쟁에서 잡은 포로를 가리킨다. ‘奚’자의 갑골문 형태는 아래와 같다.

一期前六.一九.二

廾과 糸로 구성된다. 그 외에 두 손을 맞잡고 무릎을 꿇는 사람 모양을 덧붙여 전쟁에서 잡은 포로를 나타내고 있다. ‘奚’자의 異寫字는 비교적 많다. 《甲骨文字典》에 수록된 것만 12개가 넘으며, 크게 두 가지로 나눌 수 있다. 하나는 糸로 구성된 것과 大(혹은 爪를 더한다)로 구성된 것인데, 그 형태는 ··이다. 다른 하나는 糸로 구성된 것과 人(혹은 又, 廾를 더한다)으로 구성된 것인데, 그 형태는 ·······이다. 人자로 구성된 문자와 大로 구성된 문자 모두 밧줄을 나타내는 ‘’가

있다.

고대사회에서 전쟁을 할 때는 대부분 수레를 전쟁도구로 사용하였으며, 수레를 끄는 말의 고삐가 전쟁포로를 잡는 가장 편리한 도구였다는 것을 사람들은 이미 다 알고 있다. 《左傳·成公二年》에 齊나라 안(鞌)지역에서 발생한 전투에서 晉나라 司馬韓厥이 齊頃公을 잡아 '잡아서 말 앞에 묶었다(執縶馬前)'(阮《疏》, 1892)고 하였는데 표면적으로는 '운명을 다할 때 예의를 갖추는' 것 같지만, 실제로는 말고삐를 도구로 사용하여 체포하는 행동을 한 것이다. 人으로 구성된 문자에는 측면에 사람이 있고, 손을 뒤로 하고 묶여서 서있거나 꿇어앉아 있는 사람도 있다. 손을 뒤로 하고 묶여서 앉아있는 사람의 형태와 '女'자는 아주 흡사하지만 일치하지는 않는다. '女'자의 갑골문 '[illegible]'은 정면에서 손을 모은 모양이지만, '奚'는 뒤로 두 손이 묶인 모양이다. 그러므로 馬建忠이 '奚'를 구성한 '[illegible]'을 '女'자로 보는 것은 좀 더 논의해 보아야 한다.

'[illegible]'와 '奚'는 모두 전쟁에서 잡은 전쟁포로를 기록한 한자이지만, 글자구조에서 보면 차이가 난다. '[illegible]'은 '又'와 '卩'로 구성되었는데, '又'는 제압자의 오른손과 같으며, '卩'은 피제압자가 무릎을 꿇고 머리를 숙인 모양을 나타내는 會形合成字이다. '奚'는 '爪'와 '糸'·'大(혹은 '人')'로 구성되었는데, 그 중 '大'와 '人'은 모두 본래의 형상적 의미를 상실하고 추상적인 '人'의 뜻을 나타낸다. 그리고 '爪'와 '糸'가 형상성을 갖춘 완전한 部件이므로 이 글자는 無音綜合合成字이다. 이 글자가 나타내는 의미나 기록에서 '[illegible]'은 전쟁포로가 고문을 당한 후(혹은 세뇌된 후) 머리를 숙이고 있는 기꺼이 복종하는 전쟁포로를 나타냄을 알 수 있다. 승리자는 전쟁포로로 전승국의 노동력을 대체하며, 그들에게 힘든 일, 어려운 일, 더러운 일들을 시키며 심지어 매우 위험한 직업에 종사하도록 한다. ‘奚’가 기록하는 전쟁포로는 방금 전쟁에서 잡아 온 포로들이다. 이 포로들은 아직 길들여지지 않았기 때문에 배신하고 도망치기 쉬우므로 밧줄로 두 손을 뒤로 묶고, 그들의 행동의 자유를 박탈한다. 더 심한 경우는 사지를 찢어 선조들에게 제물로 바치기도 하였다.

‘合二八’편의 卜辭에 의하면, 殷나라 선왕 太乙에게 제사 지내면서 30명의 奚를 살해했다고 한다.(徐《甲》, 1178) 그러므로 제물로 쓰는 ‘鷄’는 갑골문에서 奚를 聲符로 삼았다. 李圃는 《甲骨文文字學》에서 ‘鷄’를 분석할 때 “선조들은 ‘奚’와 ‘’를 합하였다. 이것은 대개 무술(巫術) 종교사상에서 나온 것이며, 상고시대에는 노예나 닭을 죽여 제물로 삼았다. 예를 들면 (彝)은 로 구성되며, 사람을 제물로 삼거나 닭을 제물로 삼았다(先民以奚與合之, 蓋出於巫術宗教思維, 上古杀祭用牲, 往往以奚奴或雞爲牺牲, 如(彝)所从之, 或爲人牲, 或爲鷄牲).”(李《甲》1, 280)고 했다. 이 내용에서 닭〔鷄〕은 本體象形字 ‘’에 ‘奚’를 결합한 것임을 알 수 있다. 일반적인 “의미를 나타내는 形符와 소리를 나타내는 聲符로 이루어진” 形聲字가 아니라 會意 겸 形聲의 문자이다.

서론부분에서 우리는 ‘奚’가 ‘鷄’의 구성성분이 된 의도를 두 가지 방면에서 분석하였다. 하나는 포획의 의미이고, 하나는 제물의 의미이다.

위에서 인용한 갑골문의 卜辭에서 殷商 통치자에게 있어서 ‘奚’를 죽이는 것은 닭을 죽이는 것과 다를 것이 없었음을 알 수 있다. 그러므로 ‘奚’와 ‘鷄’는 문자 형태와 의미면에서 연관이 있다.

위에서 알 수 있듯이 꿇어 앉아 있는 모양은 ‘女’자에서만 나타나는 것이 아니다. 또한 손을 모으고 있는 형태도 ‘女’자에서만 나타나는 것이 아니다. ‘女’자와 女가 의미부분으로 구성된 글자 외에 손을 모으는 형태를 하고 있는 것은 '執'이다. '執'은 《說文·㚔部》에서 "執, 죄인을 붙잡는 것이다. '丮'과 '㚔'으로 구성되었고 '㚔'은 또한 음을 나타낸다(執, 捕罪人也, 从丮, 从㚔, 㚔亦聲)"(大徐本, 214)고 하였다. 許愼의 해석은 믿을 만하지만 자형 분석은 타당하지 않다. 갑골문에 이미 '執'자가 있으며, 다음과 같다.

一期合集五六八

위의 글자는 수갑에 채워진 죄인이 모양을 나타내고 있다. 죄인을 잡는다는 의미를 나타낸다. 小篆에서 죄인의 모양이 변해서 '丮'으로 변했고, 손에 수갑이 채워진 모양은 '㚔'로 변화되었다. 오늘날 楷書에서 형벌도구인 '㚔'과 요행의 '幸'[39]을 혼동하여 같은 문자로 여기고 있는데 이것은 분별해야 한다. 죄인은 여성만 있는 것이 아니라 남성이 더 많다. 그러므로 두 손을 모으는 형태는 '女'자의 전용이 아니다.

갑골문 '[illegible]'은 두 손을 모으고 꿇어앉은 두 가지 자태가 결합되어 있다.[40] 이것에 대해서도 깊이 고민해 봐야 한다. 두 손을 모으는 것은 죄인과 관련이 있고, 꿇어앉는 것은 전쟁포로와 관련이 있기 때문이다. 이 두 가지 형태로 여성의 호칭을 나타내는 글자를 구성하고 있다는 사실은 '女'자의 초기 자형이 포로와 죄인을 原型으로 삼아 만든 것은 아닌지를 생각하게 한다.

---

39 《說文·十下·夭部》에 "𡴘, 길하고 화를 면하는 것이다. 屰와 夭으로 구성되었고, 夭는 죽는다는 뜻이다. 그러므로 死는 불행을 말한다." 라고 하였다. 그러므로 행복의 '幸'은 원래 屰과 夭로 구성된 '㚔'이고, 刑具의 '幸'은 행복이라는 의미와 관계가 없다는 것을 알 수 있다.

40 '執'의 갑골문의 형태도 손이 묶이고 무릎을 꿇고 앉은 자태를 결합한 것이나 한손에 수갑이 채워진 것을 덧붙였다.

이것을 증명하려면 단지 문자학 측면에서 뿐만 아니라 인류사회발전사와 상고시대의 문헌자료로 증명해야 한다.

우리는 '婦'를 인류사회발전사 측면에서 해석할 때 엥겔스의《家庭·私有制和國家的起源》을 인용하고자 한다. 이 책에는 인류사회의 가정과 혼인형식의 형성을 혈연가정, 푸날루아 가정, 대우혼 가정과 일부일처제 가정의 네 단계로 나눈다. 그 중 푸날루아 가정에서 대우혼으로 넘어가는 과도시기에 약탈혼이라는 특별한 형태가 나타났다. 초기 약탈혼은 공포와 피비린내 나는 쟁탈이 동반되었다. 그러므로 약탈혼의 대상이 되는 성숙한 여자는 자녀생육도구를 급하게 찾으려는 이민족 남성의 사냥감이 되었다. 때문에 소녀를 전쟁포로나 노예로 보는 것은 사회학적인 근거가 있는 것이다.

상고시대의 문헌에는 전쟁이 발생하여 약탈한 여자를 아내로 삼았던 기록이 있다. 예를 들면 다음과 같다.

> 《左傳·庄公二十八年》에 "晉나라가 驪戎국으로 쳐들어 왔을 때 여융족의 두령이 晉獻公에게 驪姬라는 여자를 바치자 진나라로 돌아갔다. 돌아간 후 奚齊를 낳았고, 여동생이 卓子를 낳았다. 여희는 총애를 받자 자기 아들을 태자로 만들려 했다(晉伐驪戎, 驪戎男, 女以驪姬. 歸, 生奚齊. 其娣生卓子. 驪姬嬖, 欲立其子)." (阮《疏》, 1781)

이 문장에서 晉은 晉獻公을 가리킨다. 그는 음란하고 포악한 군주로 아버지의 첩인 齊姜과 사통하여 태자 申生을 낳았고, 또 견융족에게서 두 여자를 약탈하여 첩으로 삼았으며, 그 중 狐姬는 晉文公 重耳를 낳았다. 晉獻公은 만족하지 못하고 다시 驪山의 융(戎)에 쳐들어갔는데, 그 부락 두령의 두 딸을 얻어 부인과 첩으로 삼았다. 이리하여 진나라의 내란을 불러일으키게 된다. 驪姬가 이 색마에게 시집간 것은 무력의 위협 앞에서 어쩔 수 없는 일이였다.

《左傳·僖公二十三年》에 "적인이 장구여의 부락을 정벌하여 부락두령의 두 딸 숙외와 계외를 붙잡았는데, 두 딸을 공자 중이에게 바쳤다. 중이는 계외에게 장가들어 백조와 숙유를 낳았고, 숙외는 조쇠에게 주어 장가들게 하여 조순을 낳았다(狄人伐廧咎如. 获其二女: 叔隗、季隗, 納諸公子. 公子取季隗生伯儵、叔劉, 以叔隗妻赵衰, 生盾)."라고 하였다. 杜預의 注에서 "장구여는 적적의 다른 한 갈래이다. 성씨가 외이다(廧咎如, 赤狄之別種也, 隗姓)."라고 하였다.(阮《疏》, 1815)

이 자료에 의하면 狄人이 외국에 망명해 있는 진나라 공자 重耳에게 잘 보이기 위해, 廧咎如라는 북방의 소수민족을 공격해서 얻은 叔隗, 季隗라 부르는 두 미녀를 중이에게 바쳤고, 중이는 제일 젊고 예쁜 季隗에게 장가들어 두 아들을 낳았다. 그리고 나이가 더 들고 자색이 조금 떨어진 叔隗를 자기를 따라 도망 온 趙衰에게 주어 훗날 진영공의 적이 되는 趙盾(시호는 宣子)을 낳게 되었다. 여기에서 '叔隗'와 '季隗'가 시집가는 과정이 살육적인 전쟁의 결과라는 것을 알 수 있다.

위의 내용은 패전국의 여자들이 적의 처첩이 된 사례이다. 춘추전국시기에도 원시적인 약탈혼의 잔재가 남아 있었음을 알 수 있다. 패전국의 여자들은 전리품이 되며, 이런 여자들의 운명은 전쟁포로들과 다를 바가 없었지만 후에 총애를 받아 국왕의 부인 지위를 얻게 되는데, 그것은 순전히 그녀들의 자색에 의한 것이다. 그러나 정치적 동란이 일어나거나 사직이 전복되면 그 죄를 그들에게 덮어씌우고 모든 재난의 화근으로 몰았다.

중국은 옛날부터 연좌법이 있었다.

《周禮·秋官·司厲》 직제에 "몰수한 도적들의 병기와 재물을 관리하며, 그것을 종류별로 분류하고 수량을 기재하며 가격을 쓰고 라벨까지 붙인 후 司兵에게 바쳤다. 도적들은 죄를 지은 노예로, 여자는 노비로 보내졌다(掌盜賊之任器、貨賄, 辨其物, 皆有數量, 賈而楬之, 入於司兵. 其奴男子入於罪隸, 女子入於舂槀)."고 하였다.(阮《疏》, 882)

이것이 바로 주나라의 坐罪法이다. 가족들 중에 도적이 나오면 불법으로 얻은 수익을 전부 몰수 하는 것 외에도 자녀들까지 그냥 두지 않았다. 남자는 감옥에 보내지고, 여자는 궁중의 노복으로 전락된다. 자색이 좀 뛰어나서 군왕의 눈에 뜨이면, 군왕의 여인이 되거나 운이 좋으면 총애를 받아 정실부인으로 될 수도 있었다.

그러므로 금은보화와 미녀로 속죄하는 풍속이 생겨났으며, 상고문헌에 이런 기록이 자주 보인다. 예를 들면 다음과 같다.

> 《國語·越語上》에 월왕은 마침내 文種을 吳나라에 보내어 화의를 청했다. 文種이 吳나라 왕에게 말했다. "월나라는 유능한 사신이 없어서 저같이 무능한 신하를 보냈습니다. 저는 직접 吳왕과 말할 수 없어서 임금님 신하에게 다음과 같이 말했습니다. '우리 월나라 군대는 대왕께서 또 다시 출병할 가치가 없습니다. 월왕은 진귀한 보물과 자녀들을 대왕님께 바치어 왕림에 보답하려 합니다. 월왕의 딸을 대왕께 婢妾으로 보내드리고, 大夫의 딸을 오나라 대부에게 婢妾으로 보내드리며, 士의 딸을 오나라 士에게 婢妾으로 보내드리겠습니다. 그리고 월나라 보물을 전부 가져오겠습니다. 월왕은 전 국민을 인솔하여 대왕의 군대에 편입되며 대왕의 명령에 복종하겠습니다(遂使之行成於吳, 曰: "寡君句踐乏無所使, 使其下臣種, 不敢徹身聞於天王, 私於下執事曰: '寡君之師徒不足以辱君矣, 愿以金玉、子女賂君之辱, 請句踐女女於王, 請大夫女女於大夫, 士女女於士. 越國之寶器畢从, 寡君帥越國之衆, 以

从君之師徒, 唯君左右之.'")라고 하였다.(左《語》, 632)

월나라 구천은 오나라 왕 夫差에게 패한 후 대부 文種을 시켜 오나라 왕에게 사죄하였으며, 자기 딸을 오나라 왕에게 시집보낼 것을 승낙했다. 大夫와 士의 딸들을 오나라의 大夫와 士에게 시집보내 오나라로부터 몰살당할 위기를 면하였다. 이것은 미녀와 금은으로 속죄한 전형적인 사례이다. 월나라의 귀족 자녀들은 남자들이 전쟁에서 도박하는 도구로 사용되었으며, 구천의 딸마저도 그러한 운명을 면하지 못했다. 《史記·殷本紀》에 "서백창이 이 소식을 전해 듣고 남몰래 깊은 탄식을 하였다. 숭후호가 이를 엿듣고 紂에게 달려가 그대로 고해바치고 말았다. 주는 즉시 서백을 잡아다 유리에 가두어 버렸다. 그러자 서백의 신하 굉요 등이 아름다운 미녀들, 진기한 보물, 명마 등을 잔뜩 가지고 가서 주에게 바쳤고, 이에 紂는 서백을 석방해 주었다(西伯昌聞之, 窃叹.崇侯虎知之, 以告紂, 紂囚西伯羑里. 西伯之臣閎夭之徒, 求美女奇物善馬以獻紂, 紂乃赦西伯)."라고 하였다.(《史記》, 106)

西伯姬昌이 은나라 紂王에 의하여 羑里에 감금되었을 때도 미녀를 바쳐 석방되었음을 알 수 있다. 《史記·周本紀》에 "옛날에 하왕조가 쇠락해졌을 때 왕궁에 두 마리의 용이 나타나 말하였다. '우리들은 褒國의 두 군주이다.' 하나라 임금이 점을 쳤다. 용에게 타액을 남겨 달라고 간청하여 그 타액을 저장해 두어야만 길하다는 점괘가 나왔다. 그리하여 제물을 차려놓고 그 뜻을 간책에 적어서 용에게 보이며 기원하였다. 그러자 용이 타액을 남기고 사라졌다. 사람들은 용이 남긴 타액을 작은 상자에 담아 밀봉하고 땅에 남아 있는 흔적을 지워 버렸다. 하왕조가 멸망한 후 그 상자는 은왕조에 전해졌다. 은왕조가 멸망한 후 그 상자는 다시 주왕조에 전해졌다. 夏, 殷, 周 3대에 걸쳐 누구도 감히 상자를 열어보지 못하였다. 그런데 厲王 말년에 이르러 그 상자를 열어 보고 말았다. 상자 안의 타액이 한 번 흘러내리자 제거할 수 없었다. 厲王은 여자들에게 발가벗고 용의 타액을 향해 큰 소리로 고함을 지르도록 명하였다. 그러자 용의 타액은 검은 도마뱀으로 변하여 여왕의 후궁으로 기어들었다. 그때 후궁에는 이제 막 젖니를 간 예닐곱 살 난 어린 계집종이 있었는데 우연히 그 도마뱀과 마주쳤다. 그 계집종은 성장하여 아이를 갖게 되었는데 남편도 없는 숫처녀의 몸으로 아이를 낳게 되었다. 그녀는 두려워 그 아이를 내다 버렸다. 그때는 宣王시대였는데 소녀들이 이상한 동요를 불러댔다. '산뽕나무로 만든 활과 기목으로 만든 활통(檿弧箕服), 주 왕조는 이것 때문에 망하리라(實亡周國).' 그 당시 선왕이 이 동요를 들었는데 마침 산뽕나무 활과 기목으로 만든 전통을 팔러 다니는 행상인 부부가 나타났다. 선왕은 그 행상인 부부를 찾아 죽이라고 명령을 내렸다. 이 행상인 부부는 도망치다가 후궁의 계집종이 내다 버린 여자아이를 발견하였다. 그들은 밤에 우는 어린아이의 울음소리가 애처로워 그 계집아이를 데려다가 키웠다. 두 부부는 褒國으로 피신하였다. 후에 褒나라 사람들은 주나라 幽王에게 죄를 지어 요염한 여자를 바치고 용서를 빌었다. 이 요염한 여자는 주나라 후궁의 계집종이 내다버린 계집아이였으며, 褒나라에서 성장하였기 때문에 褒姒라 불리게 된 여자였다. 幽王 3년, 幽王이 후궁에 있는 그녀를 보고 한눈에 반하여 그녀와의 사이에 伯服이라는 아들을 낳았다. 幽王은 결국 正妃申後와 태자를 폐한 후 褒姒를 왕후로 삼았고 伯服을 태자로 책봉하였다. 太史 伯陽甫는 탄식하며 말했다. "이미 재난이 잉태되었는데 이를 어찌하랴!(昔夏後氏之衰也, 有二神龍止於夏帝庭而言曰: "余, 褒之二君."夏帝卜殺之與去之與止之, 莫吉. 卜請漦(龍涎──引者注)而藏之, 乃吉. 於是布幣而策告之. 龍亡而漦在, 椟而去之. 夏亡, 傳此器殷. 殷亡, 又傳此器周. 比三代, 莫敢發之. 至厲

王之末, 發而觀之.漦流於庭, 不可除. 厲王使婦人裸而譟之. 漦化爲元黿, 以入王後宮. 後宮之童妾旣齔而遭之, 旣笄而孕, 無夫而生子, 懼而弃之. 宣王之時童女謠曰: "檿弧箕服, 實亡周國."於是宣王聞之, 有夫婦賣是器者, 宣王使執而戮之. 逃於道, 而見向者後宮童妾所弃妖子出於路者, 聞其夜啼, 哀而收之, 夫婦遂亡. 奔於褒. 褒人有罪, 請入童妾所弃子者於王宮以贖罪. 弃女子出於褒, 是爲褒姒. 當幽王三年, 王之後宮見而愛之, 生子伯服, 竟廢申後及太子, 以褒姒爲後, 伯服爲太子. 太史伯陽曰: "禍成矣, 無可奈何！)"라고 하였다. (《史記》, 147)

이 기록에서 상고시대에는 미녀를 미끼로 속죄하여 죄를 감면받는 것이 일반적인 풍속으로 유행되고 있었다는 것을 알 수 있다.

이와 같이 남자들의 권력이 고도로 집중된 상나라, 주나라 시대에 출가전인 여자들은 언제든지 도구로 이용되는 처량하고 참혹한 지위에 있었다. 국왕의 딸 역시 마찬가지였다.

《左傳·哀公十一年》에 "일찍이 晉悼公의 아들 慭이 衛나라에 망명하고 있을 때, 그는 (夏戊) 사냥을 할 때 자신의 딸에게 수레를 몰게 하였다. 大叔懿子는 그들을 머물게 하여 술을 대접하였고 그의 딸을 아내로 맞이하여 후에 悼子를 낳았다(初, 晉悼公子慭亡在衛, 使其女仆而田, 大叔懿子止而飮之酒, 遂聘之, 生悼子)."라고 하였다.(阮《疏》, 882)

晉나라 국왕의 아들이 衛나라에 망명해 있을 때, 그의 딸은 다른 사람의 수레를 대신 몰아주거나 사냥을 해 주었다. 위나라 太叔이 차마 그대로 둘 수 없어서 그에게 장가들었다.

또한 자신의 결백을 증명하기 위하여 친 딸을 강요하여 순장까지 했다. 예를 들면, 《左傳·昭公十三年》에 "여름 5월 癸亥날, 영왕은 芋尹申亥의 집에서 목을 매어 죽었다. 신해는 왕을 위하여 자기의 두 딸을 순장시켜 초나라 왕의 장례를 치렀다(夏五月, 癸亥王縊於芋尹申亥氏, 申亥以其二女殉而葬之)."고 하였다.(阮《疏》, 2070)

여기에 기록된 것은 楚靈王이 폭정으로 백성과 친척들로부터 버림을 받자 芋尹에서 포위되어 목매어 자살을 했다. 그러자 芋尹 無宇의 아들 申亥는 그의 아버지가 楚靈王을 배반한 적이 있었는데 楚靈王이 또한 여기에서 죽게 되자, 군왕을 살해했다는 누명을 쓰는 것이 두려워 자신의 두 딸을 강요하여 폭군과 함께 순장시켰다. 전국시대 귀족의 자녀조차 이러하니 일반 평민여인들의 지위가 어떠했을 지는 상상할 수 있을 것이다.

아마도 일부 학자들은 주나라 궁궐에 많은 여자관리〔女官〕가 있었으며, 그녀들의 지위는 존중 받았다고 주장할 것이다. 그러나 주나라의 사회경제제도를 반영하고 있는《周禮》의 기록에서 女官이라고 불리는 사람들은 '奚'와 '奄'처럼 죄인이나 장애인과 다를 바 없는 여종이었다.

《周禮·天官·敘官》에 "술 빚는 노비에 奄 10인, 女酒 30인, 奚 300인이 있다(酒人, 奄十人, 女酒三十人, 奚三百人)."고 하였다.

鄭玄의 注에 "奄은 정기가 막힌 사람들이다. 오늘날 환관이라 부른다. 〈月令〉에 '음력 11월〔仲冬〕, 그릇의 주둥이를 덮어두었다.'고 하였다. 女酒는 술을 빚는 여자 노예를 말한다. 고대에 연좌로 처벌받은 남녀는 縣급 행정관리의 노예가 되는데 어리고 재능이 있으면 奚가 된다. 지금의 시중드는 관비 혹은 여자종〔奚〕이며, 관가의 하녀를 말한다(奄, 精氣閉藏者, 今謂之宦人. 〈月令〉'仲冬, 其器閎以奄'. 女酒, 女奴曉酒者. 古者从坐, 男女没入縣官爲奴, 其少才知以爲奚, 今之侍史官婢或曰奚, 宦女)."고 하였다.(阮《疏》, 641)

鄭玄의 주에서 알 수 있듯이 궁궐에 들어간 여자들은 지위가 아주 낮으며, 신분은 죄를 지은 가문에 연루되어 벌을 받아 궁궐에 들어간 노비들이었다.

이런 이유로 고대 전적에 여성과 관련된 것은 모두 폄하의 뜻을 가지고 있다. 예를 들면《左傳·昭公二十八年》에 다음과 같은 내용이 있다.

처음에 사아의 아버지 叔向은 申公巫臣의 집 딸을 아내로 맞고 싶어 하였으나 叔向의 어머니는 자신의 친정집 여자를 며느리로 삼고 싶어 하였다. 叔向이 말하였다. "제게는 서모가 여러분이 계시지만, 庶형제는 적습니다. 저는 외가 쪽 사람은 싫습니다." 그러자 그의 어머니가 말하였다. "초나라 子靈(巫臣)의 아내 夏姬는 남편 셋, 임금 한 분, 아들 하나를 죽였고 나라 하나를 망하게 하고 卿 벼슬의 두 대부를 죽였는데 그러한 가문을 미워하지 않느냐? 내 듣기로 '지나치게 예쁜 사람은 반드시 지나친 악을 지니고 있다'고 하였다. 하희는 鄭穆公의 막내부인 姚氏의 딸이며 子貉의 누이동생이었다. 子貉은 일찍 죽어 후사가 없었는데, 하늘은 아름다움을 그의 누이동생에게만 쏟아 놓았다. 그런 사람의 딸을 아내로 맞이하면, 틀림없이 장차 큰 낭패가 있게 될 것이다. 옛날 有仍氏라는 제후가 딸을 낳았는데, 머리카락이 새까맣고 아주 아름다워 윤기가 거울과도 같아서 이름을 玄妻라 불렀다. 당시 樂正이었던 後夔가 그를 아내로 삼아 伯封을 낳았다. 그런데 백봉은 돼지의 마음을 가져 탐욕스러움이 한이 없었고 분노와 지독함이 끝이 없었다. 그리하여 그를 封豕라 불렀다. 有窮後羿가 그를 멸하여 夔는 제사를 받지 못하게 되었다. 또한 三代의 멸망과 晉나라 共子(申生)가 쫓겨난 것도 모두 이러한 여자 때문이었다."(初, 叔向欲娶申公巫臣氏, 其母欲娶其党. 叔向曰: 吾母多而庶鲜, 吾惩舅氏矣.其母曰: "子靈之妻, 杀三夫、一君、一子, 而亡一國、两卿矣. 可無惩乎？吾聞之, 甚美必有甚惡, 是鄭穆少妃姚子之子, 子貉之妹也. 子貉早死, 無後而天锺美於是, 將必以是大有敗也. 昔有仍氏生女黰黑, 而甚美, 光可以鉴, 名曰玄妻, 樂正後夔取之, 生伯封, 實有豕心, 贪惏無厭忿纇無期, 謂之封豕. 有窮後羿滅之, 夔是以不祀. 且三代之亡, 共子之廢, 皆是物也)(阮《疏》, 2118)

叔向 모친의 말을 한마디로 요약하면 '미인은 화근이 된다'는 것이다.

그래서 고대에는 딸을 낳으면 기뻐하지 않았다. 예를 들어, 甲骨 '乙七七三一' 卜辭에서 甲의 申卜, 殼貞이 "婦好라는 여인이 분만을 하는데 순조롭게 분만을 할까요? 王扶乩가 말했다. 丁인 날에 분만하면 순조로우며, 庚인 날에 분만해야만 대길하다. 과연 31일 후의 甲寅 날에 분만을 하였는데 좋지 않았다. 딸이었다.(帚好冥(娩)妫(嘉). 王固曰: 其隹丁冥妫, 其隹庚冥, 弘吉. 三旬又一日甲寅冥, 不妫, 隹女)."고 하였다.(李《古》九, 739)

'不妫'은 좋지 않다는 것이며, 그 원인은 딸을 낳았기 때문이다.

《詩·小雅·斯干》에 "딸을 낳아 땅바닥에 뉘어놓고 포대기로 싸주고 오직 실패만 가지고 놀게 했네. 잘 못 없고 그른 짓 안하고, 오직 술과 음식을 잘 만들 생각만 하며, 부모님 걱정 끼치는 일 하지 않았네(乃生女子, 載寢之地, 載衣之裼, 載弄之瓦, 無非無儀 , 唯酒食是議, 無父母詒罹)."라고 하였다.(阮《疏》, 438)

딸을 낳으면 가문의 체면을 유지할 것은 바라지도 않았으며, 술을 빚고 밥 짓는 법을 배워 부모의 얼굴에 먹칠하지 않으면 되었다.

商, 周나라 시대부터 이미 여성을 천시하는 관념이 형성되었음을 알 수 있다. 西漢과 東漢에 이르러 이런 관념은 점점 고정되었을 뿐만 아니라 더욱 강화되었다. 《釋名·釋長幼》에 "여자는 순종해야 한다. 여자는 친정을 떠나 시집을 가야만 사람 취급을 받는다. 그러므로 三從의 의미가 있다. 어려서는 부모에게 복종하고, 결혼 후에는 남편에게 복종하며, 늙어서는 아들의 말에 따라야 한다. 青徐州는 女를 婄라 하였다. 婄는 미움을 받는 것〔忤〕이다. 태어날 때부터 사람들이 반기지 않았고, 미움을 받았다(女, 如也. 婦人外成如人也. 故三從之義: 少如父教, 嫁如夫命, 老如子言. 青徐州曰婄, 婄, 忤也. 始生時人意不喜, 忤忤然也)."라고 하였다.(王《補》, 92) 여자는 '밖에서 사람이 된다(外成如人)'라고 하는데, 여자는 친정을 떠나 시댁으로 시집을 가야만 사람취급을 받을 수 있다는 의미이다. 여자의 사회적 지위는 '三從'으로 정의할 수 있다. 친정에서는 자기의 혼인대사를 포함한 모든 일에 부친의 뜻을 따르고, 결혼 후에는 남편에게 복종한다. 남편은 그의 하늘이고, 천명은 거역해서는 안 되며, 남편이 죽으면 아들이 성인으로 되는데 그때는 아들에게 복종해야 한다. 《左傳·隱公元年》의 기록에 따르면 姜씨는 그의 남편 鄭武公이 죽은 후 그의 아들 鄭庄公의 말을 따랐는데, 작은 아들 叔段의 반란에 참여하면서 鄭庄公에 의하여 颍城에 연금되었다. 이것이 바로 여자가 '남편이 죽은 뒤 아들에게 복종'한 증거이다.

우리는 문자와 인류사회발전의 역사, 그리고 상고시대 문헌자료 등 세 가지 측면에서 두 손을 모으고 무릎을 꿇은 두 자세가 여성을 묘사하는 형상이며, '女'자의 최초의 자형이 포로와 죄 지은 노예를 토대로 만들었음을 증명하였다. 그러므로 남자가 집권하는 사회에서 여자는 태어나서부터 미움을 받고 나약한 특성을 가져 일종의 본능적인 죄책감에 시달렸음을 알 수 있다. 남자들은 여자를 멋대로 능멸하고 업신여겼으며, 전리품이나 속죄 도구 및 전쟁과 정치의 싸움 수단으로 여겼던 문화적 특징과 의미는 모두 '女'자의 초기 글자 형태에 내포되어 있다.

제3절 신분호칭을 기록한 한자의 구형에 내포된 문화적 함의

인간은 사회적 동물이며, 사회에서 생활하는 사람들은 모두 상응하는 위치가 있으며, 본인이 속한 신분이 있다. '신분(身份)'이란 한자는

《現代漢語詞典》(수정본)에 세 가지 의미로 수록되어 있다. 첫째는 '자신이 처한 지위'이고, 둘째는 '사람들의 존중을 받는 지위'이며, 셋째는 '〈방언〉(儿)을 붙여 물건의 품질을 나타냄'이다.(中《典》, 1119)

'신분'이라는 단어는 고대부터 있었으며 원래는 '身分'이라 썼다. 北齊 顏之推의 《顏氏家訓·省事篇》에 다음과 같이 기록되어 있다. "나는 남쪽부터 북쪽에 이르기까지 다른 사람과 신분을 논하지 않았다(吾自南及北, 未嘗一言與時人論身分也)."(顏《訓》, 944) 여기에서 '身分'은 '身份'이다. 다른 사람과 교제를 할 때, 다른 사람의 신분을 논하는 것을 피하며, 상대방 신분의 높고 낮음에 상관없이 모두 동등하게 대해야 한다는 것이다. 현대에서 '身份'은 사회적 지위를 가리킨다.

고대에서 진정으로 사회적 지위를 나타내던 문자는 '君', '臣', '官', '民'밖에 없다. 그러므로 본 절에서는 신분호칭을 나타내던 네 문자를 분석하여, 각 문자의 구조가 나타내는 의도와 문화적 정보를 파악하여 한자에 내포된 문화적 의미를 살펴보고자 한다.

1. '君'

'君'은 고대문헌에서 보통 '君主'로 기록하며, 종종 '臣'과 함께 사용한다. 예를 들면 다음과 같다.

《周易·序卦傳》에 "천지가 있어야 만물이 생성하고, 만물이 있어야 남녀가 생겨나며, 남녀가 있어야 부부가 생긴다. 부부가 있어야 부자가 있으며, 부자가 있어야 군신이 생기고, 군신이 있어야 등급의 높낮이가 있으며, 등급의 높낮이가 있어야 행위규범과 예의범절이 교차되어 존재하게 된다(有天地然後有萬物, 有萬物然後有男女, 有男女然後有夫婦, 有夫婦然後有父子, 有父子然後有君臣, 有君臣然後有上下, 有上下然後禮義有所错)."라고 하였다.(阮《疏》, 96)

《周易·小過卦》六二에 "부친의 과오를 질책하면 모친의 지지를 받고, 군주와 일치하지 않으면 대신들의 지지를 받는데, 이것은 잘못이 없다. 象에서 말하기를 군주를 따라잡지 못함은 신하가 본디 군주를 초월하기가 쉽지 않기 때문이다(過其祖, 遇其妣, 不及其君, 遇其臣, 無咎. 象曰: 不及其君, 臣不可過也)."라고 하였다.(阮《疏》, 71-72)

《詩·齊風·東方之日》의 〈小序〉에 "《東方之日》은 봉건예교가 파괴를 받는 것을 풍자한 것이다. 군신이 도를 잃고 남녀가 사통한 것은 예의로 변화시킬 수 없다(《東方之日》, 刺衰也. 君臣失道, 男女淫奔, 不能以禮化也)."라고 하였다.[41](阮《疏》, 438)

《禮記·麯禮上》에 "군신, 상하, 부자, 형제는 예의가 없으면 명분을 확정지을 수 없다(君臣、上下、父子、兄弟, 非禮不定)."라고 하였다.(朱《纂》, 3)

《左傳·昭公七年》에 "나라 안의 땅이 어찌 임금의 토지가 아니며, 땅에서 자라난 풀이 어찌 제왕가족의 것이 아니겠는가? 그러므로《詩》에서 "천하가 모두 왕의 토지와 관할범위이고, 이 땅위에서 생활하는 사람들은 모두 신하이다"(封略之內, 何非君土, 食土之毛, 誰非君臣. 故《詩》曰: "普天之下, 莫非王土. 率土之濱, 莫非王臣)."라고 하였다.(阮《疏》, 2047-2048)

《左傳》에서 '君'과 '王'은 모두 천하에 군림하는 군주를 가리키며, 이후의 '皇帝'라는 단어와 같다.

《說文·口部》에 "君, 尊이다. 尹으로 구성되었고 명령을 내리는 것이므로 口로 구성되었다. 𠱩은 고문에서 임금이 앉아 있는 형태를 나타낸다(君, 尊也, 从尹發号, 故从口. 𠱩, 古文象君坐形)."라고 하였다.(大徐本, 32) 段玉裁 주

41 《詩》〈大序〉는 孔子의 제자로서 학식과 품행이 뛰어났던 子夏가 쓴 것으로 전해진다. 〈小序〉는 子夏와 毛公의 합작이다. "卜商(子夏)의 의미가 부족한 부분을 毛公이 충분히 보완하였다." 唐·孔·達의 "关雎는 後妃의 品德 規範이다"의 아래 疏와 같다. 그러므로 〈詩序〉는 上古시기 文獻으로 볼 수 있다(相傳《詩》之〈大序〉的作者爲孔子高足子夏所作, 〈小序〉是子夏和毛公所作, "卜商意有不盡, 毛更足成之." 見唐·孔颖達等於"关雎, 後妃之德也"下疏. 故〈詩序〉可視爲上古文獻材料).

에서 許愼이 '尊'으로 '君'을 해석한 것은 소리로 해석한 것〔聲訓〕이지 의미로 해석한 것〔義訓〕이 아니다. 聲訓은 어휘의 근원을 탐색하기 위한 것이다. 다시 말하면 許愼은 '君'은 '尊'에서 이름을 얻은 것이라 여겼다. 사회적 신분을 나타내는 호칭으로서 '君'은 군왕을 가리키고 신하와 상대되며, 그 지위는 남자집권사회의 금자탑의 제일 꼭대기에 있어서 그의 높은 지위는 두말할 나위도 없는 것이다. 段玉裁는 《韻會》를 근거로 '尹으로 구성되었고 명령을 내리므로 口로 구성된다(从尹發號, 故从口)'를 '尹과 口로 구성되었다(从尹口)'로 고쳤다.(段注, 56) 그러므로 '君'은 會義合成之字이며, 공식은 尹Y(又X+丨B)+口Y=君(YY)이다.

'君'을 구성한 '尹' 자체도 標形合成字이다.

《說文·又部》에 "𢒷, 治이다. 又와 丿으로 구성 되었으며, 권력을 잡은 사람이다. 𠌶은 고문 尹이다(𢒷, 治也, 从又丿, 握事者也. 𠌶, 古文尹)."라고 하였다.(大徐本, 64) 段玉裁 注에서 "伊 아래에 '尹은 천하를 다스리는 것이다' 라고 하였다. 《廣韻》에서는 '正이고, 進이며, 誠이다'라고 하였다. '又'는 잡는 것이고, '丿'은 일이다('伊'下曰: '尹治天下.' 《廣韵》曰: '正也, 進也, 誠也.' '又'爲握, '丿'爲事)."라고 하였다(段注, 115) '尹'은 '丿'으로 구성 되었는데, '丿'는 표시성 부호이다. '又'는 오른손의 측면 모양이며, '丿'은 잡고 있는 물건이다. 마치 고대 이집트 파라오(국왕)가 손에 쥐고 있던 권력을 상징하는 지팡이로 볼 수도 있으며, 부월(斧鉞:작은 도끼와 큰 도끼)과 같은 물건으로도 볼 수 있다.

段玉裁는 《廣韻》을 인용하여 '尹'에 대하여 "正이고, 進이며, 誠이다(正也, 進也, 誠也)"라고 해석하였는데, 聲訓의 의미가 포함되어 있다. '正'으로 '君'을 해석하는 것은 사회의 금자탑 꼭대기에 있는 君(혹은 尹)은 자신이 바르게 서야 백성도 바르게 만들 수 있다는 뜻이다. '進'으로 '君'을 해석하는 것은 군자는 끊임없이 스스로 강해지고 나아지려고 노력한다는 뜻이다. '誠'으로 '君'을 해석하는 것은 군주의 말이 입 밖으로 나가면 사두마차도 따라잡지 못하므로 신용을 지켜야 한다는 뜻이다. 이 세 가지를 지키지 못하면 군주가 될 자격이 없다.

《春秋經·宣公二年》에 "가을 9월 乙丑년에 晉나라 趙盾이 군주 夷皐를 시해했다("秋九月乙丑, 晉趙盾弑其君夷皐)."라고 하였다.(阮《疏》, 1867) 夷皐는 진나라 군주이며 시호는 '靈'이다. 謚法에서 "시해하고 거리낌 없는 것이 靈이다(殘殺無忌曰靈)"라고 하였다. 그러므로 《左傳》에 "晉靈公은 不君이었다"고 기재되어 있다. '不君'은 군주의 도를 걷지 않았다는 것이다. 《左傳》의 작가는 晉靈公의 악행을 모두 열거하고 있다. "晉靈公은 많은 세금을 거두어 담장까지도 조각할 정도였으며, 누대 위에서 사람들에게 탄환을 쏘아 사람들이 피하려고 허둥거리는 광경을 보고 즐기기도 하였으며, 한번은 요리사가 곰발바닥을 삶았는데 제대로 익지 않았다고 그를 죽여 삼태기에 담아 여인들로 하여금 이를 이고 조정을 지나가게 할 정도였다(厚斂以雕墻. 从臺上彈人, 而觀其辟丸也. 宰夫胹熊蹯不孰, 殺之, 寘諸畚, 使婦人載以過朝)".(阮《疏》, 1867) 그는 욕심이 끝이 없고 개선하려고 하지 않았으며, 자기의 쾌락을 위해 다른 사람을 고통스럽게 하였고, 변덕스럽고 흉포하며 잔혹한 폭군이었다. 그는 대신들의 강력한 간언에 이렇게 대답했다. "짐도 너무하다는 걸 알고 있으니 고칠 것이다(吾知所過矣, 將改之)." 그러나 결과적으로 "여전히 고치지 않았다(猶不改)."(阮《疏》, 1867) '正', '進', '誠' 세 가지 덕이 모두 무너져서 그를 '군주의 도를 걷지 않았다(不君)'라고 하였는데, 조금도 과함이 없다.

이상의 문헌기록에서 고대 유가학파의 대표 인물들은 최고 통치자에게 도덕적인 요구를 했을 뿐만 아니라, 그 요구 수준이 매우 높았음을 알 수 있다. 이것은 초기에 지식인들이 '君'자를 만들 때의 의도와 일치한다.

'君'자는 비교적 일찍 만들어졌다. '君'의 갑골문은 다음과 같다.

一期甲三00六

혹은 아래와 같다.

二期存一.一0五七

徐中舒는 "尹은 고대 부락의 추장의 통칭이며 갑골문도 尹과 口로 구성되었다(尹爲古代部落酋長之稱, 甲骨文从尹从口)."라고 하였다.(徐《甲》, 89) 徐中舒는 갑골문 '君'이 口와 尹으로 구성되어 일정한 권력을 장악한 사람을 가리키며, 口가 명령을 내리는 것을 나타내고 尹은 대권을 장악한 사람을 가리키므로 '君'은 會義合成字[42]로 보는 것이 문제가 없다고 여긴다.

'君'의 갑골문은 廾이 丨을 들고 있는 것과 口로 구성된 도 있고, 又이 丨를 들고 있는 것과 口로 구성된 가 있다. 두 문자의 의미는 모두 부락의 추장과 나라의 우두머리를 기록한 것이다. 又가 丨을 들고 있는 것과 口로 구성되어 있는 는 소전의 와 構意가 같다. 다만 又와 丨이 서로 떨어져 있던 것이 又와 丨이 교차된 것으로 변했을 뿐이다. 두 글자는 필사 형식이 다른 것이며, 구조가 다른 것은 아니다. '尹'자도 초기 한자로서 갑골문에 나타난다. 그 형태는 다음과 같다.

---

42 馬敘倫의《說文解字六書疏證》卷六에서는 '君'은 마땅히 口로 구성되었고 尹은 聲符이다. 君과 尹의 고대음은 모두 文部에 속하며, 하나는 見紐이고, 하나는 喻紐(四等)이기 때문에 어느 정도의 연관이 있다고 주장한다.

一期前七.四三.一

혹은 다음과 같이 쓴다.

三期甲七五二

위의 두 문자는 모두 又와 丨이 서로 교차하는 형태를 나타낸다. 그러므로 갑골문 '君'과 소전의 '君'은 글자의 형태가 일맥상통한다.

'尹'을 구성한 '丨' 혹은 '丿'가 도대체 무엇을 나타내는지는 명확하게 알아봐야 한다. 왜냐하면 그것은 '君'자의 글자구조와 의미를 이해하는데 아주 중요하기 때문이다.

徐中舒는 다음과 같이 말했다. "又가 丨을 잡고 있는 형태로 이루어져 있는데, 丨은 지팡이를 나타낸 것이다. 손으로 지팡이를 짚고 있는데, 이것은 권력를 잡고 일을 맡은 사람을 나타낸다(从又持丨, 丨象杖, 以手持杖, 示握有權力以任事者)." (徐《甲》, 286) 그의 말에도 어느 정도 일리가 있지만 정확한 것은 아니다.

'尹'자를 구성한 '丨' 혹은 '丿'가 도대체 무엇을 나타내는지에 대해서는 고문자학자들의 주장이 서로 다르며, 종합하면 다음과 같은 네 가지로 정리할 수 있다.

첫째, 붓 모양을 나타낸다. 許愼은 고문 에서 두 손으로 잡고 있는 물건의 하단이 마치 붓의 끝 모양과 같다고 했다. 같은 견해를 가지고 있는 학자들로는 王國維, 孫海波, 李孝定, 馬敍倫, 裘錫圭 등이 있다[43].

---

43 王國維의 주장은 《觀堂集林卷六·釋史》에 보인다. 孫海波의 주장은 《甲骨金文研究》에 보이고, 李孝定의 주장은 《甲骨文字集釋》第三에 보이며, 馬敍倫의 주장은 《說文解字六書疏證》卷六을 참조하기 바란다. 裘錫圭의 주장은 〈說字小記〉(北京師範學院學報 1988年 第

둘째, 교편대를 나타낸다. 부친이 막대기를 들고 교화를 실시하고 있는 것과 같은 뜻이다. 이런 견해를 가지고 있는 사람은 林義光이다[44].

셋째, 권력의 막대기를 나타낸다. 이런 견해를 가지고 있는 사람은 徐中舒 등이다.

넷째, 尹의 자형은 손에 무엇을 들고 있는 것을 나타내지만, 구체적으로 무엇을 들고 있는지는 알 수가 없다고 여긴다. 이런 견해를 가지고 있는 사람은 明義士이다[45].

이상 네 가지 주장 외에도 葉玉森은《殷契鉤沈》에서 갑골문 아래에서 ''을 해석할 때 "홀을 들고 있는 것을 나타낸다"고 했다. 葉玉森의 이 주장은 의외로 사람들의 중시를 받았다.

이상의 여러 가지 견해는 문헌에서 각각의 근거를 찾을 수 있지만, 모두 한쪽으로 치우지고 있다. '尹'의 '又'가 잡고 있는 것은 陳夢家가 논술한 것처럼 처음에는 노동의 도구였을 가능성이 있다. '父'의 갑골문 ''처럼 손으로 잡고 있는 것은 석기시대의 도끼였고, 수렵시대로 거슬러 올라가면 투창일 가능성도 있으며, 농경시대에 들어오면 가래나 삽이었을 가능성도 있다.[46]

二期)에 수록되어 있다. 이 학자들은 비록 '붓 모양을 나타낸다'는 의견에 찬성하지만 다른 부분에서 다른 의견을 주장하기도 한다. 王國維는 '尹'과 '史'는 같은 의미라고 말하며,《周禮》의 '內史' 書記를 관장하던 예를 들고 있다. 그러나 裘錫圭는 '尹'이 '聿'과 동일한 문자라고 주장한다.

44 林義光의 주장은《文源》卷六에 보인다.

45 明義士의 주장은《柏根氏旧藏甲骨文字考釋》에 보인다.

46 陳夢家의 관점은 〈史字新釋〉(《考古學社社刊》第五期)에 보인다. 陳夢家와 徐中舒는 모두 尹에서 又가 들고 있는 것이 권력을 상징하는 지팡이라고 여긴다. 그러나《說文》에서 인용한 고문 ''은 제압당한 난폭한 돼지를 나타내는 希의 고문 ''와 거의 같다. 고문 ''은 두 손으로 希를 바치는 형태를 나타내고 있어 고대의 사냥과 관련이 있다고 여긴다. 초기에는 수렵도구였다가 후에 권력의 상징물로 발전하였다. 이상의 내용은 모두 李圃가 주편한《古文字詁林》第3冊 pp.405-409에 보인다.

손에 가래나 삽을 들고 있는 노동자가 어떻게 관리계층으로 들어갈 수 있었으며, 권력의 절정까지 오를 수 있었을까? 사실 夏侯氏가 나라를 세우기 전까지는 소위 천하의 군주는 부락 연맹의 두령일 뿐이었으며, 그들은 일반 노동자들과 마찬가지로 큰 특권을 누리지는 못했다. 이와 같은 사실은 아래의 문헌에서 증명할 수 있다.

> 《韓非子·五蠹》에서 "堯가 천하를 통치할 때 짚 이엉을 자르지 않고 서까래도 자르지 않았으며 잡곡을 먹고 변변찮은 음식을 먹었으며 겨울에는 노루가죽 옷을 입고 여름에는 갈포 옷을 입었다. 설령 문지기라 하더라도 이보다 더 못할 수는 없었다. 禹가 천하를 통치할 때 손에 가래와 삽을 들고 백성을 먼저 생각했으며, 넓적다리에는 살이 없었고 정강이에는 털이 자라지 않았다고 한다. 노예의 생활일지라도 이보다 더 고생스러울 수는 없었다(堯之王天下也, 茅茨不翦, 采椽不斫, 糲粢之食, 藜藿之羹, 冬日麑裘, 夏日葛衣. 雖監門之服養不亏於此矣. 禹之王天下也, 身執耒鍤以爲民先, 股無胈, 脛不生毛, 雖臣虜之勞不苦於此矣)." 라고 하였다.(愼《解》, 340)

그러므로 尹의 又가 잡고 있는 것을 너무 고지식하게 생각해서는 안 된다. 또한 반드시 구체적으로 밝히려고 하면 '부분으로 전체를 판단하는' 착오를 면하기 어렵다. 또한 어떤 구체적인 사물의 형태부호로 보아서는 안 되며, 다만 하나의 표시성을 갖춘 부호로 보는 것이 합리적이다.

'尹'자의 글자구조와 최초의 構意를 명확하게 파악하면 '君'자의 構意도 파악할 수 있다. 즉, '君'의 構意는 손에 권력을 잡고 있으면 사람들의 마음을 바르게 만들 수 있고 만민에게 호령할 수 있다는 것이다.

그러므로 이 글자는 又가 권위를 상징하는 물건을 잡고 있는 형태로 구성되었다.

우리는 '尹'이 잡고 있는 여러 가지 상징물로 증표인 옥의 가능성도 무시해서는 안 된다. 신석기 후기부터 사람들은 아름다운 돌을 옥이라 했으며, 장신구를 만들기도 했다. 四川省 巫山縣 大溪의 신석기 유적에서는 옥패와 옥팔찌가 출토되었고, 1987년 浙江省 余姚縣 良渚의 문화 유적지에서 출토된 옥으로 만든 장신품 중에도 옥팔찌와 옥목걸이가 있었다. 夏商周 3대에 이르면 옥 문화는 더욱 발전하였고, 특히 商대에 이르면 사람들이 옥으로 각종 장식품을 만들었는데, 그 가운데 옥비녀와 옥 빗이 있었다. 1976년 河南省 殷墟의 婦好墓에서는 옥패와 팔 장식품인 옥구슬, 옥패, 옥 슬갑이 출토되었는데, 특히 옥 슬갑은 정교하고 화려하여 사람들의 감탄을 자아낸다.

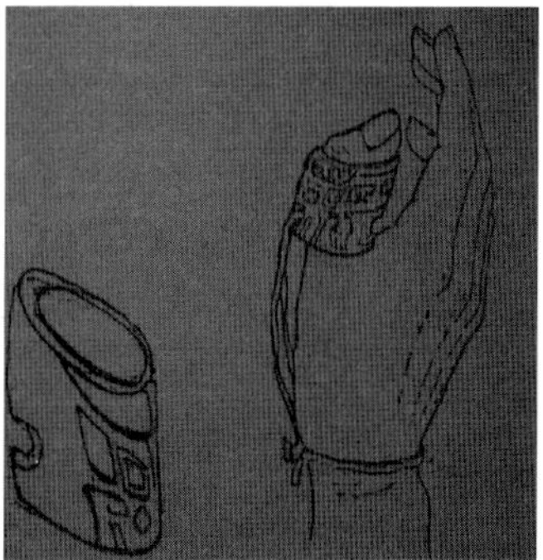

그림 4-3-1 옥 슬갑 및 패물도

이상에서 중국의 고대 옥 문화는 유구한 역사를 가지고 있으며 풍부하고 다채로웠음을 알 수 있다. 옥은 장식품으로 만들 수 있을 뿐만 아니라 符節을 만들어 증거나 신표로 삼기도 했다. 초기의 한자 '珺'

와 '珪' 두 글자는 이 특이한 문화현상을 기록하고 있다.

《說文·玉部》에서 "瑁, 제후들은 홀을 잡고 천자를 배알하고, 천자는 옥을 잡고 제후들을 만났는데, 밭갈이 하는 쟁기의 볏 같았다(瑁, 諸侯執圭朝天子, 天子執玉以冒之, 似犁冠)고 하였다. 《周禮》에서 '천자는 4치 되는 홀을 잡았다(天子執瑁四寸).'고 했다. 玉과 冒로 구성되었고, 冒는 또한 음을 나타낸다.(从玉冒，冒亦声)"고 하였다.(大徐本, 11)

許愼이 인용한 《周禮》의 문장은 〈考工記·玉人〉에 보인다. 그러나 今行本에서는 '瑁'를 '冒'라고 하였다. 그 문장에는 "천자가 4치의 옥을 들고 조정에서 제후들을 만났다(天子執冒四寸, 以朝諸侯)."라고 했다. 鄭玄의 注에서 "귀한 옥을 冒라 하는데, 그 덕이 능히 천하를 뒤덮을 수 있음을 말한다. 四寸의 것은 네모모양〔方〕으로, 존귀한 것을 비천한 것과 연결하고 낮은 지위의 것을 귀하게 여겼다("名玉曰冒者, 言德能覆蓋天下也. 四寸者方[47], 以尊接卑, 以小爲貴").(孫《義》, 3325) 鄭玄의 주에서 우리는 '瑁'는 넓이가 4치가 되는 옥이라는 것을 알 수 있지만, 가래볏 같다는 의미는 여전히 이해가 되지 않는다. 청대 후기에 孫詒讓은 《周禮正義》에서 黃以周를 인용하여 말하기를 "瑁는 네모로 4치이고 冒圭의 구멍이 아래에 있으며, 孔穎達의 疏에서 말한 완만하게 깎인 것이 마치 홀의 머리와 같다고 했는데 옳은 말이다. 《說文》에 근거하면 쟁기의 관 같으며, 완만하게 깎은 구멍과 같으며, 양쪽 구멍이 아래까지 이른다고 하였다. 《禦覽》에서는 〈禮舊圖〉를 인용하여 홀은 위가 작고 아래가 크며, 모양이 쟁기의 날과 같았으며, 홀이 튀어나온 것이 마치 쟁기의 관과 같다고 하였다. 이 관점은 許愼의 주장과 같다. 漢나라의 쟁기 관을 고증해 보

---

47 오늘의 中華書局의 王文錦, 陳玉霞가 교감한 孫詒讓《周禮正義》에서는 '네모 모양〔方〕'이 아랫부분을 말한다고 하는데 이는 타당하지 않다. 마땅히 윗부분을 말하는 것이다.

면, 이 네모는 끝이 갈라져 있고, 중간이 비어있으며 예리하여 홀의 머리와 같다(瑁方四寸, 其冒圭之空在下面, 孔疏謂當下邪刻之如圭頭是也. 據《說文》云似犂冠, 似邪刻之空, 从兩旁洞達其下.《御覽》引〈禮舊圖〉云: 圭制上小下大, 狀如犂鋒, 圭冒乃似犂冠. 此正用許說者. 考漢之犂冠, 本方, 末两岐, 中空銳如圭頭)."고 했다.(孫《義》, 3325) 黃以周의 말에 의거하면 冒자의 모양은 아래와 같다.

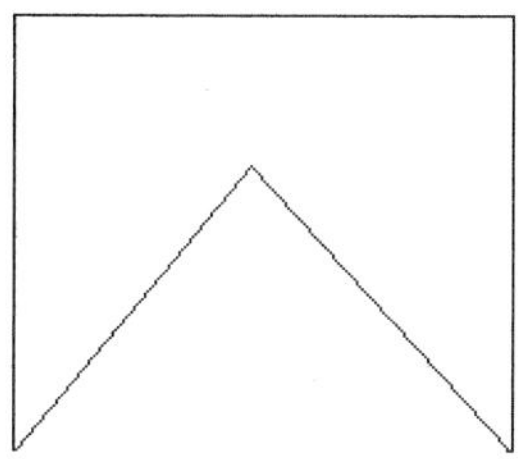

그림 4-3-2 瑁

아래가 두 쪽으로 갈라진 것은 쟁기의 갈라짐과 흡사해서 쟁기의 관이라고 한 것이다. 중간 공백 모양은 마침 홀의 예리한 끝부분의 모양이다.

段玉裁는 '瑁'자 밑에 단 주석에서 "《尚書大傳》에 이르기를 '고대 홀에는 끝 부분이 반드시 있었는데 직접 보고할 수 없다. 천자는 冒를 잡고 제후들을 조회할 때 만나면 맞췄다(古者圭必有冒, 不敢專達也. 天子執冒以朝諸侯, 見則覆之).' 그러므로 冒나 圭는 천자가 제후를 봉할 때 주는 신물이다. 제후들은 받은 홀을 들고 천자를 알현하였다(天子所與諸侯爲瑞也. 諸侯執所受圭以朝於天子)."라고 하였다.(段注, 13) 段玉裁의 주에서 알 수 있듯이, 冒와 圭는 상대되는 두 가지 신물이다. 천자가 瑁를 잡고 있는 것은 제후들이 천자를 배알할 때 제후들이 들고 있는 신물인 홀의 진위를 가려내기 위해서이며, 이로써 제후들의 천자에 대한 충성심과 국토를 수호하기 위한 직책 이행의 상황을 확인하기 위해서였다.

'珪'는 또 '圭'라고도 한다. 《說文·土部》에서 "圭는 신물의 옥이다. 위가 둥글고 아래가 네모 모양이다. 公이 잡은 桓圭는 9치이며, 侯는 信圭를 들고, 伯은 躬圭를 들었는데 모두 7치였다. 子는 穀璧을 들었고 男은 蒲璧을 들었으며, 모두 5치였다. 重과 土로 구성되었으며, 楚나라 爵位를 가진 사람들은 홀〔圭〕을 잡고 있었다. 珪는 고문 圭이며, 玉으로 구성되었다(圭, 瑞玉也. 上圜下方, 公執桓圭, 九寸. 侯執信圭, 伯執躬圭, 皆七寸. 子執穀璧, 男執蒲璧, 皆五寸. 从重土, 楚爵有執圭.珪, 古文圭, 从玉)."라고 하였다.(大徐本, 289) 圭모양은 아래 그림 4-3-3과 같다.

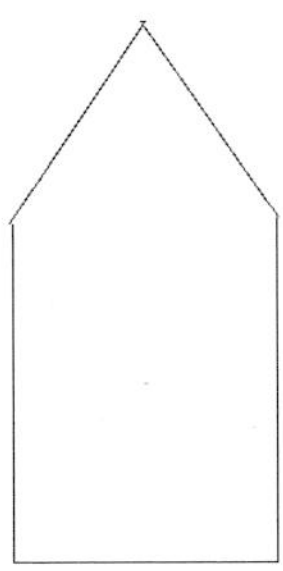

그림4-3-3 圭

圭의 예리한 부분과 冒의 빈 부분이 딱 맞물린다. 만약 두 개가 맞물리면, 들고 있는 홀은 진짜이고 그렇지 않으면 위조로 판단한다.

瑁와 '尹', '君'은 글자모양에서 연관이 있는가? 우리들의 분석에 의하면 어느 정도 관련이 있다. 金文 冒는 다음과 같다.

九年衛鼎(容《金》, 546)

윗부분 ''은 바로 瑁를 나타낸다. 일부 金文 '君'는 아래와 같다.

番君召鼎(李《古》二, 29)

윗부분 는 ''와 매우 흡사하다. '尹'자의 일부 금문은 아래와 같다.

 穆公鼎(李《古》三, 403)

위 문자는 ''와 비슷하다. '', ''는 ''와 동일한 문자 형태 構件으로 볼 수는 없지만, 문자 사이에 연관성이 있을 가능성을 배제할 수 없다. 그러므로 葉玉森이 주장한 君이 잡고 있는 것은 '圭를 잡고 있음을 나타낸다'고 한 것은 근거가 있는 것이다. 다만 '圭'는 '瑁'로 고쳐야 하며, 圭를 잡고 있는 것이 아니고 瑁를 잡고 있는 것이다. 瑁를 잡아야만 천하를 호령할 수 있다.

《甲骨文字典》에 열거한 것에 근거하면 '君'이 卜辭에서 나타내는 의미는 두 가지가 있다. 첫 번째는 尹과 동일하다. '多君'은 '多尹', '多公', '多臣'과 의미가 동일하며, 은나라의 관직명이다. 두 번째는 나라의 임금으로 여겨진다.(徐《甲》, 89) 이로서 중국 고대에 임금과 신하는 사실 서로 전환할 수 있었다는 것을 알 수 있다. 특히 유가(儒家)가 숭상하는 성왕시대에는 堯임금이 舜임금에게 자리를 선양하고, 舜임금이 자리를 禹임금에게 선양했다. 舜임금은 堯가 정치를 할 때는 신하에 지나지 않았다. 禹도 舜임금이 정치를 할 때는 신하였다. 임금과 신하의 신분과 지위의 차이는 매우 명확했다. '君'은 천하를 호령할 수 있지만, 신하는 군왕을 보좌하여 정치적 목적을 실현하도록 보좌하는 것이다.

'君'은 여러 가지를 가리킨다. 예를 들면《儀禮·喪服》에서 "君은《傳》에서 '군은 가장 존귀한 것이다'라고 했다(君,《傳》曰: "君, 至尊也")."라고 했다.

鄭玄의 주에서 "天子, 諸侯 및 卿大夫 중 땅이 있으면 모두 君이라 했다(天子、諸侯及卿大夫有地者皆曰君)."라고 하였다.(阮《疏》, 1100)

鄭玄의 이 주는《儀禮》의 윗글 "제후는 천자를 위해서 斬衰를 입는다. 傳에서 말한 '天子는 지극히 높다.'(侯爲天子 (服斬衰) , 傳曰: '天子, 至尊也)"를 계승한 것이다. 〈喪服〉편에 신하로서 부모, 천자와 제후를 위하여 斬衰(거친 삼베로 짓고 아랫단을 꿰매지 않은 옷을 3년 입다)를 입는다고 했다. 부모, 천자와 제후국의 임금은《傳》에서 모두 '지존(至尊)'으로 해석하였다. 그러므로 군자의 호칭을 얻으면 지극히 존귀한 지위에 있는 것이다. 여기에서 '君'은 천자를 포함하지 않으며 제후의 군을 가리킨다. 그러나 鄭玄의 주에서는 총괄적으로 말하고 있다. 鄭玄의 주에서 알 수 있듯이 군은 천하를 장악한 천자를 가리키기도 하고, 제후를 가리키기도 하며, 또한 領地와 세습작위를 가진 경대부도 가리킨다. 단어의 의미가 가리키는 범위가 점점 확대 되고 있는데, 어찌하여 한 글자가 여러 가지 뜻을 가리키고 한 가지 명칭이 여러 가지를 가리키는 현상이 나타나는가? 古文字학자인 唐蘭이 이 현상에 대해 명확하게 정리하였다. 아래에 그의 논술을 인용한다.

> 殷虛의 卜辭를 고증한 것에 의하면 君의 뜻은 尹자와 동일하다. 周 초기에 여전히 이 뜻을 많이 사용하였다.《易師》의 九二에 이르기를 "임금이 세 번씩 명령을 내린다(王三錫命)"고 하였다. 上六에서 말하기를 "대군의 명령이 있다(大君有命)"라고 하였는데 여기

서 대군은 왕이 아니다. 金文에 '天君'이 자주 보이는데 '天君'은 '大君'이다. 《天尹鈴及作册大鼎》에서 '天尹'을 썼는데, '大尹'이다. 春秋시기 宋에는 大尹이 있었는데 예로부터 전해져오면서 만들어진 것이다. 《作册大鼎》에서 '鑄(鑄)武王成王異鼎'라고 하였는데 마땅히 康王시기의 주조물로 보아야 한다. '揚皇天尹大保宮'의 '天尹'은 大保를 겸직하고 있는데, 틀림없이 召公奭일 것이다. 그러므로 《周書》의 '君奭', '君陳', '君牙' 등 여러 편의 '君'은 또한 '尹'이다.(그 후에 尹씨가 있었다. 《詩》 및 《春秋》 참조. 魯 隱公3년에 '尹씨가 죽었다'고 하였는데, 《左傳》에서 원래 '君氏'라 하였다. 억지로 隱公의 모친이 聲子라 하였는데 아니다.) 《麯禮》에서 "君大夫의 아들이 스스로 余小子라 부르지 못하였다." 라고 하였다. 鄭玄이 "천자의 아들이 상 중에 부르는 이름이다."고 하였다. 군대부는 천자의 대부 중 땅이 있는 자를 말한다. 《麯禮》 아래 문장에 따르면 "大夫, 士의 아들이다", 즉 여기의 군대부는 천자의 대부임을 알 수 있다. 君은 본디 임금과 신하의 호칭이다. 만약 군신이 대칭이라면 아마도 다른 것을 말할 것이다. 《虞書》, 《夏書》 및 《商書》에는 모두 '君'자가 보이지 않는다. 그러나 《周書》에 많이 보인다. 예를 들면 '邦君', '冢君', '君子' 등이다. 《康誥》에서 "이런 상황도 있다. 그들은 제후국의 군주이며 백성들을 통치하는 사람이다(亦惟君惟長)."라고 했다. 《顧命》에서 "고대의 君 文王과 武王"이라 하였는데 이것은 원수의 통칭 혹은 주나라 민족 고유의 말이다. 봄과 가을의 계절에 제후의 대부들은 강성하고 직권을 남용하고 지나치게 명성을 욕심내서 子라 부르지 않고 主라 호칭한다. 만약 晉나라 趙庄子를 庄主라고 한다면(기원전 600여 년경)맞는 말이다. 그 신하를 그렇게 부르거나 혹은 主君이라 부른다. 그러나 君이라 부르는 것을 보지 못했다. 戰國시기에 이르면 大夫는 그 종족을 君에 봉할 수 있었다. 예를 들면 趙襄子는 형을 代成君으로 봉했다.(기원 476년 후) 그리고 三晉의 田齊는 연이어 명을 받고 스스로를 王이라 불렀다. 齊나라 孟嘗, 趙나라 平原과 같은 사람들이 부지기수였다. 옛날에 公과 같은 제후들은 대부분 스스로 자신을 낮추어 君이라 불렀다. 그렇다면 大夫를 君이라 지칭한 시기는 마땅히 춘추전국이 교차되는 시기여야 한다. 그 시기에 왕의 신하의 호칭이 세습되었는지, 아니면 임금의 호칭에서 퍼진 것인지는 알 수 없지만, 主에서 君으로 분수에 넘치게 사용된 것임에는 틀림이 없다(考殷虛卜辭, 君字之義, 與尹字同. 周初猶承用此義.《易師》之九二曰: "王三錫命." 而上六曰: "大君有命." 明大君非王也. 金文習見"天君", "天君"卽"大君"也. 而《天尹鈴及作册大鼎》, 并作"天尹", 卽"大尹"也. 春秋時, 宋尚有大尹, 當是其遺制矣.《作册大鼎》曰: "鑄(鑄)武王成王異鼎." 當在康王時器. 而曰 "揚皇天尹大保宮", 此"天尹"而兼大保者, 必爲召公奭. 然則《周書》"君奭"、"君陳"、"君牙"諸篇之稱'君', 亦卽'尹'也.(其後有尹氏, 見《詩》及《春秋》. 隱三年"尹氏卒".《左傳 》本作"君氏", 附會爲隱公母聲子, 非也.)《麯禮》云: "君大夫之子, 不敢自稱余小子." 鄭玄曰: "辟天子之子未除喪之名." 君大夫, 天子之大夫有土地者. 按《麯禮》下文云: "大夫士之子." 則此君大夫爲天子之大夫可知. 是君本王臣之稱也. 若君臣之對稱, 殆別有所起.《虞書》《夏書》及《商書》俱未見'君'字, 而《周書》頗習見, 如"邦君"、"冢君"、"君子"之属是.《康誥》曰: "亦惟君惟長."《顧命》曰: "昔君文王武王."似爲元首之通稱, 或周民族之故言與. 春秋之季, 諸侯之大夫强盛擅权, 僭窃名位, 或不稱子而稱主, 如晉赵庄子之爲庄主(西元前六百年左右), 是也. 其臣子之稱之, 或曰主君. 然猶未見稱爲君也. 至於戰國, 則大夫可封其宗族爲君, 如趙襄子封兄子爲代成君是也(西元四七六年後), 及三晉田齊相繼受命, 更自稱爲王. 則孟嘗平原之流不可胜計, 而昔之稱公若侯者, 反多自貶而稱君矣. 然則大夫之稱爲君, 當卽在春秋戰國之交. 其爲袭

王臣之稱, 或由國君之稱所推衍雖不可知, 而由主爲君爲進一步之僭竊, 固無可疑也)[48].

唐蘭의 서술이 옳다. '君'은 초기에 왕의 신하를 말하며 나라의 대권을 장악한 중요한 대신을 가리켰다. 그러므로 갑골문 卜辭에 殷의 관직명으로 많이 사용되었다. 周나라에 이르러 국가의 원수를 가리켰는데, 천하를 호령하는 임금을 가리키는 말이었다. 春秋시기에 왕실이 쇠태해지면서 강대한 제후들이 분수를 지키지 않고 잇따라 왕으로 등극한다. 그 신하들은 주인을 君이라 불렀다. 戰國시기에 서로 분쟁할 때 각 제후들은 자기의 신하들을 王의 신하로 보고 君이라 부르기 시작하였으며, 제후들은 종족의 형제들을 君이라 부르기도 하였으며, 심지어 권세가 있는 대신들이 가신을 君이라 부르는 현상도 있었다. 이러한 어지러운 세상의 기이한 현상을 공자는 싫어했다. 《論語·季氏》에서 공자는 말하였다. "천하에 도가 있으면 예악과 정벌에 관한 의사가 천자에 의하여 결정되고, 천하에 도가 없으면 천자에게 권한이 없어져 예악과 정벌에 관한 의사가 제후에 의하여 결정된다. 대개 예악과 정벌에 관한 의사가 제후에 의하여 결정되면 십대가 되도록 나라를 잃지 않는 일이 드물며, 대부의 가신이 나라의 운명을 쥐고 있으면 삼대가 되도록 나라를 잃지 않는 일이 드물다. 천하에 도가 있으면 정치가 대부의 손에 있지 않고 천하에 도가 있으면 서민들이 정치를 논의하지 않는다(天下有道, 則禮樂徵伐自天子出 ; 天下無道, 則禮樂徵伐自諸侯出. 自諸侯出, 蓋十世希不失之矣 ; 自大夫出, 蓋五世希不失之矣 ; 陪臣執國命, 三世希不失之矣. 天下有道, 則政不在大夫. 天下有道, 則庶人不議)."

魏나라 何晏의 《集解》에서 이르기를 "선왕의 제도에서 제후들은 禮

48 《智君子鑒考》, 輔仁學志七卷一, 二期 참조. 李圃의《古文字詁林》第2冊 pp.31-32에 게재됨.

樂을 바꾸어서는 안 되며, 정벌을 독점할 수 없다. 신하와 가신을 거느릴 수 있다(先王之制, 諸侯不得變禮樂, 專徵伐. 配臣, 家臣也)."라고 하였다.(杜《譯》, 152)

그래서 예와 악을 제정하고 출병이나 정벌하는 권리는 반드시 천자의 손에 장악되어 있어야 한다. 이것은 夏商周 3대의 아주 엄격한 사회규칙이었다.

唐蘭의 고증에 의하면 '君'이 천자를 가리킨 것은 周나라 초기부터였다. 이것은 3대의 역사에도 부합된다. 周武王이 紂를 멸한 후 "땅을 수박을 쪼개듯이 분할하고, 公, 侯, 伯, 子, 南 다섯 등급의 爵位를 설치하였으며, 여러 제후들에게 분봉하여(列土田而瓜分之, 設五等, 邦群後)", "제후국들은 마치 별들처럼 나열되어 있고, 사면에 분포되어 주나라를 둘러싸고 있어, 마치 차바퀴를 중심으로 돌며 수레바퀴살이 수레 통에 집중되어 있는 듯 했으며, 제후들은 약속시간이 되면 같이 가서 천자를 알현하고, 흩어져 있을 때는 강토를 지키며 신하노릇하고 조정의 수호자가 되는(布履星罗, 四周於天下, 輪運而辐集, 合爲朝觀會同, 离爲守城扞城)." 대통일의 국면이 형성되었다.(柳《集》卷三, 3) '君'은 봉건통치 집단이라는 금자탑에서 제일 꼭대기에 있는 인물이었기 때문에, 천자는 스스로를 '유일한 한 사람이다(唯余一人)'고 했다. '君'은 남자가 집권하는 사회에서도 가장 높은 지위에 있는 사람이다. 이런 지위를 유지할 수 있는 이유는 바로 손에 권력을 잡고 있었기 때문이다. 그러므로 小篆 의 丿, 갑골문 의 丨은 표시의 부호이지만 반드시 필요한 것이다. 이 획이 없으면, "주나라 예법이 엄중하게 파괴되고, 천자의 존엄이 상처를 입게(害禮傷尊, 下堂而迎覲者)"되는 혼란한 국면이 형성된다.(柳《集》卷三, 3) '害禮'는 각 제후국이 커진 후에 선왕이 제정한 예의제도를 손상시키는 것을 말하며, '傷尊'은 천자의 권력이 약해진 후 스스로 신분을 낮추는 것을 말한다.

어떻게 해야 수중의 권리가 약해지지 않을 것인가? 진시황이 생각해낸 것은 전제집권의 잔혹한 진압을 수단으로 통치하는 것이었지만 결과적으로 다음 세대에 와서 멸망했다. 漢 文帝는 진시황을 교훈삼아, 국민의 부담을 줄이고 생활을 안정시켜 원기를 회복하게 하는 정책을 실시하였고, 漢 武帝는 강대한 초석을 다졌다. 그러므로 군권(君權)을 수호하는 방면에 있어서는 유가학파가 정치적인 원대한 식견이 있었다고 할 수 있다. 《孔子家語·哀公問政》에 다음과 같이 기록하였다.

> 노나라 哀公이 정치에 대해서 물었다. 공자는 다음과 같이 대답했다. "주 문왕과 주 무왕의 정책은 모두 전적에 적혀 있다. 그들이 살아 있을 때 이런 정책들은 실행되었고, 그들이 죽자 이런 정책들은 모두 실행되지 않았다. 사람을 다스리는 경로는 정사에 게을리 하지 않는 것이다. 땅을 다루는 경로는 부지런히 씨를 뿌리고 심는 것이다. 정사는 갈대와 같아 쓰는 사람에 따라 달라지는 것이다. 그러므로 행정의 결과는 실행자에 의해 결정된다. 인재를 얻으려면 자기의 수양과 판단에 의거하여야 하고, 자신의 수양을 높이려면 정확한 방법에 의거해야 하며, 수양방법을 개선하는 지름길은 인과 도이다. 인이라고 하는 것은 사람의 범주에 속하며, 부모를 사랑하는 것을 제일 첫 자리에 놓아야 한다. 의라고 하는 것은 바로 적당함을 말하며, 현인들을 존경하는 것이 제일 큰 의이다. 친척을 사랑하는 것에는 멀고 가까움이 있고 현인들을 존중함에 있어서도 등급이 있어야 한다는 것은 모두 예의에 대한 요구이다. 그러므로 군자는 교양을 쌓을 수밖에 없다. 교양을 쌓으려면 부모를 잘 섬겨야 하며, 부모를 잘 섬기려면 다른

사람을 잘 알아야 하며, 다른 사람을 잘 알려면 천리를 모르면 안 된다." 그러므로 인의와 도는 행정의 근본이다. 세상에는 공통으로 준수해야 할 도가 다섯 가지가 있고 힘써 실천하려면 또 세 가지로 나뉜다. 군신, 부자, 부부, 형제자매와 친구관계 이 다섯 가지가 바로 사람들이 공통으로 준수해야 할 윤리도덕이고, 지능, 인애, 용기 이 세 가지는 누구나 가져야 할 덕목이다. 그것이 실행되면 바로 한 글자 '誠'이다(哀公問政於孔子. 孔子對曰: "文武之政, 布在方策. 其人存則其政擧, 其人亡則其政息. 天道敏生, 人道敏政, 地道敏樹. 夫政者, 猶蒲卢盧也, 待化以成, 故爲政在於得人. 取人以身, 脩道以仁. 仁者, 人也, 親親為大 ; 義者, 宜也, 尊賢爲大. 親親之杀, 尊賢之等, 禮所以生也. 禮者, 政之本也, 是以君子不可以不脩身. 思脩身, 不可以不事親 ; 思事親, 不可以不知人 ; 思知人, 不可以不知天. 天下之達道有五, 其所以行之者三. 曰君臣也, 父子也, 夫婦也, 昆弟也, 朋友也, 五者, 天下之達道. 智仁勇三者, 天下之達德也. 所以行之者, 一也)."(王《語》, 12)

공자의 이 말씀은 통치자들에게 스스로 품행이 단정해야 하고, 집권하려면 어진 정치를 베풀어야만 성군이 될 수 있다고 훈계하고 있다. 공자의 마음속에 있는 성군은 바로 禹임금이다. 《論語·泰伯》에서 공자는 다음과 같이 말하였다.

"위대하도다, 요의 임금 됨됨이여! 숭고 하도다, 오직 하늘만이 광대하거늘 유독 요임금만은 그것을 본받았으니! 넓디넓도다, 백성들이 무어라 칭송하지도 못했으니! 숭고 하도다, 그가 이룩한 공업이여! 빛나도다, 그가 가졌던 문물제도여! (大哉, 堯之爲君也. 巍巍乎 ! 唯天爲大, 唯堯則之. 蕩蕩乎 ! 民無能名焉. 巍巍乎 ! 其有成功也. 焕乎 ! 其有文章)."(杜《譯》, 71)

위의 찬양하는 글에서 공자는 네 개의 형용사를 연속 사용했다. 그 중 '巍巍'를 두 번이나 사용하였다. 사실 공자는 堯임금을 찬양하는 동시에 그 당시나 후세의 君들에게 행위도덕의 규범을 제기하고 있다. 첫째, 하늘의 법칙을 따라야 하고, 하늘의 도에는 그 법칙이 있으며, 부족함을 메워주고, 강자를 누르고 약자를 도와줘야 한다. 둘째, 민심에 순응해야 하며, 백성들로 하여금 평안히 살면서 즐겁게 일을 하도록 해야 하며, 번거로운 정책과 가혹한 법령으로 속박하지 말아야 하며, 본연의 자연법칙대로 생존하고 발전하도록 해야 한다. 셋째, 사회의 안정과 화합으로 백성들의 물질과 문화 수요가 만족되도록 하는 것을 정치성공의 기준으로 삼아야 하며, 단순히 정치와 군사력의 강대함으로 성공여부의 기준으로 삼아서는 안 된다. 이것은 君이 가야할 길이며, 정치책략이다. 이러한 내용은 오늘날에도 참고할만한 충분한 가치가 있다.

'君'과 '尹'은 갑골문에서 두 가지 형태를 가진 같은 글자였는데, 후에 왜 口가 더해졌을까? 段玉裁에는 '口로서 명령을 내린다'고 했다. 君이 명령을 내릴 때 입으로 명령을 내린다는 것은 여러 해석 중의 하나이며, 유일하게 정확한 해석은 아니다. 사실 상고시대의 역사문화 배경과 연관시켜 보면 다른 해석도 가능하다. 예를 들면 다음과 같다.

> 《左傳·襄公十四年》에 "하늘은 백성을 낳았을 뿐만 아니라 그들을 위하여 君도 세워주었고, 君으로 하여금 그들을 다스리게 하였으며, 그들로 하여금 천성을 상실하지 못하게 하였다. 君이 있으면 그를 보좌하는 사람도 설치하여 그들로 하여금 君을 교도하고 보호하도록 하였으며 법도를 벗어나지 못하게 하였다. 그러므로 君은 公이 있고, 諸侯는 卿이 있으며 卿은 측실을 설치하고, 대

부는 貳宗이 있으며, 士는 친구가 있고, 평민, 장인, 상인, 노복, 소를 키우는 사람과 말을 키우는 사람들도 모두 가까이하는 사람들이 있어 서로 돕도록 편리를 제공하는 것이다. 선량하면 칭찬을 하고, 착오가 있으면 고치며, 어려움에 부딪히면 원조를 하고, 과오가 있으면 바로 잡는 것이다. 君 이하부터는 사람들이 각자 부모형제가 서로 그들 행동의 좋고 나쁨을 관찰하고 보완하는 것이다. 태사는 君의 언행을 기록하고, 악사는 풍간하는 노래와 시를 써야 하며, 악공은 충언하는 문장을 읽어야 하고, 대부는 충고하고 지도해야 하며, 사는 대부에게 전갈을 해야 한다. 평민은 공개적으로 정사에 참여하며, 상인은 시장에서 의론할 수 있으며, 각 분야의 장인들은 기예를 바칠 수 있다(天生民而立之君, 使司牧之, 勿使失信. 有君而爲之貳. 使師保之, 勿使過度；是故天子有公, 諸侯有卿, 卿置側室. 大夫有貳宗, 士有朋友, 士農工商皂隸牧圉, 皆有親暱, 以相輔佐也. 善則賞之, 過則匡之, 患則救之, 失則革之. 自王以下, 各有父兄子弟以察其政. 史爲書, 瞽爲詩, 工誦箴諫, 大夫規寧, 士傳言, 庶人謗. 商人於市, 百工獻藝)."라고 하였다.(阮《疏》, 1958)

《左傳》의 작가는 晉나라 악사 師旷의 말을 빌려 우리들에게 고대의 정치 청사진을 묘사해 주고 있다. '君'의 직책은 천하의 백성들을 관리하고 교화시켜야 하는데, 그 임무가 막중하므로 公, 卿, 大夫, 士 등이 서로 보좌를 하는 것이다. 보좌한다는 것은 순종하는 노예가 되는 것이 아니라 간언을 하는 신하가 되는 것이다. "태사는 임금의 언행을 기록하고, 악사는 풍간하는 노래와 시를 써야 하며, 악공은 충언하는 문장을 읽어야 하고, 대부는 충고하고 지도해야 하며, 사는 대부에게 전갈을 해야 한다." 그 목적은 바로 君의 말과 행동을 감독하는 것이며 '사가 말을 전달한다(士傳言)'에서 전하는 것은 바로 정무에 대한 백성들의 의견이나 건의인 것이다. 그러므로 우리는 '君'이 '口'으로 구성된 것은 또 다른 해석도 가능하다고 생각한다. 즉 口로 정무에 대한 질책을 할 수 있는 것이다. 謗은 상고시대에는 폄하의 뜻이 아닌 중성어이다. 晉나라 杜預의 주에 "백성들은 조정에 참여할 수 없다. 임금이 과오를 범하면 비판과 의론을 진행했다(庶人不與政, 聞君過則誹謗)."(阮《疏》, 1958)라고 하였다. 즉 일반적인 백성들은 정치에 참여할 기회가 없지만, 시정에 대해 의견을 발표할 권리는 있는 것이다. "대중의 여론을 막는 것이 홍수 방지보다 더 중요하다(防民之口甚於防川)"라는 말처럼 만약 백성들의 여론을 막는다면 이런 통치는 멸망과 멀지 않은 것이다.

'君'자에 대한 해석으로부터 우리는 글자에 내포된 문화적 함의를 깨달을 수 있다. 즉 사회가 한 사람에게 천하의 군주라는 지고지상의 지위를 부여함과 동시에 최고의 도덕표준이 그를 규제하고 있으며, 생사여탈의 대권을 장악한 동시에 그의 행동과 말 하나하나는 수천수만의 눈이 지켜보게 되는 것이다. 감독이 없는 권리, 특히 지고지상의 권리는 아주 무시무시한 것이다. 지금 우리가 말하는 '권리를 장에 가둬놓다(要把權力鎖進籠子)'에도 이러한 의미가 포함되어 있다.

2. '臣'

'臣'이 기록한 단어는 '君(국가원수의 의미로)'과 상대적인 것이다. 우리는 위의 문장에서 이미 '君'과 '臣' 두 문자가 고대문헌에서는 흔히 대응되어 출현한다는 것을 토론하였다.

'臣'은 형상성이 아주 강한 글자이며, 《說文·臣部》에서 "臣은, 牽이며, 임금을 섬기는 것이다. 굴복하는 모양을 나타낸다(臣, 牽也, 事君也. 象屈服之形)."(大徐本, 66)고 하였다. 段玉裁 주에서 '임금을 섬기다(事君也)'를 '임금을 섬기는 자(事君者)'로 바꾸었다.(段注, 118) '臣'이 기록한 단어는 군주를 섬기는 사람을 가리키며, 사회적 신분을 지칭하는 명사 단어로, 동사가 아니기 때문에 段玉裁 주에서 고친 것은 일리가 있다.

許愼은 '牽'으로 '臣'을 해석할 때 聲訓을 사용하였다. 臣과 牽은 고음에서 모두 眞部에 속하며, 첩운관계이다. 聲紐는 하나는 禪紐에 속하고 하나는 溪紐에 속하는데, 설음과 아음은 서로 상통한다. 그러므로 음이 서로 비슷하다. '臣'과 '牽'이 의미적으로 관계가 있는지 여부에 대해서는 '牽'자의 구조와 최초 글자 만들 때의 의도와 서로 비교를 해보아야 할 것이다.

《說文·牛部》에서 "牽은 앞으로 끄는 것이다. 牛로 구성되었고, 소를 끄는 고삐를 나타낸다. 玄은 소리이다(《說文·牛部》: "牽, 引前也. 从牛, 象引牛之縻也, 玄聲")라고 하였다.(大徐本, 29) 段玉裁 주에서 "이것이 인신되어 소를 끄는 도구를 牽(지금 생각건대, 문자를 紆으로 쓴 것은 縴자가 생략된 것이다)이라 한다. 〈牛人〉의 '牽徬'이 이것이다. 牲은 腥을 餼이라 하고, 生을 牽이라 한다. 또한 연관된 단어를 牽이라 한다(引申之, 輓牛之具曰牽[今按: 字作纖, 為縴字之省], 〈牛人〉'牽徬'是也. 牲, 腥曰餼, 生曰牽. 又或連贯之詞曰牽)."라고 하였다.(段注, 52) 段玉裁의 주에서 알 수 있듯이 '牽'의 본뜻은 '차를 끌다(引車)'의 의미이다. 고대에 소의 힘을 빌려 차의 동력으로 삼았다. 그러므로 차를 끄는 소를 가리키거나 제물로 선택된 살아있는 소를 말한다. 段玉裁 주에서 〈牛人〉의 '牽徬'을 인용하였는데,《周禮》에 보인다.

《周禮·地官·牛人》직제에 이르기를 "제후들이 회동하거나 군사를 출동시키거나 국가에 공사가 있을 때는 兵車를 끄는 소나 수레를 끄는 소나 공공기물을 실은 수레를 끄는 소를 제공한다(凡會同、軍旅、行役, 共其兵車之牛, 與其牽徬, 以載公任器)."고 하였다.

鄭玄의 주에 "牽徬은 끌채 밖에서 소를 끄는 것이다. 사람이 수레를 모는데 앞에 있으면 牽이라 하고 옆에 있으면 徬이라 한다(牽徬, 在轅外挽

牛也. 人繫之, 居其前曰牽, 居其旁曰徬).”라고 하였다.

孫詒讓의 《正義》에서 이르기를 “큰 수레를 몰 때 또한 수레에서 끌채안의 소를 부린다. 끌채 밖에 3마리 소가 있으며, 다른 두 사람이 수레 아래에서 소를 끌거나 혹은 앞에서 혹은 옆에서 이끈다. 그러므로 그 소를 牽徬이라 한다(大車之繫, 亦當居車上以繫轅內之牛. 其轅外三牛, 別以二人於車下繫之, 或牽引於前, 或附徬於旁, 因謂其牛爲牽徬).”라고 하였다.(孫《義》, 929-930)

孫詒讓의 《正義》와 鄭玄의 주에 근거하면, 우리는 큰 수레를 끄는 소를 ‘牽徬’이라고 한 이유를 알 수 있다. ‘牽’와 ‘徬’을 소의 이름으로 지은 것은 소들이 사람들에게 끌려 다니고 따라다니는 데서 기원한 것이다. ‘牽’과 ‘徬’은 모두 곧은 끌채와 멍에를 멘 소가 수레를 끌도록 도와주는 것이다. 유일하게 다른 것은 ‘牽’이라고 불리는 소는 수레 앞부분과 중간에 있는 소를 말하는 것이고, ‘徬’ 이라 불리는 소는 복종하는 소(곧은 끌채와 멍에를 멘 소)와 수레는 끄는 소 양쪽에서 뒤쪽에 치우쳐 있는 소를 말한다.

許愼이 ‘牽’으로 ‘臣’을 해석한 것은 깊은 뜻이 있다. 통치자를 위하여 차를 끄는 사람이 臣뿐만 아니라 일반 백성도 있다. 일반 백성을 ‘徬’이라 부를 수 있는데, ‘徬’은 수레를 끌 뿐만 아니라 또한 이끌어지는 영향도 받는다.

만약 끌채를 제도에 비교하면, 복종하는 소는 제일 꼭대기에서 수레를 모는 사람을 보좌하는 소를 말하는데, 수레를 모는 사람을 대신하여 나아갈 방향을 잡아주고 있다. ‘牽’은 비록 제도와 떨어져 있지만 ‘徬’처럼 앞을 보지 않고 수레만 끄는 것이 아니라, 제도 속에서 수레를 끄는 사람을 도와 앞으로 나아갈 방향을 잡아주기도 한다. 그러나 ‘徬’은 오직 수레를 끄는데 힘을 쏟는다. 이런 의미에서 볼 때 ‘牽’과 ‘臣’은 확실히 어떤 의미에서는 연관이 있는 것이다.

‘牽’과 ‘臣’의 의미적인 연관은 이것뿐만 아니라 갑골문의 자형에 대한 고증과 해석에서 또한 더 깊은 의미적 연관을 가지고 있다.

‘臣’은 일찍 출현하여 갑골문에도 보인다. 글자 형태는 다음과 같다.

一期前四. 二七.六

혹은 아래와 같이 쓴다.

一期前四. 二七.四

徐中舒는 이 문자를 해석하여 다음과 같이 말하였다. “눈을 세로로 뜬 모양을 나타낸다(象竪目形).” 그리고 郭沫若의 《甲骨文字研究·釋臣宰》의 말을 인용하여 말하기를 “눈 하나가 한 사람을 대표한다. 사람 머리를 아래로 숙일 때 가로 눈이 세로 눈이 되므로 세로로 뜬 눈 형상으로 굴복하는 신하와 노예를 가리킨다(以一目代表一人, 人首下俯時則橫目形爲竪目形, 故以竪目形象屈服之臣仆奴隸).”라고 하였다.(徐《甲》, 321) 郭沫若의 이 말은 매우 타당하다. 사람이 몸을 굽히면 머리를 숙이게 되고, 머리를 숙이면 눈이 서게 된다. 신하가 군주의 앞에서 엎드려 감히 바로 쳐다볼 수 없어 머리만 숙이고 있으므로 눈이 마치 치켜뜬 것과 같은 것이다.

郭沫若의 관점은 한 사람의 견해일 뿐이다.

‘臣’에 대한 초기 해석은 매우 많은데 아래와 같이 다섯 가지로 귀납할 수 있다.

첫째, 눈을 치켜뜬 것과 같다고 주장하는 사람들은 郭沫若, 徐中舒,

孫海波, 李孝定, 張日昇 등이다[49].

둘째, 밧줄에 결박되어 있는 전쟁포로나 노예와 같다고 주장하는 사람들은 章太炎, 馬敘倫, 葉玉森, 楊樹達, 寒峯, 戴家祥 등이다[50].

셋째, 고대 蜀나라 蚕叢시기의 纵目人과 같다고 주장하는 사람은 于省吾이다[51].

넷째, 부릅뜬 눈 모양을 나타낸다고 여기는 주장이 있다. 본의는 눈을 부릅뜨고 분노한다는 뜻이고, 후에 군신의 臣으로 빌려 사용되었다. 이런 견해를 가지고 있는 사람들로는 董作賓, 高鴻縉 등이다[52].

다섯째, 臣은 상형문자가 아니고, 會意자로서 匕와 良으로 구성되

---

49 孫海波는 臣과 目이 관련이 있다고 여긴다. 그것은 눈이 사람 얼굴에서 제일 중요한 표시이기 때문이다. 하나의 눈은 신하를 나타내며, 얼굴에서 세워서 다른 것과 구분하였다. 《卜辭文字小記》, 考古學刊社社刊第三期 참고. 李孝定과 張日昇 두 사람의 견해는 《甲骨文字集釋》 p.991, 《金文詁林》卷三 참조.

50 章太炎의 주장은 《文始》에 보인다. 그는 臣을 가로 쓰면 인데 앞에는 머리를 나타내고, 중간은 손이 땅에 묶여 있는 것을 나타내며, 뒷부분은 궁둥이를 나타낸다고 여겼다. 馬敘倫은 臣이 女자의 다른 글자이며, 여자는 노예로서 臣은 마치 사람의 몸과 손이 묶인 형태를 나타낸다고 여겼다. 이 관점은 《說文解字六書疏證》卷六 참조. 葉玉森은 章太炎과 郭沫若의 노예설에 찬성한다. 卜辭 중에 臣이 가로와 세로 두 가지 형태가 있다는 것으로 郭沫若의 세로로 놓인 눈이라는 설을 반박하고 있으며, 초기에는 章太炎의 臣에 대한 해석을 부정하다가 마지막에 결국은 인정하게 된다. 《殷墟書契前編集釋卷二》 참조. 楊樹達은 臣이 전쟁포로에서 전이된 것이며, 전쟁포로는 묶여 끌려온 것이므로 臣과 牽은 음이 비슷하고 의미도 통한다고 여긴다. 이 주장은 《积微居小學金石論叢·卷二·臣牽解》 참조 바람. 寒峯은 세로의 目으로 臣을 표시한 것은 문자의 동적인 발전의 결과이며, 최초에는 연관되는 문자부호로 전쟁포로를 지칭하였을 것인데, 그 중 갑골문에 보이는 臤자가 아마도 臣의 초기 글자였다가 후에 간략하게 臣자를 썼을 것이라고 주장한다. 이 주장은 《甲骨文與殷商史》第一輯에 게재된 《商代臣的身份縷析》 참조 바람. 戴家祥은 楊樹達의 臣과 牽이 음이 비슷하고 의미가 통한다는 관점에 찬성하며, 上古시기부터 전해오는 文獻과 출토된 자료에서 臣은 묶인 포로임을 증명한다. 이 주장은 《金文大字典下》에 보인다.

51 于省吾의 주장은 《甲骨文字釋林卷下·釋臣》에 보인다.

52 董作賓의 주장은 高鴻縉의 《中國字例》二篇의 인용에 따른다.

어 착한 신하라는 뜻으로 충신을 나타낸다. 이런 견해를 가지고 있는 사람들로는 일본학자 高田忠周이 있다[53].

이상 다섯 가지 견해는 또 크게 두 가지로 나뉜다. 하나는 '臣'이 상형문자라는 견해이다. 첫째부터 넷째까지의 주장이 이 관점에 속한다. 다른 한 가지는 회의자라는 견해이다. 이 관점은 오직 高田忠周 한 사람만 주장하고 있다. 우리는 '臣'은 회의자로 쓰기는 하지만 소전과 갑골문의 '臣'자가 아니라고 생각한다. 段玉裁의 주의 인용에 의하면, 六朝이후 속체자 중에 臣은 '恧'으로 쓰이는데, 一과 忠으로 구성되어 한마음 한뜻으로 매우 충성스럽다는 의미를 나타낸다. 이런 사람이야말로 다른 사람의 부탁을 받을 수 있고, 충심으로 일을 할 수 있다. 高田忠周는 가 의 생략된 형태라고 하는데 이것은 경솔한 결론이다.

그러므로 '臣'이 상형문자임에는 틀림이 없다. 構形學의 측면에서 볼 때 '臣'은 全功能零合成字이기 때문에 전체적으로 상형자로 보아야 한다. 고문자학자들의 견해 차이는 갑골문 ''이 대체 무슨 모양의 형태인가 하는 것이다. 어떤 사람은 눈을 치켜 세운 형태라 하는데 郭沫若이 대표적이다. 어떤 사람은 구금된 전쟁포로나 노예를 나타낸다고 하는데 章太炎이 대표적이다. 그 외에 또 고대의 소수민족이었던 종목인을 나타낸다고 하는데 于省吾가 대표적이다. 그리고 부릅뜬 눈 모양을 나타낸다고 한 주장은 董作賓이 가장 대표적이다.

'臣'의 갑골문 구조를 눈을 치켜 세운 형태로 해석하는 주장이 오늘날 대부분 학자들에게 인정받는 것 같다. 그러나 왜 치켜세운 눈 형태로 신하라는 뜻을 나타내는 것에 대한 해석에는 여러 가지 견해가

53 高田忠周는 臣은 會意字이며, 위는 匕, 아래는 良으로 구성되었고, 고문 良은 이며, 忠臣의 뜻을 나타낸다고 여긴다. 이 주장은 《古籒篇》三十三 참조 바람. 이상은 모두 李圃가 주편한 《古文字詁林》第3冊pp.523-533에 보인다.

존재한다. 郭沫若은 몸을 구부리고 머리를 숙이면 눈이 치켜뜨게 되므로 이런 형태로 신하의 의미를 나타낸다고 주장한다. 또 다른 사람들은 '臣'은 눈을 크게 뜬 형태를 나타내며, 눈을 크게 뜬 사람은 바로 신하라고 주장한다. 또 어떤 사람들은 눈알이 불거져 나온 모양을 하고 있다고 주장한다. 최초의 '臣'은 사실 노예주의 현장감독이다. 이들이 감시하는 것은 노예들의 노동이기 때문에 눈을 크게 뜬 것이고, 눈을 크게 뜨면 마치 눈을 치켜뜬 것처럼 된다. 그러므로 '竪目'으로 관리자신분의 사람들을 가리킨다고 주장했다[54].

그러나 '臣'을 눈을 치켜뜬 형태로 본다면 문제가 하나 있다. 바로 卜辭에 신하의 뜻으로 사용된 글자는 모두 치켜뜬 모양이 아니며, 가로로 뜬 눈도 있다는 것이다. 葉玉森은 卜辭에서 가로로 뜬 눈으로 신하를 나타내는 문자를 몇 개를 찾아냈는데, 예를 들면 '[illegible]苦方'과 '[illegible]苦'로 나타내는 의미는 같다. 그러므로 '[illegible]'과 '[illegible]'은 동일한 글자이다. 또한 '[illegible][illegible]', '[illegible]魯' 등의 사례도 있다.

그러므로 갑골문 [illegible]의 모양은 눈을 치켜뜬 모양만 있는 것이 아니다. '臣'은 발전변화의 과정을 거쳤을 것이다. 묶인 전쟁포로의 얼굴에 글자를 새겨 구분하다가 다시 두려움에 놀라서 눈을 치켜뜬 모양으로 신복의 의미를 기록하게 된 것일 가능성도 있다. 그러므로 우리는 寒峯의 관점에 동의한다. 바로 발전과 변화의 관점으로 '臣'의 초기의 자형과 기록한 의미의 변화과정을 정리해야 한다는 것이다.

비록 許愼의 시대에 나타난 고대문자는 한계가 있었지만, 그는 박식하고 오경에 능통했기 때문에 '牽'의 본의를 추측할 수 있었을 뿐만 아니라 글자모양을 '굴복하는 형태를 나타낸다(象屈服之形)'고 하였다. 이

---

54 寒峯은《商代臣的身份縷析》(載甲骨文與殷商史第一輯)에서 다음과 같이 말했다. "郭沫若

것만으로도 대단한 것이었다. 청대에 段玉裁의 주에서는 《周禮》 '牽傍'의 의미로만 許愼의 견해에 접근하였고 '臣'과 '牽'의 내재적인 연관성을 깊이 있게 연구하지 못하였으며, '臣'의 초기형태의 문자가 내포한 문화적인 함의를 찾아내지 못하였다.

청대 말기와 민국초기의 국학대사인 章太炎은 段玉裁보다 더욱 넓은 시야로 폭넓게 연구를 진행하였다. 章太炎은 《文始》卷三 〈陽聲眞部乙〉에서 다음과 같이 말하였다. "《說文》에서 '臣은 牽이다. 임금을 섬기다. 굴복하고 있는 형태를 나타낸다'라고 하였다. 주해에서 '牽은 앞으로 이끌다'이다. 臣은 초기문자로서 牽자에서 노예포로가 파생되었고, 마치 밧줄로 묶인 것과 같아서 밧줄에 묶인 노예라고 불렀다. 《尙書》에서 '노예가 도망가다'라고 하였다. 《周易》에서 '밧줄에 묶인 노예'라고 하였다. 《春秋傳》에서 '남자는 臣이 되고 여자는 妾이 된다'고 하였다. 《刑法志》에 '鬼薪과 白粲의 죄는 1년이면 隸臣妾이 된다. 隸臣妾으로 1년이면 평민이 된다.'라고 하였다. 臣은 본래 포로 및 모든 죄인들이 일을 하는 노예가 된 것을 말하므로 그 모양이 복종하는 형태이다. 그 형태를 가로로 누이면 가 된다. 묶여 땅에 엎드린 것으로, 앞은 머리를 나타내고, 중간은 손과 발이 같이 묶여 땅에 닿은 형태를 나타내고, 뒤는 엉덩이를 땅에 대인 형태를 나타낸다. 종아리는 묶여 있어서 분리하지 않았다. 《記·少儀》에서 말하기를 '노예를 바치려고 끌고 와서 왼쪽에 두었다'고 하였다. 주에서 '臣은 갇힌 포로

이 臣을 竪目으로 해석하였으며, '사람이 머리를 숙이면 눈이 세워지는데', 그것이 마치 굴복하는 모양과 같다. 후에 또 다음과 같이 말했다. '臣자는 바로 눈의 상형문인데 즉 고대의 睁자이다.' 근년에 다른 문장에서 논술하기를 臣이 바로 瞋(睁)의 초기 문자이며 민족자료를 통해 집안일을 총괄하는 하인이 생산을 감독하기 때문에 '눈이 큰 어른'이라는 호칭을 가지고 있었다고 증명하였다. 이것은 모두 새로운 해석이다."

를 말한다'고 하였다. 여기서는 '끌고 왔다'는 뜻이다(《說文》: '臣, 牽也, 事君也, 象屈服之形.' 案: '牽, 引前也.' 臣卽初文, 牽字引伸爲奴虜, 猶日累, 日累臣矣.《書》日: '臣妾逋逃.'《易》日: '畜臣妾.'《春秋傳》日: '男爲人臣, 女爲人妾.'《刑法志》日: '鬼薪日粲, 一歲爲隸臣妾. 隸臣妾一岁, 免爲庶人. '然則臣者, 本俘虜及諸罪人給事爲奴, 故象屈服之形. 其形當橫作 , 臾縛伏地, 前象其頭, 中象手足對縛著地, 後象尻以下. 兩脛束縛, 故不分也.《記·少儀》言'獻臣則左之', 注: '臣謂囚俘.' 此牽之而至也)." 고 하였다.(章《始》三, 8)

章太炎이 '臣'의 자형에 대한 분석은 다시 검토해봐야 한다. 그러나 상고시대로부터 내려오는 문헌자료를 근거로 추측해보면 '臣'은 묶여 있는 신하이며 전쟁포로나 노예와 관련이 있다. 이런 주장은 학술적 안목이 높은 것이다. 뿐만 아니라 그는 '臣'과 '牽'은 내재적인 연관성을 가지고 있지만 외부적인 것은 아니라고 주장한다. '牽'의 본의는 포박당하고 끌려서 온 전쟁포로이고 후에 노예로 전락된 사람을 말한다. 그러므로 許愼의 '臣은 牽이다'라는 것은 임의로 비슷한 음을 찾아서 해석한 것이 아니라 '臣'의 어원을 포착한 것이다.

'臣'의 최초 의미는 갇힌 전쟁포로나 노예이다. 이것은 전해져 오는 문헌자료가 증명할 수 있고, 출토된 문헌에서도 대량의 증거를 찾을 수 있다. 예를 들면 다음과 같다.

《左傳·僖公三十三年》에

先軫이 군주를 조알하러 와서 秦나라 포로에 대해서 묻자 양공이 말하였다.

"선군 부인의 청이 있어 내 그들을 풀어주었소."

선진은 화를 내며 이렇게 말하였다.

"무사들이 힘써 목숨을 걸고 들에서 잡은 것을 아낙네가 잠깐 사이에 남의 나라에 놓아주었다니 우리 군사의 실력을 훼손하여 원수를 강하게 하였군요. 나라가 망할 날이 멀지 않았습니다!"

그리고는 뒤도 돌아보지 않은 채 침을 뱉었다.

양공이 陽處父로 하여금 놓아주었던 세 사람을 뒤쫓게 하여 하수에 이르렀더니 그들은 이미 배에 탄 채 강을 건너고 있었다.

양처부는 수레의 왼쪽 말을 풀어 양공이 孟明에게 하사하도록 명한 것이라면서 그를 유혹하였다.

그러자 孟明이 머리를 조아리며 이렇게 말하였다.

"그대 임금의 은혜로 우리는 북(鼓)을 피로 물들이지 않고 秦나라로 돌아가 죽을 수 있게 되었소. 우리 임금께서 죽이신다면 죽더라도 썩지 않을 것이오. 만약 그대 임금의 은혜로 인해 죽음을 면하게 된다면 장차 3년 뒤에 군주께서 내리시는 하사품을 받으리다."

(先軫朝, 問秦囚. 公曰: "夫人請之, 吾舍之矣."

先軫怒曰: "武夫力而拘諸原, 婦人暫而免諸國. 隳軍實而長寇讎, 亡無日矣!"不顧而唾.

公使陽處父追之. 及諸河, 則在舟中矣. 釋左驂以公命贈孟明.

孟明稽首曰: "君之惠, 不以累臣釁鼓. 使歸就戮於秦, 寡君之以爲戮, 死且不朽, 若从君惠而免之, 三年將拜君賜.")(阮《疏》, 1833)

《左傳·成公三年》에

이에 楚 共王이 知罃을 돌아보며 물었다.

"그대는 나를 원망하오?"

그러자 知罃이 답하였다.

"두 나라가 싸움을 하여 저는 재능이 모자라 맡은 임무를 다하지 못하고 포로가 되었습니다. 그런데도 초나라 담당관은 저의 피를 북에 바르는 죽음을 내리지 않고 본국으로 돌아가 처형을 당하게 해 주시니 이는 그대의 은혜입니다. 신은 실로 못난 사람인데 누구를 감히 원망하겠습니까?"

초왕이 다시 물었다.

"그렇다면 나에게 은덕을 입었다고 여기고 있소?"

知罃이 대답하였다.

"두 나라가 각기 사직을 위하고 백성을 평안하게 하고자 각자 분노를 억누르고 서로를 용서하여 잡은 포로의 속박을 풀어 우호 관계를 맺으려 합니다. 두 나라가 우호관계로 인한 일일 뿐 저와는 관계가 없는 일로서 제가 누구를 감히 은덕을 베푼 분이라고 여기겠습니까?"

초왕이 물었다.

"그대가 본국으로 돌아가면 나에게 무엇으로 보답할 것이오?"

知罃이 대답하였다.

"저는 원망 받을 일이 없고 임금께서도 은덕을 베풀었다고 감사받을 일이 없습니다. 원망할 일이 없고 은덕도 없는데 보답할 바가 무엇인지 모르겠습니다."

초왕이 말하였다.

"비록 그렇다 해도 그대가 어찌할 것인지를 나에게 반드시 말해 주시오."

知罃은 이렇게 말하였다.

"임금님 덕택에 묶여 있던 제가 진나라로 돌아가 뼈만이라도 묻게 되었으니 저희 임금께서 저를 처형하신다고 한다면 죽어도 또한 이름은 썩어 없어지지는 않을 것입니다. 만약 임금님의 은혜에 힘입어 용서를 받고 저희 아버지 수에게 저를 넘겨주시고 아버지가 저희 임금님에게 청하여 저를 선조의 사당에서 죽인다면 그것도 역시 죽어도 또한 이름은 썩지 않을 것입니다. 만약 저희 임금님의 용서하라는 명령을 받지 못하면 아버지의 직을 잇게 하시고 다음에 국사에도 관여하고 약간의 군대를 거느리고 국경을 지키게 된다면 비록 초나라의 장수들을 만난다고 하더라도 감히 피하지는 않을 것입니다. 힘을 다하고 목숨을 바쳐 싸우며 두 마음을 품지 않고 신하의 예를 다할 뿐입니다. 그렇게 함으로써 임금님에게 보답하려고 합니다."라고 대답하였다.

초왕은 이렇게 말하였다.

"진나라는 아직 우리가 다툴 수 없는 나라로구나."

그리고 정중하게 예의를 갖추어 인사하고 그를 돌려보내주었다.

(《左傳·成公三年》

王送知罃, 曰: "子其怨我乎?"對曰: "二國治戎, 臣不纔, 不胜其任, 以爲俘馘, 執事不以釁鼓, 使歸卽戮, 君之惠也, 臣實不纔, 又誰敢怨?"

王曰: "然則德我乎?"

對曰: "二國圖其社稷, 而求紓其民, 各懲其憤. 以相宥也, 兩釋累囚, 以成其好. 臣不典及, 其誰誰敢德?"

王曰: "子歸, 何以報我?"

對曰: "臣不任受怨, 君亦不任受德. 無怨無德, 不知所報."

王曰: "雖然, 必告不穀."

對曰: "以君之靈, 纍臣得歸骨於晉. 寡君之以爲戮, 死且不朽. 若从君之惠而免之, 以賜君之外臣首, 首其請於寡君而以戮於宗, 亦死且不朽. 若不獲命而使嗣宗職, 次及於事而帥偏師以脩封疆, 雖遇執事, 其弗敢違. 其竭力致死, 無有二心, 以盡臣禮, 所以報也."

王曰: "晉未可與争."重爲之禮而歸之.(阮《疏》, 1900)

이상의 문헌자료에서 전쟁포로는 '臣'이라 부르고, 앞에 '累'자를 쓴다. 杜預의 注에서 '累'는 '감금(囚繫)'의 의미로 결박한다는 뜻이다. 그래서 累臣과 累囚는 의미가 유사하다. 전쟁포로는 자주 참형을 당했는데, 제기(祭旗)에 사용되거나 그들의 피를 전쟁에서 두드리는 북에 바르기도 하였다. 문장에서 '흔고(釁鼓)'는 피를 전쟁에 사용되는 북에 바른다는 뜻이다. 춘추시대도 이러한데 은상시대는 더더욱 말할 필요도 없다. 卜辭에 아래와 같이 기록되어 있다.

> 번호는 '後下. 三三. 十二'이다: □□□[illegible]貞: 囚之臣於貍, 以[illegible]俘[illegible].(李《古》三, 524)

'臣' 앞에 덧붙인 '囚'는 '累'와 같은 뜻이다. 囚臣을 땅에 묻는 것인데 당연히 생매장하려고 준비하는 것으로 '희생의 피를 북에 발라 신에게 제사를 지내는 것(釁鼓)'과 같은 경우다. 여기에서 '臣'은 [illegible]에 빠져 붙잡힌 것으로 당연히 전쟁포로를 말한다.

갑골문의 卜辭에서 '臣'은 '전쟁포로'라는 한 가지 뜻만 있는 것이 아니라 다른 의미도 있다. 즉 관직명인 '臣'이라는 의미도 있고, 노예로 불리는 '臣'도 있다. 陳夢家는《殷墟卜辭綜述》에서 卜辭 중에 사용된 관원의 명칭으로 '臣'을 사용한 사례를 귀납하였다. 그 중 '王臣', '臣', '小臣', '老臣', '舊臣' 등은 은왕 봉토의 대소 관원들을 가리키며, '多臣'은 諸臣에 해당하며, '辟臣', '褻臣'은 은왕 신변의 총신이나 가까운 신하를 가리킨다.[55] 胡厚宣도 갑골문 卜辭에서 노예의 의미로 쓰인 '臣'에는 '舞臣(춤을 추는 노예)', '州臣(경작하는 노예)', '小耤臣(농사짓는 노예)',

---

55 李圃가 주편한《古文字詁林》第3冊 pp.524-528 참조.

'小丘臣(산림을 관리하는 노예)', '小多馬羌臣(방목하는 노예)', '小疒臣(질병을 관리하고 치료하는 노예)' 등이 있다고 하였다.[56] '臣'의 다양한 의미는 '臣'의 本義인 포박된 전쟁포로에서 직접 혹은 간접적으로 파생되어 나온 것이다.

'臣'은 끌려온 전쟁포로이기 때문에, 언제든지 가축처럼 도살 될 처지에 놓인 사람들로부터 여러 가지 힘든 일을 하는 노예의 과정을 거쳐, 다시 각종 사무를 돌보는 관원에 이르렀다가 마지막에 통치자에게 인정받고 궁에 들어가 권력을 장악하는 과정을 거치면서, 노예로부터 시작하여 장군이 되기까지의 힘들고 어려운 여정을 완성하게 되는데, 그 과정에서 겪는 고난은 일반사람들이 참기 어려운 것이다.

사람의 희로애락을 가장 잘 표현 할 수 있는 것은 사람의 눈이다. 고대인들은 글자를 만드는 과정에서 마음의 창인 눈을 매우 중시하였다. 아래 초기 한자에서 이것을 알 수 있다.

머리에는 눈, 귀, 코, 입 등의 기관이 있다. 머리를 나타내는(혹은 기록하는)글자에서 코와 귀는 보이지 않아도 되지만 눈은 없어서는 안 된다.

首의 갑골문은 다음과 같다.

 一期合集六0三二

혹은 다음과 같다.

 一期合集一三六一三

56 《甲骨文所見殷代奴隸反压迫的鬪争》, 《考古學報》1966年第1期 참조.

갑골문에서 ‘首’는 머리윤곽이 있고 머리카락과 눈을 덧붙였지만 귀, 코와 입은 보이지 않는다. 형태에서 머리카락은 생략할 수 있음을 알 수 있다. 그러나 눈을 나타내는 ‘’은 생략할 수 없다. 글자를 구성할 때 눈이 얼마나 중요한지를 알 수 있다.

‘首’와 같은 의미를 가지고 있는 ‘頁’도 마찬가지이다. ‘頁’의 갑골문은 다음과 같다.

一期乙八七八0

혹은 다음과 같다.

一期乙八五五八

은 사람의 머리모양을 나타내고 ‘’가 보조역할을 한다. 위에 머리카락, 눈과 머리윤곽이 있는데 머리카락은 생략이 가능하지만 눈은 생략할 수 없다. ‘’에서는 눈이 돌출되어 있다.

‘首’와 관련된 것은 ‘面’이며, ‘面’의 갑골문은 다음과 같다.

一期甲四一六

혹은 다음과 같다.

一期後下一五.五

‘’가 얼굴 윤곽을 나타내고, 가로로 놓인 눈 ‘’이나 세로로 놓

인 눈 '　'로 얼굴의 표정을 나타낸다. 초기 한자를 만든 사람들은 눈을 얼굴의 가장 중요한 부위로 여겼음을 알 수 있다.

갑골문에서는 눈으로 사람의 행위에 따른 감정을 드러내기도 한다. 그 예가 되는 문자가 갑골문에 會形合成之字의 형태로 하나 나타난다. 고문자학자들이 대응하는 현대 문자를 찾지 못하여 알 수 없는 글자로 남았지만, 이 문자가 나타내는 의미는 매우 명확하다. 그 글자는 아래와 같다.

三期粹一一九五

(皿)과 (火)로 구성 되었으며, 마치 화로에 불이 있는 것을 나타내고 있다. 이 글자는 화로의 의미를 나타낸다. 은 한 사람이 손을 내밀어 불을 쬐는 것을 나타내는데, 얼굴에는 즐거운 표정을 짓고 있다. 이 사람을 나타내는 문자에는 사람의 사지를 표시하는 것 외에도 가로로 놓인 눈이 있는데, 눈이 가로로 놓인 것은 마음이 평온하고 유쾌하다는 의미를 나타낸다.

일부 추상적인 의미를 나타내는 문자에도 눈을 사용하여 의미를 나타내는 글자가 적지 않다. 예를 들면 다음과 같다.

德은 갑골문에서 '徝'으로 나타나고, 글자형태는 아래와 같다.

一期人八七六

彳과 으로 구성된 이 문자는 '德'의 초기 문자이다. 사람이 올바르게 행하면, 걸음도 곧게 되고, 德의 正道를 향해 나아갈 수 있다는 것이다. 이후에 心자를 덧붙인 문자는 마음속에 정직한 마음을 갖고 있으면 德의 正道로 가게 된다는 것을 나타낸다.

결론적으로 눈은 마음의 창이다. 머리와 얼굴부위를 기록한 상형문자에서 눈은 없어서는 안 되는 구성요소이다. 인체의 동작행위 및 사람의 관념을 나타내는 한자 중에서 눈은 아주 중요한 위치를 차지한다. 그러므로 고대인들이 '臣'자를 만들 때 전쟁포로나 노예의 눈에 관심을 집중했던 이유를 쉽게 알 수 있다.

칼싸움이 일어나고 피가 낭자한 고대 전쟁터에서 최후까지 목숨을 보존한 사람들은 틀림없이 무예가 뛰어나고 담력과 지혜가 출중한 사람이기 때문에 적의 포로가 되어도 기꺼이 굴복하지 않고 권세와 무력에 굴복하지 않은 사람들이 대부분이었을 것이다. 그러므로 전쟁포로가 되어 포박되면 대부분 黃蓋처럼 눈을 부릅뜨고 적들을 증오하고 순종하지 않았을 것이다. 呂布처럼 기꺼이 투항하고 목숨을 부지한 사람들은 아마 적었을 것이다. 고대 사람들은 "갑옷을 입고 병기를 들고 필사의 각오를 하였기(擐甲執兵, 固卽死也)"(1894) 때문에 무기를 들고 전쟁에 나가면 죽는 것이 당연지사인 것이다. 그러나 "죽어도 불후한 것이다(死且不朽)"(阮《疏》, 1900). 《左傳·成公二年》에 齊와 晉의 鞌지역 전쟁에서 齊나라 頃公이 晉나라 司馬韓厥에게 쫓기어 도망갈 곳이 없게 되자 頃公의 車佑 逢丑父가 頃公으로 가장하고 韓厥에게 붙잡힌 일이 기록되어 있다. 韓厥은 그를 병사를 인솔하는 郤克한테 바쳤다. 郤克이 逢丑父가 가짜인 것을 알고 그를 죽이려고 했다. 逢丑父는 큰 소리로 말했다. "지금까지 임금을 대신하여 수난을 받은 사람이 없다. 한 사람이 있는데 그 사람마저 참살할 것이냐(自今無有代其君任患者, 有一於此, 將爲戮乎)?" 郤克이 그 말을 듣고 "죽음을 두려워하지 않고 자기나라 임금이 화를 당하지 않게 하는 사람을 내가 죽이면 불길할 것이니 그를 사면하여 임금을 위해 일하는 사람들을 격려한다(人不難以死免其君, 我戮之不祥,

赦之, 以勸事君者")라고 말했다.(阮《疏》, 1894) 逢丑父는 죽음을 두려워하는 사람이 아니다. 그렇지 않았으면 국왕으로 사칭하고 晉나라에 붙잡히지 않았을 것이다. 그의 호소는 사람들에게 '전쟁에서 임금을 위하여 어려움을 대신 해결하고 위기를 극복한 일은 종래에 없었던 일이었지만 그가 해내었고, 그를 죽이면 여론과 도덕의 질타를 받을 것이라'고 선포한 것이다. 郤克은 이 깊은 도리를 깨닫고 과감하게 그를 풀어준 것이다.

이 예문은 고대전쟁터에서 포로로 붙잡히면 그들의 생사는 전승자의 한순간 판단에 달려있음을 시사한다.

어떤 사람들은 승리자 앞에서 정의롭고 늠름하며, 그 어떤 위압에도 굴복하지 않아 오히려 전승자의 신임을 얻는다. 죄수에서 환대를 받는 귀빈이 될 가능성도 있는 것이다. 《史記·淮陰侯列傳》에는 韓信이 적은 병력으로 많은 병력을 무찌르고, 10배나 많은 趙나라 군대를 패배시킨 후, 병사들에게 成安君 陳余에게 계책을 올렸던 廣武君 李左車를 사로잡으라고 분부한 일이 기록되어 있다. "그러자 廣武君을 붙잡아 묶어서 군영에 데려왔다. 韓信은 친히 그에게 밧줄을 풀어주고, 그에게 동쪽을 향해 앉으라 하고, 자기는 서쪽을 향해 마주하고 앉아서 스승처럼 그를 대했다(於是有縛廣武君而致戲下者, 信乃解其縛, 東鄉坐, 西鄉對, 師事之)."(《史記》, 2617) 만약 李左車의 계략이 陳余에게 받아들여졌더라면 묶여서 잡혀온 사람은 李左車가 아니라 韓信이었을 것이다. 때문에 韓信은 승리자이지만 죄수를 귀빈으로 대접하고 그를 스승으로 섬겼다.

만약 적들에게 체포된 후 비겁하고 죽음을 두려워하면서 구차하게 살아간다 할지라도 남들에게 손가락질을 받고 굴욕적으로 여생을 살아가야 했을 것이다. 그러므로 포로들이 부릅뜨고 보는 눈은 틀림없이 글자를 만드는 사람들의 시야에 먼저 들어왔을 것이다.

李圃가 편집한 《古文字詁林》에 수록된 '臣'자의 76개 은상 갑골문 형태와 42개 商周 金文에는 치켜뜬 눈으로 기록된 형태는 갑골문에 68개가 있어 89%이상을 차지하고, 金文에는 《令鼎》의 ''만 가로로 뜬 눈으로 볼 수 있고, 거의 100%가 치켜뜬 눈으로 '臣'을 기록하고 있다. '臣'을 치켜뜬 눈으로 기록한 의도는 매우 명확하다. 그것은 붙잡힌 포로가 눈을 부릅뜨고 화내는 형태를 근거로 삼은 것이며, 소량에서만 가로로 뜬 눈을 근거로 삼고 있다. 이것은 전쟁의 참혹함과 삶에 대한 갈망 때문에 목숨을 아끼고 죽는 것을 두려워하며, 승리자 앞에서 고분고분 순종하며, 눈길에 근심과 걱정이 꽉 찬 포로들도 배제할 수 없기 때문이다.

그러므로 臣이 부릅뜬 눈으로 전쟁포로를 기록한 경우와 가로로 뜬 눈으로 전쟁포로를 기록한 경우 모두 문화적인 측면에서 설명할 수 있다.

이런 원인으로 '臣'과 '奴'는 의미적으로 직접적인 연관이 있다. 隋唐시기에 이르면 '臣'을 '奴'로 부르는 경우도 있었다. 王啓濤는 다음과 같이 말하였다. "돌궐시기에 奴는 광범위한 사회적 내용을 담고 있었다. 奴는 臣, 苦力의 동의어였다. 《隋書》卷84 〈突厥傳〉의 기록에 의하면 隋나라 开皇 4년에 沙鉢略可汗이 신하에 대해 말할 때 '무엇을 신하라고 하느냐?'라고 묻자, 신하가 아뢰기를 '隋나라에서 말하는 臣은 奴와 같습니다('何名爲臣?'報曰: '隋國稱臣, 猶此稱奴耳').'"라고 하였다.(王《吐》, 743) 隋나라 때 '奴'를 '臣'이라 불렀으니 '臣'의 옛 의미를 그대로 쓴 것이다.

이상으로 우리는 '臣'의 자형 및 처음 만들 때의 의도에 대하여 정리해 보았다. '臣'의 자형은 부릅뜬 눈(소량의 가로로 놓인 눈)이며, 글자 구조가 반영한 것은 붙잡힌 포로가 눈을 부릅뜨고 노려보는 모양이다.

'臣'과 '牽'의 연관성은 臣이 붙잡힌 전쟁포로로서 밧줄에 묶여 전승자 앞에 보내진 것이다. 고대 문헌의 자료를 통해 묶여 있는 臣자와 연결되어 사용된 것으로 증명할 수 있다.

'臣'자의 형태는 갑골문에서 소전에 이르기까지는 변화가 크지 않지만, 그 의미(혹은 기록한 의미)에는 큰 변화가 생겼다. 전쟁포로에서부터 노예에 이르고, 궁정의 노복이나 심부름꾼에서부터 郡縣의 행정사무를 관장하는 관원에까지 이르며, 마지막에는 조정의 대권을 장악한 관료에까지 이른다. 이러한 변화는 모두 사회의 발전으로 인해 의미상에서 일어난 변화가 문자의 사용 중에 표현된 것이다. '臣'의 다양한 의미는 모두 本義에서 파생된 것이다. '굴복의 형태를 나타내는 것'은 '臣'의 여러 가지 의미특징 중의 하나일 뿐이다.

'臣'의 초기 굴복 대상은 전승국의 병사를 이끄는 총수였다. 그 중에는 이웃 나라의 국왕도 포함된다. 그러므로 臣과 君의 관계는 바로 굴복한 신하와 굴복한 대상이라는 관계가 성립된다. 군신관계는 삼강오륜에서 제일 중시되는 관계이다.

고대 중국의 초기단계에서 군과 신의 관계는 사실상 노예주와 노예의 관계를 말했다. '臣'은 노예처럼 군왕에게 마음대로 유린당했다. 西周 봉건사회에 이르면 君臣관계는 주나라 예의제도의 규제로 말미암아 인성적인 방면에서 개선되어 전쟁포로를 대량으로 찢어 죽이는 일은 사라졌다. 포로 가운데 재능과 지혜가 있는 자는 높이 평가를 받았고 중용되었다. 때문에 '臣'은 더이상 노예의 신분으로 나타나지 않고 관리자의 신분으로 등장한다. 《周禮》의 360개가 넘는 관리 중에 '酒人'과 '庖人'은 이전에는 전문적으로 술을 빚고 밥을 짓던 노예들이었지만, 당시에는 관원이 되어 아래에 적지 않는 노복과 하인들을 두었다('徒'와 '胥'로 불림). 공자시대에는 군신관계가 서로 제약을 받았다. 魯나라 定公이 일찍이 공자에게 '군주는 어떻게 관료들을 다루어야 하며, 관료들은 또 어떻게 군주를 섬겨야 하는지요?'라고 물었다. 공자는 "임금은 신하를 예의로서 다루어야 하고, 신하는 임금을 충심으로 섬겨야 한다(君使臣以禮, 臣事君以忠)"고 대답했다.(杜《譯》, 20) 군신이 서로 도덕적인 제약을 받았음을 알 수 있다. 秦나라 이후에는 군주의 권리가 고도로 집중되었고, 漢 武帝때에는 董仲舒의 영향에 힘입어 "군주가 신하를 죽으라고 하면 신하는 죽지 않으면 안 된다(君要臣死, 不得不死)"고 하는 맹목적인 충성심까지 생기게 되었다.

'臣'과 '民'의 초기 신분은 같은 것으로 인정되며, 모두 전쟁포로인 노예에서 유래된 것이다. 그러므로 '臣'과 '民'은 초기에 대응관계를 구성하지 않는다. 아래 문장에서 계속 토론하고자 한다.

3. '官'

'官'은 사회신분을 나타내는 호칭이며, 지금은 일반적으로 '정부기관 혹은 군에서 임명한 1등급 이상의 공무원(政府機关或軍隊中經過任命的、一定等給以上的公職人员)'을 가리킨다.(中《典》, 464) 그러나 고대에는 군주를 섬기고, 조정과 지방행정기관에 근무하며 봉록을 받는 사람을 가리켰다.

《說文·𠂤部》에 "㡸, 군왕을 섬기는 관리이다. 宀과 𠂤으로 구성되며, 𠂤은 衆과 같다. 이것과 '師'는 같은 의미다(㡸, 史事君也. 从宀、从𠂤, 𠂤猶衆也. 此與'師'同意)."라고 하였다.(大徐本, 304) 段玉裁는 '史'를 '吏'로 고쳤다. 사실은 '史'와 '吏'는 같은 뜻이다. "𠂤는 衆과 같다. 이것과 '師'는 같은 뜻이다(𠂤猶衆也. 此與'師'同意)"에 대해서 段玉裁는 다음과 같이 주를 달았다. "𠂤으로 衆을 해석하지 않는다. 그러나 연계된 의미는 衆을 해석할 수 있다. 宀으로 덮으면 대중을 다스린다는 의미가 있다. 사람이 많아지면 한곳에 모아놓고 관리를 해야 하는데 이것은 뭇 사람들을 관리하고

도와주고 보호해준다는 의미와 같은 것이다(𠂤不訓衆, 而可联之訓衆. 以宀覆之, 則治衆之意也. 人衆而帀口之, 與事衆而宀覆之, 其意同也)"라고 했다.(段注, 730) 段玉裁 주에서 분석한 '官'의 자형과 구성의미는 믿을 만하다. '宀'와 '帀'는 같은 뜻이며, 모두 '모여들다'라는 의미적 특징을 가지고 있다.

'𠂤'은《說文》의 訓釋에 따르면 '小阜'라는 의미이며, 산언덕을 말한다. 산언덕과 거주하는 동굴을 나타내는 '宀'이 합쳐져서 어떻게 '임금을 섬기는 사람〔事君者〕'을 나타내는지는 정말 이해하기 어렵다. 段玉裁의 注에서 이 의미의 단서를 정리하고 있다. 宀으로 덮은 것은 민중을 강제적으로 한 공간에 구속하면 다스리기가 좋음을 나타낸다. 이것은 군대의 의미를 나타내는 '師'와 같다. 師는 𠂤과 帀로 구성되었는데, 帀는 둘러싸는 것이다. 군중(2500)을 전투하는 집단에 집합시킨 것이 바로 '師'이며, 師는 후에 또 먼저 배우고 후자를 계몽하는 사람을 가리키는데 이것이 오늘날의 선생님〔老師〕이다. 이 의미도 官과 서로 통한다. 많은 사람들을 덮거나 모집하여 교화하는 사람을 師라고 하고 다스리는 자를 '官'이라 한다.

사실 상고시대의 중국은 '官師合一', '政教一體'였다. 官은 또한 師라 했고, 師 또한 官이라 했다. 이 점에 대해서 宋永培가 상세하게 논술하였다.

> 요순시대에 백관은 문자를 통하여 정사를 다스렸고, 만민은 문자에 근거하여 사물을 살펴서 알았다. 이런 통치와 관찰의 특수한 관계는 "관부와 학업이 하나인 것이다(官守學業皆出於一)". 요컨대 바로 '官師合一'이다. 지금의 말로 해석하면 官吏는 '治民'의 직책을 감당했을 뿐만 아니라 또 '教民'의 역할도 관장했다. '治와 教'의 직책, '官과 師'의 임무가 모두 관리에게 집중되었다. 그러므로

> 저술은 '官'과 '師'에서 나온 것이며 '官'과 '師'가 저술한 내용은 선비들이 공부한 내용과 같기 때문에, 이것이 바로 堯舜 이후 백관들이 통치한 역사적 사실이며, 만민이 관찰한 사물이며, 또한 이런 통치와 관찰 중에 형성된 典章制度와 문화적 관념이다.
>
> 상고시대의 정치, 문화와 교육에서 '官師合一'의 특정체제는 학술문화의 '道器合一'의 특정된 형태와 밀접한 관계가 있다. '官師合一'은 관리에게 '治民과 教民'의 직책이 모두 집중된 것이다. '道器合一'은 바로 古道와 古訓이 모두 사실에 대한 진술에 의거하고 있다는 것이다. '官師合一'이 '道器合一'과 밀접한 연관이 있다는 것은 바로 그 당시의 '官과 師'는 조화롭게 결합한 '道와 器'로 통치하고 민중을 교화시켰다는 것을 나타낸다.(宋《集》, 4)

宋永培의 이 멋진 서술은 우리들이 許愼이 말한 '官과 師가 같은 의미다'를 이해하는데 큰 시사점을 준다. 上古시대에 '官師合一', '政教一體', 古史, 古道와 古訓은 서로 융합되고 연결되어 있으니, 총명하고 영민한 글자를 만드는 사람들은 '官'과 '師'라는 두 글자를 만들 때 양자의 연관성과 차이점을 고려하지 않을 수 없었다. 때문에 '官'과 '師' 이 두 글자에 대해 고찰해 볼 필요가 있다. '官'자는 일찍 출현하였으며, 갑골문 형태는 아래와 같다.

一期乙四八三二

徐中舒는 楊樹達의 관점에 찬성하면서 '官'은 '館'의 本字로 "𠂤위에 집을 짓는다는 뜻이며 𠂤는 여행 중의 휴식처이인데, 𠂤에 지은 집이기도 하고 또한 객사이다(會建屋於𠂤之意, 𠂤既爲旅途中止息之處, 則於𠂤所建之房屋, 亦卽客舍)"

라고 주장한다.(徐《甲》, 1502))

徐中舒와 楊樹達의 '官'자 本義에 대한 판단은 정확하다. '官'자는 '宀'로 구성되었는데 '宀'자의 갑골문은 다음과 같다.

一期合二九五

가옥의 형태를 나타낸다. 그러므로 '宀'로 구성된 문자는 모두 가옥과 관계가 있다. '官'자는 宀과 𠂤으로 구성된 會意자이며, 이 단어는 집과 관련이 있다.

楊樹達은《積微居小學金石論叢》卷1에서 동향 선배인 何子貞의 말을 인용하여 "官자는 宀으로 구성되었다. 무릇 宀으로 구성된 문자는 모두 가옥의 의미가 있으며, 官자 아래는 𠂤이 있으며 대개 집들이 이어진 모양을 나타내며 관리들이 거주하는 집이라고 한다. 후에 관직의 명칭으로 인신되었다(官字从宀, 凡从宀之字皆以屋室爲義, 官字下从𠂤, 蓋象周廬列舍之形, 謂臣吏所居. 後乃引申爲官職之稱)."[57]라고 했다. 楊樹達 본인은 이 관점에 찬성하였고, '三禮' 등의 문헌자료로 자세히 설명했다. 우리는 何子貞이 '官'의 本義는 포착하였지만, '官'자가 '𠂤'으로 구성되었고, '𠂤'이 '집이 이어진 모양과 같다'라고 한 추론은 아직 의심스러운 부분이 있다고 본다.

《說文·𠂤部》에 "𠂤, 작은 언덕이다. 상형이다(𠂤, 小阜也, 象形)."(大徐本, 303) 라고 하였다. 段玉裁는 주에서 "그 글자의 속자는 堆인데, 堆가 유행되면서 𠂤이 폐하였다(其字俗作堆. 堆行而𠂤廢矣)."라고 하였다.(段注, 730) 段玉裁의 주에서 알 수 있듯이 𠂤은 사실은 '堆'의 本字이다. 堆에는 여러 층

57 李圃가 주편한《古文字詁林》第10冊 p.762 재인용. 현대의《漢語大字典》에서는 楊樹達 본인의 말을 인용하고 있는데, 모두 잘못된 것이다.

으로 겹쳐졌다는 의미를 가지고 있기 때문에 '모이다'나 '많은 사람'이라는 의미로 인신되었다.

갑골문에 이미 '𠂤'자가 있었는데, 그 모양은 아래와 같다.

一期鐵二0七.二

이 글자의 형태에 대한 분석에서 문자학계에서는 의견이 다양하다. 요약해서 말하면 아래의 다섯 가지로 정리할 수 있다. 첫째, 堆자는 象形文이다. 이런 견해를 가지고 있는 학자는 孫同柏, 馬敘倫, 劉節, 商承祚, 裘錫圭, 戴家祥 등이다[58]. 둘째, 흙산이 옆으로 조금 기울어진 형태를 나타내고 있다고 여긴다. 이렇게 주장하는 학자는 孫詒讓, 孫海波, 金祥恒 등이다[59]. 셋째, 군대들이 여정 중에 휴식하는 곳을 나타내며, '次'의 의미와 같다. 徐中舒가 이렇게 주장하고 있다[60]. 넷째, '𠂤'는 師와 같다. 楊樹達이 이렇게 주장하고 있다[61]. 다섯째, '𠂤'은 대열〔隊伍〕의 '隊'자이다. 周蕁生 등이 이렇게 주장하고 있다[62].

이상 다섯 가지 주장에서 우리는 첫 번째 견해가 비교적 합리하다

---

58 孫同柏의 주장은 《从古堂款識學卷十一·周𠂤卣》에 보인다. 馬敘倫의 주장은 《說文解字六書疏證》卷二十七에 보인다. 劉節의 주장은 《中國古代宗族移殖史論》에 보인다. 商承祚의 주장은 〈江陵望山二号楚墓竹簡遺策考釋〉(《戰國楚墓竹簡汇編》에 게재됨)에 보인다. 裘錫圭의 주장은 〈釋殷墟卜辭中與建筑有关的两个詞"門塾"和"𠂤"〉(《出土文獻研究續集》에 게재됨)에 보인다. 戴家祥의 주장은 《金文大字典》(下)에 보인다.

59 詒讓의 주장은 《名原》(上)에 보이고, 孫海波, 金祥恒의 주장은 《甲骨文錄》에 보인다.

60 徐中舒의 주장은 〈遣敦考釋〉(《歷史語言研究所集刊》第三冊二分冊에 게재)에 가장 먼저 나타난다. 후에 그가 주편한 《甲骨文字典》에서도 같은 견해를 주장하고 있다.

61 楊樹達의 주장은 《卜辭求義·𠂤》에 보인다.

62 周蕁生의 주장은 〈郿縣周代銅器銘文初釋〉(《文物參考資料》一九五七年第八期에 게재)에 보인다. 이상은 모두 李圃가 주편한 《古文字詁林》第10冊 pp.756–760에 보인다.

고 생각한다. 흙이 높이 솟아 오른 부분을 '堆'라고 하고, 인체부위에서 높게 솟아오른 부분을 '脽'라고 하는 것과 같은 이치이다.

이밖에 '𠂤'은 여성의 상징적 부호로 여겨진다. 성숙되고 미혼인 여성을 상징하며, 여성의 풍만한 젖가슴이 특징적이다[63]. 이 주장은 문장만 보고 해석한 혐의가 있으므로 본서에서는 받아들이지 않는다.

許愼은 '小阜'로 '𠂤'를 해석하고 있다. 阜가 '大陸, 山無石者'라고 하였는데, '𠂤'나 '阜'는 모두 흙산을 가리킨다는 것을 알 수 있다. '𠂤'는 작은 흙산을 가리키고, '阜'은 큰 흙산을 가리킨다. 작은 흙산은 자연의 힘, 즉 바람과 풍사 혹은 흙모래 등이 강물에 떠내려 와서 형성된 것으로 마치 인체의 둔부가 생리발육과정 중에 점차적으로 형성된 것과 같다. '𠂤'와 인체의 둔부는 모양이 비슷하기 때문에 사람들은 동일한 명칭으로 지칭하고 동일한 부호로 기록했다. 이 부분에 대해서 章太炎은 《文始卷二·隊脂諄類》에서 "𠂤는 불룩하고 높게 두드러진 둔부와 같다(𠂤又高象臀). 《漢書·武帝紀》에 '토지신(後土)의 사당을 汾陰脽에 세웠다(立後土祠於汾陰脽上).'라고 하였다. 如淳이 말하기를 '脽는 汾水의 동쪽 깎아지른 듯이 특별히 높게 솟은 곳을 말한다.' 𠂤으로 脽를 이름 지으니 파생되어 脽가 되었음을 알 수 있다. 臀의 의미이다. 음성운이 양성운 諄으로 전이하였으며, 문자 형태가 臀으로 변하였는데 넓적다리를 나타낸다. 그러므로 《釋名》에서 '臀은 殿이다. 높고 융기된 부분이다(臀, 殿也. 高厚有殿遻也).'"라고 하였다.(章《始》二, 7)

章太炎이 인용한 《漢書》의 如淳 주에서 '𠂤'는 '脽'로 사용되었지만, 실제로는 강물에 진흙과 모래가 밀려 내려와 높게 쌓인 황화의 동쪽 강변을 가리킨다. '脽'는 '𠂤'의 파생자로 같은 어원을 가지고 있다.

---

63 이 견해는 何金松의 〈釋𠂤〉(《中南民族學院學報》, 1993年 第3期에 게재) 문장에 보인다.

'脽'은 微部에서 文部로 전환하여 臀음이 된다. 이 글자는 聲符가 殿이고, 또한 殿의 의미를 가진다. 고대 북방의 건축물들은 모두 높은 누대모양의 건축으로 궁전의 부지는 일반적으로 높은 곳을 선택한다. 이렇게 해야만 비에 떠내려가지 않고 침수로 인한 재해를 피하고 홍수를 방지 할 수 있다. 그러므로 《釋名》에서 '殿'으로 '臀'을 해석하여 두 글자의 독음과 의미 관계를 잘 설명하고 있다.

고대에서 臀을 '脽'로 불렀다. 王念孫의 《廣雅疏證》에서 말한 "脽라 명명하였고 높게 솟았다는 의미를 가지고 있다(命名爲脽, 有高起之意)."(王《證》, 543)에 근거하면 '𠂤'와 의미상에서 서로 일치하는 관계를 가지고 있다. 이것은 현대의 방언과 민속문화를 근거로 증명할 수 있다. 지금 사천성 동부 방언에 '人块頭大'라는 말이 있는데 이것은 '堆頭大'의 의미이다. 둔부가 특히 튀어나온 여자를 말한다. 선을 볼 때 남자는 여자의 '堆頭'를 주의하여 보는데, 즉 둔부(臀部)를 말한다. 북방에서도 "둔부가 크면, 아이를 잘 낳는다(臀部大, 好生娃)"는 속담이 있다. 그러므로 사천성 동부에서 말하는 '堆頭'는 바로 '脽〔둔부〕'를 말하는 것이다. '脽'는 文部로 전환되었다. 사천성 동부에는 '敦篤[ten^{55}tu^{21}]'이라는 단어가 있는데 그 중 '敦'은 文部이고, '脽'가 '敦'으로 전환된 것은 바로 微部와 文部의 전환이다. 소위 '돈독(敦篤)'은 남자를 대상으로 말하면 아주 단단하고 건장하게 생긴 것을 말한다. 여자를 대상으로 말하면 풍만한 가슴과 통통한 엉덩이를 가리키는 말이다. 그러므로 脽가 '堆'로 전환된 것은 어음적으로 관계가 있기 때문이다. 脽와 堆는 모두 聲符가 隹이다. '脽'는 禪紐 微部에 속하고, '堆'은 端紐 微部에 속한다. 聲紐는 准旁紐관계이고 韻은 첩운관계이다. 사천성 동부의 속어인 '堆頭'는 王念孫이 말한 '脽'가 '높이 솟았다는 의미'가 있다는 견해를 증명한다.

'𠂤'는 堆의 고문자이고 '堆'은 '𠂤'의 後起字이다. 고금의 구분에 지나치게 구애되어서는 안 될 것이다. 《漢語大字典》에서 인용한 '堆'자의 최초의 용례는 《史記·司馬相如列傳》에서 인용한 사마상여의 《游猎賦》 중에 나오는 "물결은 거석을 세차게 때리며 모래섬의 구불구불한 언덕을 거세게 휘돌아(触穹(穹)石, 激堆埼)"(《史記》, 3017)인데, 시대적으로 한참 뒤의 용례이다. 商承祚의 고증에 의하면 고고학자들이 江陵 望山二号 戰國楚墓에서 죽간에 쓰인 '隹土'를 발굴 하였는데, 이 글자가 바로 '堆'의 異體字[64]이다. 이 글자도 역시 土로 구성되어 있고 聲符가 隹이며, 다만 좌우구조를 상하구조로 썼을 뿐이었다. '𠂤'와 '堆'가 가리키는 것은 모두 모래와 흙이 쌓인 높낮이가 같지 않는 흙 언덕이다.

위에서 인용한 何子貞의 말에서 '𠂤'는 황궁 주변에 지은 초막의 형태를 나타낸다는 것이 타당하지 않는 것은 '𠂤'는 이미 초막이 운집되어 있는 장소인데 거기에 宀을 덧붙이는 것은 불필요하기 때문이다. '𠂤'는 초막이 아니라 초막을 짓는 높은 고지를 말한다. 높은 고지에 宀을 더해야 초막이 되어 관원들이 머무는 곳을 가리키기도 하고, 또한 조정에 참배하러 오거나 방문 오는 관리들이 머무는 장소를 가리킬 수도 있다.

'𠂤'이 산이나 언덕 측면의 형상 혹은 흙산의 기울어진 모양을 나타낸다는 주장은 가능하다. 그러나 '堆'로 바로 해석하는 것이 더욱 좋다.

우리는 고대 사람들은 집터를 선택할 때 일반적으로 산에 의지하고 물과 인접한 곳을 선택한다는 것을 알고 있다. 이런 지세는 좀 기울어져 있어서 궁실과 주택을 겹겹이 짓는 것이 적합하다. 貴州의 凱

64 〈江陵望山二号楚墓竹簡遺策考釋〉(《戰國楚墓竹簡汇編》에 게재) 참조.

里雷山 西江에 있는 수 천 戶의 苗寨을 통해 이러한 사실을 확인할 수 있다. 그림 4-3-4을 통해 고대 사람들이 집터를 마련할 때 지켜야 할 규칙을 알아 볼 수 있다.

그림 4-3-4 貴州西江苗寨一隅

북쪽에 자리 잡고 남쪽을 향하고 있으며, 앞에는 냇물이 마을을 둘러 흐르고 뒤로는 푸른 산에 의지하고 있어서 풍수지리적으로 매우 좋은 자리이다. 더욱이 千户長, 즉 鼓藏이 거처하는 곳인 鼓藏堂이 산머리 부분에 위치하고 있어 고대 사람들이 습지를 피하려는 심리를 가지고 있음을 알 수 있다.

'𠂤'의 本義에 대한 다른 네 가지 해석도 각각 모두 일리가 있고, 모두 문자와 문헌자료를 통한 근거를 가지고 있지만, 그 의미는 모두 '堆'라는 글자에서 직접 혹은 간접적으로 인신된 것이라고 생각된다. 徐中舒는 군대가 여정의 길에서 휴식하는 곳을 나타내며, '次'와 같은 의미의 문자라고 주장한다. 그러나 이런 해석은 더욱 심사숙고해야 한다. 만약 '次'와 같은 의미라면 갑골문에서 𠂤와 음을 나타내는 𠂢로 구성된 𠂤𠂢으로 임시 체류함을 나타내지 않았을 것이다. 許慎은 '次'를

'不前不精'으로 해석하는데, '不精'은 임시로 세운 천막이기 때문에, 조형이 아름답고 정교한 관사라는 의미를 파생할 수 없으므로 이 관점은 취하지 않는다.

이상의 분석에서 '官'자의 구조는 形義合成字이며, 宀은 示義構件이라는 것을 알 수 있다. 宀은 官이 가리키는 것이 가옥과 관련되는 것임을 나타내며, 관사의 형태를 나타내는 것이 아니다. 𠂤은 모양을 나타내는 構件으로 높낮이가 일정하지 않는 흙 언덕을 나타낸다. 문자 전체 구조의 構意는 고저 기복이 있는 흙 언덕 위에 지은 가택이다. 한자 構形學에 따른 모식은 宀Y+𠂤X=官(XY)이다.

'官'자의 本義를 확실히 파악했기 때문에 '官舍'의 의미에서 인신된 여러 가지 의미들의 연관성을 고찰하기 쉬워졌다.

'官'이 관사 의미로 사용된 용례는 선진시대 문헌에 많이 나타난다. 예를 들면, 《禮記·麯禮下》에서 "명령이 官에 있으면 官에 대하여 토론하고 명령이 府에 있으면 府에 대하여 토론하며 명령이 庫에 있으면 庫에 대하여 토론하고 명령이 朝廷에 있으면 朝廷에 대하여 토론한다(在官言官, 在府言府, 在庫言庫, 在朝言朝)."라고 하였다.

鄭玄의 주에 "官은 지도문서가 소장되어 있는 곳이다(官, 版圖文書之處)."라고 하였다.(阮《疏》, 1270)

《禮記·玉藻》에 "신하가 조정에 있을 때는 신발을 신을 때까지 기다리지 않고 가고, 조정에 있지 않을 때는 차가 준비될 때까지 기다리지 않고 간다고 하였다(在官不俟屨, 在外不俟車)."라고 하였다.

鄭玄의 주에 "官은 조정에서 업무를 보는 곳을 말한다(官謂朝廷治事處也)."라고 하였다.(阮《疏》, 1480)

《尚書·皋陶謨》에 "이러한 사람들을 모두 받아들여 널리 덕을 베풀게 되면 임금님을 받들게 될 것이고, 천사람 백사람 중에서 뛰어난 사람이 벼슬자리에 오르게 될 것이다(九德咸事, 俊乂在官).”라고 하였다.

僞孔《傳 》에서 이르기를 “9가지 덕을 갖춘 사람들이 모두 일을 할 수 있게 한다. 천자도 이렇게 말하였다. 덕이 뛰어난 사람이 벼슬을 하게 해야 한다(使九德之人皆用事, 謂天子如此, 則俊德能治之士, 并在官).”라고 하였다.(阮《疏》, 139)

‘官’은 자주 ‘府’와 연결되어 쓰인다. 예를 들면, 《周禮·天官·大宰》에서 “大宰의 직책은 나라를 세우는데 필요한 6가지 법전을 관장하고 왕을 보좌하여 큰 나라와 작은 나라를 다스린다. 첫째는 治典이다. 큰 나라와 작은 나라를 경영하고 官府를 다스리며 모든 민중이 지킬 기강을 세운다. 둘째는 教典이다. 큰 나라와 작은 나라를 편안하게 하고 官府를 교육하며 모든 민중을 순화시킨다(大宰之職, 掌建邦之六典, 以佐王治邦國: 一日治典, 以經邦國, 以治官府, 以紀萬民 ; 二日教典, 以安邦國, 以教官府, 以擾萬民).”라고 하였다.(阮《疏》, 645)

이로써 ‘官舍’라는 의미가 ‘官’의 本義라는 것에는 의심할 여지가 없다.

‘官舍’라는 本義에서 출발하여 여러 가지 의미로 인신된다. 우선 가옥에서 사람관련 의미로 인신된다. 관사에 머무는 대다수 사람은 모두 정사를 다스리는 사람들이다. 즉 천자와 제후들을 대신하여 사무를 보고 백성들을 이끌고 다스리는 관원들이다. 가옥에서 사람을 나타내는 의미로 인신되는 과정은 ‘官’이 명사에서 동사로 파생되는데 중요한 작용을 하였다. 이러한 용례는 초기의 문헌에 이미 나타난다. 예를 들면, 《尚書·皐陶謨》에 “인재를 알아볼 수 있어 인재를 적합한 곳에 등용함으로써 나라를 잘 다스려 백성들에게 덕이 미치게 할 수 있다는 것이다(知人則哲, 能官人, 安民則惠, 黎民懷之).”라고 하였다.

僞孔《傳》에서 이르기를 “哲은 智이다. 모르는 것이 없어 능히 사람들을 관리하고 교화시킨다. 惠는 愛이다. 백성들을 사랑하면 마음을 얻는다(哲, 智也. 無所不知, 故能官人. 惠, 愛也. 愛則民歸之)."라고 하였다.(阮《疏》, 138)

'官人'은 즉 '管人'으로 '백성들을 관리하고 교화한다'이다. 여기서 '官'은 동사로 사용되었다.

백성들을 관리하고 교화시키는 것은 문자가 나타난 뒤에 진정으로 실현되었다. 그러므로 《周易》으로 전해져 오는 선현들은 줄곧 문자를 왕정(王政)과 육예(六藝)의 근본으로 받들었다.

《周易·繫辭下》에서 "옛날에는 노끈 마디를 맺어 다스렸다. 후세에 성인이 이것을 書契로 바꾸어 百官이 그것으로 다스렸고 만민이 그것으로 살펴보았으니, 대개 여러 괘에서 취하였다(上古結繩而治, 後世聖人易之以書契. 百官以治, 萬民以察. 蓋取諸夬)."라고 하였다.

王弼의 주에서 "夬는 결정하는 것이다. 문자〔書契〕로 만사를 결정지었다(夬, 决也. 書契所以决断萬事也)."라고 하였다.(阮《疏》, 87)

관리자들은 반드시 만사를 결단하는 능력을 구비해야 하며, 만사를 결단하려면 문자가 필요했다. 그러므로 관리자들은 동시에 문서를 관리하는 자들이며, 통치와 교화의 임무가 이 관리자에게 집중된다. 이렇게 '官'과 '師'는 불가분의 관계를 가지게 되었다.

'師'의 本義는 군대와 관련된 기록부호이다.

《說文·帀部》에서 "師, 2500명이 師이며, 帀와 𠂤으로 구성되었다. 𠂤, 四帀이며, 많다는 뜻이다. 𡯁가 고문 師이다(師, 二千五百人爲師, 从帀从𠂤.𠂤, 四帀, 衆意也.𡯁, 古文師)."(大徐本, 127)라고 하였다. 段玉裁 주에 이르기를 "〈小司徒〉에서 '5명이 伍이고, 5伍가 兩이며, 5兩이 卒이고, 5卒이 旅이며, 5旅가 師이다.' 師는 衆이다. 京師는 大衆을 지칭한다. 사람이 많으면 반드시 주관하는 사람이 있어야 한다('五人爲伍, 五伍爲兩, 五兩爲卒, 五卒爲旅, 五旅爲師.' 師, 衆也. 京師者, 大衆之稱. 衆則必有主之者)."라고 하였다. 《周禮·師氏》注에서

"師는 도리로 사람을 가리키는 사람이다(師, 教人以道者之稱也)."라고 하였다. 〈黨正〉, 〈旅師〉, 〈閭胥〉의 注에서 말하기를 "'正, 師, 胥는 모두 윗사람을 말한다. 師는 인솔하다는 말이다.'라고 하였다. 또 '𠂤는 四帀이며 많은 사람을 가리킨다.' 아래 注에서 이르기를 '𠂤는 작은 阜이다.' 작은 언덕이 사방에 있는 것으로 많은 사람을 뜻한다. 會意의 뜻을 말한다('正、師、胥皆長也. 師之言帥也.' 又於"𠂤, 四帀, 衆意也"下注云: "𠂤下曰: '小阜也.' 小阜而四圍有之, 是衆意也. 說會意之指)."라고 하였다.(段注, 273) 許愼이 해석한 '師'의 本義는 전쟁할 때 편성된 2500명의 단위를 말한다. 段玉裁는 '師'가 가진 '전쟁 때 편성된 단위'라는 의미와 '지도하는 사람', '연장자' 등 여러 의미의 연관성을 '사람이 많으면 반드시 주관하는 사람이 있어야 한다(衆則必有主之者)'로 정리하였다. 많은 사람들이 모여 있으면 별별 사람들이 다 있다. 사람이 많으면 여러 부류의 사람들이 섞이게 되어 이런저런 모순이 발생하거나 이익 충돌이 발생할 것이다. 그래서 덕망 높은 사람이 나서서 사무를 주관하여 여러 가지 모순과 갈등을 해결해야 한다. 그러므로 '師'는 '사람을 지도하는 사람'과 '어른'이라는 의미를 가지고 있다.

許愼과 段玉裁의 주장이 검증을 거칠 수 있는가 하는 가능성은 관련 고대 문자자료에서 찾아야 할 것이다.

師의 갑골문은 최초에 '𠂤'로 쓰였는데, 그 모양은 아래와 같다.

一期合集五八0五

卜辭에 보이는 '𠂤'도 역시 3군 편성단위인 '師'로 나타난다.

王乍三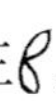, 右、中、左.(《粹》, 597)

그 중 ‘𠂤’은 의미가 ‘隊’와 같다. 商王이 3개의 군대를 조직하였는데 우군, 중군, 좌군이 있었다. 고문자학자 陳夢家는 “殷代의 師旅는 백 명을 1隊로 하고 3백 명을 1大隊로 하였다(殷代師旅似以百人爲一隊, 三百人爲一大隊).”라고 추측했다.(陳《述》, 513) 만약 이 주장이 성립된다면 ‘𠂤’은 오늘날의 ‘隊’와 같은 의미이며, 적어도 백 명 이상의 사병들로 편성된 전투부대를 말한다. 후에 인구가 늘어나고 전쟁이 빈번해짐에 따라 군대가 끊임없이 확충되어 2500명을 師로 하는 제도가 생기게 되었다.

‘𠂤’의 형태 분석에 대해서 李學勤은 ‘師’를 구성하는 ‘𠂤’는 ‘𠂤堆’의 ‘𠂤’와 같은 글자가 아니라고 주장한다. 그는 다음과 같이 말하였다. “우리는 ‘京𠂤’을 ‘京師’로 읽는데, 이것에 대해서는 약간의 설명을 해야 한다. 어떤 학자들은 ‘𠂤’은 ‘師’가 아니라 《說文》의 해석인 ‘小阜’의 ‘𠂤堆’자라고 하는데 이것은 許愼의 잘못된 관점을 따른 것이다. 은허의 갑골문자 ‘阜’은 ‘阜’로 쓰거나 ‘阜’로 쓰는데, ‘𠂤堆’으로 해석할 수 있다. 그러나 ‘師’와 관련된 ‘𠂤’은 ‘𠂤’이므로 같은 글자가 아니다. 許愼은 두 글자를 혼동하여 쓰고 있어, 두 번째 문자 ‘𠂤’의 음을 전혀 고려하지 않고 있다. 뒤의 ‘𠂤’은 ‘師’의 本字이고 ‘師’는 ‘𠂤’에 聲符 ‘帀’를 덧붙였다.”(李《論》, 55) 이 견해는 어느 정도 타당하다. 다른 한편의 문장에서 그는 또 이렇게 지적했다. “西周 金文에서 ‘師衆’, ‘師旅’로 해석된 ‘師’는 모두 ‘𠂤’이며 ‘師長’으로 해석된 ‘師’는 모두 ‘師’이다.”(李《集》, 56) 이상의 내용에서 알 수 있듯이 ‘帀’를 덧붙이는 것은 의미를 구분하기 위해서였다.

‘帀’가 ‘師’에서 어떤 기능을 담당했는지에 대해서는 학계에서도 의견이 일치하지 않고 있다. 李孝定은 ‘帀’가 ‘師’를 생략한 형태이고,

"𠂤의 借字이고, 師의 後起本字이며, 帀의 간자이다."[65] 라고 주장한다. 李孝定의 주장에 따르면 '師'는 '𠂤'에 의미를 구별하는 聲符 '帀'을 더해서 만들어진 것이 아니고, '帀'에 假借된 의미구별 形符 '𠂤'을 더해서 만들어진 것이며, '帀'가 바로 '師'자의 근원 문자라는 것이다. 李孝定의 이 관점은 믿을 만하다. '帀'와 '師'의 고대음은 차이가 아주 크다. '帀'는 고대에 精紐 盍部에 속했지만 '師'는 고대에 生紐 脂部에 속하는 문자였다. 성운(聲韻)의 차이가 너무 커서 '帀'를 聲符로 분석하기에는 적당하지 않다. 그러나 '師'와 '𠂤'의 고대음은 아주 근접한다. '𠂤'은 고대에 端紐 微部의 문자이고, 師는 舌齒의 邻紐이고, 韻은 旁轉관계이다. 그러므로 師는 𠂤를 빌릴 수는 있지만 帀를 聲符로 삼을 수는 없다. 그러나 '𠂤'을 생략해서 '帀'으로 만들어 쓰는 것은 가능하다.

'帀'와 '師'이 파생관계에 있기 때문에 두 문자는 의미적으로 연관성을 가지고 있는 것이다.

馬敘倫은 《讀金器刻辭》에서 許愼이 주장한 '帀'가 '㞢'를 거꾸로 쓴 글자라는 관점에 동의하였다. 또한 소전 '㞢'는 초목이 위로 자라는 모양을 나타내고, '帀'은 땅 밑에 자란 초목의 뿌리가 밀집하고 단단한 모양을 나타낸다고 여겼다. 아울러 항현(杭县)사람들이 풀뿌리가 땅속에 견고하게 자라서 뽑을 수 없는 것을 '주둔하다(扎住了)'라고 하는 것을 증거로 許愼의 견해에 동의했다. 그리고 《說文解字六書疏證》卷十二에서 '帀'과 '市'는 모양이 비슷하고 의미가 통하는 관계이고, 고대에 2500명을 師로 하였는데, 이 숫자는 도시를 만드는 기준으로 이해할 수도 있다고 하였다[66]. 이 두 가지 견해는 모두 '帀'와 '師'의 의미적

---

65 이 주장은 《金文詁林讀後記》卷六(李圃 주편, 《古文字詁林》第六冊 p.70에 게재)에 보인다.
66 李圃가 주편한 《古文字詁林》第6冊 pp.72-73에도 보인다.

연관을 밝히려고 한 것이다. 즉 '帀' 자체에 '바로 아주 많다', '의지가 매우 강하다'는 뜻을 나타낸다는 것이다. 이 두 가지 문자의 의미 특징은 모두 '師'가 '隊伍'라는 의미에서 '師衆', '師旅'의 뜻에서 파생되고, 나아가 '人師', '長者'의 의미로 파생되어 가는 기반이 되었다. 마치 '官'이 '山𠂤'위에 집을 지을 때 '층층이 겹쳐있다'는 의미적 특징에서 '覆衆', '教者', '治者'의 의미로 파생되어가는 것과 같다.

周나라 '師'자의 원래의 갑골문 형태는 金文과 小篆의 형태와 유사하다. 그 모양은 다음과 같다.

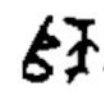周甲探四.六

周代에 이르면 '師'는 관직명으로 사용되었는데, '師氏'라는 명칭이 있었다. 예를 들면 다음과 같다.

其微楚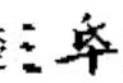寮師氏受寮.(川大H11.4)

이 卜辭 중의 '師氏'의 호칭은 《周禮》의 기재와 일치한다.

《周禮·地官·師氏》에서 "師氏, 中大夫 1인, 上士 2인, 府 2인, 史 2인, 胥 12인, 徒 120인(師氏, 中大夫一人, 上士二人, 府二人, 史二人, 胥十有二人, 徒百有二十人)." 이라고 하였다.(孫《義》, 657)

'師氏'가 통솔하는 관리의 인원을 보면 '師氏'의 지위도 낮은 편이 아니었음을 알 수 있다. 그 직제에는 다음과 같이 기록되어 있다.

> 師氏는 아름다운 일을 왕에게 아뢰고 삼덕으로써 國子(공경대부의 아들들)를 교육하는 일을 관장한다. 첫째는 至德인데 도를 근본

> 으로 삼는다. 둘째는 敏德인데 행동을 근본으로 삼는다. 셋째는 孝德인데 거스르는 일은 나쁘다는 것을 알게 한다. 3가지 행동을 가르친다. 첫째는 孝行으로 부모를 가까이 모시는 일이다. 둘째는 友行으로 어질고 능력 있는 이를 높이는 말이다. 셋째는 順行으로 스승과 어른을 섬기는 일이다(師氏掌以媺王詔. 以三德教國子: 一日至德, 以爲道本 ; 二日敏德, 以爲行本 ; 三日孝德, 以知逆惡. 教三行: 一日孝行, 以親父母 ; 二日友行, 以尊賢良 ; 三日順行, 以事師長).

鄭玄의 주에서 다음과 같이 말하였다.

> "왕에게 선한 길을 알려주었다. 《文王世子》에서 말하기를 '교사는 학생들에게 사리를 가르쳐 주고 우수한 도덕품성을 배양해야 한다.' 德行은 內行을 가리킨다. 마음속에서는 품성이고, 그것을 실천하면 행이다. 지극한 덕행은 중화의 덕으로 검소하게 행하여 이윤이 생기면 은이나 식량을 가난한 사람들에게 베풀며 국세를 살피는 인자한 사람이다.(告王以善道也. 《文王世子》日: '師也者, 教之以事而論諸德者也.' 德行, 內行之稱. 在心爲德, 施之爲行. 至德, 中和之德, 覆燾持載含容者也)."(孫《義》, 996-997)

鄭玄의 주에서 알 수 있듯이 '師氏'라는 관직의 제일 주요한 직책은 도덕윤리이다. 公卿 귀족자제(그 중에는 왕세자가 될 세자도 포함)들을 교화시켜야 하며, 세자가 즉위하여 섭정한 후에는 "왕에게 선한 길을 알려주는" 책임도 있다. 수시로 천자의 언행을 감시해야 하며, 천자가 잘못한 것에 대해서는 간언해야 한다.

상술한 직책 이외에도 '師氏'는 또한 왕궁의 수비도 관장한다. 그 직책에 대해서는 "호문(虎門: 路寢)의 왼쪽에 거처하여 왕의 조회를 살핀다(居虎門之左, 司王朝)"라고 하였다.(孫《義》, 1003) 鄭玄의 注에 따르면, '虎門'은 正殿의 문이며 호랑이를 그려서 용맹을 나타낸다. 그러므로 '師氏'는 천자 침궁의 안전을 책임진다는 것을 알 수 있다. 또 "제사나 빈객접대, 회동, 喪事, 군대일로 왕이 거동하면 수행한다……왕이 밖으로 행차할 때 통행제한과 수비를 담당하며 야외에서 조회할 때는 장막 안의 수비도 담당한다(凡祭祀、賓客、會同、喪紀、軍旅, 王擧則从……朝在野外, 則守內列)." 고 하였다. '內列'에 대하여, 鄭玄의 주에서 "변방 안에 있는 사람이다(蕃營之在內者也)"라고 하였다.(孫《義》, 1007-1008) 왕이 변방〔蕃營〕밖에서 머물 때는 司馬가 수비를 담당했다. 천자가 외출할 때는 '師氏'가 신변의 안전을 책임지던 경호원이었다는 것을 알 수 있다.

인성교육과 경호의 두 가지를 책임지려면 문무를 겸비한 사람만이 능히 감당할 수 있다. 그러므로 고대에 '師'와 '官'은 모두 교화와 통치라는 두 가지 책임을 져야 한다는 것을 알 수 있다. 이 때문에 고대 제왕은 '師'와 '官'을 선택할 때 매우 신중했다.《尙書·堯典》의 기록에 따르면 堯는 정치후계자를 찾으려고 하고 있었다. 한 사람이 虞舜을 추천했다. 虞舜은 당시 큰 재능은 없었지만 덕행을 갖추고 있었다. 그의 부친은 눈이 멀고 마음이 바르지 않은 사람이었다. 모친은 교활하고 괴팍한 사람이었으며, 그의 남동생은 오만방자하고 순종하지 않는 불량배였다. 하지만 虞舜은 부친과 모친, 그리고 동생과의 관계를 잘 처리했고, 열악한 가정환경에서도 바른 길을 걸었다. 그러나 堯는 여전히 안심할 수 없어서 자기의 사랑하는 두 딸 娥皇과 女英을 그에게 시집보내고 虞舜의 도덕품성을 관찰하였다. 이러한 것들은 아마도 후에 유생들이 지어낸 것으로 정사가 아닐 수도 있지만, 고대에 관원들을 선택할 때 얼마나 신중하고 엄격했는지를 알 수 있다.

고대에는 장기간의 '官師合一', '政教一體'의 시기가 있었는데, 堯舜 시대에 이미 이러한 현상이 나타난다. 관리는 다른 사람의 스승이고, 다른 사람의 스승은 또한 관리가 될 수 있다. 이런 전통은 한국에서는 아직까지 남아있다. 한국에서 중학교와 초등학교 교사는 모두 국가 공무원이다. 그들은 퇴직 후 퇴직금을 받고 있으며, 재직기간동안도 부장이나 시장 등 공직 선거에 출마할 수 있다. 이것은 중국 고대의 '官師合一, 政教一體' 전통이 유교문화권 나라에서 여전히 전해지고 있는 것이다.

平王이 동쪽으로 수도를 옮긴 후에 官은 본분을 잃게 되어, 배움은 조정의 밖에서 이루어지게 되었으며 '官'과 '師'는 이때로부터 구분되었다. 어떤 사람은 관리〔官〕이 되고, 어떤 사람은 스승〔師〕이 되었지만, 근본적인 취지는 동일하였다. 倉頡이 문자를 만들 때 '官'과 '師'는 모두 𠂤으로 구성되었다. '작은 흙 언덕'과 '백 명이 되는 대오'에서 𠂤은 모두 '사람이 많다'는 뜻이다. 宀와 𠂤이 '官'을 구성한 것은 宀으로 많은 사람을 덮는다는 의미이다. 帀와 𠂤이 '師'를 구성하는데, 그 중 帀는 '주위의 많은 사람'을 나타낸다. 宀나 帀은 모두 집결시켜 관리하고 보좌한다는 뜻이다. 성인들이 글자를 만들 때의 의도가 이러하니, 그 함의가 문자 형태에 드러나 명확하게 보인다.

官과 師의 취지는 여러 사람들의 기대를 저버리지 않는 것이 근본이다. 많은 사람들의 존경을 받고 그들을 인솔하려면 반드시 능력이 있어야 한다. 이 능력은 德과 業 두 문자에서 나타난다. 덕망이 높아야 스승이 될 수 있고, 업무에 정통해야 사람들을 설득할 수 있다. 고대 사람들은 '정치하는 사람은 바른 사람이어야 한다(政者正也)', '덕이 있는 사람이 얻는다(德者得也)'라고 하였다. 천하의 영재를 얻어 그를 교육해야 스승이 되었다고 할 수 있다. 스승은 덕으로 사람을 설득해야 하며, 올바른 사람은 학예에 뛰어나고 식견이 깊고 넓으며 학식도 풍부해야만 사람을 올바르게 가르칠 수 있다. 오늘날 관직에 있거나 스승으로 있는 사람들은 자기의 신분과 능력에 대해 깊이 성찰해야 한다.

4. '民'

'民'도 사회신분을 기록하는 한자이다. 옛날부터 지금까지 '官'과 '民'은 상대적인 개념이었고, 신분과 지위에서 매우 명확한 차이가 난다. 고대 문헌에서도 관련 기록이 많이 나타난다. 예를 들면, 《周禮·天官·冢宰》에 "나라를 세우고 백성을 안정시키며, 국가사방의 국경을 잘 살피며, 방향을 잘 분별하여 나라의 수도를 세울 위치를 판단하고 백성들이 거주할 환경을 마련해야 한다(惟王建國, 辨方正位, 体國經野, 設官分職, 以爲民極)"고 하였다.(阮《疏》, 639)

官은 民의 極이다. 極이란 《說文·木部》에서 "𣐼, 棟이다. 木로 구성되었고, 亟은 음이다(𣐼, 棟也. 从木, 亟聲)." "𣘘, 極이다. 木으로 구성되었고, 東이 음이다(𣘘, 極也. 从木, 東聲)."(大徐本, 120)라고 했다. 段玉裁는 棟자 밑에 주를 달아 "極은 가옥의 가장 높은 곳을 말한다(極者, 謂屋至高之處). 〈繫辭〉에서 '위는 棟이고 아래는 宇이며, 5개 기둥이 있는 집이며 한 가운데를 棟이라 한다(上棟下宇, 五架之屋, 正中曰棟).'라고 하였다. 《釋名》에서 '棟은 중간을 말하는데 가옥의 중간을 말한다('棟, 中也, 居屋之中)'."라고 하였다.(段注, 253) 周禮를 제정한 사람이 아주 명확하게 관원들을 백성들 속에 있는 것으로 보고 있으며, 또한 백성들의 중심적 역할을 하는 계층으로 보고 있음을 알 수 있다. 그러나 '民'은 통제를 받고 교화시켜야 할 대상이다.

《尚書·立政》에서 "하늘을 공경하여 섬기고 백성의 어른인 제후를 세웠다(以敬事上帝, 立民長伯).”라고 하였다.

僞孔《傳》에서 이르기를 “문왕과 무왕께서는 세 자리에 임명된 사람들의 마음을 아셨으며, 세 자리에 임명된 사람이 추천한 뛰어난 사람들의 마음을 환히 보심으로써 하늘을 공경하여 섬기고 백성의 어른인 제후를 세우실수 있었다(言文武知三宅三俊, 故能以敬事上天. 立民正長謂郊祀天, 建諸侯).”라고 하였다.(阮《疏》, 231)

이 문장에서는 비록 ‘官’자가 출현하지 않았지만, ‘長伯’ 두 문자 속에 ‘官’의 의미가 담겨져 있다.

《韓詩外傳》卷二: “執法厭文, 治官治民者, 有司也”(韓《傳》, 42)

이 문장의 ‘有司’ 역시 관리라는 의미이며, 권력을 장악하고 중앙감찰사와 같은 관리를 가리킨다. 즉 ‘有司’는 지방 관리에 대한 감독과 감찰 기능을 담당하고 있는 동시에 백성을 교화하고 사회기풍을 바로잡는 책임을 가지고 있다는 것이다.

이상의 문헌에서 알 수 있듯이 사회신분에 대한 호칭으로서의 ‘民’은 사회에서 제일 밑층에 있으며, 일반백성으로서 다른 사람의 관리와 지배를 받는다. 이 의미는 문자 부호의 글자 형태와도 부합한다.

《說文·民部》에 “民, 衆萌이다. 고문의 자형을 따른다. ……[illegible], 고문 民이다(民, 衆萌也, 从古文之象. ……[illegible], 古文民).”라고 하였다.(大徐本, 265) 段玉裁는 大徐本의 고문자 [illegible]을 [illegible]으로 고치고, 注에서 “대개 싹들이 무성하게 자라나는 형태를 나타낸다(蓋象萌生緐廡之形)”고 하였다.(段注, 627) 이 말은 許愼의 본래 의도에 대한 오해이며, 許愼이 제공한 ‘民’의 고문[illegible]에 대한 잘못된 해석이다.

‘民’자는 갑골문에서는 자주 보이지 않고, 周나라 金文에는 자주 보인다. 글자형태는 다음과 같다.

何尊

혹은 다음과 같다.

盂鼎

또한 아래와 같이 쓰인다.

王孫鍾

이상 금문 '民'의 앞 두 문자는 西周시기 청동기에서 나온 것인데, 彭裕商의 《西周青銅器年代綜合研究》에 의하면 '何尊'은 西周 成王시기의 청동기라고 한다.(彭《究》, 511) '盂鼎'은 周 康王시기의 청동기이며, 큰 것과 작은 것의 두 가지 종류가 있는데 작은 것은 이미 실전되었지만 청동기에 쓰인 명문은 탁본이 남아있으며, 彭裕商의 고증에 의하면 康王 25년의 청동기이다.(彭《究》, 518) 마지막 문자는 춘추시대 楚나라 시기의 '王孫遺者鍾'으로 '王孫鍾'이라 약칭한다. 앞의 두 청동기보다 비교적 늦게 나타났지만 문자 형태의 전승 흔적이 매우 뚜렷하고 눈 모양이 있다. '何尊'의 ''는 눈의 형태가 완전하며 눈가와 눈알이 생생하게 보인다. '盂鼎'의 ''와 '王孫鍾'의 ''는 눈가의 윤곽만 보이고 눈알형태는 보이지 않는다. 세 곳의 金文 '民'은 또 하나의 공통점을 가지고 있는데, 모두 송곳 같은 것으로 눈을 찌르는 모양이다. 금문의 자형에 대한 고찰을 하고, 다시 《說文》의 '民은 衆萌也'라는 의미를 이

해한다면 許愼의 본래 의도에 대한 진정한 답을 찾을 수 있을 것이다.

‘民’의 金文 형태가 도대체 어떤 사물을 나타내는지에 대해서는 고대문자학자들은 여전히 엇갈리는 주장을 펴고 있다. 林義光은 풀뿌리 모양을 나타내며 ‘萌’의 고문자라고 주장한다[67]. 商承祚도 이와 유사한 견해를 가지고 있다. 그는 “金文 ‘民’은 씨앗이 돋아나오는 것을 나타낸다. 위에 것은 작은 잎이고 아래 부분은 그 뿌리이다. 引伸되어 무릇 초목의 싹을 ‘民’이라 하며, 사람을 가리키는 ‘民’은 여기에서 빌려온 문자이다(（金文民）象種子冒地而出, 上肖子葉, 下爲其根. 引申爲凡草木萌芽皆謂之民, 民人之民乃借字)”[68]라고 주장한다. 이 주장은 《說文》의 ‘民, 衆萌也’의 의미를 단편적으로 이해한 것이다.

高田忠周와 馬敘倫은 ‘民’의 고문과 金文이 ‘女’, ‘母’와 관련이 있다고 주장한다. 高田忠周는 ‘民’은 고대에 두 가지 어원이 있으며, 하나는 ‘女’이고 하나는 ‘母’라고 했다. 그는 또한 “民은 母에서 기원한다(夫民萌生, 出於母體)”라고 했다[69]. 馬承源은 章太炎이 주장한 ‘民은 女의 誤字(民為女之誤)’라는 것에 찬성하고, 고대 문자에서 ‘民’과 ‘汝’자가 관련이 있음을 증명하였다[70].

우리는 郭沫若, 高鴻縉, 馬承源과 林潔明의 주장에 동의한다. 金文 ‘民’은 눈이 송곳에 찔려 눈이 먼 상태를 나타낸다. 馬承源도 金文 이 눈을 찔린 상태를 나타낸다고 주장한다[71]. 林潔明은 金文 ‘民’은 눈이 송곳에 찔려 눈먼 상태가 된 형태라는 것에 대해 다음과 같이 서술했

---

67 《文源》卷一(李圃가 주편한 《古文字詁林》第九冊 p.906에 게재) 참조.

68 〈戰國楚帛書述略〉(《文物》1964年 第9期에 게재) 참조.

69 《古籀篇》三十八 참조.

70 《說文解字六書疏證》卷二十四 참조.

71 〈陳喜壺〉(《文物》1961年 第2期에 게재)참조.

다. "高鴻縉이 말하는 '民', 즉 '盲'은 마치 눈알이 눈가로 튀어나온 형태를 나타낸다는 주장은 근접하지만 문자의 형태면에서는 여전히 타당하지 않다. 이 문자는 金文에서 ·로 쓰는데, 郭沫若은 다음과 같이 말했다. '문자는 예리한 물건이 왼쪽 눈을 찌르는 모양이다. 고대 사람들은 왕왕 民과 盲으로 서로 해석하였다. 지금에 와서 고문을 보면, 民과 盲은 원래 하나의 글자이며, 모두 왼쪽 눈을 그렸다.(고대 사람들의 오른쪽을 숭상하는 습관에 따르면 오른쪽이 좋은 것이며, 왼쪽은 나쁜 것이다.) 그러므로 民이 초기에는 노예의 총칭이었음을 알 수 있다(字作一左目形而有刃物以刺之. 古人民、盲每通訓. 今觀古文, 則民盲殆是一字, 然其字均作左目, 而以之爲奴隸之總稱).'(甲研上册에서 臣宰 해석을 참조)라고 했다. 갑골문에도 '民'자가 있고, 문자는 (乙一一八), (乙四四五)로 쓰고 있어 郭沫若의 주장이 잘못된 것이 아님을 충분히 증명한다. 다만 郭沫若이 民人의 제도가 周나라 사람들부터 시작했다고 하였는데, 이것은 틀린 것이다. 金文에서 새겨진 의미를 살펴보면, '民'은 金文에서 이미 평민, 백성의 의미로 인신되었고, 눈이 찔린 노예만 가리키는 것은 아니다."[72]

우리가 '民'자의 金文이 '目'과 연관이 있다고 하는 것은 '何尊'에서 ''의 형태가 확실하게 그렇게 나타내고 있기 때문이다. 만약 · 두 문자가 형태적으로 초목의 잎을 나타낸다고 한 주장이 조금이라도 일리가 있다고 하더라도 '何尊'의 ''가 위로 향한 초목의 잎을 나타낸다는 것은 근거가 없는 말이다. 더욱이 '民'의 갑골문에서는 매우 명확하게 '民'과 눈이 직접적인 관계가 있음을 나타내고 있다.

漢字構形學의 측면에서 분석하면 갑골문 ''은 당연히 标形合成字

72 《金文詁林》卷十二 참조. 이상은 모두 李圃가 주편한 《古文字詁林》第九册 pp.906–908을 재인용함.

이며, 表形構件 [glyph]와 刑具를 나타내는 †이 합쳐져서 왼쪽 눈이 찔려서 눈이 먼 노예를 나타낸다. 그 공식은 [glyph]X+†B="[glyph]"(BX)이다.

눈의 어느 한 부분의 상태로 한 부류의 사람을 가리키는 것은 이 문자에서만 나타나는 사례가 아니다. 앞에서 해석한 '臣'자도 마찬가지이다. '臣'과 '民'이 최초에 가리켰던 내용은 같은 것이다. '臣'은 치켜뜬 눈의 형태이고, 소량의 가로로 뜬 눈 모양의 형태도 있지만, 모두 두려워하거나 분노하며, 불쌍하고 가련한 눈길로 전쟁포로들의 얼굴에 나타난 표정들을 상징하고 있다. 송곳으로 눈을 찔러 눈알이 보이지 않는 글자 형태로 붙잡힌 포로가 처벌을 받고 노예로 길들여진 것을 가리키는 것은 아주 자연스러운 일이다.

'民'이 눈을 찔린 모양을 나타낸다는 것은 논의의 여지가 없다. 눈을 찌르는 것은 고대 노예주가 노예에게 주는 잔혹한 형벌 중의 하나였다. 최초의 노예는 외족들한테서 약탈해온 포로이거나 다른 부락과의 전쟁에서 사로잡은 포로이며, 그들을 가축처럼 마음대로 처분할 수 있었다. 전쟁포로는 제사에 사용되는 산 제물로 쓰거나 육체적 노동에 종사시켰다. 포로들이 도망가는 것을 방지하기 위하여, 눈을 찔러 맹인으로 만들었다. '民'의 本義는 노예이다. 그러므로 漢代 賈誼는 《新書·大政下》에서 다음과 같이 말했다. "民은 萌을 말한다. 萌은 盲을 말한다(民爲言萌也, 萌之爲言盲也)."(賈《書》, 113) 民, 萌, 盲 세 문자는 성모가 같으나 운모가 다른 것이며, 萌에는 맹인이라는 의미가 있었기 때문에 상고시대 문헌에서 '萌'은 '民'을 지칭할 수 있었다.

《墨子·尚賢上》에서 "멀리 교외에 있는 관리로부터 궁정의 호위군에 이르기까지, 도읍의 백성들로부터 사방의 농민들에 이르기까지 왕이 현인을 추천하는 표준이 義라는 소식을 듣고 모두들 다투어 선행을 베풀고 義를 행하였다. 이것은 어찌된 영문인가?(逮至遠鄙郊外之臣, 門庭庶

子, 國中之衆, 四鄙之萌人, 聞之, 皆竞爲義)"라고 하였다.

孫詒讓의 《間詁》에 "《漢書·劉向傳》의 顔之推 注에서 '萌과 甿은 같은 것이며, 無知의 모습이다(萌與甿同, 無知之貌).'라고 하였다. 《管子·山國軌》 尹知章 注에서 '萌은, 田民이다(萌, 田民也).'라고 하였으며, 《一切經音義》에서 '萌은 고문 氓과 같다(萌, 古文氓同)'고 하였고, 《史記·三王世家》에서 '변두리에 사는 간사한 백성(奸巧邊萌)'이라고 하였다. 《索隱》에서는 '甿이라고도 한다(一作甿)'라고 하였다. 《說文·民部》에 '氓은 民이다. 盲과 같이 읽는다(氓, 民也, 讀若盲)'고 하였고. 또한 '甿은, 田民이다(萌, 田民也)'" 라고 하였다.(孫《詁》, 26)

孫詒讓이 인용한 문헌에서 알 수 있듯이 先秦兩漢 문헌에서 '萌'은 '氓', '民'과 통용되며, 이런 통용은 음도 비슷하여 의미가 통한 것이다. '萌'의 고음은 明紐 陽部에 속하고, '氓'도 明紐 陽部에 속한다. '萌'과 '氓'은 雙聲과 疊韻의 관계였다. '民'은 明紐 眞部에 속하여 '萌'과 雙聲관계이지만 韻은 좀 차이가 멀었다. '民'과 '萌'은 음이 비슷하여 相通할 수 있었다. 의미가 통한다는 것은 賈誼가 말한 것처럼 "'民'은 '萌'을 말하는 것이고, '萌'은 '盲'을 말하는 것(民爲言萌也, 萌之爲言盲也)"을 가리킨다. '民'은 왼쪽 눈이 찔려서 실명한 노예를 말하고 '萌'은 본래 초목이 발아한 상태를 가리켰다. 초목이 발아하여 땅속에 숨으면 사람들은 볼 수가 없다. 그러므로 인식의 주체 입장에서는 모두 한 쪽 눈이 먼 상태에 있는 것이다. 훈고 전문저서의 해석에서 그 증거를 찾아볼 수 있다.

《尔雅·釋訓》: "存存, 萌萌은 있는 것이다(存存、萌萌, 在也)."

郭璞의 注: "萌萌은 나온 바가 보이지 않는다(萌萌, 未見所出)."(郝《疏》, 138)

'民'자를 기록한 의미가 가리키는 대상은 형벌을 받은 후 굴복당한 노예를 말한다. 그러므로 사회신분을 지칭하는 호칭으로서 그가 가리키는 것은 사회 최하층에 있는 사람이다. 오늘날 '人民'은 의미가 비슷한 단어를 연결해 놓은 것이지만, 사실 고대 문헌에서는 '人'과 '民'의 사회적 신분은 확연히 달랐다. 이 점에 대해서 宋永培는 《〈論語〉'民''人'的實際所指與詞義特點》에서 程樹德의 《論語集解》를 근거로 '民'과 '人'의 의미관계 및 특징에 대해서 전면적으로 조사하고 연구를 진행하여 아래와 같은 세 가지 결론을 얻었다.

첫째, 《論語》에서 '民'은 종종 '君', '上'과 대조하여 말한다. '民'의 뜻은 사실상 '知'와 '地位'에서 '下等'에 처한 평민을 가리킨다. '民'의 의미 특징은 '下'이다.

둘째, 《論語》에서 '人'의 의미는 주로 '인덕과 재능이 있는 사람', '지위가 있는 사람'를 가리키는 것으로 人의 의미 특징은 '上'이다.

셋째, 《論語》에서 '民'과 '人'의 의미적 특징이 '下'와 '上'으로 구별되는 것은 춘추시기 백성들은 '君'이 마음대로 부려먹는 낮은 지위에 있었다는 것을 나타낸다. 상위에 있는 군왕, 제후, 경대부들은 대부분 어질지 못하고 부덕하며 현명하지 못했다. 공자와 그의 제자들은 어질고 덕이 있으며 현명하고 훌륭하며 재덕을 겸비한 인재였지만 재직하지 않았다.(宋《集》, 391-430)

宋永培가 《論語》에 쓰인 '民'과 '人'의 용례를 귀납정리하고, 신중한 논증을 거쳐 얻은 이상의 결론은 문자학의 연구 성과와 서로 검증할 수 있다.

《說文》의 해석에서 '民'은 천하고 '人'은 고귀하다. '民'은 '衆萌'으로 해석되고, '衆萌'은 '衆盲'이다. 《說文·人部》에는 "𠙵, 천지의 본성에서 제일 귀한 것이다. 籒文의 형태는 팔, 정강이 모양을 나타낸다(天地

之性最貴者也. 此籒文, 象臂脛之形)."라고 하였다.(大徐本, 161) 또한 〈大部〉에는 "大, 하늘도 크고 땅도 크고 사람도 크다. 그러므로 大는 사람모양을 나타낸다(天大地大人亦大, 故大象人形)."라고 하였다.(大徐本, 213)

'人'은 통칭이다. 대천세계에서 사람은 제일 고귀한 동물에 속하므로 생명을 가진 것 중에 제일 귀한 존재이다. 《論語》 한권의 용례만 보더라도 人은 사회 밑층인 '民'을 제외한 왕공귀족을 가리킨다. 즉 사람들 중 가장 귀한 사람들을 가리키는 것이다.

'民'은 사회 밑층 신분의 사람을 가리키는데, 《論語》에서 '無知'와 '下位'에 속하며, 다른 고문서적에도 마찬가지였다.

儒家의 五經 중에 기록된 '民'자는 아래의 몇 가지로 분석하고 정리할 수 있다.

(1) '民'과 君王은 마치 子女와 부모의 관계와 같다. 군왕은 부모이고, 서민은 자녀인 것이다. 《尚書·洪範》에는 "천자는 백성의 부모가 되어야 천하의 군왕이 될 수 있다(天子作民父母, 以為天下王)."라고 하였다.(阮《疏》, 190) 《尚書·康誥》에는 "어린아이를 돌보듯이 힘을 다하여 백성을 다스려야 모두 태평하고 건강하다(若保赤子, 惟民其康乂)."라고 하였다. 僞孔《傳》에는 "어린아이를 돌보듯이 백성들을 대해야 하며, 초심을 잃지 말아야만 그들을 잘 다스릴 수 있다(愛養人如安孩儿赤子, 不失其欲, 惟民其皆安治).라고 하였다.(阮《疏》, 204)

이상은 천하에 군림하는 천자가 백성의 부모라는 예문이다. 儒家에서 군왕과 백성의 관계가 마치 부모와 자녀의 관계와 같다고 강조한 것은 두 신분 사이에는 뛰어넘을 수 없는 경계선이 있음과 동시에 군왕은 백성을 사랑하고 보호해야 한다는 것이다. 이것은 진보적인 민본사상이다. 《康誥》의 "어린아이를 돌보듯이 힘을 다하여 백성을 다스려야 모두 태평하고 건강하다(愛養人如安孩儿赤子, 不失其欲, 惟民其皆安治)"에 바로 이런 함의가 내포되어 있다.

당시에는 제후였다가 후에 추대되어 왕이 되어 부모가 되고, 백성이 자녀가 되는 예문으로는 다음과 같다. 《詩經·大雅·靈臺》에는 "이룩하기 시작할 적에 서두르지 말라하셨으나, 백성들은 자식이 어버이 일을 돕듯 모여들었네(經始勿亟, 庶民子来)."라고 하였다. 鄭玄의 注箋에서 "백성들이 스스로 모여들어 자식이 어버이 일을 돕듯 모여들었다(衆民各以子成父事而来攻之)."라고 하였다.(阮《疏》, 525)

이 시에서 논하고 있는 것은 周 文王(당시에는 西伯侯)이 靈臺를 만들 때, 백성들이 자신의 부모님을 위해 일하듯이 열심히 일했다는 것이다. '子来'의 '子'는 명사가 부사어로 쓰인 것이며, '子来'의 뜻은 '아들처럼 와서 도와주다'이다.

어질고 재능이 있는 사람이 재위할 때 부모가 되고, 백성들이 자녀가 되는 사례는 다음과 같다. 《詩經·小雅·南山有臺》에서 "백성들이 좋아하는 것을 좋아하고 백성들이 싫어하는 것을 싫어하면, 이러한 국왕이야말로 백성들의 부모인 것이다(樂只君子, 民之父母)."라고 하였고(阮《疏》, 419), 《詩經·大雅·泂酌》에서 "상냥하고 친절하며, 태도가 겸손한 군자는 백성들의 부모이다(豈弟君子, 民之父母)."라고 하였다. 毛《傳》에서 "백성들은 모두 부친처럼 존중하고 모친처럼 친근하게 대한다(民皆有父之尊, 有母之親)."라고 하였다.(阮《疏》, 544)

위 두 시구의 서언 내용에 근거하면 여기의 君子는 국가를 위하여 공훈을 세우고 업적을 쌓고 또한 백성들을 잘 위로해주는 어질고 재능이 있는 사람을 말하는데, 즉 군주를 보좌하는 大臣을 말한다. 이런 사람은 백성들의 마음속에서 숭고한 위치에 있기 때문에 '부친의 존엄과 모친의 친근함(父之尊, 母之親)'이 있는 것이다.

이상의 문헌기록에서 알 수 있듯이 백성들은 통치자의 마음속에는

‘하위’에 있으며, 금자탑의 제일 꼭대기에 있는 군왕과 비교하면, 확실히 천양지차가 있는 것이다. 고대의 현명한 선인들은 첨예한 모순이 있는 양극을 조화하기 위해 부모와 자녀의 관계로 규제하였는데, 이것은 양극이 균형을 유지하며 사회의 안정을 수호하는데 긍정적인 작용을 한 것임에 틀림없다.

(2) ‘民’은 통치하고 교화할 대상이며, 통치와 교화의 근본적인 목적은 백성들로 하여금 두려워하게 하고 사악한 마음을 없애기 위함이다. 하늘이 군왕을 세운 것은 백성을 통치하고 교화시키기 위함이다. 때문에 백성들은 당연히 통치와 교화의 대상이 되었다. 통치자들은 줄곧 ‘백성들은 태어나서부터 결함이 있다’고 보기 때문에 바로잡지 않으면 사회에 영향을 줄 것이라고 여겼다. 이 점은《尙書·康誥》에서 매우 노골적으로 표현되고 있다.

《尙書·康誥》에 “만약 백성을 병자 다루듯이 하면 백성은 마침내 질고를 떨쳐버리게 될 것이다(若有疾, 惟民其畢弃咎).”라고 하였다. 僞孔《傳》에 “악이 선으로 바뀐다. 백성들에게 마치 병을 떨쳐버리려는 병자를 대하듯 하며 이치로 다스려야 한다. 그러면 마침내 백성들은 질고를 떨쳐버리고 어질게 행할 것이다(化惡爲善, 如欲去疾, 治之以理. 則惟民其盡弃惡脩善).”라고 하였다.(阮《疏》, 204)

‘허물을 버리다(弃咎)’는 태어날 때부터 가지고 있던 사악하고 괴팍한 버릇을 버리는 것이다. 그러므로 같은 문장에서 또 다음과 같은 말을 하였다. 僞孔《傳》에서 “무릇 백성들이 스스로 죄를 짓고 도둑질과 약탈과 소란과 반란을 일삼으며 재물 때문에 사람을 죽이고 억지를 쓰며 죽음을 두려워하지 않으면 죽이지 않을 수 없다(凡民自得罪, 寇攘奸宄, 殺越人於貨, 暋不畏死, 罔弗憝).”라고 하였고, 또한 僞孔《傳》에서 “무릇 백성들이 스스로 죄를 짓고 도적질을 하고, 몰래 훔치며, 악당이 되어 살인을 하고 소란을 피우며 재물 때문에 횡포하고 완강하여 죽음을 두려워하지 않으며, 악한 짓을 하면 죽이라고 하였다(凡民用得罪: 爲寇盜、攘竊、姦宄, 殺人, 顚越人, 於是以取貨利. 暋, 强也. 自强爲惡而不畏死, 人無不惡之者, 言當消絶之)."고 기록되어 있다.(阮《疏》, 204)

《尚書》와 僞孔《傳》의 저자는 백성은 온갖 나쁜 짓을 다한다고 여긴다. 즉, 백성은 역적질도 하고 도적질도 하고, 나쁜 짓을 하여 법도 어기며, 재물을 탐내어 다른 사람을 해치고, 심지어 자기의 강대함을 믿고 약한 자를 괴롭히며, 죽어도 뉘우치지 않는 간악한 사람들도 있다. 죽어도 뉘우치지 않는 백성들은 세상에서 철저히 없애야 하며 일벌백계하여야 한다고 여긴다. 《尚書·金縢》에서 "천하의 백성들은 모두 그의 덕을 공경하고 그의 위업을 두려워하지 않는 사람이 없었다(四方之民, 罔不祗畏)."라고 하였다.(阮《疏》, 196)

이 문장에서는 武王이 殷을 멸망시킨 후에 일정한 시기의 관리와 통치를 거친 뒤에는 武王을 공경하고 두려워했다는 것을 말하고 있다. 《周易·謙卦·象傳》에는 "부지런하고 겸손한 군주는 백성들이 달갑게 믿고 따른다(勞謙君子, 萬民服也)."고 하였다.(阮《疏》, 31)

이것이 바로 통치자가 백성을 관리하고 교화하는 목적이고, 만민이 모두 기꺼이 따르고 노예가 되기를 원하게 하는 것이다.

(3) '民'은 태어나서부터 죄가 있기 때문에 엄한 형벌로 징계해야 한다. 통치계급의 입장에서 보기에 '民'은 포악하고 오만불손한 전쟁포로 출신들이다. 그러므로 온 몸에 나쁜 결점을 갖고 있고, 고대 문헌에서 '咎', '孽', '無良', '訛' 등이 모두 백성들의 악행의 흔적을 나타내는 단어로 사용되었다. 이 때문에 '통치'와 '교화'라는 양단에서 통치자는 '통치'에 치우쳐서 엄격하고 가혹한 형벌과 법령을 사용하기를 좋아하였다. 예를 들면, 《詩經·小雅·正月》에는 "민심이 동요되어

요언이 일기 시작하여 사방으로 퍼져나갔다(民之訛言, 亦孔之將).”라고 하였다. 毛《傳》에서 “將은, 大이다.”라고 하였다. 鄭《箋》에서 “訛는 僞(거짓)이다. 사람들이 거짓말로 서로 곤란한 상황에 빠지게 하며 왕으로 하여금 잔혹한 형벌을 가하게 하여 재해와 특이한 현상을 초래하게 함으로 요언도 사람들에게 끼치는 영향이 아주 크다(訛, 僞也. 人以僞言相陷入, 使王行酷暴之刑, 致此災異, 故言亦甚大也).”라고 하였다.(阮《疏》, 441-442)

鄭玄의 注箋에 근거하면, 周 幽王시기에 일어난 궁정정변은 백성들의 요언에서 비롯된 것이라고 하였는데 이것은 상상조차 할 수 없는 일이다. 우리가 알기로는 周 幽王이 절세가인인 褒姒를 총애하여, 그가 낳은 伯服을 宜臼 대신에 태자로 세워서 궁정정변이 일어난 것이다. 《詩經》의 저자가 정말로 鄭玄이 주장하는 바와 같이 幽厲之亂의 책임을 백성들의 요언으로 돌리려고 했는지에 대해서는 논증이 더 필요하다. 그러나 부인할 수 없는 사실은 옛날부터 지금까지 통치자들은 “백성들의 입을 막는 것이 홍수를 막는 것보다 더 어렵다(防民之口甚於防川)”고 여겨 백성의 입을 막기 위해 힘을 아끼지 않았다는 것이다. 옛말에 “민심이 동요되어 요언이 일기 시작하여 사방으로 퍼져나갔다(民之訛言, 亦孔之將)”고 한 것은 통치자들에게 여론을 확실하게 통제해야 함을 경고하고 있는 것이다.

심지어 통치자가 일으킨 재난을 백성들이 스스로 벌 받을 짓을 한 것으로 보기도 했다. 《詩經·小雅·十月之交》에서 “백성이 받는 재난은 하늘에서 떨어진 것이 아니다(下民之孽, 匪降自天).”라고 하였다. 또한 鄭《箋》에서 “재난(孽), 화근(妖孽)은 서로 재해가 된다고 한다. 백성이 이런 재난을 입게 된 것은 하늘에서 떨어진 것이 아니다(孽, 妖孽, 謂相爲災害也. 下民有此, 言非從天墮也).”고 하였다.(阮《疏》, 447)

설령 나라가 망하는 재난이 발생했다 할지라도 백성이 스스로 자초한 것이다. 예를 들면 다음과 같다. 《尙書·酒誥》에는 "하늘이 잔혹한 것이 아니라 백성이 스스로 자초한 것이다(天非虐, 惟民自速辜)."고 하였고, 僞孔《傳》에서 "하늘에 의해 멸망해도 하늘이 백성에게 잔혹한 것이 아니라 백성이 악행을 저질러 자초한 것이다(言凡爲天所亡, 天非虐民, 惟民行惡自召罪)."고 하였다.(阮《疏》, 207)

여기서 '民'은 殷商 왕조의 유민을 말한다. 주나라 통치자들 눈에는 殷왕조의 멸망의 책임에는 殷王의 통치를 받던 신하들의 책임도 있었다. '民'이 악행을 저질러 폭군 紂왕을 자극하여 나쁜 짓을 일삼고 백성에게 엄격하고 가혹한 형벌과 법령을 실시한 것이라 여겼다.

《周易·豫卦·象傳》에서 "성현이 유순함으로 움직이면 형벌이 맑아서 백성이 복종한다(聖人以順動, 則刑罰清而民服)."고 하였다.(阮《疏》, 31)

'형벌이 맑았다'는 말에 대해서 孔穎達의 疏에서는 "죄가 있는 사람을 용서하지 않았고, 무고한 사람을 가두지 않았다(不赦有罪, 不監無辜)."(阮《疏》, 31)고 해석하였다. 이것은 백성이 죄를 지으면 가차 없이 엄벌에 처했는데 오직 이렇게 해야만 백성들이 복종하였다는 것이다.

(4) '民' 앞에는 좋은 의미의 말이 오지 않는다. 儒家의 五經에서 '民' 앞에 수식어로 사용된 말은 대부분 '下'·'頑'·'庶' 등의 폄의어이며, '聖'·'賢'·'君' 등의 좋은 말이 붙지 않는다. 특히 '下民'이 가장 많이 나타난다[73]. 예를 들면 다음과 같다. 《尙書·堯典》에서 "아래 백성들이 이것을 한탄하는데 그 누가 이 홍수를 다스릴 수 있겠는가(下民其咨, 有能俾乂)."(阮《疏》, 22)라고 하였다. 《尙書·洪範》에서 (왕은) "오호라, 기자여, 하늘은 아래 백성들을 보호하여 서로 화합해서 살도록 하셨는데, 나는 일정한 인륜을 어떻게 제정해야 할지 모르겠습니다(嗚呼! 箕子惟天陰

---

73 우리는 《四部叢刊》에서 922개를 검색하였는데, 그 중 五經에 30개가 있다.

鷲, 下民相協厥居)."(阮《疏》, 187)라고 하였다. 《詩經·曹風·下泉·序》에서 "曹나라 사람들은 共公이 잔혹하게 대하여 그를 미워했다. 그리하여 그들은 원하는 바를 얻지 못하여 현명한 군주와 신하를 그리워한다(曹人疾共公侵刻下民, 不得其所憂, 而思明王賢伯也)."라고 하였다.(阮《疏》, 385)

'下民'은 통치자 대변인들이 습관적으로 말하는 호칭이었다. 더 심각한 상황은 '下民'이 질책하고 욕을 하는 언어 환경에서도 사용되었다는 것이다. 예를 들면 다음과 같다.

《詩經·豳風·鴟鴞》에서 "이제 너희들 낮은 백성이 누가 나를 업신여기겠는가(今女下民, 或敢侮予!)" 鄭《箋》에서 "나는 있는 노력을 다하였다. 이제 너희들 내 울타리 백성들이 어찌 감히 거만하게 훼손하려 한단 말인가? 분노할 일이다(我至苦矣, 今女我巢下之民, 寧有敢侮慢欲毁之者乎! 意欲恚怒之)."라고 하였다.(阮《疏》, 395)

鄭玄의《箋》에서 알 수 있듯이 고대문헌에서 '下民'의 정확한 의미는 바로 통치자들의 둥지에 있는 백성들이었다.

'頑民'은 교활하고 완고한 백성이며, 오늘날의 '간악한 사람(刁民)'을 말한다. 이 말은 五經에는《尚書》에서만 두 가지 예문이 나타난다. 《尚書·多士》에서 "주공이 동쪽을 평정하여 洛邑이 정해지자 遺臣들을 이주시켰다(成周旣成, 迁殷頑民)."라고 하였고, 僞孔《傳》에서 "殷나라 大夫와 선비들이 도덕이나 정의의 법도를 따르지 않아 도읍근처에 이주 한 후 가르쳤다(殷大夫士心不則德義之經, 故徙近王都教寧之)."라고 하였다.(阮《疏》, 219)

다른 하나의 예문이 〈畢命〉편에도 보인다. 그러나 이것이 '僞古文尚書'편목으로 되어있어 상고문헌의 예문이라고 할 수 없다. 사실 한 가지 예문밖에 없다. '殷頑民'은 사실 殷 말기의 유민들을 가리킨다. 이 '民'들은 언제든지 반란을 일으킬 수 있기 때문에 '頑民'이라 지칭하였다.

이상의 五經 자료에서 알 수 있듯이 先秦시기에 '人'을 중히 여기고 '民'을 경시한 것은 의심할 여지가 없다. 그러나 상고시기의 식견이 탁월한 사람들은 군왕과 관리자들은 '民'과 일종의 의존관계가 있다는 것을 인식하고 있었다. 이 관계는 후에 사람들이 비유하는 '물과 배의 관계'로서 물은 배를 띄울 수도 뒤집을 수도 있다는 것이다. 그러므로 백성들을 하찮게 여기고, 형벌을 너무 지나치게 하면 백성들은 반항하게 된다. 이러한 이유로 儒家에서는 통치자들이 어진 정치를 베풀 것을 제창했으며, 백성을 근본으로 삼아야 한다고 주장하였다. 가능한 백성을 사랑하고 보호해야 한다는 사상은 오늘날에도 참고해야 한다. 《尚書·酒誥》에서 "사람은 물을 거울로 삼을 것이 아니라 마땅히 백성을 거울로 삼아야 한다(人無於水監, 當於民監)."라고 하였다.

僞孔《傳》에서 "고대 성현들이 이르기를 '사람은 물을 거울로 삼을 것이 아니라 마땅히 백성을 거울로 삼아야 한다'고 하였으니 물을 보면 그 모양을 볼 수 있고, 백성들의 행동을 보면 길흉이 보인다(古聖賢有言: '人無於水監, 当於民監', 視水見己形, 視民行事見吉凶)."라고 하였다.(阮《疏》, 219)

監은 거울이다. 상고시대에 아직 거울이 없을 때는 물을 거울로 삼았다. 그러므로 '水監'이라 불렀다. 백성들을 거울로 삼으면 政事의 득실을 알 수 있다. 儒家에서는 '民'이 사회 정치생활에서 꼭 필요함을 강조했다.

《周易·剝卦》上九에서 "큰 과일을 먹지 않으면 군자는 수레를 얻고 소인은 집이 헐린다(碩果不食, 君子得輿, 小人剝廬)."라고 하였다.

《象》傳에서 이르기를 "군자가 수레를 얻었다함은 백성들이 타고 있다는 것이요, 소인이 집을 헐린다함은 마침내 쓸 수 없다는 것이다(君子得輿, 民所載也 ; 小人剝廬, 終不可用也)."라고 하였다.

魏王弼과 韓康伯의 注에서 "이 괘의 결과는 온전하고 그대로여서 과일이 크지만 먹지 않는다. 군자가 이 지위에 있으면 백성의 보호를 받을 수 있고, 소인이 그 자리에 있으면 집이 훼손된다(處卦之終, 独全不落, 故果至於碩而不見食也. 君子居之, 則爲民覆蔭, 小人用之, 則剝下所庇也)."라고 하였다.(阮《疏》, 38)

'民'은 지위가 낮아 백성이 군주를 받들어주는 것이 아니라 군주가 백성을 보호해야 한다. 여기에는 군주가 백성들의 보호를 받는 것이 아니라 백성들이 군주를 감싸야 한다는 民本主義 사상이 강조되고 있다. 또한 《周易·乾卦》〈象傳〉上九에서는 "'굳센 용이 뉘우침이 있다(亢龍有悔).' 이것은 무슨 말인가? 공자가 말하기를 "신분이 높아도 직위가 없으며, 등급이 위에 있어도 지지하는 사람들이 없다. 재능과 덕이 있는 사람이 낮은 지위에 있어서 도움을 받지 못한다. 그러므로 그는 아무리 높이 올라가도 후회한다(貴而無位, 高而無民, 賢人在下位而無輔, 是以動而有悔也)."라고 하였다.(阮《疏》, 16)

공자의 말씀에서 알 수 있듯이 군왕의 지위가 아무리 높다하더라도 '民'의 지지가 필요한 것이다. 그렇지 않으면 높이 올라 갈수록 추락도 더 깊어지므로 조금만 행동해도 후회하게 된다. 즉 아무리 대단한 군주라 하더라도 민심을 얻어야 하는 것이다. 《周易·屯卦》〈象傳〉에서는 "귀한 것으로 아랫사람을 접대하니 크게 백성을 얻는다고 하였다(以貴下賤, 大得民也)."라고 하였다.(阮《疏》, 19)

민심을 얻으려면 자신을 내려놓아야 하며 군중들과 잘 어울려야 한다. 그러므로 儒家에서는 '민심을 얻는 것'을 중시한다. 어떻게 해야 민심을 얻을 수 있을까? 먼저 민중을 포용하여야 하며, 그 다음은 민중을 보호해야 한다.

《周易·師卦》〈象傳〉에서 "대지의 속에 물을 비축하고 있는 상태, 이

괘는 상괘이다. 군자는 이 괘상을 거울삼아 널리 민중을 포용하여 가르치는 것이다(地中有水, 師.君子以容民畜衆)."라고 하였다.(阮《疏》, 25)

《周易·蛊卦》〈象傳〉에서 "산아래 바람이 있는 것이 고괘이다. 군자는 그것으로 백성을 진작시키고 덕을 육성한다(山下有風, 蛊, 君子以振民育德)."라고 하였다.

魏王弼, 韓康伯의 주에서 "고괘는 일이 있을 때 그 시기를 기다리는 것이다. 그러므로 군자는 백성들에게 나누어 주고 덕을 가르친다(蛊者有事而待能之時也, 故君子以濟民養德也)."라고 하였다.(阮《疏》, 25)

《周易·臨卦》〈象傳〉에서 "못 위에 대지가 있는 상태가 임괘이다. 군자는 물이 지하에 담겨있는 이 괘의 형태를 거울삼아 물이 땅에 스며들듯 백성들에게 교화가 미치도록 노력하고, 동시에 대지가 만물을 안고 있듯 백성들을 포용하며 다스렸다(澤上有地, 臨. 君子以教思無窮, 容保民無疆)."라고 하였다. 王弼과 韓康伯의 注에서 "서로 이웃하고 있는 괘로서 순탄하다고 할 수 있다. 위력이 있는 제도에 의지하지 않고 진심을 얻기 때문에 모두 순종하였다. 군자는 백성들에게 교화가 미치도록 노력하고, 백성들을 포용하여 다스렸다고 하였다(相臨之道莫若說順也, 不恃威制, 得物之誠. 故物無違也. 是以君子教思無窮, 容保民無疆也)."라고 하였다.(阮《疏》, 36)

높은 지위에 있는 사람들이 백성을 다스리는 방법을 모르고 백성을 관대하게 대하지 않고 보호할 줄 모른다면, 그 지위는 곧 '民'에 의해 사라질 것이며, 목숨을 잃을 수 있는 재앙을 불러올 것이다.

이상 네 가지 사회적 신분을 나타내는 호칭은 서로 대응되는 관계를 나타내며, '君'과 '官'은 높은 지위에 있는 사람을 말하고 '臣'과 '民'은 하위에 있는 사람을 말한다. '君'과 '臣', '官'과 '民'은 대립되는 양극인 동시에 하나의 모순되는 통일체이다. 儒家에서 이 네 가지의 모순을 조절할 때 윤리도덕의 범주에 속하는 부자관계로 쌍방의 언행을 규제하여, 사회 안정을 수호하는 윤활제 역할을 하였다.

제4절 생활관련 단어를 기록한 한자의 구형에 내포된 문화적 함의

인류의 생활은 생로병사, 의식주행으로 포괄할 수 있다. 식량은 국민생활의 근본이고, 그 다음은 거처할 집이 있어야 한다. 그러므로 우리는 관련 한자를 선택하여 인류생활을 나타내는 대표적인 한자로 삼는다. 즉 '飮'·'食'·'宿'·'休'·'行'·'旅'·'衣'·'冃' 등이다. 우리는 의식주행을 가장 중요한 부분으로 삼고 한자의 초기형태가 내포한 문화적 함의를 연구하고 토론하려 한다.

1. '飮'과 '食'

'飮'과 '食'의 초기 자형은 고대 중국인들의 음식습관 및 그와 관련된 농경문명, 기물문화, 주류문화와 음식문화에 대한 문화적 함의를 생동적으로 나타낸다. 고대부터 오늘날에 이르기까지 사람들은 먹는 것을 가장 중시했다. 옛 사람들이 말하기를 "백성들은 식량을 가장 중요하게 여긴다(民以食爲天)"고 하였다.(《漢書》, 2108) 오늘날 사람들은 '사람은 쇠이고 밥은 철이다. 두 끼를 안 먹으면 배고파 견딜 수가 없다(人是鐵, 飯是鋼, 兩頓不吃餓得慌)'라고 한다. 閩語의 '밥 먹는 일이 무엇보다 중요하다(吃飯皇帝大)'라는 말 등은 이 점을 충분히 설명한다. 그러므로 우리는 생활관련 단어를 수록한 초기의 한자구조에 대해 분석을 진행하고, 그 속에 내포된 문화적 함의를 분석할 때 '飮'과 '食' 두 글자부터 시작하고자 한다.

(1) ‘飮’의 초기자형 분석

飮은 小篆에서 “”이고, 해서체는 ‘歙’이다. 《說文·八下·㱃部》에 “, 歠이다. 欠으로 구성되었고, 酓이 소리를 나타낸다.……은, 㱃의 고문으로 ‘今’과 ‘水’로 구성되었다. 은 㱃의 고문이며, 今과 食으로 구성되었다(, 歠也. 从欠, 酓聲.……, 古文㱃, 从今、水. , 古文㱃, 从今、食).”라고 하였다.(大徐本, 180) 소전의 자형을 보면 ‘㱃’은 形音合成字이다. 갑골문과 금문에 근거하면 이 문자는 全功能零合成之의 象形字이다. 聲符 ‘酓’은 ‘㱃’의 本字이다. ‘酓’ 위의 ‘今’과 《說文》에서 인용한 ‘㱃’의 두 고문자를 구성한 ‘今’은 모두 몸을 구부리고 핥으며 마시는 모양으로 변했다.

갑골문에서는 다음과 같다.

一期菁四

혹은 다음과 같다.

一期合二二九

殷王 盘庚부터 武丁 시기[74]의 두 ‘㱃’은 마치 몸을 구부리고 혀를 내밀어 술독을 핥으며 마시는 모양이다. 두 글자는 ‘몸을 구부리고 혀를 내밀고 있는’ 공통된 특징을 가지고 있다. 갑골문 는 漢字構形學 측면에서 분석하면 會形合成字이며, 그 공식은 X+X=(XX)이다.

은 머리를 숙이고 혀를 내민 모양을 나타낸다. 그러나 가 무엇인

74 이 주장은 董作賓의《甲骨文断代研究例》문장을 참조 바람.

지에 대해서는 좀 더 토론해 볼 가치가 있다.

徐中舒가 주편한 《甲骨文字典》에 다음과 같이 설명하고 있다. "사람이 머리를 숙이고 혀를 내밀고 주기를 받쳐 들고 있는 모양이 㱃의 형태이고, '㱃'의 초기 문자이다(象人俯首吐舌捧尊就㱃之形, 爲'㱃'之初文)." (徐《甲》, 986) 이 해석은 좀더 상의할 여지가 있다. 혀를 내밀면 주기를 받쳐 들 필요가 없다. 반대로 주기를 받쳐 들면 혀를 내밀 필요가 없다. 그러므로 우리는 '주기를 받쳐 들고 있다〔捧尊〕'는 주장이 타당치 않다고 본다. 뿐만 아니라 '酉'도 꼭 술독은 아니다. '尊'의 명칭이 가리키는 것은 한 가지가 아니다. 王國維는 《說彝》에서 아주 명확하게 설명하였다. 여기서는 아래와 같이 인용한다.

> 尊과 彝는 모두 제사 때 쓰는 그릇의 총칭이다. 옛 사람들은 제기를 제작하는 것을 모두 '作寶尊彝'이라 하였다. 혹은 '作寶尊', 혹은 '作寶彝'이라 하였다. 그러나 尊에는 큰 범위를 총칭하여 부르는 尊(예기 전부)이 있고, 작은 범위를 총칭하여 부르는 尊(壺, 卣, 罍 등의 총칭)이 있으며, 또한 고유 명칭인 尊(술을 담는 항아리 중에 아가리가 큰 그릇)이 있다. 彝는 총칭이지 전문용어는 아니다(尊彝皆禮器之總名也. 古人作器, 皆云"作寶尊彝". 或云"作寶尊". 或云"作寶彝". 然尊有大共名之尊(禮器全部), 有小共名之尊(壺、卣、罍等總稱), 又有專名之尊(盛酒器之侈口者). 彝則爲共名而非專名). (王《觀》, 155)

王國維의 설은 따를만하다. 《甲骨文字典》에서 '㱃' 아래에 《禮記·檀弓》의 '杜蒯揚觶'를 인용하였는데, '揚觶'는 오늘날 '술을 들고 잔을 비우다〔擧酒干杯〕'와 같다(徐《甲》, 986-987)고 해석한 것을 보면, 편찬자가 이해한 을 구성한 은 王國維가 말하는 전문용어 '尊'(술을 담는 아가리가 큰 단지〔盛酒器之侈口〕)을 말한다. 사실 '尊'은 殷商시기에 전문용어로 많이 사용되었다. 예를 들어, 東周에 완성된 《周禮》에서도 '尊'은 전문용어로 많이 사용되었다. 필자의 조사에 의하면 '尊'은 용기 이름으로 《周禮》에 총 14번 나타나는데, 3번만 작은 범위에 대한 총칭으로 사용되고, 11번은 전문용어로 사용되었다. 또한 '獻─', '象─', '著─', '壺─', '大─', '山─' 등의 한정적인 성분을 덧붙이고 있다. 때로는 '罍'와 상대적인 의미로 사용되었다. 예를 들면 《春官·司尊彝》의 직제에서 이르기를 "임금을 참배하며 예식을 진행할 때 두 개의 牺尊(희생용 소 모양의 청동기)을 사용 하였으며, 酳禮를 행할 때 두 개의 尊을 사용했는데, 모두 '罍'가 있었다(其朝踐用兩獻尊, 其再獻用兩象尊, 皆有罍)."고 하였다. 孫詒讓의 《正義》에서 鄭司農을 인용해 말하기를, "獻을 牺로 읽었으며, 牺尊은 翡翠로 장식되었다. 象尊은 봉황과 같았으며 혹은 코끼리뼈로 尊을 장식하였다.……罍는 신하가 마시는 것이다(獻讀爲牺, 牺尊飾以翡翠. 象尊以象鳳皇, 或曰以象骨飾尊.……罍, 臣之所歙也)."라고 하였다.(孫《義》, 1514-1515) 여기에서 '司尊彝'라는 직관이 관장하는 기물은 예기이지만 '罍'와 상대되는 말로서 작은 범위에 대한 총칭인 尊이 아닐 뿐만 아니라 큰 범위에 대한 총칭은 더욱 아니다. '술을 담는 아가리가 큰 단지'를 가리키는 고유명사이다. 그러므로 '酉'와 '尊'을 같은 것으로 생각하면 단어 의미의 범위가 너무 좁아지는 과오를 범하게 되는 듯하다.

갑골문 를 구성한 '酉'는 고유명사 '尊'이 가리키는 대상만 되는 것이 아니다. 《說文·酉部》에서 "酉, 숙성된 것이다. 8월에 기장이 수확되면 술을 빚는다. 고대의 酉자 모양과 같다(酉, 就也, 八月黍成可爲酎酒, 象古文酉之形)."라고 하였다.(大徐本, 311) 許愼의 '8월에 기장으로 여러 번 술을 빚다(八月黍成可爲酎酒)'에 근거하면 '酉'와 '酒'은 밀접한 관련이 있다. 元代 周伯琦는 '酉'는 '酒'의 초기문자이며, 후에 12地支의 '酉'로 빌려 쓰다

가 나중에 氵를 덧붙여 구분하였고 하였다. 이 주장에 대해 郭沫若은 정반대의 입장을 표명하였다. 그는 '酉'가 병과 같은 술 단지를 나타내고, 卜辭에서 '酒'자로 빌려 쓰게 되었다고 주장했다[75]. 葉玉森은《殷墟書契前編集釋》卷1에서 '酉'는 손잡이가 달린 술을 담는 용기라고 주장한다. 오늘날 사람들은 대부분 '酉'는 일종의 술을 빚는 것과 관련된 기물이라고 여기는데 이 관점이 정설인 것 같다. 그러나 馬叙倫은 그렇게 생각하지 않는다. 그는《說文解字六書疏》卷28에서 '酉'는 일반적인 기물의 명칭이며, 키프로스(Kypros)문에서 병을 묘사하는 나 浙江 일대의 술을 담는 용기 와 비교하면 '酉'가 술을 담는 항아리라는 것을 추측할 수 있다고 한다(필자 주: 그러나 꼭 술항아리라는 말은 아니다.)《詩經》에 나오는 '기장 술 한 병(秬鬯一卣)'의 '卣'와 같다.(李《古》十, 1154) 우리는 馬叙倫의 주장도 일리가 있다고 생각한다.

'酉'의 원래 의미는 술을 담는 기물로만 사용된 것이 아니라 수액(여러 가지 절인 음식도 포함되는데, 예를 들면《酉部》의'　'·'　'·'　' 등의 글자이다)을 담는 그릇이다. 만약 술을 담는 항아리라고 한다면, '酉'의 갑골문 모양에서 대부분 아래 부분이 뾰족하다는 것을 해석하기가 쉽지 않다. 李圃가 주편한《古文字詁林》輯彔에서 갑골문 '酉'의 89개 글자 중에 아래 부분이 뾰족한 것이 69개이며, 전체의 77%이상을 차지한다. 이것은 연구할 만한 가치가 있는 현상이다.

馬叙倫은 갑골문 　·　·　·　와 금문 　·　 등은 모두 담는 용기 형태이며 바닥이 뾰족한 것이 많다고 주장했다. 그 원인을 헤아려 보면 최초의 용기는 짐승의 뿔을 직접 해체하여 사용하였거나 달팽이나 조개를 모방하여 만들었다고 하였다.(李《古》十, 1154) 이런 해석은 타당한 면도

75《甲骨文字研究·釋干支》참조.

있지만 완벽한 것은 아니다.

고대에 용기로 사용된 명칭은 대부분 '角'로 구성되었다. 예를 들면, '觚', '觶', '斛' 등이다. 이런 한자에서 용기들, 특히 음용 용기는 짐승의 뿔과 밀접한 관계가 있다는 것을 알 수 있다. 민속 문화에서도 일부 유물이 남아 있다. 예를 들면 귀주 묘족들의 집단거주 촌락 凱里市 雷江縣 西江 千户苗寨에는 아직도 소 뿌리에 술을 담아 손님을 대접하는 풍속이 남아 있다. 그러나 馬敘倫의 해석은 마시는 용기에서만 단편적인 해답을 찾고 있다. 만약 모든 용기로 확대해 본다면 그의 해석은 사람들을 완전히 납득시키기 어렵게 된다.

'酉'의 바닥부분이 뾰족한 것은 또 다른 이유가 있었을 것이다. 필자가 巴蜀지역의 문화를 접하면서 이 문제에 대해 고찰할 기회가 있었다. 춘추전국시기에는 진나라와 초나라 혹은 촉나라와 초나라의 전쟁이 빈번하였다. 오늘날 발굴한 三峽지역(고대 巴蜀지역)의 문물들은 대부분 밑 부분이 뾰족한 소금단지였다. 이로부터 秦, 楚, 巴 삼국의 전쟁에서 쟁탈대상은 주로 먹는 소금이었음을 알 수 있다. 巴지역에서는 정염을 많이 생산하였는데 정염을 만들 때 원시적인 蒸溜法을 사용하였다. 즉 밑이 뾰족한 옹기단지를 땅속에 꽂고 수증기가 햇볕을 받아 천천히 증발하게 하면 소금이 옹기 벽에 남〔巴爬〕게 된다. 사람들은 벽에 붙은 소금을 쓸어서 식용으로 사용하는데, 이런 까닭으로 사천성 동부지역의 사람들은 지금까지도 소금을 '鹽巴'라고 한다. '鹽巴'란 바로 '巴(爬)鹽'이다.(劉《說》, 54) 巴지역은 당시에 소수민족들의 집단 거주지였기 때문에 그들의 생활습관에는 아직도 옛날의 방식이 대부분 남아 있다. 고대 옹기의 밑 부분이 뾰족한 것은 땅에 꽂기에 편리하고 햇볕을 쪼이기에 좋기 때문이다. 사람들은 초기에 기물의 밑 부분을 뾰족하게 하여 지면에 고정시키고 수분의 증발과 음식물의 발효를 촉진시켰을 것이다. 이런 용기로 간수를 증발시켜 소금을 만들고 음식을 발효시켜 술을 빚었다.

옹기단지는 땅에 꽂으면 움직이기가 쉽지 않기 때문에 사람들이 액체를 마실 때 가장 직접적인 방법은 몸을 숙이고 혀를 내미는 것이다. 갑골문 은 바로 상고시대 사람들이 수액을 마시는 장면을 생생하고 뚜렷하게 재현한 것이다.

가장 원시적인 음료 음용 방법은 핥으며 歠(음용)하는 것이었다. 이것은 아마도 소나 개 등 동물들의 생활방식에서 영향을 받아 모방한 행위였을 것이다.

(2) '食'의 초기 자형 분석

食은 《說文·食部》에서 " , 쌀알이다. '皀'으로 구성되었으며 '亼'은 발음을 나타낸다. 혹은 쌀알을 모은 것(亼皀)을 말한다(, 一米也, 从皀、亼聲.或說亼皀也)."라고 했다.(大徐本, 106) 《說文》의 本義에 따르면 해석이 통하지 않는다. '食'이 어떻게 '一米'일까? 문자모양에서부터 보면 亼이 있다. 이 '亼'은 오늘날 언어 중 集合, 集會의 '集'의 本字이며, 속칭 '세 개가 합쳐져 亼를 이룬다〔三合亼〕'이다. '食'이 '亼'로 구성되었다면, '一米'가 아니다. 段玉裁의 《說文解字注》에는 이 부분에 대해서 '一米'를 '亼米'로 교정하였다. 그리고 주에서 다음과 같이 설명하였다. "이제 '亼米'로 바로 잡는다. '亼'자가 세속에서는 거의 쓰지 않아서 착오가 일어난 것이다. '合' 아래에서 '亼口'라고 말한 것을 보면 여기서 '亼米'로 쓴 것이 믿을만하다. '亼'은 모은다〔集〕는 뜻이다. 쌀알이 모여서 '食'이 되는 것이다. 引伸되어 사람의 입과 배에 공급되는 음식 또는 '食'이라 한다. 이것은 서로 의미적 연관이 긴밀한 것을 동일한 글자로 표현하는 방법(相生之名義)이다(今定爲'亼米'也, 由亼字俗罕用而誤也. 以'合'下云

‘亼口’例之, 則是當爲‘亼米’信矣. 亼, 集也. 集衆米而成食也. 引伸之, 人用供口腹亦謂之食, 此其相生之名義也).”(段注, 218) 段玉裁의 해석은 믿을 만하다.

‘食’은 갑골문에 이미 나타난다. 그 형태는 다음과 같다.

一期甲一二八九

一期京二四六七

徐中舒가 주편한 《甲骨文字典》에서 ‘食’자에 대한 해석은 “궤 위에 덮개가 있는 모양을 나타내며, 끼니를 먹을 때 사용하는 그릇이다. 음식물을 담았기 때문에 파생되어 모든 음식을 가리킨다(象簋上有蓋之形, 乃日用饔飧之具, 以盛食物, 故引申爲凡食之稱).”라고 하였다.(徐《甲》, 570)

‘食’을 구성한 ‘亼’에 대한 해석은 段玉裁와 徐中舒 중에 누구의 설이 맞는지는 앞으로 더 살펴보고 다루어야 한다.

殷王 盤庚에서 武丁 때의 문자인 두 개의 ‘食’자는 모두 음식을 담을 수 있는 그릇을 나타낸다. 이 두 글자의 공통점은 모두 위에 ‘A’이 있다는 것이다. ‘A’에 대하여 고문자학 학자들은 다양하게 해석하고 있다. 크게 두 가지로 정리할 수 있다. 첫째, 지붕모양을 나타낸다는 것이다[76]. 둘째, 기물의 덮개모양을 나타낸다는 것이다[77]. 지붕을 나타낸다는 주장은 賈文의 고증이 가장 상세하다. 賈文은 ‘A’를 ‘余’, ‘宋’과 함께 두고 비교했다. 그는 ‘A’은 바로 지붕의 세 나무가 받쳐

76 馬敘倫의《說文解字六書疏證》卷十八 참조.
賈文의 〈說‘亼’和‘入’〉(殷都學刊, 1993年第3期) 참고.

77 徐中舒 등이 이런 주장을 하고, 余永梁과 李孝定 두 사람도 같은 견해를 가지고 있다. 李圃가 주편한 《古文字詁林》第5冊, pp.378—379 참조.

주는 하나의 비교적 안정된 지지대라고 여긴다. 이것이 있기 때문에 사람들은 지면에서 지붕을 지탱하여 집을 세울 수 있다. 갑골문 '余'인 '𠆢'은 인류문명이 진보하는 하나의 과정을 반영한다. 나중에 아래에 비스듬히 지탱하는 두 개의 나무를 덧붙여 '𠆢'이 되었다. 갑골문 '宋' 또한 '𠆢'로 쓰는데, '𠆢'의 자형 구성의도에 부합하고, 《說文》에 나오는 '居'에 대한 해석에도 부합된다. 그러므로 갑골문에 나오는 'A'은 본래 지붕이 좌우 양쪽의 나무로 형성된 '𠆢'의 용마루에 가로 지나는 나무를 덧붙여 삼각형 'A'자를 형성하고 있다.(賈《說》, 11)

우리는 'A'이 지붕모양을 나타낸다는 것에 동의한다. 그러나 段玉裁의 '쌀을 모아 음식을 만든다(集衆米而成食)'라는 해석도 부인하지 않는다. 'A'이 지붕을 나타낸다는 것은 '三合'의 의미 가지고 있다. 이것은 좌우 두 개의 나무에 가로대를 합쳐서 안정된 버팀 틀이 형성된 것이다. 바로 'A'의 이런 의미적 특징 때문에 '모이다〔聚集〕', '합치다〔合攏〕'등의 引伸義가 생기게 된 것이다. 오늘날 한자 중에 '合', '今', '令', '命', '食' 등은 모두 의미를 나타내는 '亼'로 구성되어 '모이다'라는 의미적 특징을 가지게 된다. '命'과 '令' 두 글자는 '亼'으로 구성되었는데, 이것은 고대에 3軍인 左軍, 中軍, 右軍이 있었기 때문이다. 3軍이 집합하면 꿇어 앉아 있는 㔾의 형태로 국왕의 명령에 복종함을 표시했는데, 이것이 바로 '令'의 구체적인 형태이다. 지붕을 나타내는 '亼'은 사람을 지칭하게 되는데, 이것을 詞義 범위의 轉移라고 한다. 만약 갑골문의 'A'을 기물의 덮개로 본다면 '令'과 '命' 두 글자에 '亼'이 들어간 이유를 해석할 방법이 없다. 그러므로 段玉裁가 말한 '쌀을 모아서 음식을 만든다(集衆米而成食)'라는 주장이 徐中舒의 견해보다 낫다.

우리도 徐中舒의 '食'자는 "매일 사용하는 음식 그릇으로 음식을 담는다(乃日用饔飧之具, 以盛食物)"라는 해석에 반대하지 않는다. '食'의 아랫부분이 '皀'으로 구성되었는데, 徐中舒의 관점은 段玉裁의 주장보다 낫다. 段玉裁는 '皀'을 '粒'으로 보고 있다.《說文·皀部》에서 "皀은 곡식의 향기이다. 마치 맛있는 곡식이 쌓여있는 모양을 나타낸다. 匕는 그것을 처리하는 것이다(皀, 谷之馨香也. 象嘉谷在裹中之形. 匕所以扱之)"라고 했다. 또한 或者의 설을 인용하여 "皀은 한 알이다(皀, 一粒也)"라고 하였다.(大徐本, 106) 段玉裁는 注에서 或者의 주장에 찬성하였다. 段玉裁가 말한 것은 모두 後起義나 假借義이고, '皀'의 본래의 의미가 아니다. '食'자는 글자형태가 '亼'과 '皀'으로 구성되었다. '皀'은 갑골문에 이미 보이는데, 이다. 갑골문 '食'을 구성한 문자부호이다. 고문자학자 戴家祥, 李孝定 등의 고증에 의하면 이것은 기장〔黍稷〕을 담는 食器 '궤(簋)'의 상형문자이다.

'簋'라는 名物詞에 관하여 필자는《周禮名物詞研究》에서 상세하게 고증하였다. '簋'는 '九'에서 비롯된 것이고 어원은 '鳩聚(비둘기가 모이다)'이다.(劉《周》, 132-136) '食'은 '皀'으로 구성되었고, '皀'은 '簋'의 초기 문자이며, '簋'는 기장, 벼, 수수를 담는 그릇이고 쌀을 모아서 식용으로 제공되었다. 徐中舒는 '食'을 '매일 사용하는 음식그릇〔日用饔飧之具〕'이라고 하였는데, 이것은 바로 글자를 구성한 '皀'을 근거로 얻은 결론이다. 그러나 '皀'은 일반적인 용기가 아니고, 밥알을 산 같은 형태로 모아서 식용으로 공급하는 것이다. 이 단어의 의미특징은 '鳩聚'이고, 또한 段玉裁가 말한 '쌀을 모아서 음식이 된 것〔集衆米而成食〕'이다. '食'을 구성한 '皀'은 '모으다'는 의미 특징을 가지고 있지만 이 의미는 드러나 있지 않다. 그러므로 문자를 만든 사람들이 '亼'을 덧붙여 사람에게 보인 것이다. '亼'은 '食'이라는 合體字에서 하나의 표시를 나타내는 부호이며, '食'에는 '쌀이 모아져 음식을 이루다'의 의미특징이 있다는 것을 나타내고 있다. 마치 '鼎'에 'O'을 더하여서 ''(員)이 가리키는 대상에 원의 특징이 있다는 것을 표현하는 것과 같다. 李圃가 主編한《古文字詁林》에 수록된 갑골문 '食'의 19개 자형이 모두 '亼'부호를 가지고 있는 것을 볼 때 '亼'이 合體字 '食'에서 필수적인 성분임을 알 수 있다. 이는 마치 '員'에 부호 'O'가 없으면 원형의 '鼎'과 네모형의 '鼎'을 구분하지 못하는 것과 같다.

漢字構形學의 측면에서 분석하면 갑골문 ''은 형태와 의미가 합성된 글자이다. 그 공식은 X+AY=(XY)이다. '皀'은 음식을 가득 담은 그릇 簋를 나타내고, '亼'은 '쌀을 모아 음식을 만든다'는 의미이다. '食'의 갑골문 或體  중의 두 점은 일종의 字綴이며, 사물 및 사물 사이의 관계 의미를 가상한 것이다[78]. 簋 안의 음식이 발산하는 열기(향기)를 가상한 것으로 볼 수 있다. '食'의 本義는 음식을 가득 담은 그릇이며, 또한 낟알 모양의 음식을 가리키기도 한다.

(3) '飮'과 '食'에 내포된 문화적 함의

'飮'과 '食' 두 문자는 갑골문에 이미 나타나며, 비교적 오래된 한자로 상고시대 이전 사람들의 음식문화를 관찰하는데 가장 적합하다. 또한 갑골문 '飮'와 '食'에는 모두 기물을 나타내는 '酉'와 '皀(簋)'이 포함되어 있어, 상고시대 기물문화도 엿볼 수 있다. 우리는 '飮'와 '食' 두 글자의 초기형태와 고대 전적문헌의 기록을 발굴한 성과들을 결합하여 두 글자에 내포된 중국고대의 문화적인 요소들을 연구하고 토론하려 한다.

---

78 '字綴'의 설은 李圃의《甲骨文文字學》(學林出版社1995年版) p.24 참조.

(1) '歙'와 '食' 두 자에 내포된 상고시대 농경문명 요소

'食'을 구성하는 '皀(簋)'은 음식을 담는 그릇으로 사용되었다. 東周시기에 편찬된 《周禮》에는 上古시대 사회와 경제생활 등 제도가 상세하게 기록되어 있다. 그 중 《地官·舍人》 직제에 "모든 제사에는 예기에 밥을 담아 진열하였다(凡祭祀, 共簠簋, 實之, 陳之)."라고 하였다. 鄭玄의 주에 "네모인 것이 簠이고, 둥근 것은 簋이며, 찰기장, 메기장, 벼, 수수를 담는 예기이다(方日簠, 圓日簋, 盛黍、稷、稻、粱器)."라고 하였다. 淸대 孫詒讓은 《正義》에서 江永의 말을 인용하여 다음과 같이 말했다. "궤에 기장을 담으면 正饌이고 보에 벼와 수수를 담으면 加饌이라 한다. 천자는 8簋, 제후는 6簋이다. 궤의 숫자는 들어보지 못했다. 빈객의 예절에서 보는 궤보다 적다. 즉 제사를 지낼 때 마땅히 이것을 놓아야 한다. 천자는 대개 4보이고 제후는 대개 2보이다. 천자는 여섯 가지 기장(粢)이 있으며 보리, 버섯(苽)은 모두 보에 담았다(簋盛黍稷爲正饌, 簠盛稻粱爲加饌. 天子八簋, 諸侯六簋. 簠之数未聞. 凡賓客之禮, 簠皆少於簋, 則祭時宜亦放此. 天子蓋四簠, 諸侯蓋二簠. 天子用六粢, 有麦、苽, 蓋亦盛之於簠)"고 했다.(孫《義》, 1229) 지극히 옳은 말씀이다. '簋'는 상고시대에 밥을 담는 원형 그릇이다. 재질을 보면 고대에는 기와로 이루어졌고, 후에는 나무와 대나무로 만들었다. 商周의 청동기시대에 이르면 동으로 주조하게 된다. 馬承源이 주편한 《中國靑銅器》에 수록된 67점의 상주시기 청동기 '簋'는 두 개만 네모로 된 그릇이고, 나머지 65점은 모두 원형이다.(馬《器》, 135-145)) 鄭玄의 주에 "네모난 것은 보, 둥근 것은 궤(方日簠, 圓日簋)"라고 한 것은 믿을 만하다. 簋는 조, 기장, 벼, 수수를 담는 그릇이다. '簋'의 출현시기는 중국 상고시대의 농경문화가 비교적 발달한 시기였음을 알 수 있다. 사람들이 원시적으로 채집하고 사냥하던 시기에서 농경사회로 전환하면서 음식을 익혀먹는 단계로 진입하게 되었다.

고고학 발굴의 수치에서 구석기시대 후기에 사람들은 이미 불을 사용할 줄 알았다. 지금으로부터 18445—19285년 사이의 산정동인(山頂洞人)이 거주하던 동굴에서 불에 탄 잿더미를 발견하였다[79]. 이것은 그 시기에 인류가 마찰을 통해 불을 얻는 기술을 알고 있었으며 "부시로 불을 얻어 비린내를 없앴다(鉆燧取火, 以化腥臊)"는 것을 증명한다.(愼《解》, 339) 구석기시기 사람들은 간단하게 부시로 불을 얻는 기술을 알고 있었지만 불씨를 보존하는 방법을 몰랐다. 출토된 신석기시기의 문화유적지에서 사람들은 화로를 만들어 불씨를 보존하는 방법을 알고 있었다. 陝西省 臨潼縣 姜寨에서 발견된 양소문화 유적지에는 143개의 집터가 있었는데 아궁이가 331개나 있었다[80].

불을 다루면서 수렵단계에서 농경사회로 발전하는 조건이 갖추어졌다. 갑골문 卜辭에는 가 있는데 해서체에서는 '𤑃'이 되었다. 卜辭에서 '태우다〔焚燒〕'의 뜻을 가지고 있다. 마치 횃불을 들고 초목들을 태우는 모양을 나타내고 있는데, 이것이 바로 火田의 유적지이다. '田'은 갑골문에서 이다. 처음에는 수렵이라는 의미였다. 《易·恒》九四에 "田無禽"이라고 하였는데(阮《疏》, 47), 이것은 수렵에서 수확이 없었다는 뜻이다. 《淮南子·本經》에 "수림을 불태워 짐승을 잡고 호수의 물을 빼어 고기를 잡다(焚林而田, 竭澤而漁)."라고 하였다.(劉《子》, 113-114) 여기의 '田' 역시 사냥을 한다는 뜻이다. 수렵할 때 산에 불을 질러야 했는데, 불에 탄 토지는 더 비옥해져서 식물의 생장에 유리하여 농업생산을 촉진시켰다. 사람들이 식물재배법을 알게 된 후 음식공급원을 확보할

---

79 지금으로부터 20만 년 전의 北京猿人과 元謀人이 거주한 산동굴에서도 불에 탄 흔적을 발견하였는데, 자연적으로 발생한 불이 동굴로 이동되었을 것이다. 그 당시에는 인공적으로 불을 취할 줄 몰랐기 때문이다.

80 人民日報 1980년 5월 27일 〈臨潼姜寨遺址發掘有重要收获〉 문장 참조.

수 있었다.

王玉哲은 다음과 같이 말하였다. "고고발굴의 수치로에서 보면 대략 6,7천 년 전에 우리의 선조들은 북방의 황하 유역과 남쪽의 양쯔강 유역에서 원시적인 농업경제를 시작하였다."(王《史》, 64) 그 근거로는 신석기시대 하모도(河姆渡)문화유적지 4층에의 10여 곳에서 벼, 겨, 볏짚, 벼 꽃잎이 쌓여 있는 것을 발견하였으며, 볏겨 외형에 대한 감별을 통하여 재배할 수 있는 메벼인 것이 확인되었다.

사실 중국에서 벼를 재배한 역사는 더 오래되었을 것이다. 張聲震은 다음과 같이 말하였다. 湖南省 남부 道縣 玉蟾岩유적과 廣東省 英德市 牛栏洞유적지에서 지금으로부터 만여 년 전의 벼 유적을 발견하였다. 역사문헌의 기록과 유적과 유물의 발견 및 체질인류학 연구에 따르면 이 지역의 원시인류는 장동(壯侗) 民族의 조상이다. 한족, 요족(瑶族), 묘족(苗族) 등의 민족은 秦漢 이후에 잇따라 이 지역에 들어왔기 때문에 장족 선민들은 이 지역의 벼농사문명의 창시자들이다. 역사책에 기재된 '낙전(雒田)'은 사실은 월어(越語)의 '녹나(麓那)'이다. 그 의미인 '산봉우리와 골짜기 사이의 밭'의 음과 의미를 절반씩 섞은 단어이다. 《山海經》, 《詩經》, 《說文解字》에 수록된 '니(秜)', '모(秏)', '고(稾)', '후(糇)' 등의 문자는 장어(壯語)의 야생벼〔野生稻〕, 벼〔稻〕, 벼〔稻谷〕, 쌀〔稻米〕, 쌀밥〔稻米飯〕의 漢字 발음이다. 장족 및 선민들은 장기적인 역사발전 과정에서 那(밭)로 농사짓고, 那에 의지하여 거주하며, 那에 의지하여 식사하고, 那에 의거하여 입고, 那로 인해 즐거워하고, 那를 기본으로 하는 생산생활 패턴과 那문화 시스템을 형성하였다.(張《序》, 7) 張聲震은 이미 발굴된 유물이 이러한 사실을 증명할 뿐만 아니라 문헌에도 근거가 있다고 하였는데 믿을 만하다.

廣西省 壯侗민족은 중화민족의 우수한 성원이다. 그들은 벼농사

문화의 창시자이며, 부지런하고 선량하며, 또한 창조적인 열정과 실용주의 정신을 가지고 있다. 그들은 지리적인 생활환경에 맞는 말뚝구조의 주거문화와 水田 위주인 벼농사문화를 창조하여 남방의 농업경제발전에 웅장하고 아름다운 색채를 더하였다. 張聲震이 언급한 '秜'와 '秏' 두 문자는《說文·禾部》에 수록되어 있으며, 의미는 오늘날(논)벼이다. '秜'는 밭에 심으면 다음해에 스스로 자라나는 벼를 가리킨다. '秏'는 일반적인 벼를 말한다. 고문의 '壯'자는 '粰'와 '粨'로 쓰는데,《麽經布洛陀》에서 사용된 의미는 아주 복잡하다. 벼를 가리키기도 하고, 쌀과 밥을 가리키리도 하며, 또한 '稻魂'을 가리키기도 한다. 張聲震의 문장에서 쓰인 '膏'는《麽經布洛陀》에서 '粌'으로 나타나는데, 그 의미는 '粰'·'粨'와 같지만 유행되었던 지역이 다를 뿐이다.(劉《麽經》, 178)

중국 북방의 양소문화시기의 농업은 조경(粗耕)에서 세경(細耕)으로 발전하였으며, 사람들이 보편적으로 심고 있는 농작물은 좁쌀〔粟〕이었다. 찰기장(黍), 메기장(稷), 벼(稻), 수수(粱) 중에 찰기장, 메기장과 수수는 대부분 북방의 세경농업 환경에서 재배한 곡물이다. '歙'을 구성한 '酉'는 처음부터 술을 담는 단지로 사용된 것이 아니었고, 후에 술과 밀접한 관계를 가지게 된 것이다.

양조업의 발달은 세경(細耕)농업을 바탕으로 한다. 다시 말하면 사회에서 많은 양질의 곡물을 생산해야 양주업의 발전이 가능한 것이다. '歙'과 '食' 두 글자는 중국의 고대 농경문명이 비교적 성숙된 단계에 이르렀다는 것을 설명한다. 중국 고대의 음식문화의 탄생은 중국 고대 농경문화의 발전과 같이 시작된다.

(2) '歆'과 '食' 두 글자에 내포된 중국 고대기물의 문화적 요소

'歆'과 '食' 두 문자는 구성요소인 '酉'와 '皀'이 의미를 나타내는데, 이것은 중국 고대의 기물문화와 관련된 것이다. 고대의 많은 기물 중에서 陶器는 아주 중요한 지위를 차지하고 있다. 중국 고대음식의 질적 제고에 있어 도기는 큰 작용을 하였다. 도기가 없던 시대에 인류는 불에 익혀서 먹을 수는 있었지만, 짐승의 고기를 불 위에 놓고 구워서 반만 익힌 음식으로 먹었다. 도기가 생겨나면서는 단지에 넣어서 완전히 익혀서 먹을 수 있었기 때문에 소화와 흡수에 유리했다.

《說文·缶部》에 다음과 같은 기록이 있다. "匋은 질그릇이다. 토기이다. 缶로 구성되었고 包의 생략된 발음이다. 《史篇》에서는 缶와 같은 음으로 읽는다(匋, 瓦器也, 从缶包省聲. 古者昆吾作匋. 案《史篇》讀與缶同)."(大徐本, 109) 段玉裁는 '瓦'자 앞에 '作'을 더하려고 했다. 그러므로 '도(匋)'가 동사로 기록되었으며 '도자기를 제작하다(燒制陶器)'라는 의미임을 알 수 있다. '匋'와 '陶'는 古今字의 관계이다. 段玉裁는 다음과 같이 말하였다. "지금은 陶라 하는데, 陶가 유행하면서 匋는 쓰지 않게 되었다(今字作今字作陶, 陶行而匋廢矣)".(段注, 225)

許愼이 말한 '곤오(昆吾)'는 《世本》에 의하면 夏나라 사람이다. 그러나 중국고대의 도기제작은 아주 오래된 일이었다. 고고학자들의 발굴에 의하여 증명된 것은 신석기 시대 仰韶文化시기에 중국고대의 도자기 업종은 수준이 이미 상당히 높았다. 西安의 半坡, 華縣 泉护村 등 유적지에서 출토된 도자기에는 붉은 색과 검은색 두 가지로 만들어진 꽃무늬 및 각종 동물의 형상이 있으며, 그 기물들은 주로 찬기〔餐具〕였고, 예를 들면 정(鼎), 증(甑), 부(釜), 발(鉢), 완(碗), 분(盆), 반(盘), 배(杯) 등이 있었다. 이 시기 도자기는 정밀하고 아름다운 채색 꽃무늬가 있어서 '채색도자기 문화〔彩陶文化〕'라고 불린다.(王《史》, 68)

許愼은 “《史篇》에서 독음이 ‘缶’와 같다(《史篇》讀與缶同)”고 했지만, 갑골문에 ‘匋’는 없고 ‘缶’가 나타나는데 ‘’로 적혀있다. 朱芳圃는 《文字編补遺》 11페이지에 이 글자를 수록하였는데 해서체 ‘陶’로 적었으나 상세한 설명은 없다. 陳夢家는 《殷墟卜辭綜述》에서 이 글자에 대하여 고증하였는데, 그도 《說文》의 해설을 인용하였으며, “匋와 缶는 고대에 같은 글자이다(匋、缶古是一字).”라고 주장한다.(陳《述》, 293-294) 饒宗頤의 《續編》四·一五·一, ‘通考’ 189—190쪽에서도 같은 주장을 펼치고 있다. 또한 《漢書·地理志》의 “河東郡 蒲反에 堯山이 있는데, ……그러므로 缶는 아마도 陶唐씨의 陶이고, 殷复에 굴복하여 陶씨라고 하였다(河東郡蒲反有堯山, ……故缶可能是陶唐氏之陶, 臣服於殷复爲陶氏).[81]”를 언급하였다. 그러므로 ‘缶(匋)’는 중국 고대의 선왕 堯임금과 관련이 있음을 알 수 있다. 역사학자들과 고문자 학자들이 堯, 陶, 窑의 음과 뜻의 관계에 대하여 연구를 진행하였지만 믿을만한 결론은 아직까지 없다. ‘缶’와 ‘匋’의 고음은 모두 幽部에 속하고 疊韻의 관계를 가진다. 堯의 古音은 宵韻에 있지만, 幽韻과 宵韻은 旁轉할 수 있다. 운모가 비슷하다. 의미적인 측면에서 보면, 갑골문의 ‘缶’는 일반적으로 지명으로 사용되었으며, 그 지역은 지금의 山西省의 永濟이고, 이것은 고대 선왕 堯임금의 발상지와 서로 부합된다. 이 세 글자는 음과 뜻에서 서로 연관성이 있다. 李圃는 《甲骨文文字學》의 〈甲骨文字例釋〉에서 에 대해서 분석하였다. 그는 윗부분의 은 돌리는 도기 제작도구이며, 아랫부분의 은 제작한 도기라고 하였다. 도기 제작도구와 제작된 도기가 합쳐져서 도기 제품을 나타낸다. 그러므로 ‘缶’는 의미를 나타내는 獨素字이고, 바로 ‘陶’자를 나타낸다. 李圃는 또한 금문에서 ‘匋’가 으로 쓰이는 것에

81 상세한 내용은 何九盈의 《漢字文化學》(遼寧人民出版社, 2000년판), pp.52—57 참조.

서 '匋'은 단지 '缶'의 기초에서 몸을 구부린 사람모양을 첨부한 것으로, 바로 도기를 제작하는 陶工을 가리킨다고 추측했다. 陶工이 몸을 구부려 도기를 제작하고 있는 것이다.(李《甲》1, 243)

우리는 이포의 분석이 매우 타당하다고 생각한다. '缶'는 바로 도기를 제작하는 도구와 제작한 제품으로 결합되었기 때문에, 이 글자로 명사인 '陶'를 기록할 수도 있고 동사인 '陶'도 기록할 수 있는 것이다. 《詩·大雅·綿》의 "陶復陶穴에는 가옥이 없었다(陶復陶穴, 未有家室)."(阮《疏》, 509) 중의 '陶'는 동사로 사용되었다. '復'은 거실 앞뒤의 통로이다. '陶'는 구워서 제조하다는 의미이다. '陶復陶穴에는 가옥이 없었다'는 것은 이후 唐詩에 나오는 '문 앞의 흙을 다 도기로 만들었으나 지붕에는 기와장이 없었다(陶尽門前土, 屋上無片瓦)'의 의미와 같다.

'歙'은 '酉'로 구성되었고, 이 글자는 초기에는 액체를 담는데 사용된 땅에 꽂혀 있는 도기 항아리를 가리켰을 것이다. 이 액체에는 염분이 포함된 간수와 유동식의 식은 밥도 포함된다. 여기에서 제염과 양주의 기술을 발명하게 되었다. 소금의 발견은 음식의 질을 높이는데 중요한 작용을 하였다. 민간에는 지금까지도 "산해진미도 소금을 떠날 수 없고, 능라주단도 면화를 떠날 수 없다(山珍海味離不開鹽, 綾羅綢緞離不開棉)"라는 속담이 전해지고 있다. 또한 술을 빚게 된 것은 중국의 고대 음식문화를 더욱 풍부하게 만들어 지금까지도 민간에는 "술이 없으면 연회라고 할 수 없다(無酒不成宴)"라는 속담이 전해지고 있다.

'食'은 '簋'로 구성되었고 초기에는 도기로 제작된 음식을 담는 그릇을 가리켰다. 段玉裁는《說文》에서 '簋'자 밑에 다음과 같이 주를 달았다. 고문 '簋'는 '匚'으로 구성되기도 하고 '木'으로 구성되었으므로 簋는 "원래 나무로 되어있었는데……후에야 질그릇으로 만들어졌고 마침내 귀가 달린 대나무 그릇으로 만들어지게 되었다. 그리하여 竹

으로 구성된 '簋'자가 만들어지게 되었다(本以木爲之……其後乃有瓦簋, 乃有竹簋方, 因制从竹之'簋'字)"는 것을 알 수 있다.(段注, 193) 이 주장은 논의할 여지가 있다. 갑골문에서 '簋'는 로 쓰며, '卽'과 '旣' 두 글자가 로 구성되었다. 이것은 지금 바로 식사 중이며, 또한 배불리 먹은 후 머리를 뒤로 돌리고 있는 것을 나타낸다. 여기서는 나무로 만들었는지 아니면 기와로 만들었는지 알아 볼 수 없다. 段玉裁는 "나무 簋, 대나무 簋 예기, 질그릇 簋는 자주 사용하는 그릇이다(木簋、竹簋禮器, 瓦簋常用器也)."라고 했다. 사회발전의 법칙에 따르면 마땅히 상용기물이 먼저이고 예기가 후에 나온다. 그러므로 '簋'는 초기에 도자기였음이 틀림없다. 《說文》에서 인용한 고문은 東周 말년의 문자이므로 이것을 근거로 '簋'의 초기형태를 추측해서는 안 된다.

위의 내용들을 종합해서 보면 중국고대의 음식문화는 기물문화 중의 도자기문화와 밀접한 연관이 있음을 알 수 있다.

(3) '飮'과 '食' 두 글자에 내포된 고대 중국 술 문화 요소

《周禮·天官·膳夫》직제에서 이르기를 "왕의 음식과 음료와 膳(희생의 고기)과 羞(맛있는 찬)를 관장하고 왕이나 왕후나 세자를 봉양한다(掌王之食、飮、膳、羞, 以養王及後、世子)"라고 하였다. 鄭玄의 주에 "食은 밥이고, 飮은 술이며, 膳은 산 제물(牲肉)이다. 羞는 맛이 있다는 것이다(食, 飯也. 飮, 酒漿也. 膳, 牲肉也. 羞, 有滋味也)."라고 하였다.(大徐本, 659) 食과 飮은 나누어서 말하며, 가리키는 것이 다르다. 食은 밥을 말하고 飮은 술과 기타 음료를 말하지만, 그렇다고 '食'과 '酒'가 관계없다고 한다면 지나치게 섣부른 판단이다.

전하는 바에 의하면 처음으로 술을 빚은 사람은 夏나라 우임금시기의 儀狄이었다. 그러나 《說文》의 기재에는 그가 빚은 것이 '酒醪'였다고 한다[82]. 酒醪는 바로 醪糟(감주)이다. 초기에는 먹다가 남은 밥을 발효시켜 만들었다. 아마도 사람들이 함께 식사를 한 후 남은 밥을 항아리에 넣어 보관하고 다음 끼에 먹으려 한 과정이었을 것이다. 그런데 햇볕을 쬐고 묵은 밥이 발효되어 짙은 술맛을 내게 되면서 사람들은 술을 빚는 방법을 찾아내게 되었다.

그러므로 '食'에는 중국고대의 술 문화요소가 내포되어 있다. 이 점은 '食'과 관련된 문자에서 알아볼 수 있다.

《說文·五下·食部》에 '飨'자가 수록되어 있는데 許愼은 "饗은 시골사람들이 술을 마시는 것이다. '食'과 '鄕'으로 구성되었고 '鄕'은 소리를 나타낸다(饗, 鄕人飮酒也. 从食, 从鄕, 鄕亦聲)."고 해석하였다.(大徐本, 107) 시골사람들이 함께 모여 식사하고 술을 마시는 글자는 '食'이 아니라 '酉'로 구성되어야 한다. 그러나 오히려 '食'으로 구성되어 있음은 고대 중국인들은 이미 술과 음식을 하나로 보았다는 것을 나타낸다. 술은 단지 음식의 승화일 뿐이다.

중국의 술 문화는 역사가 유구하다. 《呂氏春秋》와 《說文》에서 술을 발명한 사람은 夏나라 禹임금시대의 儀狄으로 보고 있다. 그러나 고고학의 발굴에 의하면 모계 씨족사회에서 부계 씨족사회로 전환하는 과도기에 술은 이미 존재하였다. 지금으로부터 7천 년 전 大汶口 문화유적지에서 작은 용량의 손잡이가 높게 달린 컵〔高柄杯〕을 발굴하였는데, 바로 당시 사람들이 술을 마셨던 그릇이었다.(王《史》, 103-104) 商대 후기에 이르면 술 문화는 더욱 풍부하고 다채로워졌다. 殷나라 紂王의 통치시기에 '酒池肉林'이라는 말이 있었는데, 당시에는 폭주를 하

82 '酒'字 참조. "고대에 儀狄이 酒醪를 만들었는데, 禹가 맛을 보고 향기롭다 하였다. 그리하여 소에서 儀狄이라 하였다."고 하였다. p.311.

는 기풍이 나날이 유행되었고, 술의 종류와 수량도 점점 더 많아졌다. 西周와 東周시기에 술은 음식문화의 중요한 요소일 뿐만 아니라 각종 제사와 경전행사에서 없어서는 안 되는 음식이었다. 東周시기에 만들어진 《周禮》에는 술의 종류와 수량이 매우 많아 감탄을 금치 못하게 한다. 술은 용도에 따라 다음과 같이 나누었다. 事酒(일이 있을 때 빚는 술, 예를 들면 관혼상제, 경조사를 위하여 준비한 술), 公酒(공무로 인해 만든 술), 禮酒(대접하기 위한 술), 飮酒(일상적으로 마시는 술), 秩酒(늙은 신하에게 내리는 술) 등이다. 또한 술을 빚는 시간과 품질에 따라 淸酒(걸러서 찌꺼기가 없는 술), 齊(盎齊, 泛齊, 沈齊, 醍齊, 緹齊의 다섯 가지가 있다. 모두 거르지 않은 술인데 상태가 각각 다르다), 昔酒(오래 동안 빚은 술)로 나눈다.(劉《周》, 83-84)

양주는 농작물 재배기술의 발전과 더불어 발전되었다. 갑골문에 이미 '粟'자가 나타났고, 로 썼다. 이 문자는 알알이 모여서 이루어진 이삭모양을 나타낸다. 이런 작물은 북방의 건조성 기후인 황토지대에서 성장하기에 적합하였다. 夏商시대의 술은 조를 사용해서 빚었고, 그 이후에는 찰기가 강한 노란색 기장쌀로 빚었기 때문에 이 술을 '畐'이라 불렀다. 갑골문에서는 로 썼는데, 다리가 높은 술잔에 맛있는 술을 담은 형태를 나타낸다. '畐'은 보통 제사에 사용되었는데 畐이라 불렀으며 귀신들이 즐거워하는 의미가 들어있다.

중국고대의 술 문화와 제사문화, 예의문화는 모두 밀접한 관계가 있다. 천자를 알현하거나 관혼상제 등 상황에 따라 어떤 술을 사용하고 어떤 酒器를 사용하며, 술항아리와 술잔을 얼마나 진열하는지 등에 대해 모두 엄격한 규정이 있었다. 《禮記·禮器》에서 "존귀한 사람은 한 되 되는 爵으로 獻爵하고, 천한 사람은 5되 되는 散으로 헌작하며, 잔을 들어 마실 때 높은 사람은 3되 되는 觶를 들고 낮은 사람은 4되 되는 角을 든다(貴者獻以爵, 賤者獻以散, 尊者擧觶, 卑者擧角)."라고 하였다.(阮

《疏》, 1433) 손님에게 술을 권할 때는 신분에 따라 술잔을 나누어 사용하였다. 존귀한 사람에게는 작은 술잔으로 권했고, 자기보다 신분이 낮은 사람에게만 큰 술잔을 사용하였다. 그러므로 술 문화는 단지 물질문화의 문제만은 아니었다. 그러므로 술은 중국 사람들의 마음속에서 마시는 것일 뿐만 아니라 신성한 상징적인 의미가 있는 것이다.

(4) '歙'과 '食'에 내포된 고대 중국 음식문화 요소

'飮'의 방식에는 여러 가지가 있다. 들이마시는(폐의 호흡에 따라 물을 위안에 흡입함) 것이고 들이마시는 방법에는 입으로 마시는 것과 코로 마시는 것이 있는데 코로 마시는 것을 '鼻飮'이라 한다. 코로 마시는 것은 빨대를 사용한다. 입으로 마시는 것은 빨대를 사용하는 것과 사용하지 않는 것 두 가지가 있다. 태국에서는 습관적으로 빨대를 사용한다. 태국인은 생수를 마셔도 빨대를 사용한다. 그들은 직접 입으로 마시는 것을 문명화되지 못한 행위로 본다. 사실 입으로 마실 때 빨대를 사용하는 것은 코로 마실 때의 영향을 받은 흔적이 남아있기 때문일 것이다.

고대 傣, 壮, 侗, 瑶 등의 민족에게는 모두 코로 마시는 전통이 있었다. 태국 최초의 이민 중에는 고대의 중국 남방에서 건너간 소수민족들이 적지 않았는데, 코로 마시는 습관은 틀림없이 태국인들의 음식문화에 영향을 주었을 것이다.

《漢書·賈捐之傳》에서 "駱越(지금의 해남도)사람들은 예의가 없어서 부자가 동시에 같은 강에서 목욕을 하고 코로 술을 마시는 습관이 있으며, 원래 군현을 설치할 곳이 못 된다(駱越之人父子同川而浴, 相習以鼻飮, 與禽兽無異, 本不足郡縣置也)."라고 하였다.(班《漢》, 2834) 《後漢書·文苑傳·杜篤》에는 "그리하여 부부합장하고 소박한 차림을 하며 부자가 같이 강에서 목욕을 하고 코로 물을 마시며, 누구나 다 양말을 신지 않고 맨 발로 무릎을 꿇고 이마가 땅에 닿으며 정성껏 예의를 차렸으며 사기가 꺾여 마치 항복한 포로 같았다(於是同穴裘褐之域, 共川鼻飮之國, 莫不袒跣稽顙, 失氣虜伏)."라고 하였다.(範《書》, 2600) 이 자료에서 兩漢시기 남방의 소수민족 중에 侗水語의 한 갈래인 민족이 여전히 코로 마시는 습관을 유지하고 있었다는 것을 알 수 있다.

南宋 때 廣東과 廣西에서 관리로 있던 周去非는 廣西省 壯侗민족이 코로 마시는 상황을 직접 목격했다. 그는《嶺外代答》에서 '鼻飮'이라는 제목을 소절로 코로 마시는 방법과 좋은 점에 대하여 상세하게 기술하고 있는데 아래와 같이 인용한다.

> 邕州 溪峒 및 欽州부락에서 대부분 코로 마시는 풍속이 있다. 鼻飮하는 방법은 표주박으로 물을 조금 담아 소금과 생강즙을 몇 방울 물에 떨어뜨리고, 표주박에는 구멍이 있는데, 작은 관을 병 아구리처럼 설치하고 코에 꼽아 물을 머리까지 올리고 머리에서 목구멍으로 들어가게 한다. 부자들은 은으로 마시고, 그보다 못한 사람들은 질그릇을 사용하고, 더 못한 사람들은 표주박을 사용한다. 마실 때 반드시 입에 젓갈을 한 조각 씹어야 하며, 그 다음 물을 코에 넣는데, 기체와 접촉하지 못하도록 마실 때 반드시 트림을 하여야 한다. 그래야만 찬 머리를 빨리 격리시켜주기 때문이다. (코로 마실 때) 단지 물만 마셨다. 어떤 사람들은 코로 마시는 방법으로 술을 마셨다고 하는데 이는 틀린다. 또 어떤 사람들은 코로 마실 때 손으로 물을 받쳐 들고 마셨다고 하는데, 이것 또한 틀린다(邕州溪峒及欽州村落, 俗多鼻飮. 鼻飮之法, 以瓢盛少水, 置鹽及山姜汁数滴於水中, 瓢則有竅, 施小管如瓶嘴, 插諸鼻中, 導水升腦, 循腦而下入喉. 富者以銀爲之, 次以錫, 次以陶

器, 次瓢. 飮時必口噍魚鲊一片, 然後水安流入鼻, 不與氣相激, 旣飮必噫氣, 以爲凉腦快膈, 莫如此也. 止可飮水, 謂飮酒者, 非也. 謂以手掬水吸飮, 亦非也).(周《答》十, 12)

周去非의 기록은 상당히 구체적이고 상세하다. 그가 눈으로 직접 보았기 때문에 믿을만하다. 하지만 "단지 물만 마셨다. 코로 술을 마셨다고 하는 것은 옳지 않다(止可飮水, 謂飮酒者, 非也)."라는 말은 아직도 의심이 간다.

코로 마시는 습관은 오늘날도 越人의 후예들이 여전히 보유하고 있다. 미국 예일대학 의학원 유전학과의 인류학자 李輝는 라오스 花盘省에서 康族들이 사는 한 원시부락에서 지금까지 여전히 코로 마시는 습관을 보유하고 있다는 것을 발견하였다. 康族은 藏緬語 族侗水語의 한 갈래이며 전란을 피하여 라오스의 花盤까지 도피해 간 민족이라고 한다. "그들은 가느다란 대나무관으로 항아리에서 술을 흡입하여 콧구멍을 통하여 체내에 빨아들인다."(李《聞》, 71) 이들의 풍속에서 역사서에 기재되어 있는 코로 흡입하는 풍속은 존재하였으며, 周去非가 말한 것처럼 물만 마시는 것이 아니라 코로 술도 마셨음을 알 수 있다. 코로 마시는 것은 코끼리의 행동을 모방한 것일 수도 있는데, 남방의 소수민족들은 코끼리와 많이 접촉하기 때문에 코로 마시는 것은 동물 모방행위에 속하는 것이다.

또 다른 음료 마시는 방식은 핥아 마시는 것이다. 핥아 마신다고 하면 사람들은 아마도 개를 떠올릴 것이다. 사천성 방언에는 '개가 죽을 먹다—쭉쭉〔一套儿一套儿的〕'이라는 속담이 있다. '套儿'는 개가 죽을 마실 때 내는 소리를 말하는데, 그 비슷한 음으로 사람이 말을 할 때 거침없이 말함을 나타낸다. 핥아서 마시는 것은 개를 대표하는 행동 같지만 사실은 그렇지 않다. 중국 고대인들은 핥는 방식으로 마셨던 것이다. ''은 한 사람이 몸을 굽히고 항아리에 혀를 내밀어 음료수를 핥아먹는 형상이다. 이것은 바로 고대 선민들이 음료수를 마시는 상황에 대한 생동적이고 사실적인 모습이다. 최초 원시적인 상태의 歙은 핥아서 마시는 것이다. 이것도 또한 모방행위이다. 현재 인도의 斯坦族은 지금도 핥아서 마시는 풍속이 있으며, 주인과 손님이 차를 마실 때 모두 핥아서 마시는 방식을 취한다.

'食'은 밥을 먹는 것을 가리킨다. 인류는 밥을 먹는 방식에도 여러 가지가 있는데 나이프와 포크를 사용하는 것도 있고, '젓가락'을 사용하기도 하고, 또한 손으로 집어 먹기도 한다. 한족만 보더라도 밥을 먹는 방식에서 아주 큰 변화가 있었다. 먼저 밥을 먹는 도구에 변혁이 있었다. 즉 '젓가락'이 생기면서 더 이상 손으로 집어 먹지 않게 되었다. 다른 하나는 밥을 먹는 자세에 큰 변화가 있었다. 무릎을 꿇고 음식을 마주 하던 자세가 발을 드리우고 앉아서 자유롭게 음식을 먹게 되었다. 세 번째는 밥을 먹는 횟수, 정찬과 보조끼니에 대한 규칙에 변화가 있었다. 이런 문제들은 '食'의 초기 형태를 통하여 실마리를 찾을 수 있다.

'歙'과 '食' 두 자의 갑골문 자형에서 고대 중국인의 음식문화에 대한 몇몇 특징을 엿볼 수 있다.

첫째, '歙'은 '酉'로 구성되었고 '食'은 '皀'으로 구성되어 있어, 자형에서부터 두 문자는 구분이 된다. '酉'에 담을 수 있는 수액은 제한되어 있으며, 항아리 용기만큼 담을 수 있다. 그러나 '皀'에 담을 수 있는 밥은 簋를 넘쳐나서 산 모양을 이룰 수 있다. 이런 모양은 사실 중국 고대의 음식문화 요소가 내포되어 있다. 그것은 바로 사람들의 음식물에 대한 요구가 '많으면 많을수록 좋다는' 것이다. 그러나 음료수에 대해서, 특히 주류는 적당한 정도에서 그쳐야 하는 것이다. 한어 어휘에는 '술과 밥을 배불리 먹다(酒足飯飽)'라는 말이 있다. '飽'는《說文·食部》에서 '猒'으로 해석하고 있다.(大徐本, 108) '飽'와 '猒'은 轉注된다.《甘部》에서 '猒은 飽이다(猒, 飽也).'라고 했다.(大徐本, 100) '猒'으로 음과 의미를 구성한 문자가 '厭'이다.《說文·厂部》에서 '笮'으로 해석한다.(大徐本, 194) 배가 정말 부른 상태〔猒飽〕에 이르자면 반드시 위가 억압받아 눌리는〔迫笮〕 느낌이 있어야 한다. '飽'는 바로 매우 가득한 상태에 이르러야 한다. 그러므로 한어에서 '飽满'이라는 단어가 있는데 '飽'와 '满'은 同義聯合의 관계이다. '足'의 갑골문은 이며, 무릎에서 발가락까지이며 그것은 인체에서 3분의1만 차지한다. '足'의 상태는 바로 본인 분량의 3분의 1에 미치면 되는 것이다. 예를 들면 술을 마실 때 6兩을 마실 수 있는 사람은 2兩만 마시면 되는 것이다. 여기서 우리는 중국 옛사람들이 말하는 '백성에게는 먹는 일이 가장 중요한 일(民以食爲天)'이라는 말의 의미를 알 수 있다. 그것은 바로 밥은 꼭 배불리 먹어야 한다는 것이다. 중국 사람들은 기아에 대한 느낌이 가장 깊다.《說文·食部》에 수록된 62개 문자 중에 기아의 뜻을 나타내거나 그와 관련된 단어가 6개나 되는데, 거의 10분의 1을 차지한다. 이것은 중국이 옛날부터 농경사회였고, 농업이 국민경제에서 아주 큰 비중을 차지하였기 때문이다. 또한 농경의 자연에 대한 의존도는 다른 어떤 경제사회보다 더 높다. 자연재해를 만나거나 인위적인 재해를 입게 되면 음식물이 부족하게 되어 대량의 인구가 기아의 재난 속에 목숨을 잃게 된다.

그러나 '酒' 같은 음료는 사람에게 있어서 그렇게 중요한 필수품은 아니었다. 더구나 술은 사람의 성정을 어지럽힌다. 나라의 제왕이 주색에 빠지면 국가정권의 멸망을 초래한다. 許愼은 다음과 같이 말했다. "고대에 의적이 주료를 만들었는데, 禹가 맛을 보고 감미롭다고 하여 疏에 儀狄을 적었다(古者儀狄作酒醪, 禹嘗之而美, 遂疏儀狄)."(大徐本, 311) 인지상정에 따르면 禹임금은 술을 맛본 후 아주 감미롭다고 여긴 후에 당연히 술을 빚는 방법을 발명한 사람한테 큰 상을 수여해야 했는데, 왜 그를 멀리 하였을까? 처음 술을 맛본 우임금은 술이 국가와 가정과 개인에게 아주 큰 부작용을 가져 올 것임을 예감했다. 《春秋左氏傳·宣公二年》에 "신하가 임금을 모시고 잔치할 때 석 잔을 넘어서는 것은 예의가 아니다(臣侍君宴, 過三爵, 非禮也)."라고 하였다. 鄭玄의 주에서 다음과 같이 말했다. "예에서 석 잔을 넘으면 죽임을 당하므로 물러가야 한다(禮, 飮過三爵則敬殺, 可以去矣)"라고 하였다.(阮《疏》, 1867)) 석 잔을 마시면, 즉 한 사람이 술 마시는 양의 3분의 1을 마시면 '足'을 넘은 것이다. 그러므로 술을 권하는 사람이나 마시는 사람이나 모두 신분지위를 잃게 된다. 술 문화 발원지인 중국에는 무절제하게 술을 마시는 습관이 거의 없는데 이것은 여기에서 근원을 찾을 수 있다.

둘째, '飮'은 '酉'로 구성되었고 '食'은 '皀'으로 구성되었다. 고고학의 실물과 문헌적 기록을 근거로 보면 모두 음식을 나누어 담는 그릇(술잔이나 사발 등)은 아니다. 周 厲王이 스스로 만든 술잔은 높이가 69㎝이고 무게는 60㎏인데 이것은 중국에서 지금까지 발굴한 청동 술잔 중에서 가장 큰 것이다.(馬《器》, 132) 〈考工記·旊人〉에서 "旊人은 簋이며, 食은 1觳이다(旊人爲簋, 食一觳)."라고 하였다.(阮《疏》, 924) 觳은 얼마인지, 1觳이 얼마인지 鄭玄은 여기에 대해서 설명하지 않았다. 그러나 《陶人》직제의 注에서 "觳, 말로 2리터 담을 수 있다(觳, 受斗二升)."라고 하였다.(阮《疏》, 924) 그러므로 簋의 용량은 한사람이 마실 수 있는 분량이 아님은 의심할 나위가 없다. 고대 중국인들의 식사 특징에 군중성을 띠고 있음을 알 수 있다. '飮'과 '食' 두 글자에는 씨족공동체제도의 흔적이 남아 있다. 한 부락의 사람들이 함께 모여서 함께 노동을 통한 수확을 향유하는 것이다. 음식과 술이 담겨져 있는 항아리 옆에 둘러 앉아 한손으로 밥을 들고, 한손으로 술항아리를 잡고 마시며 함께 식사하였다.

손으로 음식을 잡는 것은 고대 문헌에도 기록이 있다. 진한시기에 만들어진 《禮記·麯禮上》에는 "밥을 먹을 때 젓가락을 사용하지 않았다(飯黍毋以箸)"(阮《疏》, 1242)라고 기재되어 있다. 같은 문장에 "스프에 야채가 있으면 젓가락을 사용하고, 야채가 없으면 젓가락을 사용하지 않았다(羹之有菜者用梜, 其無菜者不用梜)"라고 하였다.(阮《疏》, 1243) '箸'와 '梜'은 모두 젓가락의 별칭이다. 이 문헌에서 알 수 있듯이 고대인들이 밥을 먹을 때 젓가락을 사용하지 않았다. 젓가락은 초기에 밥을 먹는데 사용된 것이 아니라 국이나 스프의 야채건더기를 건지는데 사용되었다.

《儀禮》 중의 〈少牢〉·〈特牲〉에 '三飯'·'五飯'·'九飯'이라는 명칭이 나온다. 청나라 黃以周의 《禮書通故·食禮二》에는 "고대 사람들은 밥을 손으로 먹었다. 밥을 먹은 禮儀에 기재된 식사에는 飯数가 있는데 한 손으로 잡은 것이 1飯이고, 1飯은 3번 삼킨다(案古者飯以手. 凡禮食有飯数, 一手謂之一飯, 一飯三咽)"라고 하였다.(錢《典》, 56) '飯以手'는 손으로 簠에 담긴 음식을 잡는다는 의미이다.

고대 중국에서는 아주 오랜 기간 동안 손으로 밥을 집어먹으며 식사를 하였다. '젓가락(筷子)'(별칭으로 '箸'라고 함)이 나타난 것은 비교적 늦은 시기였다. 《史記·十二諸侯年表》에 의하면 "주왕이 한 쌍의 상아 젓가락을 만들었는데, 箕子(주왕의 숙부)가 탄식하였다(紂爲象箸而箕子唏)"라고 하였다. 당나라 司馬貞이 《索隱》에서 '젓가락이다(卽筯也)'라고 하였다.(《史記》, 509-510) '젓가락'으로 밥을 먹은 것은 商나라 말기 紂王때에 시작된 것임을 알 수 있다.

손으로 음식을 집어 먹는 것은 고대 문자학에서도 증명되었다. '食'

과 관련된 한자는 예를 들면 다음과 같다.

卽의 本義는 밥 먹는 것과 관련이 있다. 갑골문의 형태는 다음과 같다.

一期鐵三八.三

혹은 다음과 같다

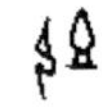一期京一0五二

무릎 꿇고 앉은 사람이 음식이 담겨져 있는 기물 앞에 가까이 다가서서 식사하는 의미를 나타낸다. 그 중에 사람의 형태를 나타내는 構件에는 손에 젓가락을 쥐고 있는 형태가 보이지 않는다. '卽'의 金文은 아래와 같다.

谏簋[83]

그 銘文에는 '卽立'이라 했는데, 바로 '卽位'라는 의미이다. 《金文編》의 편집자는 굴복하다의 의미인 '𣪘'로 잘못 적었다고 여기지만, 사실 잘못 쓴 것이 아니다. '卽'처럼 '人'과 '皀'의 의미가 합성된 것이다. 그러나 손으로 밥을 잡는 것을 두드러지게 하기 위하여 사람 밑에 '又'자를 덧붙인 것이다.

'卽'과 의미가 상대적인 문자가 바로 '旣'이다. 갑골문 자형은 다음

83 李圃가 주편한 《古文字詁林》第五冊, p.285 인용.

과 같다.

一期佚六九五

혹은 다음과 같다.

一期乙四七0一

앞의 갑골문은 사람이 아주 배불리 먹은 뒤 밥을 보고도 머리를 다른 곳으로 돌리고 있는 모양을 나타내며, 뒤의 갑골문은 아예 온 몸으로 밥이 담겨진 그릇을 등지고 있는 모습이다. 이 두 문자의 本義는 밥을 먹었다는 뜻이며, 이 의미에서 모든 일을 이미 다 했다는 의미인 '已經', '已然'이라는 의미가 인신되었다. 사람을 나타내는 構件도 손을 모으고 꿇어앉은 모습인데, 젓가락을 내려놓는 형태는 보이지 않는다. 더욱 관심을 모으는 것은《續甲骨文編》編號 1793인 '旣'의 형태가 다음과 같다는 것이다.

1793[84]

이 갑골문에서 사람을 나타내는 構件 ''은 손을 비빈다는 의미를 가지고 있으며 '밥을 먹은 후 손을 닦고 떠나려고 하는 것'을 나타낸다. 옛사람들이 '밥'을 손으로 먹었다는 것이 믿을 만한 것임을 알 수 있다.

84 李圃가 주편한《古文字詁林》第五冊, p.288 인용.

만약 상술한 '旣'와 '卽'의 갑골문(金文)형태로도 증거가 부족하다면, 소전체 중의 '𢍏'가 고대인들이 손으로 밥을 먹는 다는 것을 증명할 수 있다. 《說文·廾部》에 "𢍏, 밥을 뭉치다. 廾으로 구성되었고 釆음을 따른다. 고문에서 글자를 분간하기 위하여 읽을 때 書卷의 卷처럼 읽었다(𢍏, 摶飯也, 从廾釆聲. 古文辨字, 讀若書卷)."라고 하였다.(大徐本, 59) 許愼이 주석한 本義에 대한 해석은 字形에 대한 분석과 부합하지 않는다. '밥을 뭉치자〔摶飯〕'라고 해석하면, 마땅히 '米飯'과 관련이 있어야 하는데 어떻게 '새와 짐승의 발자국 흔적'을 나타내는 '釆'와 관계를 가질 수 있는 것 있는 것인가? 청대의 王筠은 이 문제에 대해서 다음과 같이 말했다. "𢍏으로 추측되고, 廾와 米로 구성된 회의자이다(疑當作𢍏, 从廾米會意)."(王《讀》, 91) 王筠의 주석은 따를 만하다. 小篆의 '米'와 '釆'자는 아주 흡사하다. 米와 釆의 형태가 비슷하여 와전된 현상이 한자에서는 비일비재하다. 《禮記·麯禮上》에서 '毋摶飯'이라고 하였다. 鄭玄의 주석에 "배는 부르려고 하나 양보하지 않았다(欲飽不謙)"라고 하였다.(阮《疏》, 1242) 이것은 禮儀에서 금기하는 행동이다. 고대 사람들 4명이 함께 식사를 할 때, 한 사람이 자기가 먼저 배불리 먹으려고 두 손으로 밥을 쥐고 뭉쳐서 주먹밥을 만드는 예의가 없는 행위는 다른 세 사람의 반감을 사게 된다. 그러므로 예의를 제정한 사람들은 이런 예의 없는 행위를 두절하기 위해서 금기로 정하였다. 許愼은 五經에 정통하였다. 그가 '밥을 뭉치다〔摶飯〕'로 '𢍏'을 해석한 것은 아주 뛰어난 해석이다. 후에 이 글자가 '서권(書卷)'과 연관성을 가지는 것 또한 해석이 가능하게 된다. 주먹밥은 두 손을 상하로 교체하면서 합쳐지고 서적 또한 두 손으로 교체하면서 말아서 합쳐진다. 그러나 許愼은 잘못된 글자 형태를 분석하였기 때문에 분명히 틀린 것이다. 王筠의 주장도 고대 문자 자료를 통해 증명해야 한다.

이상에서 알 수 있듯이 고대문헌자료에서나 문자자료에서 고대인들은 밥을 먹을 때 손으로 집어 먹었으며, 젓가락이나 나이프, 포크 등의 도구가 없어도 식사가 가능했음을 알 수 있다.

고대 음식은 집단성이 있었기 때문에 형식을 매우 중시했다. 고대 귀족계층의 음식생활은 다채로웠다. 음식은 다양할 뿐만 아니라 야채와 고기가 서로 배합되었다.

주식의 재료로는 오곡이 있다. 黍(찰기장 혹은 옥수수종류), 稷(기장), 稻, 粱(수수), 麥 등이다[85]. 오곡은 밥을 짓는 다섯 가지 재료이다. 오곡으로 만든 밥에 苽(고, 줄)을 합쳐 '六食' 또는 '육자(六粢)'라고 불렀다. 그릇에 담긴 음식을 '粢盛'이라하였고, 익힌 쌀밥을 '희(饎)'라고 불렀다.

부식은 채소와 고기 두 가지로 나뉜다.

채소에는 야채가 있고 훈채(葷菜)가 있다. 주의해야 할 것은 고대 문헌에서 말하는 훈채는 지금과 완전히 다르다는 것이다. 오늘날의 훈채는 육식 종류를 말한다. 고대의 훈채는 파, 생강, 마늘 등을 가리킨다. 오늘날 파, 생강, 마늘은 양념으로만 쓰인다. 고대 사람들은 이 세 가지 훈채를 자주 먹으면 사악함을 물리친다고 여겼다. 그러므로 요리할 때 파, 생강, 마늘을 사용하는 것을 아주 중시했다. 지금도 사람들은 생강이 습기를 제거하고, 마늘은 살균작용을 한다고 중시하고 있으므로, 생강과 마늘이 사악함을 물리친다는 말을 완전히 부정할 수는 없다.

육식은 또 제사음식과 제사음식이 아닌 것으로 나뉜다. 소, 양, 개, 돼지, 닭은 자주 제사상에 사용되어서 '五牲'이라 하며, 그 고기로 음

85 五穀 종류에 대한 설은 각자 다르다. 여기서는 錢玄, 錢興奇의 《三禮辭典》에서 인용한 金鶚 《求古錄·禮說》의 '五穀'을 따른 것이다. p.170 참조, 江蘇古籍出版社, 1998年版本.

식을 만들면 '牲肉'이라 하였다. '五牲'에 말〔馬〕을 더 하면 '六牲'이 된다. 《周禮·天官·膳夫》직제에 이르기를 "왕에게 올리는 음식에는 6가지 곡식(차진 벼, 차기장, 메기장, 조, 보리, 줄)을 사용하고, 6가지 희생(말, 소, 양, 돼지, 개, 닭)을 사용하였다(凡王之饋, 食用六穀, 膳用六牲)."(阮《疏》, 659)라고 하였다. 그 중의 '六穀'은 즉 기장, 조, 벼, 수수, 고량, 밀, 줄이다. '六牲'은 말, 소, 양, 개, 돼지, 닭이다. 공식적인 장소에서나 대형연회에서는 주식의 여섯 가지를 모두 차려놓아야 하는데, 이것을 '정찬(正饌)'이라 한다. 정찬에는 여섯 가지 기물이 놓여 있으며, 여섯 가지 기물에 담아져 있는 주식이 바로 '육식(六食)'이었다.

육생은 반드시 모두 준비되어야 하는 것은 아니다. 천자가 토지의 신인 사(社)와 곡식의 신인 稷에게 제사를 지낼 때 소와 양, 돼지 세 가지 가축을 죽이는데 이를 '大牢(음은 太)'라고 부른다. 그리고 제후들이 사와 직에 제사를 지낼 때는 두 가지 가축만 죽일 수 있으며, 천자보다 한 등급 낮추어서 소와 양을 죽이거나 돼지와 양을 죽이는데 이를 '少牢'라고 한다.

하이에나〔鬣狗〕, 사슴, 물고기, 자라〔魚鼈〕 등은 제물로 바치는 동물이 아니며, 이런 고기들은 비생육(非牲肉)으로 분리된다.

또한 육식에도 신선한 고기와 마른 고기로 나뉜다. 마른 고기는 자연풍에 말린 고기를 '건(乾)'이라고 하며, 불에 훈제하여 말린 고기를 '석(臘)'이라고 부르며, 햇빛에 말린 고기를 '포(脯)'라고 한다. 햇빛에 말린 생선은 '숙(鱐)'이라 하고, 말린 꿩고기는'거(腒)'라고 한다.

중국의 옛날 사람들은 야채를 그대로 먹는 것을 좋아하지 않았다. 국을 끓일 때 넣어 푹 삶아서 먹었는데, 한국의 된장국에 넣는 야채건더기와 같았다. 그렇지 않으면 소금에 절여서 김치와 비슷한 것을 만들었는데, 그것을 '저(菹)'라고 불렀다. '저'에는 일곱 가지가 있었는데,

구저(韭菹, 부추로 담근 김치), 청저(菁菹, 양배추로 만든 김치), 묘저(茆菹, 부레옥잠으로 만든 것), 규저(葵菹, 비름으로 만든 것), 근저(芹菹, 셀러리로 만든 것), 지저(箈菹, 화살모양의 죽순으로 만든 것), 순저(笋菹, 여러 가지 죽순으로 만든 것) 등이다.

중국의 옛날 사람들은 육류식품으로 육장을 만들었는데, '해(醢)'라고 부른다. '해'에도 일곱 가지가 있었는데, 탐해(醓醢, 여러 가지 고기를 푹 삶아서 즙을 취하여 만든 것), 라해(蠃醢, 소라, 다슬기로 만든 것), 방해(蚌醢, 방합으로 만든 것), 지해(蚳醢, 개미알로 만든 것), 어해(魚醢, 생선으로 만든 것), 토해(兔醢, 토끼고기로 만든 것), 안해(雁醢, 기러기고기로 만든 것) 등이다. 《周禮·天官》에는 '해인(醢人)'이라는 관직이 있는데, 궁정에 보내기 위한 절인 채소와 육장을 만드는 일을 관장하는 사무직이다. 직제에는 "왕의 식사에 젓갈 60항아리 제공하고 오제(五齊)와 칠해(七醢), 칠저(七菹)와 삼니(三臡)로써 채운다(王舉, 則共醢六十甕, 以五齊、七醢、七菹、三臡實之)."라고 하였다.(阮《疏》, 675)

여기에서 말하는 '거(舉)'는 천자의 정찬(正饌)을 말하는데, 즉 정찬이다. 중국 고대의 정찬은 아침에 진행되는데, 조찬이 바로 정찬이며 점심과 저녁에 먹는 것은 모두 조찬에서 남은 것들이었다. 정찬은 아주 풍부하였으며 성대했다. 제물을 죽여 제사지내고, 음악을 연주하였다. 음식은 무려 120가지나 되었다. 《周禮·天官·膳夫》에서 "羞는 120가지 품목을 사용한다(羞用百有二十品)."라고 하였다.(阮《疏》, 659) 점심과 저녁밥을 '가찬(加饌)'이라 하였다. 제물을 죽이지 않았고, 음식품목이 완비되지 않아도 되며, 밥 먹는 시간과 장소도 비교적 자유로웠기 때문에 또한 '연식(燕食)'이라고도 하는데, 연침(燕寢) 중에 먹을 수도 있었다. 위에서 실행하면서 아래서도 따라하게 되어서, 민간에서도 조찬을 매우 중시하였다. 이전에는 중국대륙 농촌의 조찬도 매우 중시되어, 오전 9시경에야 먹었다. 한국에서는 오늘날까지도 조찬에 쌀밥과 여러 가지 육식을 먹으며, 점심에는 쌀밥과 김치를 먹는다. 이런 음식습관은 중국의 전통음식문화의 영향을 받았을 것이다.

고대에 조미료도 매우 풍부했다. '五味'와 '六和'설이 있다. 《禮記·禮運》에 "五味와 六和와 十二食은 돌아서 서로 바탕이 된다(五味、六和、十二食, 还相爲質也)."라고 하였다. 鄭玄의 주에 "오미는 시고, 쓰고, 맵고, 짜고, 단것(五味: 酸、苦、辛、鹹、甘也)."이라고 하였다.(阮《疏》, 1423) 대응하는 다섯 가지 조미료는 식초, 술, 생강, 소금, 꿀이다[86].

'六和'란 춘하추동 사계절에 따라 음식 맛을 조절하는 것을 가리킨다. 鄭玄의 주에서는 "봄에는 신 맛이 많고, 여름에는 쓴 맛이 많으며, 가을에는 매운 맛이 많고, 겨울에는 짠맛이 많이 난다. 거기에 또한 부드러운 단맛을 가지고 있기 때문에 육화라고 부른다(春多酸、夏多苦、秋多辛、冬多鹹, 皆有滑、甘, 是謂六和)."라고 하였다.(阮《疏》, 1423) 부드러운 맛과 단맛, 이 두 가지는 사계절에 모두 적합하다. 六和의 관건은 조절에 있고, 조절을 통해서 오미와 어울리게 된다.

《周禮》의 기재에는 매제(梅諸), 도제(桃諸), 건료(乾橑) 등이 있다. 매실, 복숭아 등 과일을 말려서 만든 건포도류와 같은 식품이다.

그리고 통조림을 만드는 방법을 니(臡)라 하며, 사슴고기를 푹 삶은 후 뼈와 고기를 함께 움에 저장하였다.

중국 고대에는 음료의 종류도 적지 않았다. 《周禮》에는 '五齊(후에 劑로 씀)', '육음(六飮)'이라 하였다.

《天官·酒正》직제에서 이르기를, "오제(五齊)의 명칭을 변별해보면 첫째는 범제(泛齊), 둘째는 예제(醴齊), 셋째는 앙제(盎齊), 넷째는 제제(緹齊), 다섯째는 침제(沈齊)(辨五齊之名: 一日泛齊, 二日醴齊, 三日盎齊, 四日緹齊, 五日沈齊)."라고 하였다.(阮《疏》, 668) 오제는 모두 곡주와 관련이 있다. '범제'는 쌀알

86 《周禮·天官·疾医》"五味" 의 鄭玄 注 참조.

이 떠있는 술을 말한다. '여제'는 부녀들이 한 달 산후조리 할 때 먹는 감주이다. '앙제'는 감주 중에 맑고 양파 같은 백색을 띤 술을 말한다. '제제'는 붉은 색을 띠고 있는 감주이다. '침제'는 찌꺼기가 가라앉은 감주이다. 오제는 감주의 상태와 색깔에 따라 이름 지은 것이다.

《天官·漿人》직제에서 이르기를 "장인은 왕이 마시는 6가지 음료수인 물과 장(漿), 예(醴), 양(涼), 의(醫), 이(酏)를 장만하는 일을 관장하며, 酒府(술창고)에 납품한다(掌共王之六飮, 水、漿、醴、涼、醫、酏, 入於酒府)."라고 하였다.(阮《疏》, 670) 이것은 옛 사람들이 자주 마시던 음료이다. 물, 漿, 醴(동시에 주류에도 속함), 涼, 醫, 酏를 '육음(六飮)'이라 했다. '육음' 중에서 물이 최상인데, 이것은 지금까지 시사하는 바가 크다. '漿'은 오늘날 산매탕(酸梅汤)이다. '涼'은 더운 날에 쌀을 볶은 후 물을 넣어서 만든 음료인데, 사천성 동부 일대에서는 '볶은 쌀을 끓인 차〔糊米茶〕'라고 부른다. 이 차는 여름에 마시면 열을 내리고 해독하는 효과가 있으며, 醴, 醫, 酏 세 가지는 곡주와 관련이 있다.

중국의 고대 음식문화에는 사실상 많은 예의문화가 내포되어 있다.

중국 고대인들이 밥을 먹을 때 앉는 자세는 '食'자와 관련된 '卽'과 '旣'의 초기 자형에서 알 수 있듯이 꿇어앉는 자세이며, 두 무릎은 착지하고 엉덩이는 발뒤축에 닿아야 한다. 우리가 오늘날 식사 할 때 앉는 자세는 다른 종족〔胡人〕들에게서 배운 것인데, 수족좌(垂足坐)라고 부르는 까닭은 책상과 걸상이 높아서 사람이 앉으면 두 발이 아래로 처지기 때문이다.

중국 고대 사람들은 손님에게 술을 권하는 것을 '獻'이라 하고, 주인에게 답례의 술을 권하는 것을 '酢'라고 한다. 주인이 손님의 답례가 끝난 후 다시 손님에게 술을 권하는 것을 '酬'라고 한다[87].

주인이 손님을 식사에 초대한 자리에서 먼저 음식 맛을 보는데, 이 때 사용하는 용어에는 '제(嚌)'와 '쵀(啐)'가 있다. 음식물이 어금니에 이르면 '嚌'라고 하고, 음식물이 입에 들어가면 '啐'라 한다. 식사 후 입가심을 하는데 물로 입가심하는 경우도 있고 술로 입가심하는 경우도 있는데, 술로 입가심하는 것을 '윤(酳)'이라 한다.

식사 할 때도 일련의 금기사항이 있다. 《禮記·麯禮上》에 가장 상세하게 기재되어 있다. 그 내용에서 아래와 같은 몇 가지로 정리할 수 있다.

(1) '共飯不澤手'. 이것은 고대 사람들이 밥을 먹을 때 손으로 잡고 먹었다는 것을 가장 잘 설명한다. 공반(共飯)이라는 것은 넷이 한 밥상에 앉아서 밥을 먹는 것인데, 밥을 먹기 전에 응당 손을 씻어야 한다. 밥을 먹으려고 할 때 손을 씻지 않은 것이 생각나서 몸에 손을 닦고 밥을 쥐면 동석인 세 사람들의 반감을 사게 된다.

(2) '毋摶飯'. 두 손으로 밥을 쥐고 덩어리로 만들지 말아야 한다. 그렇게 하면 다른 사람들이 혐오하게 된다.

(3) '毋放飯'. 다 먹지 못한 밥을 다시 그릇에 담으면 안 된다.

(4) '毋流歠'. 술과 기타 음료를 한 번에 많이 마시지 말아야 한다. 그렇게 되면 입과 목이 모두 축축하게 젖게 된다.

(5) '毋咤食'. 밥 먹을 때 입에서 씹는 소리를 크게 내지 말아야 한다.

87 錢玄, 錢興奇, 《三禮辭典》, p.1252 참조, 江蘇古籍出版社 1998年版本.

(6) '毋嚙骨'. 뼈에 붙은 고기를 먹을 때 강아지처럼 직접 뼈다귀를 뜯으면 안 되고, 젓가락으로 뼈에서 고기를 긁어낸 후 입에 넣어야 한다. 이 부분은 오늘날의 중국인들도 제대로 못하고 있다.

(7) '毋反魚肉'. 먹다 남은 생선과 기타 육식을 접시에 도로 갖다 놓지 말아야 한다.

(8) '毋嚃羹'. 입을 크게 벌리고 국을 마시며 소리를 내지 말아야 한다.

(9) '毋揚飯'. 손에 밥을 한가득 쥐지 말아야 한다. 그렇게 하면 밥을 먹을 때 밥이 손에서 흘러내리는데 이것을 양반(揚飯)이라 한다.

(10) '毋嘬炙'[88]. 한꺼번에 큰 고기 덩어리를 삼키지 말아야 한다.

결론적으로 갑골문이 반영한 것은 중국 태고의 사람들이 국물을 마시는 장면인데 그 방법은 핥아서 먹는 것이다. 갑골문 은 음식이 충분히 담긴 그릇인 '궤(簋)'를 나타내는데 '쌀을 한데 모아 음식을 만든' 의미의 특징을 가지고 있다. '酉'로 구성된 '飮'과 '皀(簋)'으로 구성된 '食'은 모두 음료와 음식을 담는 그릇이다. 이 문자는 중국의 상고시대 농경문명과 기물문명이 발전한 정도를 표시한다. '酉'로 구성된 '飮'은 최초에 술을 담는 항아리로 사용된 것은 아니었지만 후에 술과 밀접한 관계를 가지게 된 것이다. 양주업의 발전은 농경세작의 발전에 의해야 한다. 많은 품질 좋은 곡물들을 생산해야만 양주업의 발전

---

88 이상의 내용은 모두 《禮記·麯禮上》(阮元 등이 校刻한 《十三經注疏》(上), p.1242, 中華書局, 1981年版本)에 보인다.

이 가능한 것이다. '歙'과 '食' 두 문자의 출현은 중국고대의 농경문명과 기물문명이 이미 비교적 성숙된 단계로 발전하였다는 것을 나타낸다. 중국 고대 음식문화의 발생은 중국고대 농경문명의 발전과 동시에 나타났다. '食'자에는 고대 중국의 술 문화의 흔적이 내포되어 있다. 양조기술 또한 농작물 재배기술의 제고와 함께 발전 하였다. 중국고대의 술 문화와 제사문화, 예절문화는 모두 밀접한 관계가 있다. 고대 중국인들의 마음속에 술은 마시는 음료일 뿐만 아니라 장엄하고 신성한 상징적 의의도 가지고 있었다. '歙'과 '食' 두 문자는 중국고대 음식과 음료 문화를 대표하는 글자로서, 음식문화의 요소를 내포하고 있다. '歙'과 '食'의 갑골문에서 우리는 고대 중국인들의 음식문화에 나타난 독특한 민족적 특색을 엿볼 수 있다. 예를 들면 핥아서 마시기, 손으로 먹기, 단체로 식사하기, 禮儀적인 금기 등이다.

2. '宿과 '休'

'宿'과 '休' 두 글자를 머물며 휴식하는 것의 대표 글자로 삼은 것은 다음과 같은 생각에 기초한 것이다. '宿'이 기록한 어휘의 의미는 인류활동 과정 중 에너지를 보충할 필요가 있을 때 비교적 긴 시간 휴식하는 것을 대표할 수 있고, '休'가 기록한 의미는 비교적 짧은 시간의 휴식을 대표한다. '宿'의 초기 자형은 사람이 방안에서 자리에 앉거나 누워있는 모습을 나타내는데, 이 자형을 빌어 사람이 하루 동안의 노동을 한 후 수면보충을 통해 자신의 체력을 보충할 필요가 있음을 나타낸다. '休'의 초기 자형은 사람이 야외에서 걷다가 피로할 때, 나무에 기대어 잠깐 동안의 휴식을 통해 기력을 회복하는 것을 나타낸다. '宿'과 '休' 두 글자는 고대 사람들이 사람이 자신의 체력과 기력을 회복할 때, 잠시도 자연에 의지하지 않을 수 없다는 것을 깨달았음을 나타낸다.

(1) '宿'의 초기 자형 분석

'宿'이 머물며 쉰다는 의미를 나타내는 것은 옛날에 이미 있었고, 그것의 초기 자형과도 부합하는 것이다.

《說文·宀部》에 "𡪢은 머무르며 쉰다는 뜻이다. 宀(면)으로 구성되었고 佰은 발음이다. 佰은 夙의 고문이다(𡪢, 止也. 从宀, 佰聲. 佰, 古文夙)."(大徐本, 151)라고 하였다. 허신이 '止'로써 '宿'을 해석하였는데, '止'의 머물며 쉰다는 의미를 취한 것이지, 그것의 본의인 발가락〔脚趾〕의 의미를 취한 것이 아니다. 段玉裁 주에서 "무릇 머물며 쉬는 것을 宿이라고 한다. 밤에 머물며 쉬는 것, 이 의미는 다만 宿의 여러 가지 의미 중 하나이다. 毛《傳》(《毛詩古訓傳》의 약칭)에서 '하룻밤 묵는 것을 宿이라 하고 이틀 밤 묵는 것을 信이라고 한다.'라고 한 것은 바로 《左傳》의 '무릇 하룻밤 묵는 것을 舍라 하고 이틀 밤 묵는 것을 信이라고 하며, 이틀 밤보다 더 묵는 것을 次라고 한다.'라는 것이다(凡止曰宿. 夜止, 其一耑也. 毛《傳》'一宿曰宿, 再宿曰信'即《左傳》之'凡師一宿曰舍, 再宿曰信, 過信曰次'也)."(段注, 340)라고 하였다. 段玉裁 주에서 인용한 《左傳》은 《左傳·莊公三年》의 글로 孔穎達 疏에서 "舍는 군대가 하루 머물면서 쉬는 것이다(舍者, 軍行一日止而舍息也)."(阮《疏》, 1763) 라고 하였다.

段玉裁 注와 孔穎達 疏를 통해 '宿'이 기록한 의미는 인류의 활동 중 숙박하며 쉬는 것과 직접적인 관계가 있음을 알 수 있다. 군대에 대해 말하자면, 행군하며 전쟁을 할 때에도 멈추고 쉬는 때가 있는데, 상대적으로 안전한 곳에 천막을 치고 주둔하는 것도 '宿'이라고 말할 수 있다. 이는 '宿'의 본래 의미인 '머물며 쉬다'에서 직접 인신한 것이다. 고대에 군대가 하루·이틀·사흘 및 그 이상 주둔하는 것에 대한 전문

적인 용어가 있었는데, '舍'·'信'·'次'로 구별하였다. '舍'·'信'·'次'에는 양사에 준하는 성질이 있다. 이는 다만 군사용어의 범주에서만 사용하는 것으로, 서민들이 숙박하며 쉬는 것에는 양에 따른 명칭 차이가 없다.

'宿'자는 宀으로 구성되었는데, 즉 집과 관계가 있다.《說文·宀部》에 "宀은 (지붕을) 교차하여 덮어서 만든 깊숙한 집이다. 상형이다(宀, 交覆深屋也. 象形)."(大徐本, 150)라고 하였다. 段玉裁 주에서는 "옛날에는 지붕이 四角錐 모양으로 되어 있어서 동서와 남북으로 교차해서 덮었다. 마루도 있고 방도 있는 깊숙한 집이다. <自部>의 '臱(면)'아래에서 '깊고 깊어서 보이지 않는다.'라고 하였는데 여기서 '宀宀'은 깊다는 뜻이다(古者屋四注: 東西與南北皆交覆也. 有堂有室是爲深屋.《自部》'臱'下曰: '宀宀, 不見也.' 是則'宀宀'謂深也)."(段注, 337)라고 하였다. 段玉裁 주는 許愼의 뜻과 부합된다. '交覆'은 동서와 남북이 교차하는 것을 가리키고, '深'은 집의 마루에서 방으로 들어가는 거리를 말하는 것으로, 오늘날 말하는 '進深' 즉 가옥의 남북간 넓이를 가리킨다. 사실 '宀'자 역시 일찍이 생겨난 한자인데, 갑골문은 다음과 같다.

一期合二九五

가옥 구조의 정면모양을 상형한 것이다. 그러므로 '宀'을 의미를 나타내는 構件으로 삼은 글자는 모두 가옥과 유관한데, '宿'도 예외가 아니다.

許愼은 宿의 구성요소인 佰은 夙자의 古文이라고 하였는데, 그 말에는 근거가 있다.《說文·夕部》에 "夙은 아침에 일어나 달에 절한다는 의미인데, 丮(극)으로 구성되었고 사람이 꿇어앉아 물건을 잡고 있는 모양을 상형하였다. 아직 달이 지지 않았는데도 휴식하지 않는다는 것은 아침 일찍 일어나 달에 절하는 사람을 가리킨다. 㐁은 夙의 古文으로 人과 西으로 구성되었고, 㐁 역시 夙의 古文인데 人과 西으로 구성되었으며, 宿이 이것으로 구성되었다(夙, 早敬也, 从丮持事, 雖夕不休, 早敬者也. 㐁, 古文夙从人西, 㐁, 亦古文夙, 从人从西, 宿从此)."(大徐本, 142)라고 하였다. 夙의 고문이 㐁 혹은 㐁과 같다는 것은 도대체 어떤 의미로 만들어진 것인지, 그중의 西 혹은 西은 어떤 물건과 같은 것인지? 許愼은 해석을 하지 않았는데, 우리는 더욱 이른 고문자 자료에서 그 해답을 찾아야 한다.

사실 宿의 구성요소인 㐁도 하나의 오래된 문자로서, 갑골문에 이미 있었는데, 그 형태는 다음과 같다.

一期甲三五三0

혹은 다음과 같다.

一期乙三四七二

바로 한사람이 자리위에 꿇어앉거나 누워있는 모습을 상형한 것이다. '宿' 혹은 '宿'의 구성 요소인 '囗'이 바로 자리의 모양을 상형한 것이다.《說文·巾部》에 "席은 깔개이다.《禮記》에서 '천자와 제후의 자리는 테두리에 도끼 모양의 수가 놓여 있다.'라고 하였다. 巾으로 구성되었고 庶의 생략형으로 구성되었다. 席은 席의 고문으로 石의 생략형으로 구성되었다(席, 藉也.《禮》: 天子諸侯席有黼繡純飾. 从巾庶省. 席, 古文席从石省)."(大徐本, 159)라고 하였다. 段玉裁 주석본에서 '从巾庶省'을 '从巾庶省聲'으로 바꾸고 "이것은 형성이지 회의가 아니다(此形聲, 非會意)."라고 하였는데, 소

전 席은 하나의 생략형이 발음이 된 글자임을 알 수 있다. 고문 '[厂因]'은 段玉裁 주에 의하면 역시 하나의 생략형이 발음이 된 글자이다. 그 주에 이르기를 "아래는 상형이고, 위는 石의 생략형이 발음이 되었다(下象形, 上从石省聲)."(段注, 361)라고 하였다. 段玉裁 주에서 말한 상형은 바로 자리의 모양을 상형한 것이다. 외양은 자리의 가장자리를 상형한 것으로 許愼이 말한 '有黼黼純飾(도끼 모양의 수가 놓여 있다)'이라는 것이다. '黼黼'는 가장자리에 수놓아진 도끼 모양의 무늬이다. 중간의 大은 자리의 무늬이다.

이 '因'은 해서화된 이후 '因'으로 변했지만, 우리는 因으로부터 발음을 취한 '茵'을 통하여 因에 자리의 의미가 있음을 알 수 있다. 《說文·艸部》에서 "茵은 수레에 까는 깔개이다. 艸로 구성되었고, 因은 발음이다. 鞇은 司馬相如가 茵은 革으로 구성된 것이라고 하였다(茵, 車重席, 从艸, 因聲. 鞇, 司馬相如說茵从革)."(大徐本, 25)라고 하였다. 茵의 본의가 바로 수레에 까는 깔개임을 알 수 있다.

'茵'에는 자리〔席子〕의 의미가 있는데, 오늘날에도 아직 그 의미를 간직하고 있다. 예를 들어 축구장을 비유하여 '綠茵場上'이라 하는데, '綠茵'이 바로 녹색의 자리이다. 또 풀밭의 풀이 마치 하나같이 가지런하게 자란 것을 '芳草如茵'이라고 하는데 '如茵'이 바로 자리와 같이 평평함을 상형한 것이다. 그러므로 席의 고문 '[厂因]' 중의 '因'은 갑골문 '[甲骨文]'의 '[甲骨文]'과 금문의 '因'을 연계시킬 수 있는데, 그 사이의 발전과정에 대한 실마리가 일목요연하다.

'因'의 楷書는 자리의 무늬 형상을 '大'로 잘못 변형시켰는데, 이러한 잘못된 변형은 사실 갑골문부터 시작되었다. '因'의 갑골문은 다음과 같다.

後二.四三.三

또는 다음과 같다.

前五.三八.三

이상 두 글자의 형태에서 갑골문은 자리의 무늬를 표시하는 仌를 大로 잘못 변형시켰고, 소전이 갑골문의 잘못을 이어받아 '因'을 囦으로 나타냄으로써, 許愼이 因이 '口와 大'로 구성되었다고 잘못 여기도록 하였음을 알 수 있다. 南唐의 徐鍇는 許愼의 설을 잘못 해석하여 말하기를 "《左傳》에 이르기를 '예의가 있는 나라와 친하고, 국력이 강하고 기반이 단단한 나라에게 가까이 하여 친근하게 한다'(《左傳》曰: '植有禮, 因重固能大者, 衆圍就之')."(大徐本, 129)라고 하였는데, 그 설은 왜곡되었다. '因'은 바로 자리의 네 가장자리에 무늬 장식이 있고, 중간에 꽃무늬가 있는 형태를 상형한 것으로 '口'·'大'와는 전혀 관계가 없다.

許愼이 말한 夙의 고문 '𠈇' 혹은 '㐍'은 사실 마땅히 '宿'의 고문이다. 오늘날 갑골문을 연구하는 학자들은 일반적으로 갑골문 1기의 '佰' 혹은 '㐁'이 바로 '宿'의 초기형태로서, 사람이 자리에 눕거나 꿇어앉은 모양을 상형한 것이고, 한자 構形學의 각도에서 분석하면 마땅히 하나의 형태가 모여 합성된 글자로 인정하는데, 그 공식은 亻X+囧X=佰(XX)이다.

3기 이후에 비로소 '佰'의 기초위에 '宀'을 더하였는데, 그 형태는 다음과 같다.

三期粹一一九九

또는 다음과 같다.

三期甲三三一八

徐中舒는 이 글자를 해석하여 "宀으로 구성되었고, 人과 㐁으로 구성되었다. 㐁은 자리의 모양을 상형한 것이다. 그러므로 이 글자는 사람이 방에서 자리에 앉거나 누워있는 모양을 상형한 것이다."(徐《甲》, 807)라고 하였는데, 徐中舒의 견해는 따를 만하다. 만약 이와 같다면, 𠈇과 宿은 바로 古今字의 관계인 것이다. 宿은 𠈇의 기초위에 의미를 나타내는 구건 '宀'을 더하여 사람이 자리에 앉거나 누워 쉴 때에는 반드시 비바람을 막을 수 있는 방에 의지해야 함을 나타냈다. 宿은 뜻과 음이 합성된 글자로서 그것은 음을 표시하는 구건인 동시에 뜻을 나타내는 것을 겸한다. 그 구형 공식은 宀Y + 𠈇[S/Y[89](人X+㐁X)] = 宿(YS/Y)이다.

(2) '休'의 초기 자형 분석

'休' 역시 머물며 휴식한다는 의미를 표시하는데, '宿'과 다른 것은 그것이 기록한 어휘의 의미는 사람들이 여행 중 잠시 쉼을 가리킨다. 《說文·木部》에 "休는 머무르며 쉰다는 의미이다. 사람이 나무에 의지하는 구성이다. 庥는 休의 혹체이고 广으로 구성되었다(休, 息止也. 从人依木. 庥, 休或从广)."(大徐本, 125)라고 하였다. 段玉裁 주에서 "〈释詁〉에서 '休는 머무른다〔戾〕는 뜻이다.'라고 하고, 또한 말하기를 '庇와 庥는 廕의 의미

89 '𠈇' 이 構件은 음을 나타내기도 하고, 동시에 의미를 나타내기도 하므로 S/Y로 표시하였다.

이다.'라고 하였는데, 休와 庥가 같은 글자임을 증명할 수 있다('休, 戾也.' 又曰: '庇、庥, 廕也.'可證休、庥同字)."(段注, 270)라고 하였다.

段玉裁는 《爾雅·釋詁》를 인용하여 '戾'를 가지고 '休'를 해석하였는데, 《詩·小雅·雨無正》2章에 기초한 것으로 "주나라 왕실은 이미 멸망하여 머물러 살 곳도 없다(周宗既滅, 靡所止戾)."(阮《疏》, 447)라고 하였는데, '止'와 '戾'는 연결되어 있는 글자〔連文〕로 마땅히 같은 의미이다.

戾는 《說文·犬部》에서 "戾는 구부러진다는 의미이다. 개가 집 아래에 나와 있는 구성이다. 戾는 몸이 곧지 않다는 뜻이다(戾, 曲也, 从犬出户下, 戾者, 身曲戾也)."(大徐本, 305)라고 하였다. '曲'에서 '止'로 의미가 인신되는 과정은 비교적 복잡하지만, 가능성이 없는 것도 아니다. 段玉裁 주에서 이 인신의 실마리를 정리하였는데, 그 주에서 "了戾, 乖戾, 很戾는 모두 그 의미이다. 인신하여 罪라고 해석한다. 〈釋詁〉를 보라. 《詩》 毛《傳》에서는 또 '至', '來', '止', '待, '定'의 뜻으로 해석하였는데, 모두 〈釋詁〉·毛《傳》에 보인다. 모두 曲에서 인신된 것이고, 曲에는 반드시 이르다는 의미가 있으므로 이와 같이 인신된 것이다(了戾、乖戾、很戾, 皆其義也. 引申之訓爲罪. 見《釋詁》. 《詩》毛《傳》又訓爲'至', 訓爲'來', 訓爲'止', 訓爲'待', 訓爲'定', 皆見《釋詁》、毛《傳》. 皆於曲引申之, 曲必有所至, 故其引申如是)."라고 하였다.

'休'는 본래는 广으로 구성되지 않았고, 广은 뒤에 더해진 것이다. '休'자도 하나의 아주 오래된 한자로 갑골문에 이미 있었는데, 그 글자의 형태는 다음과 같다.

一期合集八一五四

혹은 다음과 같다.

一期合集八一五五

다만 人과 木으로 구성되었고, 사람이 나무에 기대어 잠시 휴식하는 모양을 상형하였다.《甲骨文編》에 '休'자가 19개 수록되어 있고, 《續甲骨文編》에 '休'자가 9개 수록되어 있어 모두 28개인데, 广으로 구성된 '庥'는 하나도 없다.《金文編》에 '休'자가 60개 수록되어 있는데, 또한 广으로 구성되고 休가 발음인 '庥'는 하나도 없다. 戴家祥의 추론에 의하면,《爾雅·釋詁》의 '庥'자는 대개 '庇'자와 연계되고 유형화되어 '庥'자로 잘못 만들어진 것[90]이라고 하였는데, 戴家祥의 견해는 일리가 있다. 고문자 자료 중 甲骨文·金文·陶文·璽文·漢印 등에 '庥'자가 보이지 않으므로, 우리는 '休'자의 자형을 분석할 때《說文》에서 인용한 '休'의 異文(通用字·假借字·異體字의 통칭)인 '庥'는 반드시 배제해야 한다. 金文에 人과 禾로 구성된 '休'자가 있는데 예를 들면 다음과 같다.

師害簋

이에 대해서 고문자학계에는 확연히 다른 3가지의 견해가 있다. 한 가지는 '休'는 본래 人과 禾로 구성된 것으로 아름답다〔美善〕는 의미를 기록하는 부호였는데, 나중에 휴식이라는 의미를 빌려 썼고, 許愼이 빌린 의미를 가지고 본의로 삼고, 변형된 것을 본래의 형태로 삼았다고 여기는 것이다. 이러한 견해를 가진 사람으로는 高鴻縉이 있다.[91]

90《金文大字典卷上》참조.
91《中國字例四篇》을 보라.

또 한 가지는 休는 본래 사람이 나무에 기대는 구성으로서, 금문에서 혹은 禾로 잘못 구성되고, 혹은 ¥로 잘못 구성되었으며, 혹은 朮로 잘못 구성되었는데, 모두 잘못 변형된 것이라고 여기는 것이다. 이러한 관점을 지지하는 사람으로는 李孝定[92]이 있다. 또 다른 한 가지는 '休'를 아름답다는 뜻으로 해석한 것은 본래 人과 禾로 구성된 會意자로서 喜자의 假借이고, 휴식한다는 의미로 해석한 것이 바로 사람이 나무에 의지하는 구성으로 된 休라고 여기는 것이다. 이러한 견해를 지지하는 사람으로는 日本學者 高田忠周가 있다.[93] 우리는 李孝定의 견해에 찬성하고 高田忠周의 견해에 동의하지 않는데, 그 이유는 다음과 같다. 갑골문 28개 休의 형체에 人과 禾로 구성된 것이 하나도 없고, 단지 𠇷(乙四七七九)와 같은 이런 글자가 있는데, 그 𣎳은 나무의 끝이 약간 굽어 있는 것을 표시하는 것으로, 이는 더욱이 금문이 禾로 구성된 것은 갑골문 혹체를 이어받은 잘못된 변형이지 반드시 본래부터 禾로 구성된 것이 아니고, 뒤에 木으로 잘못 변형되었음을 증명하는 것이다. 소전 𠇷자는 마땅히 잘못된 것이 없는데, 그것은 갑골문의 초기 형체를 직접적으로 이어받았다. 高田忠周는 休에는 두 가지 내원이 있다고 말하였는데, 역시 그 증거가 부족한 것으로 보여 취하지 않는다.

그러므로 構形學으로 볼 때 '休'의 초기 자형 𠇷는 반드시 하나의 형태가 모여 합성된 글자로 그 공식은 亻X+木X=休(XX)이다.

우리가 또한 주의해야 할 것은 갑골문 '休'자에서 늘 나무의 형태를 상형한 木이 사람의 형태를 상형한 亻보다 크고, 사람은 모두 나무에 기

92 《甲骨文字集釋第六》을 보라.

93 《古籀篇卷三十一》을 보라. 이상은 李圃, 《古文字詁林》第5冊, pp.985-988에도 보인다.

대고 있다는 것이다. 이를 통해 許愼이 休자를 <人部>에 두지 않고 <木部>에 둔 것은 심사숙고한 것임을 생각할 수 있다. 사람과 나무는 병렬해서 서로 합해질 수 있는 것이 아니고, 主가 있고 從이 있는데, 許愼이 보기에 나무가 주가 되고 사람이 종이 되어, 사람이 나무에 의지하는 것이었다.

(3) '宿'과 '休' 두 글자에 내포된 문화적 함의

인류가 휴양하여 원기를 회복하는 것과 직접 관계되는 두 개의 한자 '宿'과 '休'에는 대량의 문화적 정보가 담겨있어 탐구해 볼 만하다.

'宿'자의 초기 字形은 '[illegible]' 혹은 '[illegible]'인데, 그것은 주체인 '사람〔人〕'과 객체인 자리〔因 즉 席〕가 하나로 조합된 것으로, 合體象形의 방식으로 사람이 자리에 누워 휴식한다는 의미를 기록한 것이다. '休'의 초기 자형 역시 주체인 '사람〔人〕'과 객체인 '나무〔木〕'가 하나로 조합되어 만들어진 합체상형의 방식으로 사람이 나무에 기대어 잠시 쉰다는 의미를 기록한 것이다. 두 글자의 구조와 의미가 매우 명확한데, 즉 주체와 객체가 서로 돌본다는 각도에서 인류생활 중의 어떤 상황을 그려낸 것으로 한자 구조의 理據 중 자신에서 취하기도 하고 外物에서 취하기도 하는 유형에 속한다.

그러나 자세히 관찰해 보면 이 두 한자는 구조와 형태상 다른 부분도 있다. 李圃의 《古文字詁林》第6册에서 인용한 《甲骨文續編)》에 수록된 '人' 과 '[illegible]'으로 구성된 12개의 '宿'을 보면, 꿇어앉은 사람의 형상을 표시하는 것이 7개, 누워 있는 사람의 형상을 표시한 것이 5개 있다. 그중 7개의 꿇어앉은 사람 형상 가운데 2개는 '女'자형이고 그 나머지 5개는 '[illegible]'자형으로 '宿'자가 최초에는 결코 전적으로 여자가 자리에 꿇어앉은 것을 가리키는 것이 아니었음을 설명하는 것이다.

꿇어앉은 사람 형상 또는 누워 있는 사람 형상을 막론하고, 人과 ‘’의 비율이 모두 같다. 어떤 것은 심지어 人의 비율이 ‘’의 형태보다 더 크다. 예를 들어 (續存785)·(3989)[94] 가 있다.

‘休’자의 상황은 오히려 반대인데, 사람〔人〕이 기대는 객체인 나무〔木〕의 형태가 종종 주체인 사람의 형태보다 크다. 李圃의 《古文字詁林》第5册에서 인용한 《甲骨文編》과 《甲骨文續編》에 수록된 30개 ‘休’자의 자형으로 보면 나무가 사람보다 큰 것이 26개로 전체의 86.7%를 차지한다. 다만 4개의 자형만이 사람과 나무의 크기가 같다.[95] 그러므로 許愼이 ‘休’를 “사람이 나무에 기대는 모습으로 구성되었다〔从人依木〕.”라고 해석한 것은 ‘休’자의 초기 자형과 부합하는 것으로 보인다. 사람이 나무에 의지한다〔人依於木〕는 것이 바로 ‘休’자를 만든 최초의 의도로, 이 ‘依’자에는 깊은 뜻이 담겨있다.

‘宿’자의 초기 자형은 人과 으로 구성되어 있는데, 은 草席의 상형으로 사람이 앉거나 누워 휴식하는 데에도 의지할 것이 필요함을 나타내는데, 이 의지할 물건이 바로 ‘자리〔席〕’인 것이다. 이는 상고시기의 기거생활습관과 관련이 있다.

앞에서 말한 바와 같이 오늘날 사람들은 다리를 아래로 늘어뜨리고 앉는데, 높은 탁자에 기대고 높은 의자에 앉는다. 그러므로 앉을 때 까는 자리가 필요 없다. 그러나 옛사람들은 땅에 자리를 깔고 앉고 나지막한 탁자에 기대어 앉았으므로 무릎을 꿇는 자세를 취했다. 그러므로 엉덩이 아래에는 반드시 깔고 앉을 자리가 있어야 하는 것이다. 《周禮·春官》에 의하면 ‘司几筵(사궤연)’이라는 관직이 있는데 참배·

94 李圃 主編, 《古文字詁林》第6册, p.827 참고.

95 李圃 主編, 《古文字詁林》第5册, p.984.

회동·제사 등을 할 때 전문적으로 천자나 제후에게 탁자와 자리를 제공하는 일을 관장한다고 하였다.

천자나 제후가 정식 업무를 볼 때는 항상 탁자와 자리가 필요한데, '五几'와 '五席'이 있다. '오궤'는 鄭玄의 주석에 의하면 玉几(옥장식 탁자), 雕几(조각 탁자), 彤几(붉은 칠 탁자), 漆几(옻칠 탁자)와 素几(흰칠 탁자)를 가리키는데, 이는 장식물과 칠한 색깔에 따라 명명한 것이다. '五席'은 鄭玄의 주석에 의하면 莞席(골풀 자리), 繅席(오색 풀 자리), 次席(껍질이 얇고 빨간 대로 만든 자리), 蒲席(부들 자리)과 熊席(곰가죽 자리)을 가리킨다. 그것들은 대부분 제작한 재료에 따라 명명한 것이다. 이밖에 萑席(물억새 자리), 苇席(삿자리, 갈대 자리)은 五席에 들어가지 않는데, 이것들은 장례에 사용하기 때문이다.

고대 문헌에서는 '席'과 '筵'을 對文으로 사용하였는데, '席'은 '筵'과 다르다는 것을 알 수 있다. 鄭玄은《周禮·春官·叙官》'司几筵' 아래에 주를 달아 "筵은 席이라고도 한다. 펼쳐놓은 것을 筵이라 하고, 거기에 까는 것을 席이라고 한다. 그러므로 筵과 席은 서로 통한다고 한다(筵, 亦席也. 鋪陳曰筵, 藉之曰席. 然其言之, 筵席通矣)."라고 하였다. 孫詒讓의《正義》에서는 "무릇 對文인데, 筵은 길고 席은 짧은 것으로, 筵을 아래에 깔고 席을 그 위에 두어 사람이 깔고 앉도록 하는 것이다. 散文인데, 즉 筵을 席이라고도 하므로 본래 그 직분이 五席을 관장하는 것이라고 말했지만, 실제로는 筵을 겸해서 말한 것이다."(孫《義》, 1253)라고 하였다. '筵'은 먼저 땅에 까는 자리로 대부분 풀로 만들며 '荐'이라고도 한다.《說文·艸部》에 "荐은 까는 자리다. 艸로 구성되었고 存은 발음이다(荐, 薦席也. 从艸存聲)."(大徐本, 24)라고 했다. 許愼이 말한 '薦席'은 薦草로 짠 자리인데, '薦'자는 <廌部>에 수록되어 있다. 許愼은 해석하기를 "薦은 동물이 먹는 풀로서, 廌와 艸로 구성되었다(薦, 獸之所食艸, 从廌, 从艸)."(大徐本, 24)라고 하였다. 薦은 일종의 수초로 오늘날의 부들에 해당되는데, 그것은 신비스러운 동물인 해태가 먹기에 廌와 艸로 만든 '薦'자로 이 사물을 기록하였음을 알 수 있다.

筵席은 外物에서 그것을 취하였으나, 인위적인 요소도 있다. 그것들은 인공적인 가공을 거쳤으므로 소박함을 숭상하는 옛사람들이 보기에, 사람들의 자리에 대한 의존의 정도는 순수한 자연인 外物에 훨씬 못 미치는 것이었다.

이러한 점을 우리는 중국 문화의 3대 원류 중 하나인 도가의 사상과 주장에서 깨닫게 된다. 清의 魏源은 《論老子》에서 "莊子는 放蕩하고 자연을 숭상하였다. 어찌 자연으로써 몸을 다스리지 않고 無爲로써 천하를 다스리지 않으리오? 老子의 자연은 비움 이루기를 지극히 하고 고요함 지키기를 돈독히 한 가운데, 그 본체는 지극히 엄밀함을 바탕으로 하였고, 조용하고자 하고 소란한 것을 좋아하지 않았으며, 신중하고자 하고 가벼운 것을 원하지 않았고, 절약하고자 하고 풍족하기를 바라지 않았다(莊周放蕩, 宗自然也. 豈自然不可治身, 無爲不可治天下哉? 老之自然, 從虛极静篤中, 得其體之至嚴至密者以爲本, 欲静不欲躁, 欲重不欲輕, 欲嗇不欲豊)."(魏《義》, 3)라고 하였다. 도가의 대표인물인 老子와 莊子는 모두 자연을 숭상하였다. 더욱이 노자의 도는 태고의 도로서, 노자에게는 '도는 자연을 법도로 삼는다(道法自然)'라는 설이 있고, 아울러 '순진 소박하고 사심과 욕심을 적게 함(見素抱朴, 少私寡欲)'을 제창하였다.(魏《義》, 13) 노자의 사상은 사실 유가가 추종하는 선왕의 옛말과 도의 하나의 중요한 부분일 뿐만 아니라 오늘날에도 여전히 현실적 의미와 사상적 가치를 가지고 있다.

사실 인류의 조기 생활방식 및 그 이후의 문명성과는 최초에는 모두 자연을 모방한 것으로, 외계의 사물에서 취했고, 객체에 의지한 것이었다. '宿'자의 후기 갑골문은 '宀'을 그 위에 추가하였는데, 이는 바로 고대의 주거 문화와 관련이 있다. 그런데 최초의 인류 주거방식은 자연을 모방한 것으로, 가장 직접적인 모방은 새가 둥지를 지어 거주하는 것과 야생 짐승이 바위굴에 휴식하는 것이다. 이것이 초기의 한자에 반영된 것이다.

인류가 새의 둥지 건축을 모방해 거주했다는 문자학상의 증거가 바로 '巢'자이다.《說文·巢部》에 "巢, 새가 나무위에 지은 집을 巢라 하고 (나무) 구멍 속에 지은 것을 窠라고 한다. '木'으로 구성되었고 (나머지 자형은) 象形한 것이다(巢, 鳥在木上日巢, 在穴日窠. 从木, 象形)."라고 하였다.

許愼이 말한 상형은 '巛臼'가 새가 둥지 속에 있는 형태를 가리킨다는 것이다. 이러한 견해는 문자학자들의 인정을 받았다. 馬敍倫은 南唐 徐鍇의《說文解字系傳》중 "臼는 둥지 모양이고, 巛은 세 마리 새이다(臼, 巢形也. 巛, 三鳥也)."라고 하는 내용을 인용한 후로 小篆의 '巢' 와 이와 관련이 있는 '西'는 모두 새 둥지를 나타내는 초기 문자가 아니며, 새 둥지의 초기 문자는 직접 새 둥지의 형상을 모방한 '🪹'을 초기 문자로 삼아야 한다고 여겼다. 후에 '⊠'으로 변했는데 窗의 고문인 '⊠'과 모양이 가깝고, 또 '∈∋'로 변했는데 고문 '臼(구)'와 가깝다. 그리하여 '乁'을 더하여 '⊠'가 되었다. 아울러 사람이 머무는 집은 '宿'이고 새의 집은 '⊠'인데 후에 또한 '木'자를 추가하여 '巢'가 되었으며, 宿·西·巢는 음이 비슷하고 서로 통한다고 여겼다.[96] 馬敍倫의 이러한 견해는 어느 정도 일리가 있다. 宿은 옛날에 心紐覺部의 글자였고, 西는 心紐脂部의 글자였으며, 巢는 崇紐宵部의 글자였다. 宿과 西는 雙聲이고 宿과 西 그리고 巢는 모두 齒音인데, 다만 齒頭와 正齒의 구별이 있고, 塞擦音과 擦音의 구별이 있으며, 聲母가 이웃해 있다. 宿·西·巢의 음이 가까웠다는 것은 믿을 만하다. 그러나 '巢'자의 본의가 새의 둥

96《說文解字六書疏證》권12를 보라, 李圃 主編,《古文字詁林》第六册, p.113 재인용.

지 모양을 나타낸다고 말했는데, 오늘에 이르기까지 아직 獨體象形의 巢를 찾을 수 없다. 馬敍倫의 설은 마땅히 추측해서 한 말이다. '巢'자의 구성요소인 木은 당연히 뒤에 첨가된 것이 아니다. 초기의 '巢'자에 모두 '木'이 있다. '巢'자는 西周 金文에 이미 있는데 그 형태는 다음과 같다.

䣄侯鼎[97]

혹은 다음과 같다.

鼓霉簋[98]

혹은 다음과 같다.

班簋[99]

殷商의 갑골문에는 '巢'자가 보이지 않지만, 西周 갑골문에 '征巢'라는 말이 나오는데 '巢'자의 형태가 金文과 같다. 이 갑골문 卜辭의 모사도는 다음과 같다.

---

97 자형은 中國社會科学院考古研究所編,《殷周金文集成》에서 가져왔다. 西周 초기 문자에 속하고, 일련번호는 02457이다.

98 자형은 中國社會科学院考古研究所編,《殷周金文集成》에서 가져왔다. 西周 초기 後段 문자에 속하고, 일련번호는 04047이다.

99 자형은 中國社會科学院考古研究所編,《殷周金文集成》에서 가져왔다. 西周 초기 문자에 속하고, 일련번호는 04341이다.

西周H1：110(劉《編》, 373)

西周의 金文과 甲骨文의 자형을 통해 '巢'는 나무위에 지은 둥지를 기록한 것임을 알 수 있다. 그 위의 3개의 세로로 그린 것은 결코 徐鍇가 "세 마리 새와 같다(象三鳥)."라고 말한 것과 같지 않다. 周대의 원래 갑골문을 통해 나뭇가지를 잘라 둥지에 통풍이 더 잘 되고 햇볕이 더 잘 들어오게 했음을 더욱 명확히 알 수 있다. 이러한 행위의 목적은 분명히 조류가 할 수 없는 것이다. 이 '巢'는 결코 전적으로 조류의 둥지에 속하는 것이 아니고, 고대인들이 가옥이 있기 전 조류를 모방해 큰 나무를 선택하여 덧가지가 있는 곳에 주거할 수 있는 '보금자리〔窩〕'를 만들었음을 알 수 있다.

三皇의 뒤를 이어 五氏가 있었는데, 첫 번째가 '有巢氏'로 有巢氏는 원시시대 주거기술을 발명한 고대 제왕이다. 그 다음은 燧人氏로 불씨를 발명한 고대 제왕이다. 또 그다음은 伏犧氏로 八卦를 창제한 고대 제왕이다. 다음으로 女媧氏는 흙을 뭉쳐 사람을 만든 고대 제왕이다. 마지막으로 神農氏는 농사를 발명하고 병을 치료할 수 있는 약을 발견한 고대 제왕이다.

'有巢氏'에 관해서는 고대전적에 많은 기록이 있는데, 예를 들면 다음과 같다. 《莊子·盜跖》에 이르기를 "옛날에는 짐승이 많고 사람이 적었다. 그래서 사람들은 모두 둥우리에 머물면서 짐승들을 피했다. 낮에는 상수리열매를 줍고, 밤에는 나무위에 살았다. 그래서 그들을 有巢氏의 백성이라 했다(古者禽獸多而人民少, 於是民皆巢居以避之, 晝拾橡栗, 暮栖木上, 故命之曰有巢氏之民)."(王《莊》, 196)라고 하였다.

《韓非子·五蠹》에서 "상고시대에는 사람의 수는 적고 짐승들의 수는 많아서, 사람이 짐승, 벌레, 뱀 등을 이길 수가 없었다. 한 성인이

나무로 둥우리를 만들어 여러 가지 해로운 것들을 피할 수 있도록 했다. 백성들이 기뻐하여 그를 천하의 통치자로 받들었으니, 그 성인을 有巢氏라 한다(上古之世, 人民少而禽獸衆, 人民不勝禽獸蟲蛇, 有聖人作, 構木爲巢以避群害, 而民悅之, 使王天下, 號曰有巢氏)."(愼《解》, 339)라고 하였다.

이상의 기록을 통해 고대인들이 가옥이 있기 전 독사나 맹수의 침입을 막기 위해서, 조류의 생활 습성을 모방하여 나무에 둥지를 짓는 방식으로 거처를 만들어 자신을 보호했음을 알 수 있다.

조류를 모방하여 나무위에 보금자리를 짓고 짐승을 모방하여 바위굴에 거주하는 것을 배웠다. 바위굴과 가장 모양이 같은 한자는 마땅히 '厂'(음은 漢)으로,《說文·厂部》에 의하면 "厂은 돌산의 가장자리(절벽) 언덕으로 사람이 살 수 있다. 상형자이다(厂, 山石之厓岩, 人可居. 象形)."(大徐本, 193)라고 하였다. '厂'은 암석이 튀어 나오고 움푹 들어간 모양을 형상한 것으로 바로 바위굴의 형상임을 알 수 있다. 상고시기 집이 없을 때, 사람들은 이런 동굴에 거주하였다. '厂' 이 글자의 형태는 오늘날 절벽 언덕〔山崖〕의 의미로 계승되었으나, '사람이 살 수 있다(人可居)'는 의미는 '广'에게 주었다.《說文·广部》에 "广, 广은 산 절벽으로 올라가 집을 짓는다는 뜻이다. 서로 마주한 높은 집의 모양을 상형하였다(因广爲屋, 象對刺高屋之形)."(大徐本, 192)라고 하였다. 大徐本에는 잘못된 글과 누락된 글이 있다. 段玉裁 주석본에 "广은 산 절벽으로 올라가 집을 짓는다는 뜻이다. 厂으로 구성되었다. 서로 마주한 높은 집의 모양을 상형하였다(广, 因厂爲屋也, 从厂, 象對刺高屋之形)."라고 하고 또한 주석을 달아 "厂자는 각 판본에 广자로 되어있는데, 잘못된 것이므로 지금 바로 잡는다. 厂은 돌산의 절벽이다. 그곳에 올라가서 집을 만드니 广이라고 한다(厂, 各本作广, 誤, 今正. 厂者, 山石之厓巖, 因之爲屋也. 是曰广)."라고 하였다.(段注, 442) 段玉裁 주는《廣韻》의 '琰'과 '儼'의 두 韻部 및 (韓)《昌黎集注》에서 인용한《說文》의 '因巖' 두 글자를 근거로 하여 교정하였다. 이는 고문자의 원래 형태와도 부합된다. 广의 갑골문은 '𠆢'인데, 厂으로 구성된 厈의 갑골문은 𠆢이다. 즉 厂과 广의 자형이 원래 같았다. 혹은 广은 厂이 변화된 글자라고 한다. 언어적 측면에서 이야기하자면 广은 厂에서 직접 파생된 말이다. 厂은 암석이 튀어 나오고 움푹 들어간 모양을 상형한 것으로, 사람들은 이를 이용해 바람과 추위를 막을 수 있었다. 후에 사람들은 이러한 지형을 이용해서 가옥을 지었으니, '广'이라는 글자가 파생되어 나온 것이다. 그런 다음 厂에 꺾어진 가로획을 추가하여 따로 '广'자를 만들었다. 그러므로 〈广部〉의 글자들은 대부분 '府'·'庭'·'廡'·'庠' 등과 같이 집과 유관하다. 어떤 글자는 오늘날 집과 무관한 것 같으나, 사실 그것의 본의는 집과 유관한데, 예를 들어 底는 오늘날의 의미는 '아래〔下〕'이지만, 본의는 '산에 거주하다〔山居〕'이다. 廣은 오늘날에는 '광대하다'는 뜻이지만 본의는 도리어 '큰 건물의 큰 방〔殿堂上的大屋〕'이라는 뜻이다.(大徐本, 192) 段玉裁 주에서 '广'의 자형을 일컬어 "첫 획은 바위 위에 집이 있는 형상이다(首畫象岩上有屋)."(段注, 442)라고 하였는데, 이러한 견해는 맹종할 수 없다. 段玉裁는 小篆의 자형 '广'을 근거로 추측한 것이다. 이것은 일종의 주관적 억측이다. '广'위의 한 점은 결코 바위위에 지은 집을 상형한 것이 아니다. 고금을 막론하고 어리석게 절벽위에 집을 지을 사람은 없다. 도리어 동굴에 의지해 판잣집을 지은 예는 많다. '广'의 갑골문 자형에는 위에 점이 없다. 이 한 점은 획을 꺾어 잘못 변형된 것이다. '广'위의 꺾어진 획은 바로 許愼이 말한, 서로 마주 대한 두 집을 상형한 것으로 하나의 형상성이 아주 강한 글자이다. 이 자형은 또한 후에 통상 집을 나타내는 宀과 모종의 관계를 가지게 된다. '宀'은 家(家)자에서는 𠆢의 형태를 하고, 向(向)자에서는 '𠆢'의 형태를 하고 있다. 동일한 글자 형태에 두 가지 쓰기 법이 있는 것은 사람들이 '언덕에 거주하다〔就陵阜而居〕'가 평지에 집을 지은 과도기 문화의 흔적이라 말할 수 있다.

인류고고학 연구 성과로 고대인들은 대부분 동굴에 거주했음을 증명할 수 있다. 지금으로부터 약 18445-19285년 이전의 山顶洞人이 바로 고산의 동굴에 거주한 사람이다. 전해지는 문헌에도 많은 기록들이 있다.

《禮記·禮運》에 이르기를 "옛날 왕들에게도 아직 집이란 것이 없었을 때에는, 겨울에는 동굴에서 살고 여름에는 높은 나무에 보금자리를 만들어 살았다. 아직 불을 사용할 줄 몰랐기 때문에 초목의 열매를 먹고 새와 짐승의 고기를 날것으로 먹고 그 피를 마셨으며 털까지도 먹어버렸다(昔者先王, 未有宮室, 冬則居營窟, 夏則居橧巢. 未有火化, 食草木之食, 鳥獸之肉, 飮其血, 茹其毛)."(阮《疏》, 1416)라고 하였다.

《禮記》 이 문헌을 통해 인류가 가옥을 발명하기 전 기본적인 거주방식은 두 가지였는데, 한 가지는 산속의 동굴을 찾아 비바람을 막고 독사와 맹수를 막았고, 한 가지는 높은 나무에 올라가 그 나무위에 새의 둥지와 같은 것을 지었다는 것을 알 수 있다. 이러한 거주방식은 火食을 하기 전으로 아직 채집과 수렵을 하던 원시시대의 것이다. 비록 이렇더라도 인류는 종종 짐승과 대적하게 되었다. 짐승과의 투쟁에서 인류는 그들의 생활습성에서 깨우침을 받아 의식적이든 무의식적이든지 그들의 행위를 모방할 수도 있었다. 그러나 《禮記·禮運》에서 말하는 것처럼 여름에는 나무위에 보금자리를 만들 수밖에 없고, 겨울에는 동굴에 몸을 숨길 수밖에 없었을까? 이는 하나의 토론해 볼 만한 문제이다.

《孟子·滕文公下》에 "(요임금 때) 낮은 지역에 사는 사람들은 나무 위에 집을 만들었고(둥지), 높은 지역에 사는 사람들은 굴을 파서 살았다〔(當

堯之時)下者爲巢, 上者爲營窟〕."(焦《義》, 447)라고 하였다. 맹자가 보기에 나무위에 둥지를 만드는 것과 조용하고 편안한 동굴을 만드는 것을 서로 비교하면 높고 낮음의 차이가 있었다. 둥지를 짓는 것은 하나의 간단한 일이고, 하나의 동굴을 만드는 것은 매우 복잡한 일이다. 이것은 문명시대의 사유방식으로 한 추측이다. 사실 나무위에 사람이 거주할 수 있는 둥지를 만든다는 것은 결코 쉬운 일이 아니다.

오늘날 어떤 학자는 나무위에 둥지를 지어 거주하는 방식은 남방민족의 생활습성이고, 동굴을 만들어 거주하는 생활방식은 북방민족의 습관이라고 여긴다. 何九盈, 胡雙寶, 張猛 등이 주편한 《漢字文化大觀》에서는 "황하 중하류 일대에서 최초로 출현한 원시건축은 지붕이 없는 자루형태의 굴(혹은 수직 동굴 건축) 이고, 지금으로부터 대략 7천 년에서 1만 년 이전에 지붕만 있고 담장이 없는 얕은 동굴 건축이 출현하였다. 그 후 대략 이삼천 년이 경과한 원시씨족사회 후기에서 殷商시대에 해당하는 시기에 지면건축과 토대를 다져 짓는 건축이 출현하였다. 이것이 바로 문헌에서 서술하는 띠풀 지붕 흙계단 방식의 건축이다. 양자강 유역 일대에 최초로 출현한 원시인 건축은 나무위에 집을 짓는 건축이었다. 그런 다음 지금으로부터 약 7천 년 정도 전에(혹은 더욱 이른 시기) 첫 번째 나무계단 건축이 출현하였다. 건축구성요소로 보면 토대건축과 마찬가지로 3단 양식으로 제작된 건축인데, 지붕·담장과 건축의 기반이 되는 평면이 있지만, 그 기반이 흙이 아니라 기둥으로 받쳐 공중에 뜨게 하는 나무 기반이다."(何《觀》, 305-306)라고 여겼다.

분명한 것은 고대인의 거주방식은 남북의 두 부류로 나눠진다는 것이다. 이러한 구분은 매우 의의가 있는 것이다. 그러나 남방의 원시인에게 언덕에 거주한 습속이 없었다고 말할 수는 없다. 확실히 오늘날 남방의 많은 민족이 아직 幹欄식 건축에 살고 있어, 아직 고대인의 거주 방식의 흔적을 보존하고 있다. 최초의 幹欄은 바로 나무위에 지은 것이다. 《魏書·僚傳》의 기록에 의하면 "'幹欄'은 최초에는 나무에 의지하여 그 위에 거주하는 것이어서 幹闌이라고 명명하였다. 幹闌의 크기는 그 집의 식구 수에 따라 달랐다("幹欄"最初是依樹木以居其上, 名曰幹欄. 幹欄大小随其家口数)."(魏《書》, 2248)라고 하였다. 이러한 건축은 남방의 지리적 환경에 아주 적합하다. 남방은 대부분 산악지역이고 다습하고 비가 많이 온다. 幹欄식 건축은 습기를 방지하고 들짐승을 막고 도둑을 방지하며, 통풍과 채광이 잘되고 땅이 절약되는 특징을 가지고 있다.

그러나 남방의 소수민족에게도 동굴에 거주하는 습관이 있는데, 남방의 토착민 壯侗족은 더욱 그러하다. 장족에게 전해 내려오는 것 중에 오래된 노래형식인 '歡敢[fɯən1ka：m3]'이 있는데, '歡'은 山歌이고 '敢'은 동굴이다. '歡敢'의 뜻은 바위동굴 노래이다. 《歡敢》과 《歡嘹》[fɯən1li:u2]68[100]는 모두 유명한 장족 전통 장편 排歌인데, 敢卡神[ka:m3ka1][101]에게 제사한 데서 유래된 전통이다.[102] 바위굴은 장족 민가의 대상이었고, 그들이 깊이 존경하고 숭배하는 대상이기도 했다. 이러한 것들은 모두 남방 장족의 조상에게 바위굴에서 생활한 역사가 있음을 증명할 수 있는 것이다.

나무위에 집을 짓든 아니면 바위굴에 거주하든지 모두 인류가 자연을 모방한 결과이다. 자연계 중의 만물이 바로 인류가 가장 좋아하는 스승이었던 것이다. 앞에서 분석한 '飮'과 '食' 두 글자의 초기 자형에서도 알 수 있듯이 '飮'의 초기형태는 핥아 먹거나 코로 마시는

---

100 《嘹歌》로 번역하기도 한다.

101 원래의 뜻은 두 다리 사이의 바위굴인데, 여자의 음부를 비유한다. 출산의 여신으로 번역한다.

102 張聲震, 《麼經布洛陀譯注·序》, 廣西民族出版社, 2004年版 참조.

것으로 바로 개나 코끼리의 행위를 모방한 것이다. 최초의 밥을 먹는 방식은 손으로 집어먹는 것인데, 이것은 아마 인류의 선조인 猿人을 모방한 것일 수도 있고, 인류의 근친인 고릴라를 모방했을 수도 있다.

사람들의 장시간 휴식인 '宿'이 의지한 자리와 가옥은 자연에서 취한 것에 인위적 요소를 가미한 것이다. 그러므로 '人'과 '因' 그리고 '宀'은 병렬 대등한 상태이며, 이것으로 '宿'자의 두 가지 조기 자형인 ''과 ''의 글자 조합에 참여한 구건들이 왜 모두 평등하게 양분 혹은 삼분된 구조를 하고 있는지를 해석할 수 있을 것이다.

休자는 다르다. 사람이 잠시 휴식할 때 기대는 것은 한 그루의 큰 나무이다. 나무는 순수한 자연의 산물이고 인위적으로 만든 흔적이 없다. 갑골문 ''와 ''의 자형을 관찰하면, 왼쪽의 ''은 인체의 측면 모양이고, 오른쪽의 ''은 나무의 정면 형상이다. 그중에는 주 줄기가 있고, 위에는 잎이 아래에는 뿌리가 있다. 人과 木은 대등하게 둘로 나누어진 것이 아니라, 사람이 항상 아래에 있거나 나무보다 작다.

'人'과 '木'이 하나로 조합되어 '休息'이라는 의미가 생겨났다. 이는 선조들의 자신의 생활에 대한 세심한 관찰과 깊은 깨달음에서 나온 것이다. '휴식'이라는 이 의미를 구체적이고 형상적인 수법으로 표시하려면 분명히 아주 어렵다. 글자를 만든 사람은 뜨거운 태양아래에서 농부가 쟁기로 밭을 갈고 호미로 풀을 제거하다가 여름 더위를 감당하기 어렵고 지치고 피곤할 때, 큰 나무에 기대어 나무 그늘의 비호 아래 두 눈을 지그시 감고 단잠을 자는 것, 이것이 바로 일종의 누리는 것이 아닌지? 이것이 바로 휴식하는 것이 아닌가?라고 여겼다. 그래서 자연스럽게 사람과 나무를 하나로 묶어 이러한 매우 핍진한 글자를 만들어 낸 것이다. 비록 '다른 글자를 조합하여 새로운 의미를 구성함으로써 그 글자를 만든 뜻을 구현한다(比類合義誼, 以見指撝)'는 會意

자이지만, 또한 한 폭의 생동감 넘치는 생활화로 간주할 수 있다.

'休'의 갑골문 중 여러 자형을 종합적으로 관찰하여, '休'의 초기 형체에는 늘 주체인 사람〔人〕의 구건을 객체인 나무〔樹〕의 구건보다 작게 표현하였고, 주체인 사람을 자형의 부차적 지위에 배치하고 객체인 나무를 주요위치에 배치했음을 알 수 있다.

두 자형의 크기를 통해 주와 종, 의존과 피의존의 관계를 나타냈는데, 이러한 것은 초기 한자의 자형 중 이 한 예를 제외하고는 결코 없다. 우리는 또한 '乳'와 '保' 등의 글자처럼 동일 조자방법에 속하는 부류를 찾을 수 있다.

'乳'와 '保'는 비록 주체와 객체의 관계가 없지만, 아기와 어머니, 어린아이와 어른의 의존과 피의존의 관계가 있다.

먼저 '乳'자를 보자. '乳'자도 초기 한자에 속하는 것으로 갑골문에 이미 있었는데, 그 형태는 다음과 같다.

合集22246

그 글자는 두 부분으로 구성되었는데, 하나는 몸을 옆으로 하고 꿇어 앉아 두 팔을 펴고 한쪽 유방을 드러낸 어머니의 형상 ——''이고, 하나는 입을 벌리고 수유를 기다리며 슬픈 소리를 내는 아기의 형상 ——''이다. 그 글자의 구의는 한 어머니가 아기를 안고 수유를 하고 있는 것이다. 毋와 子로 구성된 회의자로 볼 수도 있고, 하나의 合體象形字로 볼 수도 있다. 이를 그림으로 환원한다면 그림 4-4-1과 같다.

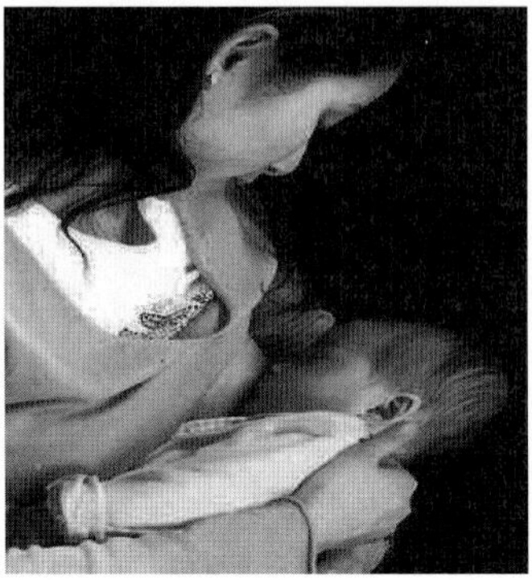

그림 4-4-1 乳자 환원도

'乳'자의 갑골문 ''와 '休'자의 갑골문 ''를 한곳에 두고 비교해 보면, 양자 사이의 유사점을 발견할 수 있는데, 그것은 바로 어머니를 표시하는 자형과 수목을 표시하는 자형이 사람과 아기를 표시하는 자형보다 훨씬 크다는 것이다. 아기는 어머니의 두 손에 안겨있고 사람은 나무에 의해 지탱되고 있는 것이다. 아기가 어머니에게 의지하는 것이 마치 사람이 나무에 의지하는 것과 같은 것이다.

'休'자에서 '木'을 자연의 화신으로 본다면, '休'를 사람과 자연 사이의 일종의 의존관계라고 해석할 수 있다. 사람과 자연의 관계는 아기와 어머니의 관계와 같다. 사람이 자연에 의존하는 것은 마치 아기가 어머니에게 의존하는 것과 같은 것이다. 우리가 먹고 입고 사용하는 것은 대자연에서 취하지 않은 것이 없다. 자연과 사람이 서로 사랑하고 화목하게 지내야만 이세상이 조화롭고 아름답게 되는 것이다.

다음으로 '保'자를 보자. '保'자도 초기 한자 중 하나로 갑골문에도 있는데 그 자형은 다음과 같다.

一期前五.二七.二

혹은 다음과 같다.

一期庫一五九三

우리는 唐蘭의 견해에 찬성하는데, ‘’는 ‘’자의 생략형이다.[103] 갑골문은 칼로 새긴 글자이므로 ‘’ 와 같이 둥글림이 많은 글자는 새겨 쓰기에 불편하므로 생략해서 ‘’ 의 형태로 만든 것이다. ‘保’의 초기 자형은 唐蘭이 인용한 ‘’ 인데, 이 글자는 하나의 합체상형이다. 그중 ‘’은 마치 손바닥을 뒤집어 등에 있는 아이를 받치고 있는 어른의 형태와 같다. ‘’는 바로 어른의 등에 엎드려 있는 아이의 모양과 같다. ‘’의 최초의 의미는 어른이 아이를 업고 있는 형태를 상형한 것이다.

‘’의 형태가 나타내는 것은 어른과 아이의 상대적 관계이다. 아이가 어른의 등에 기대어 있으므로, 갑골문의 다수 ‘保’자의 형체 중에 어른을 나타내는 부분이 어린 아이를 나타내는 부분보다 크다.[104] 이는 곧 어른과 어린 아이의 관계 중 어린 아이가 어른에게 의지하는 것임을 나타낸다. 어린 아이를 업는 직업에 종사하는 사람을 ‘保’라고 칭한다. 뒤에 西周초기의 長老監護制度가 바로 귀족가정의 유아보육과 감호의 예법에서 발전되어 나온 것이다. 서주초기 이른바 ‘三公’으로 불려진 ‘大保’·‘大傅’·‘大師’가 있었는데 ‘太保’가 첫 번째였다. 왕족

103 《殷虛文字記》 참조, 李圃 主編, 《古文字詁林》第七册, p.261 재인용.

104 李圃 主編의 《古文字詁林》第七册, p.261에서 인용한 《續甲骨文編》 중 24개 ‘保’자의 갑골문에서 6개만 ‘人’·‘子’가 대등하게 병렬되어 있는데, 전체의 25%에 불과하다.

가정의 보육인은 완전히 정치상의 監護者로 발전될 수 있었다. 秦漢 이후 역대 왕조에서 환관이 권력을 독점했던 것으로 방증할 수 있다.

사실 중국고대에는 많은 고관들이 모두 제왕의 가까이에서 모시는 신하로 출발했다. 예를 들어 '위로는 임금 한 사람 아래로는 만백성(一人之下萬人之上)'이라고 하는 宰相 중 '宰'의 본의는 '죄인이 감옥에 있을 때 형을 집행하는 사람(罪人在屋下執事者)'(大徐本, 151)으로, 바로 제왕의 백정인 것이다. 제왕에게 소돼지를 도살해 주다가 권력을 얻고 나아가 권력을 장악할 수 있게 되고, 사람을 살리고 죽이는 큰 권력을 장악한 것이다. '相'의 본의는 눈으로 나무를 관찰하는 것으로, 눈으로 나무그루터기의 나이테를 관찰하고 남북의 방위를 판별한다. 이는 옛사람들이 나침반이 없을 때 방위를 판별하는 가장 원시적인 방법이다. 맹인은 시력이 없기에 누군가 도와주어야 비로소 나아갈 방향을 판별할 수 있다. 그러므로 '相'은 또한 맹인이 길을 갈 때 보조해주는 사람이라는 뜻으로도 인신되었다. '相'에는 輔佐의 뜻이 있다.

고대봉건사회에서는 아버지가 죽으면 자식이 계승하는 세습제를 실행했는데, 어떤 제왕은 왕위를 계승할 때 아직 어린아이였는데, 가장 어린 나이로는 3세에 즉위했다는 기록이 있다. 3세 어린이가 집정을 하는 것은 마치 장님이 길을 가는 것 같기에 누군가 옆에서 도와줘야 한다. 이렇게 옆에서 도와주는 사람은 보통 이 아이의 스승으로 옛날에는 太傅라 하였는데, 사실 '傅'와 '輔'는 서로 음이 가깝고 뜻이 통한다.

'輔'는 《說文·車部》에서 "'輔'는 사람의 잇몸이다. 車로 구성되었고 '甫'는 소리이다(輔, 人頰車也. 从車甫聲)."(大徐本, 303)라고 하였다. 段玉裁 주석본과 大徐本은 아주 큰 차이가 있다. 段玉裁 주에는 '輔'자가 '轑'자 앞에 있는데, 大徐本에는 부수의 끝으로 이동했다. 段玉裁 주석본의 '輔'

의 篆文에는 “《春秋傳》에 이르기를 ‘수레 위의 양편에 짐이 떨어지지 않게 세운 나무〔輔〕와 수레〔車〕는 서로 의지한다’(《春秋傳》曰: 輔車相依).”라는 내용이 있는데, 大徐本에는 없다. 段玉裁 주에서는 大徐가 사람의 ‘잇몸〔頰車〕’을 ‘輔’로 해석했는데 차용한 뜻으로 본의를 해석한 것이라고 여겼는데, 段玉裁의 견해가 옳다. ‘輔’의 본의는 마땅히 수레바퀴통에 묶여 있는 버팀목으로서, 이는 수레바퀴를 더 단단히 하고 무게를 지탱하는 능력을 올려주는 물건이다. 그래서 《左傳·僖公五年》에 ‘輔와 수레는 서로 의지한다(輔車相依).’라는 말이 있다. ‘輔’는 해체가 가능한 물건이므로 《詩·小雅·正月》에 “수레에 이미 짐을 다 실었으면 ‘輔’를 버린다(其車旣載, 乃棄爾輔).”라는 내용이 있다.(阮《疏》, 443) 즉 큰 수레로 이미 짐을 다 실어 날랐으면 버팀목으로 삼았던 ‘輔’를 버릴 수 있다는 것이다. 大徐本에서 이야기하는 ‘사람의 잇몸〔人頰車〕’이라는 의미의 본래 글자는 마땅히 面部의 ‘䩉’이다. 후인들이 ‘輔’를 뺨〔腮幫子〕을 가리키는 것이라고 여기는 것은 사실 일종의 오해이다.[105] 수레바퀴의 하중을 보조해준다는 이러한 의미는 완전히 보좌의 의미로 인신될 수 있다. 輔와 傅의 古音은 같은데 모두 並紐魚部의 글자이고, ‘相’은 心紐陽部의 글자로서, 輔·傅·相은 음양을 전환할 수 있다. 相·傅·輔는 음이 가깝고 뜻이 통함을 알 수 있다. ‘太傅’라는 직책 역시 제왕의 近臣에서 올라온 것이 분명하다.

이상의 분석을 통해 고대인들은 사물의 형태를 빌어 뜻을 나타내는 부호를 삼을 때 신중하고 지혜롭게 선택했고, 어느 부분을 주요 위치에 배치할지 어느 부분을 부차적 위치에 배치할지는 완전히 의미를 드러내는 필요에 따랐음을 알 수 있다. 나무를 자연의 대표로 삼는데

---

105 段玉裁,《說文解字注》, 上海古籍出版社, 1988年版, p.726 참조.

있어 고인들은 역시 신중히 고려하였다. 왜냐하면 사람들의 의식주와 교통 중 어느 것 하나 나무와 직접 혹은 간접적으로 의존관계가 없는 것이 없기 때문이다.

농경사회로 진입하면서 衣食은 주로 농업에서 나왔다.

인류는 채집과 수렵생활에서 농경사회로 들어가는 과도기 때에도 나무의 도움에 의지하였다. 전하는 바에 의하면, 그 시기에 아주 큰 홍수재해를 입어 천하가 물바다가 되었고 평지에서는 생활할 수 없게 되자, 사람들은 큰 나무를 베어 배를 만들고 홍수를 피해 고산에 이르러 고원 농경문명을 열었다고 한다.

초기농경사회에서 옷은 누에고치에서 뽑아낸 비단으로 만들었는데, 누에의 먹이는 뽕나무의 잎에서 나왔다. 그러므로《孟子》에 "오묘의 택지에 뽕나무를 심으면 오십 된 사람이 비단옷을 입을 수 있을 것이다(五畝之宅, 樹之以桑, 五十者可以衣帛矣)."(焦《義》, 55)라고 하였다. 뽕나무와 의복 착용은 아주 직접적인 관계가 있다.

사람은 휴식할 때 그 시간의 길고 짧음을 막론하고 모두 자연계가 제공하는 나무에 의존한다. 사람은 큰 나무에 기대어 잠시 휴식하고, 나무로 만든 집에 살면서 오랫동안 휴양하여 원기를 충전한다.

옛사람들은 앉을 때 자리가 필요했고, 누울 때는 자리뿐만 아니라 침대가 있어야 했다.

최초의 침대는 직접 나무를 잘라 사용했다. '床'을 《설문》에서는 '牀'이라고 하고 <木部>에 두었다. 그 자형 '牀'은 초기 문자가 아니며 초기문자는 '爿'자이다. 그러나 '爿'자는 《설문》에 수록되어 있지 않다. 徐鉉은 '牀'자 아래에 동생 徐鍇의 말을 인용하여 "《左傳》에 '원자풍이 병을 핑계로 사퇴를 하였는데, 방안에 땅을 파 그 속에 얼음을 채우고 그 위에는 침상을 놓고서, 자리에서 恭坐하였다.'라고 하였다.

그러므로 ‘爿’으로 구성되었다. ‘爿’은 ‘疒(상)’의 생략형이다. 마치 사람이 옆으로 기대고 있는 것과 같다(《左傳》: ‘蘧子馮詐病, 掘地下冰而床焉, 至于恭坐則席也.’ 故从爿, 爿則疒之省. 象人邪身有所依箸).”(大徐本, 121)라고 하였다. 徐鍇는 ‘疒’자에서 이미 대체적으로 ‘爿’은 사람이 병이 나서 기대는 침대라는 것을 유추해냈다. 갑골문에는 독립된 형태의 ‘爿’자가 보이지 않는다. 徐中舒가 주편한 《甲骨文字典》에는 ‘牀’자가 보이지 않으며 더욱이 ‘爿’자가 단독으로 쓰인 것도 보이지 않음은 말할 필요가 없다. 그러나 ‘疒’자가 있는데 갑골문 자형은 다음과 같다.

1期乙 7797

혹은 다음과 같다.

3期佚 965

마치 사람이 비스듬하게 기대고 있는 형상과 같은데, 기대는 물건이 바로 ‘床’자이다. 徐中舒가 글자를 해석해 말하기를 “‘(人)’과 ‘’으로 구성되었는데, ‘’은 침대 모양을 나타낸 것이다. 人의 옆에 몇 개의 점이 있기도 한데, 사람이 질병이 있어 침대에 의지해 있고 땀방울이 있는 모양과 같다.”(徐《甲》, 837)라고 하였다. 徐中舒의 이러한 견해는 매우 적합한 것으로 보인다. ‘’ 혹은 ‘’을 ‘床’의 초기 글자로 보는 것은 고문자학계에서 대체로 견해가 일치한다.[106] 큰 나무의 줄기를 베

106 李圃 主編, 《古文字詁林》 第5冊, pp.891-893에서 인용한 바에 의하면, ‘爿’이 바로 옛 床자라고 여기는 사람으로는 清代의 徐灝, 晚清의 章炳麟, 近现代의 商承祚·馬叙倫·王獻唐·何琳儀 등이 있고, 이밖에 林義光의 《文源》에도 같은 견해가 있다고 한다.

어내고 중간에서 자른 다음 나무의 절반으로 간단한 침대를 만들 수 있다. 사람이 누워 쉴 때 간접적으로 기대는 것은 나무이다. 당연히 직접적으로 기대는 것은 역시 바닥에 까는 자리이다.

초기 인류의 교통수단으로는 배와 수레 두 가지 밖에 없었다. 배는 수로로 움직이는 교통수단이고 수레는 육로로 다니는 교통수단이다. 考古 실물과 전해지는 문헌을 통해 최초의 배와 수레(수레바퀴 포함)는 모두 나무로 만들었음을 증명할 수 있다.

'宿'의 본의는 방안에서 자리에 앉거나 누워 비교적 오랜 시간 휴식을 하여 체력과 정신을 보충하는 것이다. 그러므로 그것은 다음과 같은 특징이 있다.

첫째 '宿'에는 묵는다는 의미적 특징이 있다. 그러므로 '宿'은 '묵다'라고 하는 동사적 의미로 사용할 수 있을 뿐 아니라, 앞에 인용한 《左傳·莊公三年》의 "무릇 군대가 하룻밤을 묵는 것을 舍라고 하고, 이틀 밤 묵는 것을 信이라고 한다(凡師一宿曰舍, 再宿曰信)."에서 '宿'은 바로 '주둔하다'는 의미가 있다. '一宿'은 하루 저녁 주둔하는 것이고, '再宿'은 이틀 저녁 주둔하는 것이다. 또한 묵는 곳이라는 명사 또는 양사의 의미로 사용할 수 있는데, 이 의미는 오늘날에 이르기까지 남아 있다. '宿舍' 중의 '宿'이 이런 의미를 가지고 있다. '住一宿(하룻밤 묵다)' 중의 '宿'은 양사의 의미가 있다. 이런 의미에서 직접 인신하여, 하늘의 붙박이별 무리를 일컬을 때 사용할 수 있다. 즉 고대문헌, 예를 들어 《史記·天官書》에서 말하는 '二十八宿(28성)'의 의미는 일월오성이 운행하다가 어느 한 방위에 휴식하는 곳을 뜻한다. 이 '二十八宿'에는 동쪽에는 '蒼龍 七宿 즉 角·亢·氐·房·心·尾·箕가 있고, 북쪽에는 玄武 七宿 즉 斗·牛·女·虛·危·室·壁이 있으며, 서쪽에는 白虎 七宿 즉 奎·婁·胃·昴·畢·觜·参이 있고, 남쪽에는 朱雀 七宿 즉 井·鬼·柳·星·張·翼·軫이 있다. 오늘날 말하는 '星宿(별자리)'라는 말 중 '宿(수)'에 바로 천상의 자리라는 의미가 있다.

둘째, '宿'의 머무름의 의미는 '休'의 머무름의 의미보다 그 시간이 더 길고, 시간이 길다에는 바로 늙다 또는 오래되다의 의미가 있다. 예를 들어 오늘날의 '舊'자는 하나의 차용자인데, 鴟舊·舊鶹의 '舊'에서 차용했다. 그것의 本字는 마땅히 肉으로 구성되었고 九가 소리를 나타내는 부분인 '肍'자인데, 그 본의는 '육장을 삭히다〔熟肉醬〕'이다. 許愼은 또한 "'舊'와 같이 읽는다(讀若舊)."고 했다. 이 '讀若'은 일반적인 발음표시가 아니라 '肍'와 '舊'가 本字와 借用字의 관계임을 나타내는 것이다. '熟肉醬'은 짧은 시간에 할 수 있는 것이 아니다.《周禮》의 기록에 의하면 적어도 백일이 지나야 만들 수 있다고 한다. 그러므로 '熟肉醬' 이 의미에서 인신되어 오래되다·늙다라는 의미가 나온 것이다. 이와 같은 이치로 宿도 단순히 잠시 쉰다는 것이 아니므로 오래되다·늙다라는 의미로 인신될 수 있는 것이다. 그러므로 '宿將(노장, 경험이 풍부하고 노련한 장군)'이라는 말이 있는데, 예를 들어《自治通鑒·唐紀五十五》에 "淮西의 노장 董重質은 吳少誠의 사위인데, (吳)元濟가 謀主로 삼았다(淮西宿將董重質, 吳少誠之壻也, 元濟以爲謀主)."(馬《鑒》, 1643)라고 하였다. '宿將'은 곧 노장이다. 또 '宿臣'이란 말이 있는데, 예를 들어 宋代 樓鑰(누약)의《攻媿集·奏議·繳醫官鄭至達改風科入内内宿》에서 "나(內宿臣)는 이런 말을 들었다: '제후와 사대부는 법률제도를 제정하고 관리를 파견하여 이 법률제도를 지키도록 할 수 있다'(内宿臣聞: '有國有家者, 立法之制, 使有司守之')."(樓《集》1152, 569)라고 하였다.

셋째, '宿'의 휴식은 방안에서 이루어지는 것으로 '休'에 비해서 곤충과 뱀으로부터 공격 가능성이 감소되고 상대적으로 비교적 안전하다. 그러므로 '宿'에서 '安'이라는 의미가 인신되어 나왔다. 예를 들어

《左傳·昭公二十九年》에서 "담당하는 벼슬에 있는 자는 오래도록 그 일을 이어받으면 그 물건은 자연히 그를 따라 붙는 것이다(官宿其業, 其物乃至)"(阮《疏》, 2123)라고 하였는데 晋杜預의 注에 "'宿'은 '安'과 같다"라고 하였다.

'休'의 본의는 나무에 기대어 잠시 쉰다는 것이다. 그것에는 다음과 같은 의미적 특징이 있다.

첫째, 정지하다의 의미가 있는데, 휴식을 하려면 하던 일을 멈추어야 한다.

둘째, 재생의 의미가 있다. 기진맥진 했을 때 잠깐 동안의 휴식을 통해 기력이 어느 정도 회복될 것이고, 일을 하게 되면 힘이 생긴다. 피로하면 효율이 왕왕 저하되는 것이다. 이 두 가지 의미 특징에서 출발하여 '休'는 두 가지 의미로 인신된다. 그 하나는 멈춘다는 의미인데, 《爾雅·釋言》에 "休는 戾이다(休, 戾也)."라고 했고 郭注에 "戾는 멈추는 것이다(戾, 止也)."라고 했다.(郝《疏》, 95) 오늘날 말하는 '休學'·'休業'·'休暇' 중의 '休'에 이 의미가 남아 있다. 이 의미에서 다시 진일보 인신되어 終結한다는 의미가 나왔다. 晋 陶潛의 《歸去來兮辭》 중 "만물이 때를 얻어 즐거워하는 것을 부러워하며 나의 생이 머지않았음을 느끼네(善萬物之得時, 感吾生之行休)."(蕭《選》, 2017)에서 후행절이 바로 자신의 일생이 이렇게 끝남을 한탄하는 것이다. 또한 진일보 인신되어 어떤 특수한 관계를 끝낸다는 의미로 인신되었다. 예를 들어 '休妻'는 이 여자와 부부관계를 끝낸다는 뜻이다. 또 예를 들면 스스로 관직에서 물러나는 것을 '請休'라고 한다. 《史記·晋世家》에 "魏文子가 노령으로 퇴직할 것을 청했다(魏文子請老休)."(《史记》, 1678)라고 했다. 즉 魏文子가 晋나라 국왕에게 노령으로 퇴직하고 고향으로 돌아가는 것을 허락해주길 청한다는 의미이다. 둘째, 키운다〔生養〕는 의미이다. 《禮記·玉藻》에서

"성대한 기운이 꽉 차 있어 양기가 만물을 품는 것 같아야 한다(盛氣顚實揚休)."(阮《疏》, 1485)라고 했다. 여기서 말하는 것은 전쟁에서 병사들의 사기를 충분히 진작시켜야 하는데, 사기가 왕성해지면 전투력도 자연히 생겨난다는 것이다. 키운다는 의미에서 경사스럽다〔吉慶〕는 의미로 인신되었다. 《爾雅·釋言》에서 "休는 경사스럽다는 의미이다(休, 慶也)"(郝《疏》, 123)라고 하였다. 경사스럽다는 의미에서 또 희열의 의미로 인신되었다. 《廣雅·釋詁一》에서 "休는 기쁘다는 의미이다(休, 喜也)."(王《證》, 371)라고 하였다. '休'의 이 두 가지 의미는 사실 상반되면서도 같은 점이 있다. 이는 '休'자를 만든 처음의 의미와 완전히 부합되는 것이다. 그러므로 '休'와 원래 반의관계인 '息'이 하나의 정과 반이 결합된 합성어——'休息'으로 만들어진 것이다.

'息'의 본의는 코에서 나오는 숨으로, 코에 숨이 있어야 사람은 비로소 활력이 있다. 그러므로 '息'에는 성장하다는 의미가 있다. 子女를 子息이라고도 한다. 女子를 '息'이라고 하고, 시집간 부녀자를 '息(나중에는 '媳'이라고 함)婦'라고 한다. 후손을 낳고 키울 수 있음을 의미한다.

오늘날 아주 유행하는 단어로 '休閑'이라는 것이 있는데 사실 이 말은 그다지 신선한 단어가 아니라, 옛날부터 이미 있어왔다. 일찍이 唐代에 '休閑'이라는 말이 문인들의 시구에 있었다. 초당시인 孟浩然의 "임기 끝나 한가로이 쉬는 이때에 늦은 봄의 경색은 화창도 하다(秩滿休閒日, 春餘景氣和)"(孟《詩》, 172)라는 시구가 있다. 그가 말한 '休閒'은 오늘날의 '休閒'과 의미차이가 없다. 다만 중국 대륙에서는 간체자를 쓰면서 '閒'을 '闲'으로 쓰게 되었다. 이는 통용자를 선택해 사용한 간체자인데, 사실 이 두 글자의 본의는 완전히 다르다.

《說文·門部》에서 "閑은 목책〔木欄〕이다, 문 가운데 나무가 있는 모습으로 구성되었다. '闌'은 문의 울타리이다. 門으로 구성되었고 柬은 소리이다(閑, 闌也, 从門中有木"“闌, 門遮也. 从門、柬聲)."(大徐本, 248)라고 하였다. '閑'의 본의는 울타리 같은 종류의 방호장치임을 알 수 있다. 이러한 장치를 사용해 말이나 소를 가두어 두었다. 《周禮·夏官·校人》에 "천자에게는 12개의 마구간이 있고, 6가지 말이 있으며, 제후국에는 6개의 마구간이 있고 4종류의 말이 있다(天子十二閑, 馬六種. 邦國六閑, 馬四種)."(阮《疏》, 860)라고 하였다. 12개의 '閑'은 바로 12개의 비교적 큰 말을 가두어 두는 장소이다.

'間'은 본래 門과 月로 구성되었고, 會意자이다. 문틈으로 달빛이 비쳐 나온다는 뜻이다. 《說文·門部》에 "閒은 틈〔隟〕이다. 門과 月로 구성되었다(閒, 隟也. 从門, 从月)."라고 하였다. 徐鉉은 동생 徐鍇의 말을 인용하여 "무릇 밤에 문을 닫으면, 닫아도 달빛이 보이는데, 문과 문 사이에 틈이 있기 때문이다(夫門夜閉, 閉而見月光, 是有間隟也)."(大徐本 248)[107]라고 하였다. '隟'은 본래 '隙(극)'이 잘못 변형된 글자로, 이 잘못된 변형은 唐대에 발생된 것 같다. 唐宋古文八大家 중 한사람인 柳宗元은 저서에서 '隟'자를 즐겨 사용하였는데, 당시 문인들에게 어느 정도 영향을 미치지 않을 수 없었다. '隙'은 벽에 나타난 균열이나 구멍을 가리킨다. 문 가운데 한 짝으로 된 문을 '戶'라고 하고, 쌍으로 된 문을 '門'이라고 한다. 쌍으로 된 문을 닫을 때, 중간에 한줄기 달빛이 나타나고, 그래서 틈이 드러나게 된다.

주의할 만한 것은 徐鍇가 여기에서 사용한 것은 '閉'이지 '關'이 아니다. 오늘날 '關閉'라는 단어가 있는데, 의심할 바 없이 같은 뜻이 합성된 것이지만, 같음 속에 다름이 있다. '閉'와 '關'의 본의에서 그것의

---

107 오늘날 《漢語大字典》에는 '大門當夜閉'로 인용되어 있는데, '夫'를 '大'로 잘못 표기하고, 또 쓸데없이 '當'자를 덧붙였는데, 타당하지 않은 것 같다.

다른 점을 찾을 수 있다.

《說文·門部》에서 “‘閉’는 문을 닫는다는 뜻이다. 門과 才로 구성되어 ‘閉’가 되었다(閉, 闔門也. 从門, 才, (才) 所以閉也).”(大徐本, 249)라고 하고, “闔은 문짝이다. 일설에는 닫다〔閉〕라고 한다. 門으로 구성되었고, 盍은 소리이다(闔, 門扇也. 口閉也. 从門, 盍聲).”(大徐本, 248)라고 하였다. ‘閉’자 중 ‘才’는 才能의 才가 아니고 문을 닫는 지탱물을 형상화한 것으로 보인다. ‘閉’의 金文에서 다음과 같은 것을 알 수 있다.

豆閉簋

그 아래의 ‘+’는 마치 문을 떠받치는 십자가와 같다. 뒤에 자형이 잘못 변형되어 ‘+’이 ‘才’로 변했다. 이 잘못된 변형과정은 戰國시기에 완성되었는데, 《春秋事語》 36죽간에 ‘閉’자가 ‘閇’로 되어 있다. 이로부터 ‘閉’는 십자형의 고정 장치로 양쪽 문을 고정시킨 것이지 빗장으로 문을 지른 것이 아님을 알 수 있다.

‘關’은 다르다. 《說文·門部》에서 “關은 나무를 가로로 두어 문을 고정하는 것이다. 門으로 구성되었고 ‘丱’은 소리이다(關, 以木橫持户也. 从門丱聲).”(大徐本, 249)라고 하였다. 나무를 가로로 하여 문을 지탱한다는 것은 두 문짝을 빗장을 질러 닫는다는 것이다. 이렇게 문을 닫는 것은 비교적 꼭 닫는 것으로, 달빛이 새어 들어올 수 없다. ‘閉’와 ‘關’에는 모두 문을 닫는다는 의미가 있지만, 문을 닫는 정도에 차이가 있다. 이것이 바로 고인들이 이야기하는 ‘같으면서도 차이가 있다〔對則有别〕’는 것이다.

이처럼 ‘閒’은 최초에는 방문을 그냥 닫아 두는 것으로, 바람에 열릴까봐 가로대 나무로 지탱하도록 했다. 오늘날처럼 그렇게 단단히 잠가 빛이 조금도 새어들지 않도록 하지 않았다. 옛사람들은 소박하고 민풍이 순박하며, 밤에도 문을 닫지 않았고, 길에 떨어진 물건을 줍지 않는 분위기였다. 도적이 없으므로 사립문을 그냥 닫아두는데 그저 바람과 추위를 막기 위함이었다. 南朝 沈約의《直學省愁臥》에 "수심에 잠겨 문을 닫고 누웠는데, 때때로 달빛이 높은 창문을 두드리네(愁人掩軒臥, 高窗時動扉)."[108]에서 '掩軒'은 바로 문을 그냥 닫아 두는 것이다. '閒'자 자체도 한 폭의 생동감 넘치는 의경을 그린 그림으로 볼 수 있는데, 그것은 비록 사람과 자연이 직접 접촉하지 않지만 사람의 곤혹스럽고 근심스러운 마음이 문틈 사이로 달빛이 비춰 들어오는 그 순간에 위로가 되었을 거라는 것을 반영한 것이다.

이처럼 '休'와 '閒'은 아주 자연스럽게 함께 연계되었다. 그런데 '閑'은 일종의 가드레일로 말이 도망가는 것을 방지하는 기능이 있다. 그래서 그것은 '防閑〔방비하고 제한하다〕'이라는 의미로 인신될 수 있다. '閒'은 방문을 그냥 닫아두는 것으로 도둑을 방지하는 기능은 전혀 없다. 그래서 그것에는 '防閑'의 의미가 없다. 그러므로 이 두 글자는 본의가 전혀 상관없을 뿐만 아니라 인신된 의미도 서로 부합되는 흔적이 없다. 후에 통용하는 것은 다만 음이 같기 때문에 문인들에 의해 통용된 것이다. 段玉裁는《說文》에 주석을 달아 "'閑'은 옛날에는 대부분 '清閒'자를 빌려서 썼다(閑, 古多借爲清閒字)."(段注, 589)라고 하였다. 이렇게 빌려서 통용하는 것은 漢代부터 시작되었다. 賈誼의《鵩鳥賦》에 "한 모퉁이에 조용히 앉아 있으니, 그 모습이 매우 한가롭다(止於坐隅兮, 貌甚閑暇)"라고 한 내용 중 '閑'이 바로 통용·차용자〔通假字〕이다.

오늘날 '休閑'은 유행어가 되었는데 웹페이지를 열면 '休閑'과 관련

---

108 清·沈德潜 選,《古詩源·卷十二》, 中華書局, 1963年版, p.296 참조.

된 새로운 명사들이 수두룩하다. 복식과 관련된 것으로는 '休閑衫(레저 셔츠)', '休閑服(캐주얼)', '休閑褲(레저 바지)', '休閑包(레저 가방)', '休閑鞋(레저 신발)', '休閑表(레저 시계)' 등이 있다. 운동 오락과 관련 있는 것으로는 '室內高爾夫休閑館(실내골프 레저관)', '休閑麻將(레저 마작)', '休閑塞狗(레저 투견)', '休閑接龍(骨牌 잇기 놀이)', '休閑音樂(레저 음악)', '休閑娛樂(레저 오락)', '休閑電影(레저 영화)', '休閑運動(레저 스포츠)' 등이 있다. 가구와 관련된 것으로 '休閑桌(레저 탁자)', '休閑椅(레저 의자)', '休閑沙發(레저 소파)', '休閑吊床(레저 해먹)' 등이 있다. 지역사회 경관과 관련된 것으로 '休閑社區(레저 공동체)', '休閑景觀(레저 경관)', '休閑廣場(레저 광장)', '休閑會所(레저 회의 장소)', '休閑設施(레저 시설)', '青春休閑屋(청춘 리조트)' 등이 있다. 산업과 관련된 것으로는 '休閑餐廳(레저 식당)', '休閑酒店(리조트 호텔)', '休閑設備(레저 시설)', '休閑旅遊(레저 여행)', '休閑商務(레저 비지니스)', '休閑食品(레저 식품)', '休閑用品(레저용품)', '休閑島(휴양섬)', '休閑網吧(레저 PC방)'이 있다. 그중 레저 관련 사이트가 중국을 풍미하고 있는데, '旅遊休閑網(여행 레저사이트)', '服飾休閑網(복식 레저사이트)', '娛樂休閑網(오락 레저사이트)', '名牌休閑網(명품 레저사이트)' 등이 있다. 레저의 방식도 각양각색인데 '釣魚休閑(낚시 레저)', '户外氧吧休閑(야외 산소 카페 레저)', '自駕車出遊休閑(자가용 여행 레저) 등이 있다. 廣西桂林에 '樂滿地休閑世界(Merryland 리조트)'가 있고, 杭州에 '休閑博覽園(레저 박물원)'이 있다.

레저는 일종의 문화이자 기분이고, 어떤 방식의 레저를 선택하든 완전히 개인의 자유이다. 레저산업이 날로 성행함에 따라, 중국 대륙 사람들의 레저의식도 점점 농후해져, 레저는 더 이상 문인묵객의 전유물이 아니며〔어떤 사람은 "현자가 아니면 휴양할 수 없고, 현자가 휴양을 함에 있어서도 같은 방식의 휴양이 아니다."라고 하였다.〕, 중국 대륙에서도 이미 일반사람들에게까지 받아들여지게 되었다.

그러나 사람들은 레저를 즐기는 동시에 대자연에게 많은 인문적 관심과 배려를 주어야 함을 잊지 말아야 한다. 왜냐하면 우리가 레저를 즐김에 의지하는 것은 한 그루의 푸른 나무, 한 포기의 푸른 풀이기 때문이다. 이것이 바로 '宿'과 '休' 두 글자가 지니고 있는 문화적 정보가 오늘날 사람들에게 주는 일깨움이다.

3. '行'과 '旅'

'行'과 '旅'는 오늘날 습관적으로 '旅行'이라고 한다. 이 두 글자는 出行과 관련이 있다. 그것들이 기록한 단어의 의미는 고대의 교통·출행 등 생활과 직접적인 관련이 있다. 우리가 옛사람들의 출행습관과 교통방식을 이해하려면, '行'과 '旅의 초기 자형분석을 통해 관련 정보를 획득할 수 있다.

(1) '行'의 초기 자형 분석

'行'은《說文》에서 하나의 부수자이다.《說文·行部》에 "行은 사람의 걸음걸이를 말한다. 彳(척)과 亍(촉)으로 구성되어 있다(行, 人之步趨也. 从彳从亍)."(大徐本, 44)라고 하였다. 許愼은 당시 고문자 자료가 부족했기 때문에 본래 獨體象形字를 合體會意字로 잘못 나누었고, 인신의 혹은 나중에 생겨난 뜻을 本義로 삼았다.

'行'은 초기 한자에 속하는 것으로 갑골문에 이미 있었는데, 그 자형은 다음과 같다.

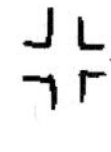一期後下二.一二

혹은 다음과 같다.

三期甲一九O九

사거리의 모양을 상형하였다. 그러므로 '行'의 본의는 마땅히 길을 가리키는 것이다. 이러한 의미는 《詩經》에 그 용례가 있다. 예를 들어 《詩·小雅·車舝》에 "높은 산을 우러러 보고 먼 길을 걸어간다(高山仰止, 景行行止)."고 하였고, 毛《傳》에서는 "景은 크다는 뜻이다(景, 大也)."라고 했고, 鄭《箋》에서는 "景은 밝다는 뜻이다(景, 明也)."라고 했다.(阮《疏》, 482) 毛《傳》과 鄭《箋》에서는 모두 앞의 '行'을 고상한 품행을 가리키는 品行·大行·明行으로 이해하였는데, 그렇게 말할 수 있을 것도 같다. 그러나 '高山'과 서로 어울리지 않는다. 南宋의 朱熹가 《詩集傳》에서 가장 먼저 毛《傳》과 鄭《箋》의 오역을 교정하여 명확하게 말하기를 "景行은 큰길이다(景行, 大道也)."(朱《傳》, 596)라고 하였다. 후에 聞一多가 《詩經通義》에서 "景은 迥(형)으로도 읽을 수 있는데, 迥行은 먼 길과 같은 것으로 高山과 대구가 된다."(向《典》, 317)라고 하였다. 우리는 朱熹의 《集傳》이 毛《傳》과 鄭《箋》보다 뛰어나고, 聞一多의 《通義》에서 언급한 것이 《詩經》의 원뜻에 비교적 부합된다고 본다. 앞의 '行'자를 '航'과 같이 읽으면 길의 의미이다. 뒤의 '行'자를 '下와 孟의 반절'로 읽으면 가다라는 의미가 된다.

갑골문의 자형으로 볼 때 '行'은 하나의 全功能零合成字이고, 彳과 亍을 두 부분으로 나누면 안 된다. 이를 공식으로 나타내면 行X=行X(0)이다.

'行'의 본의는 길이지, 가다가 아니다. 갑골문에 기록된 '가다'라는 의미를 나타내는 글자는 따로 있다.

石鼓文에 하나의 行자가 있는데 다음과 같다.

그 刻文에 "石碣霝雨, 隹舟以衍(石碣에 큰비가 오니, 오직 배가 있어야 갈 수 있다)."[109] 라고 하였는데, '衍'의 의미가 '가다'임은 의심의 여지가 없다. 갑골문에 '[illegible]'이 있는데 石鼓文의 '衍'과 전승관계가 있다. 갑골문에서 '行'을 생략하여 '彳'이라 하였는데, '彳'에 여전히 길의 의미가 있다. 오늘날 '辶(착)'부의 내원은 옛 '辵(착)'자에 있다.《說文·辵部》에 "辵은 불현듯 가다가 불현듯 멈춘다는 의미로 彳과 止로 구성되었다(辵, 乍行乍止, 从彳从止)."(大徐本, 39)라고 하였다. 許愼의 본의에 대한 해석에는 의심의 여지가 있을 수 있지만, 자형 분석에는 문제가 없다. '辵'은 '彳'으로 구성되었고, '彳'은 '行'을 생략한 글자로 길을 나타낸다.

갑골문에 생략하지 않은 '行'도 있는데 다음과 같다.

一期後下一四.一八

'行'과 '止'으로 구성되었고, '止'은 발가락을 상형한 것이다. 길과 발을 한곳에 두고 會意하여 걸어간다는 의미로 만들었다. '行'을 생략해 '彳'으로 한 것은 이미 갑골문에서 형성되었다. '逆'자의 갑골문은 '[illegible]'이다. 심지어 '辵'자의 발가락을 표시하는 요소 '止'을 생략하고, 길을 상징하는 '彳'만 남겨두기도 했다. 또 예를 들어 오늘날 '辵'으로 구성된 글자인 '遲', '避', '通' 등은 갑골문에서 각각 '[illegible]', '[illegible]', '[illegible]'로 나타냈다. 어떤 때는 '辵'에서 길을 상징하는 '彳'을 생략하고 발가락을 상형한 '止'만 남겨 두기도 했다. 예를 들어 '追와 '逐' 두 글자는 갑

---

109 《石刻篆文編》을 보라. 李圃 主編,《古文字詁林》第二册, p.541 재인용.

골문에서 각각 '[illegible]'와 '[illegible]'으로 나타내었다. 그러므로 '辵'과 '彳'으로 구성되거나 '止'자로 구성된 자는 모두 상통한다. 이 3개 부수의 글자는 모두 걷는 것과 관련이 있다.

길을 표시하는 '行'과 걸어가는 것을 표시하는 '行'이 어떤 관계가 있는지에 대한 고문자학계의 견해가 일치하지 않는다. 일본학자 高田忠周는 이는 두 개의 글자인데, 하나는 '彳'과 '亍'으로 구성된 '[illegible]'으로 걸어간다는 의미를 표시하고, 다른 하나는 거리의 모양을 상형한 '[illegible]'으로 길을 나타낸다고 여겼다. '[illegible]'의 생략형 '[illegible]'과 '[illegible]'의 형태가 가까워 둘을 합해서 하나가 되었다고 보았다.[110] 高田忠周의 이러한 의견은 중국 국내학자들의 인정을 받지 못했다. 중국학자들은 갈 '行'자는 다른 本字가 있다고 여기는데, 그것은 마땅히 갑골문의 '[illegible]'(人과 彳으로 구성), 혹은 [illegible](人과 行으로 구성), 혹은 금문 중 父癸鼎을 나타내는 [illegible](止와 行으로 구성)인데, 그것들은 사람이 길을 걷는 것을 표시하거나, 혹은 사람의 발이 길을 걷는 것을 나타낸다. 응당 이러한 것들이 비로소 갈 行의 본 글자이지, 소전의 [illegible]이 아니다.[111]

우리는 이 문제에 있어서 戴家祥의 견해가 비교적 취할 만하다고 본다. 그는 "(金文[illegible]) 止와 行으로 구성되었고, 발이 길 위에 있다는 것은 마땅히 걸어간다는 의미를 표시한다. [illegible]은 동사 行의 繁文이고 [illegible]의 異體이다."라고 하였다. 어째서 동일하게 간다는 의미를 표시하는 동사가 하나는 '人'을 形符로 삼고, 하나는 '止'를 形符로 삼은 것일까? 戴家祥은 중국어 동사의 形符 교체에 하나의 규율이 있음을 발견하였는데, 즉 주체를 표시하는 字符와 주체의 행동 기관을 표시하

---

110 《古籀篇十九》 참고.

111 이러한 견해를 가진 사람으로는 羅振玉·商承祚와 馬叙倫 등이 있다.

는 字符는 호환할 수 있다는 것이다. 예를 들어 牴觸의 ‘牴’자는 이체자로 ‘觝’자가 있는데, 하나는 牛로 구성되어 있고 하나는 角으로 구성되어 있다. 牛는 행위의 주체이고 角은 행위의 기관이다. 마찬가지로 갈 行은 ‘人’으로 구성되어 있는데, 즉 행위의 주체를 義符로 삼았고, ‘止’로 구성된 것은 행위의 기관을 義符로 삼은 것이다. 그러므로 ‘’ 과 ‘’은 모두 갈 ‘行’의 本字인데, 다만 形符를 바꾸었을 따름이라는 것이다.[112] 이러한 견해는 따를만한데, 다만 갑골문 중에 止로 구성된 ‘’만 있는 것이 아니라 두 개의 止로 구성된 ‘’이 있는데, 止와 行으로 구성된 ‘’을 갈 行의 본자로 본다면 두 개의 止로 구성된 ‘’도 갈 行의 본자로 볼 수 있는 것이 아닌지? 이는 토론해 볼만한 문제이다.

우리는 갑골문에 어떤 때는 하나가 많거나 하나가 적은 같은 구형원소가 있는데 결코 단어의 의미에 영향을 주지 않는다는 기록이 있음을 안다. 예를 들어 ‘家’에는 두 개의 豕으로 구성된 ‘’가 있고, 하나의 豕으로 구성된 ‘’가 있다. 이를 근거로 추측하면 ‘’과 ‘’도 같은 글자의 다른 형태임이 틀림없다. 게다가 두 개의 止로 구성된 ‘步’도 본의는 걸어간다는 의미이다.

《설문·步部》에 “는 간다는 뜻이다. 止와 ㄓ(달)이 서로 등지고 있는 모양으로 구성되었다(, 行也. 从止、ㄓ相背).”(大徐本, 38)라고 하였다. 許愼이 이 글자의 본의 및 자형에 대해 분석한 것은 매우 정확하다. 갑골문의 ‘步’자는 다음과 같다.

112 《金文大字典下》 참고, 이상은 李圃 主編, 《古文字詁林》第二册, pp.542-544에도 보인다.

一期合集六四六一

마치 사람의 왼발이 앞에 있고 오른 발이 뒤에 있어 걸어가는 모습과 같다. '步'와 '行'의 의미가 같은 것은 우연히 그런 것이 아니고 음에 있어서도 관계가 있다. 오늘날 '步'와 '行'의 독음은 차이가 크지만 옛날 독음은 아주 가깝다. '行'의 옛음은 匣紐陽部에 속하고 '步'의 옛음은 並紐鐸部에 속한다. 韻으로 삼을 때 陽과 鐸은 서로 바꿀 수 있다. 음은 차이가 많이 나는데, 하나는 설근음〔牙音〕[113]에 속하고 하나는 脣音에 속한다. 그러나 역시 상통할 수 없는 것은 아니다. 예를 들어 '黑'의 옛음은 曉紐에 속하지만 黑에서 음을 얻은 '墨'과 '默' 등의 글자는 모두 明紐에 속한다.

徐中舒가 주편한 《甲骨文字典》에서는 '□'을 '步'자의 아래에 두고, 그 글자를 해석하기를 "마치 사람이 사통팔달의 도로를 걷는 것과 같다."(徐《甲》, 142)라고 하였는데, 이 설은 따를 만하다. '□'자를 '步'자의 아래에 둔 것은, 아마도 《說文》 體例의 영향을 받은 것 같다. 馬叙倫은 《說文解字六書疏證》권3에서 "갑골문 □·□은 □의 이체자이다."[114]라고 하였다. 이러한 견해는 중시되어 마땅하다.

위의 분석에 의거하여, 우리는 갈 '行'의 초기 자형은 마땅히 갑골문의 □, 金文의 □이라고 본다. 많은 '行'의 초기 글자 형태 중 우리는 金文의 '□'을 주 형태로 선택하는데, 構形學의 각도에서 이 글자의 형태 구조를 분석하면 형태와 의미가 합성된 자로서, 이 중 의미를 표시하는 構件 '彳亍'은 독음을 표시하는 기능을 겸하고 있다. 그 공식은 □

113 일반적으로 曉와 匣을 喉音으로 본다. 이는 王力의 《同源字論》에 의거한 것으로 설근음〔牙音〕의 擦音全濁聲母로 본다.

114 李圃 主編, 《古文字詁林》第二册, p.262를 보라.

X+彳亍Y/S=衜(X Y/S)이다.

金文의 창제자가 보기에, 사람이 걸어가려면 걷는 기관인 '발'과 걷는데 의지하는 길은 없어서는 안 되는 것이었다. 그러므로 갈 行의 초기 한자인 '衜'에 주체와 객체가 대립하면서도 상호 의존관계가 있음을 반영한 것이다.

(2) '旅'의 초기 자형 분석

'旅'자는 전해져 오는 문헌에서 대부분 군대〔軍旅〕의 의미로 사용되었다. 그러므로 《說文·㫃部》에서 "旅, 군대의 오백 명을 旅라고 한다. 㫃(언)과 从으로 구성되었다. 从은 (많은 사람이) 함께 있다는 의미이다. 𣄼는 旅의 古文이다. 고문에서는 鲁衛〔노위: 형제〕의 鲁로 여겼다(旅, 軍之五百人爲旅. 从㫃从从, 从, 俱也. 𣄼, 古文旅, 古文以爲鲁衛之鲁)."(大徐本141)라고 하였다. 段玉裁 주에서 "〈小司徒〉에서 '五人을 伍로 삼고 五伍를 兩으로 삼고 四兩을 卒로 삼으며, 五卒을 旅로 삼는다. 五旅를 師로 삼고, 五師를 軍으로 삼아서, 군사훈련을 한다.'라 하고, 주에서 '이는 모두 선왕이 농사에 의거하여 軍令을 정했기 때문이다. 恩情은 족히 서로 이해하고 잘 돌봐줄 만하고, 도의적으로는 족히 서로 도와줄만하며, 그 내부 구성원들 사이에 서로 복장과 표식을 구별할 수 있고, 서로 음성을 알아볼 수 있기를 바랐다.'라고 하였는데 인신하여 무리〔衆〕라는 의미가 되었다. 《小雅》에서 '여러 힘이 바야흐로 굳세다.'라고 하였고, 《傳》에서 '旅는 무리의 의미이다.'라고 하고, 또 인신하여 '늘어놓다〔陳〕'의 의미가 되었는데, 《小雅》에서 '고기 갈비를 벌여 놓았네.'라고 하고, 《傳》에서는 '旅는 늘어놓는다는 의미이다.'라고 하였다. 또한 羇旅라는 말이 있는데, 뜻은 廬에서 취했고, 廬는 몸을 기탁한다는 의미이다. ……㫃으로 구성되었는데, 깃발은 사람들의 이목을 집중시킨다

(《大司徒》: '五人爲伍, 五伍爲兩, 四兩爲卒, 五卒爲旅. 五旅爲師, 五師爲軍. 以起軍旅.' 注云: '此皆先王所因農事而定軍令者也. 欲其恩足相恤, 義足相救, 服容相別, 音聲相識.' 引伸爲凡衆之稱. 《小雅》: '旅力方剛.' 《傳》云: '旅, 衆也.' 又引伸之義爲'陳', 《小雅》: '殽核維旅.' 《傳》云: '旅, 陳也.' 又凡言羇旅, 義取乎廬, 廬, 寄也. ……从㫃者, 旌旗所以屬人耳目)."(段注, 312)라고 하였다. 段玉裁 주를 통해 '旅'는 하나의 군사 단위의 기록부호일 뿐만 아니라 사실은 出行의 의미와 밀접한 관계가 있음을 알 수 있다. 고대에는 軍農一體制를 실행했는데, 평화시기에는 군대가 경작의 단위로 변해 농업에 종사하고 전시에는 집결하여 군대가 되어 전선에서 적을 죽인다. 이 글자가 '㫃'으로 구성된 것은 깃발과 유관한데, 깃발은 여러 사람을 소집하는데 사용하는 것이다. 두 개의 人으로 구성된 서로 따른다는 의미의 '从'은 여러 사람이 집합하여 출정을 준비함을 나타낸다. 그러므로 이 글자는 陣地의 의미를 나타내는 '陳'으로도 사용될 수 있다.

《說文》의 '旅'자의 본의와 그 자형에 대한 분석이 정확한지는 고문자 자료로 검증해야 할 필요가 있다.

'旅'자는 갑골문에 이미 있었는데, 그 자형은 다음과 같다.

一期前四·三一·七

혹은 다음과 같다.

一期合三0一

혹은 생략하여 다음과 같다.

三期甲二六四七

徐中舒는 그 자형을 해석하여 "从이 㫃의 아래에 있는 구성으로, 깃발로 여러 사람들을 모은다는 의미이다. 从은 혹은 亻으로도 나타내는데, 같은 것이다."(徐《甲》, 734)라고 하였다. 許愼의 자형분석이 신뢰할 만한 것임을 알 수 있다. 갑골문에 한 개의 人으로 구성된 旅가 있는데 마땅히 생략된 형태의 글자이다. 李圃의 《古文字詁林》第6册 472쪽에서 인용한 《甲骨文編》에 수록된 36개 '旅'의 갑골문 형태에 의하면, 단지 3개만이 생략한 형태인 한 개의 人으로 구성되었다. 이는 단지 8.3%를 차지하는 것으로, '旅'가 '从'으로 구성된 것이 일반적인 형태이고, '人'으로 구성된 것은 변형된 형태임을 알 수 있다. 《甲骨文編》에 또한 3개의 人으로 구성된 旅가 수록되어 있는데, 그 형태는 다음과 같다.

 粹一0

금문에 또한 3개의 人으로 구성된 '旅'가 있는데 그 모양이 다음과 같은 형상으로 바뀌었다.

 父乙卣[115]

그러므로 許愼이 '俱'로써 '从'을 해석하고, 段玉裁가 '衆'으로써 '从'을 해석한 것은 모두 근거가 있다. 許愼이 인용한 고문 '𣄼'는 止로 구성되었고, 아래에 두 개의 人이 있는 것은 역시 그 내원이 있다. 금문에 止와 辵으로 구성된 '旅'가 있는데 예를 들면 다음과 같다.

115 이상의 字形은 李圃 主編, 《古文字詁林》第六册, pp.472-473에도 보인다.

甫人觥

두 개의 止로 구성되었고, 또한 '辵'으로 구성된 것이 있는데, 예를 들면 다음과 같다.

陳公子甗

이상은 마땅히《說文》에서 인용한 古文 '[illegible]'의 원래 글자이다. 止와 辵으로 구성된 것으로, '旅'에 본래 가다라는 의미가 있음을 증명할 수 있다. 㫃으로 구성된 것은 '旅'에 군대의 의미가 있음을 증명하는 것이다. 주의할 만한 것은 金文에 또한 車로 구성된 '旅'가 있다는 것이다. 예를 들면 다음과 같다.

伯作大公卣

'㫃'과 '人'의 형태 외에 하나의 완전한 '車'의 형태가 있다. 이 글자는 '旅'가 군대와 관계가 있을 뿐만 아니라, 고대의 제사문화와 관계 있음을 나타내는데, 다음 문장에서 토론하고자 한다.

깃발과 사람을 결합하여 글자를 만든 것으로, '旅' 이 글자 뿐 아니라 '斿'자도 있다.《說文》에는 '斿'자는 없지만 '游'자가 있다.《說文·㫃部》에 "[illegible]는 깃발의 술이다. 㫃으로 구성되었고 汓는 소리이다. [illegible]는 游자의 고문이다([illegible], 旌旗之流也. 从㫃, 汓聲. [illegible], 古文游)."(大徐本, 140)라고 하였다.《說文》이 근거한 小篆 '[illegible]는 '斿'의 조기 자형이 아니고, '斿'의 甲骨文과 金文은 헤엄친다는 의미의 '汓'와 전혀 상관이 없다. '斿'의 본의도 단지 깃발위의 장식용 술(혹은 채색 술이라 한다)을 가리키는 것은 아니다. '游'는 갑골문으로 다음과 같다.

甲一五六六

혹은 다음과 같다.

乙1760

한 사람이 손으로 깃발을 들고 가는 모양을 상형한 것이다. '斿'의 금문은 다음과 같다.

篆文

'斿'의 金文 자형은 갑골문과 같은데, 모두 한 사람이 깃발을 들고 걸어가는 모양을 상형한 것이다. 후기 금문에서 비로소 '斿'의 기초위에 辵을 더하거나, 혹은 水를 더하였는데, 다음과 같다.

 平鐘

 中山王鼎[116]

우리는 위에서 인용한 篆文에서 '斿'자는 결코 子로 구성된 것이 아니고, '子'는 사람의 형태를 나타내는 構件이 잘못 변형된 것임을 알

116 이상의 字形은 모두 李圃 主編, 《古文字詁林》第6册, p.466에서 가져왔다.

수 있다. ‘斿’의 금문을 ‘’의 형태로 나타내는 것은 하나에 그치는 것이 아니다. ‘人’이 ‘子’로 잘못 변형된 것은 충분히 가능성이 있는 것으로, 헤엄칠 ‘浮’자를 가지고 설명해보겠다.

《說文·水部》에 “는 물위에 떠간다는 뜻이다. 水와 子로 구성되었다. 옛날에는 泅〔수: 헤엄치다〕를 沒〔몰: 물에 잠기다〕의 의미로 여기기도 했다. 는 浮의 혹체이고 囚로 구성되었으며 囚는 소리를 나타내기도 한다(, 浮行水上也. 从水从子. 古或以泅爲沒. 浮或从囚聲).”(大徐本, 233)라고 하였다.

段玉裁 주에서는 이 ‘子’는 子가 아닐 것이라 여겼다. 그는 “子는 小와 같다. 물위에 떠 있을 경우 그것을 바라볼 때 아주 작다(子猶小也. 浮於水上, 望之甚小也).”(段注, 556)라고 하였다. 그의 안목은 매우 예리한데, 물위에 떠서 가는 것은 세 살 어린아이가 할 수 있는 능력이 아니다. 이 ‘子’는 마땅히 잘못 변형된 형태로, 許愼이 잘못 변형된 글자 ‘’를 가지고 ‘浮’의 자형을 분석한 것은 분명히 잘못이 있다. 갑골문에 이미 ‘浮’자가 있었는데, 그 형태는 다음과 같다.

一期乙九0三二

《甲骨文編》에 또한 2개의 ‘浮’자가 수록되어 있는데, 그 형태는 다음과 같다.

甲一五九

혹은 다음과 같다.

乙七八七

이 2개의 글자 형태로 알 수 있듯이 사람이 물에 떠서 가는 것으로, 바로 헤엄쳐 강을 건너는 형상을 그린 것이다. 사람이 물에 떠서 가는 것을 속칭 '배영'이라고 하는데, 강가에 있는 사람이 관찰할 때, 보는 사람의 눈에 비친 인상이 바로 그림 4-4-2와 같음을 알 수 있다.

그림 4-4-2 자 환원도

이 그림의 물속에서 수영하는 사람은 바로 갑골문 중의 와 같은 형상으로, 강가에서 사람들이 강에서 수영하는 사람을 관찰하면, 두 다리와 몸이 하나의 직선으로 되고, 머리만 수면으로 나와 있으며, 두 팔을 서로 교차하여 저으며 앞으로 나아가는 모습니다. 바로 갑골문 ''자가 나타내는 모양이다. '' 자를 '사람이 물속에 있는 구성'으로 분석하는 것이 타당하다.

이상을 종합하면 '旅'자의 초기 字形은 마땅히 갑골문 ''를 주 형태로 삼아야 하고, 한자 구조형태학의 각도에서 분석하면 그 공식은 X+Y(X+X)=(XY)이다.

(3) ‘行’과 ‘旅’ 두 글자에 내포된 문화적 함의

‘行’과 ‘旅’ 두 글자의 초기 글자 형태는 각각 ‘’과 ‘’이다. 우리는 이를 근거로 하여 이 두 글자가 가지고 있는 상고 시기의 출행, 군대 및 제사 등의 문화적 함의를 분석해 보고자 한다.

‘行’의 金文은 ‘’으로 그중 ‘’은 사람의 발을 상형한 것이고, ‘’은 길을 표시하는 것으로 발과 길이 하나로 조합되었다. 이는 사람들이 최초에 출행할 때 주체인 발과 객체인 길에 의지해야 했고 이 양자는 분리될 수 없음을 나타내는 것이다. 뒤에 사람들은 길을 나타내는 의미 부호인 ‘’의 반인 ‘’를 취하고 발을 상형한 ‘’을 더하여 ‘辵’部를 만들고 한 무더기의 걸어가는 것과 관계되는 글자를 만들어 냈으니, 이것이 바로 오늘날 ‘⻌’ 이 부수의 유래이다. 이를 통해 옛사람의 출행에 반드시 갖추어야 할 다음의 두 가지 조건을 증명할 수 있다. 첫째는 다리에 힘이 있는 두 발이 있어야 하고, 둘째는 발로 걸어 갈 수 있는 길이 있어야 한다.

인류는 원숭이에서 인간이 되면서 직립보행을 하기 시작했다. 뒷다리만을 이용해 걸을 수 있는 것, 이것이 인간이 고등동물로서 기타동물과 구별되는 하나의 현저한 표지이다. 두 발로 직립보행 하는 것은 인류가 탄생하면서 동시에 생겨난 것이다. 그러나 길이 생겨난 것은 비교적 늦은 일이다. 전해지는 문헌의 기록에 의하면, 虞와 夏의 교체 시기에 생겼다고 한다.

《左傳·襄公四年》에 《虞人之箴》을 인용하여 “넓고 넓은 禹 임금이 다스렸던 땅은, 중국을 九州로 나누었고, 그래서 구주로 통하는 길을 개설하였다(芒芒禹適, 畵爲九州, 經啓九道).”라고 하였다. 司馬遷의 《史記·夏本紀》에서도 大禹는 “益, 後稷과 더불어 순 임금의 명을 받들어 제후들과 백관들로 하여금 사람들을 동원하여 치수사업을 벌이게 하였다.

그들은 산과 고개에 올라 말뚝을 세우고 이를 측량표지로 삼아 높은 산과 큰 강을 측량하였다.……9주의 땅을 개척하고 9주로 통하는 길을 내었으며, 제방을 쌓아 아홉 개의 큰 호수를 수리하고 아홉 개의 큰 산을 뚫었다(與益、後稷奉帝命, 命諸侯百姓興兴人徒以傅土, 行山表木, 定高山大川. ……以開九州, 通九道, 陂九澤, 度九山)."(《史記》, 51)라고 말하였다. 이는 길이 생겨난 것이 虞舜시대부터였음을 설명하는 것이다.

사실, 길이 생겨난 것은 인류초기의 수렵채집시기이다. 길은 사람이 걸어서 만들어진 것이다.《孟子·盡心下》에 "산의 오솔길을 부단히 사용하면 길이 된다(山徑之蹊間, 介然用之而成道路)."(焦《義》, 982)라고 하였다.

蹊는 바로 사람이 걸어가는 꼬불꼬불한 오솔길이다. 사람들이 지나가는 횟수가 많아지면서 하나의 길이 생겨나게 된 것이다. 최초의 길은 마땅히 사람이 걸어 다니는 작은 길이지 사통팔달의 대로가 아니었다. 禹 시기에 홍수와 싸우며 긴급구조를 하기 위해 백성들을 모우고 대규모의 도로를 닦는 공사를 전개하였는데, 수레와 말을 빨리 지나가도록 하는 데 많은 편리를 제공하였다.

훗날 夏代에 이르러 이미 도로를 닦는 공사를 하는 분명한 목표가 생기기 시작했는데, 이는 고고학을 연구하는 과정에서 발견된 실물이 증명하는 것이다. 山西 夏縣 東下馮 夏문화 유적지에서 넓이 1.2-2m, 두께 5cm의 도로가 발굴되었는데, 노면을 도기 파편과 돌 조각을 사용해 깐 도로이다. 商代에 이르러 도로의 건설이 통일되고 계획되는 시기로 진입하게 된다.

河南偃師尸鄉溝에 초기 商代 문화 유적지가 있는데, 그 商城의 면적은 1900여 만 평방미터에 달하고, 성내에 통하는 길은 11개가 있다. 동서와 남북 두 방향을 직통하는데 동서가 5개, 남북이 6개이다. 남북이 동서방향보다 많은데, 고대의 건축이 북에서 남쪽으로 향하는 모습을 한 것과 유관하다. 성내의 도로는 주된 것과 부차적인 것이 서로 어울려 있다. 주된 도로가 있고, 배수구가 있는데, 도로의 면적이 6-10m에 달하며, 성밖에는 또한 環城道가 있다. 통일된 계획을 하고 심혈을 기울여 설계한 하나의 도시 교통망임을 알 수 있다.[117]

《說文·辵部》에서 "道은 사람이 다니는 길이다. 辵과 首로 구성되었고, 막힘이 없이 통하고 갈림길이 없는 것을 道라고 한다(道, 所行道也. 从辵、从首, 一達謂之道)."라고 하였고,(大徐本, 42) 段玉裁 주에서 "毛《傳》에 매번 이르기를 '行은 道이다.' 道는 사람이 다니는 곳이므로 行이라고도 한다. 道는 道理란 뜻으로 인신되었고, 또한 引道하다는 뜻이 되었다(毛《傳》每云:'行, 道也.'道者人所行, 故亦谓之行. 道之引伸爲道理, 亦爲引道)."(段注, 75)라고 하였다. 段玉裁 주에서 道는 사람이 걸어 다니는 곳이므로 또한 '行'이라 한다고 하였다. 이는 古今을 전도시킨 표현이다. 갑골문에는 '道'자는 없고 '途'자가 있는데, 그 글자는 다음과 같다.

一期前七.三二.一

止와 余로 구성되었는데, '余'의 본뜻은 가옥이 불타고 남은 잿더미이다. 그러므로 이 글자는 卜辭에서는 결코 길의 의미로 사용되지 않고, 정벌하여 소멸시킨다는 의미로 사용되었다. 갑골문에는 '道'자가 없는데, 사실 사통팔달을 모방한 '行'는 이미 매우 형상적으로 길의 의미를 나타내었다.

'道'자는 西周 金文에 최초로 출현하는데, 초기의 금문 '道'는 다음

117 中國社會科學学院 考古研究所 河南第二工作隊, <1983年秋季河南偃師尸鄉沟商城發掘報告>, 《考古》, 1984年 第10期 참조.

과 같다.

貉子卣

중기는 다음과 같다.

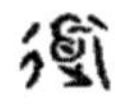散盤

貉子卣는 서주시기의 그릇이고, 散盤은 서주 중기 周厲王 시기의 그릇인데, 즉 금문 '道'자로 역시 '行'자와 파생관계를 벗어나지 않았다. 중기 이후의 금문에 비로소 '止'를 더하였는데, '行'과 함께 길의 의미를 나타냈다. 뒤에 '行'이 생략되어 '彳'이 되어서야 비로소 '辵'자와 하나로 합쳐졌다. 《설문해자·行部》의 글자는 대부분 길의 의미로 해석하는데, 예를 들어 "術은 邑의 길이다." "街는 사방으로 통하는 길이다." "衢는 사방으로 통하는 큰길인 衢이다." "衝은 通道이다." "衕은 通街이다." "衡은 발자국이다."("術, 邑中道也." "街, 四通道也." "衢, 四達谓之衢." "衝, 通道也." "衕, 通街也." "衡, 跡也.") (大徐本, 44)라고 하였다. <行部>에는 모두 11개의 부속 글자가 있는데, 6개가 길의 의미를 나타낸다.

사람들은 걸어 갈 때 길에 의지해야 하는데, 아래의 갑골문을 통해 증거를 찾을 수 있다.

하나는 出行의 '出'자로 갑골문에도 있었는데, 그 형태는 다음과 같다.

一期甲二四一

(行)·(止)·(凵)로 구성되어 있고, 사람이 길을 따라 거처에서 바깥으로 걸어가는 것을 나타낸다. 뒤에 ''이 생략되어 ''이 되었는데, 다음과 같다.

一期甲四七六

또한 나중에는 아예 ''도 생략하였는데, 바로 다음과 같다.

二期合集二三六0二

오늘날 楷書化되어 '出'이 되었는데, 우리는 다시는 이 글자와 길〔道路〕, 발가락〔脚趾〕과 거처하는 동굴〔居穴〕이 어떠한 관계가 있는지 알 수 없다. 심지어 민간에서는 두 개의 山이 서로 중첩되었다고 잘못 여기기도 한다.

'出'이 기록한 단어의 의미와 서로 대립되는 것은 '各'으로 전기 갑골문은 다음과 같다.

一期乙一九八一

(止)와 (凵(감))으로 구성되었고, 사람이 바깥에서 거주하는 동굴에 걸어오는 것을 나타내는데, 이르다〔到, 至〕의 의미로 會意되었다. 초기 갑골문 창제자는 아마도 거주하는 동굴에 이르는데 길이 필요 없다고 여긴 것 같다. 그래서 (止)가 (凵)을 향해서 걸어온다는 것을 가지고 이르다〔到〕는 의미의 '各'으로 會意하였다. 후기 갑골문은 길을 표시하는 자형원소 ''을 덧붙였는데, 다음과 같다.

三期粹一0六二

사람들이 최종적으로 바깥으로 나가거나 아니면 밖에서 집으로 오는지를 막론하고 길에 의지해야 한다는 것을 인식하게 되었음을 알 수 있다. '御'자도 최초에는 걸어가는 것과 관련이 있는 한 개의 글자였다. 갑골문에도 이 글자가 있었는데, 그 자형은 오늘날에 비해 형태가 더 복잡한데, 다음과 같다.

一期後下一二.九

(行)·(卩)·(午)로 구성되어 있다. '卩'으로 구성된 것은 주인이 무릎을 꿇고 내방하는 손님을 맞이함을 표시하고, '午'로 구성된 것은 종횡으로 교차하다, 상대하다의 의미가 있는데 손님은 주인이 무릎을 꿇고 맞이하는 것을 보고 앞으로 나아가는 것을 멈춘다. 行으로 구성된 것은 주인과 손님이 길에서 서로 만나는 것을 표시한다. ''자는 卜辭에서 제사의 이름으로 사용되기도 하고, 제왕이 쓸 것을 궁중으로 들인다는 의미로도 쓰이는데, 이는 맞이한다는 의미에서 직접 인신한 것이다.

육상에서 걷는 것은 길과 떨어질 수 없다. 그런데 수상에서 가는 것도 노선안내가 필요하다. 앞으로 나아간다는 의미를 나타내는 '歬(전)'의 갑골문 자형에서 실증할 수 있다.

《설문·止部》에 "歬, 가지 않지만 나아가는 것을 歬이라 하고, 止가 舟위에 있는 구성이다(歬, 不行而進謂之歬, 从止在舟上)."(大徐本, 38)라고 하였다. 許愼이 '歬'의 본의에 대해 한 해석은 믿을 만하다. 사람이 배위에 있으면 비록 발걸음을 이리저리 옮기지 않아도 배가 앞으로 나아감에 따라 앞으로 가게 된다. 이것이 바로 '歬' 이 자형이 전달하려는 글자를 만든 의미이다. 갑골문에도 止가 舟위에 있는 '歬'이 있는데 그 자형은 다음과 같다.

一期乙七六六一

小篆의 '歬'과 일맥상통한다. 그러나 더 많이 쓰이는 자형은 다음과 같다.

一期粹三八二

혹은 '行'을 생략하여 '彳'으로 표시하는데, 다음과 같다.

一期前六.二一.八

초기 한자의 창제자도 암초와 위험한 여울이 많은 물에서 나아가려면 배에 의지해야 하고, 노선이 필요하다는 것을 인식했음을 나타내는 것이다. 이 노선이 바로 오늘날 말하는 수로 혹은 항로이다.

문명사회에 진입한 이후 사람들은 밖으로 나갈 때 인류가 창조한 문명의 성과인 배와 자동차에 의지할 수 있게 되었는데, 이로써 걸어가는 반경을 확장했고, 사람들의 시야도 이에 따라 넓어졌다.

옛사람들이 외출할 때 타는 교통도구에 관해서 전해져 오는 문헌의 기록에 의하면, 《說文·木部》에 "欙는 산행을 할 때 타는 것으로 木으로 구성되어 있고, 纍(루)는 소리이다. 〈虞書〉에서 다음과 같이 말하였다. '나는 네 가지 탈것을 타는데, 물에서는 배를 타고, 땅에서는 수레를 타고, 산길에서는 가마를 타고, 진흙길에서는 발구(輴, 輴이라고도 함)를 탄다.'〔(《說文·木部》: 欙, 山行所乘者, 从木, 纍聲.《虞書》曰: 予乘四載: 水行乘舟, 陸行乘車, 山行乘欙, 澤行乘輴(一作輴)〕."(大徐本, 124)라고 하였다. 許愼이 인용한 〈虞書〉는 段玉裁 주에 의거한 것으로 〈皐陶謨〉의 글이다. 하지만 今本《尙書》에는 이 글귀가 없는데, 아마도 실전된 것 같다. 司馬遷이 지은《史記·夏本紀》에서는 이 4구를 다음과 같이 바꾸어 썼다. "육지에서는 수레를 타고, 물에서는 배를 타고, 진흙길에서는 발구를 타고, 산을 오르거나 고개를 넘을 때에는 가마를 탔다(陸行乘車, 水行乘船, 泥行乘橇, 山行乘檋)."(《史记》, 51)라고 하였다. 이로써 禹시기에 사람들은 각기 다른 지리적 환경에 따라 다른 교통도구를 사용했음을 나타낸다. 육지에서 갈 때는 수레를 타고 가고, 수로로 갈 때에는 배를 타고, 진흙이나 늪지를 갈 때는 발구를 타고, 산길을 갈 때는 가마를 탄 것이다.

수레·배·발구 이 세 가지 교통도구는 오늘날 잘 알고 있는 것이다. 비록 이 3가지의 형태와 구조 및 기능에는 많은 변화가 있었지만, 본래의 기본 형태를 벗어나지는 않았다. 오늘날 차에는 자동차와 기차가 있고 우차와 마차가 있으며, 심지어 손수레와 자전거 등이 있다. 배에는 목선이 있고, 기선도 있고 백여 대가 넘는 비행기를 실을 수 있는 항공모함이 있다. 썰매에는 눈썰매가 있지만, 진흙썰매는 매우 적다. 눈썰매는 마땅히 진흙썰매가 발전한 것이다.

그러나 마지막 한 가지 도구인 '檋'는 오늘날에는 전해지지 않는다. 張守節의《史記正義》에 의하면 일종의 올리고 내릴 수 있는 징이 달린 나막신으로, 산을 오를 때는 앞의 징을 낮추고 뒤의 징을 올리는 반면, 하산할 때는 뒤의 징을 낮추고 앞의 징을 올리는 이러한 일종의 나무 슬리퍼라는 것이다. 과연 이렇다면 옛사람들의 신발 제작 기술수준이 이미 오늘날 사람을 뛰어넘은 것이다. 이러한 징이 달린 나막신은 오늘날 운동선수들이 신는 조깅화와 축구화의 원형이다. 징을 박은 것은 미끄러짐을 방지하기 위함이다. 그러나 산을 오르내리는 것에 따라서 올리고 내리는 것을 달리하는 것은, 산행을 할 때 어려움을 줄여주기 위해서이다. 언덕을 오를 때는 뒤꿈치의 고도를 높이고, 하산할 때는 발바닥의 고도를 높이면 사람에게 평지를 걷는 것과 같은 느낌을 준다. 애석하게도 이러한 신발이 나무로 제작되어 남겨진 실물이 없다.

다른 한 가지 해석은 '檋'는 일종의 두 사람이 들고 가는 가마를 가리킨다는 것이다. 裴駰의 《集解》에서 徐廣의 말을 인용하여 "檋는 橋라고도 하는데 독음은 丘와 遥의 반절이다(檋, 一作橋, 音丘遥反)."(《集解》, 52)라고 하였는데, '橋'와 '轎'는 形·音·義가 서로 통한다. 清代의 桂馥은 欙와 檋를 나막신으로 보는 것을 반대하였는데, 그는 만약 신발이라면 '타다〔乘〕'라는 말을 할 필요가 없다고 여겼다. 그는 몸소 泰山을 오른 경험에 근거하여, '檋'는 바로 산길에서 사용하는 일종의 간이 가마라고 여겼는데, 바로 四川의 속칭 대나무 가마〔滑竿〕라는 것이다. 그 형태와 구조는 그림 4-4-3과 같다.

그림 4-4-3 가마〔檋〕

桂馥의 설은 따를 만하다.

《夏本紀》에 기록된 것은 大禹의 말로, 대우는 비록 평민 같은 제왕이었지만, 결국은 귀한 천자이다. 그는 우선적으로 인류가 제공하는 문명의 성과를 누릴 수 있었다. 그러나 일반 평민은 이러한 것을 누릴 수 없었다. 한자에 반영된 상고 시기 사람들의 생활 상황에 의거하면, 보통사람들은 商代에 이르기까지 줄곧 도보로 걷는 것을 위주로 하였다. 갑골문에 도보로 걷는 것을 반영하는 글자들이 많은데, 일본의 古文字 학자 島邦男의 통계에 따르면, “갑골문에 足과 止로 구성된 글자는 206개 이상에 달하고, 行으로 구성되거나 또는 足·止와 서로 관계있는 글자도 47개이다. 殷商시대의 주요 출행방식은 여전히 도보로 진행되었음을 알 수 있다.”(宋《中》, 392)라고 하였다. ‘徒’자는 갑골문에 이미 있는데, 그 형태는 다음과 같다.

一期乙八一三八

(止)로 구성되고 (土)로 구성되었다. 그 가운데 는 字綴式〔글자를 짜맞추는 식〕의 가상 부호인데, 아마도 사람이 모랫길에서 갈 때 일어나는 흙먼지를 가정한 것일 수도 있고, 사람이 걸을 때 흘리는 땀방울을 가정한 것일 수도 있다.

도보로 걷는 것은 배·수레·썰매·가마에 의지하는 것보다 아주 힘든 일이다. 이 점에 대해 한자가 드러내고 반영한 것 중에 가장 전형적인 것은 ‘䢔’자이다. 《설문·辵部》에서 “, 가기가 어렵다는 뜻이다. 辵으로 구성되었고 粦은 소리이다. 《易經》에서 ‘아쉬워하게 된다.’라고 하였다(, 行難也, 从辵粦聲. 《易》曰: 以往䢔).”(大徐本, 41)라고 하였다. 段玉裁 주에 의하면 許愼이 인용한 《易經》은 蒙卦初六爻辭로서 그 辭에 이르기를 "초육: 몽매한 초기에는 형법으로 나쁜 사람을 징벌하고 억울한 사람을 멍에에서 풀려나도록 해야 한다. 그렇지 않으면 아쉬워하게 될 것이다(初六, 發蒙. 利用刑人, 用說桎梏, 以往吝)."(阮《疏》, 20)라고 하였다. 오늘날 王弼·韓康伯 注에서 "刑人之道, 道所惡也."(阮《疏》, 20)라고 하였는데, 王弼·韓康伯의 말에는 두 가지 의미를 가지고 있다. 하나는 글자 그대로 해석하면, 범인이 가는 길은 가시밭길로 일반인이 가기를 꺼려하는 것이다. 두 번째로 통치자에 대해서 말하자면, 백성을 다스릴 때 엄격한 형법을 적용하는 것은 가장 나쁜 통치방식으로 聖王明君이 악용하는 통치방식이다. 오늘날 통행되는 《易經》에서는 '遴'을 '吝'으로 쓰는데, 《설문》에서는 '吝'을 '아쉬워하다〔恨惜〕'의 뜻으로 해석하였다. '恨惜'과 '行難'은 뜻이 본래 상통한다. 吝은 來紐文部의 글자이고, '遴'은 來紐眞部의 글자이며, 쌍성관계로 韻을 서로 바꿀 수 있다. 그러므로 遴·吝은 음이 가깝고 뜻이 통한다. 小篆 '遴'은 辵으로 구성되었고 粦이 발음이다. 그런데 '粦'은 위는 米로 아래는 舛으로 구성되었는데, '米'와 '舛'이 결합된 것은 매우 특이한 조합으로 마땅히 잘못 변한 것이다. 고문자 가운데 한 글자인 [illegible]은 마치 한사람이 거리를 걸어가는데, 양발은 바깥으로 뻗은 八字形이고, 온몸은 땀에 흠뻑 젖은 모습과 같다. 이 글자가 그려낸 것은 바로 걸어가는 사람의 힘든 모습으로, '遴'의 古文은 형상성이 아주 강한 글자임에 틀림없다. 人의 上部가 '炎'으로 잘못 변했고, 해서에서 더욱 잘못 변형되어 '米'가 되었기에, 원래 글자의 형태와 그 글자의 構意를 잃어버렸다.

옛사람들이 도보로 걸어갈 때, 사실 의지하는 것이 있었는데, 이 의지하는 물건이 바로 지팡이이다. 《孟子·盡心下》에서 "산의 오솔길을 부단히 사용하면 길이 된다. 잠깐이라도 쓰지 않으면 띠풀이 길을 막는다((山徑之蹊間, 介然用之而成道路. 爲間不用, 則茅塞之矣)."(焦《義》, 982)라고 하였다. 즉 어떤 길을 일정기간 동안 사용하지 않고 방치하면 띠가 자라나 길을 막아버릴 수 있다는 말이다. 사람들이 지팡이를 짚고 가는 데는 두 가지 기능이 있는데, 하나는 길을 찾는 것이고, 하나는 풀숲에 숨어있는 독사를 내몰기 위함이다. 사람들이 육지에서 다닐 때 반드시 나무지팡이를 준비해야 하는데, 이는 출발의 의미를 나타내는 '發'자에서 알 수 있다.

《說文·癶部》에서 "癹은 발로 차서 풀을 제거하는 것이다. 癶과 殳으로 구성되었다. 《春秋傳》에서 '癹은 쌓여 있는 풀을 제거하는 것이다.'(癹, 以足蹋夷草. 从癶, 从殳. 《春秋傳》曰: '癹夷蘊祟之.')."(大徐本, 38)라고 하였다. 許愼이 한 글자의미 해석은 그것의 본의가 아니다. '發'의 본래 의미는 출발이다. '發'자는 갑골문에 이미 있는데, 그 자형은 다음과 같다.

一期前五.二四.八

혹은 다음과 같다.

一期合三五

두 개의 (止), 1개의 (又)가 대나무(나무) 지팡이를 잡고 있는 것으로 구성되었다. 글자 형태로 보면 마땅히 외출하기 전 모든 준비를 끝내고 막 출발하려 한다는 뜻이다. 손에 잡은 지팡이의 형상이 '殳'으로 잘못 변형되었고 '殳'에는 또한 들풀을 베다라는 의미가 있기에 許愼이 "발로 차서 풀을 없앤다(以足蹋夷草)."와 같이 잘못 해석하도록 하였다. 이는 마땅히 일종의 잘못 만들어진 말로서, 사실 갑골문 ''은 풀을 베는〔芟草〕 것과는 무관하다. 오늘날 많은 고문자 학자들이 이 글

자가 바로 '出發' 중 '發'의 本字임을 인식하지 않고 있다.[118] 出發 중의 '發'의 本字는 마땅히 ''이다. 뒤에 활과 화살이 생겨나면서, 사람들은 활을 쏘는 동작도 ''을 가지고 기록하였다. 이 두 글자의 의미를 구별하기 위해 발사의 의미를 표시할 때는 弓자를 추가하여 '發'이 되었다. 과 發은 자소를 추가하여 의미가 다른 古今字를 구별하였다. 發射의 '發'은 弓으로 구성되었고, 癹이 소리인 일반적인 형성자가 아니고, 회의자이면서 소리를 겸하는 글자이다.

육지에서 걸어갈 때는 대나무 지팡이에 의지하고, 물에서 갈 때에도 대나무 지팡이에 의지해야 한다. 涉자의 갑골문은 대부분 다음과 같다.

前一五三.三

(두 발을 하나는 앞에 하나는 뒤로 해서 걸어가는 모양을 상형함)과 (水의 생략형)로 구성되었다. 물을 건너가는 것을 표시한다. 그러나 갑골문의 어떤 한 자형은 많은 고문자학자들이 등한시하는데, 그것은 바로 다음과 같다.

《續》3.30.5

마치 한 사람이 지팡이를 짚고 강을 건너가는 모양과 같은데, 이것이 바로 '涉'의 초기 자형이다. 사람이 물에서 걸어갈 때, 물의 깊이를 알 수 없으므로, 지팡이로 물의 깊이를 측정하고 동시에 지팡이는 몸

---

118 徐中舒 主編, 《甲骨文字典》, p.140에 이 글자를 인용하고, 바로 癹자라고 여겼지만, 許愼의 자의와 자형에 대한 분석과 해석에 대해 찬성하였다.

의 평형을 유지하는 작용을 한다.

우리는 金文 '[illegible]' 이 글자의 형태에서 먼 옛날 사람들이 밖에 나갈 때 주로 도보를 위주로 했으며, 도로나 배, 수레가 발명되기 전 의지한 것은 두 발이었고, 기껏해야 대나무로 만든 지팡이 하나를 더할 뿐, 고인들의 보행은 고생스러움과 위험이 가득했음을 알 수 있다. 도로의 발달, 배와 수레의 발명은 의심할 바 없이 인류 문명의 중요한 성과이다. 이는 인류의 出行에 지극히 큰 편리함을 제공했고, 인류 활동의 공간을 넓혔으며, 인류 문명 발전의 속도를 가속화시켰다.

'旅'의 초기 자형으로 갑골문의 '[illegible]'를 대표로 삼는데, 그 字形의 構意는 깃발을 들어 여러 사람을 모으고 정벌을 준비하거나 적을 맞아 치는 것이다.

깃발로 군중을 불러 모으는 것은 '旅'자 이외에 '𣃘'자도 있다. 《說文·九下·勿部》에 "勿은 州里에 세운 깃발이다. 깃대의 모양을 상형하였다. 세 개의 깃발이 있으며, 여러 가지 색의 천을 사용하므로 폭의 반이 다르다. 그것으로 백성을 모이게 하므로 급한 것을 '勿勿'이라고 한다. ……𣃘은 勿의 或字로 㫃으로 구성되었다(州里所建旗, 象其柄, 有三游, 雜帛, 幅半異, 所以趣民, 故遽稱勿勿. ……𣃘, 勿或从㫃)."(大徐本, 196)라고 하였다. 앞에서 우리는 '勿'의 본래 의미는 털색이 하나가 아닌 여러 가지 색의 소〔牛〕이므로, 인신하여 가지각색의 비단을 가리키고, 폭의 반이 다른 깃발은 뒤에 이 두 가지 뜻을 구별하기 위해 초기 글자 '勿'에 形符 '㫃'을 더하여, 㫃으로 구성되고 勿이 발음인 '𣃘'자를 구성하였다고 분석하였다. 趣民은 백성을 불러 모은다는 의미이다.

백성을 불러 모으는 것은 일반적으로 관할 구역에 긴급한 상황이 발생했을 때 비로소 하는 것으로, 許愼이 "급한 것을 勿勿이라고 한다(遽稱勿勿)."라고 한 것이 바로 이 의미이다. 이점 역시 전해져 내려오는 경전에 기록된 것과 부합되는 것이다.

《周禮·春官·司常》의 직제에 대해 말하기를 "(司常은) 9가지 깃발의 物名을 관장하여 각각 소속이 있게 하고 국사에 대기하게 한다(掌九旗之物名, 各有屬, 以待國事)."(阮《疏》, 826)라고 하였다. 9가지 깃발이란 아래 문장에서 말하는 "日月로써 常을 삼고, 交龍으로 旂를 삼고 通帛으로 旜을 삼고 雜帛으로 物을 삼고 熊虎로 旗를 삼고, 鳥隼으로 旟를 삼고, 龜蛇로 旐를 삼고, 全羽로 旞를 삼고, 析羽로 旌을 삼는다(日月爲常, 交龍爲旂, 通帛爲旜, 雜帛爲物, 熊虎爲旗, 鳥隼爲旟, 龜蛇爲旐, 全羽爲旞, 析羽爲旌)."(阮《疏》, 826)이다. '九旗'란 각각 다른 등급과 작위의 사람이 세우는 것으로 "왕은 大常을 세우고, 제후는 旂를 세우고, 孤와 卿은 旜을 세우고, 大夫와 士는 物을 세우고, 師都는 旗를 세우고, 州里에서는 旟를 세우고, 縣이나 鄙에서는 旐를 세우고, 道車에는 旞를 싣고, 斿車에는 旌을 싣는다. 모두 그 상징을 그리는데 官府에서는 각각 그 하는 일을 본뜨고, 州里에서는 각각 이름을 본뜨고, 家에서는 각각 명칭을 본뜬다(王建大常, 諸侯建旂, 孤卿建旜, 大夫、士建物, 師都建旗, 州里建旟, 縣鄙建旐, 道車載旞, 斿車載旌, 皆畫其象焉, 官府各象其事, 州里各象其名, 家各象其號)."(阮《疏》, 826)라고 하였다. 《周禮》의 원본과 《說文》에는 약간의 차이가 있다. 《說文》에서는 "州里에서 物을 세운다(州里建物)."라고 하였고, 《周禮》에서는 "大夫와 士는 物을 세우고, 州里에서는 旟를 세운다(大夫、士建物, 州里建旟)."라고 하였다. 段玉裁 주에서는 여기에서는 마땅히 《周禮》를 따라야 한다고 여기고, 許愼의 책에 잘못 기록된 부분이 있을 거라고 추측하였다.

旗를 세우는 것은 보통 중대한 군사적 일이 있을 때 하는 행위다. 그러므로 〈司常〉의 직책에 대해서 말하기를 "軍事에서는 기를 세워서 백성이 이르도록 하고 백성이 도착하면 기를 놓아두게 하여 늦게 도착한 자를 견책한다(凡軍事, 建旌旗; 及致民, 置旗, 弊之)."라고 하였고, 鄭玄의 주에서 "처음에 기를 두어 백성을 이르게 하고, 백성이 도착하면 그것을 놓아두고, 늦게 도착한자는 주살한다(始置旗以致民, 民至僕之, 誅後至者)."라고 하였다.(阮《疏》, 827) 이를 통해 주대의 군사제도는 아주 엄격하였는데, 관할지역을 나타내는 깃발이 세워진 것을 보면, 본 지역에 긴급 상황이 출현할 것임을 알고, 민중들은 정해진 시간 내에 질서를 지켜 재빨리 모이는 장소에 도착하여 명령에 따라야 함을 알 수 있다. 꾸물거리다가 늦으면 주살을 당할 수 있는 것이다.

'旅'자는 '㫃'으로 구성되었는데, 반드시 군사적 목적을 함유하고 있다. 우리는 '三禮' 중 《周禮》 원전에 의거하여 '旅'자의 사용 의미 및 그 상호간의 관계에 대해 탐구 토론해 보고자 한다. 《周禮》 원전에 '旅'자는 모두 89번 출현하는데, 그중 44번은 '군대〔軍旅〕'와 연관된 말로 전체의 약 50%를 차지한다. 이는 '旅'가 분명히 군사와 밀접한 관련이 있음을 설명하는 것이다.

'旅'는 《周禮》에서 군사용어로 사용되었는데, 먼저 기록된 단어의 의미는 5백 명을 단위로 하는 군사단체이다. 《周禮·夏官·大司馬》에 관직을 서술하여 다음과 같이 말하였다. "軍制에서 1만2천5백 명을 軍이라 하는데, 王은 六軍이요, 大國은 3軍이요, 그 다음 나라는 2軍이요, 小國은 1軍이다. 군의 장수는 다 卿으로 명한다. 2천5백 명을 師라 하는데 師帥는 다 中大夫로 임명한다. 500명을 旅라 하는데, 旅帥는 다 下大夫로 임명한다. 100명을 卒이라 하는데 卒長은 다 上士로 임명한다. 25명을 兩이라 하는데 兩司馬는 다 中士로 임명한다. 5명을 伍라 하는데 伍에는 다 長이 있다(凡制军, 萬有二千五百人爲軍, 王六軍, 大國三軍, 次國二軍, 小國一軍, 軍將皆命卿; 二千有五百人爲師, 師帥皆中大夫; 五百人爲旅, 旅帥皆下大夫; 百人爲卒, 卒長皆上士; 二十五人爲兩, 兩司馬皆中士; 五人爲伍, 伍皆有長)."(阮《疏》, 830) 여기에서 "500명을 旅로 한다(五百人爲旅)."는 것은 《說文》의 '旅'자 본의에 대한 탐구에 의거한 것이다.

'旅'는 《周禮》에서 파병·출병 등 동사의 의미로 더욱 많이 사용되었는데, '軍旅'·'大軍旅'·'振旅' 등의 말이 있다. 예를 들어 《周禮·天官·小宰》의 직책에서 "예법으로써 제사와 봄가을의 조회와 때때로 만나고 大會同하는 일과 빈객 접대하는 일을 관장하고, 군사 행동, 사냥이나 부역이나 상례 때 관리들을 이끌고 함께 그에 따른 일을 冢宰와 함께 한다(以法掌祭祀、朝覲、會同、賓客之戒具, 軍旅、田役、喪荒亦如之)."(阮《疏》, 654)라고 하였다. 군대와 제사, 조회, 회동, 사냥, 상례 등을 병렬하여 서술하였는데, '出兵'의 의미로 쓰였음을 분명히 알 수 있다.

《周禮·地官·大司徒》의 직책에서 "크게 군사를 일으키거나 크게 사냥이나 공사를 할 때는 깃발로 만민을 이르게 하고 그 무리의 행정을 다스린다(大軍旅、大田役以旗致萬民, 而治其徒庶之政令)."(阮《疏》, 708)라고 하였다. 錢玄·錢興奇 두 사람은 "大軍旅와 小軍旅의 구분은 전적으로 출병의 규모에 있는 것이 아니고, 천자기 친히 지휘권을 잡고 출병하여 정벌하느냐에 달려 있다. 천자가 친히 지휘권을 가지고 출병하여 정벌하면 규모가 작아도 大軍旅라 칭할 수 있으나, 천자가 신하에게 통솔권을 가지고 출병하게 하면 小軍旅라 한다."(錢《典》, 94)라고 하였는데, 이 견해는 따를 만하다.

《周禮·夏官·大司馬》의 직분에서 "中春에는 군대를 정돈하는 일(군사 훈련 실시)을 교육한다. 司馬가 깃발로 백성을 소집하면 고르게 陣을 펴는데 戰時의 陣과 같이 한다(中春, 教振旅, 司馬以旗致民, 平列陣, 如戰之陣)."라고 하였고, 鄭玄의 주에서 "무릇 군대를 나가는 것을 治兵이라고 하고, 들어가는 것을 振旅라고 하는데, 모두 군사훈련을 한다. 사시에 각각 백성을 가르치는 것은 한가지이다. 봄에는 군사훈련을 하고, 병사가 민중 속으로 들어가면 농사에 전념하게 된다(凡師出曰治兵, 入曰振旅, 皆習戰

也. 四時各教民以其一焉. 春習振旅, 兵入收衆, 專於農)."라고 하였다.(阮《疏》, 836) '振旅'는 백성에게 군사훈련을 하는 것으로, 그 중에는 陣法에 관한 훈련도 포함되어 있는데, 이는 고대의 軍農제도와 밀접한 관련이 있음을 알 수 있다.

'旅'는 군사 편제단위인데, 500명의 병사로 이루어진 군사집단을 가리킨다. 500명은 고대에 적은 숫자가 아니다. 그러므로 '旅'는 '무리〔衆〕'라는 의미로 인신될 수 있었던 것이다. 《周禮》중의 '旅'에도 이러한 용례가 있는데, 다음과 같다.

《周禮·夏官·司士》에 직분에 대해 말하기를 "孤와 卿에게는 特揖(개개인에게 하는 읍)하고 대부들에게는 등급마다 전체에게 揖하고 士에게는 곁에서 上士·中士·下士에게 각각 읍한다. 왕이 자리로 돌아오면 路門의 왼쪽에서 읍하고 노문의 오른쪽에서도 읍한다(孤卿特揖, 大夫以其等旅揖, 士旁三揖, 王還揖門左, 揖門门右)."라고 하였고, 鄭玄의 주에서는 "旅는 무리이다(旅, 衆也)."(阮《疏》, 849)라고 하였다. 《주례》에서 관직에 대해 서술할 때 모두 '旅下士XX人'라는 부분이 있다. 예를 들어 〈天官·宰夫〉에서 "下大夫 4명, 上士 8명, 中士 16명, 旅에 下士 32명이다(三十有二人. 下大夫四人, 上士八人, 中士十有六人, 旅下士三十有二人)."라고 하고, 鄭玄의 주에서 "'旅'는 무리이다. 下士는 뭇 일을 관리하는 사람이다(旅, 衆也. 下士治衆事者)."라고 하였다.(阮《疏》, 640)

'旅'에는 무리〔衆〕라는 의미가 있는데, 사실 그것의 초기 글자형태와도 부합된다. 앞에서 그 자형을 분석할 때 이미 갑골문과 금문에 모두 3개의 人으로 구성된 旅가 있음을 언급하였는데, '旅'의 본의 또한 '깃발로 무리를 모은다(以旗致衆)'는 의미이므로, '旅'가 무리의 뜻으로 사용되는 것은 아주 자연스러운 일이다.

이 뿐만 아니라 '旅'의 무리라는 의미에서 더욱 진일보하여 '모두

〔俱〕'라는 부차적 의미를 인신해 낼 수 있다. 예를 들어《禮記·樂記》에 "子夏가 대답하였다. '대저 옛날 음악은 舞人들이 나아가고 물러남에 있어 일제히 무리지어 움직이며, 그 소리가 화락하고 바르면서도 넓으며, 弦·匏·笙·簧 등의 악기를 한데 모으고, 拊와 鼓의 先導를 따르며, 북을 울려 연주를 시작하며, 다시 징을 쳐서 연주를 끝내며, 相으로써 어지러운 것을 바로잡으며, 雅로써 빠른 것을 바로 잡습니다(子夏對曰: '今夫古樂, 進旅退旅. 和正以廣, 弦、匏、笙、簧, 會守拊鼓, 始奏以文, 復亂以武, 治亂以相, 訊疾以雅)."라고 하였다. 鄭玄의 주에서 "旅는 모두와 같다. 모두 나아가고 물러나는 것은 일제히 행동함을 말하는 것이다(旅猶俱也. 俱進俱退, 言其齊一也)."라고 하였다.(阮《疏》, 1538) 이는《說文》에서 "㫃과 从으로 구성되었고, 从은 모두라는 의미이다(从㫃从从, 从, 俱也)."라고 글자를 해석한 것과 바로 부합되는 것이다.

'旅'의 무리〔衆〕라는 의미는 연결이란 의미로 인신될 수 있는데, 예를 들면 다음과 같다.《考工記·函人》에 "上旅와 下旅를 포개어 합치면 하나와 같이 일치하는데, 그 길이가 허리둘레가 된다(權其上旅與其下旅, 而重若一, 以其長爲之圍)."라고 하였고, 鄭玄은 鄭玄의 주보다 먼저 나온 것을 인용하여 "上旅는 허리 이상을 말하고 下旅는 허리 이하를 말한다(上旅謂要以上, 下旅謂要以下)."라고 하였다.(阮《疏》, 916) 여기에서 말하는 것은 갑옷을 제작하는 척도이다. '要'는 '腰'의 본자이다. 갑옷의 허리 이상을 '上旅'라 하고, 이하를 '下旅'라고 하는데, 上·下旅를 함께 포개어 합치면 상하는 마땅히 일치하게 된다. '上旅'와 '下旅'를 포개어 합친 길이는 갑옷의 허리둘레가 된다. 갑옷의 상하 두 부분을 왜 '旅'라고 했을까? 이것은 갑옷이 무소 가죽의 작은 조각이나 작은 금속 조각을 한데 꿰매어 만드는 것이기 때문에, 연결이라는 의미 특징이 있으므로 '旅'라고 했을 것이라 여긴다.

段玉裁는 '旅'자 아래에 주를 달아 '旅'의 무리라는 의미에서 '늘어놓다〔陳〕'는 의미로 인신되었다고 했는데, 사실 이 의미는 '旅'가 제사의 의미로 자주 쓰이는 것과 밀접한 관련이 있다. 청대 阮元이 "彝器〔제기〕는 대부분 旅車로 명명한다. 《禮記》에 의하면 犧象은 문밖으로 가져 나갈 수 없으므로, 옛날 출군할 때 종묘의 신주와 社의 신주를 모시고 가되 齋車에 싣고 가서, 매번 군사가 주둔 할 때 반드시 제사 의식을 거행했다고 한다. 《周禮·小宗伯》 및 《禮記·曾子問》을 보라. 제기는 경계를 넘을 수 없으므로 특별히 尊彝를 제작하였다. 군주의 수레에 진열하여 존경의 뜻을 나타냈다. 이러한 것을 旅車를 사용한다고 말하는데, 군주의 수레에 진열된 제기를 사용한다는 말이다(彝器多以旅車爲名, 《禮》犧象不出門, 而古者師行奉宗廟主與社主, 載以齋車, 每舍必有饋奠之事. 見《周禮·小宗伯》及《禮·曾子問》. 祭器不可逾竟, 故別作尊彝. 陳之主車, 示敬也. 此日用旅車, 言用以臚列主車之器也)."[119]라고 하였는데, 阮元의 말에는 근거가 있다.

《周禮·春官·小宗伯》의 직책에서 "큰 군사 훈련이 있으면 담당 관리〔大祝〕를 인솔하고 軍社(옮겨가는 사직)를 세우고 군주의 수레를 받든다(若大師, 則帥有司而立軍社, 奉主車)."라고 하였고, 鄭玄의 주에서 "왕이 출군할 때는 반드시 먼저 社와 遷廟에 제사를 지내고, 그 신주를 받들고 간다. 社의 신주를 軍社라고 하고, 천묘의 신주를 祖라고 한다(王出軍必先有事於社及遷廟, 而以其主行. 社主曰軍社. 遷主曰祖). 《春秋傳》에서 '군사를 이끌고 출군하심에 社祭를 지내시고 희생의 제물의 피를 軍鼓에 바르시는 경우라면 대축의 관은 社의 신을 받들고 따르는 것이다('軍行祓社釁鼓, 祝奉以從').'라고 하였다. 《禮記·曾子問》에서 '천자가 巡狩할 때에는 천묘의 신주를 모시고 가되 齋車에 싣고 간다(天子巡狩, 以遷廟主, 行載於齋車').'고 했는데, 그것

119 《積古齋鍾鼎彝器款識卷一·咎父癸卣》을 보라. 李圃 主編, 《古文字詁林》第六册, p.475 재인용.

은 반드시 존경함이 있음을 말하는 것이다(言必有尊也).”라고 하였다.(阮《疏》, 766) 이는 阮元의 말에 근거가 되는 것이다. 즉 천자가 순행하거나 친히 출정할 때에는 반드시 齋車를 준비해야 하는데, 수레에는 社의 신주와 종묘의 신주 및 그 제기를 싣는다. 매번 군대가 주둔할 때에는 또 제사의식을 거행해야 하는데, 왜 이렇게 해야 하는가 하면 천자는 한 가지 일을 하거나 한 마디 말을 할 때 항상 지존무상의 신명에게 의지한다고 할 수 있다. 즉 '반드시 존경함이 있음(必有尊)'인 것이다. 鄭玄의 주에서는《尙書》의 다음과 같은 말을 인용하였다. “명령에 복종하면 선조의 신위 앞에서 상을 내릴 것이지만, 명령을 어기면 사직의 신위 앞에서 죽일 것이다(用命, 賞於祖, 不用命, 戮於社).”(阮《疏》, 766) 종묘의 신주와 토지의 신으로 상을 주고 벌을 내리는, 이러한 것은 고대 최고 통치자가 상용하는 백성을 다스리는 편리한 도구였다. 조상과 社의 신주를 실은 수레를 금문에서는 '旅車'라고 했는데, 전해져 오는 문헌에는 '齋車'라고 하였다. 旅車의 旅는 '行'의 의미 특징을 가지고 있으면서 동시에 '陳列'의 의미 특징을 가지고 있다.

旅에는 진열〔陳〕의 의미가 있는데, 제사의 의미로 직접 인신될 수 있다. 예를 들면 다음과 같다.《周禮·春官·大宗伯》의 직책에서 “나라에 큰 사건이 있으면 上帝나 四望에게 제물을 진설하고 제사 지낸다(國有大故, 則旅上帝及四望).”라고 하였다. 鄭玄의 주에 의하면 “故는 재앙이다. 旅는 진열의 의미가 있다. 제물을 진설하고 제사를 지낸다. 예절은 祀만큼 번거롭지 않다. 上帝는 五帝이다. 鄭司農은 '四望은 日·月·星·海'라고 하였다. 鄭玄은 四望을 五岳·四鎭·四瀆'이라 하였다(故謂凶災. 旅, 陳也. 陳其祭事以祈焉. 禮不如祀之備也. 上帝, 五帝也. 鄭司農云: '四望: 日月星海.'玄謂四望: 五岳、四鎭、四瀆).”라고 하였다.(阮《疏》, 764) '旅'·'陳'·'祭'는 실제로 뜻이 서로 통함을 알 수 있다. '四望'에 대해서 이후에 鄭玄의 설이 옳다고 여겨졌는데, 禮書에 바다에 제사지냈다는 기록이 없기 때문이다. '五岳'은 東岳泰山, 南岳霍山, 西岳華山, 北岳常山, 中岳嵩山을 가리킨다. '四鎭'은 산 가운데 아주 큰 것을 가리키는데, 揚州의 會稽山, 青州의 沂山, 幽州의 醫無閭, 冀州의 霍山을 가리킨다(《周禮·春官·大司樂》'凡日月食, 四鎭五岳崩' 아래의 鄭玄 주를 보라).

'四瀆'은 長江·黃河·淮水·濟水를 가리키는데,[120] 왜 '四望'이라고 했는지는 唐 賈公彦의《疏》에서 "四望이라고 한 것은 한 곳을 향하여 제사할 수 없고, 마땅히 사방을 향하여 제단에 제물을 진설하고 제사를 지내야 하므로 四望이라고 하였다(言四望者, 不可一往就祭, 當四向望而爲壇遙祭之, 故云四望也)."(阮《疏》, 764)라고 하였는데, 賈公彦의 설은 따를 만하다.

《周禮·春官·司尊彝》의 직책에서 "국가에 큰일이 있을 때도 이와 같다(大旅亦如之)."라고 하였다. 鄭玄의 注에서 "旅는 나라에 큰일이 있을 때 지내는 제사이다(旅者, 国有大故之祭也)"라고 하였는데,(阮《疏》, 774) '旅'를 직접 제사의 이름으로 사용하였다.

《周禮·春官·典瑞》에서 "4가지 규에 근본이 있어서 하늘에 제사하고 上帝에게 제사 지낼 때 잡는다. 兩圭에도 근본이 있어서 땅에 제사하고 四望에 제사를 지낼 때 잡는다. ……빈객을 접대하는 일에는 玉器를 제공하여 받들어 간다(四圭有邸以祀天、旅上帝. 兩圭有邸以祀地, 旅四望. ……大祭祀、大旅、凡宾客之事, 共其玉器而奉之)."(阮《疏》, 776)라고 하였다. '旅'와 '祀'는 모두 제사의 이름인데, 다만 '旅'는 '祀'만큼 예절이 번거롭지 않을 따름이다.

《周禮·春官·大卜》의 직책에서 "旅祭에는 거북을 진열함으로써 한

---

120 '五岳'과 '四瀆'은 漢·劉向,《說苑卷十八·辨物》, 浙江古籍出版社, 1989年版, p.212에 의거하였다.

다(凡旅, 陳龜).”라고 하였다. 鄭玄의 注에서 “음식이 있는 곳에 거북을 진열한다. 《士喪禮》에서 말한 ‘점치는 사람이 먼저 거북을 西塾의 위치에 진열하는데 머리를 남쪽으로 향하게 하는’ 것이다. 이는 貞龜와 같지 않지만, 역시 점을 친다. 旅祭는 일반적이지 않은 제사로 大遷과 大師보다 가벼운 제사이다(陳龜於饌處也. 《士喪禮》曰‘卜人先奠龜於西塾上, 南首’是也. 不親貞龜, 亦以卜. 旅祭非常, 輕於大遷、大師也).”라고 하였다.(阮《疏》, 804)

여기에서 말하는 ‘陳龜’는 앞 문장의 ‘貞龜(거북에게 점칠 위치를 바르게 하는 것)’·‘命龜(거북에게 점칠 일을 고하는 것)’·‘作龜(거북껍질을 불에 그을려 그 갈라진 무늬를 보고 길흉을 점치는 것)’와 상대적으로 한 말이다. 大卜은 三兆·三易·三梦의 법을 점친다. 점을 치는 것은 西周에서는 주로 거북을 태워 그 모양을 보고 조짐을 관찰하는 방식으로 길흉을 판단(혹은 예측)하는 것이었다. 옛사람들은 어떤 일이 닥쳤을 때 반드시 제사를 지내고 제사를 지낼 때마다 반드시 점을 쳤다. ‘作龜’·‘命龜’·‘貞龜’·‘陳龜’는 각각 대응하는 제사가 있는데 다음과 같다. 大貞(새 군주를 세우거나 제후국을 세우는 일을 결정할 때 지내는 제사), 大祭祀(천지 종묘에 지내는 제사), 大遷(천자의 조묘를 옮길 때 지내는 제사)과 大師(큰 군사를 일으킬 때 하는 제사), 旅(나라에 재앙이 일을 때 지내는 제사)가 있다. 旅는 大遷·大師보다 가볍고 大遷·大師는 또 大祭祀보다 가볍고, 大祭祀는 大貞보다 가볍다. 그러므로 ‘大貞’에만 비로소 거북을 죽이고 태워 거북점을 치는 것이고, 그 나머지 제사에는 거북을 태우지 않고, 다만 거북을 거기에 두고 점을 칠 때 도구로 쓸 따름이었다.

우리는 옛사람이 매사에 반드시 점을 친 것은 그 심층적 문화 심리가 있으며, 또한 간단하게 하나의 미신으로 귀결할 수는 없다고 여긴다. 게다가 별자리를 관찰하여 비가 올지 여부를 예측했는데, 이것은 어느 정도 이치가 있다. 《尙書·洪範》에서 “달이 별을 따르는 것으로 비와 바람을 알 수 있다(月之從星, 則以風雨).”고 하였고, 僞《孔傳》에서 “달이 箕星을 지나가면 바람이 많이 불고, 畢星에 접근하면 하늘에서 큰비가 올 수 있다(月經於箕則多風, 離於畢則多雨).”라고 하였다.(阮《疏》, 192) 箕星은 28宿 중 東方蒼龍七宿 중의 하나로 키〔箕〕모양과 같아서 '箕'라고 명명하였다. 畢宿는 西方白虎七宿 중 하나로 그 별들의 조합이 마치 새총과 같아서 '畢'이라고 하였다. 달이 箕宿를 지나면 큰바람이 일어날 수 있고 畢宿에 접근하면 하늘에서 큰비가 올 수 있다. 이는 옛사람들이 여러 차례 천체 현상을 관찰하고 얻은 결론으로서, 농업에 관한 속담〔農諺〕과 유사하다.

《詩經·小雅·漸漸之石》에도 “달이 畢星을 만났으니 큰 비가 오겠네, 동쪽 정벌을 가는 무인은 딴전 필 겨를도 없네(月離於畢, 俾滂沱矣).”(阮《疏》, 500)라고 하였다.

'旅'는 《周禮》에서 여러 가지 의미로 사용되지만, 그러나 그 기본 용례는 '간다'는 의미이다. 그러므로 《周禮》에 '羈旅'라는 말이 있는데, 예를 들어 《周禮·地官·遺人》에 “국가의 委積(비축해 둔 곡식과 馬草)을 관리하여 나라에서 은혜를 베풀 때를 대비한다. ……野鄙의 위적을 관리하여 나그네 접대할 때를 대비한다(掌邦之委積, 以待施惠. ……野鄙之委積, 以待羈旅).”라고 하였다. 唐·賈公彦《疏》에 이르기를 “객이 말고삐를 여기에 매어 두고, 가지 않는 것을 일컫는다(謂客有羈縶在此, 未得去者).”라고 하였다.(阮《疏》, 728)

그러므로 '旅'의 본뜻이 외출하여 멀리가다인 것은 의심의 여지가 없다. 바로 이러한 까닭에 '旅'와 '行'은 연결하여 말할 수 있는 것이다. 그러나 先秦시기에는 아직 오늘날과 같은 '旅行'과 같은 뜻의 용례는 나타나지 않았다. 《禮記》 중 한 용례가 동행하다로 여겨졌는데, 그것은 요즘 사람의 오해이다.

《禮記·曾子問》에서 “증자가 물었다. '3년의 상중에 있으면서 남을 조상할 수 있습니까?'라고 하니 공자가 말하였다. '3년의 상중에는 小祥을 지내고 나서도 여러 사람과 함께 있지 않고 여행도 하지 않는 것이다. 군자의 예의에 따라 哀樂의 정을 나타내는 것이므로, 3년 상중에 남을 조상하여 哭을 하는 것이 또한 허례가 아니겠느냐!'(曾子問曰: "三年之喪, 吊乎?"孔子曰:"三年之喪, 練, 不群立, 不旅行. 君子禮以飾情, 三年之喪而吊哭, 不亦虛乎!)."라고 하였다. 鄭玄 주에서는 "자신이 상중에 있으면서 타인을 조문하기에, 애도의 뜻을 표할 때 말이 진심에서 우러나오지 않고, 자신의 부모 잃은 애달픈 심정을 잊어버릴 수 있다. 남을 위해 애도하면 부모를 애도하는데 전념할 수 없고, 부모를 위해 애도하면 남을 조상할 때 속에 없는 소리를 하게 된다(爲其苟語忘哀也. 爲彼哀則不專於親也, 爲親哀則是妄吊)."라고 하였다.(阮《疏》, 1396)

清代 孫希旦은《集解》에서 "飾은 나타낸다〔表〕와 같은 의미이다. 情이 있은 연후에 예로써 그것을 나타내는 것이다. 그러므로 '예로써 정을 나타낸다'고 하였다. 3년 상중에 자신의 부모를 애도하기에도 부족한데, 하물며 남을 위해 애도할 수 있을까? 이에 가서 조상하여 곡을 하는 것은 정이 없는 허례인 것이다(飾猶表也. 有是情而後以禮表之. 故曰: '禮以飾情.' 三年之喪, 爲己哀之不暇, 而遑爲人哀乎? 乃從而吊哭, 則是無是情而虛行吊禮也)."(孫《解》, 532)라고 하였다. 鄭玄의 주, 孙希旦의 해석을 통해 우리는《禮記》중 이 문장의 대의를 알 수 있다. 즉 본인의 부모님이 돌아가시면 마땅히 상을 삼년 모셔야 하는데, 이 기간에 친한 친구의 집에도 초상이 났다면 마땅히 조문하러 가야 하는가? 공자의 대답은 아주 명확한데, 갈 수 없다는 것이다. 왜냐하면 자신이 상복을 입고 있으면서 자신의 부모를 애도하기에도 모자란데, 어찌 다른 사람의 집에 조상하러 갈 수 있겠는가 하는 것이다. 그러나 여기의 '群立'과 '旅行'을 어떻게 해석해야 할지 우리는 마땅히 진지하게 분석해야 할 것이다.

오늘날 사람은 '群立'과 '旅行'을 대구로 보고 '여러 사람이 함께 간다(衆人一起行走)'로 추측한다.(錢《典》, 640) 즉 이 '旅行'과 오늘날의 의미는 그다지 큰 차이가 없다. 그러나 언어 환경과 연계해 볼 때, 우리는 이러한 해석은 타당하지 못하다고 본다. 이 글의 언어 환경을 고려하면 弔喪하는 것을 가리키는 것으로 공자는 상복을 입고 있으면서 친구의 집에 조상하러 가는 것을 반대하였다. 조상은 비교적 장중하고 엄숙한 의식인데, 조상하는 사람도 단지 한사람이 아니기에, 불가피하게 단체로 기다리는 상황이 생길 수 있고, 들어간 이후에는 또 진행자의 지휘에 따라야 하고, 어떤 동작을 할 때 모두 일치해야만 한다. '旅行'에는 실제로 '俱行'의 의미가 담겨져 있다. 俱行은 결코 동행하는 것이 아니고, 동작을 하나로 통일시켜 나아가는 것이다. 마치 《樂記》에서 이야기하는 '舞人들이 나아가고 물러난다(進旅退旅)'와 같은 것이다. 여기의 '旅行'이라는 연결된 말에는 결코 오늘날의 단체를 조직하여 여행한다는 의미가 없음을 알 수 있다.

漢代에 비로소 오늘날과 같은 뜻의 '旅行'이란 말이 생겨났는데, 漢代 劉向의 《說苑·辯物》에서 "그러므로 기린은 노루의 몸체에 소의 꼬리이며, 둥근 정수리에 뿔은 하나이다. 仁과 義를 지니고 있고 그 소리가 律呂에 맞으며, 그 행보는 법도에 맞고, 그 折旋은 규정에 맞는다. 땅을 가려 밟고 그 위치가 평평해야 거하며, 군집 생활도 하지 않고 떠돌아다니지도 않는다. 그 바탕의 무늬는 뒤섞여 있다(故麒麟麕身牛尾, 圓頂一角, 含仁懷義, 音中律呂, 行步中規, 折旋中矩, 擇土而踐, 位平然後處. 不群居, 不旅行. 紛兮其有質文也)."(劉《苑》, 212)라 하였다.

麒麟은 중국 고대 전설 중의 신령스러운 짐승으로 혼자 오가기를 좋아했고, 하늘에서 성인이 내려오거나 태평성세 때 비로소 나타났다. 그래서 무리지어 거주하지 않고 짝을 지어 함께 다니지 않았다.

여기에서 旅行이라고 하여 말을 연결하여 썼는데, 旅에는 동반자라는 뜻이 있고, 짝을 지어 간다는 의미가 있기에 '旅行'이라고 할 수 있는 것이다. 오늘날의 '新婚旅行'이라는 말이 바로 이러한 의미로 사용된 것이다.

'行'과 '旅' 두 글자의 초기 자형은 대량의 문화정보를 가지고 있다. 자형의 구조 분석을 통해 우리는 상고인들의 출행생활 및 이와 연관된 출행문화, 군대문화와 제사문화에 대해서 분명하게 알 수 있고, 동시에 여기에서 중국 전통문화 중 통일을 숭상하고, 단체를 아주 좋아하고, 분열을 반대하는 등 심층의 문화적 함의를 깨달을 수 있다.

4. '衣'와 '冃'

'飮'과 '食' 두 글자의 분석을 통해 우리는 옛사람들의 음식문화를 이해하고, '宿'과 '舍' 두 글자의 분석을 통해 고대의 거주문화를 이해하고, '行'과 '旅' 두 글자의 분석을 통해 고대의 出行문화를 이해했고, 아울러 고대의 군대문화와 제사문화를 알게 되었다. 이어서 우리는 '衣'와 '冃' 두 글자의 분석을 통해 고대의 복식문화를 이해해 보려고 한다.

(1) '衣'의 초기 자형 분석

《說文·衣部》에 "衣는 의지한다〔依〕는 뜻이다. 상의를 衣라 하고 하의를 裳(常)[121]이라 한다. 두 개의 人을 덮은 모양을 상형하였다(衣, 依也. 上曰衣, 下曰裳. 象覆二人之形)."(大徐本, 170)라고 하였다. 段玉裁 주에서 "依는 기댄

121 段玉裁 주에서는 '常'으로 나타내고, 아울러 주를 달아 "상은 아랫도리 치마를 말한다(常, 下帬也)"라고 하였다. p.388을 보라.

다〔倚〕는 뜻이다. 옷이란 사람이 기대어 몸을 가리는 것이다. …… 어째서 '두 개의 人을 덮었다'라고 말했는가? 그것은 귀한 사람이나 천한 사람이나 모두 덮어주기 때문이다. 윗사람이나 아랫사람이나 모두 옷을 입고 (몸을) 덮는 것은 같기 때문이다(依者, 倚也. 衣者, 人所倚以蔽體也. ……何以云'覆二人'也, 云'覆二人'則貴賤皆覆, 上下有服而覆同也)."(段注, 388)라고 하였다. 許愼의 '두 개의 人을 덮은 모양을 상형하였다〔象覆二人之形〕'라는 말은 모두 造字의 근본에 부합되지 않는다. 段玉裁 주에서 "'두 개의 人을 덮는다〔覆二人〕'는 '귀한 사람이나 천한 사람이나 모두 덮어주고, 윗사람이나 아랫사람이나 모두 옷을 입고 (몸을) 덮는 것은 같기 때문이다(云'覆二人'則貴賤皆覆, 上下有服而覆同也)."라고 한 것도 잘못 이해한 것이다. '衣'자는 갑골문에 이미 있었는데, 그 형태는 다음과 같다.

 一期後下三四.一

혹은 다음과 같다.

 五期後上二0.一

徐中舒는 글자를 풀이해 "羅振玉은 옷깃의 좌우가 덮여 있는 형태라고 했는데,(《增訂殷書契考釋中》) 따를 만하다."(徐《甲》, 933)라고 하였다. 徐中舒가 인용한 羅振玉의 말은 글자의 형태와 부합된다. 殷商 갑골문의 글자 형태를 보면, 모두 사람과 전혀 관계가 없고, 모두 가지런하게 개어 둔 상의의 형태와 같다. 만약 일련 번호 '一期後下三四.一'의 갑골문을 그림으로 환원한다면 그림 4-4-4와 같다.

그림 4-4-4 의복〔衣〕

갑골문 중 ∧는 옷깃 및 양 어깨의 모양을 상형한 것이다. 는 왼섶으로 오른섶을 덮고 있는 형태와 같다. 왼섶으로 오른섶을 덮는 것은 바로 중화민족 중 華夏族(후일의 漢族)의 복식 습속인데 역사적으로 '오른쪽 여밈〔右衽〕'이라고 한다. 華夏族에 대해 말하자면 살아있는 사람은 보통 모두 오른쪽 여밈을 하고, 죽은 사람만이 왼쪽 여밈〔左衽〕을 하였다. 중화민족 중의 소수민족에 대해 말하자면, 정반대로 산 사람이 왼쪽 여밈을 할 수 있다. 그러므로 고대에 왼쪽 여밈을 하는지 아니면 오른쪽 여밈을 하는지는 소수 민족인지 아니면 華夏族인지를 분별하는 하나의 표지였다. 한자의 창제자인 皇帝의 사관 倉頡은 華夏族 중 한 사람으로 그가 창제한 문자는 자연히 華夏民族의 복식 습속을 반영하였는데, 이점은 응당 의문의 여지가 없다.

주대의 원래 갑골문 중 '衣'는 여전히 옷깃 좌우가 덮여져 있는 형태를 가지고 있는데, 그 글자는 다음과 같다.

 周甲探二七

후에 왼쪽 옷깃으로 오른쪽 옷깃을 덮는 형태의 ''가 두개의 人으로 잘못 변형되었는데, 그것은 옷깃 및 두 어깨 형태의 모양인 ''와 같기도 하고 또는 하나의 덮개 모양과 같아서, 許慎이 자형에 대해 이러한 오해를 하도록 오도하였다. ''가 두개의 人으로 잘못 변형된 이 과정은 춘추전국시기에 완성되었다. 古陶文字의 '衣'는 다음과 같다.

5.141[122]

그중 왼섶으로 오른섶을 덮는 형태는 ''로 바뀌었는데, 두 개의 人 형태와 조금 닮았다. 楚簡文字는 다음과 같다.

89[123]

그중 ''는 완전히 두 사람이 서로 따르는 모양으로 변했다. 이것이 바로 汗簡의 두 개의 人으로 구성된 衣의 시초일 것이다. 汗簡의 衣는 다음과 같다.

汗簡

그중 는 완전히 두 사람이 서로 따르는 모양으로 잘못 변했다. 오늘날 許慎의 책 중 의 형태는 사실 갑골문·금문 등 고문자의 자형과

122 《古陶文字征》에서 인용한 것으로, 李圃 主編, 《古文字詁林》第7册, p.559에 실려 있음.

123 《包山楚簡文字編》에서 인용한 것으로, 李圃 主編, 《古文字詁林》第7册, p.559에 실려 있음.

일맥상통하는 것이다. 簡牘문자의 영향으로 許愼이 글자 형태를 잘못 해석하도록 했다.

이상의 분석을 통해 다음과 같은 것을 알 수 있다. '衣'의 초기 자형은 응당 갑골문 衣를 대표로 삼아야 하는데, 한자 구조형태학의 각도로 분석하면 마땅히 하나의 全功能零合成字로, 그 글자의 구성방식을 공식으로 나타내면 衣X=衣(X+0)이다.

(2) '冃'의 초기 글자 형태 분석

우리가 '冃'를 고대사회에서 의복 착용 방면의 대표자로 삼은 것은, '冃'가 기록한 대상이 몸을 가리고 보온 작용을 할 뿐만 아니라 장식적인 기능을 하고, 그것은 服飾 중의 飾 방면을 대표할 수 있기 때문이다.

《說文·冃部》에서 "冃는 어린이나 이민족이 머리에 쓰는 것이다. 冂(멱)으로 구성되었고, 二는 그 장식이다(冃, 小兒蠻夷頭衣也. 从冂, 二其飾也)."(大徐本, 156)라고 하였다. 段玉裁 주석본에서는 '小兒蠻夷頭衣也'를 '小兒及蠻夷頭衣也'로 바꾸고 주에서 이르기를 "이렇게 두 가지의 사람의 머리 옷을 가리켜 쓰는 말이란 뜻이다. 어린아이는 冠을 쓰지 않으며 이민족들도 冠을 쓴다고 말할 수 없다. 그러므로 이들은 冠을 쓰지 않고 머리를 덮는다〔冃〕. ……즉 지금의 帽자이다. 후대의 성인들이 나오면서 冃로부터 발전한 冕을 만들게 되었고 冃자는 마침내 어린아이나 이민족들의 머리 옷을 뜻하게 되었다(謂此二種人之頭衣也. 小兒未冠, 夷狄未能言冠, 故不冠而冃. ……即今帽字也. 後聖有作, 因冃以制冠冕. 而冃遂爲小兒蛮夷頭衣)."(段注, 353-354)라고 하였다. 段玉裁 주는 大徐本에 비해서 '及' 한 글자가 많은데, 글자의 의미로 분석하면 '冃'가 가리키는 대상을 冕(면류관)과 비교하면 그렇게 위엄이 있고 화려하지 않으며, 상하 등급의 구별도 없다. 사람이 어렸을 때 쓰는 것은 아주 평범한 모자이고, 혹은 소수민족이 쓰는 창이 없고 장식용 술이 있는 모양의 모자이다. 이렇게 보면 이치에 맞는 것 같지만 다른 증거가 없으니 취할 것이 못된다.

段玉裁 주에서 冃는 “즉 오늘날의 帽자이다(即今帽字也).”라고 했는데, 믿을 만하다.《說文·巾部》에는 ‘帽’자가 없다.《漢語大字典》에 ‘帽’자를 인용한 첫 번째로 보이는 예는《漢樂府詩集·相合歌辭三·陌上桑》중의 ‘脱帽著帩頭(관을 벗고 망건을 매만진다)’인데, ‘帽’자가 許愼이 편찬한《說文》시대에는 아직 출현하지 않았음을 알 수 있다. 그러나 ‘帽’자는 先秦시기에 생겨났지만, 다만 그것이 ‘冃’ 이 글자의 형태로 기록되었을 따름이다. ‘冃’자 역시 초기 한자 가운데 하나로 갑골문에 이미 있었는데 그 자형은 다음과 같다.

一期簠征三九

혹은 다음과 같다.

五期前四.一九.三

글자의 형태로 관찰해 보면 꼭대기에 뿔 장식이 있는 모자의 형상이다. 徐中舒는 于省吾의《殷契駢枝續編》중의 말을 인용하여 글자를 해석하기를 “양의 뿔로 장식한 모자의 형태이다.《설문해자》에서는 ‘冃는 어린아이나 이민족이 머리에 쓰는 옷이다.’라고 하였다. 양의 뿔로 장식한 것은 고대 이민족이 쓴 모자이므로 글자의 음을 冒로 읽는다(象以羊角爲飾之帽形.《說文》:‘冃, 小兒蠻夷頭衣也.’ 以羊角爲飾, 當系古代蠻夷所戴之帽, 故冃字之讀爲音冒).”(徐《甲》, 850-851)라고 하였다. 徐中舒는 于省吾의 의견에 찬성하고

아울러 “갑골문 免자의 모양이 바로 사람이 그것을 쓴 형태이다.”(徐《甲》, 851)라고 하였다.

于省吾의 학설은 많은 고문자학자들의 인정을 받았는데, 李孝定은 《甲骨文字集釋》권7에서 고향의 습속을 직접 체험하여 于省吾의 설을 증명하기를 “于省吾가 𦣻자를 해석한 것은 옳다. 于省吾는 위에 양의 뿔 장식을 한 모양이라고 했는데, 오늘날 우리 湘(湖南성의 별칭) 지역 어린아이의 머리에 쓰는 것을 보통 짐승의 머리 형태로 만드는데(대부분 호랑이 머리 형태로 만든다), 위에 두 귀가 나와 있고, 액막이를 할 수 있다고 한다. 契文(갑골문의 별칭)의 이 글자와 모양이 매우 흡사하다.”(李《釋》七, 94)라고 하였다.

‘冃’자가 기록한 본뜻은 분명히 許愼이 말한 것처럼, 어린아이나 이민족이 머리에 쓰는 모자의 형태임을 알 수 있다. 위의 두 뿔은 양의 뿔로 장식하거나, 직물로 만든 짐승류의 귀나 뾰족한 뿔의 모양과 같은 것이다.

許愼이 본 고문자의 자료는 제한적이었으므로 冃를 冂과 二로 구성되었다고 분석하고 글자의 형태를 분리하였는데, 이치에 맞지 않게 나눈 것이다. 비록 《說文》에 역시 ‘冂’과 ‘二’의 형태가 있지만, ‘冂’의 본뜻은 여전히 ‘冃’과 관계가 있다. 《說文·冂部》에 “冂은 덮는다는 뜻이다. 一이 아래로 드리운 모습으로 구성되었다(冂, 覆也, 从一下垂也).”(大徐本, 156)라고 하였다. 大徐는 ‘冂’이 ‘冪’의 正字이고 ‘冪’은 ‘冂’의 俗字라고 여겼다. 사실, 옛글자체와 지금의 글자체이다. ‘冂’은 그릇위에 덮여져 있는 하나의 천 조각이고, ‘冃’도 머리위에 덮여져 있는 천보자기류의 물건으로, 다만 만드는 공정이 비교적 복잡할 따름이다. 許愼이 ‘冃’를 冂과 二로 나눈 것은 잘못되었다. 우리는 갑골문 𦣻의 자형을 통해 이 글자가 바로 全功能零合成의 일체 상형자임을 알 수 있다.

만약 그림으로 환원하여 나타낸다면 그림 4-4-5와 같을 것이다.

그림 4-4-5 冃자 환원도

갑골문 [illegible]는 고대 어린이 모자의 모양을 실물처럼 생동감 있게 묘사해 내었다. 위에 튀어 나온 두 개의 뾰족한 끝은 혹은 양의 뿔을 상형하고, 혹은 짐승의 귀를 상형하였다. 양의 뿔로 장식하고, 짐승의 귀로 액막이를 하였는데, 모두 華夏民族의 문화 습속과 지방색[124]을 깊이 품고 있다. 한자의 구조형태학 각도에서 분석하면 '冃'의 초기 자형은 갑골문 [illegible]이고, 하나의 全功能零合成字로 그 글자의 구성 방식은 [illegible]X=[illegible](X+0)이다.

---

124 '지방색'이란 말은 페르디낭 드 소쉬르(Ferdinand de Saussure) 저, 高明凱 역, 《普通語言学教程》 제4장 언어파의 전파의 제1절 '상호교류와 지방색'에서 나온 것으로, 소위 '지방색'은 '제한된 작은 언어 공동체로 하여금 시종 그들의 전통에 충실하도록 하는 것이다.'(商務印書館, 1980년판, p.287)라고 하였다. 李孝定은 "우리 湘지역 어린이의 머리에 쓰는 것은 보통 짐승의 머리 형태로 만드는데(대부분 호랑이 머리 형태로 만든다), 위에 두 귀가 나와 있고, 액막이를 할 수 있다고 한다."라고 했는데, 실제로 일종의 지방색의 표현이기도 하다.

(3) '衣'·'冃' 두 글자에 내포된 문화적 함의

'衣'·'冃' 두 글자는 모두 全功能零合成字로, 하나의 독립된 구건이 하나의 완전한 사물을 상형하는 문자부호이다.

갑골문 '' 중 그 위의 '∧'는 옷깃 및 어깨에 걸치는 것을 상형한 것이다. 그 아래의 는 왼섶으로 오른섶을 덮고 있는 형태와 같다. 왼섶으로 오른섶을 덮는 것을 옛사람들은 '右衽'이라고 하고, 이와 상반되는 것을 '左衽'이라고 하였다. 華夏民族에게는 오른쪽을 숭상하는 풍속이 있었기에 일반적으로 오른 여밈의 옷을 있었는데, 갑골문에서 이 형태를 짐작할 수 있다. 기타 민족은 대부분 왼쪽 여밈을 하는 것이 일반적이었다. 그러므로 의복의 양식이 오른 여밈인지 아니면 왼 여밈인지에 따라서 화화민족인지 아니면 기타 소수민족인지를 판별할 수 있다.

'左衽'에 관하여 고대 문헌에 다음과 같은 많은 기록이 있다.

《尚書·畢命》에서 "옷깃을 왼쪽으로 여미는 이민족도 모두 의지하지 않음이 없으니, 이 작은 사람은 길이 많은 복을 받을 것이다(四夷左衽, 罔不咸賴, 予小子永膺多福)."라고 하였다. 僞孔《傳》에 "東夷·西戎·南蠻·北狄 등 머리를 풀어 헤치고 왼쪽 여밈을 하는 사람 중에 三君의 덕에 의지하지 않음이 없으니 이 작은 사람은 영원히 많은 복을 받게 될 것이요(言東夷、西戎、南蠻、北狄被發左衽之人, 無不皆恃賴三君之德, 我小子亦長受其多福)."라고 하였다.(阮《疏》, 245)

《論語·憲問》에 "子貢이 '管仲은 인자가 아닌 듯합니다. 桓公이 公子 糾를 죽였는데도 (公子 糾를 위해) 죽지 않고 도리어 그를 도왔습니다.'라고 말하자, '管仲이 桓公을 도와 諸侯의 霸者(우두머리)가 되어 천하를 한 번 바로 잡게 하였기 때문에 백성들이 지금까지 그 혜택을 받고 있다. 管仲이 없었다면 우리는 머리를 풀어 헤치고 옷깃을 왼쪽으로 여미는 夷狄이 되었을 것이다. 어찌 庶民이 작은 信義를 지키기 위해 스스로 구렁텅이에서 목매 죽어 자신을 알지 못하게 하듯이 하겠는가'(子貢曰:"管仲非仁者與?桓公殺公子纠, 不能死, 又相之."子曰:"管仲相桓公, 霸諸侯, 一匡天下, 民倒於今受其賜. 微管仲, 吾其被發左衽矣. 豈若匹夫匹婦之爲諒也, 自經於沟瀆而莫之知也)."라고 하였다.

杜道生은 "霸는 伯과 같이 우두머리라는 뜻이고, 匡은 바로 잡는다는 뜻이다. 주나라 왕실을 받들고 이적을 배척하는 것은 모두 천하를 바로잡는 것이다. 微는 없다는 의미이다. 衽은 옷섶[衣襟]이다. 머리를 풀어 헤치고 왼쪽으로 옷섶을 여미는 것은 이적의 풍속이다."(杜《譯》, 128)라고 하였다. 杜道生의 말은 지극히 일리가 있다. '衽'을 여기에서 '衣襟'이라고 한 것은 상고의 글자 사용 예와 부합된다.

'衽'은 《설문》 중의 '裣'과 상호 훈석〔互訓〕 관계가 있고, '裣'은 '襟'의 초기 자형이다. 《설문·衣部》에 "衽은 옷섶이다. 衣로 구성되었고 壬은 소리이다. 裣은 교차된 옷섶〔交衽〕이다. 衣로 구성되었고 金은 소리이다(衽, 衣裣也, 从衣, 壬聲. 裣, 交衽也. 从衣金聲)."(阮《疏》, 170)라고 하였다. '衽'은 옷섶이라는 한 가지 의미만 있는 것이 아니라 '衽'은 '三禮'에서 세 가지 의미가 있는데 다음과 같다. 첫째, 상의 아래의 양옆으로 치마의 가장자리를 덮는데 형체가 제비꼬리 같은 부분으로 그림 4-4-6과 같다.

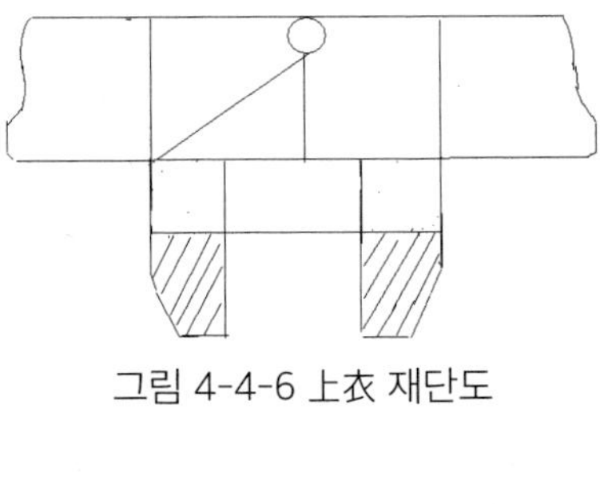

그림 4-4-6 上衣 재단도

그림에서 음영이 있는 부분이 바로 치마의 가장자리를 덮는 衽이다. 이는 문헌에 그 기록이 있다. 《儀禮·喪服·記》에서 "衽의 길이는 2자 5치이다(衽長二尺有五寸)."라고 하였다. 鄭玄의 주에서 "衽은 치마의 가장자리를 덮는 부분이다. 2자 5치는 有司의 띠〔紳〕와 같은 것이다. 위가 바로 1자이고 제비꼬리가 2자 5치이니 천은 3자 5치가 사용된다(衽, 所以掩裳際也. 二尺五寸, 與司紳齊也. 上正一尺, 燕尾一尺五寸, 凡用布三尺五寸)."라고 하였다.(阮《疏》, 1125) 鄭玄의 주에서 말한 '3자 5치'는 좌임과 우임에 공용으로 사용하는 천의 치수이다. 이 衽은 '被發左衽(머리를 풀어 헤치고 왼쪽 여밈을 한다)'의 '衽'과 의미적으로 서로 관련되면서도 구별됨이 있다. 이 의미의 '衽'은 정폭의 치수보다 1자 더 많은 부분을 가리키는 것으로 그 작용은 치마의 밑위부분을 가려서 민망한 부분을 드러나지 않게 하는 것이다.

둘째, 衣襟의 '襟'에 해당하는 것으로, 옷깃을 연결하는 가슴앞면 좌우 두 폭의 천을 가리킨다. 만약 옷깃이 마주하고 있으면 옛날에는 直領이라 하였는데, 그림 4-4-7과 같다.

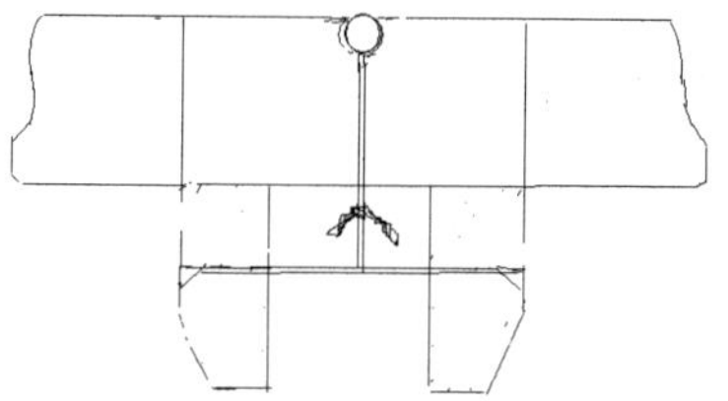

그림 4-4-7 直領衣

왼쪽과 오른쪽 두 개의 옷섶이 대등한 것이다. 그러나 고대에는 대부분 交領이었는데, 왼섶에 사용한 천이 오른섶의 두 배였다. 交領의 옷은 그림 4-4-8과 같다.

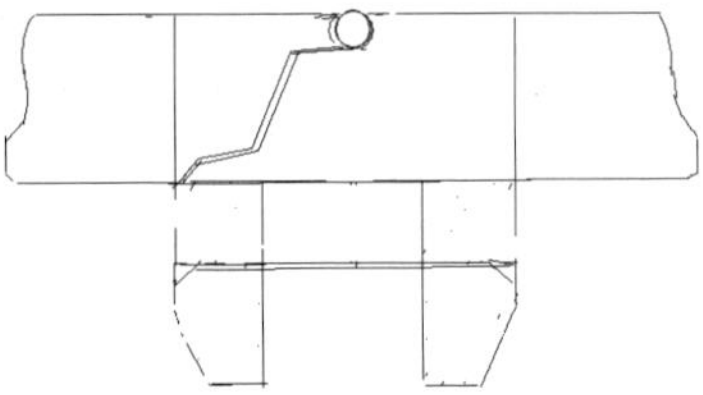

그림 4-4-8 交領衣[125]

이 의미항의 '衽'이 左衽·右衽과 관계있는 '衽'이다.

셋째, 침대 깔개를 가리키는데,[126] 이 의미는 衣와 관계가 크지 않아 여기에서는 토론하지 않는다.

華夏民族은 보통 오른 여밈을 했고 이미 일반화되었다. 그러므로 전해져오는 문헌 중 '右衽'에 대해 언급하는 것은 아주 적다. 오히려 左衽에 대해 많이 언급했는데, 첫째 그것은 이미 소수민족의 복식표지가 되었고 이민족과 華夏民族을 구별하는 하나의 표준이 되었기 때문이다. 둘째 華夏民族에게는 죽은 후에 입는 수의에만 '左衽'이 있어 일반적인 형태인 '右衽'과는 구별되었다. 예를 들면 다음과 같다.

《禮記·喪大記》에 "小斂과 大斂에 있어서 祭服은 거꾸로 입히지 않고, 옷섶은 모두 왼쪽으로 여미고, 매듭을 맺기는 해도 끈은 달지 않는다(小斂、大斂, 祭服不倒, 皆左衽, 結絞不紐)."라고 하였다. 鄭玄의 주에서 "좌임은 옷섶을 왼쪽으로 향하게 하는 것으로 살았을 때와 반대이다(左衽, 衽向左, 反生時也)."라고 하였다.(阮《疏》, 1580)

鄭玄의 주에서 죽은 사람의 옷을 왼쪽 여밈으로 하는 것은 생시에

125 이상 3개의 그림은 錢玄의《三禮通論》중 그림 94-95를 참조하여 약간 수정한 것이다(南京師範大學出版社, 1996년판).

126 錢玄·錢興奇 편저,《三禮辭典》, 江蘇古籍出版社, 1998年版, pp.587~588 참고.

입었던 옷과 구별하기 위해서임을 알 수 있다. 이것으로 華夏民族이 생시에 입는 옷은 모두 왼쪽 옷자락을 오른쪽 옷자락 위에 덮는 이러한 일종의 일반적인 양식이었음을 증명할 수 있다. 갑골문 의 형체도 바로 오른 여밈을 생생하게 묘사한 것이다. 許慎은 依로써 衣를 해석하였는데, 문자 발전의 규율을 위배한 것 같다. 문자적 각도에서 보면 마땅히 먼저 '衣'가 있는 연후에 비로소 '依'가 있는 것이다. '依'자는 분명히 '衣'에서 파생된 글자이다. 그러나 언어적 각도에서 보면 '依'라는 이 어휘가 생겨난 연대가 '衣'에 비해 결코 늦은 것이 아니다. 인류에게 의복이 있기 이전에는 바로 서로에게 꼭 기대어〔依〕 온기를 나누고 추위를 막았고, 뒤에 짐승 가죽으로 만든 몸을 가리는 물건이 있고 나서야 衣라는 이름을 얻게 되었다. 도리어 '依'가 앞서 생겼고, '衣'는 그 뒤에 생겨났다. 이 점은 王寧이 일찌감치 지난 세기 90년대에 이미 지적하였다. 그녀는 "문자와 언어가 동일시기에 생겨나는 것은 아니기에, 그들의 역사 발전을 토론할 때 한데 섞어서 이야기할 수 없다. 글자의 구조형태에 대해 말하자면 獨體字가 그것에 의해서 구성된 合體字보다 먼저이지만, 그러나 언어에 있어서는 독체자로 기록한 말이 반드시 합체자로 기록한 말보다 앞서는 것은 아니다."(王《訓》, 36)라고 하였다.

'衣'의 초기 자형과 매우 가까운 것은 '求'의 갑골문으로 '求'는 '裘'의 本字인데, 이 글자의 갑골문은 다음과 같다.

一期京一九七二

'衣'의 갑골문 와 다른 점은 많은 털이 있는 형상이라는 것이다. 이는 모피를 가진 옷으로 求(裘)자이다. 《說文·裘部》에 "는 가죽 옷이

다. 衣로 구성되었고 求는 소리이다. 일설에 상형이라고 하는데, 衰자와 구성원리가 같다. 求는 裘자의 古文으로 衣가 생략되었다(裘, 皮衣也, 从衣, 求聲. 一曰象形, 與衰同意. ……求, 古文省衣)."(大徐本, 173)라고 하였다. 許愼이 말한 '與衰同意' 중의 '意'는 결코 그들이 기록한 어휘의 의미가 같음을 가리키는 것이 아니고, 의미의 구성원리가 같다는 것이다.

'衰'자의 小篆은 '衰'로 衣로 구성된 상형자이다. 본의는 종려모피로 짠 雨衣를 가리킨다. 그중 '冄'이 바로 종려모로 짠 우의의 털이 부드럽고 촘촘한 모양을 상형한 것이다. 소전의 '裘'도 衣로 구성된 상형자로 중간의 求도 반대편 가죽의 털이 부드러운 모양을 상형한 것이다. '裘'는 순수상형자인 '求'·'裘'가 있고, 합체상형자인 '衰'도 있다. 즉 최초의 이 두 글자는 모두 영합성의 형식으로 만들어진 하나의 상형자였는데, 뒤에 기타의미를 기록하는 부호로 차용되면서 본의를 기록할 때 하나의 뜻을 나타내는 構件인 '衣'를 첨가하게 된 것이다. 가죽 옷과 우의는 일반 천으로 만든 옷과 마찬가지로 모두 몸을 가리고 추위를 막는 데 쓰이기 때문이다.

冄으로 구성된 글자에는 모두 털이 부드럽다는 특징을 가지고 있어서, 許愼은 '裘'는 '衰'와 '同意〔같은 글자 구성원리〕'라고 했다. 이 '意'는 그것들이 공통으로 가지고 있는 字部인 冄의 형체에서 구현된다. 이 형체를 楷書化한 것이 '冄(염)'인데, 그것은《說文》에서 하나의 부수자이다.《說文·冄部》에 "冄은 털이 약하게 늘어졌다는 뜻으로 상형이다(冄, 毛冄冄也, 象形)."(大徐本, 196)라고 하였다. 그러나 '冄'은 또한 하나의 단독 부수로, 이것 외에 더 이상 부속 글자를 찾을 수 없다. 사실 冄으로 구성된 裘·衰에는 털이 약하게 늘어졌다는 의미적 특징이 있고, 이밖에도 須髯의 髯이 있는데, 아래의 冉은 冄과 같은 글자로 간주한다.[127] 小篆에서는 '髯'을 䫇과 같이 나타내는데, 그 왼쪽 아래의 𠕿이 바로 冄의 篆文이다. 만약 '형태에 의거하여 관련짓다〔據形系聯〕'라고 하는 이 원칙을 철저히 지킨다면, 이 글자들은 모두 함께 배열해야 할 것이다.

사람이 착용하는 의복으로서, 도대체 衣가 먼저 생겨났는지 아니면 裘가 먼저 생겨났는지에 대해, 우리는 상고시기의 사회 역사와 결합하여 이 문제를 살펴보려고 한다. 상고시기 직물이 아직 없던 때, 사람들은 짐승의 가죽과 새털로 옷을 만들었는데, 이는 고대 문헌에 근거가 있는 것이다. 《禮記·禮運》에서 "옛날 선왕은 ……천이 없어 깃털과 가죽으로 만든 옷을 입었다(昔者先王, ……未有麻絲, 衣其羽皮)."(阮《疏》, 11416)라고 하였다. 여기에서 선왕은 일반적으로 황제가 천하를 통일한 시대로 여긴다. 사람들은 황제의 사관 蒼頡이 한자를 창제했다고 알고 있다. 창힐의 글자 창제의 전설과 유관한 것으로 漢代 沂南에서 출토된 畵像石이 있는데, 창힐과 沮誦의 對坐圖를 그린 것으로, 두 사람이 입고 있는 옷은 모두 짐승의 가죽이다. 그림 4-4-9와 같다.

127 王寧은 《漢字構形學講座》第七講 <漢字構形的共時認同關係>에서 '冉'과 '冄' 2글자에 대해서 전문적으로 분석했는데, 隸變字와 隸定字의 차이라고 여겼다. 隸變字는 자연적으로 변한 글자이고, 隸定字는 古文을 轉寫하는 과정에서 생긴 글자이다(臺北三民書局, 2013년판, p.139).

그림 4-4-9 倉頡과 沮誦의 對坐圖

우리는 당연히 이 그림에 근거하여 황제시기에 사람들은 아직 옷을 만들 줄 모르고, 단지 짐승 가죽이나 새털을 걸칠 수 있었다고 추측할 수는 없다. '깃털과 가죽으로 만든 옷을 입었다〔衣其羽皮〕'라는 것은 사실 '옷〔衣〕'을 만들었다는 것으로, 즉 몸을 가리고 추위를 막는 것은 동물의 가죽이고, 새털도 물론 몸을 가리는 작용이 있지만, 주로 장식하는데 사용된 것으로 服飾문화 중 '飾'에 해당하는 것이다.

이로써 볼 때 먼저 衣가 있었던 것이 아니라 먼저 裘가 있었는데, 다만 이 裘는 오늘날과 같은 여우 가죽코트가 아니라 들짐승의 가죽을 벗겨내어 햇볕에 말린 후 몸에 걸쳐 감싸는 짐승의 가죽이었던 것이다.

모계씨족사회에서, 비록 농경사회로 진입했지만 다만 일종의 淺耕농업을 했는데,[128] 생산력이 매우 낮아 종종 남자가 밖에 나가 수렵을

128 이른바 천경농업이란 바로 화전경작이다. 1단계, 원시의 우거진 풀과 나무를 베어버리거나 불을 질러 태운다. 2단계, 돌도끼·돌삽·나무 몽둥이로 땅을 고르고 점파한다. 仰韶文化 시기가 이러한 농경단계에 해당한다(王玉哲, 《中華遠古史》, 上海人民出版社,

해야지 씨족 구성원의 생활을 유지할 수 있었다. 여자가 농경의 주체가 되었기에, 시간을 내어 베 짜는 일을 할 수 없었다.

비록 구석기 말기의 山頂洞人 유적지에서 뼈바늘이 발견되었지만, 그것은 단지 짐승의 가죽을 꿰매는 것에 사용되었다. 신석기 초기의 문화유적지에서는 모두 가락바퀴〔紡輪〕가 발견되지 않았는데, 모계씨족사회 때 사람들은 아직 옷이 없는 나체 상태의 생활을 했음을 설명한다. 그러나 이 시기는 중화민족 복식문화의 초창기로, 山頂洞人은 동굴에 거주했다. 여기에서는 뼈바늘이 발견되었을 뿐 아니라 구멍이 뚫린 조개껍질·조약돌·동물 치아 등이 발견되었는데, 그림 4-4-10, 11과 같다.

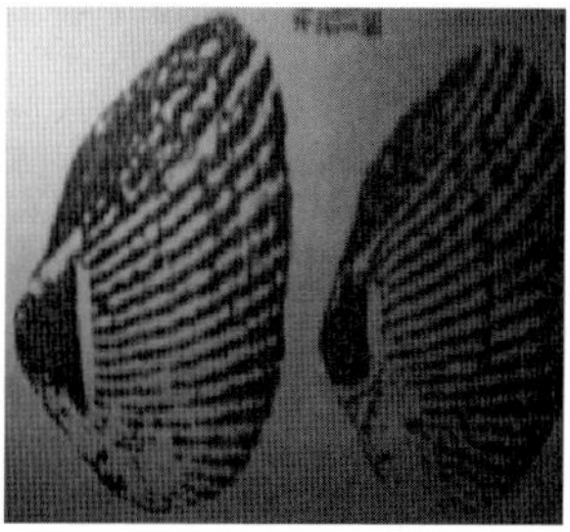

그림 4-4-10
구멍 뚫린 가리비

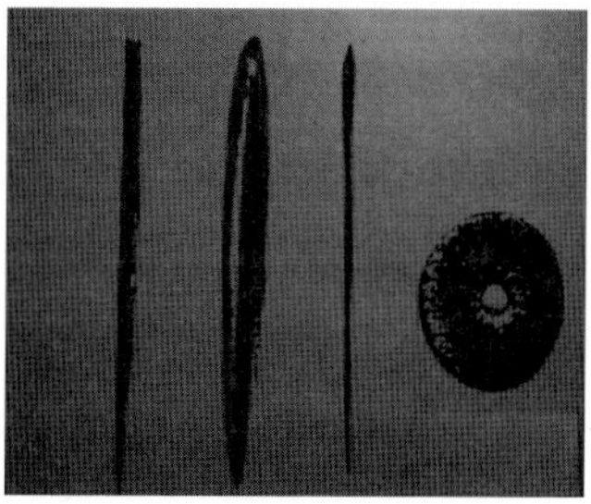

그림 4-4-11
구멍이 뚫린 조약돌, 뼈바늘

아마도 의문을 가질 사람이 있을 것이다. 먼 옛날 사람들이 옷도 없는데, 어떻게 조개껍질 등으로 자신을 치장할 수 있었는지? 우리는 오늘날에도 여전히 나체 상태로 생활하는 아프리카 원주민의 몸에 지닌 장식물에서 그 해답을 찾을 수 있는데, 그림 4-4-12를 참고하라.

2000년판, p.64 참고).

그림 4-4-12 나체 상태의 아프리카 원주민 어린이

의복은 없을 수 있지만, 그러나 짐승의 뼈로 만든 목걸이로 목을 장식하는 것은 결코 빼놓을 수 없었던 것이다. 심미관념의 연원은 상고시대까지 거슬러 올라간다. 중국 상고 문명의 진행과정에서 조개껍질〔貝〕은 일찍이 아주 중요한 역할을 담당한 적이 있다. 조개껍질로 장식물로 삼았으며, 나아가 조개껍질로 농기구 혹은 기타 교환의 등가물인 화폐로 삼기도 했다. 이는 갑골문에 이미 있었는데, 는 바다 조개의 형상이다. 상고시기 사람들은 최초에 그것으로 장식품을 만들었다. 山頂洞人의 구멍이 뚫린 조개껍질을 통해 짐작할 수 있다. 이밖에 青海樂都柳灣 新石器 유적지에서 출토된 사람 모양의 채색 옹기단지가 있는데, 목에 차고 있는 목걸이 또한 바다조개로 만든 것이어서 증거가 될 만하다. 갑골문에 '辰'이 있는데, 본래 蜃의 초기 글자로 그 형태는 다음과 같다.

一期佚三八三

徐中舒는 글자를 해석해 말하기를 "상대에는 대합껍질로 낫을 만

들었는데, 즉 조개 낫〔蚌鐮〕이다. 조개 낫 뒷면에 두 개의 구멍을 내고 끈을 달아 엄지손가락에 묶어서 곡식의 이삭을 베는데 사용하였다. 갑골문 辰자가 바로 조개 낫을 손가락에 묶은 형태를 상형한 것이다."(徐《甲》, 1590)라고 하였다. 이 말은 견강부회한 것으로 보인다. 갑골문 은 바로 바다조개의 껍질을 상형한 것으로 엄지손가락에 묶을 필요가 없다. '辰'을 가지고 농기구로 삼아 단지 곡식의 이삭을 베는데 그친 것이 아니라 먼 옛날 사람들은 최초에는 그것으로 원시 농기구로 삼았다. 그러므로 農자가 그것으로 구성되었다. 갑골문 은 辰(蜃)으로 제초하는 모양을 상형하고 있다. 이는 농경시대에 조개껍질을 생산도구로 사용한 증거이다. 辰(蜃)을 농기구로 삼았다는 것도 역시 문헌에 기록이 있다.

《淮南·氾論》에 이르기를 "옛날에 가래를 날카롭게 하여 밭을 갈았고, 조개를 갈아 김을 매었다(古者剡耜而耕, 摩蜃而耨)"라고 하였는데, 高誘注에서 "剡은 날카롭다는 의미이다. 耜는 삽의 한 종류이다. 蜃은 大蛤이다. 摩는 날카롭게 가는 것으로 김을 매는 데 사용하기 위해서다. 耨은 김을 매는 것이다(剡, 利也. 耜, 臿属. 蜃, 大蛤. 摩, 令利, 用之耨. 耨, 除苗穢也)."(高《注》)라고 하였다. 이 두 구절의 의미는 나무를 예리하게 깎아 땅을 경작하고, 대합껍질을 예리하게 갈아 풀을 벤다는 것이다.

발견된 고고유물의 실물을 보면 청동기시대에 접어드는 商代 후기에 이르기까지 蚌銍·蚌鐮(조개 낫)과 같은 김매기 도구가 있었다. 조개껍질은 농사일을 하는 도구가 될 수 있었고, 나아가 생산자재로서의 자격을 얻고, 다시 진일보 발전하여 상품교환의 등가물이 되었기에, 상품유통 영역에 진입하게 되었다. 한자에도 이러한 것이 반영되었는데, 예를 들어 寶자의 갑골문은 다음과 같다.

一期甲三七四一

宀·貝와 玨으로 구성되었다. 금문에서 비로소 缶(부)를 더하여 聲符로 삼았는데 다음과 같다.

頌鼎

또한 玨이 생략되어 玉으로 되었다. 이는 小篆의 근본이다.

《說文·宀部》에 "寶는 보배이다. 宀·玉·貝로 구성되었고, 缶는 소리이다. 寶의 古文 寚는 貝를 생략하였다(寶, 珍也. 从宀从玉从貝, 缶聲. 寚古文寶省貝)."(大徐本, 151)라고 하였다. 許愼이 말한 고문 또한 孔子의 壁中書를 가리키는 것이지 진정한 고문은 아니다. 그러므로 貝를 생략한 고문은 여전히 寶의 초기 형체가 아니다. 갑골문과 초기 금문의 寶자는 모두 貝를 생략하지 않았는데, 그중 일련번호 '師友四.二四'의 '寚'는 貝가 생략된 寶로 여겨졌다. 그러나 자세히 관찰하면, '玨'위의 '貝'는 마땅히 貝를 실제 쓴 것을 기입한 것이다. 그러므로 초기 한자의 창제자가 보기에 집에는 아름다운 돌인 玉도 있어야할 뿐만 아니라, 바다의 조개도 있어야 비로소 진기한 보배를 소장했다고 할 수 있었던 것이다. 금문에서 缶를 더하였는데, 음을 표시하는 기능이 있을 뿐만 아니라 의미를 표시하는 기능도 있다. 缶는 도기를 표시하는데 생활의 필수품이다. 缶와 寶는 동음관계이이다. 缶의 古音은 幽部帮紐字이고 寶의 고음 역시 幽部帮紐字이다. 쌍성이고 첩운인 글자이다. 오늘날 독음은 차이가 많이 나는데, 음이 변화된 결과이다. 그러므로 缶는 음을 표시하는 기능도 있다.

'寶'의 갑골문·금문을 통해서 조개[貝]는 장식품일 뿐만 아니라 농기구도 되는데, 모두 아주 높은 교환가치가 있으며, 상품의 등가물로서 상고시기에도 충분히 자격이 있었으므로 옛사람은 그것을 옥과 마찬가지로 중요한 보배라고 여겼음을 알 수 있다.

이밖에 돈 꾸러미를 의미하는 '毌(관)'이 있는데, 《說文·毌部》에서 "毌은 물건을 꿰어 가지고 있다는 뜻이다. 一이 가로로 꿴 모습으로 구성되었다. 寶貨의 모습을 상형하였다(毌, 穿物持之也, 从一横貫, 象寶貨之形)."(大徐本, 142)라고 하였다. 許愼의 설에는 근거가 있다. '毌'자는 갑골문에 이미 있었는데 그 자형은 '毌'과 같다. 마치 물건을 꿰뚫는 형상과 같은 것으로, 이러한 물적 증거는 許愼이 말한 "寶貨의 모습을 상형하였다(象寶貨之形)."로 바로 일반적인 물건이 아니고, 시장 교역에서의 등가물인 錢貝(돈으로 사용되는 조개)인 것이다.

사실 '毌'과 '串'은 같은 構字部件으로 구성되었는데, 다만 部件의 위치가 이동되었을 뿐이다. 串을 포개어 함께 두면 바로 毌(毌)이고, 한 꾸러미의 돈을 당겨서 열면 바로 串이 된다. 갑골문에는 串이 없는데, 毌은 '毌'과 '串' 두 개의 어휘를 기록하는 부호이다(초기 문자이기도 함). 許愼의 본의와 자형에 대한 분석은 모두 아주 적절하고, 갑골문 자형과도 서로 부합되기에 따를 만하다.

'寶貨'는 '寶貝'라고 말할 수도 있는데, '得'과 '貯'자의 초기 자형에서 실증을 얻을 수 있다.

'得'자의 초기 자형은 又와 貝로 구성되었는데, 갑골문 자형은 이다. 은 손으로 錢貝를 가지고 있는 모양으로 물물교환에서 유리한 위치를 점하고 이익을 보는 것을 표시한다.

'貯'자의 갑골문 자형 貯는 닫힌 상자 속에 조개가 보관되어 있는 것을 표시한다. 이는 하나의 안이 형태가 되고 바깥이 소리가 되는 형성자이다. 그 성부인 宁가 楷書化된 것이 宁로 바로 '貯藏' 중 '貯'의 본 글자이다. 형부인 貝를 더하여 뜻을 더욱 명확하게 표시하였다.

이상 몇 개의 갑골문 자형을 통해 바다생물인 조개의 껍데기가 상고시기 사람들의 생활에서 중요한 지위를 차지했음을 알 수 있다. '貝'는 복식문화 중 장식물과 유관함은 물론이고 상품경제와도 직접적인 관련이 있다. 이는 고고유물 발굴에서 증명되었다. 지금으로부터 4500년 정도 떨어진 青海樂都柳灣의 齊家文化 馬廠(마구간)고분 중, 45호 고분에서 3개의 바다조개가 출토되었고, 91호 고분에서 바다조개를 모방해 제작된 石貝가 출토되었으며, 345호 고분에서 骨貝가 출토되었고, 503호 고분에서 민물조개껍데기가 출토되었다.[129] 이러한 것들이 장식물이었을 가능성을 배제할 수 없지만, 그러나 돌과 뼈로 만든 모조품은 당시 사람들이 이미 조개를 상품교환의 등가물로 사용했음을 증명하기에 충분하다. 내륙지역에서 바다조개를 얻기는 쉽지 않은데, 상품교환을 통해 비로소 이 지역으로 유입되었다. 희귀한 물건을 귀하게 여겨, 사람들은 분분히 돌과 뼈로 그것을 모방해 만들고 상품교환의 등가물——화폐의 기능을 가지도록 했다.

중국 복식문화가 언제부터 시작되었는지는 고고발굴에서 지금으로부터 2만 년 전인 구석기말기였음이 증명되었다. 이 때의 사람들은 이미 뼈로 만든 바늘로 짐승의 가죽을 꿰매어 몸을 가리는 가죽옷〔裘〕을 만들 줄 알았다.[130] 갑골문  이 자형으로 볼 때 사람들이 최초로 착용한 옷은 바로 짐승의 가죽으로 만든 것이다.

신석기 중후기 모계씨족사회에서 부계씨족사회로의 전환기에 천경농업이 심경농업으로 발전됨에 따라서, 사람들은 마를 심고 저장하

---

129 <青海樂都柳湾原始社會墓葬第一次發掘的初步收穫>, 《文物》, 1976年 第1期를 보라.

130 지금으로부터 약 18445—19285년 전 山頂洞人이 거주하던 동굴에서 짐승 가죽을 꿰매던 뼈바늘이 발견되었다.

는 법을 알게 되었고 마포로 만든 옷으로 짐승가죽과 깃털을 대체하였다.

山東寧陽堡頭 龍山文化 유적지 무덤에서 부녀자의 副葬品 중 가락바퀴〔紡輪〕가 출현했다. 山東 大汶口文化 유적지의 120여 개 고분 가운데 여자의 무덤에서도 대량의 가락바퀴가 발견되었는데, 남자의 무덤에서는 농기구가 발견되었다. 이로써 신석기 말기에 선조들은 이미 남자가 경작을 하고 여자가 베를 짜는 농경생활을 했다는 것을 증명할 수 있다.[131] 大汶口文化는 기원전 4494—2340년간으로 전설중의 三皇五帝 시기와 대체로 같다. 《易·系辭下》에서 "황제·요·순임금 등이 제위에 올라 의상을 드리우자 온 세상이 다스려졌다(黃帝堯舜, 垂衣裳而天下治)."(阮《疏》, 86)라고 하였다. 孔颖達 疏에 의하면 垂衣裳(의상을 드리우다)의 '垂'는 사동으로 사용되었는데, '垂衣裳'은 '使衣裳下垂(의상을 아래로 드리우게 하다)'의 뜻이다. 이전에는 가죽으로 옷을 만들었기에 옷이 짧았다. 지금은 비단이나 마로 천을 짜서, 길이를 둔부·무릎까지 내려오도록 옷을 만들 수 있다. 그러므로 '垂(드리우다)'라고 하는 것이다. 《易經》의 내용을 통해 고대 중국인들이 양잠, 명주실 뽑기, 비단 방직과 면화 재배, 면방직하는 것을 안 것은 신석기시대임을 알 수 있다.

요순시대 옷의 제작은 이미 매우 정교하였다. 《史記·五帝本紀》에 요임금이 일찍이 순임금에게 絺衣를 하사했다고 기록했는데, 絺衣는 아주 정교하게 만든 葛布옷이다. 綌(거친 베옷)과 상대된다.

최초의 천으로 짠 섬유는 응당 칡, 이 종류의 식물이 제공한 것이다. 《說文·艸部》에 "𦵼은 絺綌草이다. 艸로 구성되었고 曷은 발음이다

---

131 楊子範, <山東寧陽堡頭遺址清理報告>, 《文物》, 1959年 第10期. 山東文物管理處, 濟南市博物館, 《大汶口》, 文物出版社, 1974年版 참고.

(葛, 絺綌草也. 从艸曷聲)."(大徐本, 21)라고 하였다. 야생 칡은 최초로 옷을 짜는 식물섬유로 사용되었는데, 이는 수렵채집 생활과 직접적인 관계가 있다. 채집과 수렵을 하려면 모두 험준한 절벽을 기어올라야 하는데, 칡과 등나무는 인류가 타고 오르는데 가장 훌륭한 도우미이다.

옛사람들은 바로 직접 칡과 등나무를 이용해 산봉우리를 기어오르는 과정에서 식물섬유를 인식하게 된 것이다. 고고 발굴 실물에 의해 드러난 바에 의하면, 구석기 수렵시대에 인류는 이미 야생식물의 섬유를 이용해 사냥을 할 줄 알았다. 중국 山西陽高許家窯村 동남쪽의 梨益溝에서 지금으로부터 10만 년 전 구석기 중기 문화유적지가 발견되었는데, 고고학에서는 許家窯文化라 칭한다. 이 문화유적지에서 1500개에 달하는 돌구슬이 발견되었다. 고고학자들의 추측에 의하면, 아마도 사냥꾼이 이것을 사용해 투석 밧줄〔投石索〕을 만들었을 것이다. 투석 밧줄은 일종의 두세 개의 돌구슬을 끈의 한쪽 끝에 매달고 던져 야수의 다리를 둘둘 감아서, 달리지 못하게 하는 원시 수렵도구였다. 오늘날 남미인이나 에스키모들은 모두 아직 이러한 원시 수렵방식을 사용하고 있다. 투석 밧줄은 당시 사람들이 손으로 비벼 꼬아 밧줄을 만든다는 것을 알아야지 비로소 야생의 식물섬유를 이용해 만들 수 있는 것이다. 이로써 인류는 야생의 식물섬유를 이용하는 방면에 있어 첫발을 내디딘 것이다.

야생식물섬유로 칡 이외에 모시풀〔苧麻〕이 있다. 삼베〔麻〕는 인류가 벌거벗은 상태의 생활 문명으로부터 벗어나는 과정에서 상당히 중요한 역할을 했다. 《說文》 가운데 <朩部>·<林部>·<麻部> 3개 부수 9자는 모두 麻와 유관하다. 《說文·朩部》에 "朩은 마의 줄기 껍질이다. 屮(철)로 구성되었고, 八은 마의 껍질과 줄기이다(朩, 枲莖皮也. 从屮, 八象枲之皮莖也)."(大徐本, 149)라고 하였다. 段玉裁 주에 이르기를 "마줄기의 껍질을 분리하는 것을 이른다. 양쪽은 그 껍질을 분리한 모양이다(謂分擘枲莖之皮也. 兩旁者, 其皮分離之象也)."(段注, 335)라고 하였다. '朩'은 하나의 물건을 상형한 것이기도 하고 일을 상형한 것이기도 한 글자로서, 하나가 음과 뜻을 나타내는 것을 겸비한 구건으로 구성된 全功能零合成字이다. 물건을 상형한다는 것은 모시풀의 줄기 껍질이 벗겨진 모양을 가리키는 것이고, 일을 상형한다는 것은 모시풀의 줄기를 수확한 이후 진행한 제1차 가공——마의 껍질을 줄기에서 벗겨내는 모양을 가리키는 것이다.

'林(패)'는 2개의 朩(빈)으로 구성되었다. 2개의 朩이 모여 뜻을 이루는 會義 합성자이다. 許愼은 해석해서 말하기를 "𣏟는 葩(비)의 총칭이다(𣏟, 葩之總名也)."(大徐本, 149)라고 하였다. '葩'는 본래 삼의 씨인데, 덩어리 모양으로 열매를 맺으므로 '肥'를 성부로 삼았다.

'麻'자는 본래 广(엄)과 𣏟(패)로 구성되었고 广은 가옥건축과 유관하다. 𣏟는 모시풀을 기록하는 부호이다. 즉 麻의 본의는 지붕 아래에서 삼실을 손질하는 것이다. 許愼이 해석하여 말하기를 "麻는 林와 같고, 사람이 지붕 아래에서 그것을 다듬는 것이다(麻, 與林同, 人所治, 在屋下)."(大徐本, 149)라고 하였다. 오늘날 分散의 散자는 본래 林로 구성되었고, 그 본 글자는 㪔이다. 《說文·林(패)部》에 "㪔은 분리한다는 뜻이다. 攴와 林로 구성되었고, 林는 㪔을 나눈다는 의미이다(㪔, 分離也. 从攴, 从林, 林, 分㪔之意也)."(大徐本, 149)라고 하였다. '分㪔'은 바로 '分散'의 뜻을 나타낸다. 본래는 모시풀의 껍질과 줄기가 분리되는 것을 가리키다가, 후에는 모든 사물의 분리를 나타내는 것으로 확대되었다. 오늘날 '散'자의 소전은 𢿨으로 肉과 㪔으로 구성되었고 㪔은 소리를 나타내기도 한다. 본래 의미는 '雜肉'이다. '雜肉'은 곧 고기 부스러기로 역시 흩어진다는 의미가 있다. 뒤에 雜肉의 '散'을 분산의 의미로 빌려 쓰고, 본 글자

㪔은 문자부호체계에서 퇴출되었다. 이것이 바로 段玉裁 주에서 말한 '빌린 글자가 쓰이니 본 글자가 폐기되는(借字行而本字廢)' 현상과 같다.

황제시대에는 삼베옷이 있었을 뿐만 아니라 비단으로 짠 옷도 있었다. 고고실물에 의해 황제시대에 누에와 뽕나무가 있었음을 증명할 수 있는데, 浙江 河姆渡 유적지에서 6900년 전 4마리의 누에 무늬가 새겨진 상아잔 및 방직도구가 발견되었다. 1921년 스웨덴인 앤더슨(Anderson)이 遼寧沙鍋屯 仰韶文化 유적지에서 대리석 누에고치를 발견한 적 있다. 1960년 山西 芮城縣(예성현) 西王村 仰韶文化 유적지의 말기지층에서 도기로 된 누에고치번데기가 발견되었다. 1927년 山西夏縣 西陰村灰土嶺에서 지금으로부터 4천여 년 전의 유적지에서 반으로 잘려진 누에고치 하나가 발견되었는데, 품종이 桑螨蠶과 가깝다. 三代이전, 고대 중국에서 이미 뽕나무를 심고 누에를 기르며 비단섬유를 짤 수 있었다는 것을 증명하는 것이다. 갑골문에 이미 '蠶'자가 있었는데 그 형태는 다음과 같다.

藏185.3[132]

商承祚·葉玉森 등은 모두 '蠶'자로 해석하였는데, 믿을 만하다. 蠶에 대해 말하자면, 사실 '蜀'자는 응당 蠶과 유관하다. 蜀땅은 예로부터 비단이 많이 생산되어, 옛날에는 '蠶叢(누에의 숲)'이라는 칭호가 있었다. '蜀'자에도 역시 누에의 의미가 있다. '蜀'자는 갑골문에 이미 있었는데, 그 형태는 다음과 같다.

---

132 徐中舒 주편의 《甲骨文字典》에는 이 글자가 수록되어 있지 않은데, 이는 李圃 주편의 《古文字詁林》第10卷 p.81에서 인용한 《續甲骨文編》에 근거한 것이다.

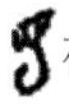存一三五一

陳獨秀의《小學識字教本·上篇》에서 이에 대해 매우 상세하게 고증하였는데, 그 일부를 발췌하면 아래와 같다.

《詩經》에 이르기를 '꿈틀꿈틀 기는 뽕나무 벌레'라고 하였는데,《爾雅·釋文》에서《說文》을 인용하여 '뽕나무에 있는 벌레'라고 하였다.《詩經·豳風》에서는 "꿈틀꿈틀 뽕나무 벌레 기어가는 뽕나무 밭에서."라고 하였는데《傳》에서 "蜀은 뽕나무 벌레다."라고 하였다.《淮南·說林訓》에서는 "蠶과 蜀은 생긴 모양은 같은 부류에 속하나 좋아하고 싫어하는 것이 다르다."라고 하였고,《韓非·內儲》에서는 "蠶은 蜀과 같다."라고 하였다. 오늘날 이름은 다리가 많은 벌레인 馬蠲(마견, 혹은 蚿(현: 노래기))이라고 하는데, 이 글자 역시 蜀으로 구성되었다. 司馬彪 注《莊子·庚桑楚》篇에 "곽촉은 콩속에 있는 크고 푸른 벌레이다."라고 하였는데, 오늘날 吳語에 콩과식물 속에 있는 누에와 같이 생긴 벌레를 豆蜀(음은 獨과 같다. 옛날에는 舌上音이 없었는데, 蜀은 본래 獨과 같이 읽었다)이라 한다. 그러므로 蜀은 형체가 꿈틀꿈틀 거리면서 구를 때 머리와 꼬리가 서로 연결되어 마치 고리처럼 보이는 것에 대한 통칭으로 葵蠶·桑蠶·馬蠲·豆蜀 등이 모두 그러한 것이다. 孓子는 肙이다. 蜀이라고 할 수도 있다.《說文》에서 "肙은 작은 벌레이다."라고 하였는데, 후에 虫을 더하여 蜎이 되었다. '孓子'을 후에 또한 '**蛣蟩**'이라 했다. 肙자는 肉으로 구성되었는데, 그것은 부드럽고 뼈가 없다고 하였다. o으로 구성되었는데, 그것이 구를 때 머리와 꼬리가 고리처럼 연결된다고 하였다. 孓子은 머리가 크고 꼬리가 작으므로

篆文에서는 로서 그것을 상형하였다. 갑골문 蜀자는 두 가지 형태가 있다. 하나는 2개의 虫으로 이루어진 으로 즉 蜀자이다. 하나는 虫이 없는 으로 즉 肙이다. 즉 孑孓은 대부분 물속에 살기에 濁자는 蜀으로 구성되었고, 나아갈 때 흔들어 그 꼬리를 떼어내고 머리와 서로 연결하면 고리 모양이 되기에, 屬·觸·鐲은 모두 蜀으로 구성되었다. 《詩經》에 '꿈틀꿈틀 기는 뽕나무 벌레'라고 하고, 鄭《箋》에서 "蠋은 꿈틀꿈틀 거리면서 특이하게 기어간다."라고 하였다. 그러므로 狷자는 肙으로 구성되었고, 獨자는 蜀으로 구성되었다. 揚子雲의 《方言》一에서 "蜀이다. 南楚를 獨이라 한다."라고 하였다. 郭注에 이르기를 "蜀은 獨과 같다. 孓에는 또한 독특한 의미가 있는데, 《詩經》에 "나풀나풀 깃대 끝의 쇠꼬리" 라고 하고 또한 이르기를 "남은 백성이 없다."라고 한 것과 같은 것이다. 蜀지역의 이름 역시 蠶에서 나왔다. 揚雄의 《蜀王本紀》에서 "蜀의 先王은 蠶叢·折灌·魚鳧·開明이다. 開明에서 위로 蠶叢까지 무릇 4천년이 된다."라고 하였는데, 대개 그 종족의 조상들은 뽕나무벌레를 토템으로 삼았다[133](《詩》曰: "蜎蜎者蜀." 《爾雅·释文》引《說文》作 "桑中蠶", 《詩·豳风》 "蜎蜎者蜀, 烝在桑野." 《傳》曰: "蜀, 桑蟲也." 《淮南·說林訓》云: "蠶之與蜀, 狀相類而愛憎異." 《韓非·内儲》云: "蠶似蜀." 今名多脚蟲之馬蠲(或作蚿)字亦从蜀, 司馬彪注《莊子·庚桑楚》篇云: "藿蠋, 豆藿中大青蟲也." 今吳語豆及他植物中似蠶之蟲曰豆蜀(讀如獨独, 古無舌上音, 蜀本讀如獨). 然則蜀爲形體蜎蜎轉動時首尾相接如環者之通稱, 葵蠶、桑蠶、馬蠲、豆蜀皆是. 孓孑即肙, 亦可稱蜀. 《說文》云: "肙. 小蟲也." 後加蟲作蜎. "孓孑"後亦作 "蛣蟩", 肙字从肉者, 謂其軟而無骨也; 从o者, 謂其轉動時首尾相接如環也. 孓孑頭大尾小, 故篆文以象之. 甲文蜀字有二形, 一有二虫作者, 即蜀字. 一無虫作

133 李圃 主編, 《古文字詁林》第10册, p.27 재인용.

[illegible]者, 即目也. 即所謂蜎蜎之形. 丆子多生止水中, 故濁字从蜀, 行時搖掉其尾與首相接成環形, 故屬、觸、钃均从蜀.《詩》"蜎蜎者蠋", 鄭《箋》云: "蠋, 蜎蜎然特行." 故狷字从目, 獨字从蜀. 揚子雲《方言》一: "蜀也, 南楚謂之獨." 郭注日:蜀猶獨也. 丆亦有獨特之義,《詩》曰; "丆子干旄." 又曰: "庶有丆遺" 是也. 蜀地之名, 亦起於蠶. 揚雄《蜀王本紀》云: "蜀之先王者, 蠶叢、折灌、魚鳧、開明. 從開明以上至蠶叢, 凡四千歲." 盖其族之先以蠶叢爲圖騰也).

陳獨秀는 대사상가이자 혁명가이며 대학자이다. 그는 문자음운학에 매우 조예가 깊었다. 위에 인용한 논술에서 그 일면을 엿볼 수 있다. 蜀을 제후국의 이름으로 삼은 기원이 이 지역에서 최초로 뽕나무를 심고 양잠을 한데 있다는 것은, 蜀 지역의 古史는 물론이고 고문자의 각도에서 보더라도 모두 근거가 있다.

夏代에 이르러 의복은 단지 몸을 가리는 것이 아니라, 계급의 등급을 나타내는 기능이 있었다.《左傳·僖公二十七年》에 〈夏書〉를 인용하여 夏代에는 "공적이 있는 자에게 車馬 또는 의복을 주어 표창하였다(明試以功, 車服以庸)."(阮《疏》, 86)라고 하였다. 수레와 말, 옷과 장신구의 종류로 유공자의 지위와 계급의 다름을 나타내는 것이 夏代에 이미 관례가 되었다. 수레와 옷 수량의 많고 적음과 품질의 좋고 나쁨으로 어떤 사람의 사회적 지위를 알 수 있는 것은 고대 중국에서 보편화된 사회현상이었다.

商代에 들어서자 귀족의 복식이 사치스러워지는 추세였는데, 1984년 발굴된 殷墟戚家莊 269호 고분의 꼭대기와 2층 계단위에 채색 그림이 있는 대형 실크 휘장이 덮여 있었다. 직물의 씨줄과 날줄이 촘촘하고, 짐승의 얼굴 무늬 도안이 그려져 있고, 작은 원형의 물방울무늬가 그려져 있으며, 도안은 붉은 색 바탕에 사이사이에 황색과 검은색

으로 색칠되어 있었다.[134]

그러나 商代의 복식에 엄중한 양극화 현상이 나타났다. 하나는 귀족의 심한 사치로서, 殷墟戚家莊 269호 고분에서 발견된 대형의 실크 채색휘장을 통해 알 수 있다. 다른 하나는 평민 복식이 재질이 거칠고 색이 단조롭다는 것이다. 殷墟苗圃(못자리)북쪽PNM56호 묘의 사람 머리위에 걸쳐진 검은색의 재질이 비교적 거친 직물의 흔적이 있는데, 귀족과 비교해서 매우 초라하다. 이는 문헌의 기록과 서로 부합되는 것이다. 《禮記·郊特牲》에 이르기를 "농민은 黃冠 차림을 하는데, 황관은 풀로 만든 衣冠이다(野夫黃冠, 黃冠, 草服也)."(阮《疏》, 1454)라고 하였다. 黃冠은 추수한 다음 짚으로 엮은 것으로 오늘날의 밀짚모자에 해당된다.

비록 이와 같을지라도, 商代는 중국고대 복식 문화가 크게 이루어진 시대로 사람들이 착용한 옷감으로는 마와 비단 두 가지 종류 외에도, 약간의 양모와 면직류도 있었다. 河北藁城臺西 중기 유적지에서 출토된 문물 중에 약간의 산양 솜털이 있는데, 당시 이미 양모를 이용해 의복을 직조할 줄 알았음을 설명하는 것이다. 1936년 河南安陽小屯村의 殷墟 유적지에서 글자가 없는 거북 등껍질에 천을 붙인 무늬의 흔적이 있는 것이 발견되었는데, 과학적 감정을 거친 결과 식물성 면섬유였다.[135]

이 시기의 방직기술이 날로 성숙해졌다. 크레이프와 같은 탄성이 풍부하고 가볍고 투명한 견직물을 생산할 수 있었다. 갑골문에 이미 帛자가 있었는데, 그 글자의 모양은 다음과 같다.

---

134 <殷墟戚家東269號墓>, 《考古學報》, 1991年 3期 참조.

135 張秉權, <中國古代的棉織品>, 《中央研究院歷史語言研究所集刊》第52本2分, 1981년 참고.

五期前二.一二.四

周대의 원래 갑골문에도 帛자가 있었는데, 그 글자의 형태는 상대 갑골문과 다르지 않은 것으로 다음과 같다.

周甲探二七

《說文·帛部》에 "帛은 비단[繒]이다. 巾으로 구성되었고 白은 소리이다(帛, 繒也. 从巾, 白聲)."(大徐本, 160)라고 하였다. 《糸部》에 "繒은 帛이다(繒, 帛也)."(大徐本, 273)라고 하였다. 繒과 帛은 모두 고대 견직물에 대한 통칭으로서 상등품의 우수한 품질의 견직물이다. 이는 錦자를 통해 그 증거를 찾을 수 있다. 漢말의 劉熙는 《釋名·釋采帛》에서 '錦'자를 해석하기를 "錦은 金이다. 쓰임이 중하고, 그 가치가 금과 같다. 그러므로 그 글자를 만들 때 帛과 金으로 구성하였다(錦, 金也. 作之用功重, 其價如金. 故其制字从帛與金也)."(王《補》, 150)라고 하였다. 帛·錦·繒 등은 모두 비교적 유명하고 진귀한 견직물이었음을 알 수 있다.

帛자는 白을 소리로 삼았는데, 白과 帛은 모두 並紐鐸部의 글자로서 雙聲이면서 疊韻인 글자이다. 그러므로 帛은 완전히 白을 음을 나타내는 구건으로 삼을 수 있었던 것이다. 白은 갑골문에 이미 있었는데 그 형태는 '⊖'이다. 이 글자의 형태가 어떤 의미를 나타내는지에 대해서 고문자학자들의 의견이 일치하지 않는다. 郭沫若 등은 大拇指(엄지손가락)의 형상으로 여기고 음성의 각도에서 白과 拇를 하나의 소리가 변한 것이라고 논증하였다. 大拇指에서 公伯(공작·백작)의 伯으로 가리키게 된 것은 아주 자연스러운 것이다. 사람들은 매번 다른 사람을 칭찬할 때 엄지손가락을 똑바로 세워 그 뜻을 나타낸다.[136] 陳世輝 등은 白은 사람의 머리 모양을 상형하는 것으로 얼굴과 비교해서 눈이 보이지 않을 뿐이라고 여겼다. 白이 사람의 머리라는 뜻이 되니 자연히 연장자·수령의 의미로 인신될 수 있고, 공작·백작 등 작위의 뜻으로 인신될 수 있는 것이라고 여겼다. 아울러 운남 卡佤族이 수령을 頭人이라고 부르는 민속으로 방증으로 삼았다.(陳《白》, 86) 이 학설은 于省吾 등의 사람이 찬성하였다. 또한 어떤 사람은 태양이 막 지면으로 나오는 그 순간을 상형한 것이라고 여겼다. 그러므로 白은 흰색의 의미로 인신되었다.[137]

우리는 이 세 가지 견해들이 모두 각기 나름의 理據가 있다고 여긴다. 우리는 郭沫若의 의견에 동의한다. 엄지손가락을 치켜들어 다른 사람이 최고라고 칭찬하는 것은 오늘날에 이르기까지 여전히 그 문화가 남아 있다. 帛자는 白을 소리로 삼았을 뿐만 아니라 의미를 나타내는 기능이 있다. 帛은 견직물로서 직물 중에서 최상의 물건이므로 白과 巾으로 會意하였다.

고대 중국의 복장 양식은 아주 풍부하였다. 먼 옛날에 短衣[짧은 옷]와 深衣[긴 옷]의 구별이 있었는데, 深衣는 長袍[긴 도포] 에 해당된다. 또한 허리띠를 매는 형식도 있었는데, 深衣의 제작은 그림 4-4-13이 보여주는 것과 같다.

---

136 《金文叢考·金文餘釋》을 보라.

137 이는 朱芳圃로 대표된다. 《殷周文字釋叢卷上》, p.18을 보라.

그림 4-4-13 深衣 재단법

段玉裁는《說文·衣部》의 '衽'아래 주석에서 江永의 고대 深衣 제작에 관한 말을 인용하여 "4폭의 천을 바르게 8폭으로 재단하는데, 상하 모두 넓이가 1자 1치이고, 각 가장자리에 여분으로 1치를 남기면 7자 2치로 허리둘레가 된다. 하의의 폭은 허리둘레의 2배이고, 또 2폭을 사선으로 4폭으로 재단하는데, 좁은 쪽이 위로 넓은 쪽이 아래로 가도록 하고, 각 가장 자리에 1치의 여분을 남기면 역시 7자 1치가 되어 모두 1장 4자 4치가 된다. 이 4폭은 치마의 양옆에 연결되는데, 소위 솔기〔衽〕를 길게 양옆으로 낸다는 것이다(以布四幅, 正裁爲八幅, 上下皆廣一尺一寸, 各邊削幅一寸, 得七尺二寸, 既足要中之數矣. 下齊倍於要, 又以布二幅斜裁爲四幅, 狹頭二寸在上寬頭二尺在下, 各邊削幅一寸, 亦得七尺二寸, 共得一丈四尺四寸. 此四幅連屬於裳之兩旁, 所謂衽當旁也)."(段注, 390)라고 하였다. 江永이 고대의 深衣 제작에 관해 한 말은 아주 뛰어나다. 하의의 길이는 상의의 2배이고, 넓이는 정폭으로 앞뒤 4폭인데 상의와 같은 것이다. 고대의 치수에 의거하면 모두 7자 2치가 된다. 다른 것은 하의는 4폭의 천을 증가시켰는데, 이 4폭은 각각 2자 2치의 천을 비스듬하게 재단한 것이다. 사선으로 재단한 것은 대각선으로 재단한 것이 아니라 2치의 여분을 남겨둔 것이다. 이렇게 2치의 좁은 쪽을 일직선으로 가지런히 하고 2치의 넓은 쪽을 가지런히 하여 전후 4폭의 천과 이어 붙이면, 바로 위가 작고 아래가 큰 양옆 제비꼬리 모양의 4폭의 천이 되는 것이다.

深衣는 단지 상고시기 의복 양식의 일종으로, 고대 중국 의복의 양식도 부단히 새로워졌다. 夏商周 三代 시기에 들어서 고대 중국의 복식양식은 성숙해지고 정형화되는 추세였다. 이 때 관부에서 의복의 원료와 양식을 독점하는 현상이 생겨났다. 즉 복식을 국가가 규정한 예법 범주에 넣었다. 통치자의 취향에 따라 한 조대에 하나의 복식 유행이 있었는데, 색깔·양식·원재료 등 방면에 예의 규정이 있었다. 대체적으로 말하자면, 夏代에는 검은색을 숭상하였는데, 처음으로 노예제국가를 세운 大禹는 검은색 의복 입기를 좋아하였다. 은대에는 흰색을 숭상하고 주대에는 붉은색을 숭상하였다.

주대의 예복제도는 성숙하고 정형화되었다. 주대의 예의 제도를 반영한 '三禮'에 기술한 상황에 근거하면, 천자에게는 六冕 즉 大裘冕, 衮冕, 鷩冕, 毳冕, 希冕, 玄冕이 있었다.[138] 이 六冕은 각각 하늘에 제사지내는 데, 경축하는 데, 先公에게 제사 지낼 때나 연회를 베풀어 빈객을 접대하거나 활쏘기 하는 데, 산천대지에 제사지내는 데, 사직에 제사지내는 데, 여러 신에게 제사 지내는 등에 사용되었다. 소위 면복이란 바로 면류관과 예복으로 이루어진 복장이다. 모두 冕으로 칭하는데, 鄭玄의 《司服》의 직책에 관한 주에 의하면 "'머리 장식을 숭상하기' 때문이다(首飾尊也)."(阮《疏》, 781)라고 하였다.

왕의 六冕과 서로 대응되는 것으로 왕후에게는 六服인 褘衣, 揄翟,

138 《周禮·春官·司服》의 직분 참조.

闕狄, 鞠衣, 展衣, 襐衣가 있었다.[139] 그 중 褘衣, 揄翟, 闕狄은 모두 제사 때 입는 의복이고, 뒤의 3종은 경사스러운 날에 입는 의복이다. 휘의는 玄色, 유적은 청색, 궐적은 적색, 국의는 桑黃색, 단의는 흑색이다.

公侯伯子男 5가지 등급의 諸侯와 孤·卿·大夫의 작위가 있는 사람은 공식적인 경우 면복을 입어야 하지만, 천자와 동등할 수는 없다. 《周禮·春官·司服》의 직분에 관한 기록에 의하면, 면복을 입는 순서는 다음과 같다. "公의 의복은 袞冕부터 아래로 왕이 입는 것과 같고, 후작이나 백작의 의복은 鷩冕부터 아래로 公이 입는 것과 같고, 자작이나 남작의 의복은 毳冕부터 아래로 후작과 백작이 입는 것과 같고, 孤의 의복은 希冕부터 아래로 자작과 남작이 입는 것과 같고, 경이나 대부의 의복은 希冕부터 아래로 孤가 입는 것과 같다(公之服自衮冕而下, 如王之服; 侯伯之服, 自鷩冕而下, 如公之服;子男之服, 自毳冕而下, 如侯伯之服; 孤之服, 自希冕而下, 如子男之服; 卿大夫之服, 自玄冕而下, 如孤之服)."(阮《疏》, 783) 이는 모두 朝聘하거나 제사를 도울 때 입는 면복을 가리킨다.

천자가 평소에 입는 한거할 때의 의복으로 玄端이 있는데, 제후가 종묘에 제사지낼 때, 대부와 士가 아침에 부모에게 인사드릴 때도 이와 같은 옷을 입는다. 왜 玄端이라고 할까? 그 형태 제작과 유관하다. 그 색이 玄色이고, 또한 正幅으로 똑바로 재단하기에 현단이라 한다. 그 형태와 제작은 그림 4-4-14와 같다.

---

139 《周禮·天官·內司服》의 직분 참조.

그림 4-4-14 玄端

서민들이 입는 의복은 이처럼 많은 규칙이 있지는 않다. 일반적으로 전통적이고 오래된 의복인 深衣를 입었다. 신석기시대의 深衣는 상하가 하나로 연결된 것이었다. 三代의 深衣는 상하 두 부분으로 나누어 재단하고, 재봉한 다음에야 상하를 하나로 연결했다.

이상의 분석을 통해 '衣'라는 하나의 글자가 중국(혹은 華夏民族이라고 함)의 복식문화 중 복장 문화 습속을 그 속에 포괄하고 있음을 알 수 있다. '衣'의 갑골문 형태를 통해 華夏族의 의복 양식이 왼쪽 옷섶이 오른쪽 옷섶을 덮는 오른쪽 여밈 양식이었음을 미루어 짐작할 수 있다. 그러나 죽은 사람의 염복은 반대로 왼쪽 여밈이었다. 옷의 원료로 가장 이른 것은 동물가죽이었고, 뒤에 와서야 식물섬유를 이용할 줄 알게 되었으며, 또 그 다음에 와서야 양잠의 방식을 통해 직접 동식물에서 섬유를 채취해 정교하고 아름다운 옷을 만들 줄 알게 되었다. 옷의 원재료가 다르기 때문에, 옷은 짧은 옷, 긴 옷으로 나뉘었고, 그 뒤로 천자에게는 六冕이 있고, 황후에게는 六服이 있었으며, 諸侯·孤卿은 신분 등급의 차이에 따라 입을 수 있는 각종 예복의 종류가 줄어들었다. 그러므로 중국 고대의 복식문화는 예로부터 엄격한 신분등급에 따른 예의제도와 관련이 있었다.

'冃'의 갑골문 은 가장 원시적이면서 민간 금기 풍속을 가지고 있는 모자의 형상을 생동적으로 그려내었다. 양의 뿔이나 동물의 귀로 장식을 했는데, 소수민족의 풍속일 뿐만 아니라 화하족의 초기 머리 장식 풍속이기도 하다. 당연히 최초로 사용한 것은 깃털로 만든 머리 장식이다.

고대 중국의 복식문화는 대단히 풍부하였다. 앙소문화시기 半坡 신석기유적지에서 출토된 채색 질그릇 사발의 人面魚 무늬 채색화는 그림 4-4-15와 같다.

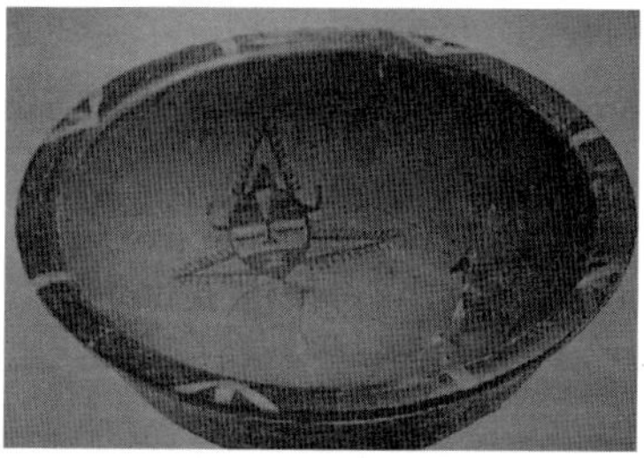

그림 4-4-15 인면어 무늬 채색화〔人面魚紋彩画〕

이 채색화는 당시 사람들이 모자를 제작할 줄 알았고, 뼈 비녀로 머리를 묶을 수 있었다는 것을 보여준다. 모자 좌우 양측에는 또한 대칭으로 바깥으로 펼쳐지면서 위를 향해 휘어있는 두 개의 모자 날개가 있는데, 당시 사람들이 이미 옷과 모자를 추위를 피하는 물건으로만 여긴 것이 아니라 아름답게 장식하는 문화적 함의를 지니고 있었음을 설명하는 것이다. 아래턱 양측의 물고기 무늬는 상고시기 사람들의 원시 종교 활동의 흔적으로서, 바로 어렵이 풍성하고 인구가 번성하기를 바라는 소망이 담겨있음을 의미한다. 고대인들의 복식은 남겨진 의복 실물이 아주 적고, 아주 작은 직물의 조각만 발견할 수 있을 뿐인데, 이러한 조각들을 통해 우리는 고대인들의 방직 기교가 이미 아주 높은 경지에 이르렀음을 미루어 짐작한다. 西安半坡彩陶에 남아 있는 편직물의 흔적은 당시 사람들이 벌써 능직과 평직 및 꽈배기 무늬의 직조법까지 알았음을 나타낸다. 그러므로 도기에 그려진 인물이 착용한 의복·모자·장식은 완전히 당시 사람들의 상상에 의한 것은 아니고 마땅히 현실을 참조한 것이다.

신석기시대는 가장 원시적인 머리장식문화가 아닌데, 雲南 沅江에서 발견된 원시 암벽화는 아마도 우리에게 상고시기 중국인의 머리장식문화의 모습을 보여줄 수 있을 것이다. 그림 4-4-16과 같다.

그림 4-4-16 雲南沅江 원시 암벽화

위 그림의 춤을 추는 사람의 옷은 보이지 않으나 머리장식은 있다. 머리에는 깃털 장식을 쓰고, 엉덩이 뒤로 꼬리장식을 늘어뜨리고, 손에는 돌칼을 들고 춤을 추며 사냥에서 사냥물을 획득하길 기원한다. 이는 분명히 원시 어렵시기의 일을 상형한 것이다.

깃털로 장식한 것은 바로 《禮記·禮運》에 "깃털과 가죽으로 옷을 삼는다(衣其羽皮)."라고 한 것과 부합한다. 깃털로 장식하는 것은 근대 인

디안에게 아직도 이러한 습속이 남아 있었다. 《說文·羽部》에 "羽는 새의 긴 깃털이고, 상형이다(羽, 鳥長毛也, 象形)."(大徐本, 74)라고 하였다. 소전의 상형은 의미가 이미 옅어졌고, 羽의 갑골문은 인데, 그 물건의 성질에 대한 형상성이 더욱 강하다. 翹(교)자는 羽로 구성되었는데, 깃털과 관계가 있는 것으로 새의 긴 꼬리털을 가리킨다. 긴 꼬리털은 야생 꿩이나 공작 등과 같은 부류의 털이다. 긴 꼬리털은 높이 치켜든 모양을 하고 있으므로 높이 치켜든다는 의미로 인신되었다. 의복과 장신구로서의 깃털은 긴 꼬리털이 적당한데, 긴 꼬리털은 장식성이 있다.

새의 긴 꼬리털을 사용해 장식하는 것에서 동물의 뿔로 장식하는, 이러한 이행 역시 아주 자연스러운 것이다. 華夏民族의 공통 시조는 일반적으로 염제와 황제 두 제왕으로 여겨진다. 《國語·晋語四》에 "옛날에 少典이 有蟜氏를 맞아들여 黃帝와 炎帝를 낳았다. 황제는 姬水유역에서 성공하고 염제는 강수유역에서 성공하였다. 성공하였으나 덕이 달랐으므로 황제는 희성이 되고 염제는 강성이 되니, 두 제왕이 군대를 일으켜 서로 멸망시킨 것은 덕이 다른 까닭이다(昔少典娶於有蟜氏, 生黃帝、炎帝. 黃帝以姬水成, 炎帝以姜水成. 成而異德, 故黃帝爲姬, 炎帝爲姜, 二帝用師以相濟也, 異德之故也)."(左《語》, 356)라고 하였다. 左丘明의 말에 의하면, 염제가 姜씨인 것은 姜水에 살았기 때문인데, 姜水는 岐水라고도 한다. 오늘날 陝西省 寶鷄市 岐山縣인데, 이곳은 예로부터 수초가 풍성하고 지세가 넓고 광활하여 양을 키우기에 적합하였다. 《說文·女部》에 "姜, 神農이 姜水에 살았기에 이를 성으로 삼았는데, 女로 구성되었고 羊은 발음이다(姜, 神農居姜水以爲姓, 從女羊聲)."(大徐本, 2584)라고 하였다. 姜자와 羌자는 모두 갑골문에서 통용하며 차이가 없는데, 다음과 같다.

河三0三[140]

馬敍倫은 "대개 姜은 神農의 姓으로 본다. 신농은 양을 키우는 부족에서 살았다. 혹은 양을 토템으로 삼았다. 양을 키우는 부족에서 태어났거나 혹은 양을 토템으로 하였기에 그것을 성으로 삼았다. 문자가 제정된 이후에 姜자로 고정되었다. 姜과 羌은 한 글자이다."[141]라고 지적하였다. 馬敍倫의 이러한 견해는 따를 만하다. 염제가 거주한 곳의 지리적 위치로 보면 반드시 목양민족과 유관하다. 《說文·羊部》에 이르기를 "羌은 서쪽 변방 戎족의 양을 키우는 사람이다. 人과 羊으로 구성되었고, 양은 소리이기도 하다(羌, 西戎牧羊人也, 从人从羊, 羊亦聲)."(大徐本, 78)라고 하였다. 羌의 갑골문은 인데, 于省吾는 "사람이 양의 뿔을 쓴 형태인데, …… 羌族은 양의 뿔을 쓰는 습속이 있어, 글자를 만드는 사람이 이를 취하여 형태로 삼았다."[142]라고 여겼다. 于省吾의 견해는 믿을 만하다. 羌은 최초에는 하나의 全功能零合成字인데, 화하민족에게 예로부터 양의 뿔로 장식하는 습속이 있었음을 반영한 것이다. 양의 뿔로 장식하는 것이 일종의 화하민족 공통의 심미적 취향이 되었고, 이것이 한자에도 반영되었는데, 그것이 바로 '美'자이다. 《說文·羊部》에 "美는 맛이 달다는 뜻이다. 羊과 大로 구성되었다. 양은 여섯 가지 가축〔六畜: 말·소·양·닭·개·돼지〕 중에서 주로 식용으로 공급되는 것이다. 美자는 善자와 글자의 구성원리가 같다(美, 甘也. 从羊从大, 羊在

---

140 이 글자의 형태는 李圃 主編, 《古文字詁林》第9册, p.741에 인용한 《甲骨文編》에서 가져온 것으로, 이 글자 아래에는 '姜과 羌은 通用한다(姜與羌通用)'는 주석이 있다.

141 《說文解字六書疏証》권24를 보라, 李圃 주편, 《古文字詁林》第9册, p.742 재인용.

142 <釋"羌""苟""敬""美">, 《吉林大學學報》, 1963년 제1기를 보라, 李圃 주편, 《古文字詁林》第4册, p.191 재인용.

六畜中主給膳也. 美與善同意).”(大徐本, 78)라고 하였다. 《說文》의 글자형태 분석에 토의할 만한 부분이 있다. 美자는 갑골문에도 있었는데, 그 형태는 다음과 같다.

存下四五七

于省吾는 사람이 4개의 양의 뿔을 쓴 모양과 같다고 여겼는데, 美와 羌자의 구별은 羌은 옆으로 선 사람이 머리에 두 개의 양 뿔을 쓴 형상이고, 美는 바로 선 사람의 형태에 머리에 4개의 양 뿔을 쓴 형태에 있다. 모두 양의 뿔을 쓴 것을 아름답게 여기는 문화습속을 반영한 것이다.[143] 于省吾의 설은 또한 세계 여러 민족이 4개의 뿔을 쓴다는 민속학적 증거가 있어서, 믿을 만하다. ‘大’는 본래 정면으로 서있는 사람의 형상으로, 大로써 사람을 기록하는 것이 바로 기본 의미이다. 갑골문 ‘羊’자와 4개의 뿔에 대한 형용이 잘못 혼합되어, 후인들이 양이 큰〔羊大〕 것을 아름답다고 여기고, 이러한 미는 입과 배의 감각과 지각에 의해 실현된다고 잘못 인식하도록 하였다. 사실 美가 반영하는 것은 시각적인 미로 화하족의 머리 장식문화의 특징을 드러내는 것이다.

갑골문 역시 모자에 양의 뿔을 꽂은 형상과 같다. 冃는 冕과 字源 관계가 있는데, 冕의 갑골문은 다음과 같다. 은 于省吾의 고증과 해석에 의하면 사람이 양뿔 형태의 모자를 쓴 것을 상형했다. 즉 冃의 초기의 본뜻은 양의 뿔로 장식한 모자이고, ‘冕’의 초기 글자 형태가 드러내는 의미는 양뿔 형태의 모자를 쓴 사람이다. 그러므로 卜辭(갑골

143 《說文解字六書疏証》권24를 보라, 李圃 주편, 《古文字詁林》第9冊, p.742 재인용.

문자) '冕'은 대부분 제후국의 이름으로 간주하였고, 뒤에 와서야 '冕'은 비로소 관리의 면류관을 가리키게 되었다. 《說文·冃部》에 "冕은 大夫 이상 쓰는 冠으로 邃延(아래로 늘어뜨리다), 垂瑬(늘어뜨려진 빛깔 좋은 금), 紞纊(귀 옆에 늘어뜨리는 옥을 고정하는 비단 끈)이 있으며, 冃로 구성되었고 免은 발음이다. 옛날 黃帝가 처음 면류관을 만들었다. 絻은 혹체이고 糸로 구성되었다(冕, 大夫以上冠也, 邃延, 垂瑬, 紞纊, 从冃, 免聲. 古者黃帝初作冕. 絻, 或从糸)."(大徐本, 156-157)라고 하였다. 許愼이 분석한 '冕'자의 본의와 자형은 모두 나중에 생긴 의미와 형태인데, 증거로 삼을 수 없다. 응당 于省吾의 견해가 믿을 만하다. 그러나 冕의 소전이 冃와 免으로 구성되었고 免이 소리라는 것은 王寧이 말한 논거를 재구성한 것인데, 역시 가능한 설명이다. 예의제도가 통용되던 周代에 접어들었기에 '冕'에는 예의제도의 문화가 내포되어, 더 이상 단지 장식적인 의미의 모자만이 아니라 '공적이 있는 자에게 車馬 또는 의복을 주어 표창한다(明試以功, 車服以庸)'는 사회적 기능도 있었다.

'冕'은 주대에 '大夫 이상이 쓰는 冠'을 가리켰다. 우리는 聶崇義의 《三禮圖》를 통해 '冕'은 머리에 쓰는 綖이 있는 모자(즉 모자위의 장방형 판), 또한 장식용 술이 있는(늘어뜨려져 있는 진주 장식) 즉 《說文》에서 말한 '垂瑬'으로, 만약 머리 부분을 똑바로 하고 눈을 똑바로 하여 앞을 본다면, 위의 綖은 바로 앞이 낮고 뒤가 높은 형태임을 알 수 있는데, 그림 4-4-17과 같다.

그림 4-4-17 면류관〔冕〕

이는 '冕'을 기록한 소전의 글자 형태와 유관하다. 冕은 위는 冃로 아래는 免으로 구성되었다. 이 글자의 구형으로 볼 때, 하나의 뜻과 음이 합해서 이루어진 글자이다. 그러나 '免'은 여기에서 음을 나타내는 구건일 뿐만 아니라 뜻도 나타낸다. 《說文》에는 '免'자가 없는데, 段玉裁는 '兔'자 아래에 이 글자를 보충하고 '兔逸(토끼가 달아난다)'이라고 해석하였다. 또한 주를 달아 말하기를 "許愼의 책에는 이 글자가 빠져있는데, 형성으로 대부분 편방으로 사용되므로 빼놓을 수 없다. 지금 보충한다. 免과 兔의 차이는 발에 있다.……兔는 쭈그리고 앉아 있는 모습으로 발이 있고 꼬리가 있는데, 그 글자는 마땅히 가로로 그것을 본 것이다. 토끼〔兔〕가 최고로 빨리 달리면 다리가 잘 보이지 않는다, 그러므로 免은 한 획을 생략하였다. 兔가 사람에게 잡히지 않은 것을 免이라고 한다(許書失此字, 而形聲多用爲偏旁, 不可闕也. 今補. 免兔之異, 異於其足. ……兔象其蹲踞之形, 有足有尾, 其字當横視之. 兔之走最迅速, 其足不可諟見, 故免省一劃. 兔不見獲於人則謂之免)."(段注, 473)라고 했는데, 段玉裁의 설은 믿을 만하다.

兔逸은 바로 토끼가 사냥꾼에게 쫓겨 죽임을 당하려고 할 때 필사적으로 멀리 도망가는 것을 나타낸다. 그러나 段玉裁 주는 다만 토끼가 달릴 때 빠르게 달리는 특징에만 주의하고 다른 한 가지 특징에 대해서는 주의를 기울이지 않았다. 우리는 토끼의 앞다리가 짧고 뒷다리가 길어서, 달리는 것을 보면 앞이 낮고 뒤가 높아 바로 면류관의 형태와 같음을 알 수 있다. 그러므로 '冕'자는 免으로 구성되었는데, 이는 의미를 나타내는 작용도 한다. 이 의미는 免의 글자 형태구조에서 드러난다.

冕과 같은 뜻으로 冠자가 있다. 《說文·冖部》에 "冠은 머리를 말아 올려 묶는 것이다. 머리를 묶는데 사용하는 물건이고, 모자의 총칭이다. 冖과 元으로 구성된 회의자인데, 元은 소리를 나타내기도 한다. 모자를 씀에 있어 신분에 따른 법제가 있으므로, 寸으로 구성되었다(冠, 絭也. 以絭髮, 弁冕之總名也. 从冖从元, 元亦聲. 冠有法制, 从寸)."라고 하였다. 大徐는 小徐의 말을 인용하여 "머리에서 취하였으므로 元으로 구성되었다(取其在首, 故从元)."(大徐本, 156)라고 하였다.

'冠'은 統言〔통언: 훈고학의 용어〕으로는 弁冕과 차이가 없으나 析言으로는 차이가 있다. 冠에는 緇布冠이 있는데 서민들이 착용하는 것이다. 玄冠은 大夫와 士가 착용하는 것이다. 앞서 언급한 玄端을 입을 때는 玄冠을 착용해야 한다. 《儀禮·士冠禮·記》에 "처음 冠을 쓸 때는 緇布冠으로 한다. 太古 때에는 흰 베로 관을 만들어 썼는데, 재계할 때에는 검은 관을 썼다(始冠, 緇布之冠也. 大古冠布, 齊則緇之)."(阮《疏》, 958)라고 하였다. 즉 상고시기 사람들은 직접 짠 천으로 모자를 만들었고, 재계하고 예를 행할 때 바로 모자를 염색하였다. 士 계급은 성인이 되어 관모를 쓰는 관례를 할 때도 치포로 만든 관을 써야했다. 緇는 검은색의 비단을 가리킨다.

錢玄·錢興奇가 編著한 《三禮辭典》에 "머리에 쓰는 것 중에 가장 귀한 것이 冕이고, 그다음이 弁이며, 또 그다음이 冠이다. 弁은 위가 뾰족하고 아래가 넓은 원추 모양이다."(錢《典》, 294)라고 하였다. 弁은 또 爵弁, 皮弁, 韋弁으로 나누는데, 劉熙의 《釋名·釋首飾》에서 "弁은 두 손으로 손뼉 칠 때와 같은 모양이다. 검붉은 색의 무두질한 가죽〔爵韋〕으로 만든 것을 爵弁이라 하고, 사슴가죽으로 만든 것을 皮弁이라고 하고, 적황색의 무두질한 가죽으로 만든 것을 韋弁이라 한다(弁, 如兩手相抃時也. 以爵韋爲之謂之爵弁, 以鹿皮爲之謂之皮弁, 以韎韋爲之謂之韋弁)."(王《補》, 157)라고 하였다. '爵韋'에 관해 두 가지 설이 있다. 하나는 그 색이 참새의 머리색과 같아서라고 하고, 한 가지 설은 그 형태가 참새의 머리 모양과 같아서라고 한다. 사슴 가죽은 일반적으로 흰 사슴 가죽으로 만드는데, 매우 유명하고 진귀하다. 천자가 조정의 일을 볼 때 쓰는 모자로 그림 4-4-18과 같다.

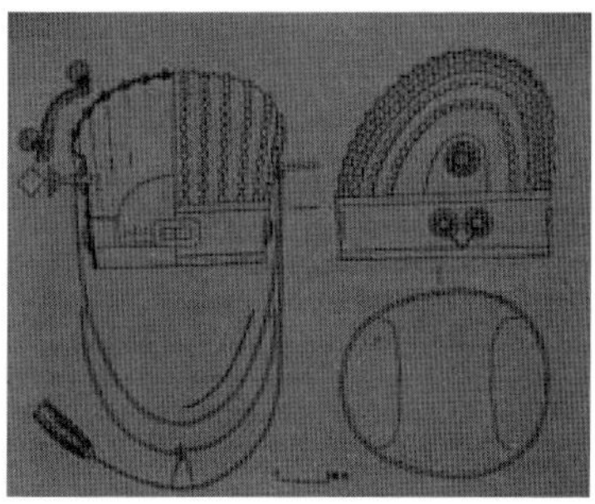

그림 4-4-18 皮弁

皮弁의 형태와 제작에 대해 錢玄·錢興奇가 編著한《三禮辭典》에 의하면 "가죽을 약간 삼각형으로 나누어 재단하고 이어 붙여 만드는 것이다. 이어서 꿰매는 것을 會라 하고, 꿰매는 곳마다 5가지 채색의 12개의 옥을 끼워 넣어 장식하는데 璂라 한다. 그 꼭대기의 이어 붙여 모이는 부분의 바닥은 상아로 장식한다. 옥비녀와 관끈으로 피변을 고정한다."(錢《典》, 294)라고 하였다. 爵弁과 皮弁은 朝聘(고대에 諸侯가 정기적으로 천자나 盟主를 알현하는 것) 등 예의를 갖추어야 할 경우에 사용하고, 韋弁

은 전쟁 때 쓰는 모자이다. 천자가 제후나 종친귀족이 세상을 떠나 문상할 경우 皮弁을 쓰는데 피변에 삼베끈 하나를 둘러야 하는데 이를 環絰이라 한다. 環絰을 두른 피변을 弁絰이라 한다.

왕후의 머리치장 부속물〔首服〕은 《周禮·天官·追師》의 직제에 관한 기록에 의하면 副, 編, 次, 追, 衡, 笄의 6가지가 있다. 副는 머리위에 쓴 가발에 덧댄 화려한 머리 장식이다. 編은 가발을 쓴 기초위에 각종 모양으로 만든 헤어스타일이다. 次는 원래 있는 머리카락을 빗고 단장하여 더욱 아름답고 풍성하게 꾸미는 것이다. 追, 衡, 笄는 모두 머리카락을 묶는 옥 장식, 玉衡과 骨(玉)笄(즉 비녀의 종류)이다. 追는 머리에 하는 옥장식이고 衡과 笄는 모두 머리를 묶는 도구인데 衡은 양쪽 귀 부분에 매달고 笄는 쪽진 머리에 꽂는다.

夏商周 삼대의 머리장식도 여러 가지 특색 있는 것이 있었다. 安陽 小屯村에서 상대의 옥비녀, 옥빗이 출토되었고, 殷墟婦好墓에서도 玉玦(한 쪽이 이지러진 고리 모양의 佩玉), 팔을 장식하는 玉環, 玉佩, 玉韘이 출토되었다. 춘추전국시기의 옥장식물은 아주 많았다. 玉珏(한 쪽이 이지러진 고리 모양의 쌍옥), 玉鐲(옥팔찌), 玉璜(반원형의 옥), 玉佩가 있었는데, 그 세공이 정교하게 오늘날 사람들로 하여금 족히 감탄을 자아낼 만하다.

머리 장식이외에 가슴장식이 있는데, 즉 옷의 가슴부분에 신분지위를 표시하는 도안을 수놓았다. 이 의미는 초기 한자에서 '市fú'로 기록하였다. 《說文·市(불)部》에 "市은 앞가리개(폐슬, 슬갑, 가슴에서 늘여 무릎을 가리는 것)이다. 상고 시대의 옷은 앞만을 가렸으며, 市은 그것을 상형한 것이다. 천자는 朱市, 제후는 赤市, 대부는 葱衡으로 가렸다. 巾으로 구성되었고 이어서 허리띠로 맨 모양을 상형하였다. …… 市의 篆文은 韋와 犮로 구성되었다(市, 韠也, 上古衣蔽前而已, 市以象之. 天子朱市, 諸侯赤市, 大夫葱衡, 从巾象連带之形. ……篆文市从韋从犮)."(大徐本, 160)라고 하였다. 고대 관원이 입는 冕服

에서 가슴 앞을 가리는 네모난 천으로, 그 위에는 정교하고 아름다운 그림이 있는데, 관직의 계급을 나타내는 표식이었다. '市'에 놓은 수는 고대에 12가지가 있었는데, 鄭玄은《周禮·春官·司服》의 직제 王의 六冕服 아래에 주를 달아 말하기를 "《書經》에 말하기를 '내가 옛사람들이 입던 복장의 모습을 보아 규례를 보이고자 하니, 해·달·별·산·용.꿩의 무늬를 만들고, 종묘의 器物·수초·불·흰 쌀·黼黻(보: 백색과 흑색으로 자루가 없는 도끼무늬를 수놓은 것. 불: 흑색과 청색으로 활 모양을 대칭되게 수놓은 옷) 따위를 색실로 수를 놓겠소. 이는 고대 천자의 면복 12章으로 순임금이 그것을 보고자 했다(《書》曰:予欲觀古人之象, 日、月、星辰、山、龍、華蟲作繢, 宗彝、藻、火、粉米、黼黻、希繡. 此古天子冕服十二章, 舜欲觀焉)."(阮《疏》, 781)라고 하였다.

'市'자는 金文에도 있는데, 다음과 같다.

 盂鼎

陳夢家는 金文의 市은 一과 巾으로 구성되었는데, 一은 큰 수건위의 넓은 띠를 상형한 것이다. 이 글자는 많은 쓰기법과 명칭이 있다. 韠(필), 韍(불), 芾(필), 袚(발), 紼(불), 茀(불), 褘(의), 袡(염), 襜(첨), 巾 등이다. 命服이 있는데, 민간에는 복장에 대한 각 방언별로 다른 명칭이 있다. 가장 초기에는 마땅히 가죽으로 만들었기에 글자가 韋로 구성되었다.《禮記·玉藻》의 注에서 "韠은 무두질한 가죽으로 만들었다."[144] 라고 하였는데, 陳夢家의 말은 믿을 만하다. 市자가 기록한 의미가 가리키는 것은 바로 관복 가슴 앞부분의 장식성 도안이고, 옛날에는 가

144 <西周銅器斷代>,《考古學報》1956년 제4기 참고, 李圃 主編,《古文字詁林》第7册, p.208 재인용.

죽으로 만들었으며, 후대에 이르러 수를 놓아 만들었는데, 淸대 관복에서 '補子'라고 하는 것이다.

冃자의 초기 글자 형태에서 중국 고대 머리 장식에 관한 많은 문화적 정보를 캐낼 수 있고, 예법과 결합된 고대 冠冕제도를 이해할 수 있다.

제5절 소결

본장에서는 한자의 구성 의도 및 그 字形 속에 담긴 문화적 함의를 탐구하였다. 이를 위해 남성을 지칭하는 단어 '男', '夫', '父', '士'를 선택했고, 여성을 대표하는 단어 '婦', '妻', '母', '女'를 선택했으며, 사회 신분을 나타내는 단어로는 '君', '臣', '官', '民', 사회생활을 나타내는 단어로는 '飮', '食', '宿', '休', '行', '旅', '衣', '冃' 등 20개 한자를 선택했다. 이상 스무 개의 한자를 대상으로 초기의 자형 구조를 분석하고, 전해오는 문헌과 출토된 문물 등의 자료와 결합하여 이들 한자에 기록된 의미 범주에 내포된 문화적 함의를 밝혀냈다. 이는 한자와 華夏문화의 밀접한 연관성을 증명하는 데 그 목적이 있으며, 이러한 연관관계는 해당 한자의 자형에 기록된 초기 글자의 의미에서 구현되고 있다.

한자의 초기 자형은 고대의 중국 문화와 깊은 연관성이 있다. 예를 들어 춘추시대에 '士'는 모두 미혼의 남자로 기록되어 있다. 이는 '士'의 초기 자형이 남성의 생식기관을 나타내는 의미와 관련이 있다. 그래서 《說文》에서 '事'로 '士'를 해석한 깊은 뜻은 성적으로 이미 성숙했지만 아직 부인을 얻지 못한 남자가 성적인 일을 처리할 능력이 있음을 나타내는 데에 있다. 즉 성행위를 할 수 있음을 나타낸다. 그래서 성행위를 할 수 있다는 것에서 정사를 돌볼 능력이 있다는 것으로 발전된 것은 '進取'라는 단어가 나타내는 의미 특성상 자연스럽고도 이치에 부합되는 확장이다.

'婦'자는 초기에는 빗자루의 의미를 나타내는 '帚'로 기록되었다. 이 글자와 '妻'의 초기의 자형에는 직접적 관련이 있는데, 즉 모두 상고시대 약탈혼의 모습을 반영하고 있다. 노략질을 당해 배우자가 된 여자의 산발을 한 외형과 '帚'의 외적인 특징은 연관 관계가 있는 것이다. '帚'자로 강탈해온 배우자——'婦' 혹은 '妻'를 기록한 것은 매우 이치에 맞는 것이다.

'母'의 원시 글자의 형태는 그 구성 의미의 중심이 '生(낳는 것)'에 있는 것이 아니라 '養(기르는 것)'에 있다. '母'와 같은 의미이면서 '生'에 중점이 있는 글자는 '妣'이다.

고대 중국에서는 예로부터 축적된 男尊女卑의 문화 사상을 가지고 있었다. 남성을 지칭하는 단어인 '男', '夫', '父', '士'와 여성을 지칭하는 단어인 '婦', '妻', '母', '女' 등 한자의 초기자형 및 그 구성 의미를 통해 이 문화현상의 근원을 찾을 수 있다. 남자의 고귀함과 여자의 비천함은 모두 남성 집권 사회의 산물이다. 상고의 중국 역시 여성이 사회활동의 중심이었던 시기가 있었다. 여성의 사회적 지위가 하락한 것은 부계 씨족사회가 나타나고 모계 씨족사회가 와해되면서 생겨난 현상이다. 여성을 지칭하는 한자 '婦', '妻', '母', '女'는 모두 이러한 사회의 변화 이후 생산된 산물이다.

우리들이 선택한 남성과 여성을 지칭하는 여덟 개의 한자는 두 개씩 서로 대응관계를 형성하고 있다. '婦'와 '男'은 서로 대응되는 글자이다. '男'은 밭에서 힘을 쓰는 것이며, '婦'는 방에서 빗자루〔帚〕를 쥐고 있는 모습니다. '男'은 주로 성년의, 밭고랑에서 노동을 하는 남자를 가리킨다. '帚'가 '婦'가 된 것은 남성이 집권하는 사회의 산물이다. '帚'와 '婦', 이 두 한자가 기록하고 있는 어휘가 지칭하는 대상은 외부의 형상이나 내부의 성능 및 그 기능면에서 모두 유사한 점이 있다.

'妻'와 '夫'는 서로 대응되는 한자이다. 東漢의 許愼과 劉熙는 모두 '齊'로 '妻'를 해석했다. 許愼은 고문 '[illegible]'를 증거로 삼아 '존귀한 여성〔貴女〕'이라고 여겼다. 즉 여자를 존중하는 의미인 것이다. 劉熙가 해석한 妻는 선비와 평민 남성의 배우자를 지칭한 것이다. 단지 이 계층에서만 남자와 부녀자가 비로소 동등할 수 있는 것이다. '齊'와 '妻'는 어음상의 연관성이 있다. 妻는 대를 이을 아들을 낳은 이후에야 비로소 그 지위가 남편과 같아진다. 齊로서 妻를 해석한 것과 '貴女(즉 여자를 존중한다)'라고 말하는 것은 오히려 여자를 천시한다고 말하는 것만 못한 것이다. 왜냐하면 '齊' 혹은 '不齊'라고 말할 권한이 남자의 수중에 달려 있기 때문이다.

'母'는 '父'와 서로 대응되는 글자이다. 여성을 지칭하는 단어로서 '母'는 성숙하고, 반드시 생육능력이 있고 생육경험이 있는 여성을 가리킨다. '母'의 초기 자형의 구성 의미의 중점은 '生(낳다)'에 있지 않고 '養(기르다)'에 있다. '父'는 성숙하고 노련하며 부인과 자식이 있는 남자를 가리킨다. '父'의 갑골문 자형은 손으로 돌도끼를 들고 있는 모습을 상형한 것으로, 석기시대에 돌도끼를 들고 일을 하는 사람은 분명 성숙하고 건장한 남자만이 가능한 것이다. 후에 이러한 남자는 가정과 국가의 권력의 중심에 들어오게 된 것이다.

'女'는 여성을 지칭하는 단어로 실질적으로 시집갈 준비를 하는 여자를 가리킨다. 이는 '士'가 지칭하는 대상의 상대를 말하는 것이다. 성숙하였지만 아직 시집가지 않은 여자를 기록하는 부호가 갑골문에서는 ‘[illegible]’로 나타내는데, 이는 손을 모으고 무릎을 꿇고 있는 사람의 형상을 나타내고 있다. 이 글자에는 많은 중국 상고시대의 문화정보가 함축되어 있다. 갑골문 ‘[illegible]’는 두 손을 모으는 것과 무릎을 꿇고 있는 두 자세를 한데에 결합하여 그 독특한 문화 특징을 드러내고 있다. 손을 모으는 것은 罪人의 형상 특징이고 꿇어앉는 것은 전쟁포로의 외부표현이다. 우리들은 문자, 인류 사회 발전사 및 상고 문헌 자료를 통해서 두 손을 모으고 무릎을 꿇고 있는 두 자세로 여자의 형상을 묘사하는 것은 ‘女’자의 초기 자형이 바로 포로와 죄인으로 원형을 삼아 자형을 구성한 것임을 증명했다. 그래서 남성이 강력하게 집권하는 사회에서 여자는 남성에 비해 생리적으로 연약하기 때문에 남성에게 능욕당하거나 유린될 수 있었으며, 전리품이나 속죄의 도구가 되어 남자들의 전쟁 혹은 정치게임에 이용될 수 있었다. 이러한 각종의 문화적 특징과 함의가 모두 ‘女’자의 초기 자형에 깊이 감추어져 있다. 그리고 ‘士’ 이 단어의 초기 한자에는 우뚝 솟아 있고 건장하고 아름답다는 뜻이 함유되어 있으며, 초기 문헌, 특히 《詩經》과 같이 문학성이 비교적 강한 문헌에서 ‘士’자에 ‘아직 결혼하지 않고 성질이 조급한 남자’를 지칭하는 의미를 가지고 있다.

‘君’자에 대한 해석을 통해, 사회가 어느 한 개인에게 천하의 군주라는 지극이 높고 無上한 신분을 부여하는 것은 그와 동시에 최고의 도덕적 표준으로 그를 속박하는 것이며, 군주는 백성에 대해 生殺予奪權을 쥐고 있는 동시에 군주의 일거수일투족도 또한 수천수만의 눈동자들의 주시를 받는다는 문화적 함의가 내포되어 있다는 것을 알 수 있다.

‘臣’의 자형은 곧게 세운 눈(가로로 놓인 눈도 소량 있음)으로, 자형의 구성 의미는 사로잡힌 전쟁포로가 눈을 부릅뜨고 매섭게 쏘아보는 모양을 나타낸다. '臣'과 '牽'의 연관성은 '臣이 사로잡힌 전쟁포로가 되어 밧줄에 묶여 전쟁승리자 앞으로 끌려가는 것'에 있다.

'官'과 '師'는 모두 집결하고 관리하며 협조한다는 의미를 가지고 있다. 聖人이 글자를 만든 깊은 의미도 자형에서 분명히 드러난다. 관리가 되거나 스승이 된 자는 반드시 자기 신분의 가치를 깊이 헤아려야 한다. '民'의 금문은 눈이 송곳에 찔려서 눈이 먼 상태를 상형한 것이다. 눈을 찌르는 것은 고대 노예의 주인이 노예에 가하는 형벌중의 하나였다. '民'자의 본의는 노예이다.

4가지 사회 신분의 호칭은 두 개씩 서로 대응하는 관계를 이룬다. 君과 官은 높은 지위에 있고 臣과 民은 낮은 지위에 있는 사람이다. 君과 臣, 官과 民은 서로 대립되는 양극이며, 동시에 또한 모순되는 통일체이다. 儒家는 4가지 신분 사이의 모순을 조정할 때 인륜의 범주 가운데 하나인 父子관계를 인용하여 쌍방의 언행을 단속했으며, 이로써 사회의 안정을 보호하는 윤활제로 삼았다.

사회생활을 기록하는 8개의 한자는 각각 상고시대 사람들의 의식주와 통행의 문화적 배경을 보여준다. 갑골문 은 상고시대 사람들이 물이나 액체를 마시는 모습을 나타내는데, 마시는 방식은 핥아 마시는 것이다. 갑골문 는 밥과 반찬이 충분히 담겨져 있는 식기 '簋'를 나타내며, '많은 쌀을 모아 밥을 하다'의 의미적 특징을 가지고 있다. '飮'과 '食' 두 글자의 갑골문 자형에서 고대 중국인들의 음식문화에 담긴 독특한 민족적 특징을 엿볼 수 있다. 예를 들면 핥아 마시는 것, 음식을 손으로 먹는 것, 모여서 술을 마시고 밥을 먹는 문화, 예절과 의식 속박 등등을 살펴볼 수 있다.

'宿'자의 초기 자형은 사람이 방안에서 돗자리 위에 앉거나 누워있는 모양을 나타내는데, 이 자형을 빌어서 사람들이 하루의 노동을 마친 다음에는 수면으로 체력을 보충해야 함을 나타냈다. '休'의 초기 자형은 사람이 야외에서 걸어가다 피곤할 때 나무에 기대어 잠시 휴식을 취하여 기력을 회복하는 것을 나타낸다. '宿'과 '休' 두 글자는 고인들이 인간의 체력과 정신의 회복에도 자연환경의 뒷받침이 반드시 있어야 한다는 것을 깨달았음을 나타낸다. 사람〔人〕과 나무〔木〕는 대등하게 서로 결합하는 것이 아니고 주된 것과 부차적인 것이 있는데, 許愼은 나무가 주된 것이고 사람이 부차적인 것으로 사람이 나무에 의지하는 것이며, 이는 마치 '乳'자와 같이 아기가 어머니에게 의지하는 것과 같다고 여겼다.

'길을 걷다'의 行은 금문 '[illegible]'이 초기의 형태인데, 주체와 객체가 대립되면서도 서로 의존하는 관계를 나타낸다. 즉 사람이 길을 가려면 길을 가는 신체의 기관인 '발〔足〕'과 길을 갈 때 의지하는 도로가 필수적인 것이다. 갑골문의 '[illegible]'는 '旅'의 초기 자형이며 글자의 구성 의미는 깃발로 많은 사람을 불러 모아 뭇사람이 정벌이나 적과 싸울 준비를 하는 것이다. 초기에는 고대의 軍農 제도와 관계가 있다.

고대 華夏民族은 오른 여밈〔右衽〕의 복장을 입는 풍속이 있었는데, 이는 '衣'의 초기 자형에서 그 비밀을 엿볼 수 있다. 갑골문 '[illegible]' 중 그 위에 있는 '㇈'은 옷깃과 어깨에 걸치는 것을 상형한 것이며, 그 아래에 있는 '[illegible]'은 왼쪽 옷섶으로 오른쪽 옷섶을 덮고 있는 모양을 상형한 것이다. 왼쪽 옷섶으로 오른쪽 옷섶을 덮는 것은 즉 '오른 여밈'이고 그와 상반되는 것은 '왼 여밈〔左衽〕'이다. 화하민족에게는 오른쪽을 숭상하는 풍속이 있어서 일반적으로 오른 여밈의 옷을 입었지만, 기타 민족은 대부분 왼쪽 여밈의 옷을 입는 것이 일반적이었다. '冃'자는 머리 장식을 중시하는 문화적 함의를 반영한 것이다. 재질의 종류에 따라 의복은 짧은 옷과 긴 옷으로 나누었고, 후에 천자에게는 6

가지 면복이 있었고 왕후에게는 6가지 예복이 있었으며, 諸侯들이나 孤卿들은 등급에 따라 차례로 각종 예복을 줄였다. 그러므로 중국 고대의 복식문화는 예부터 엄격한 등급에 따른 예의제도와 관련되어 있었다.

언어문자와 역사문화 및 사회의 습속은 서로 영향을 주는 관계에 있다. 우리는 중국어의 남녀의 성별호칭, 사회신분호칭과 사회생활 등을 반영하거나 기록한 20여개의 한자에 대한 관찰을 통하여 중화민족의 역사문화 및 풍속과 습관이 중국어 단어의 의미 생성과 발전, 문자의 형성 및 변화에 영향을 주었을 뿐만 아니라 언어문자가 반대로 민간의 일부 풍속에 영향을 주었음을 알 수 있었다. 또한 중화민족의 역사문화 및 그 풍속습관은 중국어의 언어와 문자에 영향을 주었을 뿐만 아니라 반대로 언어문자가 역사문화풍속에 영향을 주었음을 알 수 있었다. 그러므로 중화민족의 언어문자와 역사문화 및 사회습관은 서로 영향을 주는 관계에 있다고 말할 수 있다. 한자를 연구하려면 고대 중국의 역사문화를 떠나서는 안 되며, 반대로 중국 고대의 문화와 역사를 연구하려면 더욱 漢字라는 이 살아있는 화석을 소홀히 해서는 안 된다.

부록: 인용문헌 약칭 및 전칭 대조표(원문에 나타나는 순서대로)

段注——(清)段玉裁:《說文解字注》, 上海古籍出版社 1981年版

大徐本——(漢)許愼:《說文解字》, 中華書局 1963年版

東原《集》——(清)戴震:《戴東原集》, 上海出版社 2009年版

高《中》——(스위스)버나드 칼그렌(Bernhard Karlgren) 著, 張世祿 譯:《中國語和中國文》, 商務印書館 1931年版

李《甲》1——李圃:《甲骨文文字學》, 學林出版社 1995年版

王《漢》——王寧:《漢字構形學講座》, 三民書局 2013年版

劉《申》——劉師培:《劉申叔遺書》, 江蘇古籍出版社 1997年版

徐《甲》——徐中舒 主編:《甲骨文字典》, 四川辭書出版社 1989年版

孫《義》——(清)孫詒讓:《周禮正義》, 中華書局 1987年版

趙《甲》——趙誠:《甲骨文與商代文化》, 遼寧人民出版社 2000年版

戴《集》——(清)戴震:《戴震集》, 上海古籍出版社 1980年版

裘《文》——裘錫圭:《文字學概要》, 商務印書館 1988年版

聶《中》——聶鴻音:《中國文字概略》, 語文出版社 1998年版

朱《聲》——(清)朱駿聲:《說文通訓定聲》, 中華書局 1984年版

姜《古》——姜亮夫:《古文字學》, 浙江人民出版社 1984年版

蔣《漢》——蔣善國:《漢字學》, 上海教育出版社 1987年版
王《例》——(清)王筠:《說文釋例》, 中華書局 1987年版
王《求》——(清)王筠:《文字蒙求》, 中華書局 1962年版
林《學》——林季苗:〈漢字分類及認知心理學與對外漢字教學〉, 顧安達 · 江新 · 萬業馨 等 主編:《漢字認知與教學——西方學習者漢字認知國際研討會論文集》, 北京語言大學出版社 2007年版에 실려 있음
唐《論》——唐蘭:《古文字學導論》, 齊魯書社 1981年版
唐《學》——唐蘭:《中國文字學》, 上海古籍出版社 1979年版
王《訓》——王寧:《訓詁學原理》, 中國國際廣播出版社 1997年版
裘沈《學》——裘錫圭 · 沈培:〈二十世紀的中國文字學〉, 載劉堅 主編《二十世紀的中國語言學》, 北京大學出版社 1998年版
陳《述》——陳夢家:《殷墟卜辭綜述》, 中華書局 1988年版
劉《革》——劉又辛:〈從漢字演變的歷史看文字改革〉,《中國語文》, 1957年 第3期
李《甲》2——李學勤:〈甲骨文選注 · 序〉, 李圃《甲骨文選注》, 上海古籍出版社 1989年版에 실려 있음
張《序》——張聲震:《壯族麼經布羅陀影印譯註 · 序》, 廣西民族出版社 2004年版
王《詁》——(清)王聘珍:《大戴禮記解詁》, 中華書局 1983年版
王《觀》——王國維:《觀堂集林》, 中華書局 1959年版
王《總序》——王寧:〈漢字構形史叢書 · 總序〉, 鄭振峰《甲骨文構形系統研究》, 上海教育出版社 2006年版에 실려 있음
陳《東漢》——陳淑梅:《東漢碑隸構形系統研究》, 上海教育出版社 2006年版

李《漢》——李運富:《漢字學新論》, 北京師範大學出版社 2012年版

羅《春秋》——羅衛東:《春秋金文構形系統研究》, 上海教育出版社 2005年版

李《異》——李圃 主編:《異體字字典》, 學林出版社 1997年版

劉《周》——劉興均:《周禮名物詞研究》, 巴蜀書社 2001年版

劉《訓》——劉興均:《訓詁學原理方法與實踐》, 中國文史出版社 2007年版。

王《序》——王寧:〈漢字構形系統的共時描寫與歷史比較——代本書序〉, 載 周曉文《漢字構形構形屬性歷時演變的量化研究》, 中國廣播電視出版社 2008年版

齊《隋唐》——齊元濤:《隋唐五代碑誌楷書構形系統研究》, 上海教育出版社 2007年版

劉《麽經》——劉興均:〈《麽經布洛陀》中的音義型古壯字〉,《民俗典籍文字研究》第四輯, 商務印書館 2007年版에 실려 있음

易《雲居》——易敏:《雲居寺明刻石經文字構形系統研究》, 上海教育出版社 2005年版

劉《教學》——劉興均:〈基於漢字構形學的對外漢字教學〉,《漢字漢文教育》第30輯(韓國), 2013年版

鄭《甲》——鄭振峰:《甲骨文字構形系統研究》, 上海教育出版社 2006年版

王《補》——(漢)劉熙 撰, 畢沅 疏證, 王先謙 補, 祝敏徹 · 孫玉文 點校:《釋名疏證補》, 中華書局 2008年版

徐《漢》——徐中舒 主編:《漢語大字典》, 四川辭書出版社 · 湖北辭書出版社 1995年版

沈《記》——(明)沈榜:《宛署雜記》, 北京古籍出版社 1980年版

李《古》——李圃 主編:《古文字詁林》, 上海教育出版社 2004年版
陸《經》——(唐)陸德明:《經典釋文》, 中華書局 1983年版
阮《疏》——(清)阮元 等 校刻:《十三經註疏》, 中華書局 1980年版
宋《史》——宋永培:《〈說文〉漢字體係與中國上古史》, 廣西教育出版社 1996年版
《史記》——(漢)司馬遷:《史記》, 中華書局 1982年版
郝《疏》——(清)郝懿行:《爾雅義疏》, 上海古籍出版社 1989年版
容《金》——容庚:《金文編》, 中華書局 1985年版
黃《批》——黃侃:《手批白文十三經》, 上海古籍出版社 1983年版
陳《逸》——(清)陳逢衡:《逸周書補注》, 中國書店 翻印清道光五年刻本
桂《證》——(清)桂馥:《說文解字義證》, 中華書局 1987年版
劉《義》——(清)劉寶楠:《論語正義》, 中華書局 1990年版
王《典》——王力:《同源字典》, 商務印書館 1982年版
王《解》——(清)王先謙:《荀子集解》, 上海書店 1986年版
高《注》——(漢)高誘:《呂氏春秋注》, 上海書店 1986年版
王《史》——王玉哲:《中華遠古史》, 上海人民出版社 2000年版
錢《疏》——(清)錢繹:《方言箋疏》, 上海古籍出版社 1989年版
袁《釋》——袁珂:《山海經校釋》, 上海古籍出版社 1985年版
李《周》——李道平:《周易集解纂疏》, 中華書局 1994年版
孟《詩》——(唐)孟浩然 撰, 佟培基 箋注:《孟浩然詩集箋注》, 上海古籍出版社 2000年版
沈《古》——(清)沈德潛 選:《古詩源》, 中華書局 1963年版
蘇《證》——(清)蘇輿:《春秋繁露義證》, 中華書局 1992年版
王《證》——(清)王念孫:《廣雅疏證》, 上海古籍出版社 1989年版
郭《甲》——郭沫若:《甲骨文字研究》, 科學出版社 1962年版

郭《釋》——(清)郭慶藩:《莊子集釋》, 上海書店出版社 1986年版
吳潘《史》——吳浩坤 · 潘悠:《中國甲骨學史》, 上海人民出版社 1985年版
黃《批文》——黃侃:《黃侃手批說文解字》, 上海古籍出版社 1987年版
俞《例》——(清)俞樾:《古書疑義舉例》, 中華書局 1956年版
《漢書》——(漢)班固:《漢書》, 中華書局 1962年版
馬《釋》——(清)馬瑞辰:《毛詩傳箋通釋》, 中華書局 1989年版
丁《林》——丁福葆主編:《說文詁林》, 詁林精舍重印 1933年版
于《林》——于省吾:《甲骨文釋林》, 中華書局 1979年版
索《程》——(스위스)페르디낭 드 소쉬르(Ferdinand de Saussure) 著, 高明凱 譯:《普通語言學教程》, 商務印書館 1980年版
朱《傳》——(宋)朱熹:《詩集傳》, 中華書局 1984年版
吳《補》——(清)吳任臣:《字彙補》, 上海辭書出版社 1991年版
黃《按》——(清)黃承吉:《字詁義府合按》, 中華書局 1984年版
俞《癸》——(清)俞正燮:《癸巳類稿》, 商務印書館 1957年版
張《傳》——(宋)張九成:《孟子傳》, (台灣)商務印書館 1989年版
胡《義》——(宋)胡瑗:《周易口義》, (台灣)商務印書館 1989年版
呂《秋》——(戰國)呂不韋:《呂氏春秋》, 上海書店出版社 1986年版
王《莊》——(清)王先謙:《莊子集解》, 上海書店出版社 1986年版
中《馬》——中共中央 馬克思 · 恩格斯 · 列寧 · 斯大林著作編譯局:《馬克思恩格斯選集》(第四卷), 人民出版社 1972年版
範《書》——(劉宋)范曄:《後漢書》, 中華書局 1985年版
韓《傳》——(漢)韓嬰 撰, 許維遹 校釋:《韓詩外傳集釋》, 中華書局 1980年版
杜《譯》——杜道生:《論語新註新譯》, 中華書局 2011年版

章《始》——章太炎:《文始》, 浙江圖書館用作者手稿影印 1917年版
劉《策》——(漢)劉向 集錄:《戰國策》, 上海古籍出版社 1998年版
陳《例》——陳偉湛:〈甲骨文異字同形例〉, 載《古文字研究》(第六輯), 中華書局 2005年版
左《語》——(春秋)左丘明:《國語》, 上海古籍出版社 1998年版
中《典》——中國社會科學研究院語言研究所詞典編輯室:《現代漢語詞典》, 商務印書館 1996年版
顏《訓》——(北齊)顏之推:《顏氏家訓》, 浙江古籍出版社 1998年版
朱《纂》——(清)朱彬,《禮記訓纂》, 中華書局 1995年版
慎《解》——(清)王先慎:《韓非子集解》, 上海書店出版社 1986年版
柳《集》——(唐)柳宗元:《柳河東集》, 中華書局 1936年版
王《語》——(魏)王肅 注:《孔子家語》, 浙江古籍出版社 1998年版
王《吐》——王啟濤 編著:《吐魯番出土文獻詞典》, 巴蜀書社 2011年版
宋《集》——〈"訓詁"的本義與"六經皆史"的內涵〉,《說文與訓詁研究論集》, 商務印書館 2013年版에 실려 있음
李《論》——李學勤:〈論多友鼎的時代及意義〉,《人文雜誌》1986年 第6期
李《集》——李學勤:〈論金文的六師 · 八師〉,《李學勤集》, 黑龍江教育出版社 1989年版에 실려 있음
彭《究》——彭裕商:《西周青銅器年代綜合研究》, 巴蜀書社 2003年版
賈《書》——(漢)賈誼:《新書》, 浙江古籍出版社 1998年版
孫《詁》——(清)孫詒讓:《墨子間詁》, 上海書店出版社 1986年版
劉《說》——劉興均:〈說"巴"〉,《成都大學學報》2012年 第6期
賈《說》——賈文:〈說"亼"和"入"〉,《殷都學刊》1993年 第3期
馬《器》——馬承源:《中國青銅器》, 上海書店出版社 1988年版

劉《子》——(漢)劉安:《淮南子》, 上海書店出版社 1986年版

張《注》——張聲震 主編:《麼經布洛陀譯註》, 廣西民族出版社 2004年版

周《答》——(宋)周去非:《嶺南代答》, 台灣藝文印書館 1966年版

李《聞》——李輝 · 彭夕涅:〈康族鼻飮紀聞〉,《現代人類學通訊》2007年 第1期

錢《典》——錢玄 · 錢興奇 編著:《三禮辭典》, 江蘇古籍出版社 1998年版

王《讀》——(清)王筠:《說文解字句讀》, 中華書局 1988年版

魏《義》——(清)魏源:《老子本義》, 上海書店出版社 1986年版

劉《編》——劉釗 · 洪颺 · 張新俊 編纂:《新甲骨文編》, 福建人民出版社 2009年版

焦《義》——(清)焦循:《孟子正義》, 中華書局 1987年版

何《觀》——何九盈 · 胡雙寶 · 張猛 等:《中國漢字文化大觀》, 北京大學出版社 1995年版

魏《書》——(北齊)魏收:《魏書》, 中華書局 1974年版

光《鑑》——(宋)司馬光:《資治通鑑》, 上海古籍出版社 1987年版

樓《集》——(宋)樓鑰:《攻媿集》, 台灣商務印書館 1986年版

蕭《選》——(梁)蕭統 編, (唐)李善 注:《文選》, 上海古籍出版社 1986年版

孫《解》——(清)孫希旦:《禮記集解》, 中華書局 1989年版

劉《苑》——(漢)劉向:《說苑》, 浙江古籍出版社 1998年版

向《典》——向熹 編著:《詩經詞典》(修訂本), 四川人民出版社 1997年版

宋《中》——宋鎮豪:《中國風俗通史》, 上海文藝出版社 2001年版

李《釋》——李孝定:《甲骨文字集釋》, 台北中央研究院歷史語言研究所 1965年版
陳《白》——陳世輝:〈說白〉,《歷史教學與研究》1959年 第6期
陸《漢》——陸錫興:《漢字傳播史》, 語文出版社 2002年版
劉《圖》——劉正:《圖說漢學史》, 廣西師範大學出版社 2005年版
王《庭》——王元鹿 · 鄧章應:《中國文字大家庭》, 大像出版社 2007年版
廣《壯》——廣西壯族自治區少數民族古籍整理出版規劃領導小組 編:《古壯字字典》(初稿), 廣西民族出版社 1989年版
張《注》——張聲震 主編:《麽經布洛陀影印譯註》, 廣西民族出版社 2004年版
張《字》——張元生:〈方塊壯字〉,《中國民族古文字圖錄》, 中國社會科學出版社 1990年版에 실려 있음
覃《論》——覃國生:《壯語概論》, 廣西民族出版社 1998年版
王《學》—— 王元鹿:《比較文字學》, 廣西教育出版社 2001年版
丁《彝》——丁椿壽:〈論彝文的類型及其超方言問題〉,《貴州民族研究》1981年 第1期
武《探》——(베트남)武香瓊:《〈金雲翹傳〉喃字構形初探》, 碩士論文, 廣西師範大學文學院, 2011年
阮《準》——(베트남)阮克寶:〈準確地發音翹傳中的喃字來保存古代越語〉,《漢喃雜誌》2001年 第 82輯
陸王《論》——陸宗達 · 王寧:《訓詁方法論》, 中國社會科學出版社 1983年版
梁《壯》——梁敏:〈壯文方案的歷史沿革〉,《中國少數民族語言文字使用和發展問題》, 中國藏學出版社 1993年版에 실려 있음

《廣韻》——(宋)陳彭年:《廣韻》, 上海古籍出版社 1983年版
陶《喃》——(베트남)陶維英:《喃字, 起源, 構造, 演變》, 越南社會科學出版社 1979年版
陳《歌》——陳增瑜 主編:《京族喃字史歌集》, 民族出版社 2007年版

주요 참고문헌

1. 저서

(1919년 이후의 저자는 성씨 알파벳 순서로 배열하고, 1919년 이전의 저자는 시대 순서로 배열하며, 해외저서는 저자 중국어이름 첫음절 알파벳 순서로 배열한다.)

陳夢家:《殷墟卜辭綜述》, 中華書局 1988年版

陳淑梅:《東漢碑隸構形系統研究》, 上海教育出版社 2006年版

陳增瑜 主編:《京族喃字史歌集》, 民族出版社 2007年版

丁福葆 主編:《說文詁林》, 詁林精舍重印 1933年版

杜道生:《論語新註新譯》, 中華書局 2011年版

何九盈·胡雙寶·張猛 等:《中國漢字文化大觀》, 北京大學出版社 1995年版

黃侃:《黃侃手批白文十三經》, 上海古籍出版社 1983年版

《黃侃手批說文解字》, 上海古籍出版社 1987年版

郭沫若:《甲骨文字研究》, 科學出版社 1962年版

姜亮夫:《古文字學》, 浙江人民出版社 1984年版

蔣善國:《漢字學》, 上海教育出版社 1987年版
李道平:《周易集解纂疏》, 中華書局 1994年版
李 圃:《甲骨文選注》, 上海古籍出版社 1989年版
《甲骨文文字學》, 學林出版社1995年版
李 圃 主編:《異體字字典》, 學林出版社 1997年版
李 圃 主編:《古文字詁林》, 上海教育出版社 2004年版
李孝定:《甲骨文字集釋》, 台北中央研究院歷史語言研究所 1965年版
李學勤:《李學勤集》, 黑龍江教育出版社 1989年版
李運富:《楚國簡帛文字構形系統研究》, 岳麓書社 1997年版
《漢字學新論》, 北京師範大學出版社2012年版
劉師培:《劉申叔遺書》, 江蘇古籍出版社 1997年版
劉興均:《周禮名物詞研究》, 巴蜀書社 2001年版
《訓詁學原理方法與實踐》, 中國文史出版社 2007年版
劉釗·洪颺·張新俊 編纂:《新甲骨文編》, 福建人民出版社 2009年版
劉正:《圖說漢學史》, 廣西師範大學出版社 2005年版
陸宗達·王寧:《訓詁方法論》, 中國社會科學出版社 1983年版
陸錫興:《漢字傳播史》, 語文出版社 2002年版
羅衛東:《春秋金文構形系統研究》, 上海教育出版社 2005年版
馬承源:《中國青銅器》, 上海書店出版社 1988年版
聶鴻音:《中國文字概略》, 語文出版社 1998年版
彭裕商:《西周青銅器年代綜合研究》, 巴蜀書社 2003年版
齊元濤:《隋唐五代碑誌楷書構形系統研究》, 上海教育出版社 2007年版
錢玄·錢興奇 編著:《三禮辭典》, 江蘇古籍出版社 1998年版
覃國生:《壯語概論》, 廣西民族出版社 1998年版
裘錫圭:《文字學概要》, 商務印書館 1988年版

容庚:《金文編》, 中華書局 1985年版
宋永培:《〈說文〉漢字體係與中國上古史》, 廣西教育出版社 1996年版
《說文與訓詁研究論集》, 商務印書館 2013年版
宋鎮豪:《中國風俗通史》, 上海文藝出版社 2001年版
唐蘭:《古文字學導論》, 齊魯書社 1981年版
《中國文字學》, 上海古籍出版社 1979年版
王國維:《觀堂集林》, 中華書局 1959年版
王力:《同源字典》, 商務印書館 1982年版
王力 主編:《古代漢語》(重排修訂本), 中華書局 1999年版
王寧:《漢字構形學講座》, 三民書局 2013年版
《訓詁學原理》, 中國國際廣播出版社 1997年版
王啟濤 編著:《吐魯番出土文獻詞典》, 巴蜀書社 2011年版
王玉哲:《中華遠古史》, 上海人民出版社 2000年版
王元鹿:《比較文字學》, 廣西教育出版社 2001年版
王元鹿·鄧章應:《中國文字大家庭》, 大像出版社 2007年版
向熹 編著:《詩經詞典》(修訂本), 四川人民出版社 1997年版
吳浩坤·潘悠:《中國甲骨學史》, 上海人民出版社 1985年版
徐中舒 主編:《甲骨文字典》, 四川辭書出版社 1989年版
《漢語大字典》, 四川辭書出版社·湖北辭書出版社 1995年版
易敏:《雲居寺明刻石經文字構形系統研究》, 上海教育出版社 2005年版
于省吾:《甲骨文釋林》, 中華書局 1979年版
袁珂:《山海經校釋》, 上海古籍出版社 1985年版
章太炎:《文始》, 浙江圖書館用作者手稿影印 1917年版
張聲震 主編:《麼經布洛陀譯註》, 廣西民族出版社 2004年版
趙誠:《甲骨文與商代文化》, 遼寧人民出版社 2000年版

鄭振峰:《甲骨文字構形系統研究》, 上海教育出版社 2006年版
中國社會科學研究院語言研究所詞典編輯室:《現代漢語詞典》, 商務印書館 1996年版
中共中央馬克思·恩格斯·列寧·斯大林著作編譯局:《馬克思恩格斯選集》(第四卷), 人民出 版社 1972年版
(春秋)左丘明:《國語》, 上海古籍出版社 1998年版
(戰國)呂不韋:《呂氏春秋》, 上海書店出版社 1986年版
(漢)韓嬰 撰, 許維遹 校釋:《韓詩外傳集釋》, 中華書局 1980年版
(漢)賈誼:《新書》, 浙江古籍出版社 1998年版
(漢)劉安:《淮南子》, 上海書店出版社 1986年版
(漢)司馬遷:《史記》, 中華書局 1982年版
(漢)劉向 集錄:《戰國策》, 上海古籍出版社 1998年版
《說苑》, 浙江古籍出版社 1998年版
(漢)班固:《漢書》, 中華書局 1962年版
(漢)許慎:《說文解字》, 中華書局 1963年版
(漢)高誘:《呂氏春秋注》, 上海書店 1986年版
(漢)劉熙 撰, 畢沅 疏證, 王先謙 補, 祝敏徹·孫玉文 點校:《釋名疏證補》, 中華書局 2008年版
(魏)王肅 注:《孔子家語》, 浙江古籍出版社 1998年版
(劉宋)范曄:《後漢書》, 中華書局 1985年版
(北齊)顏之推:《顏氏家訓》, 浙江古籍出版社 1998年版
(北齊)魏收:《魏書》, 中華書局 1974年版
(梁)蕭統:《文選》, 上海古籍出版社 1986年版
(唐)陸德明:《經典釋文》, 中華書局 1983年版
(唐)孟浩然 撰, 佟培基 箋注:《孟浩然詩集箋注》, 上海古籍出版社

2000年版
(唐)柳宗元:《柳河東集》, 中華書局 1936年版
(宋)司馬光:《資治通鑑》, 上海古籍出版社 1987年版
(宋)周去非:《嶺南代答》, 台灣藝文印書館 1966年版
(宋)陳彭年:《廣韻》, 上海古籍出版社 1983年版
(宋)樓鑰:《攻媿集》, 台灣商務印書館 1986年版
(宋)朱熹:《詩集傳》, 中華書局 1984年版
(宋)張九成:《孟子傳》, (台灣)商務印書館 1989年版
(宋)胡瑗:《周易口義》, (台灣)商務印書館 1989年版
(明)沈榜:《宛署雜記》, 北京古籍出版社 1980年版
(清)吳任臣:《字彙補》, 上海辭書出版社 1991年版
(清)黃承吉:《字詁義府合按》, 中華書局 1984年版
(清)段玉裁:《說文解字注》, 上海古籍出版社 1981年版
(清)戴震:《戴震集》, 上海古籍出版社 1980年版
《戴東原集》, 上海出版社 2009年版
(清)桂馥:《說文解字義證》, 中華書局 1987年版
(清)朱駿聲:《說文通訓定聲》, 中華書局 1984年版
(清)王筠:《文字蒙求》, 中華書局 1962年版
《說文釋例》, 中華書局 1987年版
《說文解字句讀》, 中華書局 1988年版
(清)馬瑞辰:《毛詩傳箋通釋》, 中華書局 1989年版
(清)孫希旦:《禮記集解》, 中華書局 1989年版
(清)朱彬:《禮記訓纂》, 中華書局 1995年版
(清)陳逢衡:《逸周書補注》, 中國書店翻印清道光五年刻本
(清)蘇輿:《春秋繁露義證》, 中華書局 1992年版

(清)郝懿行:《爾雅義疏》, 上海古籍出版社 1989年版
(清)王念孫:《廣雅疏證》, 上海古籍出版社 1989年版
(清)錢繹:《方言箋疏》, 上海古籍出版社 1989年版
(清)俞正燮:《癸巳類稿》, 商務印書館 1957年版
(清)劉寶楠:《論語正義》, 中華書局 1990年版
(清)焦循:《孟子正義》, 中華書局 1987年版
(清)郭慶藩:《莊子集釋》上海書店出版社 1986年版
(清)魏源:《老子本義》, 上海書店出版社 1986年版
(清)王先謙:《荀子集解》, 上海書店 1986年版
《莊子集解》, 上海書店出版社 1986年版
(清)王先慎:《韓非子集解 》, 上海書店出版社 1986年版
(清)王聘珍:《大戴禮記解詁》, 中華書局 1983年版
(清)沈德潛 選:《古詩源》, 中華書局 1963年版
(清)俞樾:《古書疑義舉例》, 中華書局 1956年版
(清)孫詒讓:《周禮正義》, 中華書局 2013年版
《墨子間詁 》, 上海書店出版社1986年版
(스위스)페르디낭 드 소쉬르(Ferdinand de Saussure)著, 高明凱 譯: 《普通語言學教程》, 商務 印書館 1980年版
(스웨덴)버나드 칼그렌(Bernhard Karlgren) 著, 張世祿 譯:《中國語和中國文》, 商務印書館 1931年版

2. 논문

(배열 순서는 저서와 같다.)

陳世輝: 〈說白〉,《歷史教學與研究》1959年 第6期

陳偉湛: 〈甲骨文異字同形例〉,《古文字研究》(第六輯), 中華書局 2005年版에 실려 있음

丁椿壽: 〈論彝文的類型及其超方言問題〉,《貴州民族研究》1981年 第1期

賈文: 〈說"亼"和"入"〉,《殷都學刊》1993年 第3期

李輝·彭夕涅: 〈康族鼻飮紀聞〉,《現代人類學通訊》2007年 第1期

李學勤: 〈甲骨文選注·序〉, 李圃《甲骨文選注》, 上海古籍出版社 1989年版에 실려 있음

〈論多友鼎的時代及意義〉,《人文雜誌》1986年 第6期

梁敏: 〈壯文方案的歷史沿革〉,《中國少數民族語言文字使用和發展問題》, 中國藏學出版社 1993年版에 실려 있음

林季苗: 〈漢字分類及認知心理學與對外漢字教學〉, 顧安達·江新·萬業馨 等 主編《漢字認知與教學——西方學習者漢字認知國際研討會論文集》, 北京語言大學出版社 2007年版에 실려 있음

劉又辛: 〈從漢字演變的歷史看文字改革〉,《中國語文》1957 第3期

劉興均: 〈《周禮》物量詞使用義探析——兼論《說文段注》的文獻詞義訓釋價值〉,《古漢語研究》2002年第1期

〈基於漢字構形學的對外漢字教學〉,《漢字漢文教育》第30輯(韓國), 2013年版

〈說"巴"〉,《成都大學學報》2012年 第6期

〈《禮記》用器類名物詞 "異實同名"現象研究〉,《民俗典籍文字

研究》第十二輯, 商務印書館 2013年版에 실려 있음
裘錫圭: 〈漢字的性質〉,《中國語文》, 1985年 第1期
裘錫圭·沈培: 〈二十世紀的中國文字學〉, 劉堅 主編《二十世紀的中國語言學》, 北京大學出版社 1998年版에 실려 있음
王寧: 〈漢字構形史叢書·總序〉, 鄭振峰《甲骨文構形系統研究》, 上海教育出版社 2006年版에 실려 있음
〈漢字構形系統的共時描寫與歷史比較——代本書序〉, 周曉文《漢字構形構形屬性歷 時演變的量化研究》, 中國廣播電視出版社 2008年版에 실려 있음
張聲震: 〈壯族麽經布羅陀影印譯註·序〉, 廣西民族出版社 2004年版
張元生: 〈方塊壯字〉,《中國民族古文字圖錄》, 中國社會科學出版社 1990年版에 실려 있음

후기

독자 앞에 놓인 것은 바로 한 덩어리 구약나물두부이다. 구약나물은 天南星科 구약나물屬 식물로 중국 남방에서 자라며 잎이 넓고 줄기가 곧다. 그 덩이줄기는 식용이 가능하나 복잡한 가공 단계를 거쳐야 한다. 본서가 그 잎이 얼마나 넓으며 그 뿌리가 얼마나 깊은지는 감히 말할 수 없으나, 구약나물 덩이줄기로 구약나물두부를 만드는 것처럼 많은 가공 단계와 처리를 거쳤는데, 그 사이 명인들의 가르침을 끊임없이 받았다.

2001년 봄, 필자는 劉青松 교수로부터 그가 데리고 있던 네 명의 석사생을 인계받았으며, 동시에 또한 그의 문자학 수업도 인계받았다. 대학원생에게 이 과목 수업을 막 시작했을 때 필자는 매우 두렵고 불안한 심정으로 강단에 올랐었다. 왜냐하면 이 앞에 변변한 문자학 논문 한 편도 발표한 적이 없었기 때문이었다. 다행히 필자가 박사논문을 쓸 때 先師 宋永培 선생님의 지도하에《說文解字》및 '清代《說文》4대가'의 저작들을 진지하게 읽으며 연구하게 되었다. 이러한 저력이 있었기에 비로소 대학원생 문자학 과목 수업을 감히 할 수 있었다.

10년의 세월을 보내며 스스로 한자 자형 구조에 대한 얼마간의 인식을 형성하게 되었다. 후에 李圃(李玲璞)의 《甲骨文選注》·《甲骨文文字學》을 접촉하면서 점점 고문자 특별히 갑골문에 대한 농후한 연구 흥미가 생기게 되었으며, 한자와 華夏文化의 관계에 대해 얄팍한 인식이 있게 되었다. 2002년에 王寧 선생의 《漢字構形學講座》가 발표되었는데, 이 대가의 작은 책자가 필자에게는 수확이 적지 않았으니, 한자 구조에 대한 원래의 감성적 인식을 단번에 이성적 高度로 올려주었다. 그래서 필자는 문자학 專著를 한 권 쓰기로 계획하고 한자 구형학 이론과 방법의 지도하에 한자 구조 및 그 構意를 연구하게 된 것이다. 당시에는 訓詁學과 관련된 전저 한 권을 써야 했기에 이 계획은 수 년 동안 미뤄놓아야 했다.

2006년, 필자는 《訓詁學原理方法與實踐》이라는 專著를 완성하고 즉시 본서의 개요를 쓰는 데 착수하였다. 2007년, 필자는 廣西師範大學에서 학부생들에게 또한 선택과목으로 문자학을 개설하였다. 대학원생 수업 내용과 구분하기 위해 필자는 이 과목을 '한자와 고대문화'로 설계하여 한자의 자형 구조로부터 고대 중국인의 의식주행·예의제도와 풍속습관을 살펴보는 데에 중점을 두었다. 이 책 제4장의 雛形이 곧 이 과목의 강의로부터 온 것이다. 당연히 이것은 단지 구약나물 덩이줄기일 뿐, 구약나물두부가 되기까지는 거리가 아직 멀었었다.

2009년 여름, 필자는 成都大學에 초빙되어 왔다. 전체 대학에 선택과목 '한자와 중국고대문화'를 개설했을 때, 필자는 지금 대학생들이 한자의 원류에 대한 지식이 너무 적으며 그것과 중국전통문화와의 관계에 대한 지식은 더욱 공백 상태임을 깊게 깨달았는데, 이는 필자가 한자의 오묘함을 밝히고 중국의 우수한 문화를 널리 떨치는 저작을 완성하고 싶게 하였다.

소속 단과대학 상부의 지지와 문예학 重點學科의 경비 보조 하에 2012년 필자는 人民出版社에 《한자의 구조와 그 문화적 함의》라는 제목을 보냈는데, 오래지 않아 이 출판사는 이것을 2013년도 출판 프로젝트로 확정하였다. 계약 후에 필자는 밤낮으로 원고를 썼다. 집필 과정 중에 무수한 방황이 있었으며 심리적인 시련도 많이 겪었다. 심지어 정신적으로 혼미한 증상도 나타났다. 그 사이에 또한 난제를 해결한 후의 홀가분함도 있었고 자신의 견해를 증명해 낸 후의 후련함도 있었다. 일 년 반의 시간이 흐르고 드디어 약 40만 자의 원고를 완성하여 문자학 방면의 그럴듯한 '구약나물두부'를 만들어냈다.

이 책이 순리적으로 출판될 수 있었던 것에 대해 먼저 인민출판사의 지도자와 편집 담당자들께 감사의 말씀을 드린다. 그들의 긍정적인 평가 및 마지막 단계에서의 심혈을 기울인 마무리 작업이 비로소 이 구약나물두부에 밝은 빛을 더하게 하였다.

그 다음에는 성도대학 文學院〔文學與新聞傳播學院〕의 동료들께 감사드린다. 鄧經武 교수는 중점학과 경비 보조 출판 시 본서를 국가급 출판사의 최우선 프로젝트에 극력 추천하였다. 원장인 譚平 교수 역시 이 구약나무두부 위에 선명한 조리개 하나를 그려놓았다.

더욱 감사드려야 할 분은 北京語言大學 人文學院 華學誠 교수이다. 華 교수는 揚雄의 《方言》과 어휘사를 연구하는 전문가인데, 고문자학 방면에서도 또한 이포 교수에게 직접 가르침을 받았다. 그러므로 필자는 줄곧 그를 청해 본서의 서를 쓰기를 바랐다. 그는 관리 업무와 연구로 대단히 바빠서 그의 지도교수인 李圃 교수의 一周忌 활동기간에 서문을 써주겠다고 기쁘게 윤허하였다. 아울러 그는 서문 중에 졸저의 중요한 내용을 밝히고 드러냈으며 중요한 연구 방향과 구체적인 과제를 제시하였는데, 격려하고 이끄는 뜻이 간곡하여 필자는 깊게 감동하였다.

또한 필자가 이 구약나물두부를 만드는 데 가르침을 준 다음의 선생님들께도 감사드린다. 四川大學 文學院 원장, 교육부 '長江學者' 특별초빙교수 曹順慶 선생, 復旦大學 出土文獻과 古文字硏究中心 주임, 교육부 '장강학자' 특별초빙교수 劉釗 선생, 南京師範大學 문학원 특별초빙 교수 董志翹 선생, 四川語言學會 회장, 사천대학 文學과 新聞學院 교수 兪理明 선생, 사천대학 문학과 신문학원 常務副院長 雷漢卿 교수, 西南交通大學 藝術學院 漢語言文字學 學科 리더 汪啓明 교수, 北京師範大學 문학원 부원장 王立軍 교수, 북경어언대학 校長助理 張維佳 교수, 四川師範大學 문학원 한어언문자학 학과 리더 周及徐 교수, 西南大學 喩遂生·毛遠明과 張顯成 교수, 四川外國語大學 中外文化比較硏究中心 특별초빙교수 周文德 박사, 重慶電視大學 副校長 胡繼明 교수, 한국 嶺南大學校 朴雲錫·崔桓·禹在鎬·南鐵鎭·朴明眞·李春永 교수 등. 위에서 언급한 선생님이자 친구인 학계 명인들의 격려·지지 그리고 깨우침이 없었다면 이 구약나물두부가 완전하게 만들어지기는 어려웠었다.

필자가 한국에서 강의한 기간이 바로 원고의 마지막 수정 시기와 겹쳤는데, 어떤 자료는 여전히 보충과 출처 확인이 필요하였다. 그러나 국외에 체류하는 관계로 자료 찾기에 불편함이 많았다. 師弟인 楊懷源 박사가 주동적으로 임무를 맡아 필자가 대량의 자료를 모아 보충하는 작업을 완성하는 데 도움을 주었는데, QQ 상에서의 상호 전달이 백 차례 이상이나 되었다. 이 구약나물두부는 또한 그의 많은 심혈로 응결되었다.

이 기회를 빌려 또한 성도대학 도서관 고적실의 駱秀文 선생님께 감사드린다. 필자가 매번 고적실에 가서 자료를 찾을 때마다 그의 열정적인 접대를 받았는데, 필자를 대신하여 필요한 자료를 친히 찾아 주었을 뿐만 아니라 뜨거운 차까지 주기도 하였다. 이러한 情誼는 한 마디로 표현하기가 어렵다.

마지막으로 아내 王廣明과 딸 劉弱冰, 사위 史友派에게도 감사의 말을 전한다. 그들은 이 구약나물두부를 만드는 과정 중에 또한 장작과 물을 더하는 공이 있었다.

한국 영남대학교 숙소에서 劉興均이 쓰다

2013년 12월 3일

역자후기

본서는 劉興均 교수의 大作《漢字的構造及其文化意蘊》(北京: 人民出版社, 2014年)을 번역한 것이다. 이 책은 한자의 구조 및 그 理據, 한자의 문화적 함의, 漢文字學의 이론과 방법 등 방면에서 획기적인 결론을 얻었기에 비교적 높은 학술 이론적 의의와 실제 응용 가치를 지니고 있다.

이 책은 또한 한자 한 글자의 자형 구조 및 그것이 가지고 있는 문화정보를 분석하였을 뿐만 아니라 또한 동일 語義 범주의 여러 한자의 形과 義의 연계에 대해 고찰하여 그 글자를 구성하는 이거를 발굴하였으며, 아울러 역사학·문화인류학의 각도로부터 한자의 構形 및 그 문화적 함의에 대해 완전히 새로운 解讀을 진행하였다.

이 책의 저자인 劉興均 교수는 우리 학과에서 1년 간 강의를 하면서 역자들과 학문적인 교류를 빈번하게 하였는데, 그 교류 중에 이 책에 대해서도 많은 토론을 하였다. 이 책은 2014년에 중국의 유명 출판사인 人民出版社에서 출간되어 중국 학계에서 새로운 시각과 방법을 동원하여 쓴 저작이라고 호평을 받은 바 있다. 이러한 호평과 더불어 지금까지 출판된 같은 분야의 類似 저작들과 비교하면 그 전문성 방면에서 대단히 심도 있다고 판단하여 우리나라에 번역 소개하기로 하였다. 이 책이 한국에서 번역·간행되어 한국에서의 한자 및 한자문화 연구는 물론 고고학, 역사학 등의 연구에도 많은 도움을 줄 수 있을 것으로 기대한다.

이 책은 문자학 내지 훈고학 방면의 전문적인 저작이다. 그래서 번역도 학부 고학년 내지 대학원생 수준의 독자를 기준으로 진행하였다. 여섯 명의 역자들은 번역 과정 중에 자주 모임을 갖고 서로의 문제점에 대해 토론하였으며 그래도 해결할 수 없는 문제들은 저자인 劉興均 교수에게 직접 물어서 해결하였다. 번역 과정 중에 原書 자체에서 발견한 문제점들에 대해서도 저자와 의견을 교환한 후에 모두 해결하여 역서 속에 반영하였다.

하지만 원서의 難度가 비교적 높아 오역의 가능성은 여전히 존재하고 있다. 이는 앞으로의 과제로 삼아 계속 수정 보완해 나갈 것이다. 독자들의 많은 叱正을 懇求하는 바이다.

2018년 6월 15일

역자 최 환 씀

저자 소개

劉興均

中國 四川 宜漢 사람. 문학박사. 현재 成都大學 文學與新聞傳播學院 교수. 한국 순천대학교와 영남대학교 객좌교수 역임. 中國訓詁學研究會 理事. 四川省語言學會 常務理事. 주로 上古 漢語 어휘 연구에 종사하면서, 상고 문자와 문화 그리고 소수민족 고문자 등의 영역까지도 연구범위에 넣고 있다. 지금까지 국내외 핵심 학술지에 학술논문 70여 편을 발표하였으며, 개인 학술 전문저서도 여섯 부를 출간하였다. 國家社會科學基金 프로젝트 한 번, 省部級 프로젝트 다섯 번을 주관하였다. 대표 저작물인 《"三禮"名物詞研究》가 2015년도 《國家哲學社會科學成果文庫》에 뽑혔으며, 아울러 사천성 제17차 社會科學優秀成果 1등상을 획득하였다.

역자 소개(번역순)

최환(崔桓)

영남대학교 중어중문학과 졸업
國立臺灣大學 중문연구소 석사
國立政治大學 중문연구소 박사
현재 영남대학교 중국언어문화학과 교수

한가준(韓家俊)

영남대학교 중어중문학과 졸업
영남대학교 대학원 석사
영남대학교 대학원 박사반 수료
현재 영남대학교 외국어교육원 강사

이춘영(李春永)

영남대학교 중어중문학과 졸업
영남대학교 대학원 석사
中國文化大學 중문연구소 박사
현재 영남대학교 중국언어문화학과 교수

신미섭(申美燮)

이화여자대학교 중어중문학과 졸업
영남대학교 대학원 석사
영남대학교 대학원 박사
현재 영남대학교 중국언어문화학과 강사

박경순(朴京順)

牡丹江師範學院 정치교육학과 졸업
영남대학교 대학원 석사
영남대학교 대학원 박사
현재 영남대학교 중국언어문화학과 강사

이갑남(李甲男)

영남대학교 중어중문학과 졸업
영남대학교 대학원 석사
華中師範大學 대학원 박사
현재 영남대학교 중국언어문화학과 강사